SEGUNDA EDIÇÃO 2022

AUTORES

Almir Gallassi **Andréia** Fernandes de Almeida Rangel **Any** Carolina Garcia Guedes **Beatriz** Carvalho de Araujo Cunha **Bruno** Henrique Martins Pirolo **Célia** Barbosa Abreu **Cláudia** Franco Correa **Cristina** Gomes Campos de Seta **Daniela** Silva Fontoura de Barcellos **Eduardo** Mazzaroppi Barão Pereira **Edvania** Fátima Fontes Godoy **Elisa** Costa Cruz **Fernando** Gama de Miranda Netto **Gabriela** Helena Mesquita de Oliveira Campos **Guilherme** Magalhães Martins **J. M. Leoni** Lopes de Oliveira **Juliana** de Sousa Gomes Lage **Laura** Magalhães de Andrade **Lívia** Pitelli Zamarian Houaiss **Lorranne** Carvalho da Costa **Luana** Adriano Araújo **Luigi** Bonizzato **Luiz** Claudio Carvalho de Almeida **Marcos** Vinícius Torres Pereira **Marta** Maria Alonso de Siqueira **Patrícia** Esteves de Mendonça **Paulo** Franco Lustosa **Pedro** Bastos de Souza **Rachel** Delmás Leoni de Oliveira **Rafael** Esteves **Raphael** Vieira Gomes Silva **Talita** Menezes do Nascimento **Tereza** Fernanda Martuscello Papa **Vitor** de Azevedo Almeida Junior

Estatuto da Pessoa com Deficiência

COMENTÁRIOS À LEI 13.146/2015

Guilherme Magalhães Martins
Lívia Pitelli Zamarian Houaiss

COORDENADORES

Dados Internacionais de Catalogação na Publicação (CIP) de acordo com ISBD

E79

Estatuto da pessoa com deficiência: comentários à Lei 13.146/2015 / Almir Gallassi ... [et al.] ; organizado por Guilherme Magalhães Martins, Lívia Pitelli Zamarian Houaiss. - 2. ed. - Indaiatuba, SP : Editora Foco, 2022.

448 p. ; 17cm x 24cm.

Inclui bibliografia e índice.

ISBN: 978-65-5515-516-7

1. Direito. 2. Pessoa com deficiência. 3. Estatuto da pessoa com deficiência. 4. Lei 13.146/2015. I. Gallassi, Almir. II. Rangel, Andréia Fernandes de Almeida. III. Guedes, Any Carolina Garcia. IV. Cunha, Beatriz Carvalho de Araujo. V. Pirolo, Bruno Henrique Martins. VI. Abreu, Célia Barbosa. VII. Correa, Cláudia Franco. VIII. Seta, Cristina Gomes Campos de. IX. Barcellos, Daniela Silva Fontoura de. X. Pereira, Eduardo Mazzaroppi Barão. XI. Godoy, Edvania Fátima Fontes. XII. Cruz, Elisa Costa. XIII. Miranda Netto, Fernando Gama de. XIV. Campos, Gabriela Helena Mesquita de Oliveira. XV. Martins, Guilherme Magalhães. XVI. Oliveira, J. M. Leoni Lopes de. XVII. Lage, Juliana de Sousa Gomes. XVIII. Andrade, Laura Magalhães de. XIX. Houaiss, Lívia Pitelli Zamarian. XX. Costa, Lorranne Carvalho da. XXI. Bonizzato, Luigi. XXII. Almeida, Luiz Claudio Carvalho de. XXIII. Pereira, Marcos Vinícius Torres. XXIV. Siqueira, Marta Maria Alonso de. XXV. Mendonça, Patrícia Esteves de. XXVI. Lustosa, Paulo Franco. XXVII. Souza, Pedro Bastos de. XXVIII. Oliveira, Rachel Delmás Leoni de. XXIX. Esteves, Rafael. XXX. Silva, Raphael Vieira Gomes. XXXI. Nascimento, Talita Menezes do. XXXII. Papa, Tereza Fernanda Martuscello. XXXIII. Almeida Junior, Vitor de Azevedo. XXXIV. Título.

2022-1080   CDD 346.81013   CDU 347.161

Elaborado por Vagner Rodolfo da Silva – CRB-8/9410

Índices para Catálogo Sistemático:

1. Direito : Pessoa com deficiência 346.81013

2. Direito : Pessoa com deficiência 347.161

SEGUNDA
EDIÇÃO

AUTORES

Almir *Gallassi* **Andréia** *Fernandes de Almeida Rangel* **Any** *Carolina Garcia Guedes* **Beatriz** *Carvalho de Araujo Cunha* **Bruno** *Henrique Martins Pirolo* **Célia** *Barbosa Abreu* **Cláudia** *Franco Correa* **Cristina** *Gomes Campos de Seta* **Daniela** *Silva Fontoura de Barcellos* **Eduardo** *Mazzaroppi Barão Pereira* **Edvania** *Fátima Fontes Godoy* **Elisa** *Costa Cruz* **Fernando** *Gama de Miranda Netto* **Gabriela** *Helena Mesquita de Oliveira Campos* **Guilherme** *Magalhães Martins* **J. M. Leoni** *Lopes de Oliveira* **Juliana** *de Sousa Gomes Lage* **Laura** *Magalhães de Andrade* **Lívia** *Pitelli Zamarian Houaiss* **Lorranne** *Carvalho da Costa* **Luana** *Adriano Araújo* **Luigi** *Bonizzato* **Luiz** *Claudio Carvalho de Almeida* **Marcos** *Vinícius Torres Pereira* **Marta** *Maria Alonso de Siqueira* **Patrícia** *Esteves de Mendonça* **Paulo** *Franco Lustosa* **Pedro** *Bastos de Souza* **Rachel** *Delmás Leoni de Oliveira* **Rafael** *Esteves* **Raphael** *Vieira Gomes Silva* **Talita** *Menezes do Nascimento* **Tereza** *Fernanda Martuscello Papa* **Vitor** *de Azevedo Almeida Junior*

Estatuto da Pessoa com Deficiência

COMENTÁRIOS À LEI 13.146/2015

Guilherme Magalhães Martins
Lívia Pitelli Zamarian Houaiss
COORDENADORES

2022 © Editora Foco

Coordenadores: Guilherme Magalhães Martins e Lívia Pitelli Zamarian Houaiss

Autores: Almir Gallassi, Andréia Fernandes de Almeida Rangel, Any Carolina Garcia Guedes, Beatriz Carvalho de Araujo Cunha, Bruno Henrique Martins Pirolo, Célia Barbosa Abreu, Cláudia Franco Correa, Cristina Gomes Campos de Seta, Daniela Silva Fontoura de Barcellos, Eduardo Mazzaroppi Barão Pereira, Edvania Fátima Fontes Godoy, Elisa Costa Cruz, Fernando Gama de Miranda Netto, Gabriela Helena Mesquita de Oliveira Campos, Guilherme Magalhães Martins, J. M. Leoni Lopes de Oliveira, Juliana de Sousa Gomes Lage, Laura Magalhães de Andrade, Lívia Pitelli Zamarian Houaiss, Lorranne Carvalho da Costa, Luana Adriano Araújo, Luigi Bonizzato, Luiz Claudio Carvalho de Almeida, Marcos Vinícius Torres Pereira, Marta Maria Alonso de Siqueira, Patrícia Esteves de Mendonça, Paulo Franco Lustosa, Pedro Bastos de Souza, Rachel Delmás Leoni de Oliveira, Rafael Esteves, Raphael Vieira Gomes Silva, Talita Menezes do Nascimento, Tereza Fernanda Martuscello Papa e Vitor de Azevedo Almeida Junior

Diretor Acadêmico: Leonardo Pereira

Editor: Roberta Densa

Assistente Editorial: Paula Morishita

Revisora Sênior: Georgia Renata Dias

Capa Criação: Leonardo Hermano

Diagramação: Ladislau Lima

Impressão miolo e capa: GRÁFICA FORMA CERTA

DIREITOS AUTORAIS: É proibida a reprodução parcial ou total desta publicação, por qualquer forma ou meio, sem a prévia autorização da Editora Foco, com exceção da legislação que, por se tratar de texto oficial, não são protegidas como Direitos Autorais, na forma do Artigo 8º, IV, da Lei 9.610/1998. Referida vedação se estende às características gráficas da obra e sua editoração. A punição para a violação dos Direitos Autorais é crime previsto no Artigo 184 do Código Penal e as sanções civis às violações dos Direitos Autorais estão previstas nos Artigos 101 a 110 da Lei 9.610/1998.

Atualizações e erratas: a presente obra é vendida como está, sem garantia de atualização futura. Porém, atualizações voluntárias e erratas são disponibilizadas no site www.editorafoco.com.br, na seção *Atualizações*. Esforçamo-nos ao máximo para entregar ao leitor uma obra com a melhor qualidade possível e sem erros técnicos ou de conteúdo. No entanto, nem sempre isso ocorre, seja por motivo de alteração de *software*, interpretação ou falhas de diagramação e revisão. Sendo assim, disponibilizamos em nosso site a seção mencionada (*Atualizações*), na qual relataremos, com a devida correção, os erros encontrados na obra. Solicitamos, outrossim, que o leitor faça a gentileza de colaborar com a perfeição da obra, comunicando eventual erro encontrado por meio de mensagem para contato@editorafoco.com.br.

Impresso no Brasil (05.2022)

Data de Fechamento (05.2022)

2022

Todos os direitos reservados à
Editora Foco Jurídico Ltda.

Avenida Itororó, 348 – Sala 05 – Cidade Nova
CEP 13334-050 – Indaiatuba – SP

E-mail: contato@editorafoco.com.br
www.editorafoco.com.br

Prefácio À 1ª edição

A obra que a leitora e o leitor têm em mãos, intitulada *Estatuto da pessoa com deficiência: comentários à Lei 13.146/2015*, é coordenada por **Guilherme Magalhães Martins**, Professor da Universidade Federal do Rio de Janeiro, e **Lívia Pitelli Zamarian Houaiss**, Professora da Universidade Federal Fluminense e da Universidade Federal Rural do Rio de Janeiro. Este trabalho reúne 33 autores de diversas instituições de ensino superior brasileiras, que tiveram a árdua tarefa não só de se debruçar sobre todas as previsões normativas que compõem o Estatuto da Pessoa com Deficiência de 2015, mas também de comentá-las em conformidade com a Convenção Internacional sobre os Direitos das Pessoas com Deficiência de 2006.

É de conhecimento que a Convenção foi internalizada com o *status* de norma constitucional, e, como tal, norteia a interpretação e vincula a aplicação de todo o sistema jurídico infraconstitucional, que diretamente nela encontra fundamento último quando o sujeito de direito afetado é a pessoa com deficiência. A Convenção, que ofereceu as balizas e mostrou o norte para a construção da presente obra, resultou da luta histórica em prol da dignidade humana, pluralidade da diversidade, autonomia, respeito e integridade, não discriminação, igualdade na diferença, independência na interdependência, acessibilidade a direitos e direito à acessibilidade, inclusão e desenvolvimento pleno das capacidades para a preservação da identidade, entre outros valores, bens e direitos centrais que, ao identificar e constituir a pessoa com deficiência como sujeito jurídico, deu-lhe um *locus* de inclusão de fala, reconhecido pela Organização das Nações Unidas (ONU). Vale ressaltar que a Convenção, espaço de onde sujeito e pessoa com deficiência fala, não é, de forma alguma, um lugar especial ou de privilégio, mas, sim, de inclusão absoluta, sem temperos, sem flexibilizações, sem retrocessos. Trata-se mesmo de inclusão total, que sintetiza todas as lutas, sobretudo as da década de oitenta no âmbito da ONU, que resultaram em princípios e políticas especialmente a partir do "Ano Internacional das Pessoas Deficientes", em 1981, e no Programa de Ação Mundial de Ação sobre as Pessoas Portadoras de Deficiência, lançado em 1982[1]. Trata-se, enfim, de inclusão radical. Não há mais

---

1. "Programa de Ação Mundial de Ação sobre as Pessoas Portadoras de Deficiência",1982. Resolução ONU 37/52, de 3 de dezembro de 1982. Estabelece diretrizes para Ações Nacionais (participação de pessoas com deficiência na tomada de decisões, prevenção, reabilitação, ação comunitária e educação do público), Internacionais, Pesquisa e Controle a Avaliação do Programa de Ação Mundial para Pessoas Deficientes.

tempo a perder com especulações sobre se o sujeito com deficiência é um sujeito de direito; não há mais tempo a perder com elucubrações sobre se a pessoa com deficiência é uma pessoa de direito; não há mais tempo a perder com considerações sobre se a pessoa com deficiência é plenamente capaz. O sujeito de direito e pessoa com deficiência plenamente capaz grita para todos os países que ele existe e que quer, por isso, ser respeitado e protegido na medida de seu consentimento; que quer receber as prestações sociais e econômicas que lhes são devidas porque devidas, indistintamente, a mulheres e homens; que quer cumprir com responsabilidades e deveres – se necessário, contando com um sistema de apoios, mas não de interdição disfarçada. Os 177 países, que ratificaram a Convenção dos 193 Estados-membros que compõem atualmente a Organização, têm ciência da existência e dos direitos desse indivíduo, reconhecendo seu lugar de fala no direito interno e, ato contínuo, reconhecendo-o como sujeito jurídico e pessoa de direito com direitos e obrigações.

Desde 2009, como já referido, a Constituição Federal de 1988 é o lugar de onde fala a pessoa com deficiência entre nós. A Convenção, tornada norma constitucional, foi regulada pela Lei 13.146/2015, que institui o Estatuto da Pessoa com Deficiência, também denominada "Lei Brasileira de Inclusão". O Estatuto regula os direitos da pessoa com deficiência e os deveres públicos e privados da sociedade para com ela, tendo *status* ao mesmo tempo de lei ordinária e especial no quadro legislativo infraconstitucional, com materialidade constitucional, visto que o seu fundamento é o documento convencional constitucionalizado. Nessa medida, na hierarquia normativa interna, não há que se conferir às suas prescrições interpretação e aplicação aquém do seu *status* normativo formal e material. Em outros termos, o Estatuto está, em sentido hierárquico, materialmente acima do arcabouço legislativo que compõe o direito interno, vinculando, por isso, sua interpretação e aplicação.

Assim é que, em muito boa hora, se publica este *Estatuto da Pessoa com Deficiência Comentado*, o qual foi pensando e estruturado em conformidade com o arcabouço de previsões da Lei Brasileira de Inclusão em dois Livros. O Livro I, que trata da Parte Geral, é dividido em quatro Títulos, que abarcam quatro grandes temáticas: I – Disposições Preliminares (Disposições Gerais, Igualdade e Não Discriminação e Atendimento Prioritário); II – Direitos Fundamentais (Direito à Vida, Direito à Habilitação e à Reabilitação, Direito à Saúde, Direito à Educação, Direito à Moradia, Direito ao Trabalho, Habilitação Profissional e Reabilitação Profissional, Inclusão da Pessoa com Deficiência no Trabalho, Direito à Assistência Social, Direito à Previdência Social, Direito à Cultura, ao Esporte, ao Turismo e ao Lazer); III – Acessibilidade (Disposições Gerais, Acesso à Informação e à Comunicação, Tecnologia Assistiva,

---

Disponível em: [http://www.mpdft.mp.br/deficiencia/index.php/legislacao/1-direitos-basicos-competencia-politica-geral-e-assistencia-social/17-apendice-n-1/13-uniao/uniao-resolucoes/714-resolucao-da-onu-n-3752-de-03-de-dezembro-de-1982]. Acesso em: 10 dez. 2017.

PREFÁCIO À 1ª EDIÇÃO

Direito à Participação na Vida Pública e Política) e IV – Ciência e Tecnologia. O Livro II, relativo à Parte Especial, se compõe de três Títulos, que abrangem o Acesso à Justiça (Disposições Gerais e Reconhecimento Igual perante a Lei); Crimes e Infrações Administrativas e, por último, Disposições Finais e Transitórias.

É de frisar que uma obra que pretende abarcar todos os dispositivos de uma lei nacional de tamanha importância traz reflexões sobre paradigmas dogmáticos de direito interno, como "sujeito", "pessoa", "personalidade", "capacidade", "direitos", "deveres" e "responsabilidades", "proteção e seus limites", entre outros. Isso porque os efeitos de tais reflexões serão sentidos em todo o sistema, especificamente no momento da interpretação e aplicação do seu conteúdo em congruência com as normas dos diversos ramos que compõem o direito. Para alicerçar a base desse edifício, a paleta de nomes a compô-la teria de ser, sem dúvida, altamente qualificada. Foi exatamente o que os coordenadores **Guilherme Magalhães Martins e Lívia Pitelli Zamarian Houaiss** se propuseram: escolher a dedo. Todos os articulistas apresentam *expertise* em deficiência, em suas diversas competências teórico-dogmáticas e/ou práticas. Aludir a cada um deles é fazer justiça a um empreendimento ambicioso e de tantas mãos que, sob a competente batuta de seus coordenadores, nasceu, desde a sua concepção, sob a insígnia de um trabalho sério, absorvente e, por isso, já bem-sucedido.

O Livro I, relativo à Parte Geral do Estatuto e às suas Disposições Preliminares, conta com as contribuições de **Marcos Vinícius Torres Pereira, J. M. Leoni Lopes de Oliveira e Rachel Delmás Leoni de Oliveira**, assim como de **Célia Barbosa Abreu**. Na Parte Geral, sob o "Título II – Dos Direitos Fundamentais", os comentários são da lavra de **Paulo Franco Lustosa, Marta Maria Alonso de Siqueira, Daniela Silva Fontoura de Barcellos, Juliana de Sousa Gomes Lage, Cláudia Franco Correa, Cristina Gomes Campos de Seta, Laura Magalhães de Andrade, Elisa Costa Cruz, Eduardo Mazzaroppi Barão Pereira, Pedro Bastos de Souza e Luigi Bonizzato**. O "Título III – Da Acessibilidade" da mesma Parte Geral conta com os artigos de **Vitor de Azevedo Almeida Junior, Lorranne Carvalho da Costa, Gabriela Helena Mesquita de Oliveira Campos, Patrícia Esteves de Mendonça, Luiz Claudio Carvalho de Almeida, Beatriz Carvalho de Araujo Cunha**. A Parte Geral ganha completude com o "Título IV – Da Ciência e Tecnologia", cujo comentário é da autoria de **Any Carolina Garcia Guedes**.

No Livro II, referente à Parte Especial, destacam-se, no "Título I – Do Acesso à Justiça", os trabalhos de **Lívia Pitelli Zamarian Houaiss, Fernando Gama de Miranda Netto e Rafael Esteves**. **Edvania Fátima Fontes Godoy** assina o artigo relativo às prescrições do "Título II – Dos Crimes e das Infrações Administrativas". Por último, o "Título III – Disposições Finais e Transitórias" conta com os comentários de **Almir Gallassi, Bruno Henrique Martins Pirolo, Vitor de Azevedo Almeida Junior., Tereza Fernanda Martuscello Papa, Guilherme Magalhães Martins, Andréia Fernandes de Almeida Rangel, Talita Menezes do Nascimento e Raphael Vieira Gomes Silva**.

Não é tarefa de uma prefaciadora apontar um ou outro comentário sobressalente em uma obra tão vasta e com tamanha qualidade. Mas é tarefa da prefaciadora aconselhar a leitora e o leitor a buscar lê-la em sua integralidade. Trata-se de leitura indispensável, sem dúvida, porque atualíssima e de extrema importância para acadêmicos e profissionais do direito, assim como para o público em geral, que, em seu dia a dia, também se defronta com muitas das questões examinadas neste trabalho. Como pesquisadora e grande entusiasta dos estudos sobre deficiência, só me resta, por tudo isso, desejar a todas e a todos, uma Ótima Leitura!

Rio de Janeiro, 09 de setembro de 2018

Ana Paula Barbosa-Fohrmann

Professora Adjunta da Faculdade Nacional de Direito

Professora Permanente do Programa de Pós-Graduação em Direito

Universidade Federal do Rio de Janeiro

Apresentação

A Lei Brasileira de Inclusão da Pessoa com Deficiência, também denominada de Estatuto da Pessoa com Deficiência (Lei 13.146), aprovada em 06 de julho de 2015, interferiu, de modo sensível e a um só tempo, em diversos institutos jurídicos basilares para nosso ordenamento, como a capacidade civil e a curatela, instaurando profundas mudanças que surpreenderam boa parte da comunidade jurídica, a qual ainda não havia se detido sobre as alterações por ela promovidas.

Destinado a assegurar e a promover, em condições de igualdade, o exercício dos direitos e das liberdades fundamentais por pessoa com deficiência, e principalmente sua inclusão social e efetivação plena de sua cidadania, o Estatuto da Pessoa com Deficiência vem atender uma significativa população, que até então se encontrava esquecida e invisibilizada pelo direito brasileiro.

O Estatuto da Pessoa com Deficiência constitui marco legal sem precedentes no Brasil, que dá cumprimento à Convenção Internacional das Nações Unidas sobre os Direitos das Pessoas com Deficiência (CDPD) e seu Protocolo Facultativo. A também denominada Convenção de Nova York foi ratificada pelo Congresso Nacional através do Decreto Legislativo 186, de 09 de julho de 2008, e promulgada pelo Decreto 6.949, de 25 de agosto de 2009, e, portanto, já se encontrava desde então formalmente incorporada, com força, hierarquia e eficácia constitucionais, ao plano do ordenamento positivo interno do Estado brasileiro, nos termos do art. 5º, § 3º, da Constituição Federal.

Desse modo, em razão das profundas inovações promovidas pelo Estatuto da Pessoa com Deficiência (EPD) e, por conseguinte, das dúvidas instaladas em boa parte da comunidade jurídica no que tange à sua interpretação e aplicação, o presente estudo apresenta-se como valiosa contribuição para a promoção dos direitos das pessoas com deficiência. Os coordenadores, Guilherme Magalhães Martins e Lívia Pitelli Zamarian Houaiss, reuniram mais de 30 pesquisadores de diferentes formações e campos de atuação para fornecer um rico exame pormenorizado de cada um dos 127 artigos que compõem o EPD. O resultado desse esforço conjunto contribui, desse modo, para a difusão dos direitos das pessoas com deficiência e encaminha soluções para as importantes questões levantadas pelo advento do EPD.

A CDPD e o EPD adotaram o modelo social da deficiência, que definitivamente inclui a defesa dos direitos das pessoas com deficiência na agenda dos direitos humanos, e determina a promoção e efetivação de seus direitos fundamentais, para que se processe sua plena inclusão social. Indispensável, portanto, interpretar o EPD à luz desse novo modelo, visando, sobretudo, a conquista da autonomia pela pessoa com deficiência, de todo indispensável para a preservação de sua dignidade.

Rio de Janeiro, setembro de 2018.

Heloisa Helena Barboza

Professora titular de Direito Civil da Faculdade de Direito da UERJ

Nota dos Coordenadores à 2ª edição

Com a evolução dos direitos humanos, intensifica-se a proteção da pessoa, com vistas ao seu livre desenvolvimento, em todos os aspectos da sua vida de relação, a partir da cláusula geral da dignidade da pessoa humana. Discriminações e hierarquizações, fundadas em gênero, saúde ou opção política, religiosa ou social, não encontram mais espaço.

Em consequência desse caminhar progressivo, no ano de 2007, a Organização das Nações Unidas – ONU promulgou a Convenção sobre os Direitos da Pessoa com Deficiência – CPPD e seu protocolo facultativo. No Brasil, a Convenção de Nova York foi aprovada por meio do Decreto 186/2008, com quórum de maioria qualificada de três quintos, nas duas casas do Congresso Nacional, em dois turnos, alcançando a hierarquia de norma constitucional (art. 5º, § 3º, Constituição da República).

Posteriormente, a Convenção foi ratificada e promulgada através do Decreto Presidencial 6.949/2009. A Convenção trouxe um novo paradigma para a pessoa com deficiência, pautado no "modelo social dos direitos humanos".

O Estatuto da Pessoa com Deficiência (Lei 13.146/2015), também denominado Lei Brasileira de Inclusão, instrumentaliza a Convenção de Nova York, cuja ratificação e promulgação determinou sua incorporação, com força, hierarquia e eficácia constitucionais, ao ordenamento jurídico brasileiro, nos termos do art. 5º, § 3º, da Constituição da República.

A partir desse modelo social, as noções de deficiência e incapacidade não são mais passíveis de confusão, constituindo um notável avanço em relação ao direito anterior, quando as pessoas com deficiência psíquica e intelectual foram excluídas de uma maior participação na vida civil. A deficiência, no passado, foi identificada com um desvio no padrão de normalidade ou uma doença,[2] ao passo que, no modelo social, passam a ser levada em conta a interação entre as características do indivíduo e as barreiras e impedimentos impostas pela organização da sociedade.

A inclusão das pessoas com deficiência passa por uma transformação, não só estrutural como funcional, deixando de ser uma preocupação individual para tornar-se um objetivo da sociedade como um todo. O legislador evita termos que reforcem

---

2. Sobre o tema, FOUCAULT, Michel. *O nascimento da clínica*. Tradução de Roberto Machado. 7.ed. Rio de Janeiro: Forense Universitária, 2013. p.20-21.

a exclusão e segregação, tais como "portadores de deficiência" ou "portadores de necessidades especiais".

Porém, a efetiva implementação do Estatuto da Pessoa com Deficiência, superadas as barreiras iniciais, depende da sua aplicação pelo Poder Judiciário, cuja confiança e adaptação aos paradigmas da nova lei é hoje a maior dificuldade a ser ultrapassada na concretização do princípio constitucional da inclusão. Alguns projetos de lei buscam retroceder à ordem antes reinante, baseada numa visão patrimonialista e individualista.

Essa obra coletiva, de comentários artigo por artigo, foi produto de um trabalho intenso, desenvolvido inicialmente por trinta e três autores, boa parte dos quais são docentes efetivos do Departamento de Direito Civil da Faculdade Nacional de Direito da UFRJ. Dentre esses professores, destacamos especialmente, todos com grande brilho: Andréia Fernandes de Almeida Rangel, Cláudia Franco Correa, Cristina Gomes Campos de Seta, Daniela Silva Fontoura de Barcellos, Juliana de Sousa Gomes Lage, Marcos Vinícius Torres Pereira e Rafael Esteves. Integrou a pesquisa ainda o professor Luigi Bonizzato, associado do Departamento de Direito do Estado da Faculdade Nacional de Direito da UFRJ.

O grupo foi ainda integrado por diversos pesquisadores que participaram do Departamento de Direito Civil da gloriosa Faculdade Nacional de Direito, como professores substitutos, honrando as tradições da casa com seu excelente trabalho, em especial Any Carolina Garcia Guedes, Eduardo Mazzaroppi Barão Pereira, Elisa Costa Cruz, Laura Magalhães de Andrade, Marta Maria Alonso de Siqueira, Patrícia Esteves de Mendonça, Paulo Franco Lustosa, Pedro Bastos de Souza e Rachel Delmás Leoni de Oliveira.

Foi da convivência no Departamento nos anos de 2016/2017 que nasceu a ideia da presente obra, com objetivo de estimular o debate e produção acadêmica conjunta dos professores efetivos e substitutos. A Lei Brasileira de Inclusão, à época, recém-publicada, já inspirava reflexões necessárias ante o forte impacto gerado nos mais diversos ramos do Direito, que culminaram no esforço em conjugar profissionais de múltiplas áreas jurídicas, de diversas instituições brasileiras, com experiência prática e/ou gabarito acadêmico, para tecerem comentários de cada um dos dispositivos do novo Estatuto. A obra foi sendo artesanalmente construída ao longos desses primeiros anos de vigência da legislação, corroborada pela doutrina e jurisprudência gradativamente produzida e amparada nas instruções normativas e regulamentações legais do tema que advieram.

Participaram ainda outros pesquisadores de outras instituições, em especial Almir Gallassi (ITE-Bauru), Beatriz Carvalho de Araujo Cunha (Defensoria Pública do Estado do Rio de Janeiro), Bruno Henrique Martins Pirolo (UNIMAR), Célia Barbosa Abreu (Universidade Federal Fluminense), Edvania Fátima Fontes Godoy (Universidade Estadual de Londrina), Fernando Gama de Miranda Netto (Universidade Federal Fluminense), Gabriela Helena Mesquita de Oliveira Campos (Universidade Federal Rural do Rio de Janeiro), J. M. Leoni Lopes de Oliveira (Ministério Público do Estado do Rio de Janeiro), Lorranne Carvalho da Costa (Universidade Federal Rural do Rio de Janeiro), Luiz Claudio Carvalho de Almeida (Ministério Público do Estado do Rio de Janeiro), Raphael Vieira Gomes Silva (UCAM), Talita Menezes do Nascimento (Universidade Federal Rural do Rio de Janeiro e Ordem dos Advogados do Brasil), Tereza Fernanda Martuscello Papa (UNIG e Universidade Federal Rural do Rio de Janeiro) e Vitor de Azevedo Almeida Junior (Universidade Federal Rural do Rio de Janeiro). Na segunda edição, sem prejuízo da atualização da obra pelos demais autores, foi acrescentada o valiosíssimo texto de Luana Adriano Araújo, Doutora em Direito pela Universidade Federal do Rio de Janeiro, sobre o Decreto 10.502, de 30 de setembro de 2020, que institui a Política Nacional de Educação Especial.

A 1ª edição desta obra representou o início de uma caminhada de construção em prol da verdadeira autonomia das pessoas com deficiência que gerou vários frutos ao longo dos últimos 3 anos: grupos de estudo, pesquisa acadêmica, palestras, treinamentos e capacitações, ensino e extensão. A caminhada da inclusão ainda é longa, mas esperamos ser essa obra um pequeno fomento à disseminação de informação. Esta 2ª edição veio com acréscimos, revisões, destaques dos coordenadores no formato de "tome nota" para temas relevantes e atualizações, em especial, das alterações legislativas e novas discussões sobre os direitos da pessoa com deficiência que despontaram desde a edição anterior. Agradecemos a confiança dos autores em participarem, aos nossos leitores desta e da 1ª edição e desejamos-lhes uma excelente leitura.

Rio de Janeiro, fevereiro de 2022.

Guilherme Magalhães Martins
Lívia Pitelli Zamarian Houaiss

XIV

Os autores

Almir Gallassi

Pós-Doutor em "Derechos Humanos: de los Derechos Sociales a los Derechos Difusos" (Universidade de Salamanca – Espanha. Doutor e Mestre em Sistema de Garantia de Direitos (ITE/Bauru).

http://lattes.cnpq.br/7705873292109143

Andréia Fernandes de Almeida Rangel

Doutora e Mestre em Dir-eito (UFF). Pós-graduada em Direito Privado (UFF). Professora Adjunta de Direito Civil da Faculdade Nacional de Direito (UFRJ). Líder do Grupo de Pesquisa A simbiose entre o público e o privado: os limites da ingerência estatal no âmbito das relações privadas (FND/UFRJ). Pesquisadora no grupo de pesquisa CNPq Mercosul, Direito do Consumidor e Globalização liderado pela Profa. Dra. Dr. h. c. Claudia Lima Marques.

http://lattes.cnpq.br/5702285453738120

Any Carolina Garcia Guedes

Mestra em Direito (UFRJ). Especialista em Direito Civil Constitucional (UERJ), Especialista em Direito Público e Privado (EMERJ), Aperfeiçoamento na área de Direito das Startups e Empreendedores (FGV Direito\Rio). Advogada, Professora Substituta de Direito Civil (FND/UFRJ) entre 2015 e 2017.

http://lattes.cnpq.br/0771361158512489

Beatriz Carvalho de Araujo Cunha

Mestranda em Direito (UERJ). Pós-graduanda em Direitos Humanos. (PUC-Rio). Graduada em Direito (UFRJ). Defensora Pública do Estado do Rio de Janeiro.

http://lattes.cnpq.br/3186984429966942

Bruno Henrique Martins Pirolo

Mestre em Direito (UNIMAR). Especialista em Direito Previdenciário (UEIL e Direito Constitucional Contemporâneo (IDCC). Advogado.

http://lattes.cnpq.br/6892291802847077

Célia Barbosa Abreu

Pós-Doutorado em Direito pelo Programa de Pós-Graduação em Direito (UERJ). Doutora e Mestre em Direito Civil (UERJ). Professora Adjunta III de Direito Civil e do

Programa de Pós-Graduação Stricto Sensu em Direito Constitucional (UFF).

http://lattes.cnpq.br/8015623070536170

Cláudia Franco Correa

Pós-doutora em Antropologia Urbana (UERJ). Mestre e Doutora em Direito (UGF). Professora adjunta da Faculdade Nacional de Direito (UFRJ). Professora PPGD da Universidade Veiga de Almeida.

http://lattes.cnpq.br/6184818136194219

Cristina Gomes Campos de Seta

Doutora e Mestre em Direito (UGF). Professora adjunta da Faculdade Nacional de Direito (UFRJ).

http://lattes.cnpq.br/7677200018957982

Daniela Silva Fontoura de Barcellos

Doutora em Ciência Política (UFRGS), com estágio doutoral na Ecole Normale Supérieure (ENS) e na Université de Paris I, Sorbonne; Mestrado em Direito Civil (UFRGS Professora adjunta de Direito Civil da Faculdade Nacional de Direito e da pós-graduação lato sensu do Curso de Direito (UFRJ).

http://lattes.cnpq.br/8553580356547143

Eduardo Mazzaroppi Barão Pereira

Mestre em Justiça Administrativa (PPGJA/UFF), registrador de imóveis em Uruçuca-BA.

http://lattes.cnpq.br/0799969221532530

Edvania Fátima Fontes Godoy

Mestre em Direito Negocial e especialista em Direito e Processo Penal e (UEL).

http://lattes.cnpq.br/6676474877890719

Elisa Costa Cruz

Pós-doutoranda na ESS/UFRJ. Doutora e Mestre em Direito Civil (UERJ). Pós-graduada em Direito Constitucional (Universidade Estácio de Sá). Professora em Direito Civil (EMERJ). Defensora Pública no Estado do Rio de Janeiro.

http://lattes.cnpq.br/9702529524448364

Fernando Gama de Miranda Netto

Doutor em Direito (UGF), com período pesquisa na Deutsche Hochschule für Verwaltungswissenschaften de Speyer (Alemanha) e no Max-Planck-Institut (Heidelberg). Professor Adjunto de Direito Processual (UFF), líder do Laboratório Fluminense de Estudos Processuais (LAFEP), e membro do Programa de Pós-Graduação Stricto Sensu em Sociologia e Direito (UFF) e em Direito, Instituições e Negócios (UFF).

http://lattes.cnpq.br/0832019587284612

Gabriela Helena Mesquita de Oliveira Campos

Graduada em Direito (UFRRJ-ITR). Foi pesquisadora de Direito Civil Contemporâneo no Núcleo de Pesquisa em Direitos Fundamentais, Relações Privadas e Políticas Públicas (UFRRJ/CNPq). Advogada.

http://lattes.cnpq.br/8788898835525952

Guilherme Magalhães Martins

Pós-doutor em Direito (USP). Doutor, Mestre e Bacharel em Direito (UERJ). Professor associado de Direito Civil da Faculdade Nacional de Direito (UFRJ). Professor permanente do Doutorado em Direito, Instituições e Negócios – UFF. Procurador de Justiça do Ministério Público do Estado do Rio de Janeiro.

http://lattes.cnpq.br/6071905480000840

J. M. Leoni Lopes de Oliveira

Mestre em Direito (UNESA). Procurador de Justiça do Ministério Público do Estado do Rio de Janeiro.

http://lattes.cnpq.br/5020248261547899

Juliana de Sousa Gomes Lage

Doutoranda e Mestre em Direito (UFRJ). Professora assistente da Faculdade Nacional de Direito (UFRJ).

http://lattes.cnpq.br/6640134989061579

Laura Magalhães de Andrade

Doutora em Direito (UFF / PPGDIN). Mestre em Direito e Políticas Públicas (UNIRIO – PPGDPP). Especialista em Gestão Ambiental (UFRJ/PNUMA). Bacharel em Direito (UFF). Foi professora substituta de Direito Civil (UFRJ e UFRRJ). É professora dos cursos de graduação em Administração e Tecnologia em Logística (UNIABEU).

http://lattes.cnpq.br/2109510402911957

Lívia Pitelli Zamarian Houaiss

Doutora em Direito (UFF). Mestre em Direito (ITE). Especialista em Direito Civil e Processo Civil (UEL) e em Giustizia costituzionale e tutela giurisdizionale dei diritti fondamentali (Università di Pisa, Itália). Professora adjunta no Departamento de Direito Privado (UFF) e do Departamento de Ciências Jurídicas (UFRRJ/IM). Vice-líder do grupo de pesquisa Diálogos (UFRRJ/CNPq) na linha "Direito Civil Além do Judiciário".

http://lattes.cnpq.br/0207380938984292

Lorranne Carvalho da Costa

Graduada em Direito (UFRRJ-ITR). Pesquisadora de Direito Civil Contemporâneo no Núcleo de Pesquisa em Direitos Fundamentais, Relações Privadas e Políticas Públicas (UFRRJ/CNPq).

http://lattes.cnpq.br/3224481627926024

Luana Adriano Araújo

Doutoranda em Direito (UFRJ) e Westfalische-Wilheims Universitat Munster). Bolsista CAPES-DAAD.

http://lattes.cnpq.br/9238864738740157

Luigi Bonizzato

Doutor em Direito (UERJ). Professor da Faculdade Nacional de Direito (UFRJ), e dos Cursos de Mestrado e Doutorado em Direito (PPGD/UFRJ).

http://lattes.cnpq.br/8169452504332343

Luiz Claudio Carvalho de Almeida

Doutorando em Cognição e Linguagem (UENF). Mestre em Direito (Centro Universitário Fluminense). Promotor de justiça do Ministério Público do Estado do Rio de Janeiro e Coordenador do CAO das Promotorias de Justiça de Proteção ao Idoso e à Pessoa com Deficiência.

http://lattes.cnpq.br/2606854288791127

Marcos Vinícius Torres Pereira

Doutor e Mestre em Direito Internacional (UERJ). Professor Associado de Direito Civil e Internacional Privado da Faculdade Nacional de Direito (UFRJ). Advogado.

http://lattes.cnpq.br/0008239768110269

Marta Maria Alonso de Siqueira

Mestre em Direito e Sociologia (UFF). Pós-Graduada em Direito Público e Privado (Estácio de Sá/EMERJ). Professora do curso de Direito (FACHA). Foi professora substituta de Direito Civil da Faculdade Nacional de Direito (UFRJ).

http://lattes.cnpq.br/3688125382756826

Patrícia Esteves de Mendonça

Mestre em Direito (UCP), especialista em direito Público e Privado pela (UNESA).

http://lattes.cnpq.br/5557527671450425

OS AUTORES

Paulo Franco Lustosa

Mestre em Direito Civil (UERJ). Professor substituto de Direito Civil da Faculdade Nacional de Direito (UFRJ). Advogado do BNDES.

http://lattes.cnpq.br/0076229831779098

Pedro Bastos de Souza

Mestre em Direito pela UNIRIO. Professor substituto da Faculdade Nacional de Direito (UFRJ).

http://lattes.cnpq.br/3402002056086767

Rachel Delmás Leoni de Oliveira

Mestre em Direito (PURC-RIO). Especialista em Direito Civil e Processo Civil (UNESA) e em Direito Civil-Constitucional (UERJ). Professora dos cursos de Graduação e Pós-Graduação (UNESA e PUC-RIO). Advogada. Conselheira da OAB/RJ. Presidente da Comissão de Assuntos Fundiários e Habitacionais OAB/RJ.

http://lattes.cnpq.br/1722230336543694

Rafael Esteves

Doutor em Ciências da Saúde, pelo curso de Bioética, Ética Aplicada e Saúde Coletiva - PPGBIOS (curso em associação entre UERJ, UFRJ Fiocruz e UFF); Mestre em Direito Civil (UERJ). Professor Adjunto de Direito Civil da Faculdade Nacional de Direito (UFRJ). Advogado.
http://lattes.cnpq.br/9664948549498115

Raphael Vieira Gomes Silva

Pós-Graduando em Direito Imobiliário (UCAM) e Direito Civil e Processo Civil (FESUDEPERJ/UCAM), Advogado. Presidente da Comissão de Prerrogativas da OAB/RJ – Subseção da Leopoldina.

Talita Menezes do Nascimento

Mestre em Direito (UNESA). Professora assistente (UFRRJ). Advogada. Presidente da OABRJ subseção Leopoldina.

http://lattes.cnpq.br/6372060880767536

Tereza Fernanda Martuscello Papa

Mestra em Direito (UVA). Especialista em Direito Processual Civil (UGF). Docente e advogada.

http://lattes.cnpq.br/5146113922115908.

Vitor de Azevedo Almeida Junior

Doutor e mestre em direito civil (UERJ). Professor Adjunto de direito civil (ITR-UFRRJ). Professor de direito civil (PUC-Rio). Professor do curso de especialização em Responsabilidade civil e direito do consumidor (EMERJ) e direito civil constitucional (CEPED-UERJ).

http://lattes.cnpq.br/2030380665970388

Sumário

lIVRO I
PARTE GERAL

TÍTULO I – DISPOSIÇÕES PRELIMINARES... 1

Capítulo I – Disposições Gerais 1

ARTS 1º AO 3º

Marcos Vinícius Torres Pereira.. 1

ARTS. 4º A 6º

Capítulo II – Da Igualdade e da Não Discriminação 21

J. M. Leoni Lopes de Oliveira e Rachel Delmás Leoni de Oliveira................... 21

ARTS. 7º E 8º

Célia Barbosa Abreu 30

ART. 9º

Seção Única – Do Atendimento Prioritário 44

Célia Barbosa Abreu 44

ARTS. 10 A 13

TÍTULO II – DOS DIREITOS FUNDAMENTAIS.................................... 50

Capítulo I – Do Direito à Vida 50

Paulo Franco Lustosa.. 50

ARTS. 14 A 17

Capítulo II – Do Direito à Habilitação e à Reabilitação 67

Marta Maria Alonso de Siqueira.. 67

ESTATUTO DA PESSOA COM DEFICIÊNCIA: COMENTÁRIOS À LEI 13.146/2015

ARTS. 18 A 26

Capítulo III – Do Direito à Saúde 75

Daniela Silva Fontoura de Barcellos 75

ARTS. 27 A 30

Capítulo IV – Do Direito à Educação 88

Juliana de Sousa Gomes Lage 88

Luana Adriano Araújo 103

ARTS. 31 A 33

Capítulo V – Do Direito à Moradia 129

Cláudia Franco Correa; Cristina Gomes Campos de Seta............................ 129

ARTS. 34 E 35

Capítulo VI – Do Direito ao Trabalho 139

Laura Magalhães de Andrade 139

ART. 36

Seção II – Da Habilitação Profissional e Reabilitação Profissional 150

Laura Magalhães de Andrade 150

ART. 37 E 38

Seção III – Da Inclusão da Pessoa com Deficiência no Trabalho 155

Laura Magalhães de Andrade 155

ARTS. 39 E 40

Capítulo VII – Do Direito à Assistência Social 160

Elisa Costa Cruz 160

ART. 41

Capítulo VIII – Do Direito à Previdência Social 166

Eduardo Mazzaroppi Barão Pereira 166

ARTS. 42 A 45

Capítulo IX – Do Direito à Cultura, ao Esporte, ao Turismo e ao Lazer 169

Pedro Bastos de Souza 169

SUMÁRIO

ARTS. 46 A 52

Capítulo X – Do Direito ao Transporte e à Mobilidade 178

Luigi Bonizzato 178

ARTS. 53 A 62

TÍTULO III – DA ACESSIBILIDADE 197

Capítulo I – Disposições Gerais 197

Vitor de Azevedo Almeida Junior; Lorranne Carvalho da Costa; Gabriela Helena
Mesquita de Oliveira Campos 197

ARTS. 63 A 73

Capítulo II – Do Acesso à Informação e à Comunicação 217

Patrícia Esteves de Mendonça 217

ARTS. 74 E 75

Capítulo III – Da Tecnologia Assistiva 241

Luiz Claudio Carvalho de Almeida 241

ART. 76

Capítulo IV – Do Direito à Participação na Vida Pública e Política 247

Beatriz Carvalho de Araujo Cunha 247

ARTS. 77 E 78

TÍTULO IV – DA CIÊNCIA DE TECNOLOGIA 258

Any Carolina Garcia Guedes 258

ARTS. 79 A 83

LIVRO II

PARTE ESPECIAL

TÍTULO I – DO ACESSO À JUSTIÇA 273

Capítulo I – Disposições Gerais 273

Lívia Pitelli Zamarian Houaiss e Fernando Gama de Miranda Netto 273

ESTATUTO DA PESSOA COM DEFICIÊNCIA: COMENTÁRIOS À LEI 13.146/2015

ARTS. 84 A 87

Capítulo II – Do Reconhecimento Igual Perante a Lei 291
Rafael Esteves 291

ARTS. 88 A 91

TÍTULO II – DOS CRIMES E DAS INFRAÇÕES ADMINISTRATIVAS 302
Edvania Fátima Fontes Godoy 302

ARTS. 92 A 99

TÍTULO III – DISPOSIÇÕES FINAIS E TRANSITÓRIAS 313
Almir Gallassi e Bruno Henrique Martins Pirolo... 313

ART. 100

Vitor de Azevedo Almeida Junior. 325

ARTS. 101 A 102

Almir Gallassi e Bruno Henrique Martins Pirolo... 331

ARTS. 103 A 113

Tereza Fernanda Martuscello Papa 334

ART. 114

Guilherme Magalhães Martins 347

ARTS. 115 E 116

Andréia Fernandes de Almeida Rangel 364

ARTS. 117 A 127

Talita Menezes do Nascimento e Raphael Vieira Gomes Silva............................ 374

REFERÊNCIAS 405

Livro I
Parte Geral
TÍTULO I
DISPOSIÇÕES PRELIMINARES
Capítulo I
Disposições Gerais

Marcos Vinícius Torres Pereira

Art. 1º É instituída a Lei Brasileira de Inclusão da Pessoa com Deficiência (Estatuto da Pessoa com Deficiência), destinada a assegurar e a promover, em condições de igualdade, o exercício dos direitos e das liberdades fundamentais por pessoa com deficiência, visando à sua inclusão social e cidadania.

Parágrafo único. Esta Lei tem como base a Convenção sobre os Direitos das Pessoas com Deficiência e seu Protocolo Facultativo, ratificados pelo Congresso Nacional por meio do Decreto Legislativo 186, de 9 de julho de 2008, em conformidade com o procedimento previsto no § 3º do art. 5º da Constituição da República Federativa do Brasil, em vigor para o Brasil, no plano jurídico externo, desde 31 de agosto de 2008, e promulgados pelo Decreto 6.949, de 25 de agosto de 2009, data de início de sua vigência no plano interno.

1. ASPECTOS GERAIS

Após a Segunda Guerra Mundial, devido ao trauma do Holocausto, somado ao rastro de devastação da civilização e de perdas de vidas humanas, nos dois conflitos mundiais, no curto espaço de cerca de três décadas; a sociedade mundial reagiu através da emergência dos direitos humanos. A doutrina dos direitos humanos afirma a existência da raça humana como única, e, que pressupõe, *ipso facto*, um rol de direitos mínimos a serem assegurados a todos os indivíduos, sem distinção. Direitos estes, que são inalienáveis, irrenunciáveis e imprescritíveis a todos os seres humanos.

Num primeiro momento existe a preocupação em se garantir as liberdades, a proteção e os direitos essenciais de todos os indivíduos, numa base igualitária. A partir dos anos sessenta, ganha força a ideia de que, ainda que se reconheça uma única raça humana de maneira isonômica, alguns grupos de indivíduos se diferenciam por condições pessoais, que os tornam alvos de discriminação e, consequentemente, candidatos a sofrerem restrições no acesso e no gozo de determinados direitos. Tais grupos são comumente chamados de minorias – terminologia que soa inadequada, não somente por uma possível conotação pejorativa, mas também porque estes grupos soem ser bastante numerosos –, e, representam grupos vulneráveis – nomenclatura mais adequada, por representar sua posição fragilizada frente aos demais indivíduos, em razão da discriminação que sofrem por sua condição. Dentre tais grupos vulneráveis, podemos indicar, por exemplo, as mulheres – discriminadas em função do gênero –, as crianças e adolescentes, e, os idosos – discriminados por sua fragilidade física relacionada à idade e pela consequente dependência de terceiros –; os indígenas, os negros, e, os estrangeiros – discriminados em razão da etnia, da raça ou da origem; os indivíduos LGBTI – perseguidos por causa da orientação sexual ou da identidade de gênero –, e, as pessoas com deficiência – excluídos em virtude de suposta "deficiência". Cabe registrar que o foco dos direitos humanos a todos estes grupos vulneráveis corresponde aos direitos humanos de terceira geração, ou, à chamada especialização dos direitos humanos na doutrina do pensador Norberto Bobbio.[1]

Desse modo, é indispensável atentar para o fato de que a elaboração da presente lei no Brasil se insere num vasto projeto de promoção de direitos humanos, em níveis internacional e interno – não somente no Brasil, mas também em outros países –, a um grupo vulnerável específico: as chamadas pessoas com deficiência.

2. A OPÇÃO PELO MODELO DE UM MICROSSISTEMA

Do mesmo modo como fez para o estatuto protetivo dirigido a outros grupos supostamente vulneráveis, tais como os idosos – Estatuto do Idoso –, e, as crianças e os adolescentes – Estatuto da Criança e do Adolescente (Lei 8.069/1990) –, o legislador optou pela elaboração de um microssistema. *Id est*, priorizou-se uma lei protetiva que abarque, numa pretensão (quase) exaustiva, os mais diversos temas relativos à proteção do grupo tutelado, incluindo normas processuais e materiais.

A principal vantagem de um microssistema repousa na especialidade. O microssistema permite a coexistência de normas de direito civil, processual, administrativo, e, mesmo, penal; tendo como elo o foco na proteção do grupo hipossuficiente que se busca proteger. Costuma-se indicar ou priorizar princípios que guiarão os operadores do direito na aplicação das normas do próprio microssistema, a semelhança do que é feito para algumas espécies normativas, como a Constituição Federal. Os princípios escolhidos levam em consideração as peculiaridades do grupo tutelado e os objetivos do microssistema. Faz-se mister ter em mente que os microssistemas legislativos fazem parte do ordenamento jurídico de determinado Estado, sujeitando-se a eventuais conflitos com outras leis já existentes, com códigos e com a própria constituição nacional. Quanto à técnica

---

1. BOBBIO, Norberto. *A era dos direitos*. 7ª reimpressão. trad. Carlos Nelson Coutinho. Rio de Janeiro, Elsevier, 2004. p. 31-32.

legislativa, cabe observar que os microssistemas fazem uso tanto da redação de dispositivos que criam, alteram ou extinguem, de forma explícita (e tradicional), direitos, bem como de dispositivos que preveem mera alteração da redação de dispositivos de outras leis já existentes.

A escolha por um modelo de microssistema para regulamentar os direitos das pessoas com deficiência no Brasil é acertada, já que tal opção se mostrou eficaz para a promoção de direitos para outros grupos vulneráveis, através dos chamados estatutos. Não há dúvidas de que é uma estratégia do legislador, uma vez que a Lei Brasileira de Inclusão da Pessoa com Deficiência é batizada mediante o epíteto de "Estatuto da Pessoa com Deficiência", no *caput* do artigo 1º.

3. OBJETIVOS DA LEI

A Lei visa assegurar e promover direitos das pessoas com deficiência. A Lei visa assegurar tais direitos através da enumeração de direitos que, uma vez disciplinados em um estatuto legal, adquirem força cogente e trazem segurança jurídica; levando, portanto, à paz social. A promoção de direitos é consagrada por meio da promoção de políticas públicas que tornem efetivos esses direitos, muitas vezes, por medidas afirmativas.

A referência a "direitos e liberdades fundamentais" da pessoa com deficiência tem conexão direta com "os direitos e garantias fundamentais" do artigo 5º da Carta Magna, ainda que não pareça haver similitude entre alguns dispositivos do artigo 5º da *Lex Maxima* e os dispositivos do *caput* do artigo 1º do Estatuto. Como próprio a um microssistema, os direitos e liberdades fundamentais elencados no Estatuto são aqueles que se relacionam com a realidade de uma pessoa com deficiência, num espectro mais limitado do que alguns dispositivos da Constituição Federal, que visam a todos os indivíduos e com objetivos mais amplos. O artigo 1º do Estatuto não enumera os direitos e liberdades fundamentais, uma vez que eles serão tratados ao longo da Lei. De todo modo, o ponto importante é o reconhecimento de direitos das pessoas com deficiência, alçados ao patamar dos direitos fundamentais

Faz-se mister observar que três expressões se relacionam no texto do *caput* do artigo 1º, constituindo um trinômio para delinear e efetivar os objetivos do Estatuto, a saber: "em condições de igualdade", "inclusão social" e "cidadania". Apesar da igualdade formal entre todos os indivíduos, é sabido que as pessoas com deficiência enfrentam dificuldades e barreiras para a efetivação de vários direitos, em razão de sua condição. O legislador tem consciência dessa desvantagem em comparação com outros indivíduos, quando prevê que tal promoção deve se dar em condições de igualdade. Permite tacitamente antever a necessidade da adoção de medidas afirmativas, como estratégia para reequilibrar forças, garantir a paridade entre os indivíduos; utilizando, assim, a já conhecida técnica de medidas afirmativas para a promoção de direitos de grupos vulneráveis, tal como já foi feito e ainda é feito, em alguns tratados internacionais e no plano interno de vários Estados, para negros, indígenas e mulheres, por exemplo. O quadro de suposta discriminação também é implicitamente reconhecido, quando se prevê a inclusão social das pessoas com deficiência, como meta e meio de se promover sua cidadania. Seguramente, o legislador escolheu a inclusão como estratégia para a proteção dos direitos das pessoas com deficiência, já que a própria lei foi intitulada como "Lei Brasileira de Inclusão da Pessoa com Deficiência". Todas estas estratégias se justificam para garantir o exercício da cidadania, levando-se em conta que as pessoas com deficiência têm o mesmo *status* de cidadãos que os outros indivíduos; mas, na prática, costumam ter um déficit no gozo dos direitos que lhes são igualmente assegurados.

4. O PARÁGRAFO ÚNICO E A RELAÇÃO DA LEI COM O SISTEMA INTERNACIONAL DE PROTEÇÃO DOS DIREITOS HUMANOS

4.1. A contextualização do estatuto da pessoa com deficiência no sistema internacional de proteção dos direitos humanos

A preocupação em proteger grupos vulneráveis como as pessoas com deficiência tem levado a sociedade internacional e os Estados a adotarem tratados internacionais e leis nacionais, versando normas de proteção especial a esses indivíduos. Após a Segunda Guerra Mundial, um arcabouço legal internacional foi sendo construído, como forma de implementar normas internacionais de proteção aos direitos humanos e de garantir o engajamento dos Estados, para o respeito destas normas e a adoção de medidas para efetivação dos direitos resguardados. O ponto de partida foi a Declaração Universal dos Direitos do Homem de 1948, que apesar de não ter a chamada força obrigatória para os Estados que a assinaram, marca um compromisso da parte destes com os direitos elencados no documento. A Declaração é o documento fundador do Sistema Internacional de Proteção dos Direitos Humanos e compõe, juntamente com o Pacto dos Direitos Civis e Políticos, e, o Pacto dos Direitos Econômicos, Sociais e Culturais, ambos de 1966, o Sistema Internacional Universal Geral de Proteção de Direitos Humanos. Paralelamente, ainda nos anos sessenta, começa um movimento de elaboração de convenções internacionais voltadas a tutelar temáticas específicas ou grupos vulneráveis determinados, que compõem o chamado Sistema Internacional Universal Especial de Proteção de Direitos Humanos, com os seguintes tratados, dentre outros: a Convenção Internacional sobre a Eliminação de Todas as Formas de Discriminação Racial de 1965; a Convenção Internacional sobre a Eliminação de Todas as Formas de Discriminação contra a Mulher de 1979; a Convenção Internacional contra a Tortura e outros Tratamentos ou Penas Cruéis, Desumanos ou Degradantes de 1984; a Convenção Internacional sobre os Direitos da Criança de 1989; a Convenção 169 da OIT sobre Povos Indígenas e Tribais de 1989; a Convenção Internacional sobre a Proteção dos Direitos de Todos os Trabalhadores Migrantes e dos Membros de suas Famílias de 1990; e, a Convenção Internacional sobre os Direitos das Pessoas com Deficiência de 2006.[2]

O mais importante sobre estes pactos e convenções é que, além de constituírem um forte arcabouço legislativo internacional, esses instrumentos preveem mecanismos de implementação que visam controlar a aplicação da convenção e o respeito às suas normas pelos Estados que as ratificam. Alguns desses tratados estabelecem mecanismos de controle como um sistema de relatórios dos próprios Estados-partes, um sistema de comunicações interestatais e a possibilidade de petições ou comunicações individuais; através do texto do próprio tratado que rege à temática ou mediante cláusulas facultativas ou protocolos adicionais a este.

O ponto mais importante, ao mencionar o Sistema Internacional de Proteção dos Direitos Humanos, é que o Sistema Universal Especial tem se renovado e se mostrado apto a acompanhar as mudanças da sociedade global e dos novos desafios que se apresentam em termos de direitos humanos. Por esta razão, é possível visualizar a elaboração de outras futuras convenções internacionais para outros grupos vulneráveis ou temáticas específicas, que ainda não foram prestigiadas com uma grande convenção internacional específica, como uma convenção contra a discriminação fundada na orientação sexual e na identidade de gênero dos indivíduos, ou, uma convenção protetiva dos direitos dos animais. Para tanto, basta lembrar que todas as convenções do sistema internacional universal especial foram alavancadas por resoluções da Assembleia Geral da ONU sobre a problemática apresentada, e, normalmente, também precedidas por relatórios e declarações, que levaram ao resultado final de uma convenção internacional, um documento com força obrigatória para os Estados-Partes. Este é o estágio atual, por exemplo, da proteção dos direitos humanos da diversidade sexual na ONU, um estado preparatório que permitiria a elaboração futura de uma convenção com base em relatórios já produzidos e resoluções já adotadas no âmbito do Sistema das Nações Unidas, e, que serão certamente enriquecidas com a atuação de *experts* especialmente nomeados junto para a pauta junto ao Conselho de Direitos Humanos, desde 2016.

Sobre a proteção das pessoas com deficiência no âmbito do Direito Internacional dos Direitos Humanos, é importante observar que a Convenção Internacional sobre os Direitos das Pessoas com Deficiência de 2006, que foi o documento cuja adoção propulsionou o Estatuto, foi precedida pela Declaração das Nações Unidas dos Direitos das Pessoas Portadoras de Deficiência (Resolução 3447, de 9 de dezembro de 1975). Em nível regional, o Sistema Interamericano de Direitos Humanos conta com a Convenção Interamericana para a Eliminação de todas as Formas de Discriminação

---

2. PIOVESAN, Flávia. *Direitos Humanos e o Direito Constitucional Internacional*. 14 ed. São Paulo, Saraiva, 2013. p. 263.

ART. 1° ESTATUTO DA PESSOA COM DEFICIÊNCIA: COMENTÁRIOS À LEI 13.146/2015

contra as Pessoas Portadoras de Deficiência de 1999.[3] No âmbito europeu, há normas a respeito na Carta dos Direitos Fundamentais da União Europeia.

4.2. A internalização da convenção no Brasil e sua relação com o Estatuto da Pessoa com Deficiência

É importante frisar que a Convenção Internacional sobre os Direitos das Pessoas com Deficiência de 2006 foi o primeiro tratado internacional ratificado pelo Brasil, por meio do procedimento especial para ratificação de tratados internacionais introduzido pela Emenda Constitucional 45/2004. Ou seja, é o primeiro tratado internacional de direitos humanos que foi aprovado com o procedimento previsto para aprovação de emenda constitucional, e, que, por esta razão, se encontra, no âmbito do ordenamento jurídico brasileiro, no nível de emenda constitucional. Cabe lembrar que isso se dá pela temática da Convenção, que versa essencialmente direitos humanos: na verdade, é um importante tratado do Sistema Internacional Especial de Proteção de Direitos Humanos.

O fato de a Convenção Internacional sobre os Direitos das Pessoas com Deficiência de 2006 – uma vez ratificada pelo Brasil, através deste procedimento – estar no nível de emenda constitucional, a coloca num patamar relativamente superior no cenário da hierarquia das normas no ordenamento jurídico brasileiro. A Convenção fica numa posição privilegiada em relação a tratados que não versam direitos humanos, que estariam no tradicional nível de lei ordinária, em que os tratados internacionais ratificados pelo Brasil costumam estar. Frente a outros tratados de direitos humanos que não foram aprovados pelo procedimento de emenda constitucional para sua ratificação, conforme adotado no artigo 5°, § 3°, da Constituição Federal, com a Emenda Constitucional 45/2004; estes estariam numa posição infraconstitucional, mas acima das leis, numa espécie de posição intermediária, segundo a tese da supralegalidade adotada pelo Supremo Tribunal Federal, desde 2008.[4] O fato de a Convenção ratificada estar no nível constitucional levanta a hipótese de se aferir sua constitucionalidade, ou, se adentrar no controle de convencionalidade.

É importante observar que, até 2018, os únicos tratados internacionais de direitos humanos ratificados segundo o rito constitucionalmente previsto para as emendas constitucionais, e, que estão, *ipso facto*, no nível de emenda constitucional foram três tratados internacionais com foco na proteção das pessoas com deficiência. Primeiramente, houve a ratificação conjunta da já citada Convenção Internacional sobre os Direitos das Pessoas com Deficiência de 2006 e de seu Protocolo Facultativo de 2007 – que cuida do mecanismo das comunicações interestatais como mecanis-

---

3. Esta Convenção foi aprovada, no Brasil, pelo Decreto 198, de 13.06.2001, e, ratificada pelo Decreto 3.956, de 08.10.2001.

4. Vide BRASIL, Supremo Tribunal Federal. RE 466343 – SP, Rel. Min. Cezar Peluso, julgamento em 03.12.2008. DJE 104, publicado em 05.06.2009.

mo de controle sobre o cumprimento das obrigações decorrentes da Convenção –, em 2009. Depois, o Tratado de Marraqueche para Facilitar o Acesso a Obras Publicadas às Pessoas Cegas, com Deficiência Visual ou com Outras Dificuldades para Ter Acesso ao Texto Impresso, celebrado em 27 de junho de 2013, foi aprovado, no Brasil, pelo Decreto Legislativo 261, de 25.11.2015, e, promulgado pelo Decreto Executivo 9.522, de 08.10.2018.

5. CORRELAÇÃO ENTRE O ARTIGO 1º DO ESTATUTO E A 1ª PARTE DO ARTIGO 1º DA CONVENÇÃO INTERNACIONAL SOBRE OS DIREITOS DAS PESSOAS COM DEFICIÊNCIA DE 2006

É interessante observar a correlação entre os objetivos indicados no artigo 1º do Estatuto da Pessoa com Deficiência e aqueles expressos na 1ª parte do artigo 1º da Convenção Internacional sobre os Direitos das Pessoas com Deficiência de 2006.

> Artigo 1º: O propósito da presente Convenção é promover, proteger e assegurar o exercício pleno e equitativo de todos os direitos humanos e liberdades fundamentais por todas as pessoas com deficiência e promover o respeito pela sua dignidade inerente. [...]

Os comandos de promover, proteger e assegurar visam as ações necessárias para que os direitos a serem protegidos não se restrinjam a mera letra do texto legal. Como convém a um tratado internacional de direitos humanos, a Convenção visa promover os direitos das pessoas com deficiência, ao difundi-los em nível internacional e ao incentivar os Estados a se comprometerem com sua promoção, em nível interno. A previsão expressa dos direitos a serem resguardados sintetiza a sua proteção, e, busca assegurar, com a ratificação da Convenção pelos Estados, a consequente adoção de políticas públicas no âmbito interno. A preocupação com o "exercício pleno e equitativo" traz a ideia de efetividade no gozo dos direitos e de isonomia frente aos outros indivíduos.

É clara a sintonia dos "direitos humanos e liberdades fundamentais" da Convenção, com os "direitos e liberdades fundamentais" do artigo 1º do Estatuto. A "dignidade inerente" das pessoas com deficiência se conecta à dignidade da pessoa humana, consagrada no direito internacional e no Sistema Internacional de Proteção dos Direitos Humanos, desde a Carta de São Francisco de 1945, e, em vários tratados internacionais de direitos humanos e ordenamentos jurídicos nacionais, como na Constituição da República Federativa do Brasil.

Desse modo, é pertinente afirmar a total afinidade entre os objetivos listados no artigo 1º do Estatuto e aqueles na 1ª parte do artigo 1º da Convenção.

> **Art. 2º** Considera-se pessoa com deficiência aquela que tem impedimento de longo prazo de natureza física, mental, intelectual ou sensorial, o qual, em interação com uma ou mais barreiras, pode obstruir sua participação plena e efetiva na sociedade em igualdade de condições com as demais pessoas.

§ 1º A avaliação da deficiência, quando necessária, será biopsicossocial, realizada por equipe multiprofissional e interdisciplinar e considerará:

I – os impedimentos nas funções e nas estruturas do corpo;

II – os fatores socioambientais, psicológicos e pessoais;

III – a limitação no desempenho de atividades; e

IV – a restrição de participação.

§ 2º O Poder Executivo criará instrumentos para avaliação da deficiência.

6. ASPECTOS GERAIS

No artigo 2º do Estatuto da Pessoa com Deficiência, dá-se a definição da pessoa com deficiência, onde é preterida a ideia do impedimento permanente, pelo impedimento de longo prazo. O(s) impedimento(s) que caracteriza(m) a deficiência tem natureza física, mental, intelectual ou sensorial. O(s) impedimento(s) pode(m) interagir com uma ou mais barreiras, dificultando a inserção da pessoa na sociedade. É interessante observar que a caracterização da deficiência não reside isoladamente na pessoa portadora da deficiência, num "suposto defeito" físico ou mental que lhe seja inerente, mas resulta da interação entre o impedimento inerente à pessoa e sua interação ou choque com o meio, com as barreiras presentes no meio. Há uma mudança de paradigma eugenista que, durante muito tempo, focou na visão negativa da pessoa com deficiência; passando-se para a abordagem da deficiência, como uma situação onde se conjugam o(s) impedimento(s) que aflige(m) a pessoa com deficiência e as barreiras existentes no meio, que potencializam o impedimento, transformando-o em deficiência. A deficiência pode ser sintetizada na seguinte equação matemática:

$$DEFICIÊNCIA = IMPEDIMENTO(S) \times BARREIRA(S)$$

Desse modo, a deficiência se verifica como resultado da multiplicação do(s) impedimento(s) pela(s) barreira(s) presente(s) no ambiente. Se não houver barreiras ou se estas não forem consideradas, inexiste a deficiência, porque o fator atribuído ao elemento barreira seria zero, e, o resultado da multiplicação, ou seja, a deficiência, seria igualmente nulo; o que implicaria na não existência de deficiência. *Mutatis mutandis*, se houver uma ou mais barreiras e também impedimento(s), o resultado será positivo; caracterizando, portanto, a deficiência. Da mesma forma, se a pessoa é acometida de impedimentos múltiplos, o resultado tenderia a se elevar, elevando o grau da deficiência. Em outras palavras, não há problemas com o indivíduo, mas sim na situação de desvantagem que o priva da plena cidadania, conforme ressalta Laís de Figueirêdo Lopes:

> [...] o ambiente é o responsável pela situação de deficiência da pessoa, sendo que as barreiras arquitetônicas, de comunicação e atitudinais existentes é que impedem a sua plena inclusão social, razão pela qual devem ser removidas. O novo modelo social determina que a deficiência

não está na pessoa como um problema a ser curado, e sim na sociedade, que pode, por meio das barreiras que são impostas às pessoas, agravar uma determinada limitação funcional.[5]

Mais uma vez, verifica-se a preocupação com o tratamento isonômico entre as pessoas com deficiência e os demais indivíduos; pois, na caracterização da deficiência, verifica-se o obstáculo à "participação plena e efetiva na sociedade em igualdade de condições com as demais pessoas". É reconhecida a situação de desvantagem enfrentada pelas pessoas com deficiência, que se busca corrigir através da participação plena, efetiva, ou seja, uma participação concreta, no seio da sociedade; de forma que as pessoas com deficiência tenham visibilidade, ocupem seu lugar na sociedade, não ficando mais restritas ao espaço doméstico, como doentes guardados em leitos ou espaços seguros, mas ocupem o espaço público, que também lhes é de direito.

São indicados critérios a serem utilizados para a avaliação da deficiência. Considerando a variedade na natureza dos impedimentos e também os variados critérios a serem utilizados, para a avaliação da deficiência; a avaliação, se necessária, se fará por equipe multiprofissional e interdisciplinar, adotando-se avaliação biopsicossocial, para tal.

7. CONCEITO DE PESSOA COM DEFICIÊNCIA

No Estatuto da Pessoa com Deficiência, o legislador elegeu como tutelados as "pessoas com deficiência". Há alguns anos, foi cristalizada a utilização da expressão "portadores de necessidades especiais", com vistas a diminuir o estigma que acompanha estes indivíduos, para evitar a ideia de um ônus inerente à condição do indivíduo, tentando-se passar uma imagem positiva. A nomenclatura escolhida pelo legislador poderia remeter a uma ideia de ônus inerente, ao se falar em pessoa com deficiência. Tal escolha é proposital para reproduzir a nomenclatura corrente internacional, reforçada, nos últimos anos, sobretudo, pela Convenção Internacional sobre os Direitos das Pessoas com Deficiência de 2006. Tal opção revela uma estratégia para assegurar os direitos dos tutelados, ao acentuar a condição de vulnerabilidade em função da suposta "deficiência". Cabe, entretanto, avaliar a longo prazo se tal escolha poderá, por outro lado, ter um efeito negativo, ao legitimar a patologização das pessoas com "deficiência". É interessante observar que a adoção da terminologia "pessoas com deficiência" é fruto das lutas de movimentos sociais e da sociedade civil, debruçada sobre documentos internacionais, como a Convenção. Laís de Figueirêdo Lopes defende a adoção da nomenclatura "pessoas com deficiência", em substituição aos termos antigos "deficientes", "pessoas portadoras de deficiência" ou "pessoas com necessidades especiais", porque entende que:

---

5. LOPES, Laís de Figueirêdo. "Artigo 1: Propósitos" *In* DIAS, Joelson et alii. *Novos comentários à Convenção sobre os direitos das pessoas com deficiência.* Brasília, Presidência da República / Secretaria de Direitos Humanos / Secretaria Nacional de Promoção dos Direitos da Pessoa com Deficiência, 2014. p. 26-27.

[...] não se porta uma deficiência como se fosse uma bolsa que se retira para no momento posterior recolocá-la. "Pessoas com necessidades especiais" também não identifica o segmento, pois todos têm alguma necessidade especial. "Deficientes" resume a condição de deficiência e não valoriza a condição de pessoa em primeiro lugar[6].

Na qualificação da pessoa com deficiência foi destacado que o impedimento não precisa ser permanente, mas tampouco seria caracterizado por mera circunstância temporária. Atrelar a deficiência a impedimento de longo prazo é acertado, porque demonstra como a pessoa é seriamente afetada pelo impedimento. A caracterização do impedimento por longo prazo, mas não de forma permanente, é mais consentânea com o atual estágio de avanços da Medicina, devido às perspectivas de cura, de reversão da condição impediente, em muitos casos.

O impedimento ensejador da deficiência pode ser de quatro tipos: físico, mental, intelectual ou sensorial. E pode ser múltiplo, através de interação com uma ou mais barreiras. Com relação aos tipos de impedimento, os termos que suscitam dúvidas são *mental* e *intelectual*, já que parecem semelhantes. Obviamente, não são sinônimos, já que não teria sentido o legislador usar dois termos distintos para designar o mesmo tipo de impedimento. A explicação para a diferença entre os dois termos se encontra nos *travaux préparatoires* da Convenção, que adotou similarmente os mesmos quatro tipos de impedimento elencados no Estatuto. A partir dos anos noventa, especialistas defendem o uso da nomenclatura deficiência intelectual, para marcar a diferença entre deficiência mental e doença mental. Como a proposta de alguns Estados, para incluir a deficiência psicossocial como um quinto tipo de impedimento, não foi aceita; pleiteou-se a inserção do termo intelectual, como maneira de facilitar a aprovação do texto da Convenção, permitindo aos países uma ampla margem de interpretação, segundo os conceitos existentes em suas respectivas legislações, de forma a também aí incluir, se pertinente, a deficiência psicossocial.

Por fim, cabe observar que a pessoa com deficiência, segundo o Estatuto, não seria o mero detentor de um impedimento, mas uma vítima, uma vez que os impedimentos cumulados com as barreiras obstruem sua participação plena e efetiva na sociedade em igualdade de condições com as demais pessoas. Novamente, o legislador se refere à desvantagem imposta às pessoas com deficiência, em razão da deficiência, ressaltando a necessidade de se garantir sua isonomia frente aos demais indivíduos, sendo possível ler nas entrelinhas a sugestão tácita de medidas afirmativas para tal.

8. A AVALIAÇÃO DA DEFICIÊNCIA

Quanto ao reconhecimento da deficiência, este não será obrigatoriamente dependente de avaliação, haja vista que em alguns casos, a deficiência é notória. Quando necessária a avaliação, esta se caracteriza por um trinômio: "biopsicossocial",

---

6. Idem, ibidem. p. 35.

"multiprofissional" e "interdisciplinar". A avaliação biopsicossocial leva em conta não apenas aspectos físicos, médicos, mas também psicológicos, comportamentais. A avaliação por equipe multiprofissional e interdisciplinar possibilita a avaliação biopsicossocial, pois permite um exame por especialistas de diferentes disciplinas, abrindo o espectro da avaliação, para além da medicina. É interessante mencionar que esta proposta de avaliação visa um atendimento mais humanizado e eficiente, mais condizente com a percepção que o Estatuto tem da própria noção de deficiência. Quanto à burocracia ou instrumentalização das avaliações, a Lei incumbe ao Poder Executivo a tarefa de criar instrumentos apropriados à avaliação.

O Estatuto indica critérios a serem considerados, por ocasião da avaliação. A avaliação leva em conta os impedimentos nas funções e estruturas do corpo, atentando para a condição de desvantagem do indivíduo. Não se considera uma mera anomalia do corpo isoladamente, mas sim como esta situação que prejudica as funções e estruturas do indivíduo, frente às barreiras. Foi considerado também o aspecto psíquico do indivíduo, ao se considerarem fatores socioambientais, psicológicos e pessoais, já que algumas vezes, o organismo se apresenta visualmente em estado normal, mas o impedimento decorre de questão psíquica como no autismo. Também há preocupação em não se considerar a mera condição física ou psíquica do indivíduo isoladamente, mas a influência desta para a limitação no desempenho de atividades. Por fim, reitera-se o descompasso da pessoa portadora de deficiência em termos de participação, com relação a outros indivíduos, ou seja, sua condição de vulnerabilidade.

Há dois pontos interessantes a serem levados em consideração, quanto à avaliação da deficiência. A primeira indagação que se faz é se os critérios elencados nos incisos do § 1º do artigo 2º são meramente exemplificativos ou se seriam indicados *numerus clausus*. Como não há nenhuma referência "a outros critérios" ou alguma expressão que permita interpretar que haja abertura para a inclusão de critérios não previstos no texto; presume-se que a enumeração é taxativa. Outro ponto importante é saber se os critérios devem ser apreciados cumulativamente ou se cabe à equipe responsável pela avaliação, a escolha, dentre os critérios listados, daquele(s) que deva(m) ser utilizado(s). Considerando a preocupação do legislador por uma caracterização humanizada da deficiência, ao considerar os impedimentos em interação com o ambiente, e, ressaltando a situação de desvantagem da pessoa com deficiência, frente a outros indivíduos; impõe-se o entendimento de que todos os critérios devem ser observados e preenchidos, cumulativamente, em conjunto, para a constatação da deficiência.

9. CORRELAÇÃO COM A 2ª PARTE DO ARTIGO 1º DA CONVENÇÃO INTERNACIONAL SOBRE OS DIREITOS DAS PESSOAS COM DEFICIÊNCIA DE 2006

O artigo 2º da Lei se relaciona com a 2ª parte do artigo 1º da Convenção Internacional sobre os Direitos das Pessoas com Deficiência de 2006.

Artigo 1º [...]

Pessoas com deficiência são aquelas que têm impedimentos de longo prazo de natureza física, mental, intelectual ou sensorial, os quais, em interação com diversas barreiras, podem obstruir sua participação plena e efetiva na sociedade em igualdades de condições com as demais pessoas.

É fácil perceber a simetria entre os dois dispositivos. Ambos optaram pela definição mais humanizada da pessoa com deficiência, ao não atrelar a deficiência isoladamente aos impedimentos, mas sim à interação entre estes e as barreiras que obstam a inclusão da pessoa com deficiência. Assim, como a Convenção, o Estatuto também optou pelo impedimento de longo prazo para caracterizar a deficiência, e, pelos mesmo quatro tipos de impedimento, a saber: de natureza física, mental, intelectual ou sensorial. Há igualmente, em ambos os textos legais, a preocupação com a "participação plena e efetiva", que deve ser efetiva "em igualdades de condições com as demais pessoas", reforçando-se a condição de vulnerabilidade da pessoa com deficiência, que clama a adoção de medidas afirmativas, com vistas a promover a real inclusão social das pessoas com deficiência.

É essencial registrar que, ao contrário da Convenção, o Estatuto se preocupou com a avaliação, determinando a forma como deve ser feita, listando os critérios a serem utilizados, e, indicando a previsão de criação de instrumentos para a sua realização.

 TOME NOTA!

A partir da Lei 14.126 de 22 de março de 2021, a visão monocular (igual ou inferior a vinte por centro em um dos olhos) passou a ser considerada em âmbito nacional como deficiência sensorial, do tipo visual, para todos efeitos legais, a exemplo do que já vinha reconhecendo a jurisprudência – em especial para fins de concurso público, vide STF/ RMS 26071; STJ/ Súmula 377 – e diversas legislações estaduais – Lei 16.945/2011, Decreto 7871/2017 e Lei 18277/14, todas do Estado do Paraná; Lei 8406/2019 do Estado do Rio de Janeiro; Lei 14.4481/2011 do Estado de São Paulo. Assim, aqueles que se enquadrarem nessa situação ficam protegidos por esta Lei Brasileira de Inclusão e demais direitos e benefícios das pessoas com deficiência, cabendo ao Poder Executivo criar e manejar instrumentos referentes a avalição dessa deficiência.

Art. 3º Para fins de aplicação desta Lei, consideram-se:

I – acessibilidade: possibilidade e condição de alcance para utilização, com segurança e autonomia, de espaços, mobiliários, equipamentos urbanos, edificações, transportes, informação e comunicação, inclusive seus sistemas e tecnologias, bem como de outros serviços e instalações abertos ao público, de uso público ou privados de uso coletivo, tanto na zona urbana como na rural, por pessoa com deficiência ou com mobilidade reduzida;

II – desenho universal: concepção de produtos, ambientes, programas e serviços a serem usados por todas as pessoas, sem necessidade de adaptação ou de projeto específico, incluindo os recursos de tecnologia assistiva;

III – tecnologia assistiva ou ajuda técnica: produtos, equipamentos, dispositivos, recursos, metodologias, estratégias, práticas e serviços que objetivem promover a funcionalidade, relacionada à atividade e à participação da pessoa com deficiência ou com mobilidade reduzida, visando à sua autonomia, independência, qualidade de vida e inclusão social;

IV – barreiras: qualquer entrave, obstáculo, atitude ou comportamento que limite ou impeça a participação social da pessoa, bem como o gozo, a fruição e o exercício de seus direitos à acessibilidade, à liberdade de movimento e de expressão, à comunicação, ao acesso à informação, à compreensão, à circulação com segurança, entre outros, classificadas em:

a) barreiras urbanísticas: as existentes nas vias e nos espaços públicos e privados abertos ao público ou de uso coletivo;

b) barreiras arquitetônicas: as existentes nos edifícios públicos e privados;

c) barreiras nos transportes: as existentes nos sistemas e meios de transportes;

d) barreiras nas comunicações e na informação: qualquer entrave, obstáculo, atitude ou comportamento que dificulte ou impossibilite a expressão ou o recebimento de mensagens e de informações por intermédio de sistemas de comunicação e de tecnologia da informação;

e) barreiras atitudinais: atitudes ou comportamentos que impeçam ou prejudiquem a participação social da pessoa com deficiência em igualdade de condições e oportunidades com as demais pessoas;

f) barreiras tecnológicas: as que dificultam ou impedem o acesso da pessoa com deficiência às tecnologias;

V – comunicação: forma de interação dos cidadãos que abrange, entre outras opções, as línguas, inclusive a Língua Brasileira de Sinais (Libras), a visualização de textos, o Braille, o sistema de sinalização ou de comunicação tátil, os caracteres ampliados, os dispositivos multimídia, assim como a linguagem simples, escrita e oral, os sistemas auditivos e os meios de voz digitalizados e os modos, meios e formatos aumentativos e alternativos de comunicação, incluindo as tecnologias da informação e das comunicações;

VI – adaptações razoáveis: adaptações, modificações e ajustes necessários e adequados que não acarretem ônus desproporcional e indevido, quando requeridos em cada caso, a fim de assegurar que a pessoa com deficiência possa gozar ou exercer, em igualdade de condições e oportunidades com as demais pessoas, todos os direitos e liberdades fundamentais;

VII – elemento de urbanização: quaisquer componentes de obras de urbanização, tais como os referentes a pavimentação, saneamento, encanamento para esgotos, distribuição de energia elétrica e de gás, iluminação pública, serviços de comunicação, abastecimento e distribuição de água, paisagismo e os que materializam as indicações do planejamento urbanístico;

VIII – mobiliário urbano: conjunto de objetos existentes nas vias e nos espaços públicos, superpostos ou adicionados aos elementos de urbanização ou de edificação, de forma que sua modificação ou seu traslado não provoque alterações substanciais nesses elementos, tais como semáforos, postes de sinalização e similares, terminais e pontos de acesso coletivo às telecomunicações, fontes de água, lixeiras, toldos, marquises, bancos, quiosques e quaisquer outros de natureza análoga;

IX – pessoa com mobilidade reduzida: aquela que tenha, por qualquer motivo, dificuldade de movimentação, permanente ou temporária, gerando redução efetiva da mobilidade, da flexibilidade, da coordenação motora ou da percepção, incluindo idoso, gestante, lactante, pessoa com criança de colo e obeso;

X – residências inclusivas: unidades de oferta do Serviço de Acolhimento do Sistema Único de Assistência Social (Suas) localizadas em áreas residenciais da comunidade, com estruturas adequadas, que possam contar com apoio psicossocial para o atendimento das necessidades da pessoa acolhida, destinadas a jovens e adultos com deficiência, em situação de dependência, que não dispõem de condições de autossustentabilidade e com vínculos familiares fragilizados ou rompidos;

XI – moradia para a vida independente da pessoa com deficiência: moradia com estruturas adequadas capazes de proporcionar serviços de apoio coletivos e individualizados que respeitem e ampliem o grau de autonomia de jovens e adultos com deficiência;

XII – atendente pessoal: pessoa, membro ou não da família, que, com ou sem remuneração, assiste ou presta cuidados básicos e essenciais à pessoa com deficiência no exercício de suas atividades diárias, excluídas as técnicas ou os procedimentos identificados com profissões legalmente estabelecidas;

XIII – profissional de apoio escolar: pessoa que exerce atividades de alimentação, higiene e locomoção do estudante com deficiência e atua em todas as atividades escolares nas quais se fizer necessária, em todos os níveis e modalidades de ensino, em instituições públicas e privadas, excluídas as técnicas ou os procedimentos identificados com profissões legalmente estabelecidas;

XIV – acompanhante: aquele que acompanha a pessoa com deficiência, podendo ou não desempenhar as funções de atendente pessoal.

10. ASPECTOS GERAIS

Como pertinentes a determinadas leis, e, cabível a um estatuto que se destina a funcionar como um microssistema legal, o legislador estabelece um glossário, para os principais termos a serem utilizados na aplicação da lei. Tal medida visa evitar desvios na aplicação da lei, devido a possíveis divergências de interpretação com relação a alguns termos.

Tal técnica é, de longa data, utilizada, com sucesso, em tratados internacionais; onde as sutilezas de interpretação de determinados conceitos pelas próprias partes envolvidas, que são os Estados, devido aos diferentes direitos nacionais, calcados em distintas culturas jurídicas, poderiam minar a aplicação do texto em nível coletivo, internacional.

11. O MEIO CIRCUNDANTE E A ACESSIBILIDADE

A Lei começa o glossário pela ideia de "acessibilidade", com um viés de efetividade, ao destacar a possibilidade e condição de alcance para utilização de espaços, mobiliários, equipamentos urbanos, edificações, transportes, informação e comunicação (inclusive seus sistemas e tecnologias), e quaisquer outros serviços e instalações, por pessoa com deficiência ou com mobilidade reduzida. Há um foco geral ao destacar que esses serviços ou instalações sejam abertos ao público, de uso público ou privados de uso coletivo, localizados tanto na zona urbana como na rural. E essa utilização deve se dar com segurança e autonomia. É importante destacar que o benefício da proteção outorgada pela acessibilidade é estendido à pessoa com mobilidade reduzida, cuja definição será tratada abaixo. O legislador equipara pessoas não identificadas como pessoas com deficiência, por impedimentos de logo prazo, conforme o artigo 2º da Lei, a pessoas com deficiência, para fins de proteção, em termos de acessibilidade.

O Estatuto se preocupa com o meio, ao incluir no "desenho universal" a concepção de produtos, ambientes, programas e serviços a serem usados por todas as pessoas, inclusive as pessoas com deficiência, sem necessidade de adaptação ou de projeto específico. Nesse rol de produtos, ambientes, programas e serviços se incluem os recursos de tecnologia assistiva. A "tecnologia assistiva ou ajuda técnica", por sua vez, se refere aos mecanismos (produtos, equipamentos, dispositivos, recursos, metodologias, estratégias, práticas e serviços) que facilitam o quotidiano das pessoas com deficiência. O objetivo é propiciar a inclusão e a dignidade da pessoa com deficiência e também da pessoa com mobilidade reduzida, ao visar a funcionalidade, garantindo sua autonomia, independência e qualidade de vida. Em outras palavras, foca-se na aplicação dos mecanismos que viabilizem a participação destas pessoas no quotidiano, buscando-se reduzir o gap entre elas e as demais pessoas.

12. BARREIRAS

Outro ponto importante foi a noção de barreira, como um elemento limitador ou impeditivo da inclusão da pessoa com deficiência. Na verdade, a definição das barreiras talvez seja um dos pontos mais importantes do artigo 3º, uma vez que são as barreiras, em interação com os impedimentos, que caracterizarão a existência da deficiência. As "barreiras" correspondem a qualquer entrave, obstáculo, atitude ou comportamento que limite ou impeça a participação social da pessoa, ou seja, atinge não somente instalações urbanas, instituições sociais, mas também o comportamento humano. O foco é a ampla proteção da pessoa com deficiência, ao identificar tudo que possa limitar ou impedir a participação da pessoa, e, o gozo, a fruição e o exercício de seus direitos à acessibilidade, à liberdade de movimento e de expressão, à comunicação, ao acesso à informação, à compreensão, à circulação com segurança, entre outros. Cabe destacar que apesar de haver uma enumeração de direitos e liberdades que são ameaçados com as barreiras, esta lista felizmente não constitui um inventário *numerus clausus*, devido à referência a "entre outros".

Para maior precisão o Estatuto classificou as barreiras em seis espécies, a saber: urbanísticas, arquitetônicas, atitudinais, tecnológicas, aquelas existentes nos transportes, e, aquelas verificadas nas comunicações e na informação. As "barreiras urbanísticas" são aquelas existentes no espaço urbano em geral, ao incluir as vias e os espaços, tanto públicos, como privados abertos ao público ou de uso coletivo. As "barreiras arquitetônicas" referem-se aos edifícios, novamente, tanto públicos, como privados. As "barreiras nos transportes" são aquelas enfrentadas nos sistemas e meios de transportes. Estas três primeiras espécies de barreiras convergem, ao prejudicarem a inclusão da pessoa com deficiência, no tocante à sua mobilidade.

As "barreiras nas comunicações e na informação" prejudicam a inclusão da pessoa com deficiência, não somente como sujeito ativo na sua interação com as demais pessoas, ao expressar-se, mas também como sujeito passivo, como receptor de mensagens, no tocante ao acesso à informação. Essas barreiras incluem qualquer entrave, obstáculo, atitude ou comportamento que dificulte ou impossibilite a expressão ou o recebimento de mensagens e de informações por intermédio de sistemas de comunicação e de tecnologia da informação. Em outras palavras, são barreiras que prejudicam o contato, a relação da pessoa com deficiência com o meio e a sociedade. As "barreiras tecnológicas", por sua vez, dificultam ou impedem o acesso da pessoa com deficiência às tecnologias, mas não se confundem com as barreiras nas comunicações e na informação, uma vez que possuem um viés mais específico, voltado às tecnologias, inclusive a tecnologias especificamente dirigidas a pessoas com deficiência.

As "barreiras atitudinais" envolvem as condutas discriminatórias contra as pessoas com deficiência. São as atitudes ou os comportamentos que impedem ou prejudicam a participação social da pessoa com deficiência em igualdade de condições e oportunidades com relação às demais pessoas. Essas barreiras correspondem às diferentes condutas e circunstâncias discriminatórias fundadas em sua condição, que as pessoas com deficiência precisam enfrentar.

13. COMUNICAÇÃO

Como o ser humano é um animal social e sua sobrevivência depende, desde os primórdios da Humanidade, da vida gregária, facilitada pela comunicação; o Estatuto recorre ao elemento social, ao destacar a interação entre os cidadãos como elemento nuclear da definição de comunicação. Assim, para fins do Estatuto, a "comunicação" abrange toda forma de interação, seja por meio de linguagens já conhecidas como as línguas tradicionais (formas oral e escrita) ou especificamente consagradas para a comunicação com os portadores de deficiência, como o Braille e a Língua Brasileira de Sinais (LIBRAS), por exemplo, ou ainda quaisquer outros meios alternativos de comunicação.

Muito interessante para uma lei da qual se espera longevidade foi a referência às "tecnologias da informação e das comunicações", haja vista a perspectiva de adoção de novos meios e linguagens hoje desconhecidos, nos próximos anos, graças aos avanços tecnológicos e científicos, cada vez maiores.

14. QUESTÕES URBANÍSTICAS

O Estatuto inclui uma lista de definições ligadas a questões urbanísticas, como elementos espaciais que interferem na vida quotidiana da pessoa com deficiência.

Define "adaptações razoáveis" como adaptações, modificações e ajustes necessários e adequados para assegurar que a pessoa com deficiência possa gozar ou exercer todos os seus direitos e liberdades fundamentais. Mais uma vez, frisa-se expressamente uma preocupação inclusiva e de medida afirmativa, ao prever que esse gozo ou exercício se dê em igualdade de condições e oportunidades com as demais pessoas. Há ainda a exigência de que essas adaptações não acarretem ônus desproporcional e indevido, quando requeridos em cada caso. Cabe observar que as "adaptações razoáveis" foram o único verbete urbanístico comum à Convenção e ao Estatuto. Os demais termos urbanísticos constantes da Lei, a seguir comentados, não foram abordados pela Convenção.

As definições de "elemento de urbanização" e de "mobiliário urbano" não prescindem de comentários detalhados, já que se aproximam de noções correntes do campo da Arquitetura e Urbanismo. Elementos de urbanização correspondem a quaisquer componentes de obras de urbanização, tais como os referentes a pavimentação, saneamento, encanamento para esgotos, distribuição de energia elétrica e de gás, iluminação pública, serviços de comunicação, abastecimento e distribuição de água, paisagismo e os que materializam as indicações do planejamento urbanístico. Mobiliário urbano, por sua vez, engloba o conjunto de objetos existentes nas vias e nos espaços públicos, superpostos ou adicionados aos elementos de urbanização ou de edificação, de forma que sua modificação ou seu traslado não provoque alterações substanciais nesses elementos, tais como semáforos, postes de sinalização e similares, terminais e pontos de acesso coletivo às telecomunicações, fontes de água, lixeiras, toldos, marquises, bancos, quiosques e quaisquer outros de natureza análoga.

As noções de "residências inclusivas" e "moradia para a vida independente da pessoa com deficiência" marcam um ponto importante da lei, visando a promoção de políticas públicas. As residências inclusivas são unidades oferecidas pelo Serviço de Acolhimento do Sistema Único de Assistência Social (Suas). No espírito do SUS, o Suas funciona como sistema único, geral e em nível nacional, destinado a cuidar de assistência social, tendo como um dos seus alvos as pessoas com deficiência. A proposta é oferecer unidades de moradia, localizadas em áreas residenciais da comunidade, com estruturas adequadas, que possam contar com apoio psicossocial para o atendimento das necessidades da pessoa acolhida. Ao inserir tais residências em áreas residenciais da comunidade, o objetivo é a inserção dos usuários com deficiência na sociedade. A previsão de "estruturas adequadas" e de "apoio psicossocial" visam suprir as necessidades da pessoa acolhida, de modo que ela possa viver em igualdade de condições com outros moradores da mesma área, superando os obstáculos impostos pela sua condição. Como a medida de "residências inclusivas" se insere no campo da assistência social, os beneficiados não são quaisquer pessoas com deficiência. Os destinatários são jovens e adultos com deficiência, em situação de dependência, que não dispõem de condições de autossustentabilidade e com vínculos familiares fragilizados ou rompidos. Ou seja, os usuários são pessoas com deficiência dependentes da ajuda de terceiros e de recursos destinados a suprir as limitações decorrentes da sua condição, e, que não podem contar com apoio familiar, já que o vínculo familiar é frágil ou foi rompido. Em resumo, o Estado entra em cena, apenas nos casos de agravada vulnerabilidade, em que o indivíduo se encontra numa situação de dependência do Estado provedor e protetor, através da assistência social.

As moradias para a vida independente da pessoa com deficiência, por outro lado, saem do campo da assistência social oficial estatal, uma vez que não se inserem no Suas. Consistem em moradias com estruturas adequadas, capazes de proporcionar serviços de apoio coletivos e individualizados que respeitem e ampliem o grau de autonomia de jovens e adultos com deficiência. Mais uma vez, percebe-se a preocupação com a inserção dos usuários, jovens e adultos com deficiência em geral, na sociedade, por meio de serviços de apoio coletivos, que prestigiam a interação com o grupo, e, individualizados, que atentam às necessidades específicas de cada pessoa.

15. PESSOA COM MOBILIDADE REDUZIDA

Muito interessante no Estatuto foi a inserção e definição da categoria "pessoa com mobilidade reduzida", como categoria paralela à pessoa com deficiência, e, que faz jus a tratamento protetivo sob a égide da Lei. O Estatuto define pessoa com mobilidade reduzida como aquela que tenha, por qualquer motivo, dificuldade de movimentação, permanente ou temporária, gerando redução efetiva da mobilidade, da flexibilidade, da coordenação motora ou da percepção, incluindo idoso, gestante, lactante, pessoa com criança de colo e obeso. É nítido que o objetivo do legislador foi equiparar pessoas sem deficiência, nem necessariamente acometidas de algum tipo de doença, às pessoas com deficiência. Foram levadas em conta circunstâncias pessoais (físicas e psíquicas) ou externas à pessoa, como estar acompanhado de criança de colo, que reduzam a mobilidade, o vigor, a força física, e, que colocam, portanto, a pessoa, ainda que temporariamente, numa condição de vulnerabilidade semelhante àquela vivenciada pela pessoa com deficiência.

16. TERCEIROS QUE AUXILIAM A PESSOA COM DEFICIÊNCIA

Devido à vulnerabilidade da pessoa com deficiência que, frequentemente, leva-a a depender de terceiros, para a realização de tarefas, e, mesmo para a sua mobilidade, e, até para sua subsistência e cuidados mínimos de saúde, em alguns casos; o Estatuto se preocupou em elencar a definição de algumas pessoas que auxiliam a pessoa com deficiência.

Assim, o Estatuto definiu "atendente pessoal" como a pessoa que assiste ou presta cuidados básicos e essenciais à pessoa com deficiência no exercício de suas atividades diárias. Cabe observar que atendente pessoal é quem assiste a pessoa com deficiência, independentemente de ser membro ou não da família, ou, de perceber ou não remuneração, para tais funções. Ainda que haja pagamento para a atividade, ficam, porém, excluídas desta categoria aqueles que aplicam técnicas ou os procedimentos identificados com profissões legalmente estabelecidas. É importante notar que "acompanhante" pode ser espécie do gênero "atendente pessoal", uma vez que acompanhante é quem acompanha a pessoa com deficiência, desempenhando ou não as funções de atendente pessoal. Razão pela qual permite-se concluir que atendente pode ser aplicado também à pessoa que literalmente acompanhe a pessoa com deficiência, frequentemente, em diversas situações, ou, pontualmente, para alguma atividade, como uma consulta médica, uma peça de teatro.

A Lei definiu ainda, com perfil mais específico, o "profissional de apoio escolar" como a pessoa que exerce atividades de alimentação, higiene e locomoção do estudante com deficiência e atua em todas as atividades escolares nas quais se fizer necessária a sua assistência. Esta atuação pode se dar em todos os níveis e modalidades de ensino, em instituições públicas e privadas, adotando um caráter muito geral. Novamente, ficam excluídas as técnicas ou os procedimentos identificados com profissões legalmente estabelecidas. Essa definição e a previsão dessa figura na Lei visam certamente promover a inclusão de pessoas com deficiência na educação formal. O objetivo é evitar sua evasão escolar, que leva à consequente diminuição da profissionalização e às consequências daí advindas, e, que tende a configurar um ciclo vicioso, devido às barreiras encontradas e à discriminação, que condenam a pessoa com deficiência à segregação e à reforçada dependência de terceiros.

17. CORRELAÇÃO COM O ARTIGO 2º DA CONVENÇÃO INTERNACIONAL SOBRE OS DIREITOS DAS PESSOAS COM DEFICIÊNCIA DE 2006

Para concluir a análise do artigo 3º da Lei, é interessante cotejá-lo com o artigo 2º da Convenção Internacional sobre os Direitos das Pessoas com Deficiência de 2006.

Artigo 2º

Para os propósitos da presente Convenção:

"Comunicação" abrange as línguas, a visualização de textos, o Braille, a comunicação tátil, os caracteres ampliados, os dispositivos de multimídia acessível, assim como a linguagem simples, escrita e oral, os sistemas auditivos e os meios de voz digitalizada e os modos, meios e formatos aumentativos e alternativos de comunicação, inclusive a tecnologia da informação e comunicação acessíveis;

"Língua" abrange as línguas faladas e de sinais e outras formas de comunicação não falada;

"Discriminação por motivo de deficiência" significa qualquer diferenciação, exclusão ou restrição baseada em deficiência, com o propósito ou efeito de impedir ou impossibilitar o reconhecimento, o desfrute ou o exercício, em igualdade de oportunidades com as demais pessoas, de todos os direitos humanos e liberdades fundamentais nos âmbitos político, econômico, social, cultural, civil ou qualquer outro. Abrange todas as formas de discriminação, inclusive a recusa de adaptação razoável;

"Adaptação razoável" significa as modificações e os ajustes necessários e adequados que não acarretem ônus desproporcional ou indevido, quando requeridos em cada caso, a fim de assegurar que as pessoas com deficiência possam gozar ou exercer, em igualdade de oportunidades com as demais pessoas, todos os direitos humanos e liberdades fundamentais;

"Desenho universal" significa a concepção de produtos, ambientes, programas e serviços a serem usados, na maior medida possível, por todas as pessoas, sem necessidade de adaptação ou projeto específico. O "desenho universal" não excluirá as ajudas técnicas para grupos específicos de pessoas com deficiência, quando necessárias.

Ab initio, é fácil perceber que a Convenção foi bastante mais econômica no seu glossário do que o Estatuto. O legislador brasileiro teve, intencionalmente, a preocupação de definir outros termos que não são preocupação da Convenção e incluiu temáticas como a questão do pessoal destinado a assistir a pessoa com deficiência, a identificação dos principais tipos de barreiras enfrentadas pelas pessoas com deficiência, e, mesmo referência à linguagem de sinais utilizada no Brasil e a instalações com referência a órgãos nacionais, como as residências inclusivas.

Ao definir "comunicação" e "línguas", a Convenção distinguiu claramente que a comunicação engloba todos os meios de comunicação em geral que permitam às pessoas com deficiência se relacionarem com outras pessoas, ao passo que "línguas" se referem às linguagens a serem utilizadas como meio de comunicação, sejam elas línguas faladas ou não.

Quanto a "adaptação razoável", há equivalência entre as definições da lei brasileira e da Convenção. O mesmo pode ser dito para o "desenho universal", já que há semelhança entre as definições adotadas pela lei brasileira e pela Convenção.

É curioso observar que, apesar do foco comum de proteção aos direitos das pessoas com deficiência, apenas a Convenção inseriu uma definição do que seria a "discriminação por motivo de deficiência", que se refere a toda e qualquer discriminação contra as pessoas com deficiência. Apesar da ausência dessa definição no Estatuto, percebe-se que a Lei Brasileira abraçou a ideia de discriminação por motivo de deficiência, presente na Convenção, uma vez que impregnou positivamente seus dispositivos com a preocupação de reconhecer a situação desvantajosa das pessoas com deficiência, em comparação com outros cidadãos, e, adotando um escopo muito amplo do que seriam os atos ensejadores de discriminação.

Capítulo II
Da Igualdade e da Não Discriminação

J. M. Leoni Lopes de Oliveira e
Rachel Delmás Leoni de Oliveira

Art. 4º Toda pessoa com deficiência tem direito à igualdade de oportunidades com as demais pessoas e não sofrerá nenhuma espécie de discriminação.

§ 1º Considera-se discriminação em razão da deficiência toda forma de distinção, restrição ou exclusão, por ação ou omissão, que tenha o propósito ou o efeito de prejudicar, impedir ou anular o reconhecimento ou o exercício dos direitos e das liberdades fundamentais de pessoa com deficiência, incluindo a recusa de adaptações razoáveis e de fornecimento de tecnologias assistivas.

§ 2º A pessoa com deficiência não está obrigada à fruição de benefícios decorrentes de ação afirmativa.

1. A FUNDAMENTO CONSTITUCIONAL DA IGUALDADE DE OPORTUNIDADES

O princípio da igualdade de oportunidades expresso no dispositivo legal em comento tem sede em um dos direitos fundamentais constitucionais de maior relevância em todas as Constituições que pretendem instituir Estados Democráticos, que é a igualdade. A igualdade, valor muito caro, prevista no *caput* do art. 5º da Constituição Federal de 1988, deve ser compreendida com duplo conteúdo. Ao mesmo tempo que prevê *igualdade formal*, quando assegurada a igualdade de todo e qualquer indivíduo perante a lei, prevê também a denominada *igualdade substancial*, encarregada de resguardar que pessoas desiguais sejam tratadas desigualmente, justamente a fim de garantir que não se dê qualquer tipo de discriminação de uma pessoa em relação ao outro, se comparadas entre si, não estiverem na origem em posição de igualdade.

Nesse sentido é a lição de Leonardo Martins,[1] que explica que o tratamento desigual pode ser observado tanto quando diante de indivíduos iguais em condições,

---

1. MARTINS, Leonardo. Comentário ao art. 5º. In: CANOTILHO, J. J. GOMES; MENDES, Gilmar F.; SARLET, Ingo W.; STRECK, Leoni L. (coord.) *Comentários à Constituição do Brasil*. São Paulo: Saraiva/Almedina, 2013.

é conferido tratamento desigual, como quando indivíduos que guardem inúmeras diferenças entre si forem tratados com igualdade. O implemento efetivo da igualdade só se dará se, no tratamento legal, bem como por instituições públicas ou privadas ou mesmo entre indivíduos privados, pessoas que possam ser enquadradas como diferentes forem tratadas de modo desigual o suficiente para que as diferenças sejam suprimidas e possa ser compreendido que o resultado é a igualdade.

A igualdade e não discriminação enquanto direitos fundamentais de todas as pessoas, que confere a toda e qualquer pessoa com deficiência ou não, repudiar qualquer tipo de discriminação, mesmo antes da Convenção de Nova Iorque, como da Lei de Inclusão, já estava consagrada constitucionalmente, garantindo a todos, inclusive às pessoas com deficiência o direito de tratamento igualitário tanto em respeito à igualdade formal, qual seja, igualdade perante a Lei, como à igualdade substancial, através do devido tratamento desigual para garantir a igualdade.

Apesar disso, a concretização da igualdade de oportunidade diretamente destinada à pessoas com deficiência, inicialmente pela Convenção Internacional de Direitos da Pessoa com Deficiência, promulgada pelo Brasil pelo Dec. 6.949 de 2009, e posteriormente pela Lei de Inclusão Brasileira, ora analisada, tem sua extrema importância no fato de não ser uma simples norma de determinação da igualdade para pessoas com deficiências físicas, mentais ou intelectuais. A igualdade substancial aqui concebida tem uma missão ainda maior, qual seja, transformar as realidades sociais, culturais e políticas.

Como assinalam enfaticamente Carolina Valença Ferraz e Glauber Salomão Leite,[2] a exclusão sofrida pelas pessoas com deficiência não se consolidava simplesmente por ausência de uma legislação protetiva ou de não contemplação das pessoas com deficiência pela igualdade constitucional, mas por algo muito maior. O sofrimento vivenciado pelas pessoas com deficiência por inobservância da igualdade tem suas raízes mais profundas. Trata-se de uma questão cultural e social, face a ausência de pessoas preparadas para atendimento de pessoas com deficiência auditiva e de fala, acessibilidade adequada a pessoas com deficiências físicas em repartições públicas ou estabelecimentos privados, que já determinam por si só a ausência de igualdade de oportunidades. Os autores mencionam que a igualdade de oportunidades reafirmada pelo texto legal tem por preceito retirar as barreiras sociais que obstam o pleno desenvolvimento das pessoas com deficiência.

Partindo dessa reflexão, e abordando um campo maior, essa postura social enraizada, mesmo após às mudanças de paradigmas de direitos existenciais trazidas pela Constituição da República, a postura socialmente adotada em torno das

---

2. FERRAZ, Carolina Valença. In: LEITE, Flavia Piva Almeida; RIBEIRO, Lauro Luiz Gomes; COSTA FILHO, WALDIR MACIEIRA DA (coord.) *Comentários ao Estatuto da Pessoa com Deficiência*. São Paulo: Saraiva, 2016.

pessoas com deficiências, fosse de qualquer ordem, dificultaram inclusive seu livre desenvolvimento, pois sempre foram tratadas como impossibilitadas de se integrar efetivamente na sociedade, determinando uma postura assistencialista e ao mesmo tempo discriminatória, desde a dificuldade que era encontrada para matricular uma criança com deficiência em uma escola de educação normal.[3]

As dificuldades e desigualdade de oportunidades somadas a tratamento inadequado das pessoas com deficiência são apresentados como determinantes de verdadeiro ciclo vicioso que se agrava reciprocamente,[4] pois a dificuldade de acesso adequado a direitos existenciais essenciais como saúde e educação dificultam a formação com autonomia das pessoas com deficiência, e consequentemente sua maior dependência de uma sociedade que não lhe oferece as mesmas oportunidades oferecidas a toda e qualquer pessoa.

2. DISCRIMINAÇÃO POSITIVA E DISCRIMINAÇÃO NEGATIVA

A fim de suplantar as dificuldades estruturais, culturais e sociais vivenciadas, se apresenta a denominada *Discriminação positiva*,[5] fundada nas ações afirmativas, como a política de instituição de quotas em concursos públicos[6] destinadas a serem preenchidas por pessoas com deficiências, bem como a obrigatoriedade de contratação de pessoas com deficiência por empresas privadas.[7] As ações afirmativas, apesar de terem crescido substancialmente nos últimos tempos e serem importante instrumento de eficácia ao princípio da igualdade, encontram muita resistência de certos segmentos sociais. Mas importante observar, como ressalta Leonardo Martins,[8] que a participação ativa do Estado, na promoção da redução das desigualdades, tem sede constitucional.

Um dos objetivos fundamentais da República, descrito no art. 3°, inciso III, da Constituição Federal de 1988 é *promover o bem de todos, sem preconceitos de origem, raça, sexo, cor, idade e quaisquer outras formas de discriminação*, e nesse sentido,

---

3. Para que o acesso à educação fosse resguardado, a matéria teve de ser incluída no art. 28 do EPD, sendo objeto de controle pelas Secretarias de Educação, no âmbito de suas atribuições.

4. FERRAZ, Carolina Valença. In: LEITE, Flavia Piva Almeida; RIBEIRO, Lauro Luiz Gomes; COSTA FILHO, WALDIR MACIEIRA DA (coord.) *Comentários ao Estatuto da Pessoa com Deficiência*. São Paulo: Saraiva, 2016, p. 73.

5. O termo é reconhecido tanto por autores de Direito constitucional como por aqueles que cuidam da matéria especial.

6. Ver § 2°, art. 5°, Lei 8.112/1990.

7. Ver Dec. 3.298/1999.

8. MARTINS, Leonardo. Comentário ao art. 5°. In: CANOTILHO, J. J. GOMES; MENDES, Gilmar F.; SARLET, Ingo W.; STRECK, Leoni L. (coord.) *Comentários à Constituição do Brasil*. São Paulo: Saraiva/Almedina, 2013. p. 226.

considerando que o Estado deve promover o bem de todos, deve assegurar através de condutas positivas que eventuais causas de discriminação, que seriam situações de desvantagem, sejam suprimidas.

Além de sua sede constitucional, como efetivo objetivo da República, como bem esclarece Carolina Ferraz,[9] as discriminações positivas, derivadas de ações afirmativas, têm como preceito somente equiparar às pessoas com deficiências às outras pessoas. Não há a pretensão, e nem mesmo o efeito de atribuição de mais direitos do que aqueles assegurados a qualquer outra pessoa.

Se, por um lado deve ser promovida a discriminação positiva, com vista a afastar as desigualdades, o texto legal nos oferece um conceito da discriminação negativa, vedada tanto ao poder público quanto nas relações privadas, podendo ser compreendida pelos termos da própria lei como as condutas que criam qualquer dificuldade no exercício de direitos ou liberdades fundamentais. Pelo texto legal pode ser observado com facilidade que o não implemento de discriminações positivas, através das adaptações necessárias ou fornecimento de tecnologias assistivas, determinará conduta discriminatória proibida pela Lei de Inclusão.

3. LIBERDADE DE ESCOLHA E AUTODETERMINAÇÃO

Por fim, o § 2º do dispositivo legal ora em comento, garante a liberdade e autonomia privada da pessoa com deficiência, tendo em vista que lhe outorga o direito de escolha de se utilizar ou não, dos benefícios decorrentes das ações afirmativas que sejam implementadas. Isso se dá em respeito à autonomia da pessoa com deficiência, que por seus motivos, sejam eles quais forem, pode preferir não fruir de tais benefícios, não lhe sendo impostos os efeitos da medida protetiva. Tal garantia, a nosso entender, resguarda inclusive a privacidade da pessoa com deficiência que talvez prefira manter resguardadas suas peculiaridades a fazer jus a certos benefícios.

> **Art. 5º** A pessoa com deficiência será protegida de toda forma de negligência, discriminação, exploração, violência, tortura, crueldade, opressão e tratamento desumano ou degradante.
>
> **Parágrafo único.** Para os fins da proteção mencionada no *caput* deste artigo, são considerados especialmente vulneráveis a criança, o adolescente, a mulher e o idoso, com deficiência.

---

9. FERRAZ, Carolina Valença. In: LEITE, Flavia Piva Almeida; RIBEIRO, Lauro Luiz Gomes; COSTA FILHO, WALDIR MACIEIRA DA (coord.) *Comentários ao Estatuto da Pessoa com Deficiência.* São Paulo: Saraiva, 2016, p. 70.

4. VULNERABILIDADE DA PESSOA COM DEFICIÊNCIA

Além da igualdade, o dispositivo legal em comento assegura à pessoa com deficiência, seja qual for a deficiência, especial proteção contra qualquer tipo de tratamento inadequado que configure negligência, discriminação, violência, tortura crueldade, opressão e tratamento desumano ou degradante. Todas essas condutas, por certo são proibidas, eis que correspondem a violações a direitos fundamentais, em relação a qualquer pessoa. O artigo 5º, contudo, pretende conferir às pessoas com deficiência especial proteção, dada a sua vulnerabilidade, contra as referidas condutas.

Além disso, em seu parágrafo único cria categoria de especialmente vulneráveis para as pessoas que gozam de especial proteção ou já se acham em posição de vulnerabilidade, como é o caso da mulher, e que acabam por se encontrar em situação de agravada vulnerabilidade em razão de sua deficiência.

> **Art. 6º** A deficiência não afeta a plena capacidade civil da pessoa, inclusive para:
>
> I – casar-se e constituir união estável;
>
> II – exercer direitos sexuais e reprodutivos;
>
> III – exercer o direito de decidir sobre o número de filhos e de ter acesso a informações adequadas sobre reprodução e planejamento familiar;
>
> IV – conservar sua fertilidade, sendo vedada a esterilização compulsória;
>
> V – exercer o direito à família e à convivência familiar e comunitária; e
>
> VI – exercer o direito à guarda, à tutela, à curatela e à adoção, como adotante ou adotando, em igualdade de oportunidades com as demais pessoas.

5. REGIME JURÍDICO DE INCAPACIDADES

Com o objetivo de dar efetividade ao livre exercício dos direitos existenciais pelas pessoas com deficiência, o *Estatuto da Pessoa com Deficiência*, que institui a Lei Brasileira de Inclusão, com fundamento na Convenção Internacional sobre os Direitos da Pessoa com Deficiência,[10] modificou o regime jurídico das incapacidades, alterando diversos dispositivos do Código Civil, entre eles os artigos 3º e 4º, a fim de excluir como causa de incapacidade absoluta bem como incapacidade relativa a doença ou deficiência mental ou intelectual. Atualmente, a deficiência mental ou intelectual não determinará, por si só, qualquer grau de incapacidade. Pela atual redação do inciso III do art. 4º, serão relativamente incapazes "aqueles que, por causa transitória ou permanente, não puderem exprimir sua vontade". A causa de

---

10. A Convenção sobre os Direitos das Pessoas com Deficiência, assinada em Nova York, em 30 de março de 2007 foi promulgada pelo Decreto 6.949 de 2009.

incapacidade não é, portanto, em nenhuma hipótese, a deficiência, mas tão somente a impossibilidade de manifestação de vontade.

No mesmo sentido o dispositivo legal comentado reafirma que a existência de deficiência não afetará a plena capacidade, relacionando, em rol meramente exemplificativo, atos que serão praticados com total autonomia e no gozo de sua plena capacidade civil pela pessoa com deficiência.

Com tais alterações o regime jurídico das incapacidades no ordenamento jurídico brasileiro foi profundamente modificado, retirando terminantemente do rol das *incapacidades absolutas* a ausência de discernimento em virtude de *enfermidade ou doença mental*, assim como afastou das causas de incapacidade relativa o *desenvolvimento mental incompleto*. Com o atual regime, instituído pelo Estatuto da Pessoa com Deficiência, as pessoas com deficiência, sejam elas físicas, mentais ou intelectuais, serão plenamente capazes para o exercício de todos os atos da vida civil, sendo a incapacidade relativa, quando presente excepcionalmente, derivada da impossibilidade de *manifestação de vontade*.

A capacidade atribuída às pessoas com deficiência pela alteração legislativa implementada pelo Estatuto é pertinente à capacidade *de fato*, ou seja à capacidade de *exercício* dos atos da vida civil pessoalmente, pois às pessoas com deficiência não era negada, em nenhuma medida, capacidade de direito, que se refere a sua possibilidade de adquirir direitos e contrair obrigações.

O objetivo cristalino da referida modificação, bem como da afirmação de capacidade pelo dispositivo em analise, é a outorga de efetiva autonomia privada, efetiva liberdade de manifestação de vontade, do exercício pleno de direitos existenciais. Porém, se por um lado a medida era necessária e extremamente louvável, diversas críticas se colocam, em vista de que a atribuição plena de capacidade às pessoas com deficiência em determinados casos, poderá determinar-lhes prejuízos.

O sistema de incapacidades do Código Civil tem por finalidade a *proteção* do incapaz e de seu patrimônio. Com vistas a proteger as pessoas que eventualmente se enquadrem dentre as causas de incapacidade, a lei institui que essas pessoas sejam representadas nos casos de incapacidade absoluta ou assistidas em caso de incapacidade relativa, punindo a ausência da necessária representação ou assistência com nulidade ou anulabilidade, respectivamente, do ato praticado.[11] Outras normas protetivas permeavam o ordenamento jurídico como as causas de impedimento e suspensão dos prazos prescricionais, ou as normas atinentes à responsabilidade civil.

Todavia, como bem assinalado por Iara Antunes de Souza,[12] o regime jurídico das incapacidades, especialmente nas hipóteses incidentes sobre às pessoas com

---

11. OLIVEIRA, J. M. Leoni Lopes de Oliveira. *Direito Civil*. Parte Geral. São Paulo: Gen Forense, 2018, p. 79.

12. SOUZA, Iara Antunes de. *Estatuto da Pessoa com Deficiência*: curatela e saúde mental. Belo Horizonte: Editora D'Plácido, 2016, p. 205.

deficiência, em determinadas situações acabava por determinar sérios prejuízos a ampla proteção e promoção da dignidade da pessoa humana. Assim, ainda que o sistema de incapacidade do Código Civil de 2002 já tivesse abolido nomenclatura discriminatória como a menção a incapacidade derivada de loucura, como constava do Código Civil de 1916, ao dispor-se que o desenvolvimento mental incompleto determinava por si só incapacidade relativa e a ausência de discernimento em virtude de doença mental determinaria incapacidade absoluta, não foram raras as vezes que a aplicação do regime de incapacidade sem a devida avaliação do efetivo conteúdo que deveria ser atribuído ao exercício da curatela, tiveram efeito para além da proteção da pessoa. Esse efeito acabava resvalando em cerceamento da livre manifestação de vontade da pessoa com deficiência, que impunha graves dificuldades e impossibilidade de exercícios de direitos existenciais constitucionalmente assegurados, como o planejamento familiar.

A ideia de proteção da pessoa que se enquadrava em qualquer das causas de incapacidade acabava por ser usada pela família, certas vezes de boa-fé, porém com ignorância profunda das verdadeiras limitações da pessoa com deficiência, com o cerceamento total da vontade da pessoa com deficiência. Como se a pessoa com deficiência precisasse ser protegida contra ela mesma.

Face a incapacidade, pessoas portadoras de Síndrome de Down, por exemplo, eram frequentemente impedidas de casar. Assim, além da incapacidade, fosse absoluta, fosse relativa, ser extremamente discriminatória, eis que desqualifica a pessoa com deficiência, ainda se apresentava como grave empecilho ao pleno desenvolvimento da autodeterminação, e dignidade humana. Sem sombra de dúvidas andou bem o dispositivo legal ora comentado ao assegurar que a existência de deficiência não impeça o exercício de forma plena de todos os direitos *existenciais* enumerados nos incisos, como os direitos ao casamento, ao planejamento familiar, os direitos sexuais, bem como outros que não estejam ali relacionados e digam respeito ao pleno desenvolvimento da pessoa humana.

Por certo, absurdo seria determinar a esterilização compulsória de uma pessoa que seja diagnosticada com grave caso de esquizofrenia. Ou afastar os filhos de quaisquer de seus pais, em virtude de quadro de deficiência mental, negando-lhes o direito a convivência familiar, bem como os direitos inerentes ao poder familiar, causando graves danos aos direitos da personalidade tanto da pessoa com deficiência, como de sua prole, drama lindamente demonstrado pelo Filme "*Uma lição de amor*".[13]

Se por um lado a reformulação do exercício dos direitos existenciais das pessoas com deficiência já devia ter sido efetivada em data anterior, em conformidade com os direitos fundamentais expostos na Constituição Federal de 1988, no campo *pa-*

---

13. Nesse filme Sam Dawson, um pai com problemas mentais que toma conta de sua filha Lucy com a ajuda de um grupo de amigos. Quando Lucy faz sete anos e começa a ultrapassar seu pai intelectualmente, o seu vínculo é ameaçado quando sua vida nada convencional chama a atenção de uma assistente social que quer que Lucy seja colocada em um orfanato.

trimonial, a norma em questão deve ser analisada com cautela e certa preocupação. Ao ser afastado o regime de incapacidades anterior, afasta-se automaticamente as proteções que incidiam sobre aquele sistema. Os atos praticados por pessoas com deficiência, diante de sua capacidade plena, serão absolutamente válidos independente de quaisquer auxílios que tenham recebido ou não para a prática do ato. Da mesma forma, a proteção derivada das causas de impedimento ou suspensão dos prazos prescricionais deixam de se aplicar às situações jurídicas das quais as pessoas com deficiência sejam titulares.

Talvez esse quadro se explique em virtude desse regime jurídico de incapacidade, apesar de reproduzido no Código Civil de 2002, ter sido formulado em momento em que o Direito Civil fundava-se em valores extremamente patrimonialistas, sem que tenha sido reformulado posteriormente. A verdade é que se as transformações no campo existencial eram fundamentais para o livre desenvolvimento da pessoa com deficiência, a supressão das incapacidades no campo patrimonial deixa de resguardar adequadamente os interesses da pessoa com deficiência.

As soluções para esse problema que se apresenta são diversas. Para Cristiano Chaves e Nelson Rosenvald,[14] a partir da constatação de que certa vulnerabilidade fora agravada à pessoa com deficiência, diante dessas transformações, o ideal seria reequilibrar as relações a partir da aplicação acurada da boa-fé objetiva, assim como deveriam ser aplicadas as causas de suspensão ou impedimento do prazo prescricional, diante de situações nas quais as limitações da pessoa com deficiência tenham impedido o exercício regular da pretensão.

Para outros, tais acomodações não são suficientes, devendo ser reformulado o regime das incapacidades, de modo que seja retomada a incapacidade das pessoas com deficiência, sempre que seu discernimento para a prática dos atos da vida civil não seja suficiente, como pretende o Projeto de Lei 757/2015.[15]

De toda sorte, inobstante todos os elogios e críticas que se postam sobre o atual regime jurídico das incapacidades, as limitações experimentadas pelas pessoas com deficiência para a prática dos atos negociais serão superadas, na medida de suas possibilidades, pela tomada de decisão apoiada, bem como pela curatela, objeto de análise específica no art. 84 deste diploma legal.

Em ambos os casos, contudo, se pretende minimizar as dificuldades negociais da pessoa com deficiência. A tomada de decisão apoiada, parte da manifestação de vontade da pessoa com deficiência, não lhe sendo imposta, mas facultada. E a curatela, prevista em caráter estritamente excepcional, cuida de hipótese de curatela de

---

14. FARIAS, Cristiano Chaves de; ROSENVALD, Nelson. *Curso de Direito Civil: Famílias*. 9 ed. Salvador: Jus Podium, 2016, p. 932 e seguintes.

15. Na data de entrega do presente trabalho o projeto de Lei 757/2015 encontrava-se em tramitação no Senado.

pessoa capaz, inexistente anteriormente no direito pátrio, sendo absolutamente vinculada aos limites efetivamente necessários à pessoa com deficiência.[16]

É certo que tais medidas minimizam os riscos negociais que podem ser suportados pela pessoa com deficiência mental ou intelectual face a atribuição pela lei de capacidade plena. Porém, algumas regras de proteção derivadas do regime de incapacidade continuam suprimidas.

Em respeito à dignidade da pessoa humana, bem como do pleno desenvolvimento da personalidade, deve ser assegurada às pessoas com deficiência a plena satisfação de direitos existenciais. A autonomia privada que deve ser assegurada às pessoas com deficiência não somente em virtude de respeito à igualdade e não discriminação, mas especialmente como única via de assegurar a efetiva dignidade. Todavia, no que tange às consequências patrimoniais do exercício pleno e independente dos atos da vida civil pelas pessoas com deficiência, nos parece ser essencial a criação de sistema de maior proteção.

Em suma, se o regime jurídico de incapacidade antes incidente sobre as pessoas com deficiência, que tinha por finalidade a proteção dos incapazes, acabou por determinar graves violações de direitos existenciais, deve-se ter o cuidado para que a autonomia privada conferida a partir da capacidade plena, excepcionada somente nos casos em que a pessoa com deficiência não puder exprimir sua vontade, não acabe por determinar prejuízos patrimoniais a pessoa com deficiência.

---

16. OLIVEIRA, J. M. Leoni Lopes de Oliveira. *Direito Civil*. Família. São Paulo: Gen Forense, 2018, p. 697 e seguintes.

Célia Barbosa Abreu

Art. 7º É dever de todos comunicar à autoridade competente qualquer forma de ameaça ou de violação aos direitos da pessoa com deficiência.

Parágrafo único. Se, no exercício de suas funções, os juízes e os tribunais tiverem conhecimento de fatos que caracterizem as violações previstas nesta Lei, devem remeter peças ao Ministério Público para as providências cabíveis.

1. ASPECTOS PRELIMINARES

Antes de iniciar o exame do dispositivo em tela, importa trazer em caráter preliminar algumas linhas, destacando o direito vigente e anterior ao EPD (especialmente, alguns artigos correlatos ao artigo em tela, presentes no texto original da Constituição da República Brasileira e outros da Convenção Internacional sobre os Direitos das Pessoas com Deficiência). A análise prévia dessa normativa servirá para o leitor perceber a necessidade de uma interpretação do Estatuto da Pessoa com Deficiência em conformidade com a Constituição da República e com a referida convenção, realizando uma leitura sistemática e teleológica dos diversos artigos da também chamada Lei Brasileira de Inclusão da Pessoa com Deficiência, sem olvidar de articulações complementares e compatíveis com outros diplomas legislativos nacionais e internacionais, que tenham a mesma *ratio legis* de conferir uma maior proteção jurídica voltada para a existência digna das pessoas com deficiência. Contribui para tanto, entre outros motivos, a presença de um contexto que justifica essa postura metodológica, qual seja, o da ocorrência do fenômeno complexo e duplo, constituído pela internacionalização do Direito Constitucional e pela constitucionalização do Direito Internacional. São duas tendências verificadas no campo institucional, fruto da forte e mútua influência entre o Direito Constitucional e o Direito Internacional. Assim, se por um lado nota-se a recepção de preceitos de Direito Internacional nas Constituições modernas, por outro vê-se que as ordens constitucionais passam a representar fonte de inspiração para os internacionalistas.[1]

2. DIREITO VIGENTE

Constando o art. 7º do EPD do Capítulo II, destinado ao cuidado da igualdade e da não discriminação da pessoa com deficiência, insta afirmar que o Poder

---

1. BONAVIDES, Paulo. *Curso de Direito Constitucional*. São Paulo: Malheiros Editores, 2002, p. 32-33.

Constituinte Originário, além do reconhecimento da igualdade formal para todos os cidadãos, tratou de assegurar a chamada igualdade substancial, material ou real. Correlacionadas ao princípio da isonomia e à sua efetivação, são passíveis de citação o próprio Preâmbulo do texto constitucional e diversas normas nele previstas, desde 1988, em especial as seguintes: art. 1º, III; art. 3º, I, III e IV; art. 5º, *caput*, incisos I, XXXV, XLI, LXXVIII, §§ 1º, 2º e 3º; art. 34, VII, *b*. Da mesma forma, uma vez que o art. 7º do EPD faz expressa alusão aos juízes, aos tribunais e ao Ministério Público, válido lembrar que na Constituição Cidadã foram dedicados dispositivos ao Poder Judiciário (arts. 92 ao 126) e às Funções Essenciais à Justiça, dentre os quais alguns se destinam ao Ministério Público (arts. 127 ao 130). Além disso, especificamente a respeito da pessoa com deficiência, o texto constitucional original já permitia sustentar a adoção de uma Política Nacional de Inclusão da Pessoa com Deficiência, o que se observava, de antemão, nas seguintes normas constitucionais: art., 227, §§ 2º e 3º e 244 (relativas à adaptação de logradouros, edifícios e veículos de transporte coletivo);art. 37, VIII (referente à admissão em cargos e empregos públicos); art. 227, § 1º, II (acerca da promoção de programas de assistência pelo Estado, em caráter preventivo e de atendimento especializado para os então chamados portadores de deficiência); art. 208, III (sobre o atendimento educacional especializado); art. 203, V (em matéria de benefício mensal; assistência social); art. 203, IV (cuidando das questões de habilitação e reabilitação destes indivíduos); art. 7º, XXXI (voltado para a questão da igualdade de direitos no trabalho); art. 23, II (destinado à proteção da pessoa com deficiência, matéria de competência comum da União, dos Estados, do Distrito Federal e dos Municípios); art. 24, XIV (vindo proteger essa pessoa e garantir sua "integração social" por intermédio de legislação concorrente).

Nesse viés, o advento da Convenção sobre o Direito das Pessoas com Deficiência no cenário jurídico brasileiro guarda total consonância com o disposto no art. 4º, II, do texto originário da CRFB, quando o constituinte estabeleceu que, dentre os princípios pelos quais se rege a República Federativa do Brasil, em suas relações internacionais, está o da prevalência dos direitos humanos. Desse modo, desse diploma internacional, que no ordenamento jurídico brasileiro galgou o *status* de Emenda Constitucional, é possível extrair uma série de normas que guardam harmonia com as anteriormente registradas e igualmente com o art. 7º do EPD acerca do qual se pretende comentar. Trata-se de uma coerência lógica que se acentua nas seguintes normas da Convenção, entre outras: art. 1º (propósito de proteção do exercício pleno e equitativo de todos os direitos humanos e liberdades fundamentais para as pessoas com deficiência relativamente aos demais cidadãos); art. 2º (conceito de discriminação); art. 3º (princípios gerais); art. 4º (obrigações assumidas pelos Estados-Partes); art. 5º (igualdade e não discriminação); art. 6º (mulheres e meninas com deficiência); art. 7º (crianças com deficiência); art. 8º (conscientização); art. 10 (direito à vida); art. 12 (reconhecimento igual perante a lei); art. 13 (acesso à justiça); art. 14 (liberdade da pessoa e segurança); art. 15 (prevenção contra a tortura, tratamentos ou penas cruéis, desumanas ou degradantes); art. 16 (prevenção contra a exploração, a violência e o abuso); art. 17 (proteção da integridade da pessoa); art.

18 (liberdade de movimentação e nacionalidade); art. 19 (vida independente e inclusão na comunidade); art. 20 (mobilidade pessoal); art. 21 (liberdade de expressão e de opinião e acesso à informação); art. 22 (respeito à privacidade); art. 23 (respeito pelo lar e pela família); art. 24 (educação); art. 25 (saúde); art. 26 (habilitação e reabilitação); art. 27 (trabalho e emprego); art. 28 (padrão de vida e proteção social adequados); art. 29 (participação na vida política e pública); art. 30 (participação na vida cultural e em recreação, lazer e esporte).

3. COMENTÁRIOS

O art. 7º do EPD, em seu *caput*, estabelece expressamente que é dever de todos comunicar à autoridade competente qualquer forma de ameaça ou de violação aos direitos da pessoa com deficiência. Em se tratando de um, reitere-se: dever de todos, reside nessa norma jurídica a instituição de um dever jurídico a ser assumido solidariamente por todo e qualquer ator social. Ou seja, subjaz nessa normativa uma inequívoca situação jurídica de responsabilidade solidária entre Estado, Sociedade e Família, no sentido de assegurar a plenitude dos direitos da pessoa com deficiência, que devem ficar salvaguardados de qualquer ameaça ou lesão. A inobservância do dever jurídico referido constitui ato ilícito.

Trata-se, como outrora escrito, de uma responsabilidade solidária e multifacetada, assumida por toda a sociedade, consideradas as mais diversas formas de interação que as pessoas com deficiência podem vir a ter no meio social. Inadmissível o contentamento com um ordenamento jurídico meramente retórico, que, em última instância, significa a recusa ao Direito do *status* de "ciência" do "dever-ser". A norma disposta no art. 7º, *caput*, do EPD, tal qual a trazida no art. 8º deste, pressupõe a atuação conjunta do Estado, da Família e da Sociedade, para fins de concreção dos enunciados normativos protetivos desses indivíduos.[2]

Ademais, para conferir a correta interpretação desse dever de preservação dos interesses/direitos das pessoas com deficiência, urge conferir-lhe a adequada abrangência. Nesse sentido, cabe destacar que qualquer lesão ou ameaça de direito, patrimonial e/ou extrapatrimonial, pode ser levada ao Poder Judiciário. Considerada, entretanto, a tábua axiológica constitucional, da qual decorre a prevalência dos valores existenciais sobre patrimoniais, é preciso se ter em vista sempre que "a tutela da personalidade é um destes interesses ou valores relativamente aos quais o legislador deve excluir limites externos ao desenvolvimento humano". Indo além, "o interesse na tutela da personalidade é primário, ínsito ao Estado Social de Direito".[3]

---

2. ABREU, Célia Barbosa; BEMERGUY, Isaac Marsico do Couto. A responsabilidade solidária em face da pessoa com deficiência no ordenamento jurídico brasileiro. In: ABREU, Célia Barbosa; LEITE, Fábio Carvalho; PEIXINHO, Manoel Messias. *Debates sobre Direitos Humanos Fundamentais*. Rio de Janeiro: Editora Gramma, 2017, p. 87-112.

3. PERLINGIERI, Pietro. *La personalità umana nell'ordinamento giuridico*. Napoli: ESI, 1972, p. 16-17.

Nessa toada, sobre a tutela dos interesses do indivíduo não se tem dúvida de que pode ser viabilizada através de cláusulas gerais, ou seja, via normas que não fornecem regulamentos específicos, mas princípios, com ampla abertura, sendo essa a técnica utilizada hodiernamente para garantir a liberdade e o desenvolvimento pleno da personalidade humana. Isso, entretanto, não significa que, por outro lado, no que respeita aos limites para outras situações específicas, outro tipo de técnica legislativa não possa ser mais eficiente do que a técnica das cláusulas gerais e, nesses casos, o melhor seja que a legislação venha detalhada, casuística mesmo.

No art. 7º do EPD, o legislador, ao determinar o dever de todos comunicarem à autoridade competente qualquer forma de ameaça ou de violação aos direitos da pessoa com deficiência, traz uma cláusula geral de cuidado relativamente às pessoas com deficiência. Não se tem um tipo legal que, se violado, o legislador preconiza, de partida, uma consequência jurídica correlata. Ao revés, o que se tem é o paradigma do cuidado como valor jurídico a ser respeitado e observado caso a caso e, evidentemente, cujo descumprimento acarretará a responsabilidade do infrator. Afinal, sua inobservância resulta num ato ilícito.

De crucial importância entender o significado do cuidado em meio às relações humanas e à proteção da vida, "seja sanando as chagas passadas, seja prevenindo as chagas futuras". Em outras palavras, em sua dimensão ontológica e antropológica, o cuidado comprova uma "vinculação de todos com todos pelo fato da reciprocidade geral e pela lógica mesma do cuidar e do ser cuidado assumida como realidade frontal e compromisso relacional". Contrariamente a isto, uma ética pautada exclusivamente na autonomia absoluta do sujeito, em outras palavras, "na solidão de sua liberdade" consiste numa "irrealidade" e "ilusão", autêntica "abstração". Assumida a complementariedade entre as éticas da justiça e do cuidado, é possível encontrar terreno para "uma convivência humana fecunda, dinâmica, sempre aberta a novas relações e carregada de sentimento de solidariedade, afetividade e, no termo, de amorosidade".[4]

A aludida cláusula geral do cuidado relativamente às pessoas com deficiência surge no cenário jurídico pátrio como um consectário lógico da cláusula geral de tutela e promoção da dignidade pessoa humana, acolhida pela Constituição de 1988. A doutrina brasileira explica que esta última restou consagrada quando o constituinte elegeu a dignidade humana como fundamento da República Brasileira, correlacionado ao objetivo fundamental de erradicação da pobreza e da marginalização, e de redução das desigualdades sociais, conjuntamente com a estipulação do § 2º do art. 5º, pelo qual os direitos e garantias expressos constitucionalmente não

---

4. BOFF, Leonardo. Justiça e Cuidado: Opostos ou Complementares? In: PEREIRA, Tânia da Silva; OLIVEIRA, Guilherme de. *O cuidado como valor jurídico*. Rio de Janeiro: Forense, 2008, p. 10.

excluem outros decorrentes do regime e dos princípios constitucionais adotados, ou dos tratados internacionais de que a República Federativa do Brasil seja parte.[5]

A partir dessa conexão entre as referidas cláusulas gerais, insta ultrapassar a leitura meramente literal do *caput* do art. 7º do EPD e compreender que o dever jurídico atribuído pela norma em caráter solidário ao Estado, à família e à sociedade não é só o de obstar lesões e ameaças aos direitos desses cidadãos. Mais do que isso, com apoio na cláusula geral de tutela da pessoa humana, todo indivíduo merece uma proteção jurídica mais ampla, que abrange a garantia da promoção do desenvolvimento digno de sua personalidade. Destarte, é assegurado à pessoa com deficiência, tal como a qualquer outro ser humano, o direito de vir a se realizar plenamente das mais diversas formas, seja na família, na escola, nos esportes, no trabalho, no sindicato, entre outras. Existe, desse modo, um dinamismo no ordenamento jurídico atual que confere um significado e uma função extremamente amplos ao dispositivo e, por conseguinte, ao dever jurídico dos sujeitos obrigados pelo preceito.

Dito de outra forma, na doutrina italiana, se escreve que uma "norma nunca está sozinha, mas existe e exerce a sua função unida ao ordenamento e o seu significado muda com o dinamismo do ordenamento ao qual pertence". Nesse sentido, defende-se uma interpretação "lógico-sistemática e teleológico-axiológica", isto é, "finalizada à atuação dos novos valores constitucionais". As cláusulas gerais "esperam ser preenchidas de um conteúdo específico, por uma hierarquia na qual as normas constitucionais exigem prevalência", ainda na "presença de norma específica ao caso, pela escolha feita pelo constituinte de conformar-se às normas de direito universalmente reconhecidas".[6]

A norma do art. 7º EPD não está isolada, mas sim consagrada no âmbito de um ordenamento constitucional, cujo vetor axiológico máximo é a promoção da dignidade humana. Logo, a sua *exegese* meramente literal não pode ser aceita. É preciso ir além, sobretudo após o advento da Convenção Internacional sobre os Direitos da Pessoa com Deficiência, que veio revigorar a força da cláusula geral de tutela da pessoa humana relativamente às pessoas com deficiência, cuja vulnerabilidade exige efetivamente um maior cuidado. Portanto, certo é que as autoridades competentes deverão ser acionadas – por todos – não só nos casos de lesão ou ameaça, mas também sempre que se perceba que, em realidade, medidas destinadas a promoção da existência digna das pessoas com deficiência estejam deixando de ser tomadas. Assim, exemplificativamente, quando uma política pública necessária à promoção dessa dignidade não esteja sendo implementada.

---

5. TEPEDINO, Gustavo. A Tutela da Personalidade no Ordenamento Civil-Constitucional Brasileiro. In: TEPEDINO, Gustavo. *Temas de Direito Civil*. Rio de Janeiro: Renovar, 1999, p. 48.

6. PERLINGIERI, Pietro. *Perfis do Direito Civil*. Introdução ao Direito Civil Constitucional. tradução: Maria Cristina De Cicco. 3a ed. Rio de Janeiro: Renovar, 1997, p. 73.

Some-se que, ao atentar para os casos tanto de ameaça quanto de lesão aos direitos da pessoa com deficiência, a *ratio legis* presente no cuidado é tal que vem viabilizar, uma vez acionadas as autoridades competentes, que estas tomem as medidas cautelares e façam uso de todas as alternativas judiciais e extrajudiciais cabíveis para melhor salvaguardar os interesses deste grupo social. Ademais, sempre útil recordar do disposto no art. 12 do Código Civil Brasileiro, no qual se tem norma análoga, da qual se extrai sem maiores dúvidas que, em se tratando de lesão a direitos patrimoniais, esta comporta compensação. Entretanto, as atinentes aos direitos extrapatrimoniais não comportam a ideia de recondução ao *status quo ante*. Logo, neste último caso, o que se tem é a reparação dos danos morais, por violação à dignidade humana. O alegado dano patrimonial necessita ser provado, enquanto o dano moral sabidamente é *in re ipsa*, decorrente do próprio fato, dispensada a sua comprovação.[7]

O parágrafo único do art. 7°, a seu turno, determina que se, no exercício de suas funções, os juízes e os tribunais tiverem conhecimento de fatos que caracterizem as violações de direitos coibidas pelo EPD, devem remeter peças ao Ministério Público para as providências cabíveis. O *Parquet*, a seu turno, como uma entidade autônoma e não vinculada a qualquer dos três Poderes, poderá agir tanto na esfera civil quanto na criminal. Poderá se valer de diversas formas de atuação pública, dentre as quais está a do ajuizamento de ações civis públicas em face dos entes públicos federal, estadual e municipal ou seus órgãos e agentes, tendo em vista a responsabilidade do Estado, quer por ação ou omissão. Poderá propor diversas outras medidas garantidoras dos interesses das pessoas com deficiência, como as previstas pelo legislador na Lei 7.853/1989 e na Lei 13.146/2015.[8]

Nesse sentido, escreve a doutrina sobre o compromisso social do *Parquet*, que abrange não apenas um comprometimento institucional do membro do Ministério Público, como também pessoal deste. Exemplifica que, na eventualidade da ocorrência de um ato discriminatório contra uma pessoa com deficiência (como num caso de recusa de uma vaga em um estabelecimento de ensino ou posto de trabalho, pautada exclusivamente na questão da deficiência) esse comportamento do infrator deve ser apreciado na órbita criminal e ainda através de uma ação civil pública, objetivando cessar, coletivamente, com a mencionada conduta discriminatória.[9]

Oportuno, igualmente, recordar que nada impede que a Defensoria Pública seja comunicada, eis que, em meio às suas funções institucionais, está a de promover a ação civil pública e demais espécies de ações capazes de viabilizar a mais adequada

---

7. TEPEDINO, Gustavo; BARBOZA, Heloisa Helena; MORAES, Maria Celina Bodin de. *Código Civil interpretado conforme a Constituição da República*. Rio de Janeiro: Renovar, 2004, p. 34.

8. MADRUGA, Sidney. *Pessoas com deficiência e direitos humanos* – ótica da diferença e ações afirmativas. 2. ed. São Paulo: Saraiva, 2016, p. 217-220.

9. MADRUGA, Sidney. *Pessoas com deficiência e direitos humanos* – ótica da diferença e ações afirmativas. 2. ed. São Paulo: Saraiva, 2016, p. 220-248.

tutela dos direitos difusos, coletivos e individuais homogêneos em prol do interesse de pessoas hipossuficientes, conforme disposto no art. 4º, VII, da Lei Complementar 80/1994. Da mesma forma, as associações constituídas há mais de um ano, vide disposto no art. 3º da Lei 7.853/1989, detêm legitimidade para promover esses direitos e proteger tais pessoas, estando essa matéria dentre as suas finalidades institucionais.[10]

Nessa ordem de ideias, convém registrar que o art. 98 do EPD alterou dispositivos da Lei 7.853/1989, que dispõe sobre o apoio às pessoas com deficiência, sua inclusão social, a Corde (Coordenadoria Nacional para Integração da Pessoa Portadora de Deficiência), estabelece a tutela jurisdicional de interesses coletivos ou difusos dessas pessoas, disciplinando a atuação do Ministério Público, definindo crimes, dando outras providências. Dentre as alterações, o art. 3º da referida lei dispõe hoje que as medidas judiciais voltadas à proteção de interesses coletivos, difusos, individuais homogêneos e individuais indisponíveis das pessoas com deficiência poderão ser propostas pelo Ministério Público, pela Defensoria Pública, por quaisquer dos entes federativos, por associações constituídas há mais de 1 (um) ano, nos termos da lei civil, por autarquias, por empresas públicas e por fundações ou sociedades de economia mista que incluam, entre suas finalidades institucionais, "a proteção dos interesses e a promoção de direitos da pessoa com deficiência".[11]

> **Art. 8º** É dever do Estado, da sociedade e da família assegurar à pessoa com deficiência, com prioridade, a efetivação dos direitos referentes à vida, à saúde, à sexualidade, à paternidade e à maternidade, à alimentação, à habitação, à educação, à profissionalização, ao trabalho, à previdência social,

---

10. FARIAS, Cristiano Chaves de; CUNHA, Rogério Sanches; PINTO, Ronaldo Batista. *Estatuto da pessoa com Deficiência comentado artigo por artigo*. 2. ed. Salvador: JusPodivm, 2016, p. 48-49.

11. Concluindo, cabe trazer à tona dois julgados com fundamento no artigo 7º, EPD. Primeiramente, o TRT-2. Recurso Ordinário 1001629652015020373, que traz um entendimento relevante. Trata-se de caso em que, embora a parte no processo estivesse representada, possuía paralisia cerebral, o que atrairia a incidência do art. 7º do EPD, no sentido de ser obrigatória a intervenção do MPT. O caso ficou ainda mais emblemático pois a pessoa com deficiência sucumbiu na maioria dos pedidos, isto é, o resultado em si do processo na primeira instância foi prejudicial. Sustentou o MPT que não haveria nulidade caso não fosse demonstrado prejuízo. Ementa: deficiente físico. Ausência de intimação do Ministério Público do Trabalho. Nulidade Acolhida. Em consonância com o disposto nos arts. 178 e 279 do CPC, necessária a participação do *Parquet* em processos nos quais litigam incapazes, ainda que relativamente. Preliminar de nulidade invocada pelo Ministério Público acolhida. (TRT-2. Recurso Ordinário 1001629652015020373. SP. Rel. Valdir Florindo, 6ª Turma – Cadeira 3, DJe 28.08.2019). Em segundo lugar, vale citar o TRT– 2. Recurso ordinário 00031882720125020025, que traz entendimento importante. No processo trabalhista, foi requerido, entre outras verbas, o pagamento de dano moral em razão de situações vexatórias sofridas no ambiente de trabalho por pessoa com deficiência. Narra um dos depoimentos de uma testemunha que colegas de trabalho colocavam post it no computador dizendo que ela deveria falar mais baixo, mesmo com a ciência que ela era PCD, além de ofensas a respeito do problema de audição. Com isso, o acórdão realizou a condenação em danos morais e, com fundamento no art. 7 da EPD, determinou a extração de cópias do processo do MPT para tomar as providências cabíveis. Ementa: Em consulta ao site do Tribunal, verifiquei que não foi disponibilizada a ementa desse julgado. Contudo, informo que o trata-se de recurso ordinário relativo ao processo 0003188-27.2012.5.02.0025, Relatora Renata De Paula Eduardo Beneti da 18 turma. DJe 11.03.2020.

à habilitação e à reabilitação, ao transporte, à acessibilidade, à cultura, ao desporto, ao turismo, ao lazer, à informação, à comunicação, aos avanços científicos e tecnológicos, à dignidade, ao respeito, à liberdade, à convivência familiar e comunitária, entre outros decorrentes da Constituição Federal, da Convenção sobre os Direitos das Pessoas com Deficiência e seu Protocolo Facultativo e das leis e de outras normas que garantam seu bem-estar pessoal, social e econômico.

4. DIREITO VIGENTE

Antes de iniciar o exame do dispositivo em tela, importa trazer em caráter preliminar algumas linhas, destacando o direito vigente e anterior ao EPD (especialmente, alguns artigos correlatos ao artigo em tela, presentes no texto original da Constituição da República Brasileira e outros da Convenção Internacional sobre os Direitos das Pessoas com Deficiência). A análise prévia dessa normativa contribuirá para o leitor perceber a necessidade de uma interpretação do Estatuto da Pessoa com Deficiência em conformidade com a Constituição e com a referida convenção, associada à uma leitura sistemática e teleológica dos diversos artigos da chamada Lei Brasileira de Inclusão da Pessoa com Deficiência, sem olvidar de articulações complementares e compatíveis com outros diplomas legislativos nacionais e internacionais, que tenham a mesma *ratio* legis de conferir uma proteção jurídica voltada para a existência digna das pessoas com deficiência. Contribui para tanto, entre outros motivos, a presença de um contexto que justifica essa postura metodológica, qual seja, o da ocorrência do fenômeno complexo e duplo, constituído pela internacionalização do Direito Constitucional e pela constitucionalização do Direito Internacional. São duas tendências verificadas no campo institucional, fruto da forte e mútua influência entre o Direito Constitucional e o Direito Internacional. Assim, se por um lado nota-se a recepção de preceitos de Direito Internacional nas Constituições modernas, por outro vê-se que as ordens constitucionais passam a representar fonte de inspiração para os internacionalistas.[12]

5. DIREITO VIGENTE E O TEXTO CONSTITUCIONAL

Constando o art. 8º do EPD do Capítulo II, destinado ao cuidado da igualdade e da não discriminação da pessoa com deficiência, insta reafirmar que o Poder Constituinte Originário, além do reconhecimento da igualdade formal para todos os cidadãos, tratou de assegurar a chamada igualdade substancial, material ou real. Correlacionadas a esse princípio e à sua efetivação, são passíveis de citação o próprio Preâmbulo do texto constitucional e diversas normas nele previstas, desde 1988, em especial as seguintes: art. 1º, III; art. 3º, I, III e IV; art. 5º, *caput*, incisos I, XXXV,

---

12. BONAVIDES, Paulo. *Curso de Direito Constitucional*. São Paulo: Malheiros Editores, 2002, p. 32-33.

XLI, LXXVIII, §§ 1º, 2º e 3º; art. 6º; art. 34, VII, *b*. Além destes dispositivos, especificamente a respeito da pessoa com deficiência, o texto constitucional já permitia sustentar a adoção de uma Política Nacional de Inclusão da Pessoa com Deficiência, o que se observava, de antemão, das seguintes normas constitucionais: art. 227, §§ 2º e 3º e 244 (relativas à adaptação de logradouros, edifícios e veículos de transporte coletivo); art. 37, VIII (referente à admissão em cargos e empregos públicos); art. 227, § 1º, II (acerca da promoção de programas de assistência pelo Estado, em caráter preventivo e de atendimento especializado para os então chamados portadores de deficiência); art. 208, III (sobre o atendimento educacional especializado); art. 203, V (em matéria de benefício mensal; assistência social); art. 203, IV (cuidando das questões de habilitação e reabilitação destes indivíduos); art. 7º, XXXI (voltado para a questão da igualdade de direitos no trabalho); art. 23, II (destinado à proteção da pessoa com deficiência, matéria de competência comum da União, dos Estados, do Distrito Federal e dos Municípios); art. 24, XIV (vindo proteger essa pessoa e garantir sua "integração social" por intermédio de legislação concorrente).

Sob essa ótica, o advento da Convenção sobre o Direito das Pessoas com Deficiência no cenário jurídico brasileiro guarda total consonância com o disposto no art. 4º, II, do texto originário da CRFB, quando o constituinte estabeleceu que, dentre os princípios em que se rege a República Federativa do Brasil, em suas relações internacionais, está o da prevalência dos direitos humanos. Desse diploma internacional, que no ordenamento jurídico brasileiro galgou o *status* de Emenda Constitucional, é possível extrair uma série de normas que guardam harmonia com as anteriormente registradas e igualmente com o art. 8º do EPD acerca do qual se pretende comentar. Assim sendo, esta coerência lógica se acentua, entre outras, nas seguintes normas da convenção: art. 4º (compromisso quanto à promoção e a proteção dos direitos humanos e das liberdades fundamentais das pessoas com deficiência pelos Estados Partes); art. 14 (liberdade da pessoa e segurança); art. 15 (prevenção contra a tortura, tratamentos ou penas cruéis, desumanas ou degradantes); art. 17 (proteção da integridade da pessoa); art. 18 (liberdade de movimentação e nacionalidade); art. 19 (vida independente e inclusão na comunidade); art. 20 (mobilidade pessoal); art. 21 (liberdade de expressão e de opinião e acesso à informação); art. 22 (respeito à privacidade); art. 23 (respeito pelo lar e pela família); art. 24 (educação); art. 25 (saúde); art. 26(habilitação e reabilitação); art. 27 (trabalho e emprego); art. 28 (padrão de vida e proteção social adequados); art. 29 (participação na vida política e pública); art. 30 (participação na vida cultural e em recreação, lazer e esporte); art. 31 (compromisso estatal de cuidado com as estatísticas e as pesquisas voltadas à implementação de políticas públicas em prol da pessoa com deficiência); art. 32 (cooperação internacional entre os Estados para a consecução dos objetivos delineados pela convenção); art. 33 (compromisso de implementação da convenção a ser objeto de monitoramento); art. 34 (criação do Comitê sobre os Direitos das Pessoas com Deficiência); art. 35 (relatórios dos Estados-Partes); art. 36 (avaliação dos relatórios dos Estados-Partes pelo Comitê sobre os Direitos das Pessoas com Deficiência); art. 37 (cooperação entre os Estados-Partes e o Comitê sobre os Direitos das Pessoas com Deficiência); art. 38 (relações do Comitê sobre os Direitos das Pessoas com Deficiência com outros órgãos); art. 39 (relatório do Comitê sobre os Direitos das Pessoas com Deficiência); art. 40 (Conferência dos Estados Partes).

6. COMENTÁRIOS

Dando início à atenção ao art. 8º do EPD propriamente dito tem-se que este estabelece ser dever do Estado, da sociedade e da família assegurar à pessoa com deficiência, com "prioridade", a efetivação de diversos direitos humanos fundamentais, não excluídos outros decorrentes da Constituição Federal, da Convenção sobre os Direitos das Pessoas com Deficiência e seu Protocolo Facultativo e das leis e de outras normas que garantam seu bem-estar pessoal, social e econômico. Ao fazê-lo o dispositivo consagra o "princípio do melhor interesse da pessoa com deficiência", que, em realidade, vem igualmente tutelado noutros dispositivos da lei, tais como os artigos 5º; 9º; 10; 30, I; 32; 85, § 2º; 87; 111; 112; 113; 114; 116. Para fundamentar esse argumento, doravante, serão feitas algumas considerações.

Inicialmente, cumpre pontuar que o artigo em foco assegura às pessoas com deficiência não somente o direito fundamental à saúde, mas também a efetivação de um rol *numerus apertus* de direitos, liberdades e garantias fundamentais, portanto, adotando uma perspectiva muito além da biomédica em relação aos indivíduos tutelados. Acolhe o modelo social da deficiência, segundo o qual não é mais cabível um olhar meramente estático sobre o corpo do ser humano com deficiência, mas, ao revés, a pessoa e sua deficiência devem ser consideradas mediante uma percepção dinâmica, visto o indivíduo incluído em meio ao seio social em que vive e a partir de uma avaliação biopsicossocial.

Com esse viés, é trazida a norma do art. 8º do EPD que, nitidamente, vem considerar necessárias diversas ações públicas em favor da pessoa com deficiência, bem como a intervenção do Estado nesse sentido. Nela, lesão e deficiência surgem como noções apartadas, o que evidencia a relevância das ações biomédicas direcionadas para o corpo, mas também do cuidado relativamente aos direitos, à justiça social e às políticas de bem-estar social para as pessoas com deficiência. Afinal, se as lesões podem estar presentes no corpo humano, a deficiência pode aparecer como resultado de um ordenamento político e econômico capitalista, que exige do indivíduo que este seja produtivo.[13]

Nesse contexto, ao lado do direito à saúde, o referido dispositivo resguarda um sem número de direitos fundamentais, que, por sua natureza, exigem políticas de bem-estar diferenciadas, sob pena de quedarem inobservados objetivos fundamentais da República Federativa do Brasil, entre outros, especialmente, o da construção de uma sociedade livre, justa e solidária (art. 3º, I, CRFB). Assim, exemplificativamen-

---

13. DINIZ, Debora. *O que é deficiência*. São Paulo: Brasiliense, 2007, p. 18-22.

te, protege os ideais de liberdade, autonomia e produtividade da ordem capitalista, através da tutela dos direitos à profissionalização e ao trabalho, mas sem descurar da atenção aos direitos ao respeito, à convivência familiar e comunitária e à dignidade.

Os ideários de liberdade, autonomia e da produtividade não podem mesmo ser pensados independentemente, mas, ao contrário, conjuntamente com outros desafios como os impostos pelas lesões mais graves e crônicas. Afinal, a proteção da igualdade concomitantemente à da autonomia, dentre outros valores fundamentais do sistema jurídico pátrio, não pode estar voltada apenas para viabilizar exclusivamente a sobrevivência do indivíduo produtivo na sociedade de concorrência por bens de consumo.

A ordem jurídica deve tutelar não só a existência humana produtiva e ativa, mas também digna, nos termos da Ordem Econômica (art. 170, CRFB). Isso porque, de fato, existem situações em que a autonomia individual pode estar concretamente comprometida, em caráter definitivo, não podendo se exigir da pessoa que seja ativa e/ou produtiva. Será preciso, então, pensar de outra forma, isto é, buscar como assegurar a isonomia desse cidadão improdutivo na sociedade capitalista. A ótica pura da independência não servirá para salvaguardar a isonomia desse ser humano dependente e improdutivo, sendo imperioso olhá-lo sob a perspectiva da igualdade via interdependência. Nessa visão, ganhará relevância o valor jurídico do cuidado quanto ao *alter*.

Com efeito, existem pessoas que vivem numa situação de dependência e, por tal razão, precisam lhes seja conferido um cuidado próprio a lhes permitir a possível condição de igualdade relativamente às demais da sociedade. Mais do que seres humanos vulneráveis, está se falando de pessoas cuja vulnerabilidade inata à toda a pessoa humana foi exacerbada ou, em outras palavras, está presente um indivíduo vulnerado. Urge, portanto, buscar uma alternativa para resguardar adequada e proporcionalmente os seus direitos e interesses fundamentais.[14]

Diante disso, tendo por exemplo a situação da pessoa idosa, a doutrina propôs se extraísse da cláusula geral de promoção e tutela da pessoa humana toda a sorte de soluções capazes para conferir um tratamento diferencial e preferencial para o indivíduo na terceira idade. Com isso, se versou pela primeira vez sobre o princípio do melhor interesse do idoso, para que este fosse protegido em caráter de isonomia a partir da *exegese* da legislação, o que encontrou acolhida entre os estudiosos e aplicação prática na jurisprudência pátria.[15]

Some-se a esse argumento, a afirmação na doutrina alienígena de que, realmente, em certas situações, as pessoas com deficiência estão sujeitas a uma maior vulnerabilidade ou risco. Em face disso, a Convenção Internacional sobre os Direitos das Pessoas com Deficiência contém uma série de dispositivos voltados para conferir uma

---

14. BARBOZA, Heloisa Helena. Vulnerabilidade e cuidado: aspectos jurídicos. In: PEREIRA, Tânia da Silva; OLIVEIRA, Guilherme de. *Cuidado e vulnerabilidade*. São Paulo: Atlas, 2009, p. 106-118.

15. BARBOZA, Heloisa Helena. O princípio do melhor interesse do idoso. In: PEREIRA, Tânia da Silva; OLIVEIRA, Guilherme de. *O cuidado como valor jurídico*. Rio de Janeiro: Forense, 2008, p. 66.

proteção jurídica específica em tais casos.[16] A lógica destas disposições é correlata à esta do art. 8º em comento.

Nessa mesma ordem de ideias, em que se sustentou não apenas o princípio do melhor interesse do idoso, mas também se afirmaram o princípio do melhor interesse da criança e do adolescente, do locatário, do trabalhador, dentre outros, é possível defender aqui que o art. 8º, em idêntica *ratio* adotada inclusive em outros dispositivos do Estatuto da Pessoa com Deficiência, consagra o princípio do melhor interesse da pessoa com deficiência, correlacionando-se nesse particular com o disposto na cláusula geral de promoção e tutela da pessoa humana, bem como com diversos outros dispositivos constitucionais e, ainda, com a normativa advinda da Convenção Internacional sobre os Direitos das Pessoas com Deficiência.

O reconhecimento do princípio do melhor interesse da pessoa com deficiência, de base constitucional, surge como um consectário natural da Ordem Constitucional Brasileira, objetivando uma proteção efetiva e integral para as pessoas com deficiência, sobretudo aquelas que se encontrem em situação de dependência e, por conseguinte, vulneradas. Esse posicionamento tem por intuito instrumentalizar o Estado para o melhor atendimento das pessoas com deficiência, cuja situação de vulnerabilidade está concretamente acentuada, sendo certo que se trata também de um dever exigível da sociedade em geral e da família, nos termos do art. 8º do EPD.

A despeito das críticas possíveis ao texto da Constituição de 1988, é fato que, mesmo a doutrina internacional, trata de salientar que, diversamente das constituições anteriores, esta ocupa-se dos direitos fundamentais como prioridade relativamente aos demais temas.[17] Nesse sentido, pensar no princípio do melhor interesse da pessoa com deficiência (com base constitucional) ou em qualquer outra norma principiológica com esteio na Constituição consubstancia uma opção hermenêutica que, a um só tempo, possibilita a atualização da norma e garante a eficácia do princípio da força normativa da constituição.[18] Afinal, consoante é sabido, é preciso ir além do conteúdo do texto constitucional, sendo necessário otimizar seu desenvolvimento o que exige que a Constituição esteja rente à *práxis*. É imperiosa, pois, a vontade de Constituição frente às tantas restrições e limites opostos à sua força normativa.[19] Nesse viés, reitere-se, certo é que o princípio cuja

---

16. PALACIOS, Agustina. *El modelo social de discapacidad*: orígenes, caracterización y plasmación en la Convención Internacional sobre los Derechos de las Personas con Discapacidad. Madrid: Ediciones CINCA, 2008, p. 288.

17. MIRANDA, Jorge. *Teoria do Estado e da Constituição*. Rio de Janeiro: Forense, 2003, p. 150.

18. CANOTILHO, J.J. GOMES. *Direito Constitucional e Teoria da Constituição*. 3. ed. Coimbra: Almedina, 1999, p. 1151.

19. HESSE, Konrad. *A força normativa da Constituição. trad. Gilmar Ferreira Mendes*. Porto Alegre: Sergio Antonio Fabris Editor, 1991, p. 24.

consagração se sublinha aparece como uma manifestação inequívoca da chamada vontade de Constituição.

Uma outra observação a ser feita em função da norma trazida no art. 8º do EPD é no sentido de que, indubitavelmente, guarda sintonia fina com o Preâmbulo da Constituição Brasileira, onde aparecem valores clássicos individualmente consagrados, porém diversos outros que os viabilizam e dão vida. Nitidamente, o dispositivo vai além da igualdade formal, estando pautado em direitos individuais e sociais, sem os quais não há como se pensar em bem-estar geral e desenvolvimento.

Em outras palavras, o artigo 8º do EPD consubstancia uma igualdade com direitos sociais, com bem-estar geral e com desenvolvimento, em prol de uma igualdade diferenciada, que ganha não só em sentido, como em determinação. Resumindo, está em conformidade com uma Constituição que surge mais cidadã e mais igual. Assim, por mais que seja certo vai se levar algum tempo para tornar possível o alcance da almejada sociedade fraterna, pluralista e sem preconceitos, fundada na harmonia social, é verdade também que normas como esta trazida no referido dispositivo vem robustecer decididamente o valor da igualdade.[20]

A ordem trazida pelo art. 8º do EPD possui caráter de prioridade, dentre os deveres assumidos pelo Estado, pela sociedade e pela família relativamente à pessoa com deficiência, com vistas à efetivação de uma relação *numerus apertus* de direitos daquela, incluídos os aludidos expressa ou implicitamente na Constituição, na Convenção Internacional das Pessoas com Deficiência e em seu Protocolo Facultativo e noutras leis e normas que garantam seu bem-estar pessoal, social e econômico. Em mesmo sentido, o legislador consagra também, exemplificativamente, a norma estabelecida no art. 9º do EPD. Nesta, a ser comentada a seguir, traz o direito de tais indivíduos receberem atendimento prioritário, em especial para determinadas finalidades, não excluídas outras, dado o princípio do melhor interesse da pessoa com deficiência, corolário da cláusula geral de promoção e tutela da pessoa humana, como acima salientado.

Interessa aduzir, por oportuno, que o art. 98 do EPD conferiu, como dito em comentário ao art. 7º, nova redação a dispositivos da Lei 7.853/1989. Nesse sentido, o EPD alterou não apenas o disposto no art. 3º da citada lei (antes mencionado), mas igualmente o estabelecido no seu art. 8º, que passou a criminalizar e punir determinadas condutas com reclusão de 2 (dois) a 5 (cinco) anos e multa. Dentre os crimes puníveis, estão presentes condutas resultantes justamente da violação dos deveres aludidos no art. 8º do EPD.

Concluindo, a atual redação do art. 8º da Lei 7.853/1989 institui como crime: recusar, cobrar valores adicionais, suspender, procrastinar, cancelar ou fazer cessar

---

20. CUNHA, Paulo Ferreira da. *Direito Constitucional Geral*: uma perspectiva luso-brasileira. São Paulo: Método, 2007, p. 163.

inscrição de aluno em estabelecimento de ensino de qualquer curso ou grau, público ou privado, em razão de sua deficiência. O dever de assegurar a educação é um dentre os tutelados pelo art. 8º. Igualmente é crime: obstar inscrição em concurso público ou acesso de alguém a qualquer cargo ou emprego público, em razão de sua deficiência, bem como negar ou obstar emprego, trabalho ou promoção à pessoa em razão de sua deficiência. O direito ao trabalho também está em meio aos salvaguardados no art. 8º. Configura crime: recusar, retardar ou dificultar internação ou deixar de prestar assistência médico-hospitalar e ambulatorial à pessoa com deficiência. Esta conduta importa em violação ao dever de proteger a saúde da pessoa com deficiência. Do mesmo modo, é crime: deixar de cumprir, retardar ou frustrar execução de ordem judicial expedida na ação civil a que alude esta Lei, eis que quedaria violado o direito de acesso à justiça. Assim também: recusar, retardar ou omitir dados técnicos indispensáveis à propositura da ação civil pública objeto desta Lei, quando requisitados, violação também ao direito de acesso à justiça.[21]

---

21. À guisa de conclusão, convém trazer à baila alguns julgados pertinentes ao art. 8º do EPD. Em primeiro lugar, por exemplo, sobre a prioridade da criança com deficiência ao direito fundamental à educação, a jurisprudência vem reconhecendo que se trata de preceito fundamental positivado na Lei Brasileira de Inclusão de Pessoa com Deficiência, que no seu art. 8º ratificou o disposto no art. 54 do Estatuto da Criança e do Adolescente (TJRJ, Agravo de Instrumento n. 0027186-37.2016.8.19.0000, Rel. Des. Renata Machado Cotta, j. 31.ago.2016). Num segundo momento, veja-se, exemplificativamente, que tem sido concedida a gratuidade no transporte urbano para a pessoa com deficiência com limitação financeira (direito ao passe livre). Dita situação se insere no âmbito dos deveres do Estado para com as pessoas com deficiência, mais precisamente, com fulcro no art. 8º, Lei 13.146/2015, bem como do princípio da dignidade da pessoa humana (TJBA, Apelação Cível 01271763220098050001, Des. Rel. Cármem Lúcia Santos Pinheiro, j. 19. julh.2016). Um terceiro caso a citar seria o do cabimento de transporte especial e adequado a menor que, na hipótese, tinha paralisia cerebral. Reconhecida a obrigação do Poder Público de fornecer o transporte, na medida das necessidades especiais da criança, a fim de viabilizar acesso à educação e tratamentos médicos indicados. Aplicação de variada legislação impondo tal obrigação ao Estado (Constituição Federal, Estatuto da Pessoa com Deficiência e ECA). Multa diária fixada para coibir o cumprimento do *decisum* (TJSP, Ap. Civ. 00265520420148260554, Des. Rel.: Ana Lucia Romanhole Martucci, J. 25. jul.2016). Uma quarta situação merecedora de destaque seria, em certa medida, semelhante ao ora aludido, qual seja, novamente ter em conta a questão do cabimento de transporte especial para pessoa com deficiência e seu acompanhante, diante da prevalência dos direitos fundamentais à saúde e à educação, matérias merecedoras da mais absoluta prioridade de atendimento, quando se entende inadmissível uma proteção incompleta e deficiente aos interesses das pessoas com deficiência. A concessão dos direitos referidos deve se dar de forma que efetivamente garanta seu pleno gozo pela pessoa com deficiência (TJSP, Ap. Civ. 10236511220158260554, Des. Rel. Heloísa Martins Mimessi, J. 05.ago.2016). Outras decisões neste sentido, tais como: TJSP, Ap. Civ. 0016908-57.2014.8.26.0224, Rel. Des. Paulo Barcellos Gatti, j. 29.ago.2016; TJSP, Ap. Civ. 1021093-87-2015.8.26.0224, Rel. Des. Claudio Augusto Pedrassi, j. 16.fev.2016. TJSP, Ap. Civ.1015202-09.2014.8.26.0196, Rel. Des. Heloísa Mimessi, j. 15.ago.2016. Por fim, cumpre arrematar aduzindo que a jurisprudência tem enfrentado igualmente discussões em torno do cabimento da isenção tributária para a pessoa com deficiência, exemplificativamente, que é capaz de dirigir veículo não adaptado (hipótese não prevista pelo legislador para a concessão do benefício fiscal). Decisões unânimes, entretanto, vêm sendo proferidas, no sentido de que é preciso realizar uma interpretação teleológica da benesse, de modo a garantir a isenção das pessoas com deficiência, nos termos do art. 8º do EPD. Tem se compreendido que se trata de consagrar a efetivação do direito ao transporte, à dignidade, à liberdade, entre outros (TJSP, Ap. 1005763-962015.8.26.0047, Des. Rel. Ana Liarte, j. 12.dez.2016).

Seção Única
Do Atendimento Prioritário

Célia Barbosa Abreu

Art. 9º A pessoa com deficiência tem direito a receber atendimento prioritário, sobretudo com a finalidade de:

I – proteção e socorro em quaisquer circunstâncias;

II – atendimento em todas as instituições e serviços de atendimento ao público;

III – disponibilização de recursos, tanto humanos quanto tecnológicos, que garantam atendimento em igualdade de condições com as demais pessoas;

IV – disponibilização de pontos de parada, estações e terminais acessíveis de transporte coletivo de passageiros e garantia de segurança no embarque e no desembarque;

V – acesso a informações e disponibilização de recursos de comunicação acessíveis;

VI – recebimento de restituição de imposto de renda;

VII – tramitação processual e procedimentos judiciais e administrativos em que for parte ou interessada, em todos os atos e diligências.

§ 1º Os direitos previstos neste artigo são extensivos ao acompanhante da pessoa com deficiência ou ao seu atendente pessoal, exceto quanto ao disposto nos incisos VI e VII deste artigo.

§ 2º Nos serviços de emergência públicos e privados, a prioridade conferida por esta Lei é condicionada aos protocolos de atendimento médico.

1. DIREITO VIGENTE

Antes de iniciar o exame do dispositivo em questão, urge trazer em caráter preliminar algumas linhas, destacando o direito vigente e anterior ao EPD (especialmente, alguns artigos correlatos ao artigo em tela, presentes no texto original da Constituição da República Brasileira e outros da Convenção Internacional sobre os Direitos das Pessoas com Deficiência). A análise prévia dessa normativa contribuirá para o leitor perceber a necessidade de uma interpretação do Estatuto da Pessoa com Deficiência em conformidade com a Constituição e com a referida convenção, associada à uma leitura sistemática e teleológica dos diversos artigos da chamada Lei Brasileira de

Inclusão da Pessoa com Deficiência, sem olvidar de articulações complementares e compatíveis com outros diplomas legislativos nacionais e internacionais, que tenham a mesma *ratio legis* de conferir uma proteção jurídica voltada para a existência digna das pessoas com deficiência. Contribui para tanto, entre outros motivos, a presença de um contexto que justifica essa postura metodológica, qual seja o da ocorrência do fenômeno complexo e duplo, constituído pela internacionalização do Direito Constitucional e pela constitucionalização do Direito Internacional. São duas tendências verificadas no campo institucional, fruto da forte e mútua influência entre o Direito Constitucional e o Direito Internacional. Assim, se por um lado nota-se a recepção de preceitos de Direito Internacional nas Constituições modernas, por outro vê-se que as ordens constitucionais passam a representar fonte de inspiração para os internacionalistas.[1]

2. DIREITOS VIGENTE E O TEXTO CONSTITUCIONAL

Constando o art. 9º da Seção Única Do Atendimento Prioritário, inserta no Capítulo II Da Isonomia e da não Discriminação do EPD, insta ratificar que o Poder Constituinte Originário, além do reconhecimento da igualdade formal para todos os cidadãos, tratou de assegurar a chamada igualdade substancial, material ou real. Correlacionadas a este princípio e à sua efetivação, são passíveis de citação o próprio Preâmbulo da Constituição e diversas normas nela previstas, desde 1988, em especial as seguintes: art. 1º III; art. 3º, I, III e IV; art. 5º, *caput*, incisos I, XXXV, XLI, LXXVIII, §§ 1º, 2º e 3º; art. 34, VII, *b*. Além destes dispositivos, especificamente a respeito da pessoa com deficiência, o texto constitucional já permitia sustentar a adoção de uma Política Nacional de Inclusão da Pessoa com Deficiência, o que se observava, de antemão, das seguintes normas constitucionais: art. 227, §§ 2º e 3º e 244 (relativas à adaptação de logradouros, edifícios e veículos de transporte coletivo); art. 37, VIII (referente à admissão em cargos e empregos públicos); art. 227, § 1º, II (acerca da promoção de programas de assistência pelo Estado, em caráter preventivo e de atendimento especializado para os então chamados portadores de deficiência); art. 208, III (sobre o atendimento educacional especializado); art. 203, V (em matéria de benefício mensal; assistência social); art. 203, IV (cuidando das questões de habilitação e reabilitação destes indivíduos); art. 7º, XXXI (voltado para a questão da igualdade de direitos no trabalho); art. 23, II (destinado à proteção da pessoa com deficiência, matéria de competência comum da União, dos Estados, do Distrito Federal e dos Municípios); art. 24, XIV (vindo proteger essa pessoa e garantir sua "integração social" por intermédio de legislação concorrente).

Sob essa ótica, o advento da Convenção sobre o Direito das Pessoas com Deficiência no cenário jurídico brasileiro guarda total consonância com o disposto no art. 4º, II, do texto originário da CRFB, quando o constituinte estabeleceu que, dentre os

---

1. BONAVIDES, Paulo. *Curso de Direito Constitucional*. São Paulo: Malheiros Editores, 2002, p. 32-33.

princípios em que se rege a República Federativa do Brasil, em suas relações internacionais, está o da prevalência dos direitos humanos. Desse diploma internacional, que no ordenamento jurídico brasileiro galgou o *status* de Emenda Constitucional, é possível extrair uma série de normas que guardam harmonia com as anteriormente registradas e igualmente com o art. 9º do EPD acerca do qual se pretende comentar. Assim sendo, essa coerência lógica se acentua, entre outras, nas seguintes normas da convenção: art. 4º (compromisso quanto à promoção e a proteção dos direitos humanos e das liberdades fundamentais das pessoas com deficiência pelos Estados Partes); art. 11 (situações de risco e emergências humanitárias); art. 12 (reconhecimento igual perante a lei); art. 13 (acesso à justiça); art. 14 (liberdade da pessoa e segurança); art. 15 (prevenção contra a tortura, tratamentos ou penas cruéis, desumanas ou degradantes); art. 16 (prevenção contra a exploração, a violência e o abuso); art. 17 (proteção da integridade da pessoa); art. 18 (liberdade de movimentação e nacionalidade); art. 19 (vida independente e inclusão na comunidade); art. 20 (mobilidade pessoal); art. 21 (liberdade de expressão e de opinião e acesso à informação); art. 22 (respeito à privacidade); art. 23 (respeito pelo lar e pela família); art. 24 (educação); art. 25 (saúde); art. 26 (habilitação e reabilitação); art. 27 (trabalho e emprego); art. 28 (padrão de vida e proteção social adequados); art. 29 (participação na vida política e pública); art. 30 (participação na vida cultural e em recreação, lazer e esporte); art. 31 (compromisso estatal de cuidado com as estatísticas e as pesquisas voltadas à implementação de políticas públicas em prol da pessoa com deficiência); art. 32 (cooperação internacional entre os Estados para a consecução dos objetivos delineados pela convenção); art. 33 (compromisso de implementação da convenção a ser objeto de monitoramento); art. 34 (criação do Comitê sobre os Direitos das Pessoas com Deficiência); art. 35 (relatórios dos Estados-Partes); art. 36 (avaliação dos relatórios dos Estados-Partes pelo Comitê sobre os Direitos das Pessoas com Deficiência); art. 37 (cooperação entre os Estados-Partes e o Comitê sobre os Direitos das Pessoas com Deficiência); art. 38 (relações do Comitê sobre os Direitos das Pessoas com Deficiência com outros órgãos); art. 39 (relatório do Comitê sobre os Direitos das Pessoas com Deficiência); art. 40 (Conferência dos Estados Partes).

3. COMENTÁRIOS

Consoante se demonstrará, se por um lado, o EPD veda práticas discriminatórias violadoras dos princípios constitucionais implícitos da razoabilidade e da proporcionalidade, como é o caso das aludidas pelo art. 4º dessa Lei, por outro, admite as necessárias para o resgate da paridade entre as condições da pessoa com deficiência e daquela sem deficiência. Nesse sentido, são permitidas as chamadas "discriminações positivas" (*reverse discrimination* [discriminação revertida]) ou também denominadas "ações afirmativas". Na doutrina pátria, são definidas como consistindo "em dar tratamento preferencial a um grupo historicamente discriminado", como forma de inserir tais pessoas no "*mainstream*" [grupo principal], obstando que "o princípio da igualdade formal, expresso em leis neutras que não levam em consideração os fatores de natureza cultural e histórica, funcione na prática como mecanismo perpetuador da desigualdade".[2]

Sendo assim, com vistas a instrumentalizar a isonomia substancial, material e real para a pessoa com deficiência, o art. 9º do EPD estabelece literal e expressamente o seu direito a receber atendimento prioritário, mormente assegurando: a proteção e o socorro em quaisquer circunstâncias; a atenção e o cuidado em todas as instituições e serviços de atendimento público; a disponibilização de recursos, tanto humanos quanto tecnológicos, que resguardem o atendimento em igualdade de condições com as demais pessoas; a disponibilidade de pontos de parada, estações e terminais de transporte coletivo acessíveis aos passageiros, com segurança no embarque e no desembarque; a acessibilidade às informações e aos recursos de comunicação; o recebimento de restituição do imposto de renda; a tramitação processual; a tramitação processual, seja nos procedimentos judiciais e/ou administrativos de que seja parte ou interessada, em todos os seus atos e diligências.

Trata-se, pois, de um rol *numerus apertus* de finalidades a serem perseguidas em prol da garantia isonomia material da pessoa com deficiência. A *mens legis*, o espírito da lei, nesta hipótese como em outros casos, deve ser extraída(o) do intento social da época de sua aplicação e, não resta dúvidas de que este compreende hoje a promoção de condições de igualdade, para o exercício dos direitos e das liberdades fundamentais pelas pessoas com deficiência, visando a sua inclusão social e cidadania.

Numa leitura mais sistemática, cumpre registrar que a norma do art. 9º do EPD guarda correlação axiológica e teleológica com os artigos 7º e 8º. Ao trazer o direito ao recebimento de atendimento prioritário, em especial para determinadas finalidades, não excluídas outras situações de atenção prioritária, está em sintonia total com a consagração do princípio do melhor interesse da pessoa com deficiência, corolário da cláusula geral de promoção e tutela da pessoa humana, presente no art. 8º. O zelo especial trazido pelo legislador no art. 9º, em mesma medida, relaciona-se com a lógica do art. 7º, qual seja a de que existe uma cláusula geral de cuidado da pessoa com deficiência, de modo que esta tenha plenamente defendidos seus direitos de natureza extrapatrimonial e/ou patrimonial.

Nesse particular, novamente com apoio numa *exegese* sistemática, é preciso ir além da leitura literal da norma disposta no *caput* do art. 9º do EPD, a fim de compreender que não só a pessoa com deficiência tem direito ao recebimento do atendimento prioritário, mas também aquelas com mobilidade reduzida. Com efeito, é o que se depreende do inciso IX do art. 3º do EPD, quando o legislador, para fins de aplicação da lei, considera expressamente a situação das pessoas com esta espécie mobilidade, identificadas como aquelas que têm, por qualquer razão, dificuldade de movimentação, permanente ou temporária, capaz de gerar diminuição efetiva de mobilidade,

---

2. GOMES, Joaquim B. Barbosa. *Ação Afirmativa & Princípio Constitucional da Igualdade*. O Direito como Instrumento de Transformação Social. A Experiência dos EUA. Rio de Janeiro: Renovar, 2001, p. 22.

flexibilidade, coordenação motora ou percepção, incluídos nestes casos o idoso, a gestante, a lactante, a pessoa com criança de colo, bem como o obeso. Perfeitamente alinhado com esta *ratio*, no art. 111 do EPD, verifica-se a introdução de uma alteração na redação do art. 1º da Lei do Atendimento Prioritário (Lei 10.048/2000), não só para afastar a antiga denominação pessoa portadora de deficiência, adequando à nova, mas ainda para incluir os obesos no contexto desta atenção prioritária.[3]

Oportuno, por conseguinte, frisar que o exame da legislação infraconstitucional revela que, em realidade, são muitos os diplomas legais adotando o atendimento prioritário não apenas para a pessoa com deficiência, mas também para outras condições excepcionais, tais como a dos idosos, das gestantes, das lactantes, das pessoas acompanhadas com crianças de colo e dos obesos, exemplificativamente: Lei 10.048/2000; Lei 10.098/2000 (arts. 5º e 6º); Lei 8.853/1989 (art. 2º, IV e V); Lei 9.503/1997 (art. 214); Lei 10.741/2003 (art. 3º, IX; art. 71); Lei 8.687/1993; Lei 13.105/2015 (art. 1048, I).[4]

Nesse sentido, certa a afirmação de que, em meio à complexidade do nosso ordenamento jurídico, são realizados esforços para tutelar os interesses dos vulneráveis, existindo, além das pessoas com deficiência, outros grupos vulnerados, aos quais também são resguardadas prioridades em determinadas circunstâncias, o que poderá resultar em colisões ou aglutinações com as pessoas aludidas neste caso. Assim, o critério para eventual colisão deverá residir no "grau de vulnerabilidade apresentada no caso concreto".[5]

Dessa forma, sem a pretensão de esgotar o trato da questão, cabe registrar que o art. 9º do EPD traz dois parágrafos. No primeiro, estende os direitos previstos no dispositivo, exceto os dispostos nos incisos VI e VII, ao acompanhante ou ao seu atendente pessoal da pessoa com deficiência, conforme o caso. Segundo o art. 3º, XII, do EPD, o atendente pessoal é a pessoa, membro ou não da família deste que, com ou sem remuneração, lhe assiste ou presta cuidados básicos e essenciais, no exercício de suas atividades diárias, salvo as de natureza técnica e os procedimentos

---

3. Adotando o mesmo entendimento, na doutrina, veja-se: Raimundo Wilson Gama Raiol. Comentários ao Estatuto da Pessoa com Deficiência. In: LEITE, Flávia Piva Almeida; RIBEIRO, Lauro Luiz Gomes; COSTA FILHO, Waldir Macieira da (coord.). São Paulo: Saraiva, 2016, p. 84.

4. Recentemente, a Comissão de Seguridade Social e Família aprovou o Projeto de Lei 6.467/2016, que estende a prioridade de atendimento aos acompanhantes de pessoas com deficiência, idosos, gestantes, lactantes, pessoas com crianças de colo e obesos. A proposta acrescenta a medida à Lei do Atendimento Prioritário, a partir da consideração de que a falta da previsão pode significar a não fruição do direito. A íntegra do Projeto de Lei 6.467/2016 está disponível em: [http://www.camara.gov.br/proposicoesWeb/prop_mostrarintegra?codteor=1506895&filename=PL+6467/2016]. Diversos outros projetos, que modificam a Lei 10.048/2000, surgem destinados a tutelar os interesses de outras parcelas da população igualmente tidas como vulneradas. Veja-se sobre o ponto, dentre as notícias do Senado: (https://www12.senado.leg.br/noticias/materias/2020/11/06/lei-que-prioriza-atendimento-a-pessoas-com-deficiencia-completa-20-anos-e-pode-se-tornar-mais-inclusiva).

5. A esse respeito, consulte-se: Paula Moura Francesconi de Lemos Pereira. Comentários ao Estatuto da Pessoa com Deficiência à luz da Constituição da República. In: BARBOZA, Heloisa Helena; ALMEIDA, Vitor (Coord.). Belo Horizonte: Fórum, 2018, p. 80.

identificados com profissões legalmente estabelecidas. Por sua vez, de acordo com o art. 3º, XIV, do EPD, o acompanhante é aquele que figura ao lado da pessoa com deficiência, podendo ou não desempenhar as funções próprias de um atendente pessoal.

O segundo parágrafo do art. 9º do EPD estabelece, a seu turno, que, nos serviços de emergência públicos e privados, a prioridade prevista por esta lei fica condicionada aos protocolos de atendimento médico. A esse respeito, assertivamente, explica a doutrina que não teria mesmo sentido, uma pessoa com deficiência com quadro de dor de cabeça ser atendida prioritariamente a um caso envolvendo, exemplificativamente, uma vítima de acidente de trânsito, com lesões sérias. As medidas a serem tomadas em situações emergenciais devem observar as condições pessoais dos envolvidos.[6]

---

6. FARIAS, Cristiano Chaves de; CUNHA, Rogério Sanches; PINTO, Ronaldo Batista. *Estatuto da Pessoa com Deficiência comentado artigo por artigo*. 2. ed. Salvador: JusPodivm, 2016, p. 56.

TÍTULO II
DOS DIREITOS FUNDAMENTAIS
Capítulo I
Do Direito à Vida

Paulo Franco Lustosa

Art. 10. Compete ao poder público garantir a dignidade da pessoa com deficiência ao longo de toda a vida.

Parágrafo único. Em situações de risco, emergência ou estado de calamidade pública, a pessoa com deficiência será considerada vulnerável, devendo o poder público adotar medidas para sua proteção e segurança.

1. ASPECTOS GERAIS

Inaugura o Título II do Estatuto da Pessoa com Deficiência, dedicado aos direitos fundamentais, o capítulo que disciplina o direito à vida da pessoa com deficiência. Em quatro dispositivos, o Capítulo I do Título II assegura direitos da pessoa com deficiência em situações de risco, em face do poder público, e reconhece a sua autonomia diante de pesquisas científicas e intervenções ou tratamentos médicos, notadamente em casos de risco de morte e de emergência em saúde.

Consagrado como direito fundamental de todos os indivíduos no art. 5º, *caput*, da Constituição, o direito à vida também recebeu tratamento especial na Convenção sobre os Direitos das Pessoas com Deficiência, assinada em Nova York, em 30 de março de 2007, e internalizada por meio do Decreto Legislativo 186, de 9 de julho de 2008, conforme o procedimento do § 3º do art. 5º da Constituição, adquirindo status de norma constitucional no ordenamento jurídico brasileiro. De acordo com o art. 10 da Convenção:

> Os Estados Partes reafirmam que todo ser humano tem o inerente direito à vida e tomarão todas as medidas necessárias para assegurar o efetivo exercício desse direito pelas pessoas com deficiência, em igualdade de oportunidades com as demais pessoas.

Por sua vez, o art. 10 do Estatuto da Pessoa com Deficiência, que encabeça o capítulo dedicado ao direito à vida, estabelece o dever do Estado de "garantir a dignidade da pessoa com deficiência ao longo de toda a sua vida". Como se sabe, o direito à vida – que é um direito inato (inerente à pessoa humana), absoluto (no sentido de ser oponível *erga omnes*), extrapatrimonial (pois afeto à esfera existencial), intransmissível (porque o indivíduo goza dos seus próprios atributos) e imprescritível (já que o titular pode sempre invocá-lo) – abrange não somente o direito de existir, de não ser privado da vida, mas igualmente o direito de ter uma vida digna, garantindo-se as necessidades vitais básicas do ser humano.[1]

Numa primeira leitura, a previsão contida no *caput* pode parecer despicienda, na medida em que a Constituição de 1988 já reconhece a dignidade humana como fundamento da República Federativa (art. 1º, III), do qual se extrai a cláusula geral de proteção de toda e qualquer pessoa humana, e não apenas daquelas com deficiência. Contudo, para além de reforçar a importância de se assegurar o acesso aos direitos básicos por parte de uma minoria que vive um processo acentuado de exclusão, a previsão legal afasta qualquer questionamento que possa ser levantado, com base em concepções filosóficas que aproximam de forma intrínseca as noções de autonomia e dignidade, acerca da dignidade das pessoas que têm seu poder de autodeterminação limitado por alguma deficiência mental.[2]

Nesse contexto, foi feliz o legislador ao inaugurar o capítulo destinado ao direito à vida da pessoa com deficiência estabelecendo que compete ao poder público garantir a dignidade desta ao longo de toda sua vida. Reconhece-se, com isso, que a vida, para ser digna, precisa, intrinsicamente, da mais ampla liberdade possível no que toca às relações não patrimoniais,[3] bem como que não pode ser dito livre aquele que não pode usufruir das condições materiais mínimas para a existência com dignidade.

2. A VULNERABILIDADE DA PESSOA COM DEFICIÊNCIA

Já no parágrafo único do dispositivo em comento, não parece tecnicamente adequada a afirmação de que a pessoa com deficiência, em situações de risco, emergência ou estado de calamidade pública, será considerada *vulnerável*. Toda pessoa

---

1. A saúde é um direito definido pelo constituinte como direito fundamental (consagrado no *caput* do art. 5º ao garantir o direito à vida), direito social (art. 6º) e, ainda, direito de todos e dever do Estado (art. 196). Um ano após o advento da Constituição de 1988, adveio a Lei 7.853/89, que estabelece o dever do poder público de assegurar às pessoas portadoras de deficiência o pleno exercício de seu direito à saúde, com a adoção de diversas medidas voltadas à garantia de um tratamento prioritário e adequado na área de saúde (art. 2º, *caput*, e parágrafo único, inciso II). Mais recentemente, a Convenção sobre os Direitos das Pessoas com Deficiência, assinada em Nova York, em 30 de março de 2007, e internalizada por meio do Decreto Legislativo 186, de 9 de julho de 2008, assegurou às pessoas com deficiência, em seu art. 25, o direito de gozar do estado de saúde mais elevado possível, sem discriminação baseada na deficiência, com a previsão de uma série de medidas apropriadas para assegurar às pessoas com deficiência o acesso a serviços de saúde.

2. Conforme observado por Ingo Sarlet, não é adequado entender que a autonomia é um pressuposto da dignidade humana: "Importa, contudo, ter presente a circunstância de que esta liberdade (autonomia) é considerada em abstrato, como sendo a capacidade potencial que cada ser humano tem de autodeterminar sua conduta, não dependendo da sua efetiva realização no caso da pessoa em concreto, de tal sorte que também o absolutamente incapaz (por exemplo, o portador de grave doença mental) possui exatamente a mesma dignidade que qualquer outro ser humano física e mentalmente capaz" (*Dignidade da pessoa humana e direitos fundamentais*. Porto Alegre: Livraria do Advogado, 2006. p. 85).

3. BODIN DE MORAES, Maria Celina. *Na medida da pessoa humana*: estudos de direito civil-constitucional. Rio de Janeiro: Renovar, 2010. p. 190.

com deficiência é vulnerável, por definição, na medida em que tem impedimento de longo prazo capaz de "obstruir sua participação plena e efetiva na sociedade em igualdade de condições com as demais pessoas" (art. 2º, EPD). Quando exposta a tais circunstâncias de risco, a pessoa com deficiência torna-se ainda mais suscetível de ser ferida em sua existência digna (*hipervulnerável*, como sugerem alguns autores) e, portanto, merecedora de uma proteção jurídica ainda mais efetiva. Tanto é assim que, em outra passagem, o legislador do Estatuto considerou *especialmente vulneráveis* a criança, o adolescente, a mulher e o idoso, com deficiência, para os fins de proteção contra toda forma de negligência, discriminação, exploração, violência, tortura, crueldade, opressão e tratamento desumano ou degradante (art. 5º, EPD).

Diante dessa graduação de vulneração, resta claro que o intuito do legislador foi o de reforçar o dever do poder público de adotar medidas mais eficazes para a proteção e segurança das pessoas com deficiência expostas a situações de risco, notadamente por versar o dispositivo sobre a vulnerabilidade existencial.[4] A rigor, porém, a criação de categorias ou de diferentes graus de vulnerabilidade, embora possa ser útil em alguns casos, é prescindível. Conforme explica Carlos Konder:

> O fundamental, dessa forma, é reconhecer que a vulnerabilidade existencial prescinde de qualquer tipificação, eis que decorrência da aplicação direta dos princípios constitucionais da dignidade da pessoa humana e da solidariedade social, devendo sempre ser avaliada em atenção às circunstâncias do caso concreto.[5]

Nesse sentido, mais importante do que construir tipos padrão de vulnerabilidades das pessoas com deficiência, é promover a tutela de cada pessoa com deficiência de acordo com as suas concretas necessidades. As medidas a serem adotadas pelo poder público a fim de assegurar a proteção e a segurança das pessoas com deficiência devem se conformar com a natureza do impedimento que caracteriza a deficiência (física, mental, intelectual ou sensorial) e com as barreiras existentes no meio, que potencializam aquele impedimento. Em especial, merecem proteção as situações subjetivas existenciais de que seja titular, na medida em que os atos de autonomia de caráter existencial, que visam ao livre desenvolvimento da pessoa, se relacionam diretamente à cláusula geral de tutela e promoção da pessoa humana, prevista no art. 1º, III, da Constituição da República.[6]

---

4. Segundo sistematização proposta por Carlos Konder, "a vulnerabilidade existencial seria a situação jurídica subjetiva em que o titular se encontra sob maior suscetibilidade de ser lesionado na sua esfera extrapatrimonial, impondo a aplicação de normas jurídicas de tutela diferenciada para a satisfação do princípio da dignidade da pessoa humana. Diferencia-se da vulnerabilidade patrimonial, que se limita a uma posição de inferioridade contratual, na qual o titular fica sob a ameaça de uma lesão basicamente ao seu patrimônio, com efeitos somente indiretos à sua personalidade" (Vulnerabilidade patrimonial e vulnerabilidade existencial: por um sistema diferenciador. *Revista de Direito do Consumidor*, vol. 99/2015, maio-jun./2015. p. 5).

5. Ibidem, p. 6.

6. MEIRELES, Rose Melo Vencelau. *Autonomia privada e dignidade humana*. Rio de Janeiro: Renovar, 2009. p. 96-98.

A partir de 2020, o comando legal contido no parágrafo único do art. 10 ganhou relevo com o advento do estado de emergência de saúde pública de importância internacional decorrente do coronavírus. Trata-se de uma situação evidente de risco, que contou com o reconhecimento formal do estado de calamidade pública por meio do Decreto Legislativo 6, de 20 de março de 2020, e que obriga, indiscutivelmente, o poder público a adotar medidas destinadas à proteção e à segurança das pessoas com deficiência, em razão de sua vulnerabilidade.

No entanto, em um contexto de pandemia e de escassez de recursos estatais, surge um notável desafio em se conciliar a proteção das pessoas com deficiência com a proteção da saúde dos grupos populacionais considerados, por suas condições clínicas ou demográficas, como "grupos de risco" em relação à Covid-19. Além da proteção dos indivíduos com maior risco de desenvolver formas graves da doença, é também dever do Estado adotar medidas para preservar a saúde e a vida de todos os profissionais considerados essenciais ao controle de doenças e à manutenção da ordem pública, conforme previsto no art. 3º-J da Lei 13.979, de 06/02/2020,[7] que dispõe sobre as medidas para enfrentamento da emergência de saúde pública de importância internacional decorrente do coronavírus. Ademais, por evidente, não pode o poder público negligenciar a continuidade dos serviços públicos e de atividades tidas como essenciais.

Nesse cenário, a principal questão que se coloca diz respeito à ordem de preferência das pessoas com deficiência na operacionalização de vacinas contra a Covid-19, especialmente diante da morosidade do Governo Federal na aquisição de doses de vacinas. Em razão da sua vulnerabilidade, devem as pessoas com deficiência ter prioridade até mesmo sobre indivíduos com maior risco de desenvolvimento de formas graves e óbitos ou com maior risco de infecção? Como deve ser conjugada a proteção da saúde das pessoas com a deficiência e a preservação do funcionamento dos serviços essenciais? Deve o Poder Executivo diferenciar o lugar na fila da vacinação em razão da natureza do impedimento que caracteriza a sua deficiência, do grau de comprometimento implicado ou de qualquer outro critério que estabeleça um tratamento diferenciado para grupos de pessoas com deficiência?

O Plano Nacional de Operacionalização da Vacinação contra a Covid-19, apresentado pelo Ministério da Saúde, inclui as pessoas com deficiência permanente entre os grupos populacionais que, embora não apresentem maior risco para agravamento e óbito devido às condições clínicas e demográficas, caracterizam-se pela vulnerabilidade social e econômica que os colocam em situação de maior exposição à infecção e impacto pela doença. As versões iniciais do documento, porém, não indicavam de forma clara o ordenamento da operacionalização de vacinas entre os diversos grupos tidos como prioritários, o que ensejou a manifestação do Supremo

---

7. Registre-se que os cuidadores e atendentes de pessoas com deficiência encontram-se listados, no inciso XVII do § 1º do dispositivo legal mencionado, entre os profissionais essenciais ao controle de doenças e à manutenção da ordem pública.

Tribunal Federal sobre o tema, por meio da Arguição de Descumprimento de Preceito Fundamental (ADPF) 754-DF.

No julgamento da referida ADPF, o ministro Ricardo Lewandowski deferiu parcialmente a cautelar, posteriormente referendada pelo Plenário da Suprema Corte, para determinar ao Governo Federal que divulgasse, com base em critérios técnico-científicos, a "ordem de preferência entre os grupos prioritários, especificando, com clareza, dentro dos respectivos grupos, a ordem de precedência dos subgrupos nas distintas fases de imunização contra a Covid-19". Em sua decisão, o ministro asseverou que:

> Assim, ao que parece, a pretensão de que sejam editados e publicados critérios e subcritérios de vacinação por classes e subclasses no Plano de Vacinação, assim como a ordem de preferência dentro de cada classe e subclasse, encontra arrimo nos princípios da publicidade e da eficiência, que regem a Administração Pública (art. 37, caput, da CF); no direito à informação que assiste aos cidadãos em geral (art. 5º, XXXIII, e 37, § 2º, II, da CF); na obrigação da União de "planejar e promover a defesa permanente contra as calamidades públicas" (art. 21, XVII, CF); e no dever incontornável cometido ao Estado de assegurar a inviolabilidade do direito à vida (art. 5º, caput, da CF), traduzida por uma "existência digna" (art. 170, caput, da CF), e no direito à saúde, este último, repita-se, "garantido mediante políticas sociais e econômicas que visem à redução do risco de doenças e outros agravos e ao acesso universal e igualitário às ações e serviços para sua promoção, proteção e recuperação" (art. 6º, caput, e 196, caput, da CF).

A partir de sua 4ª edição, de 15.02.2021, o Plano Nacional de Operacionalização da Vacinação contra a Covid-19 passou a apresentar um quadro indicando o ordenamento dos grupos prioritários. Na versão mais recente até a data de fechamento da edição desta obra (7ª edição, de 17/05/2021),[8] as "pessoas com deficiência institucionalizadas" figuram como o segundo grupo prioritário (atrás apenas das "pessoas com 60 anos ou mais institucionalizadas"), enquanto os grupos de "pessoas com deficiência permanente cadastradas no Benefício de Prestação Continuada" e de "Pessoas com Deficiência Permanente (18 a 59 anos) sem cadastro no BPC" figuram, respectivamente, como 14º e 15º grupos prioritários (atrás de todas as pessoas acima de 60 anos, povos e comunidades tradicionais quilombolas e ribeirinhas, trabalhadores de saúde e de povos indígenas).[9]

---

8. A 7ª edição do Plano Nacional de Operacionalização da Vacinação contra a covid-19, de 17.05.2021, encontra-se disponível em: [https://www.gov.br/saude/pt-br/coronavirus/publicacoes-tecnicas/guias-e-planos/plano-nacional-de-vacinacao-covid-19/view]. Acesso em: 03.07.2021.

9. O documento afirma, ainda, que, diante do grande volume populacional do grupo de pessoas com comorbidades, os riscos de gestantes e puérperas e a vulnerabilidade das pessoas com deficiência permanente em relação à covid-19, optou-se por realizar uma estratégia para vacinação concomitante desses grupos de maneira escalonada". De acordo com o Plano, os critérios de priorização para vacinação de tais grupos foram definidos da seguinte forma: "Na fase I, vacinar proporcionalmente, de acordo com o quantitativo de doses disponibilizado:

    • Pessoas com Síndrome de Down acima de 18 anos;

    • Pessoas com doença renal crônica em terapia de substituição renal (diálise) acima de 18 anos;

    • Gestantes e puérperas com comorbidades, acima de 18 anos;

> **Art. 11.** A pessoa com deficiência não poderá ser obrigada a se submeter a intervenção clínica ou cirúrgica, a tratamento ou a institucionalização forçada.
>
> **Parágrafo único.** O consentimento da pessoa com deficiência em situação de curatela poderá ser suprido, na forma da lei.

3. ASPECTOS GERAIS

A previsão contida no *caput* do art. 11 assemelha-se, em certa medida, à regra geral prevista no art. 15 do Código Civil, segundo a qual "Ninguém pode ser constrangido a submeter-se, com risco de vida, a tratamento médico ou a intervenção cirúrgica".[10] Em ambos os casos, buscou o legislador preservar a autonomia do paciente, evitando que a beneficência, princípio norteador da bioética que se traduz no imperativo de agir sempre visando ao bem do paciente, torne excessivamente paternalista a relação médico-paciente.

Em especial, a missão de promover o empoderamento e a inclusão social da população brasileira com deficiência, assumida pelo Estatuto da Pessoal com Deficiência em obediência ao comando constitucional, revela-se extremamente desafiadora no que diz respeito aos cuidados com a saúde das pessoas com deficiência mental. Não raro, presume-se a incapacidade decisória destas e não se lhes reconhece o direito de participar nos processos decisórios relacionados à própria saúde. Contudo, há estudos empíricos que comprovam que diversas pessoas diagnosticadas com enfermidades mentais, tais como esquizofrenia, demência e depressão, mantêm as habilidades cognitivas necessárias para a tomada de decisões em vários aspectos da vida, inclusive sobre intervenções médicas.[11]

• Pessoas com comorbidades de 55 a 59 anos;

• Pessoas com Deficiência Permanente cadastradas no Programa de Benefício de Prestação Continuada (BPC) de 55 a 59 anos.

Na fase II, vacinar proporcionalmente, de acordo com o quantitativo de doses disponibilizado, segundo as faixas de idade de 50 a 54 anos, 45 a 49 anos, 40 a 44 anos, 30 a 39 anos e 18 a 29 anos:

• Pessoas com comorbidades;

• Pessoas com Deficiência Permanente cadastradas no BPC".

10. Quanto à referência, contida no art. 15 do Código Civil, ao tratamento médico ou intervenção cirúrgica que exponha o paciente a *risco de vida*, assevera a melhor doutrina: "não só o constrangimento que induz alguém a se submeter a tratamento com risco deve ser vedado, como também a intervenção médica imposta a paciente que, suficientemente informado, prefere a ela não se submeter, por motivos que não sejam fúteis e que se fundem na afirmação de sua própria dignidade. Nesta sede, a normativa deontológica deve se conformar aos princípios constitucionais" (TEPEDINO, Gustavo; BARBOZA, Heloísa Helena; BODIN DE MORAES, Maria Celina. *Código Civil interpretado conforme a Constituição da República*. 2ª ed. Rio de Janeiro: Renovar, 2007. p. 42-43).

11. RIBEIRO, Gustavo Pereira Leite. As pessoas com deficiência mental e o consentimento informado nas intervenções médicas. In MENEZES, Joyceane Bezerra de (Org). *Direito da pessoa com deficiência psíquica e intelectual nas relações privadas.* Convenção sobre os direitos da pessoa com deficiência e Lei Brasileira de Inclusão. Rio de Janeiro: Processo, 2016. p. 734-735.

Nesse contexto, é de extrema importância o respeito à vontade das pessoas com deficiência no tocante aos cuidados com a sua saúde, assegurado pelo art. 11 do Estatuto ao proscrever que elas sejam submetidas, sem seu consentimento, a intervenção clínica ou cirúrgica, tratamento ou institucionalização forçada. Reconhece-se, assim, a autonomia privada existencial do portador de transtorno mental, em consonância com o princípio da bioética que procura estabelecer que as pessoas com deficiência sejam tratadas como seres autônomos, isto é, como sujeitos e não como objetos.

Uma vez reconhecido que impedimentos de natureza mental ou intelectual podem variar no tocante à sua gravidade, pressupõe o legislador que as pessoas que apresentam tais deficiências podem preservar discernimento compatível com a prática de determinados atos da vida civil. Daí o acerto do Estatuto ao valorizar a autonomia da pessoa com deficiência, sobretudo na esfera existencial, abandonando o sistema tradicional das incapacidades, que, pautado no modelo médico, acabava por oprimir as pessoas com deficiência ao permitir que decisões sore o desenvolvimento de sua própria personalidade ficassem a cargo de terceiros.[12]

4. O PROBLEMA DA PESSOA COM DEFICIÊNCIA SEM DISCERNIMENTO PARA CONSENTIR

Em que pese o mérito da mudança paradigmática operada no regime das incapacidades com o objetivo de aproveitar, no maior grau possível, a autonomia das pessoas com distúrbios psíquicos, não se pode perder de vista que uma parcela considerável da população de pessoas com deficiência não possui discernimento necessário para a prática de atos da vida civil. Nesses casos, oferecer autonomia privada a quem não pode exercê-la significaria deixar tais pessoas desamparadas, em afronta à dignidade da pessoa humana. Ciente disso, o Estatuto trouxe instrumentos para suprir essa carência na exata proporção em que necessitar o portador de deficiência: em primeiro lugar, a tomada de decisão apoiada, disciplinada no art. 1.783-A do Código Civil, e, como medida extrema, a curatela prevista nos arts. 84, §§ 1º, 3º e 4º, e 85.

Especificamente, porém, no que tange às decisões relativas a tratamentos e intervenções médicas, limitou-se o legislador a estabelecer, no parágrafo único do art. 11, que "O consentimento da pessoa com deficiência *em situação de curatela* poderá ser suprido, na forma da lei" (grifou-se). Embora não se tenha feito referência às pessoas apoiadas, deve-se entender que nada impede – muito pelo contrário, deve

---

12. Nesse sentido: "Na prática, vê-se que o regime de incapacidade jurídica, desenhado de modo geral e abstrato para proteger o incapaz, acaba por mutilar sua autonomia e, consequentemente, sua dignidade. Impõe-se uma autêntica *personalização* do regime de incapacidades de modo a permitir a modulação dos seus efeitos, seja no tocante à sua intensidade, seja no tocante à sua amplitude" (NEVARES, Ana Luiza Maia; SCHREIBER, Anderson. Do sujeito à pessoa: uma análise da incapacidade civil. In: TEPEDINO, Gustavo; TEIXEIRA, Ana Carolina Brochado; ALMEIDA, Vitor. *O direito civil entre o sujeito e a pessoa*. Estudos em homenagem ao professor Stefano Rodotà. Belo Horizonte: Ed. Fórum, 2016. p. 43).

ser estimulada, sempre que necessária – a prestação de apoio na tomada de tais decisões, na forma do art. 1.783-A do Código Civil. Afinal, conforme vem defendendo a melhor doutrina, o apoio pode se estabelecer tanto para questões patrimoniais quanto para questões existenciais, ainda que os parágrafos 4º, 5º e 6º do referido dispositivo legal possam sugerir o contrário.[13]

Curioso notar que a regra do parágrafo único do art. 11, ao admitir o suprimento do consentimento da pessoa com deficiência em situação de curatela, parece contrariar o disposto no art. 6º, que reconhece a plena capacidade civil da pessoa com deficiência para uma série de atos da esfera existencial, e no art. 85 do Estatuto da Pessoa com Deficiência, que restringe os efeitos da curatela aos direitos de natureza patrimonial e negocial. O primeiro parágrafo deste último dispositivo estatui, inclusive, que a definição de curatela não alcança o direito à saúde.

No entanto, uma leitura mais atenta dos referidos artigos permite concluir que se trata apenas de uma aparente antinomia de normas. Em geral, pode-se dizer que os atos de natureza existencial, por serem personalíssimos, são incompatíveis com o instituto da representação, baseado no modelo de substituição de vontade. Nas palavras de Rose Melo Venceslau Meireles, "o ato de vontade existencial, via de regra, somente pode ser emitido pelo próprio titular da situação subjetiva. Exige-se que o titular da situação existencial pessoalmente consinta com a ingerência na sua personalidade".[14] Com efeito, não faria sentido admitir-se a substituição da vontade para a prática de atos como casar ou adotar um filho.

Em algumas situações, porém, excepciona-se a pessoalidade do ato de vontade existencial, quando o titular não tenha discernimento para praticá-lo e haja necessidade de que uma decisão seja tomada. É o que sucede até mesmo com pessoas capazes e sem deficiência, que não possam circunstancialmente exprimir sua vontade, por exemplo, em submissão a procedimento cirúrgico de emergência. É nesse sentido, portanto, que deve ser interpretado o parágrafo único do artigo 11, em harmonia com as regras dos artigos 6º e 85 do Estatuto: o consentimento da

---

13. Nas palavras de Joyceane Bezerra de Menezes: "Como a pessoa apoiadora não ocupará a função de representante ou assistente, não haverá razão para aplicar a limitação do art. 85, par. 1º, do EPD à Tomada de Decisão Apoiada. No caso, não está em jogo a renúncia ao exercício de direitos fundamentais tampouco a transmissão do exercício de direitos personalíssimos. Dessa forma é que se entende possível ao apoiador auxiliar o apoiado até no que diz respeito às decisões existenciais, tais como àquelas pertinentes ao casamento, ao divórcio, ao planejamento familiar, à educação, à saúde etc." (MENEZES, Joyceane Bezerra de. O novo instituto da Tomada de Decisão Apoiada: instrumento de apoio ao exercício da capacidade civil da pessoa com deficiência instituído pelo Estatuto da Pessoa com Deficiência – Lei Brasileira de Inclusão (Lei 13.146/2015). In MENEZES, Joyceane Bezerra de (Org). *Direito da pessoa com deficiência psíquica e intelectual nas relações privadas*. Convenção sobre os direitos da pessoa com deficiência e Lei Brasileira de Inclusão. Rio de Janeiro: Processo, 2016. p. 620).

14. MEIRELES, Rose Melo Vencelau. *Autonomia privada e dignidade humana*. Rio de Janeiro: Renovar, 2009. p. 220. No mesmo sentido, esclarece Joyceane Bezerra de Menezes: "há direitos que, por sua natureza personalíssima, não permitem a separação entre capacidade de exercício e capacidade de gozo, como no exemplo do casamento, do planejamento familiar, da liberdade de crença e culto, dentre outros" (Op. cit., p. 605).

pessoa com deficiência em situação de curatela somente será suprido, como medida extrema, quando a mesma se encontrar completamente exaurida da possibilidade de se autodeterminar.[15] Em sendo possível colher a vontade da pessoa com deficiência mental em situação de curatela, a sua autonomia existencial deverá ser respeitada na maior medida possível.

5. SUBSISTÊNCIA DAS MEDIDAS EXCEPCIONAIS DE INTERNAÇÃO SEM CONSENTIMENTO

Importante observar, ademais, que o art. 11 não importou em derrogação tácita da Lei 10.216/2001, que "dispõe sobre a proteção e os direitos das pessoas portadoras de transtornos mentais e redireciona o modelo assistencial em saúde mental". Também conhecida como Lei Antimanicomial – porque, fruto de uma visão humanística, torna excepcional a internação psiquiátrica de pessoas com doença mental, apenas indicada "quando os recursos extra-hospitalares se mostrarem insuficientes" (art. 4º) e "mediante laudo médico circunstanciado que caracterize os seus motivos" (art. 6º) – tal diploma legal prevê três modalidades de internação psiquiátrica: (i) a voluntária, que é aquela que se dá a pedido ou com o consentimento do paciente (mediante declaração assinada no momento da internação); (ii) a involuntária, que é a que se dá sem o consentimento do usuário e a pedido de terceiro; e, por fim, (iii) a internação compulsória, determinada por ordem judicial.

Nesse cenário, subsistem no direito brasileiro as modalidades de internação psiquiátrica involuntária e compulsória, regidas por lei especial (Lei 10.216/2001). O advento do art. 11 do Estatuto da Pessoa com Deficiência apenas reforça a excepcionalidade de tais modalidades de tratamento psiquiátrico, que somente podem ser aplicadas se tiverem como fundamento um tratamento de saúde, constituindo a única forma de garantir, em concreto, a submissão ao tratamento do internado,

---

15. Corrobora tal assertiva Jussara Maria Leal de Meirelles ao analisar o art. 11 do Estatuto da Pessoa com Deficiência: "Nesses casos específicos, em se tratando de deficiência mental/intelectual grave ou profunda, em face da proposta legislativa de se dar autonomia à pessoa com deficiência, sem deixá-la à parte da sua vida e dos seus interesses, como mera espectadora, mas também com o mais absoluto respeito à sua dignidade, é de se entender que a curatela possa se estender a essas situações existenciais, também, excepcionalmente, para o atendimento de interesse do curatelado. Caso o curatelado não tenha condição alguma de compreensão e de manifestação volitiva, o curador deve se pautar pelo princípio bioético da beneficência" (Diretivas antecipadas de vontade por pessoa com deficiência. In: MENEZES, Joyceane Bezerra de (Org). *Direito da pessoa com deficiência psíquica e intelectual nas relações privadas*. Convenção sobre os direitos da pessoa com deficiência e Lei Brasileira de Inclusão. Rio de Janeiro: Processo, 2016. p 727-728). A referida autora sustenta, inclusive, a possibilidade de o curador ser autorizado judicialmente a emitir diretivas antecipadas de vontade para o curatelado, nos casos de deficiência intelectual/mental grave ou profunda: "Nesses casos limitados e específicos, o curador poderá ser autorizado pelo juiz a suprir o consentimento da pessoa com deficiência em situação de curatela para, em nome e no interesse dela, recusar antecipadamente intervenção clínica ou cirúrgica, tratamento ou institucionalização que somente possa vir a prolongar o sofrimento do curatelado" (ibidem, p. 728).

sem implicar em indevida restrição de liberdade.[16] Nessa toada, o tratamento com internação involuntária é com frequência determinado por iniciativa de familiares de pessoas que, em vista do grau da dependência de substâncias nocivas, não aceitam ou não querem se afastar do vício, estando momentaneamente impossibilitadas de optar por fazer ou não o tratamento.

Para tanto, a referida lei exige que o procedimento se realize: a) mediante laudo médico circunstanciado que demonstre a imprescindibilidade do tratamento;[17] b) mediante consentimento informado – do paciente ou de seu representante legal – escrito; c) autorização de médico devidamente cadastrado no Conselho Regional de Medicina do Estado onde se localize o estabelecimento; e d) comunicação, pelo responsável técnico do estabelecimento, no prazo de 72 horas, ao Ministério Público, tanto da internação quanto da alta do paciente.

Especificamente no que tange à internação involuntária de paciente com doença mental, dispõe a Resolução CFM 2.057/2013:

> Art. 31. O paciente com doença mental somente poderá ser internado involuntariamente se, em função de sua doença, apresentar uma das seguintes condições, inclusive para aquelas situações definidas como emergência médica:
>
> I – Incapacidade grave de autocuidados.

---

16. Nesse sentido já se pronunciou o STJ: "É incabível a internação forçada de pessoa maior e capaz sem que haja justificativa proporcional e razoável para a constrição da paciente. Ainda que se reconheça o legítimo dever de cuidado e proteção dos pais em relação aos filhos, a internação compulsória de filha maior e capaz, em clínica para tratamento psiquiátrico, sem que haja efetivamente diagnóstico nesse sentido, configura constrangimento ilegal. Ordem concedida" (STJ, HC 35301 / RJ, Rel. Min. Nancy Andrighi, 3ª Turma, j. em 03.08.2004); "A internação compulsória, qualquer que seja o estabelecimento escolhido ou indicado, deve ser, sempre que possível, evitada e somente empregada como último recurso, na defesa do internado e, secundariamente, da própria sociedade (STJ, HC 130.155 / SP, rel. Ministro Massami Uyeda, 3ª Turma, j. em 04.05.2010).

17. "A internação involuntária de dependente químico para tratamento psiquiátrico somente pode ser admitida quando comprovada, por laudo médico circunstanciado, sua imprescindibilidade (art. 6º, Lei 10.216/01) e urgência. – Inexistindo prova suficiente acerca da necessidade do assistido de submeter-se à tratamento psiquiátrico, por internação, para controle da dependência química e dos reflexos gerados pelo vício na sua vida pessoal e na sociedade, impossível o deferimento da antecipação dos efeitos da tutela" (TJ-MG – Agravo de Instrumento Cv AI 10210130053098002 MG (TJ-MG) Data de publicação: 16.06.2014); "Ausência de plausibilidade do direito invocado. Necessidade de laudo médico indicando o tratamento pleiteado, nos termos do artigo 6º da Lei Federal 10.216/01. O senso comum ou a opinião pessoal que se tenha sobre a dependência e seus efeitos não pode se sobrepor à opinião médica. Decisão reformada. Agravo provido" (TJ-SP – Agravo de Instrumento AI 20549235420148260000 SP 2054923-54.2014.8.26.0000 (TJ-SP) Data de publicação: 14.05.2014); "Agravo de Instrumento – Ação de Obrigação de Fazer – Internação Compulsória – Dependência alcoólica – Tratamento oferecido na rede pública de saúde – Ausência de laudo médico psiquiátrico – Necessidade de esgotamento das possibilidades extra-hospitalares – Lei 10.216/01 – Tutela afastada – Recurso provido. 1. Os requisitos para a internação compulsória vêm previstos no art. 4º, c/c art. 6º e art. 8º da Lei 10.216/01, devendo ser observados para a admissibilidade de tão grave medida restritiva de liberdade da pessoa. 2. Inexistindo laudo médico psiquiátrico atestando a necessidade da internação, ou mesmo a ineficiência do tratamento oferecido na rede pública mediante os Centros de Atenção Psicossocial, considerado este como tentativa de esgotamento das possibilidades extra-hospitalares, carece de verossimilhança a tutela pretendida, devendo ser indeferida. 3. Recurso provido." (TJ-MS – Agravo de Instrumento AI 14057887820158120000 MS 1405788-78.2015.8.12.0000 (TJ-MS) Data de publicação: 30.06.2015).

II – Risco de vida ou de prejuízos graves à saúde.

III – Risco de autoagressão ou de heteroagressão.

IV – Risco de prejuízo moral ou patrimonial.

V – Risco de agressão à ordem pública.

§ 1° O risco à vida ou à saúde compreende incapacidade grave de autocuidados, grave síndrome de abstinência a substância psicoativa, intoxicação intensa por substância psicoativa e/ou grave quadro de dependência química. [...]

Desse modo, tais diretrizes não restaram prejudicadas com o advento do art. 11 do Estatuto da pessoa com deficiência, podendo orientar o intérprete no exame dos requisitos para a admissibilidade das medidas de internação involuntária de pessoa com deficiência.

> **Art. 12.** O consentimento prévio, livre e esclarecido da pessoa com deficiência é indispensável para a realização de tratamento, procedimento, hospitalização e pesquisa científica.
>
> § 1° Em caso de pessoa com deficiência em situação de curatela, deve ser assegurada sua participação, no maior grau possível, para a obtenção de consentimento.
>
> § 2° A pesquisa científica envolvendo pessoa com deficiência em situação de tutela ou de curatela deve ser realizada, em caráter excepcional, apenas quando houver indícios de benefício direto para sua saúde ou para a saúde de outras pessoas com deficiência e desde que não haja outra opção de pesquisa de eficácia comparável com participantes não tutelados ou curatelados.

6. ASPECTOS GERAIS

O crescente reconhecimento do poder jurídico de autodeterminação dos pacientes no que diz respeito aos cuidados de saúde é uma das marcas do final do século XX na relação médico-paciente. Como forma de conter os excessos do princípio da beneficência, que redunda na busca implacável do "melhor" resultado para a saúde do paciente, independentemente da sua concordância, tornou-se imperativa a valorização da autonomia do paciente, em respeito à sua dignidade humana.

Nessa toada, o art. 12 torna obrigatório o consentimento prévio, livre e esclarecido – também denominado consentimento informado – da pessoa com deficiência para a realização de intervenções médicas. Trata-se da exigência de "concordância do paciente, após uma explicação completa e pormenorizada sobre a intervenção médica que inclua sua natureza, objetivos, métodos, duração, justificativa, protocolos atuais de tratamento, contraindicações, riscos e benefícios, métodos alternativos e nível de confidencialidade dos dados".[18]

---

18. KONDER, Carlos Nelson. O consentimento no biodireito. *Revista Trimestral de Direito Civil*. V. 15. Rio de Janeiro: Padma, 2000. p. 61.

Em se tratando de deficiência intelectual, o médico deve informar o paciente em linguagem adequada e compatível com as limitações do paciente, evitando o emprego de termos técnicos rebuscados, de modo que permita a compreensão de todos os dados relevantes. Para aferir se a pessoa com deficiência possui capacidade para consentir sobre cuidados de saúde, recomenda-se a verificação das seguintes habilidades: (i) para compreender informações; (ii) para autorreferenciar informações; (iii) para manipular a informação relevante para a tomada de decisão; e (iv) para comunicar uma decisão.[19.]

7. FUNDAMENTO NORMATIVO DO CONSENTIMENTO INFORMADO

Entre nós, até a aprovação da Convenção Internacional sobre Direitos das Pessoas com Deficiência, inexistia no plano constitucional qualquer exigência de obtenção do consentimento informado na prática médica. Com a aprovação no plano interno da citada Convenção, pelo rito previsto no art. 5º, par. 3º, da Constituição da República, passou a constar na normativa constitucional a previsão de que os profissionais de saúde obtenham o consentimento livre e esclarecido das pessoas com deficiência concernentes (art. 25, alínea "d").[20]

No plano infraconstitucional, situa-se a consagração geral do consentimento livre e esclarecido nos artigos 15 e 422 do Código Civil.[21] O primeiro dispositivo veda, como visto, que qualquer pessoa seja constrangida a submeter-se a tratamento médico ou intervenção cirúrgica, independentemente de haver risco de vida e ressalvadas as hipóteses excepcionais de tratamento compulsório, conforme sustenta a melhor doutrina. Por sua vez, o último artigo referido consagra o princípio da boa-fé objetiva, notadamente na sua função criadora de deveres anexos, também denominados acessórios ou instrumentais, de origem não voluntarista. Do princípio da boa-fé, portanto, extrai-se o dever dos médicos de informar adequadamente os

---

19. Trata-se de modelo proposto por APPELBAUM, Paul; GRISSO, Thomas. *Assessing competence to consent to treatment*. New York: Oxford University Press, 1998. p. 31-60 apud RIBEIRO, Gustavo Pereira Leite. Op. cit., p. 748.

20. "Art. 25. Os Estados Partes reconhecem que as pessoas com deficiência têm o direito de gozar do estado de saúde mais elevado possível, sem discriminação baseada na deficiência. Os Estados Partes tomarão todas as medidas apropriadas para assegurar às pessoas com deficiência o acesso a serviços de saúde, incluindo os serviços de reabilitação, que levarão em conta as especificidades de gênero. Em especial, os Estados Partes: [...]
d) Exigirão dos profissionais de saúde que dispensem às pessoas com deficiência a mesma qualidade de serviços dispensada às demais pessoas e, principalmente, que obtenham o consentimento livre e esclarecido das pessoas com deficiência concernentes. Para esse fim, os Estados Partes realizarão atividades de formação e definirão regras éticas para os setores de saúde público e privado, de modo a conscientizar os profissionais de saúde acerca dos direitos humanos, da dignidade, autonomia e das necessidades das pessoas com deficiência" (grifou-se).

21. Eis o teor dos citados dispositivos: "Art. 15. Ninguém pode ser constrangido a submeter-se, com risco de vida, a tratamento médico ou a intervenção cirúrgica"; "Art. 422. Os contratantes são obrigados a guardar, assim na conclusão do contrato, como em sua execução, os princípios de probidade e boa-fé".

pacientes para que eles compreendam plenamente as informações atinentes à sua saúde.[22] A identificação do preciso conteúdo desse dever de informação somente poderá ser realizada pelo intérprete no caso concreto, de modo que, em se tratando de pessoas com deficiência, tal dever levar em consideração as efetivas limitações de cada paciente.

Finalmente, no plano deontológico, o consentimento informado encontra-se previsto em diversos atos normativos editados pelo Conselho Federal de Medicina. A título de exemplificação, estabelece o Código de Ética Médica ser vedado ao médico "deixar de obter consentimento do paciente ou de seu representante legal após esclarecê-lo sobre o procedimento a ser realizado, salvo em caso de risco iminente de morte" (art. 22); "deixar de garantir ao paciente o exercício do direito de decidir livremente sobre sua pessoa ou seu bem-estar, bem como exercer sua autoridade para limitá-lo" (art. 24); "desrespeitar o direito do paciente ou de seu representante legal de decidir livremente sobre a execução de práticas diagnósticas ou terapêuticas, salvo em caso de iminente risco de morte" (art. 31); e "deixar de informar ao paciente o diagnóstico, o prognóstico, os riscos e os objetivos do tratamento, salvo quando a comunicação direta possa lhe provocar dano, devendo, nesse caso, fazer a comunicação a seu representante legal" (art. 34). Em complemento, a Recomendação CFM 01/2016 dispõe detalhadamente sobre o processo de obtenção de consentimento livre e esclarecido na assistência médica.

Sobre o tema, observa Gustavo Pereira Leite Ribeiro:

> Convém destacar que as normas deontológicas podem orientar a concretização de cláusulas gerais encontradas na legislação ordinária, entre as quais destaca-se a cláusula de boa-fé objetiva, assim como orientar, em alguma medida, a aplicação do art. 15 do Código Civil e dos artigos 11-13 do Estatuto da Pessoa com Deficiência, em razão da ausência de detalhamento legal sobre a matéria.[23]

8. CONSENTIMENTO INFORMADO PARA PESQUISA CIENTÍFICA

Importante observar que o artigo sob comento exige a obtenção do consentimento informado não apenas para tratamentos e procedimentos médicos, mas também para fins de experimentos científicos. Após as atrozes experimentações realizadas pelo regime nazista nos campos de concentração, relatadas nas atas do processo de Nuremberg, editou-se, em 1947, o Código de Nuremberg, primeiro documento legal a consagrar referenciais éticos na pesquisa, que exige o consentimento do ser humano e admite a sua retirada voluntária da pesquisa a qualquer momento. Trata-

---

22. Antonio Menezes Cordeiro, com base na experiência jurisprudencial portuguesa, observa que "o âmbito do dever médico de esclarecimento estende-se aos efeitos típicos das terapêuticas prescritas e não a todos os efeitos possíveis que estas possam acarretar; varia, ainda, em profundidade, consoante a inteligência e os conhecimentos do paciente e as necessidades do caso. Jurisprudência mais recente alargou o dever de esclarecer aos médicos veterinários" (CORDEIRO, António Manuel da Rocha e Menezes. *Da boa-fé no direito civil*. Coimbra: Ed. Almedina, 2013. p. 606).

23. RIBEIRO, Gustavo Pereira Leite. Op. cit., p. 739.

-se de garantia atualmente reconhecida em instrumentos internacionais de direitos humanos, tais como o Pacto Internacional de Direitos Civis e Políticos, de 1966, cujo art. 7º assegura que "será proibido sobretudo, submeter uma pessoa, sem seu livre consentimento, a experiências médicas ou científicas".

No direito brasileiro, a previsão do art. 12 do Estatuto reforça a regra consagrada no art. 15 da Convenção sobre os Direitos das Pessoas com Deficiência, que goza de status de norma constitucional, segundo o qual "nenhuma pessoa deverá ser sujeita a experimentos médicos ou científicos sem seu livre consentimento". Por sua vez, a Resolução 196/96 do Conselho Nacional de Saúde (CNS), órgão vinculado ao Ministério da Saúde, que aprova normas regulamentadoras de pesquisas envolvendo seres humanos, fornece parâmetros detalhados para uma adequada obtenção do consentimento do sujeito da pesquisa.[24]

Quando envolver pessoa com deficiência em situação de tutela ou curatela, dispõe o parágrafo segundo do art. 12 do Estatuto que a pesquisa científica terá caráter excepcional e somente poderá ser realizada "quando houver indícios de benefício direto para sua saúde ou para a saúde de outras pessoas com deficiência e desde que não haja outra opção de pesquisa de eficácia comparável com participantes não tutelados ou curatelados". A regra se coaduna com o disposto na Resolução 196/96 do CNS, especialmente na seguinte passagem:

III.3 – As pesquisas, em qualquer área do conhecimento envolvendo seres humanos, deverão observar as seguintes exigências:

[...]

j) ser desenvolvida [sic] preferencialmente em indivíduos com autonomia plena. Indivíduos ou grupos vulneráveis não devem ser participantes de pesquisa quando a informação desejada possa ser obtida por meio de participantes com plena autonomia, a menos que a investigação possa trazer benefícios diretos aos vulneráveis. Nestes casos, o direito dos indivíduos ou grupos que

---

24. Entre outras previsões relevantes, a Resolução CSN 196/96, em sua versão revisada em 2012, define o consentimento livre e esclarecido como a "anuência do participante da pesquisa e/ou de seu representante legal, livre de vícios (simulação, fraude ou erro), dependência, subordinação ou intimidação, após esclarecimento completo e pormenorizado sobre a natureza da pesquisa, seus objetivos, métodos, benefícios previstos, potenciais riscos e o incômodo que esta possa acarretar" (item II.7). Já o item IV.1 estabelece que "O Processo de Consentimento Livre e Esclarecido para as pesquisas de todas as áreas do conhecimento deverá, ainda, observar os seguintes itens: a) Apresentar a justificativa, os objetivos e os procedimentos que serão utilizados na pesquisa, incluindo o detalhamento dos métodos a serem utilizados, informando a possibilidade de inclusão em grupo controle ou experimental, quando aplicável; b) Explicitar os possíveis desconfortos e riscos decorrentes da participação na pesquisa, além dos benefícios esperados dessa participação e apresentar providências e cautelas empregadas para evitar e/ou reduzir efeitos e condições adversas que possam causar dano, considerando características e contexto do participante da pesquisa. c) Esclarecer a forma de acompanhamento e assistência a que terão direito os participantes de pesquisa, inclusive considerando benefícios e acompanhamentos posteriores ao encerramento e, ou, interrupção da pesquisa; d) Garantir plena liberdade do participante se recusar a participar ou retirar seu consentimento, em qualquer fase da pesquisa, quando aplicável, sem penalização alguma; 7 e) Assegurar a manutenção do sigilo e privacidade dos participantes durante todas as fases da pesquisa; f) Explicitar a garantia de ressarcimento e como serão cobertas as despesas decorrentes da participação dos participantes na pesquisa; g) Explicitar a garantia de indenização diante de eventuais danos decorrentes da pesquisa".

queiram participar da pesquisa deve ser assegurado, desde que seja garantida a proteção à sua vulnerabilidade e incapacidade civil ou legal;

Respeitadas tais condições, que tornam excepcionalíssimo o experimento científico envolvendo tutelados ou curatelados com deficiência, deverão ser observadas as exigências da Resolução 196/96 do CNS acerca da obtenção do consentimento livre e esclarecido, por meio dos representantes legais dos referidos participantes, mantendo o direito de informação da pessoa com deficiência, no limite de sua capacidade.[25] Por evidente, a decisão do sujeito da pesquisa – pessoalmente ou por meio do seu representante legal – não pode ser influenciada por promessas ou interesses escusos que poderiam modificar o resultado da opção.

Por fim, não é demais salientar que a entidade ou profissional responsável pela pesquisa científica que descumpra o seu dever de informar adequadamente, deixando de verificar o perfeito entendimento do paciente, pode ser condenada a reparar os danos materiais e morais advindos do experimento.

> **Art. 13.** A pessoa com deficiência somente será atendida sem seu consentimento prévio, livre e esclarecido em casos de risco de morte e de emergência em saúde, resguardado seu superior interesse e adotadas as salvaguardas legais cabíveis.

9. ASPECTOS GERAIS

Em complemento às disposições anteriores, o art. 13 dispensa a necessidade de obtenção do consentimento informado nas cirurgias e tratamentos de emergência, em que há risco de morte do paciente. Diante de tais circunstâncias fáticas, o médico deve proceder ao tratamento mesmo sem o consentimento prévio, livre e esclarecido da pessoa com deficiência, pois, nesses casos, o princípio da beneficência deve prevalecer sobre o princípio da autonomia do paciente. Possível também fundamentar a opção do legislador no consentimento presumido implícito do paciente com deficiência.

A regra encontra-se em consonância com as diretrizes do Código de Ética Médica, que é claro ao estabelecer os limites da autonomia do paciente em caso de risco iminente

---

25. Nesse sentido, destaque-se a previsão inserida no item IV.4: "Nos casos de restrição da liberdade ou do esclarecimento necessários para o adequado consentimento, deve-se, ainda, observar: a) Em pesquisas envolvendo crianças e adolescentes, portadores de transtorno ou doença mental e participantes em situação de substancial diminuição em suas capacidades de consentimento, deverá haver justificativa clara da escolha dos participantes da pesquisa, especificada no protocolo, aprovada pelo Comitê de Ética em Pesquisa. Nestes casos deverão ser cumpridas as exigências do consentimento livre e esclarecido, por meio dos representantes legais dos referidos participantes, mantendo o direito de informação do convidado, no limite de sua capacidade; b) A liberdade do consentimento deverá ser particularmente garantida para aqueles participantes que, embora adultos e capazes, estejam expostos a condicionamentos específicos ou à influência de autoridade, caracterizando situações limitadoras da autonomia, especialmente estudantes, militares, empregados, presidiários e internos em centros de readaptação, em casas-abrigo, em asilos, em associações religiosas e semelhantes, assegurando-lhes a inteira liberdade de participar ou não da pesquisa, sem quaisquer represálias; c) Nos casos em que seja impossível obter o consentimento livre e esclarecido, tal fato deve ser devidamente justificado com explicação das causas da impossibilidade e parecer do Comitê de Ética em Pesquisa; [...]".

de morte.[26] Não se deve perder de vista, ademais, que o Código Penal tipifica como crime, em seu art. 135, a omissão em prestar assistência em caso de grave e iminente perigo.[27]

10. O DIREITO À MORTE DIGNA DA PESSOA COM DEFICIÊNCIA

Ao dispensar o consentimento informado do paciente em casos de risco de morte, o artigo sob exame não enfraquece as teorias que sustentam a existência de um *direito à morte digna* no direito brasileiro, o qual abrange o poder de o paciente – no caso, com deficiência – optar pelo não-prolongamento artificial ou até mesmo, em situações limítrofes, pela abreviação da sua vida[28]. Estando o paciente com deficiência em estado terminal, o seu consentimento prévio, livre e esclarecido acerca da extensão e da intensidade dos tratamentos a que gostaria de ser submetido deve ser respeitado, desde que tenha, por evidente, capacidade para consentir, isto é, aptidão para emitir decisões autênticas sobre os cuidados com sua saúde e plena consciência acerca dos resultados de tais decisões.

Com efeito, a regra do art. 13 do Estatuto deve se conformar ao art. 1º, III, da Constituição da República, que consagra a dignidade da pessoa humana como valor fundamental do ordenamento jurídico e, via de consequência, reconhece, ao mesmo tempo, o poder de autodeterminação existencial da pessoa humana e a inviolabilidade do indivíduo quanto à sua desumanização e degradação. Dado que a vida não é um direito absoluto, o consentimento informado em casos de risco de morte só pode ser afastado naquelas hipóteses emergenciais em que a pessoa com deficiência não manifesta ou não tenha capacidade para manifestar sua vontade de ter uma morte digna. Confirma tal posição a ressalva feita pelo legislador na parte final do dispositivo, ao exigir que seja resguardado o superior interesse da pessoa com deficiência.

11. OUTRAS HIPÓTESES EXCEPCIONAIS DE TRATAMENTO COMPULSÓRIO

De outra feita, embora o texto legal excepcione o consentimento prévio, livre e esclarecido da pessoa com deficiência apenas nas hipóteses de "risco de morte e de

---

26. Citem-se, por exemplo, as regras fixadas nos arts. 22 e 31 do Código de Ética Médica, que vedam ao médico "Deixar de obter consentimento do paciente ou de seu representante legal após esclarecê-lo sobre o procedimento a ser realizado, salvo em caso de risco iminente de morte" e "Desrespeitar o direito do paciente ou de seu representante legal de decidir livremente sobre a execução de práticas diagnósticas ou terapêuticas, salvo em caso de iminente risco de morte", respectivamente.

27. "Art. 135 – Deixar de prestar assistência, quando possível fazê-lo sem risco pessoal, à criança abandonada ou extraviada, ou à pessoa inválida ou ferida, ao desamparo ou em grave e iminente perigo; ou não pedir, nesses casos, o socorro da autoridade pública: Pena – detenção, de uma a seis meses, ou multa. Parágrafo único – A pena é aumentada de metade, se da omissão resulta lesão corporal de natureza grave, e triplicada, se resulta a morte".

28. Sobre o tema da morte com intervenção – que abrange categorias diversas como eutanásia; ortotanásia; distanásia; tratamento fútil e obstinação terapêutica; cuidado paliativo; recusa de tratamento médico e limitação consentida de tratamento; retirada de suporte vital (RSV) e não oferta de suporte vital (NSV); ordem de não-ressuscitação ou de não-reanimação (ONR); e suicídio assistido – recomenda-se, por todos, a leitura de MARTEL, Letícia de Campos Velho. *Direitos fundamentais indisponíveis* – os limites e os padrões do consentimento para a autolimitação do direito fundamental à vida. Tese de doutorado. Rio de Janeiro: UERJ, 2010.

emergência em saúde", a omissão do legislador não deve impedir outras hipóteses excepcionais de tratamento médico compulsório que se legitimem à luz da Constituição da República.[29] É o caso das já mencionadas modalidades de internação psiquiátrica involuntária e compulsória, regidas pela Lei 10.216/2001, que se fundam na necessidade de proteção da vida (do próprio paciente ou de terceiros), bem como dos portadores de enfermidades transmissíveis que negligenciem ou recusem tratamento, colocando em risco a saúde pública.[30]

Nessa toada, em comentário ao art. 15 do Código Civil, esclarece Anderson Schreiber:

> O tratamento compulsório só é admitido em hipóteses excepcionalíssimas, nas quais se identifica fundada ameaça ao interesse coletivo à saúde ou à segurança. É o caso das campanhas de vacinação obrigatória para prevenir epidemias ou, ainda, da internação compulsória imposta judicialmente a criminosos que sofrem de certos distúrbios psiquiátricos. Afora hipóteses dessa natureza, o consentimento do paciente deve ser sempre buscado, fornecendo-se a ele, de modo claro e palatável, toda a informação relevante sobre o tratamento e seus potenciais efeitos, positivos ou negativos, além de alternativas eventualmente disponíveis.[31]

Sobre o tema, a Resolução CFM 2.057/2013 fornece importantes parâmetros para orientar o intérprete na valoração da conduta do médico diante do tratamento de pessoa com deficiência mental sem o seu consentimento. De acordo com o seu art. 14, nenhum tratamento será administrado à pessoa com doença mental sem consentimento esclarecido, "salvo quando as condições clínicas não permitirem sua obtenção ou em situações de emergência, caracterizadas e justificadas em prontuário, para evitar danos imediatos ou iminentes ao paciente ou a terceiro". A norma prevê, ademais, que, na impossibilidade de se obter o consentimento esclarecido do paciente, deve-se buscar o consentimento do responsável legal.

---

29. A título de ilustração, mencionem-se – sem adentrar nas controvérsias que acompanham cada um desses temas – as situações especiais que, de acordo com a Resolução CFM 01/2016, podem justificar a não obtenção do consentimento livre e esclarecido: emergências, possibilidade de danos psicológicos graves, recusa do paciente de receber informação, tratamento compulsório, riscos para a saúde pública e pessoas com transtornos mentais.

30. Nesse sentido, dispõe o item 10.4 da Resolução CFM 01/2016: "Em saúde pública, podem ocorrer situações de risco em que pacientes portadores de enfermidades transmissíveis, potencialmente causadoras de riscos graves para terceiros, sobretudo a menores, negligenciam o tratamento ou negam seu consentimento para a adoção dos cuidados necessários. Nessas situações, não havendo possibilidade de separar o indivíduo do grupo em risco de contato com a doença, justifica-se o tratamento compulsório, que somente pode ocorrer depois de esgotadas todas as possibilidades de convencimento. Em casos excepcionais, após conferência com outros médicos e visando à saúde do paciente e à preservação do bem comum, o consentimento do paciente pode ser dispensado. Tal fato, no entanto, deverá estar suficientemente descrito e justificado pelo médico no prontuário do paciente e, conforme o caso, ser comunicado à autoridade competente".

31. SCHREIBER, Anderson. *Direitos da personalidade*, 2ª ed. São Paulo: Atlas, 2013. p. 54.

Capítulo II
Do Direito à Habilitação e à Reabilitação

Marta Maria Alonso de Siqueira

Art. 14. O processo de habilitação e de reabilitação é um direito da pessoa com deficiência.

Parágrafo único. O processo de habilitação e de reabilitação tem por objetivo o desenvolvimento de potencialidades, talentos, habilidades e aptidões físicas, cognitivas, sensoriais, psicossociais, atitudinais, profissionais e artísticas que contribuam para a conquista da autonomia da pessoa com deficiência e de sua participação social em igualdade de condições e oportunidades com as demais pessoas.

1. COMENTÁRIOS AO ART. 14

O direito à habilitação e à reabilitação das pessoas com deficiência é um direito constitucional assistencial previsto no artigo 203, IV, da Constituição Federal de 1988. Interessante observar que conforme o disposto na Constituição, cuida-se de um direito vinculado à assistência social que deve ser prestado independentemente de qualquer contribuição à seguridade social, com vistas a promover a integração da pessoa com deficiência à vida comunitária.

A Convenção sobre os Direitos da Pessoa com Deficiência de Nova York, em seu artigo 16, dispõe que "os Estados tomarão as medidas apropriadas para promover a recuperação física, cognitiva e psicológica, inclusive mediante a provisão de serviços de proteção, a reabilitação e a reinserção social de pessoas com deficiência que forem vítimas de qualquer forma de exploração, violência ou abuso (...)." Além do referido artigo, o artigo 26 da referida Convenção cuida especificamente do direito à habilitação e à reabilitação, apresentando aos Estados signatários dois objetivos principais. O primeiro objetivo é a conquista e a conservação pelas pessoas com deficiência do máximo de autonomia e capacidade. O segundo objetivo é que a habilitação e a reabilitação proporcionem a plena inclusão e a participação das pessoas em todos os aspectos da vida. Consoante o artigo 26 da Convenção, os Estados-Partes possuirão programas de habilitação e reabilitação nas áreas de saúde, emprego, educação e serviços sociais.

Como é cediço, a referida Convenção foi a primeira Convenção de Direitos humanos internalizada ao ordenamento jurídico brasileiro com *status* de norma constitucional, uma vez que passou pelo procedimento qualificado de incorporação de tratado de Direitos Humanos previsto no artigo 5º, § 3º. O Estatuto da Pessoa com Deficiência teve como base essa Convenção.

Tanto o artigo 14 em comento, quanto o artigo 16 da Convenção da Pessoa com Deficiência deixam claro que é direito da pessoa com deficiência ser habilitada e reabilitada. O objetivo é promover a dignidade da pessoa humana e a sua inclusão na sociedade. Ambos os artigos revelam um direito humano e fundamental do cidadão com deficiência exigir esses serviços do Estado brasileiro. Cuida-se de um direito prestacional ou positivo de qualquer pessoa com deficiência, sem restrição.

Sendo um benefício assistencial, em atenção ao artigo 203, IV, da Constituição Federal, a Lei 8.742/93 (Lei Orgânica da Assistência Social) prevê como objetivo da Assistência Social a proteção social, que visa à garantia da vida, à redução de danos e à prevenção da incidência de riscos, especialmente a habilitação e a reabilitação das pessoas com deficiência e a promoção de sua integração à vida comunitária (artigo 2º, I, *d*).

Deve-se atentar para a diferença de dois institutos importantes e semelhantes previstos no Estatuto da Pessoa com Deficiência. Com efeito, existem duas previsões relacionadas aos direitos à habilitação e à reabilitação no Estatuto. A primeira previsão está no Capítulo II, dos artigos 14 a 17, ora em comento. Essa previsão trata de um direito mais geral, que objetiva habilitar ou reabilitar a pessoa com deficiência para que esta venha a ser incluída na sociedade. Nesse sentido, o parágrafo único do artigo 14 é esclarecedor ao dispor que o objetivo do processo de habilitação e de reabilitação é que a pessoa com deficiência desenvolva suas potencialidades, talentos, habilidades e aptidões físicas, cognitivas, sensoriais, psicossociais, atitudinais, profissionais e artísticas com vistas a sua autonomia e participação na sociedade em igualdade de condições e oportunidades com as demais pessoas.

A segunda previsão legal cuida do denominado direito à habilitação e à reabilitação profissional, que está previsto no Capítulo VI, Seção II, artigo 36 e está relacionado direta e especificamente ao direito ao trabalho da pessoa com deficiência. Neste caso, a habilitação possui como finalidade preparar a pessoa com deficiência para ingressar no mercado de trabalho e a reabilitação objetiva auxiliá-la a retornar para o mercado de trabalho. É necessário destacar a diferença entre os institutos da habilitação e da reabilitação profissional. Conforme Sérgio Pinto Martins, "a habilitação é o processo prestado às pessoas que têm limitações de nascença para que possam qualificar-se para o trabalho."[1] Por sua vez, segundo o referido autor, "a reabilitação é o processo prestado aos portadores de deficiência em decorrência de acidente para que possam voltar a trabalhar. Tem por objetivo preparar o acidentado para o exercício de outra função."[2]

---

1. MARTINS, Sérgio Pinto. *Direito da Seguridade Social*. São Paulo: Atlas, 2015, p. 530.

2. Idem. Ibidem.

O direito à habilitação e à reabilitação profissional também está previsto na Lei 8.213/1991, artigos 89 a 93 e nos artigos 136 a 141 do Decreto 3.048/1999. Neste caso, o direito à habilitação e à reabilitação profissional é considerado um serviço previdenciário compulsório dado ao segurado da Previdência Social. Dessa forma, caso o segurado em gozo de auxílio doença se recuse a se submeter à habilitação ou a reabilitação profissional, ele terá seu benefício suspenso.[3]

Ainda em relação à habilitação e à reabilitação profissional, o Decreto 3.298/1990, que regulamenta a Lei 7.853/1989, ainda estão em vigor. O referido Decreto, em seu artigo 30 dispõe que a pessoa com deficiência sendo ou não beneficiária do Regime Geral de Previdência Social, possui o direito de ser habilitada e reabilitada profissionalmente.

Pode-se transpor, com as devidas adaptações, o conceito de habilitação e reabilitação profissional para o direito à habilitação e à reabilitação em geral previsto no artigo 14 e seu parágrafo único. Assim, entende-se que o direito ao processo de habilitação significa que deve ser assegurado à pessoa com deficiência a possibilidade de identificar e desenvolver suas potencialidades, talentos, habilidades e aptidões para que essa pessoa, que sempre possuiu os impedimentos e barreiras de inclusão social, consiga se inserir na sociedade em igualdade de condições com outras pessoas. Por sua vez, o processo de reabilitação teria como finalidade auxiliar um indivíduo que tenha se tornado pessoa com deficiência (por acidente ou doença) a reconquistar a sua autonomia e reinseri-lo na sociedade em igualdade de condições e oportunidades com as demais pessoas.

É necessário mencionar a Lei 7.853/1989 (Apoio às Pessoas Portadoras de Deficiência – Política Nacional de Integração da Pessoa Portadora de Deficiência – regulamentada pelo Decreto 3.298/1990. Tanto a Lei 7.853/1990, quanto o Decreto 3.298/1990 foram modificados pela Lei 13.146/2015 e ainda estão em vigor. Tendo essa informação em consideração, interessa mencionar que o artigo 17 do Decreto 3.298/1990 traz importantes informações sobre a reabilitação. Segundo o referido artigo 17 do Decreto 3.298/1990, é beneficiária do processo de reabilitação a pessoa que apresenta deficiência, qualquer que seja sua natureza, agente causal ou grau de severidade. Ademais, o parágrafo único do referido artigo dispõe que se considera "reabilitação o processo de duração limitada e com objetivo definido, destinado a permitir que a pessoa com deficiência alcance o nível físico, mental ou social funcional ótimo, proporcionando-lhe os meios de modificar sua própria vida, podendo compreender medidas visando a compensar a perda de uma função ou uma limitação funcional e facilitar ajustes ou reajustes sociais." Percebe-se que o referido dispositivo nos oferece uma definição de reabilitação em geral que complementa e esclarece o sentido do artigo 14 do Estatuto da Pessoa com Deficiência.

---

3. AMARO, Frederico. *Direito Previdenciário*. Salvador: JusPodivm, 2015, p. 493.

Art. 15. O processo mencionado no art. 14 desta Lei baseia-se em avaliação multidisciplinar das necessidades, habilidades e potencialidades de cada pessoa, observadas as seguintes diretrizes:

I – diagnóstico e intervenção precoces;

II – adoção de medidas para compensar perda ou limitação funcional, buscando o desenvolvimento de aptidões;

III – atuação permanente, integrada e articulada de políticas públicas que possibilitem a plena participação social da pessoa com deficiência;

IV – oferta de rede de serviços articulados, com atuação intersetorial, nos diferentes níveis de complexidade, para atender às necessidades específicas da pessoa com deficiência;

V – prestação de serviços próximo ao domicílio da pessoa com deficiência, inclusive na zona rural, respeitadas a organização das Redes de Atenção à Saúde (RAS) nos territórios locais e as normas do Sistema Único de Saúde (SUS).

2. COMENTÁRIOS AO ART. 15

O processo de habilitação e reabilitação tem como base uma avaliação multidisciplinar. Esse artigo complementa o sentido do artigo 2º, § 1º, do Estatuto da Pessoa com Deficiência, que dispõe que a avaliação da deficiência deve ser biopsicossocial e realizada por equipe multiprofissional e interdisciplinar. A avaliação biopsicossocial é a que considera além dos aspectos biológicos da pessoa com deficiência, o meio psicológico e social que o circundam.

O § 1º do artigo 137 do Decreto 3.048/1999, que regulamenta a Lei 8.213/1991 (Lei de Planos Benefícios da Previdência Social) nos oferece uma noção de equipe multidisciplinar que atua no processo de habilitação e reabilitação profissional. Essa equipe, segundo este dispositivo, é constituída de profissionais da área de medicina, serviço social, psicologia, sociologia, fisioterapia, terapia ocupacional e outras áreas afins ao processo.

Com efeito, no que toca à pessoa com deficiência não beneficiária da previdência social, é relevante citar que o § 2º do artigo 16 do Decreto 3.298/1990, que regulamenta a Lei 7.853/1989, dispõe que a deficiência deve ser diagnosticada e caracterizada por equipe multidisciplinar de saúde para que pessoa possa fazer jus aos benefícios e serviços.

A avaliação multidisciplinar observa as diretrizes dos incisos do artigo 15 do Estatuto, que se passa a comentar. O inciso I do artigo 15 traz a diretriz do diagnóstico e intervenção precoces. A inteligência da lei revela que quanto mais cedo for o diagnóstico da deficiência e mais rápido for o seu tratamento, maiores serão as chances de habilitação e reabilitação da pessoa com deficiência. Muitas vezes, até mesmo no exame pré-natal que pode ter início o tratamento de uma pessoa com deficiência, podendo, dependendo do caso, a pessoa não chegar a apresentar a deficiência.

O inciso II do artigo 15 dispõe sobre a diretriz de "adoção de medidas para compensar perda ou limitação funcional, buscando o desenvolvimento de aptidões." Neste caso, a equipe multidisciplinar parte de uma análise individualizada da pessoa com deficiência e com a finalidade de fazer com que essa pessoa desenvolva suas aptidões, adota medidas para compensar perda ou limitação funcional. Essas medidas podem ser, por exemplo, fisioterapias, tratamentos especializados, acompanhamento escolar, dentre outras destinadas a garantir o desenvolvimento de aptidões e a melhor inclusão social da pessoa com deficiência.

O inciso III do artigo 15 cuida da diretriz de "atuação permanente, integrada e articulada de políticas públicas que possibilitem a plena participação social da pessoa com deficiência." É fundamental a criação de políticas públicas para a efetivação das leis que visam proteger e incluir as pessoas com deficiência. Nesse sentido, o próprio Estatuto da Pessoa com Deficiência possui norma dispondo sobre o parâmetro dessas políticas públicas, no artigo 92. Este artigo dispõe sobre a criação do Cadastro Nacional de Inclusão da Pessoa com Deficiência com vistas a formar a base de dados de todas as políticas públicas relacionadas às pessoas com deficiência. Nesse sentido, o Estatuto tem como objetivo efetivar o artigo 31 da Convenção da Pessoa com Deficiência que dispõe sobre a obrigação de os Estados-Partes coletarem dados para formulação e implementação de políticas de inclusão da pessoa com deficiência.

O inciso IV do artigo 15 trata da diretriz de "oferta de rede de serviços articulados, com atuação intersetorial, nos diferentes níveis de complexidade, para atender às necessidades específicas da pessoa com deficiência." A articulação e a atuação intersetorial são fundamentais para ampliar e efetivar os direitos da pessoa com deficiência. Assim, no âmbito federal percebe-se que vários Ministérios (Educação, Previdência Social, da Justiça, do Trabalho etc.) devem formar parcerias de atuação para implementar as políticas públicas de inclusão da pessoa com deficiência.

O inciso V do artigo 15 trata da diretriz de "prestação de serviços próximo ao domicílio da pessoa com deficiência, inclusive na zona rural, respeitadas a organização das Redes de Atenção à Saúde (RAS) nos territórios locais e as normas do Sistema Único de Saúde (SUS)." Esta diretriz tem razão de ser na necessidade de dar a todos os deficientes, tanto os que vivem em zona urbana, quanto rural, a oportunidade de terem acesso aos programas de habilitação e reabilitação e serem incluídos na sociedade. Dessa forma, essa diretriz está em harmonia com o artigo 8º da Convenção de Genebra sobre Reabilitação Profissional e Emprego de Pessoas Deficientes (Decreto 129/1991), que dispõe que serão adotadas medidas para promover o estabelecimento e desenvolvimento de serviços de reabilitação profissional e de emprego para pessoas deficientes na zona rural e nas comunidades distantes.

A Rede de Atenção à Saúde (RAS) é regulamentada pela Portaria 4.279/2010, enquanto a Rede de Cuidados à Pessoa com Deficiência no âmbito do SUS está regulamentada pela Portaria 793/2012. A Rede de Atenção à Saúde tem como objetivos superar a grande fragmentação das ações e serviços de saúde e qualificar a gestão do cuidado da saúde. Dessa forma, a diretriz prevista no artigo 15, V, do Estatuto da Pessoa com Deficiência ao dispor que devem ser respeitadas a organização de Redes de Atenção à Saúde, tem em vista esmerar-se pela constituição de um sistema unificado e integrado no Brasil. Por conseguinte, a organização da gestão do SUS objetiva superar a ainda atual fragmentação de serviços, programas e ações na área da saúde, tendo como finalidade ser um sistema mais eficiente.

> **Art. 16**. Nos programas e serviços de habilitação e de reabilitação para a pessoa com deficiência, são garantidos:
>
> I – organização, serviços, métodos, técnicas e recursos para atender às características de cada pessoa com deficiência;
>
> II – acessibilidade em todos os ambientes e serviços;
>
> III – tecnologia assistiva, tecnologia de reabilitação, materiais e equipamentos adequados e apoio técnico profissional, de acordo com as especificidades de cada pessoa com deficiência;
>
> IV – capacitação continuada de todos os profissionais que participem dos programas e serviços.

3. COMENTÁRIOS AO ART. 16

O artigo 16 do Estatuto da Pessoa com Deficiência garante à pessoa com deficiência no processo de habilitação e reabilitação, em primeiro lugar, organização, serviços, métodos, técnicas e recursos para atender às características de cada pessoa com deficiência (inciso I). Neste caso, busca-se dar o tratamento mais individualizado possível à pessoa com deficiência tendo em consideração a particularidade de seus impedimentos e barreiras, com vistas ao seu desenvolvimento e inclusão na sociedade.

É também com o objetivo de inclusão que o inciso II do mesmo artigo garante a acessibilidade em todos os ambientes e serviços à pessoa com deficiência. Ora, de nada adiantaria existir o processo de habilitação e reabilitação para a pessoa com deficiência se esta pessoa não tivesse como ter acesso aos ambientes e aos serviços onde ocorre o processo de habilitação ou reabilitação. Pode-se citar como exemplo dar um curso de habilitação profissional para pessoas cadeirantes em edifício sem elevador, sendo o acesso ao curso exclusivamente por escada.

É relevante lembrar que o conceito de acessibilidade é tratado no artigo 3º, I, do Estatuto da Pessoa com Deficiência. Em suma, a acessibilidade é definida como:

> [...] possibilidade e condição de alcance para utilização, com segurança e autonomia, de espaços, mobiliários, equipamentos urbanos, edificações, transportes, informação e comunicação, inclusive seus sistemas e tecnologias, bem como de outros serviços e instalações abertos ao

público, de uso público ou privado de uso coletivo, tanto na zona urbana como na rural, por pessoa com deficiência ou com mobilidade reduzida.

Ainda em relação à acessibilidade, o artigo 53 do Estatuto dispõe que a acessibilidade "é direito que garante à pessoa com deficiência ou com mobilidade reduzida viver de forma independente e exercer seus direitos de cidadania e participação social." Em outras palavras, pode-se concluir que sem acessibilidade é impossível existir inclusão, equiparação de oportunidades e exercício de cidadania para as pessoas com deficiência. Cabe ao Estado promover a acessibilidade e adaptar o espaço público e a sociedade (mobiliários, edifícios urbanos, transporte, tecnologias de comunicação, escolas etc.) à pessoa com deficiência. É a sociedade que deve se adaptar à pessoa com deficiência de forma a incluí-la, concretizando-se os princípios constitucionais da dignidade da pessoa humana (art. 1º, III, CR/1988) e da solidariedade social (art. 3º, I, CR/1988).

O inciso III do artigo 16 cuida da garantia no processo de habilitação e reabilitação à tecnologia assistiva, tecnologia de reabilitação, materiais e equipamentos adequados e apoio técnico profissional, de acordo com as especificidades de cada pessoa com deficiência. A definição de tecnologia assistiva ou ajuda técnica está no artigo 3º, III, do Estatuto, que a conceitua como:

> [...] produtos, equipamentos, dispositivos, recursos, metodologias, estratégias, práticas e serviços que objetivem promover a funcionalidade, relacionada à atividade e à participação da pessoa com deficiência ou com mobilidade reduzida, visando à sua autonomia, independência, qualidade de vida e inclusão social.

São exemplos de tecnologia assistiva, órteses, próteses auditivas, visuais e física, auxílios de mobilidade como cadeira de rodas e muletas etc. Os artigos 74 e 75 do Estatuto tratam especificamente da tecnologia assistiva. O artigo 74 garante à pessoa com deficiência o acesso à tecnologia assistiva com objetivo de dar-lhe autonomia, mobilidade pessoal e qualidade de vida.

Interessante citar o julgado do STJ no RESP 1.528.410-PR de Relatoria do Ministro Herman Benjamin, julgado em 02.06.2015 e noticiado no Informativo 566 de agosto de 2015. Este julgado cuida de caso que abrange tanto o tema da tecnologia assistiva, quanto o tema da habilitação e da reabilitação social. Em resumo, o caso em questão tratava do tema da legitimidade passiva do INSS para fornecer órteses e próteses a segurado incapacitado parcial ou totalmente para o trabalho. Neste caso, entendeu o STJ que o INSS é obrigado a fornecer órteses e próteses tanto em caso de habilitação ou reabilitação profissional, tanto nos casos de habilitação social. O referido Tribunal fundamentou sua decisão no Princípio Fundamental da Dignidade da Pessoa Humana e no art. 89, parágrafo único, *a*, da Lei 8.213/1991, que demonstram que a habilitação e a reabilitação não se resumem ao mercado de trabalho, abrangendo a vida em sociedade. Pela leitura do citado julgado e dos artigos pertinentes do Estatuto da Pessoa com Deficiência, pode-se concluir que atualmente o poder público tem a obrigação de fornecer a tecnologia assistiva à pessoa com deficiência como direito fundamental e humano, tendo em consideração que a Convenção da Pessoa com Deficiência possui *status* constitucional na ordem jurídica brasileira.

Por fim, o inciso IV do artigo 16 traz como garantia nos programas à pessoa com deficiência a capacitação continuada de todos os profissionais que participem dos programas e serviços. A finalidade dessa garantia é promover a atualização do profissional que participe da habilitação e reabilitação profissional, de forma a dar-lhe condições de acompanhar o desenvolvimento tecnológico e científico para dar o melhor resultado à pessoa com deficiência. Também nesse sentido, o § 3º do artigo 18 do Estatuto da Pessoa com Deficiência dispõe que deve ser garantida a capacitação inicial e continuada aos profissionais que prestam assistência à pessoa com deficiência, principalmente nos serviços de habilitação e reabilitação.

> **Art. 17.** Os serviços do SUS e do Suas deverão promover ações articuladas para garantir à pessoa com deficiência e sua família a aquisição de informações, orientações e formas de acesso às políticas públicas disponíveis, com a finalidade de propiciar sua plena participação social.
>
> **Parágrafo único.** Os serviços de que trata o *caput* deste artigo podem fornecer informações e orientações nas áreas de saúde, de educação, de cultura, de esporte, de lazer, de transporte, de previdência social, de assistência social, de habitação, de trabalho, de empreendedorismo, de acesso ao crédito, de promoção, proteção e defesa de direitos e nas demais áreas que possibilitem à pessoa com deficiência exercer sua cidadania.

4. COMENTÁRIOS AO ART. 17

O artigo 17 tem como principal objetivo garantir à pessoa com deficiência e à sua família o acesso à informação e à orientação sobre as políticas públicas disponíveis de maneira a incluir a pessoa com deficiência na sociedade. Assim, pode-se concluir que não basta a política pública de inclusão da pessoa com deficiência existir, devendo ser assegurado a esta pessoa e a sua família o acesso às informações necessárias sobre sua existência e suas condições.

Capítulo III
Do Direito à Saúde

Daniela Silva Fontoura de Barcellos

1. ASPECTOS GERAIS SOBRE A CONCEPÇÕES DE SAÚDE NO BRASIL E A PROTEÇÃO DAS PESSOAS COM DEFICIÊNCIA (ARTS. 18 A 26 DA LEI 13.146/2015)

A Constituição Federal de 1988 reconhece a saúde como direito social, de caráter universal (art. 6º, *caput,* da CF/1988) e atribui ao Estado o dever específico de cuidar da saúde das pessoas com deficiência (art. 23, II, da CF/1988). Para chegar a esse *status* jurídico, político e social, houve um longo percurso que, em apertada síntese, iniciou no Império, prolongando-se até a República Velha. Naquele período, a saúde pública era concebida como um verdadeiro favor, ou mera concessão passível de restrição ou de extinção. Durante a Era Vargas até o período da redemocratização, diante de uma série fenômenos ligados a ampliação dos direitos trabalhistas, a saúde passou a ser vista como um benefício trabalhista – decorrente da contribuição da previdência social – ou como serviço privado – acessível àqueles que tinham meios para suportar seus elevados custos (ASENSI: 2015, p. 2-3). A partir das décadas de 1970 e de 1980, inicia-se uma transformação na cultura nacional que culmina na percepção da saúde decorrente da cidadania e, portanto, dotada de caráter universal, com a colaboração de movimentos sociais, destacando-se o da Reforma Sanitária.

Para garantir sua efetividade da prestação à saúde, a Constituição Federal, no art. 197, instituiu o sistema híbrido, tendo como premissa a prestação pelo poder público e, subsidiariamente, pelas pessoas jurídicas de direito privado, cuja assistência, é denominada, por esta razão, saúde suplementar.

A normatização da saúde visando a proteção das pessoas com deficiência constante no seu respectivo Estatuto – Lei 13.146/2015 – abrange normas dirigidas tanto ao setor público – Sistema Única de Saúde (SUS) –, como ao setor privado, representado pelas operadoras de planos e seguros privados de assistência à saúde. Para regular o setor público e o setor privado de saúde, temos como marcos legais, respectivamente, a Lei 8.080/1990 – Lei do SUS – e a Lei 9.656/1998 – Lei dos Planos Privados de Assistência à Saúde.

Embora a proteção integral à saúde da pessoa com deficiência seja um objetivo único, preconizado no *caput* do art. 18 do Capítulo III do Estatuto em comento, tanto para o setor público como para o setor privado, as formas e fundamentos para atingir tal objetivo variam bastante num e noutro setor, razão pela qual serão destacados em cada artigo da lei seu respectivo destinatário e os princípios e regras aplicáveis na consecução do objetivo apresentado na norma.

Art. 18. É assegurada atenção integral à saúde da pessoa com deficiência em todos os níveis de complexidade, por intermédio do SUS, garantido acesso universal e igualitário.

§ 1º É assegurada a participação da pessoa com deficiência na elaboração das políticas de saúde a ela destinadas.

§ 2º É assegurado atendimento segundo normas éticas e técnicas, que regulamentarão a atuação dos profissionais de saúde e contemplarão aspectos relacionados aos direitos e às especificidades da pessoa com deficiência, incluindo temas como sua dignidade e autonomia.

§ 3º Aos profissionais que prestam assistência à pessoa com deficiência, especialmente em serviços de habilitação e de reabilitação, deve ser garantida capacitação inicial e continuada.

§ 4º As ações e os serviços de saúde pública destinados à pessoa com deficiência devem assegurar:

I – diagnóstico e intervenção precoces, realizados por equipe multidisciplinar;

II – serviços de habilitação e de reabilitação sempre que necessários, para qualquer tipo de deficiência, inclusive para a manutenção da melhor condição de saúde e qualidade de vida;

III – atendimento domiciliar multidisciplinar, tratamento ambulatorial e internação;

IV – campanhas de vacinação;

V – atendimento psicológico, inclusive para seus familiares e atendentes pessoais;

VI – respeito à especificidade, à identidade de gênero e à orientação sexual da pessoa com deficiência;

VII – atenção sexual e reprodutiva, incluindo o direito à fertilização assistida;

VIII – informação adequada e acessível à pessoa com deficiência e a seus familiares sobre sua condição de saúde;

IX – serviços projetados para prevenir a ocorrência e o desenvolvimento de deficiências e agravos adicionais;

X – promoção de estratégias de capacitação permanente das equipes que atuam no SUS, em todos os níveis de atenção, no atendimento à pessoa com deficiência, bem como orientação a seus atendentes pessoais;

XI – oferta de órteses, próteses, meios auxiliares de locomoção, medicamentos, insumos e fórmulas nutricionais, conforme as normas vigentes do Ministério da Saúde.

§ 5º As diretrizes deste artigo aplicam-se também às instituições privadas que participem de forma complementar do SUS ou que recebam recursos públicos para sua manutenção.

2. INTEGRALIDADE, UNIVERSALIDADE E IGUALDADE NO ACESSO À SAÚDE APLICADOS ÀS PESSOAS COM DEFICIÊNCIA

O dispositivo do art. 18 do Estatuto apresenta no *caput* a atenção integral à pessoa com deficiência, bem como o acesso universal e igualitário à saúde. Esta norma está em convergência com os mandamentos da Constituição Federal em que a integralidade (art. 198, II, da CF/1988), a universalidade (art. 196 da CF/1988) e a equidade (art. 196 da CF/1988) – juntamente com a descentralização (art. 198, I, da CF/1988) e a participação da comunidade (art. 198, III, da CF/1988) – aparecem como princípios da política do Estado brasileiro para o Sistema Único de Saúde (SUS).

Sendo assim, o SUS tem como princípios a universalidade de acesso aos serviços de saúde em todos os níveis; a equidade de tratamento de todos os cidadãos perante o SUS; e a integralidade de assistência, entendida como um conjunto articulado e contínuo das ações e serviços preventivos e curativos, individuais e coletivos, exigidos para cada caso, em todos os níveis de complexidade. Tais princípios constitucionais aparecem replicados no Estatuto, ressaltando-se sua importância para a inclusão e acessibilidade das pessoas com deficiência no âmbito da saúde.

O princípio da universalidade tem como premissa o reconhecimento de que todos possuem o direito a utilizar os serviços de saúde do SUS, tanto os que possuam vínculo empregatício formal quanto os que não o têm, abrangendo nacionais e estrangeiros, em consonância com a nova lógica inaugurada pela Constituição Federal do Brasil de 1988 e efetivada pela Lei 8.080/1990. Em síntese, a universalidade é o princípio através do qual se entende que a saúde é um direito de todos, nacionais ou estrangeiros, trabalhadores ou não, implicando a noção de acesso igualitário de saúde.

Por sua vez, o princípio da equidade, no que se refere à assistência à saúde, significa levar em consideração as necessidades específicas de cada pessoa ou grupo, incluindo especialmente as pessoas com deficiência. Este princípio assegura que as ações e serviços de todos os níveis de complexidade devem ser dispensados para todos, não importando onde morem, nem sua idade, sexo ou condição de saúde, sem qualquer espécie de privilégios ou barreiras. Todo cidadão é igual perante o SUS e deverá ser atendido de conformidade com suas necessidades até o limite do que o sistema puder oferecer a todos.

Já o princípio da integralidade engloba ações de promoção, proteção e recuperação da saúde (ASENSI: 2015, p. 11) entendendo tanto o Sistema de Saúde como o ser humano como integrais. Mattos (2004, p. 1411-1412) identificou três conjuntos de sentidos sobre o princípio da integralidade. Um primeiro, diz respeito às características de políticas de saúde ou de respostas governamentais a certos problemas de saúde, na busca pela articulação de ações de alcance preventivo com as assistenciais. Um segundo conjunto de sentidos é relativo a aspectos da organização dos serviços de saúde. E, um terceiro, volta-se para práticas e políticas especialmente desenhadas responder a determinados problemas que afligem certos grupos populacionais.

Portanto, a integralidade na perspectiva da pessoa com deficiência, é associada ao tratamento respeitoso, digno, com qualidade e acolhimento. Já para o Sistema Único de Saúde, a integralidade está presente nas práticas do atendimento, devendo seus agentes estar preparados para ouvir a pessoa com deficiência, entendê-la, inserida em seu contexto social particular e, a partir daí, atender suas demandas e necessidades.

 TOME NOTA!

A ausência de protocolos de atendimentos específicos para pessoas com deficiência infectadas pela Covid-19, foi denunciada no relatório "Denúncia de Violações dos Direitos à Vida e à Saúde no contexto da pandemia da Covid-19 no Brasil", elaborado pelo Conselho Nacional de Saúde (CNS) e o Conselho Nacional de Direitos Humanos (CNDH) e demais entidades, reconhecendo-se, assim, não só a grave ofensa ao direito à saúde, mas também à vulnerabilidade da pessoa com deficiência em situações de emergência pública garantida pelo parágrafo único do art. 10 desta lei. O relatório denunciou ainda, no mesmo contexto, a violação constante do direito à informação pela falta de recursos de audiodescrição, libras, legendas, documentos em meios e formatos acessíveis e linguagem simples.

3. PARTICIPAÇÃO DAS PESSOAS COM DEFICIÊNCIA NAS POLÍTICAS A ELAS DESTINADAS

O § 1º do art. 18 do Estatuto prevê a participação das pessoas com deficiência nas políticas de saúde a elas destinadas. Essa forma de inclusão está em consonância com a concepção atual da maioria dos países e das organizações internacionais que, desde os anos 1990, vem consolidando teorias, políticas e práticas baseada no lema *nothing about us, without us*. Isto quer dizer que as diretrizes, leis e ações destinadas às pessoas com deficiência devem contar com a sua plena participação em todas as etapas do processo de geração dos resultados acima referidos, seja de forma individual ou coletiva.

Um exemplo paradigmático nesse sentido foi a participação da sociedade civil, diretamente interessada durante a elaboração da Convenção Internacional das Pessoas com Deficiência, cuja experiência prática estabeleceu um novo precedente sobre a participação popular na elaboração do direito internacional (DHANDA: 2008, p. 52). A partir daí, não se pode conceber a elaboração de leis e políticas inclusivas sem o direito de participação dos próprios interessados.

4. ATENDIMENTO CONTEMPLANDO AS ESPECIFICIDADES DA PESSOA COM DEFICIÊNCIA

A Portaria do Gabinete do Ministro do Ministério da Saúde 793 GM/MS, de 24 de abril de 2012, institui a Rede de Cuidados à Pessoa com Deficiência no âmbito do Sistema Único de Saúde. Esta rede, de acordo com a referida Portaria, além de trabalhar para concretizar e efetividade dos princípios constitucionais da saúde, busca ampliar o acesso e qualificar o atendimento às pessoas com deficiência temporária ou permanente; progressiva, regressiva ou estável; intermitente ou contínua no SUS. Além disso, promove cuidados, especialmente dos trabalhos de reabilitação auditiva, física, intelectual, visual, ostomia e múltiplas deficiências e desenvolve ações de prevenção e de identificação precoce de deficiências nas fases pré, peri e pós-natal, infância, adolescência e vida adulta.

De acordo com o Ministério da Saúde (BRASIL: 2010, p. 9-10) as organizações para atenção das pessoas com deficiência instituídas são: Rede de Atenção à Saúde Auditiva (Portarias MS/SAS 587/2004 e 589/2004); Rede de Assistência à Pessoa com Deficiência Física (Portaria MS/GM 818/2001 e Portaria MS/SAS 185/2001) e ainda Serviços de Atenção à Ostomia (Portaria MS/SAS 400/2009), Assistência Ventilatória a doenças Neuromusculares (MS/GM 1.370/2008 e MS/SAS 370/2008), Osteogenesis Imperfecta (Portaria MS/GM 2.305/2001), Deficiência Mental/Autismo (Portaria MS/GM 1.635/2002), e Serviços de Reabilitação Visual (Portarias MS/GM 3.128/2008, Portaria MS/GM 3.129/2008).

Além disso, conta com Centros Especializados em Reabilitação (CER); Estabelecimentos de saúde habilitados em apenas um Serviço de Reabilitação; Oficinas Ortopédicas; e Centros de Especialidades Odontológicas (CEO), todos com recursos financeiros previstos nos moldes das Portarias 835 GM/MS, de 25 de abril de 2012 e 1.341 GM/MS, de 13 de junho de 2012.

5. CAPACITAÇÃO AOS PROFISSIONAIS QUE PRESTAM ASSISTÊNCIA À PESSOA COM DEFICIÊNCIA

A capacitação dos recursos humanos que prestam assistência à pessoa com deficiência é uma diretriz do SUS (BRASIL: 2010, p. 12). Ela tem por objetivo a presença de profissionais permanentemente atualizados, capacitados e qualificados, tanto na rede básica (incluindo as equipes de Saúde da Família e os Agentes Comunitários de Saúde) quanto nos serviços de reabilitação (física, auditiva, visual, intelectual), potencializando os cuidados às pessoas com deficiência usuárias do SUS.

Também atua pleiteando a inclusão de disciplinas e conteúdos de prevenção, atenção e reabilitação às pessoas com deficiência nos currículos de graduação das profissões na área da saúde, bem como o fomento de projetos de pesquisa e extensão nesta área do saber.

Outro foco de desenvolvimento e capacitação de pessoal é a ampliação e o treinamento de gestores de serviços em saúde, para que haja incremento no planejamento de políticas públicas voltadas às pessoas com deficiência no país.

Por fim, nessa diretriz de capacitação, destaca o Ministério da Saúde (BRASIL: 2010, p. 13) os cursos de formação de profissionais ortesistas e protesistas no país, que vem ocorrendo desde o ano de 2009. Mas, além de todas estas iniciativas governamentais diante da experiência vivida pelas pessoas com deficiência, não basta apenas capacitação formal, é preciso também uma mudança atitudinal, que virá somente através da educação e da vivência.

6. DAS AÇÕES E DOS SERVIÇOS DE SAÚDE PÚBLICA DESTINADOS À PESSOA COM DEFICIÊNCIA

O § §4º do art. 18 do Estatuto da Pessoa com Deficiência inclui uma série de políticas e serviços destinados à pessoa com deficiência.

Dentre estas, destaca-se um conjunto de atividades destinado à prevenção e à melhoria das condições de saúde, sejam estas físicas ou psicológicas. Tais ações incluem: exames diagnósticos e intervenção precoces (art. 18, § 4º, I, do EPD); habilitação e reabilitação tendo como objetivo a melhor condição de saúde e qualidade de vida (art. 18, § 4º, II, do EPD); atendimento domiciliar, ambulatorial e internação (art. 18, § 4º, III, do EPD); a realização de campanhas de vacinação (art. 18, § 4º, IV, do EPD); atendimento psicológico (art. 18, § 4º, V, do EPD), informação (art. 18, § 4º, VIII, do EPD), sendo que estas duas últimas incluem familiares e atendentes pessoais; a oferta de órteses, próteses, meios auxiliares de locomoção, medicamentos, insumos e fórmulas nutricionais (art. 18, § 4º, XI, do EPD) e demais serviços projetados para prevenir a ocorrência e o desenvolvimento de deficiências e agravos adicionais (art. 18, § 4º, IX, do EPD).

O segundo conjunto de ações do § 4º tem por objetivo atender o dispositivo previsto no art. 25, letra *a*, da Convenção sobre os Direitos das Pessoas com Deficiência. Este determina que os estados-membro oferecerão programas de saúde pública destinados à população em geral inclusive na área de saúde sexual e reprodutiva. No art. 18 do Estatuto brasileiro estão previstas essas políticas de atenção sexual e reprodutiva, incluindo o direito à fertilização assistida (art. 18, § 4º, VII, do EPD) e o respeito à especificidade, à identidade de gênero e à orientação sexual da pessoa com deficiência (art. 18, § 4º, VII, do EPD).

Por fim, o inciso X do § 4º do art. 18 prevê a promoção de estratégias de capacitação permanente das equipes que atuam no SUS, em todos os níveis de atenção, no atendimento à pessoa com deficiência, bem como orientação a seus atendentes pessoais a fim de conseguir efetivar tais políticas, ações e práticas previstas no Estatuto.

7. EXTENSÃO DA APLICAÇÃO DE TAIS DIRETRIZES ÀS INSTITUIÇÕES PRIVADAS

As diretrizes previstas no art. 18 do Estatuto são destinadas prioritariamente ao Sistema Único de Saúde, mas, em seu § 5º, estas são estendidas também para o setor privado. No entanto, diferentemente da lógica universal do setor público, a dos contratos oferecidos no mercado de consumo pelo setor privado, é balizada por cláusulas e condições contratuais, que, por sua vez, oferecem produtos e serviços de acordo com a possibilidade financeira do consumidor contratante. Sendo assim, é através do dirigismo contratual do Estado, explicitado na criação de normas cogentes, coercitivas ou proibitivas, é que tais diretrizes e políticas – notadamente a integralidade e a equidade – são postas em prática no âmbito privado para as pessoas com deficiência.

A mais evidente forma de integralidade identificada e utilizada no setor privado, conforme destacam Constancio et alli. (in: PINHEIRO E LOPES: 2010, p. 237), é a obrigatoriedade dos planos e seguros de saúde assinados após a promulgação da Lei dos Planos de Saúde (art. 1º da Lei 9.656/1998) cobrirem todas as doenças reconhecidas pelo CID (Classificação Estatística Internacional de Doenças e Problemas Relacionados à Saúde), incluindo deficiências e transtornos.

No entanto, infelizmente, ainda convivemos com contratos denominados "antigos", que tendo sido assinados anteriormente à 1998, ano de vigência da Lei dos Planos e Seguros de Assistência Privada à Saúde, e não tendo sido adaptados à nova legislação, mediante aditivo contratual, ainda não garantem a cobertura integral do tratamento de todas as doenças do CID. Trata-se de um problema prioritariamente financeiro, mas com repercussões diretas nas esferas existencial e da saúde. Assim, a não adaptação de planos antigos à nova lei teria um custo financeiro que os consumidores, em sua grande maioria, não têm condições de suportar, fazendo com que estes fiquem sem cobertura de determinados tratamentos e procedimentos obrigatórios por lei. Sendo assim, tais contratos "antigos" a princípio regem-se pelas cláusulas vigentes no seu texto. Somente em algumas poucas situações, as regras contratuais são afastadas pelo Poder Judiciário, inclusive para as contratações realizadas anteriormente à vigência da Lei dos planos e não adaptados (BARCELLOS: 2102).

Já a equidade se faz presente no setor privado através da obrigatoriedade das operadoras contratarem com todos aqueles que se dispuserem, independentemente de sua idade ou condição de saúde, tal como determina o art. 14 da Lei 9.656/1998. Sendo assim, todas as pessoas, independentemente de possuírem deficiência, têm direito de acesso aos planos privados de assistência à saúde, desde que, obviamente, possuam meios de arcar com tais custos.

TOME NOTA!

As pessoas com transtorno do espectro autista (TEA) já eram consideradas como pessoa com deficiência para fins legais a partir da Lei Berenice Piana, Lei 12.764 de 27 de dezembro de 2012, e com a vigência da Lei 13.977 de 08 de janeiro de 2020, autodenominada "Lei Romeu Mion", ganham direito à obtenção gratuita da Carteira de Identificação da Pessoa com Transtorno do Espectro Autista (Ciptea) criada com o objetivo de garantir atenção integral, pronto atendimento e prioridade no atendimento e no acesso aos serviços públicos e privados, em especial nas áreas de saúde, educação e assistência social.

Art. 19. Compete ao SUS desenvolver ações destinadas à prevenção de deficiências por causas evitáveis, inclusive por meio de:

I – acompanhamento da gravidez, do parto e do puerpério, com garantia de parto humanizado e seguro;

II – promoção de práticas alimentares adequadas e saudáveis, vigilância alimentar e nutricional, prevenção e cuidado integral dos agravos relacionados à alimentação e nutrição da mulher e da criança;

III – aprimoramento e expansão dos programas de imunização e de triagem neonatal;

IV – identificação e controle da gestante de alto risco.

8. PREVENÇÃO DE DEFICIÊNCIAS POR CAUSAS EVITÁVEIS

É um consenso universal que prevenção de deficiência por causas evitáveis deve ser prioritária no âmbito da saúde. Sendo assim, tal política começa antes mesmos da gravidez, seja pela promoção de práticas alimentares saudáveis para a gestante (II do art. 19 do EPD), seja através de campanhas de vacinação e imunização (III do art. 19 do EPD). Mas é fundamental que haja o acompanhamento detalhado da gravidez (I do art. 19 do EPD), com exames pré-natais cuidadosos, especialmente para a gestação considerada de alto risco (IV do art. 19 do EPD). Por fim, fundamental se faz que haja cuidado redobrado no momento do parto, garantindo-se práticas seguras e humanizadas (I do art. 19 do EPD). Tais medidas, uma vez executadas, diminuem ou até mesmo evitam as chamadas deficiências por causas evitáveis.

Art. 20. As operadoras de planos e seguros privados de saúde são obrigadas a garantir à pessoa com deficiência, no mínimo, todos os serviços e produtos ofertados aos demais clientes.

9. PESSOAS COM DEFICIÊNCIA E A COBERTURA DOS PLANOS E SEGUROS PRIVADOS DE ASSISTÊNCIA À SAÚDE

Este artigo foi redigido direcionado especialmente à chamada saúde complementar que se rege através da Lei 9.656 de 1998 – conhecida como Lei dos Planos Privados de Assistência à Saúde. Em seu art. 14, a Lei 9.656/1998 determina que: *Em razão da idade do consumidor, ou da condição de pessoa portadora de deficiência, ninguém pode ser impedido de participar de planos privados de assistência à saúde.* Esta determinação é repetida especialmente em relação à pessoa com transtorno do espectro autista no art. 5º da 12.764 de 2012 e também é reiterada no presente Estatuto.

A Lei 9.656/1998 oferece planos de saúde aos consumidores nos segmentos ambulatorial, hospitalar e odontológico, de forma isolada ou combinados entre si (vide art. 2º da Lei 9.656/1998). Destaca-se igualmente, ao lado dessa norma, outra que procura garantir a universalidade e a equidade, através da estipulação de conteúdo mínimo dos contratos de planos e seguros saúde: a que proíbe a recusa da contratação em razão da idade ou da condição de pessoa portadora de deficiência (art. 14 da Lei 9.656/1998).

Sendo assim, temos a garantia de que todos os tratamentos, produtos e serviços previstos na Lei 9.656/1998, estão disponíveis às pessoas com deficiência, bem como aqueles procedimentos ou tratamentos que, embora não previstos em lei, sejam contemplados contratualmente. Tal prerrogativa, por ser direito, deve ser estendida a todas as pessoas com deficiência após o prazo de carência eventualmente previsto no contrato, respeitados os limites temporais máximos previsto em lei, que é de 24 meses (art. 11 da Lei 9.656/1998), sem aumento de custo.

> **Art. 21**. Quando esgotados os meios de atenção à saúde da pessoa com deficiência no local de residência, será prestado atendimento fora de domicílio, para fins de diagnóstico e de tratamento, garantidos o transporte e a acomodação da pessoa com deficiência e de seu acompanhante.

10. ATENDIMENTO PRIORITARIAMENTE PRÓXIMO À RESIDÊNCIA

O art. 25, letra *c*, da Convenção Internacional das Pessoas com Deficiência, determina que os serviços de saúde serão prestados o mais próximo possível da residência, inclusive se esta for na zona rural. O art. 21 do Estatuto nacional efetiva o mandamento convencional.

Ademais, já prevendo que, diante da limitação de recursos, talvez não haja unidades de atendimento nas proximidades da residência do paciente, sobretudo se houver necessidade de diagnósticos e tratamentos especializados, determina o Estatuto que haja o transporte e a acomodação da pessoa com deficiência juntamente com seu acompanhante no local em que houver a prestação de serviço disponível.

> **Art. 22**. À pessoa com deficiência internada ou em observação é assegurado o direito a acompanhante ou a atendente pessoal, devendo o órgão ou a instituição de saúde proporcionar condições adequadas para sua permanência em tempo integral.
>
> § 1º Na impossibilidade de permanência do acompanhante ou do atendente pessoal junto à pessoa com deficiência, cabe ao profissional de saúde responsável pelo tratamento justificá-la por escrito.
>
> § 2º Na ocorrência da impossibilidade prevista no § 1º deste artigo, o órgão ou a instituição de saúde deve adotar as providências cabíveis para suprir a ausência do acompanhante ou do atendente pessoal.

11. DIREITO A ACOMPANHANTE OU ATENDENTE PESSOAL

O art. 22 assegura à pessoa com deficiência direito a acompanhante ou a atendente pessoal enquanto estiver internada ou em observação no hospital, clínica, ambulatório ou consultório médico. O art. 3º do Estatuto em comento define atendente pessoal e acompanhante, respectivamente nos incisos XII e XIV. Sendo assim o atendente pessoal é membro ou não da família, que, com ou sem remuneração, assiste ou presta cuidados básicos e essenciais à pessoa com deficiência no exercício de suas atividades diárias, excluídas as técnicas ou os procedimentos identificados com profissões legalmente estabelecidas. Já o acompanhante é o acompanha a pessoa com deficiência, podendo ou não desempenhar as funções de atendente pessoal.

Ao garantir o direito a acompanhante ou a atendente pessoal, o Estatuto possibilita um atendimento mais humanizado e pessoal, em respeito à dignidade da pessoa humana.

> **Art. 23**. São vedadas todas as formas de discriminação contra a pessoa com deficiência, inclusive por meio de cobrança de valores diferenciados por planos e seguros privados de saúde, em razão de sua condição.

12. A LIBERDADE DE PREÇOS CONDICIONADA A DIRETRIZES INTERVENCIONISTAS DO ESTADO

Embora o Brasil tenha como premissa a liberdade de preços para a prestação de serviços privados de assistência à saúde, a ANS fiscaliza o aumento de preços dos planos de saúde, a fim de evitar abusos, seja em relação ao reajuste inflacionário ou à readequação de preços em função do aumento de coberturas, seja em relação à alteração de faixa etária. Caso os aumentos contratualmente autorizados pela ANS sejam considerados abusivos, estes podem ter seus valores reajustados judicialmente.

Além de evitar abusos relativamente ao aumento de preços, via Agência reguladora ou através do Poder Judiciário, o Estado intervém também de forma preventiva, regulando o pagamento de agravo, que consiste no aumento de mensalidade para cobertura de doenças preexistentes ao ingresso no plano de saúde, durante um período de carência que pode ser de, no máximo, 2 anos (art. 11 Lei 9.656/1998), para obter cobertura dos tratamento de saúde no plano durante tal espera. Findo o prazo de carência, todas as pessoas, independentemente de sua condição de saúde, incluindo sobretudo as pessoas com deficiência, não poderão sofrer nem limitação de cobertura, nem aumento de preços, nem qualquer outra forma de discriminação.

> **Art. 24**. É assegurado à pessoa com deficiência o acesso aos serviços de saúde, tanto públicos como privados, e às informações prestadas e recebidas, por meio de recursos de tecnologia assistiva e de todas as formas de comunicação previstas no inciso V do art. 3º desta Lei.

13. DIREITO AO ACESSO AOS SERVIÇOS DE SAÚDE E À INFORMAÇÃO

As pessoas com deficiência não podem ser impedidas de acessar os serviços de saúde, em razão de sua condição. O termo "acessível", definido na NBR 9050/2004, determina que esta implica tanto acessibilidade física como de comunicação.

Isso significa eliminar toda a sorte de barreiras físicas (urbanísticas ou arquitetônicas), mas também as barreiras atitudinais, que consistem em comportamentos discriminatórios e excludentes.

> **Art. 25**. Os espaços dos serviços de saúde, tanto públicos quanto privados, devem assegurar o acesso da pessoa com deficiência, em conformidade com a legislação em vigor, mediante a remoção de barreiras, por meio de projetos arquitetônico, de ambientação de interior e de comunicação que atendam às especificidades das pessoas com deficiência física, sensorial, intelectual e mental.

14. INCLUSÃO E ACESSIBILIDADE DAS PESSOAS COM DEFICIÊNCIA

De nada adianta prever o princípio da universalidade e da equidade no atendimento à saúde, se os espaços físicos não estiverem acessíveis e preparados para receber as pessoas com deficiência física ou com mobilidade reduzida.

A NBR 9050/2004, define "acessibilidade" como a possibilidade e condição de alcance, percepção e entendimento para a utilização com segurança e autonomia de edificações, espaço, mobiliário, equipamento urbano e elementos. E determina que, para ser "acessível", o espaço, edificação, mobiliário, equipamento urbano ou elemento tem que permitir o alcance, acionamento, uso e vivência por qualquer pessoa, inclusive por aquelas com mobilidade reduzida.

Existem três espécies de barreiras que podem dificultar ou impedir a acessibilidade e inclusão. As primeiras são as urbanísticas e arquitetônicas. As urbanísticas consistem naquelas existentes nas vias e espaços públicos ou privados, estes últimos desde que abertos ao público ou que sejam de uso coletivo. Já as barreiras arquitetônicas são aquelas presentes nos edifícios e construções públicas e privadas.

Além disso, a acessibilidade física deve preconizar a autonomia e independência das pessoas com mobilidade reduzida. Para isso, é preciso que haja a adaptação dos espaços. Sendo assim, não são suficientes apenas a presença de rampas de acesso, por exemplo, mas também é necessário que estas possibilitem a locomoção com autonomia. Nesse exemplo, isto se concretiza através de uma inclinação adequada da rampa, que possibilita a determinados cadeirantes a locomoção sem necessidade de auxílio. Conclui-se que incluir é ter toda uma série de cuidados para que não haja barreiras urbanísticas ou arquitetônicas, mas também a adaptação dos espaços visando a autonomia na mobilidade. Só com esses cuidados, podemos dar efetivamente acesso aos bens e serviços de saúde a todos os cidadãos.

Art. 26. Os casos de suspeita ou de confirmação de violência praticada contra a pessoa com deficiência serão objeto de notificação compulsória pelos serviços de saúde públicos e privados à autoridade policial e ao Ministério Público, além dos Conselhos dos Direitos da Pessoa com Deficiência.

Parágrafo único. Para os efeitos desta Lei, considera-se violência contra a pessoa com deficiência qualquer ação ou omissão, praticada em local público ou privado, que lhe cause morte ou dano ou sofrimento físico ou psicológico.

15. PROIBIÇÃO DE ATOS DE VIOLÊNCIA À PESSOA COM DEFICIÊNCIA NA PRESTAÇÃO DE SERVIÇO À SAÚDE

O Estatuto da Pessoa com Deficiência acertadamente proíbe a violência contra as pessoas com deficiência no âmbito da saúde uma vez que, de acordo com estudos realizados na Inglaterra e publicados pela ONU (2004), estas constituem a parcela da população mais exposta à violência e a que têm a menor chance de obter intervenção eficaz da polícia e dos órgãos de fiscalização, de proteção jurídica ou de cuidados preventivos.

A violência contra pessoas com deficiência é definida no Estatuto (art. 26, parágrafo único, do EPD) de forma ampla abrangendo tanto a violência física como a simbólica (BOURDIEU *et* PASSERON, 1970). Sendo assim, será considerada violência no âmbito da saúde para fins legais qualquer inobservância a direitos que podem gerar como consequência dano ou sofrimento físico ou psicológico. Refere-se a lei principalmente às ações e omissões que contrariem os direitos humanos, especialmente os vinculados à cidadania, saúde, acessibilidade, autonomia e qualidade de vida.

Dentre os tipos de violência mais comuns está em primeiro lugar, os maus-tratos, sejam estes de ordem física ou psicológica. São exemplos de maus-tratos físicos as agressões, tratamento rude, falta de cuidados pessoais, emprego exagerado de restrições, excesso de medicamentos e reclusão. Por sua vez, integram o rol de maus-tratos psicológicos os excessos verbais, a intimidação, o isolamento social, as privações emocionais, a ausência de autonomia na tomada de decisão e as ameaças em relação a familiares.

Quanto aos abusos, destacam-se sobretudo a exploração sexual e a financeira. No primeiro grupo, estão o sexo não desejado, a recusa de informações ou à educação sexual, agressões físicas e esterilização forçada, dentre outros. Já no âmbito da exploração financeira está a apropriação de salários, benefícios e pensões e a recusa de deixar a pessoa dispor e decidir sobre seus próprios recursos.

Por fim, integram o rol de situações de violência a negligência ou a violência passiva, apontada como a mais frequente. Esta consiste na recusa em dar alimentação e medicamentos, na falta de cuidados pessoais e de higiene, na inobservância de ordens e prescrições médicas, ou na recusa de cuidados apropriados. Além disso, a recusa, retardo ou dificuldade de internação ou ausência de prestação médico-hospitalar e ambulatorial é considerada crime passível de reclusão de 2 a 5 anos e multa (Lei 7.853/1989, art. 8º, IV).

Ademais, o EPD complementa o disposto no artigo 16 da Convenção sobre os Direitos das Pessoas com Deficiência, cujo objetivo precípuo é a prevenção contra a exploração, a violência e o abuso contra as pessoas com deficiência, incluindo aspectos relacionados a gênero e a idade mediante a provisão de informação e educação sobre a maneira de evitar, reconhecer e denunciar casos de exploração, violência e abuso. O mesmo artigo da Convenção ainda determina que os Estados-Partes tomarão todas as medidas apropriadas para promover a recuperação física, cognitiva e psicológica, inclusive mediante a provisão de serviços de proteção, a reabilitação e a reinserção social de pessoas com deficiência que forem vítimas de qualquer forma de exploração, violência ou abuso. Tais recuperação e reinserção ocorrerão em ambientes que promovam a saúde, o bem-estar, o autorrespeito, a dignidade e a autonomia da pessoa e levem em consideração as necessidades de gênero e idade.

Capítulo IV
Do Direito à Educação

Juliana de Sousa Gomes Lage

Art. 27. A educação constitui direito da pessoa com deficiência, assegurados sistema educacional inclusivo em todos os níveis e aprendizado ao longo de toda a vida, de forma a alcançar o máximo desenvolvimento possível de seus talentos e habilidades físicas, sensoriais, intelectuais e sociais, segundo suas características, interesses e necessidades de aprendizagem.

Parágrafo único. É dever do Estado, da família, da comunidade escolar e da sociedade assegurar educação de qualidade à pessoa com deficiência, colocando-a a salvo de toda forma de violência, negligência e discriminação.

1. COMENTÁRIOS AO ART. 27

O direito à educação está intimamente ligado à noção de direitos humanos. De acordo com o art. 26 da Declaração Universal dos Direitos Humanos, *adotada e proclamada pela Assembleia Geral das Nações Unidas (resolução 217 A III) em 10 de dezembro 1948,* todo ser humano tem direito à educação que será orientada no sentido do pleno desenvolvimento da personalidade humana e do fortalecimento do respeito pelos direitos do ser humano e pelas liberdades fundamentais. É, portanto, um direito necessário ao pleno desenvolvimento da pessoa humana, à formação de sua personalidade, bem como de outros direitos, como isonomia, igualdade e diferença.

A educação vincula-se à dignidade da pessoa humana, já que consiste em elemento necessário à formação e promoção humana. Na verdade, o direito à educação no Brasil consiste em um direito fundamental social, e da personalidade, sendo assegurado na Constituição Federal. É um direito de todos e um dever do Estado que desempenha papel fundamental na sua efetivação, através de suas políticas públicas. Razão pela qual, não poderia ser diferente que o referido Estatuto da Pessoa com Deficiência , também denominado Lei Brasileira de Inclusão tivesse um capítulo exclusivamente destinado a educação da pessoa com deficiência, seguindo as orientações do art. 24 da Convenção Internacional sobre os Direitos da Pessoa com Deficiência, Decreto 6.949/09, que assim dispõe:

> 1. Os Estados-Partes reconhecem o direito das pessoas com deficiência à educação. Para efetivar esse direito sem discriminação e com base na igualdade de oportunidades, os Estados-Partes assegurarão sistema educacional inclusivo em todos os níveis, bem como o aprendizado ao longo de

toda a vida, com os seguintes objetivos: a) O pleno desenvolvimento do potencial humano e do senso de dignidade e autoestima, além do fortalecimento do respeito pelos direitos humanos, pelas liberdades fundamentais e pela diversidade humana; b) O máximo desenvolvimento possível da personalidade e dos talentos e da criatividade das pessoas com deficiência, assim como de suas habilidades físicas e intelectuais; c) A participação efetiva das pessoas com deficiência em uma sociedade livre. 2. Para a realização desse direito, os Estados-Partes assegurarão que: a) As pessoas com deficiência não sejam excluídas do sistema educacional geral sob alegação de deficiência e que as crianças com deficiência não sejam excluídas do ensino primário gratuito e compulsório ou do ensino secundário, sob alegação de deficiência; b) As pessoas com deficiência possam ter acesso ao ensino primário inclusivo, de qualidade e gratuito, e ao ensino secundário, em igualdade de condições com as demais pessoas na comunidade em que vivem; c) Adaptações razoáveis de acordo com as necessidades individuais sejam providenciadas; d) As pessoas com deficiência recebam o apoio necessário, no âmbito do sistema educacional geral, com vistas a facilitar sua efetiva educação; e) Medidas de apoio individualizadas e efetivas sejam adotadas em ambientes que maximizem o desenvolvimento acadêmico e social, de acordo com a meta de inclusão plena. 3. Os Estados-Partes assegurarão às pessoas com deficiência a possibilidade de adquirir as competências práticas e sociais necessárias de modo a facilitar às pessoas com deficiência sua plena e igual participação no sistema de ensino e na vida em comunidade. Para tanto, os Estados-Partes tomarão medidas apropriadas, incluindo: a) Facilitação do aprendizado do *braille*, escrita alternativa, modos, meios e formatos de comunicação aumentativa e alternativa, e habilidades de orientação e mobilidade, além de facilitação do apoio e aconselhamento de pares; b) Facilitação do aprendizado da língua de sinais e promoção da identidade linguística da comunidade surda; c) Garantia de que a educação de pessoas, em particular crianças cegas, surdocegas e surdas, seja ministrada nas línguas e nos modos e meios de comunicação mais adequados ao indivíduo e em ambientes que favoreçam ao máximo seu desenvolvimento acadêmico e social. 4. A fim de contribuir para o exercício desse direito, os Estados-Partes tomarão medidas apropriadas para empregar professores, inclusive professores com deficiência, habilitados para o ensino da língua de sinais e/ou do *braille*, e para capacitar profissionais e equipes atuantes em todos os níveis de ensino. Essa capacitação incorporará a conscientização da deficiência e a utilização de modos, meios e formatos apropriados de comunicação aumentativa e alternativa, e técnicas e materiais pedagógicos, como apoios para pessoas com deficiência. 5. Os Estados-Partes assegurarão que as pessoas com deficiência possam ter acesso ao ensino superior em geral, treinamento profissional de acordo com sua vocação, educação para adultos e formação continuada, sem discriminação e em igualdade de condições. Para tanto, os Estados-Partes assegurarão a provisão de adaptações razoáveis para pessoas com deficiência.

O direito das pessoas com deficiência à matrícula em classes comuns do ensino regular é amparado no artigo 205 da Constituição Federal, que prevê "a educação como direito de todos, dever do Estado e da família, com a colaboração da sociedade, visando ao pleno desenvolvimento da pessoa, seu preparo para o exercício da cidadania e sua qualificação para o trabalho". A Carta Magna também garante, no artigo 208, o direito ao atendimento educacional especializado, preferencialmente na rede regular de ensino. Esse é o ambiente escolar mais adequado para se garantir o relacionamento dos alunos com seus pares de mesma idade cronológica e a para estimulação de todo o tipo de interação que possa beneficiar seu desenvolvimento cognitivo, motor e afetivo.[1] Ou seja, um sistema educacional inclusivo em todos

---

1. CARNEIRO, Moaci Alves. *O acesso de alunos com deficiência às escolas e classes comuns*: possibilidades e limitações. 4. ed. Petrópolis, RJ: Vozes, 2013. p. 54.

os níveis e aprendizado ao longo de toda a vida constitui direito fundamental da pessoa com deficiência.

Importante ressaltar que o simples acesso de pessoas com deficiência às classes regulares não significa inclusão. Relevantes mudanças nas características do sistema educacional devem ocorrer com o objetivo de atendimento ao paradigma inclusivo de educação, dentre elas: foco nas ilhas de inteligência que estão preservadas e não foco nos déficits da pessoa; mudança do ambiente para proporcionar a todos as melhores condições de aprendizagem e desenvolvimento e não ajuste do aluno ao meio escolar; diagnóstico multidisciplinar da deficiência e não diagnóstico exclusivamente médico, atendimento em classe regular junto a seus pares de idade (desde que contem com apoio especializado dando suporte ao professor) e não em classe especializada, separada dos demais alunos. Ou seja, a educação inclusiva deve estar preparada a educar na diversidade, oferecendo ensino de qualidade a qualquer pessoa com deficiência, favorecendo a aquisição de habilidades pessoais, sociais e profissionais que contribuam para sua a inclusão social[2].

Por outro lado, é necessária uma sensibilidade na aplicação prática e na interpretação do direito à educação previsto no Estatuto. Para atender aos paradigmas da educação inclusiva, é necessário, à luz das circunstâncias do caso concreto, a análise da solução que vai atender ao melhor interesse da pessoa com deficiência. A proposta de inclusão sem as devidas adaptações torna-se opressiva e só tende a piorar a situação mantendo as condições de segregação.[3] Com isso não há a efetiva inclusão da pessoa no ambiente social, o que acaba criando uma rede de ensino paralela que separa os alunos com deficiência dos alunos sem deficiência.[4]

O processo de construção das condições adequadas a inclusão e permanência dos alunos no ensino não pode ser pensado genericamente. Não se pode afirmar, por exemplo, que o texto produzido em *Braille* seja o formato ideal para alunos deficientes visuais, em vez do texto digital ou, do texto ampliado em fonte por ele indicada; ou vice-versa, que o digital é o formato ideal. Existem alunos que preferem um método e, outros preferem o outro. Nesse sentido, afirma-se que

> [...] no decorrer da gestão dos processos inclusivos, colocava-se em xeque também a existência de um sujeito universal – o cego, o surdo, o deficiente físico etc. Conhecia-se uma nova história, repleta de necessidades específicas, toda vez que um novo estudante com deficiência chegava a universidade. Todo o movimento necessário para oferecimento das condições de acesso de acesso

---

2. RAIÇA, Darcy; PRIOSTE, Cláudia; MACHADO, Maria Luiza Gomes. *Dez questões sobre a educação inclusiva da pessoa com deficiência mental*. São Paulo: Avercamp, 2006. p. 19 e 20.

3. KONDER, Carlos Nelson. Direito à Educação. In: BARBOZA, Heloisa Helena; ALMEIDA, Vitor (Coord.). *Comentários ao Estatuto da Pessoa com Deficiência à luz da Constituição da República*. Belo Horizonte: Fórum, 2018. p. 140-141.

4. TEIXEIRA, Anderson Vichinkeski; Maciel, Aquiles e Silva. Direito fundamental à educação e inclusão social de pessoas com deficiência: uma análise crítica no caso do ensino superior. *Revista Direito e Liberdade*. RDL. SMARN. v. 19, n. 1. p. 35- 57, jan.-abr. 2017. Disponível em: [http://www. Esmarn.tjrn.jus.br/revistas].

para este estudante dependia do que este informava. Portanto, se a inclusão exige a consideração das diferenças humanas, sem hierarquizá-las e o investimento na equiparação de oportunidades para todas as pessoas, não cabe, neste paradigma, a concepção de um sujeito universal como paradigmática para toda ação educacional.[5]

Assim, a interpretação mais compatível com a ideia do Estatuto é no sentido de inclusão e acolhimento dos alunos com deficiência no sistema de educação regular como regra, ressalvando a possibilidade de educação em escola especial, como exceção, sempre que esta prática vier a atender o melhor interesse do aluno com deficiência.[6]

Educar na perspectiva da inclusão é respeitar os limites e particularidades de cada aluno com deficiência, instrumentalizando o exercício pleno de todos os seus direitos da personalidade em afirmação da dignidade da pessoa humana deficiente. "A educação inclusiva representa a educação à luz da diversidade".[7] Educar na diversidade é ensinar e aprender junto", independente de diferenças físicas, sensoriais, mentais, intelectuais, sociais e culturais, "para que assim tenhamos um ambiente que favoreça não somente a aprendizagem, mas o respeito ao próximo e o convívio sadio entre os estudantes, desenvolvendo assim uma educação inclusiva no ambiente escolar".[8]

A inclusão deve ser enquadrada como questão de justiça social e de qualidade educacional, no qual a diversidade é vista como um recurso rico para todos, em vez de um problema a ser superado. Em outras palavras, há quem defenda que, embora a educação inclusiva aborde o direito dos alunos com deficiência de acessar o currículo educacional geral ao lado dos alunos sem deficiência, ela é uma filosofia que vai além da deficiência, porque reconhece que a diversidade em todas as crianças (raça, classe, etnia, capacidade, gênero, orientação sexual, língua, cultura) devam ser respeitadas e apoiadas, significando que todos os alunos devem aprender e participar de maneira democrática.[9]

De qualquer forma, é dever do Estado, da família, da comunidade escolar e da sociedade assegurar educação de qualidade à pessoa com deficiência, conforme

---

5. COSTA-RENDERS, Elizabeth Cristina. *A inclusão na universidade: as pessoas com deficiência e novos caminhos pedagógicos*. Curitiba: Ed. Prismas, 2016. p. 109.

6. KONDER. Op. cit., p. 141.

7. XAVIER, Beatriz Rego. Direito da pessoa autista à educação inclusiva. A incidência do princípio da solidariedade no ordenamento jurídico brasileiro. In: MENEZES, Joyceane Bezerra de (Org.). *Direito das pessoas com deficiência psíquica e intelectual nas relações privadas*: Convenção sobre os direitos da pessoa com deficiência e Lei Brasileira de Inclusão. Rio de Janeiro: Processo, 2016. p. 854.

8. OMODEI, Juliana Dalbem; REIS, Laura Jane de Toledo Setani. Educação inclusiva e *bullying*: a visão do outro. *Revista Educação, Artes e Inclusão*, v. 11. n. 2. ano 2015 Disponível em: [http://www.revistas.udesc.br/index.php/arteinclusao/article/viewFile/7193/4959].

9. VALLE, Jan W.; CONNOR, David J. *Ressignificando a deficiência: da abordagem social às práticas inclusivas na escola*. Trad. RODRIGUES, Fernando de Siqueira, revisão técnica: MENDES, Enicéia Gonçalves; ALMEIDA, Maria Amélia. Porto Alegre: AMGH, 2014. p.84

previsto no art. 205 da Constituição Federal e no art. 2º da Lei de Diretrizes e Bases da Educação Nacional, que inspirada nos princípios da liberdade e nos ideais da solidariedade humana, tem por finalidade o pleno desenvolvimento do educando, seu preparo para o exercício da cidadania e sua qualificação para o trabalho, colocando-o a salvo de toda forma de violência, negligência e discriminação. O art. 88 do EDP chegou inclusive a criminalizar a conduta de quem discrimina pessoa com deficiência, assim dispondo: "Art. 88. Praticar, induzir ou incitar discriminação de pessoa em razão de sua deficiência: Pena: reclusão, de 1 (um) a 3 (três) anos, e multa. § 1º Aumenta-se a pena em 1/3 (um terço) se a vítima se encontrar sob cuidado e responsabilidade do agente. § 2º Se qualquer dos crimes previstos no *caput* deste artigo é cometido por intermédio de meios de comunicação social ou de publicação de qualquer natureza: Pena: reclusão, de 2 (dois) a 5 (cinco) anos, e multa. § 3º Na hipótese do § 2º deste artigo, o juiz poderá determinar, ouvido o Ministério Público ou a pedido deste, ainda antes do inquérito policial, sob pena de desobediência: I – recolhimento ou busca e apreensão dos exemplares do material discriminatório; II – interdição das respectivas mensagens ou páginas de informação na internet. § 4º Na hipótese do § 2º deste artigo, constitui efeito da condenação, após o trânsito em julgado da decisão, a destruição do material apreendido". Mas, infelizmente, isso não impede que ocorra a discriminação da pessoa com deficiência na escola.

A escola é um espaço da diferença, da diversidade. Todas as pessoas sem exceção, possuem suas singularidades relacionadas a idade, ao sexo, ao credo, à raça, à visão de mundo, às histórias de vida, além de outras que tornam a escola um espaço de conflito. A riqueza cultural brasileira deve ser levada em consideração no cotidiano da escola e, exatamente por isso, refletir sobre educação inclusiva e as práticas de intolerância que ocorrem contra alunos com deficiência, incluindo o *bullying*, é o primeiro passo para imprimir mudanças significativas em prol da aprendizagem e a uma educação inclusiva.[10]

Exatamente por isso o dispositivo, afinal, determina que é dever do Estado, da família, da comunidade escolar e da sociedade assegurar educação de qualidade à pessoa com deficiência, colocando-a a salvo de toda forma de violência, negligência e discriminação. A violência, que pode ser física ou verbal, e que, em muitos casos, ocorre através da prática de *bullying*, é considerada a pior forma violação ao processo de inclusão que ocorre de forma natural nas escolas.[11] A negligência, significando a omissão nas providencias da educação inclusiva, ocorre quando as medidas necessárias adaptação razoável não são realizadas pelas instituições de ensino e, embora o aluno tenha ingressado no ensino, ele não consegue permanecer na escola. Por fim, a discriminação igualmente seria uma forma de grave violação aos direitos do aluno com deficiência, razão pela qual igualmente vedada pelo Estatuto.

---

10. OMODEI. Op. cit.

11. KONDER, Op. cit., p. 145 e 146

Art. 28. Incumbe ao poder público assegurar, criar, desenvolver, implementar, incentivar, acompanhar e avaliar:

I – sistema educacional inclusivo em todos os níveis e modalidades, bem como o aprendizado ao longo de toda a vida;

II – aprimoramento dos sistemas educacionais, visando a garantir condições de acesso, permanência, participação e aprendizagem, por meio da oferta de serviços e de recursos de acessibilidade que eliminem as barreiras e promovam a inclusão plena;

III – projeto pedagógico que institucionalize o atendimento educacional especializado, assim como os demais serviços e adaptações razoáveis, para atender às características dos estudantes com deficiência e garantir o seu pleno acesso ao currículo em condições de igualdade, promovendo a conquista e o exercício de sua autonomia;

IV – oferta de educação bilíngue, em Libras como primeira língua e na modalidade escrita da língua portuguesa como segunda língua, em escolas e classes bilíngues e em escolas inclusivas;

V – adoção de medidas individualizadas e coletivas em ambientes que maximizem o desenvolvimento acadêmico e social dos estudantes com deficiência, favorecendo o acesso, a permanência, a participação e a aprendizagem em instituições de ensino;

VI – pesquisas voltadas para o desenvolvimento de novos métodos e técnicas pedagógicas, de materiais didáticos, de equipamentos e de recursos de tecnologia assistiva;

VII – planejamento de estudo de caso, de elaboração de plano de atendimento educacional especializado, de organização de recursos e serviços de acessibilidade e de disponibilização e usabilidade pedagógica de recursos de tecnologia assistiva;

VIII – participação dos estudantes com deficiência e de suas famílias nas diversas instâncias de atuação da comunidade escolar;

IX – adoção de medidas de apoio que favoreçam o desenvolvimento dos aspectos linguísticos, culturais, vocacionais e profissionais, levando-se em conta o talento, a criatividade, as habilidades e os interesses do estudante com deficiência;

X – adoção de práticas pedagógicas inclusivas pelos programas de formação inicial e continuada de professores e oferta de formação continuada para o atendimento educacional especializado;

XI – formação e disponibilização de professores para o atendimento educacional especializado, de tradutores e intérpretes da Libras, de guias intérpretes e de profissionais de apoio;

XII – oferta de ensino da Libras, do Sistema Braille e de uso de recursos de tecnologia assistiva, de forma a ampliar habilidades funcionais dos estudantes, promovendo sua autonomia e participação;

XIII – acesso à educação superior e à educação profissional e tecnológica em igualdade de oportunidades e condições com as demais pessoas;

XIV – inclusão em conteúdos curriculares, em cursos de nível superior e de educação profissional técnica e tecnológica, de temas relacionados à pessoa com deficiência nos respectivos campos de conhecimento;

XV – acesso da pessoa com deficiência, em igualdade de condições, a jogos e a atividades recreativas, esportivas e de lazer, no sistema escolar;

XVI – acessibilidade para todos os estudantes, trabalhadores da educação e demais integrantes da comunidade escolar às edificações, aos ambientes e às atividades concernentes a todas as modalidades, etapas e níveis de ensino;

XVII – oferta de profissionais de apoio escolar;

XVIII – articulação intersetorial na implementação de políticas públicas.

§ 1º Às instituições privadas, de qualquer nível e modalidade de ensino, aplica-se obrigatoriamente o disposto nos incisos I, II, III, V, VII, VIII, IX, X, XI, XII, XIII, XIV, XV, XVI, XVII e XVIII do *caput* deste artigo, sendo vedada a cobrança de valores adicionais de qualquer natureza em suas mensalidades, anuidades e matrículas no cumprimento dessas determinações.

§ 2º Na disponibilização de tradutores e intérpretes da Libras a que se refere o inciso XI do *caput* deste artigo, deve-se observar o seguinte:

I – os tradutores e intérpretes da Libras atuantes na educação básica devem, no mínimo, possuir ensino médio completo e certificado de proficiência na Libras;

II – os tradutores e intérpretes da Libras, quando direcionados à tarefa de interpretar nas salas de aula dos cursos de graduação e pós-graduação, devem possuir nível superior, com habilitação, prioritariamente, em Tradução e Interpretação em Libras.

2. COMENTÁRIOS AO ART. 28

O dispositivo, de forma exemplificativa, enumera diversos instrumentos de concretização do direito fundamental a educação inclusiva, conforme previsto no artigo anterior, determinando ao poder público assegurar, criar, desenvolver, implementar, incentivar, acompanhar e avaliar inúmeras medidas, dentre as quais, primeiramente um sistema educacional inclusivo em todos os níveis e modalidades, bem como o aprendizado ao longo de toda a vida (inciso I); com a consequente aprimoramento dos sistemas educacionais, visando a garantir condições de acesso, permanência, participação e aprendizagem, por meio da oferta de serviços e de recursos de acessibilidade que eliminem as barreiras e promovam a inclusão plena (inciso II).

Todas as crianças devem ser educadas, via de regra, em classe comum na escola regular de suas comunidades, contando com medidas que garantam a sua inclusão e permanência, em ambiente que represente a sociedade como ela é, para provocar o convívio desde a infância de maneira natural, sem negações do outro. Exemplificando, a professora de português alfabetiza a turma, e os instrutores das salas de apoio complementando a educação regular ensinam *Braille* ou libras aos alunos com deficiência, aos demais alunos e a escola toda.[12]

Segundo a Lei de Diretrizes e Bases da Educação Nacional (LDBEN, art. 58 e seguintes, "o atendimento educacional especializado será feito em classes, escolas ou serviços especializados sempre que, em função das condições específicas dos alunos, não for possível a sua integração nas classes comuns do ensino regular (art. 59, § 2º). Vale lembrar que a LDBEN, utiliza as expressões "serviços de apoio especializado na escola regular" e "atendimento especializado" como sinônimos de atendimento educacional especializado e afirma apenas que esse pode ocorrer em classes ou escolas especiais quando não for possível oferecer em classe comum, mas isso não significa que a escolarização possa ser oferecida em ambiente escolar à parte. Muito pelo contrário, o acesso à escolaridade deve ser garantido ao aos alunos com deficiência com a remoção das barreiras que impedem a frequência desses alunos às classes comuns.[13]

A educação inclusiva é respeitadora das diferenças de concepções alternativas da dignidade humana.[14] Toda escola deve possuir projeto pedagógico que institucionalize o atendimento educacional especializado, assim como os demais serviços e adaptações razoáveis, para atender às características dos estudantes com deficiência e garantir o seu pleno acesso ao currículo em condições de igualdade, promovendo a conquista e o exercício de sua autonomia (inciso III); seguindo as orientações da Convenção Internacional sobre os Direitos da Pessoa com Deficiência e do próprio Estatuto.

O atendimento educacional especializado é uma forma de garantia do reconhecimento das particularidades de cada aluno com deficiência e, que essas particularidades serão observadas no momento da constituição dos recursos educacionais, das diferentes alternativas de atendimento e das estratégias de apoio que serão disponibilizados a esses alunos.[15]

Importante reconhecer que a oferta de educação bilíngue, em Libras como primeira língua e na modalidade escrita da língua portuguesa como segunda língua, em escolas e classes bilíngues e em escolas inclusivas (inciso IV) e a realização de pesquisas voltadas para o desenvolvimento de novos métodos e técnicas pedagógicas, de materiais didáticos, de equipamentos e de recursos de tecnologia assistiva (inciso VI); são exemplos

---

12. FÁVERO, Eugênia Augusta Gonzaga. *Direito à educação das pessoas com deficiência.* 2004. Disponível em: [http://www.jf.jus.br/ojs2/index.php/revcej/article/viewFile/621/801]. Acesso em: 01.06.2018.

13. CARNEIRO, Op. cit., p. 127-130.

14. SANTOS, Boaventura de Souza (Org.). *Reconhecer para libertar*: os caminhos do cosmopolitismo multicultural. Rio de Janeiro: Civilização Brasileira, 2003. p. 25.

15. CARNEIRO, Op. cit., p. 130.

de adoção por parte do Estado, de medidas individualizadas e coletivas em ambientes que maximizem o desenvolvimento acadêmico e social dos estudantes com deficiência, favorecendo o acesso, a permanência, a participação e a aprendizagem em instituições de ensino (inciso V). Essas últimas citadas medidas, no entanto, são de caráter geral, como todas aquelas voltadas ao desenvolvimento dos alunos com deficiência.

O referido dispositivo acrescenta ainda que a inclusão do aluno com deficiência requer planejamento de estudo de caso, de elaboração de plano de atendimento educacional especializado, de organização de recursos e serviços de acessibilidade e de disponibilização e usabilidade pedagógica de recursos de tecnologia assistiva (inciso VII) a fim de possibilitar seu efetivo desenvolvimento, bem como o cumprimento do disposto no artigo 24.2 da Convenção que determina para a realização do direito fundamental à educação da pessoa com deficiência, os Estados-Partes assegurarão que: "c) Adaptações razoáveis de acordo com as necessidades individuais sejam providenciadas; d) As pessoas com deficiência recebam o apoio necessário, no âmbito do sistema educacional geral, com vistas a facilitar sua efetiva educação; e) Medidas de apoio individualizadas e efetivas sejam adotadas em ambientes que maximizem o desenvolvimento acadêmico e social, de acordo com a meta de inclusão plena".

O processo de inclusão deve orientar a todos os agentes envolvidos no processo educacional, professores, alunos, funcionários e, também, os familiares que, na medida do possível, contribuirão facilitando o aprendizado. Razão pela qual a participação dos estudantes com deficiência e de suas famílias nas diversas instâncias de atuação da comunidade escolar (inciso VIII) está prevista como uma ação necessária. A família e a instituição educacional são parceiros naturais e necessários nas ações educacionais e socializadoras, embora cada um aja de acordo com as suas especificidades, acabam por dividir objetivos em comum em prol da efetivação do direito à educação das pessoas com deficiência contribuindo com a inclusão e o sucesso do educando.[16]

A adoção de medidas de apoio que favoreçam o desenvolvimento dos aspectos linguísticos, culturais, vocacionais e profissionais, levando-se em conta o talento, a criatividade, as habilidades e os interesses do estudante com deficiência (inciso IX) tem como objetivo dar atenção e importância as habilidades do aluno com deficiência.[17] O foco não é descobrir o que o aluno não é capaz de fazer, a fim de rejeitá-lo e exclui-lo. Ao contrário, a orientação da educação inclusiva foca nas suas capacidades e permite que todo aluno possa aprender mediante seu estilo de aprendizagem e com o uso de todas as suas inteligências.

Por sua vez, a adoção de práticas pedagógicas inclusivas pelos programas de formação inicial e continuada de professores e oferta de formação continuada para

---

16. FERREIRA, Luiz Antonio Miguel. Do Direito à Educação. In: LEITE, Flavia Piva Almeida; RIBEIRO, Lauro Luiz Gomes; COSTA FILHO, Waldir Macieira (Coord.). *Comentários ao Estatuto da pessoa com deficiência*. São Paulo: Saraiva, 2016. p. 162-163.

17. Idem.

o atendimento educacional especializado (inciso X) diz respeito a um dos principais agentes da garantia prática de educação inclusiva: o professor; que tem papel fundamental nesse processo. A cada ano a demanda de alunos com deficiência nas escolas é crescente, por conseguinte, devem ser estimulados pelas Instituições de Ensino a realizar práticas pedagógicas inclusivas com a diversificação nos modos de ensinar e de organizar as suas aulas. Além disso, a qualificação e capacitação dos professores com a oferta de formação continuada para o atendimento educacional especializado, a fim de instrumentalizar efetivamente as práticas educacionais inclusivas, beneficiando a todos com o convívio e crescimento na diversidade.

São matérias do atendimento educacional especializado que devem ser oferecidas nesses programas de informação continuada, dentre outras: linguagem brasileira de sinais (Libras), interpretação de Libras, ensino de língua portuguesa para surdos, sistema *Braille*, orientação e mobilidade, utilização de Soroban, informática adaptada, mobilidade e comunicação alternativa/aumentativa, tecnologias assistivas, informática educativa, educação física adaptada, enriquecimento e aprofundamento do repertório de conhecimentos, atividades de vida autônoma e social.[18]

O sucesso da inclusão educacional do aluno com deficiência depende, e muito, da formação e disponibilização de professores para o atendimento educacional especializado, de tradutores e intérpretes da Libras, de guias intérpretes e de profissionais de apoio (inciso XI); sendo certo ainda que os tradutores e intérpretes da Libras atuantes na educação básica devem, no mínimo, possuir ensino médio completo e certificado de proficiência na Libras; e os tradutores e intérpretes da Libras, quando direcionados à tarefa de interpretar nas salas de aula dos cursos de graduação e pós-graduação, devem possuir nível superior, com habilitação, prioritariamente, em Tradução e Interpretação em Libras, conforme disposto no § 2º do art. 28 do referido Estatuto.

Outras duas medidas necessárias e fundamentais à implementação da educação inclusiva no país segundo o EPD se referem a modificação do conteúdo programático dos cursos. Nesse sentido, estão previstos; a oferta de ensino da Libras, do Sistema Braille e de uso de recursos de tecnologia assistiva, de forma a ampliar habilidades funcionais dos estudantes, promovendo sua autonomia e participação (inciso XII) e a inclusão em conteúdos curriculares, em cursos de nível superior e de educação profissional técnica e tecnológica, de temas relacionados à pessoa com deficiência nos respectivos campos de conhecimento (inciso XIV).

Inclusão e acessibilidade são termos agregados quando se trata do direito à educação da pessoa com deficiência. Incluir o aluno com deficiência significa permitir o acesso dele à educação em todos os níveis, inclusive ao nível superior e à educação profissional e tecnológica em igualdade de oportunidades e condições com as demais pessoas (inciso XIII); na forma do art. 30 desse Estatuto. Bem como,

---

18. CARNEIRO, Op. cit., p. 130.

permitir o acesso da pessoa com deficiência, em igualdade de condições, a jogos e a atividades recreativas, esportivas e de lazer, no sistema escolar (inciso XV). E ainda, por consequência, dar acesso para todos os estudantes, trabalhadores da educação e demais integrantes da comunidade escolar às edificações, aos ambientes e às atividades concernentes a todas as modalidades, etapas e níveis de ensino (inciso XVI).

Além do professor, um outro profissional da educação também tem papel fundamental nesse processo de inclusão e deve integrar o Sistema Educacional Inclusivo: o profissional de apoio escolar, ou seja, "a pessoa que exerce atividades de alimentação, higiene e locomoção do estudante com deficiência e atua em todas as atividades escolares nas quais se fizer necessária, em todos os níveis e modalidades de ensino, em instituições públicas e privadas, excluídas as técnicas ou os procedimentos identificados com profissões legalmente estabelecidas", conforme conceito extraído do art. 3º, inciso XIII, do Estatuto. Razão pela qual, a oferta de profissionais de apoio escolar capacitados foi imposta de forma acertada às escolas públicas e privadas (XVII), na forma do § 1º do próprio artigo 28, a saber: sem que se possa cobrar nenhum valor adicional de qualquer natureza em suas mensalidades, anuidades ou matrículas no cumprimento dessa determinação.[19]

Mais que isso, às instituições privadas, de qualquer nível e modalidade de ensino, aplicam-se obrigatoriamente todo o disposto nos incisos do *caput* desse artigo, com exceção dos incisos IV e VI, sendo vedada a cobrança de valores adicionais de qualquer natureza em suas mensalidades, anuidades e matrículas não só no caso da utilização de profissionais de apoio escolar para alunos com deficiência que deles necessitarem, como no cumprimento de todas as determinações com vistas à educação inclusiva previstas em Lei.

Por fim, a necessária articulação intersetorial na implementação de políticas públicas (inciso XVIII). Educação, transporte, saúde, assistência social, dentre outros: por serem programas relacionados com os direitos garantidos às pessoas com deficiência, precisam ser articulados. Em outras palavras, a política educacional sozinha não consegue dar conta da inclusão do aluno com deficiência no ambiente escolar, precisa de uma rede articulada de políticas públicas, visando a concretização do direito fundamental a educação da pessoa com deficiência. A educação inclusiva não se resume ao ambiente escolar. Dificilmente a educação será acessível e inclusiva se o entorno das instituições educacionais não tiver o mesmo tratamento. Pode-se afirmar, inclusive que a construção de espaços educacionais inclusivos, no entanto, somente se efetivará se houver zelo pelas políticas públicas inclusivas propostas em nosso país desde as instituições de educação superior até os mais diferentes espaços sociais.[20]

---

19. FERREIRA, Op. cit., p. 166.

20. COSTA-RENDERS, Op. cit., p. 97-98.

TOME NOTA!

A constitucionalidade do parágrafo primeiro do artigo 28 e *caput* do artigo 30 desta Lei 13.146/2015 foi questionada na Ação Direta de Inconstitucionalidade 5.357 ajuizada pela Confederação Nacional dos Estabelecimentos de Ensino, que alegou a violação, dentre outros dispositivos, do artigo 208, inciso III, que prevê como dever do Estado o atendimento educacional aos deficientes, além de inferir que as medidas acarretam alto custo para as escolas privadas, o que levaria ao encerramento das atividades de muitas delas. A ADI foi julgada improcedente pelo Plenário do Supremo Tribunal Federal, que reafirmou a obrigatoriedade de as escolas privadas promoverem a inserção de pessoas com deficiência no ensino regular e prover as medidas de adaptação necessárias sem que ônus financeiro seja repassado às mensalidades, anuidades e matrículas. A decisão, por maioria, foi tomada no julgamento da Ação Direta de Inconstitucionalidade, e foi assim ementada: "Ação direta de inconstitucionalidade. Medida cautelar. Lei 13.146/2015. Estatuto da pessoa com deficiência. Ensino inclusivo. Convenção internacional sobre os direitos da pessoa com deficiência. Indeferimento da medida cautelar. Constitucionalidade da Lei 13.146/2015 (arts. 28, § 1º e 30, caput, da Lei 13.146/2015). 1. A Convenção Internacional sobre os Direitos da Pessoa com Deficiência concretiza o princípio da igualdade como fundamento de uma sociedade democrática que respeita a dignidade humana. 2. À luz da Convenção e, por consequência, da própria Constituição da República, o ensino inclusivo em todos os níveis de educação não é realidade estranha ao ordenamento jurídico pátrio, mas sim imperativo que se põe mediante regra explícita. 3. Nessa toada, a Constituição da República prevê em diversos dispositivos a proteção da pessoa com deficiência, conforme se verifica nos artigos 7º, XXXI, 23, II, 24, XIV, 37, VIII, 40, § 4º, I, 201, § 1º, 203, IV e V, 208, III, 227, § 1º, II, e § 2º, e 244. 4. Pluralidade e igualdade são duas faces da mesma moeda. O respeito à pluralidade não prescinde do respeito ao princípio da igualdade. E na atual quadra histórica, uma leitura focada tão somente em seu aspecto formal não satisfaz a completude que exige o princípio. Assim, a igualdade não se esgota com a previsão normativa de acesso igualitário a bens jurídicos, mas engloba também a previsão normativa de medidas que efetivamente possibilitem tal acesso e sua efetivação concreta. 5. O enclausuramento em face do diferente furta o colorido da vivência cotidiana, privando-nos da estupefação diante do que se coloca como novo, como diferente. 6. É somente com o convívio com a diferença e com o seu necessário acolhimento que pode haver a construção de uma sociedade livre, justa e solidária, em que o bem de todos seja promovido sem preconceitos de origem, raça, sexo, cor, idade e quaisquer outras formas de discriminação (Art. 3º, I e IV, CRFB). 7. A Lei 13.146/2015 indica assumir o compromisso ético de acolhimento e pluralidade democrática adotados pela Constituição ao exigir que não apenas as escolas públicas, mas também as particulares deverão pautar sua atuação educacional a partir de todas as facetas e potencialidades que o direito fundamental à educação possui e que são densificadas em seu Capítulo IV. 8. Medida cautelar indeferida. 9. Conversão do julgamento do referendo do indeferimento da cautelar, por unanimidade, em julgamento definitivo de mérito, julgando, por maioria e nos termos do Voto do Min. Relator Edson Fachin, improcedente a presente ação direta de inconstitucionalidade"(ADI 5.357 MC-Ref, Relator(a): Edson Fachin, Tribunal Pleno, julgado em 09.06.2016, Processo Eletrônico DJe-240 Divulg 10.11.2016, Public 11.11.2016)." A decisão foi objeto de Embargos de Declaração que foram conhecidos, mas rejeitados e transitou em julgado.

Art. 29. (VETADO).

3. JUSTIFICATIVA DO VETO

Texto do dispositivo vetado: "Art. 29. As instituições de educação profissional e tecnológica, as de educação, ciência e tecnologia e as de educação superior, públicas federais e privadas, são obrigadas a reservar, em cada processo seletivo para ingresso nos respectivos cursos de formação inicial e continuada ou de qualificação profissional, de educação profissional técnica de nível médio, de educação profissional tecnológica e de graduação e pós-graduação, no mínimo, 10% (dez por cento) de suas vagas, por curso e turno, para estudantes com deficiência. § 1º No caso de não preenchimento das vagas segundo os critérios estabelecidos no *caput* deste artigo, as remanescentes devem ser disponibilizadas aos demais estudantes.§ 2º Os cursos mencionados neste artigo não poderão excluir o acesso da pessoa com deficiência, sob quaisquer justificativas baseadas na deficiência.§ 3º Quando não houver exigência de processo seletivo, é assegurado à pessoa com deficiência atendimento preferencial na ocupação de vagas nos cursos mencionados no *caput* deste artigo."

Razões do veto: "Apesar do mérito da proposta, ela não trouxe os contornos necessários para sua implementação, sobretudo a consideração de critérios de proporcionalidade relativos às características populacionais específicas de cada unidade da Federação onde será aplicada, aos moldes do previsto pela Lei 12.711, de 29 de agosto de 2012. Além disso, no âmbito do Programa Universidade para Todos – PROUNI o governo federal concede bolsas integrais e parciais a pessoas com deficiência, de acordo com a respectiva renda familiar."

Art. 30. Nos processos seletivos para ingresso e permanência nos cursos oferecidos pelas instituições de ensino superior e de educação profissional e tecnológica, públicas e privadas, devem ser adotadas as seguintes medidas:

I – atendimento preferencial à pessoa com deficiência nas dependências das Instituições de Ensino Superior (IES) e nos serviços;

II – disponibilização de formulário de inscrição de exames com campos específicos para que o candidato com deficiência informe os recursos de acessibilidade e de tecnologia assistiva necessários para sua participação;

III – disponibilização de provas em formatos acessíveis para atendimento às necessidades específicas do candidato com deficiência;

IV – disponibilização de recursos de acessibilidade e de tecnologia assistiva adequados, previamente solicitados e escolhidos pelo candidato com deficiência;

V – dilação de tempo, conforme demanda apresentada pelo candidato com deficiência, tanto na realização de exame para seleção quanto nas atividades acadêmicas, mediante prévia solicitação e comprovação da necessidade;

VI – adoção de critérios de avaliação das provas escritas, discursivas ou de redação que considerem a singularidade linguística da pessoa com deficiência, no domínio da modalidade escrita da língua portuguesa;

VII – tradução completa do edital e de suas retificações em Libras.

4. COMENTÁRIOS AO ART. 30

Conforme previsto no art. 28, inciso XIII, acesso à educação superior e à educação profissional e tecnológica em igualdade de oportunidades e condições com as demais pessoas é direito fundamental a educação das pessoas com deficiência. Razão pela qual, nos processos seletivos para ingresso e permanência nos cursos oferecidos pelas instituições de ensino superior e de educação profissional e tecnológica, públicas e privadas, devem ser adotadas as medidas previstas no art. 30, dentre outras.

De forma exemplificativa, pode se afirmar que atendimento preferencial à pessoa com deficiência, conforme previsto no próprio Estatuto no seu art. 9º, deve ser respeitado e mantido nas dependências das Instituições de Ensino Superior (IES) e nos serviços (inciso I), com disponibilização de formulário de inscrição de exames com campos específicos para que o candidato com deficiência informe os recursos de acessibilidade e de tecnologia assistiva necessários para sua participação (inciso II) e que possa contar com eles no dia do vestibular ou no dia da prova do processo seletivo.

Além disso, a qualificação e capacitação dos funcionários (corpo técnico) para atendimento adequado às pessoas com deficiência e, principalmente, a qualificação e capacitação do corpo docente para instrumentalizar efetivamente práticas educacionais inclusivas; através da realização de atividades de sensibilização e conscientização promovidas dentro e fora da sala de aula, com o objetivo de estimular a convivência sem preconceitos e discriminações entre alunos deficientes e não deficientes. A inclusão, na Universidade e em cursos profissionais e tecnológicos, em sentido mais amplo, precisa ser compreendida como um processo social e democrático, através do qual todo o corpo acadêmico está envolvido.

Os professores têm papel fundamental nesse processo. A cada ano receberão uma gama maior de alunos com diferenças e por conseguinte, devem ser estimulados pela Instituição de Ensino a realizar a diversificação nos modos de ensinar e de organizar as suas aulas. Por exemplo, a disponibilização de provas em formatos acessíveis para atendimento às necessidades específicas do candidato com deficiência (inciso III), dilação de tempo, conforme demanda apresentada pelo candidato com deficiência, tanto na realização de exame para seleção quanto nas atividades acadêmicas, mediante prévia solicitação e comprovação da necessidade; (inciso V) e a adoção de critérios de avaliação das provas escritas, discursivas ou de redação que considerem a singularidade linguística da pessoa com deficiência, no domínio da modalidade escrita da língua portuguesa; (inciso VI) passaram a ser direitos garantidos pelos alunos com deficiência. Não se trata aqui de facilidade ou privilégio injustificado da pessoa com deficiência, mas de atender ao Princípio da Igualdade substancial, dando tratamento iguais aos iguais e tratamento diferenciado aos desiguais.

Relativamente à avaliação do desempenho acadêmico e à realização de provas e trabalhos de alunos com deficiência, há necessidade por exemplo, de se estabelecer alguns critérios e procedimentos a serem adotados por parte dos docentes, a saber: "a quantificação do aprendizado deve ser baseada em comparações com o próprio aluno dentro da disciplina, ou seja, ele é avaliado medindo seu próprio nível de desenvolvimento e não somente com o que seria esperado dentro do conteúdo programático desenvolvido pelo professor"(KEBACH, 2017).

Por fim, o dispositivo ainda garante ao aluno com deficiência o direito a disponibilização de recursos de acessibilidade e de tecnologia assistiva adequados, previamente solicitados e escolhidos pelo candidato com deficiência (inciso IV); e a tradução completa do edital e de suas retificações em Libras (inciso VII). A princípio, a tradução de que trata o dispositivo deve ser raciocinada em *Braille* e não em Libras (linguagem brasileira de sinais) utilizada pelos deficientes com surdez, já que em tese, eles lerão o edital e assim terão plena consciência do seu conteúdo e de suas retificações (FARIAS, 2016, p. 121).

TOME NOTA!

O Decreto 10.502, de 30 de setembro de 2020 instituiu a "Política Nacional de Educação Especial: Equitativa, Inclusiva e com Aprendizado ao Longo da Vida" prevendo a implementação pela União, em conjunto com os demais entes federativos, de programas e ações para garantir os direitos à educação e ao atendimento educacional especializado aos educandos com deficiência, transtornos globais do desenvolvimento e altas habilidades ou superdotação, além de também incentivar a criação de escolas e classes especializadas e escolas e classes bilíngues de surdos. Considerado um retrocesso à educação inclusiva, o Decreto foi objetivo da Ação direta de Inconstitucionalidade 6.590 e da Ação de Descumprimento de Preceito Fundamental 751. Saiba mais sobre o tema nos comentários a seguir.

ANÁLISE DO DECRETO 10.502/2020: ARGUMENTOS DE INCONSTITUCIONALIDADE E QUEBRA DO PACTO FEDERATIVO

Luana Adriano Araújo

A história de nossa educação constituiu-se de forma a separar os alunos: em normais e anormais; fortes e fracos etc. Dentro dessa forma de pensar a educação, muitas crianças estiveram longe das escolas públicas (não apenas crianças com deficiências). A política educacional atual impele a outras práticas escolares, diferentes das construídas historicamente. Para essa nova direção, o governo federal estabeleceu um caminho: a matrícula em classe comum e o apoio de atendimento educacional especializado para complementar ou suplementar a escolaridade.[21]

Ou seja, à luz da Convenção Internacional sobre os Direitos da Pessoa com Deficiência, e, por consequência, da própria Constituição da República, o ensino inclusivo em todos os níveis de educação não é realidade estranha ao ordenamento jurídico pátrio. Ao contrário, é imperativo que se põe mediante regra explícita.[22]

Pautada em um histórico de exclusão e de segregação, a educação de pessoas com deficiências no Brasil foi, até recentemente, qualificada enquanto esdrúxula ou desnecessária, o que se assentava sobretudo na justificativa de impossibilidade de aprendizado por parte destas pessoas. A historiografia deste assunto nos lembra, ainda, que o ensino deste segmento se qualificou enquanto serviço voltado exclusivamente para o máximo de correção e de normalização. Outro não é o sentido encerrado nas próprias denominações predecessoras da modalidade educacional inclusiva, que conforme aponta Mazzotta, foi alcunhada com expressões como "Pedagogia de Anormais, Pedagogia Teratológica, Pedagogia Curativa ou Terapêutica, Pedagogia da Assistência Social, Pedagogia Emendativa".[23]

A despeito do histórico de exclusão e segregação que permeia os trilhares da deficiência no âmbito nacional, o Brasil constitui-se, de acordo com Aranha, enquanto

---

21. KASSAR, Mônica de Carvalho Magalhães. Educação especial na perspectiva da educação inclusiva: desafios da implantação de uma política nacional. *Educar em revista*, 2011. p. 61-79.

22. STF - SUPREMO TRIBUNAL FEDERAL. ADI 5.357 MC-DF. Disponível em: [https://redir.stf.jus.br/paginadorpub/paginador.jsp?docTP=TP&docID=12012290]. Acesso em: 20.11.2021.

23. MAZZOTTA, Marcos José Silveira. *Educação especial no Brasil*: história e políticas públicas. São Paulo: Cortez, 1996.

um dos primeiros países da América Latina a reconhecer em seu ordenamento os postulados da Educação para Todos, sobre a qual se alicerça o direito da pessoa com deficiência de estar inserida no ensino regular.[24] Atualmente, a efetivação do direito à educação de pessoas com deficiência configura-se enquanto fator de emancipação, de constituição de cidadania e de desenvolvimento das potencialidades.

Ensejada pela modificação da percepção acerca da deficiência, a reestruturação da percepção da deficiência nas políticas educacionais nacionais foi sobretudo impulsionada pela Política Nacional de Educação Especial na Perspectiva da Educação Inclusiva (PNPEEI) de 2008. A despeito dos avanços que este documento possibilitou, seu caráter focalizado na prestação de serviços e seus limites demandavam uma atualização atenciosa aos intentos de instauração do paradigma educacional inclusivo. Sob a justificativa de renovação e modernização, instituiu-se, então, o Decreto 10.502/2020, o qual fixa a Política Nacional de Educação Especial: Equitativa, Inclusiva e com Aprendizado ao Longo da Vida. Nada obstante, a insurgência do movimento social e da comunidade acadêmica contra o texto neste diploma constante suscitam o questionamento de se há ou não preservação do paradigma educacional inclusivo e, juridicamente, se há mácula constitucional que inviabilize o reconhecimento de sua validade.

Neste sentido, o propósito deste artigo consiste em mapear os argumentos jurídico suscitados contra o Decreto 10.502/2020 – tomando por eixo central a ADI 6.590/DF –, apresentar novas possibilidades de argumentação, que contribuam para o dimensionamento de citado instrumento executivo segundo os preceitos constitucionais e convencionais atinentes ao tópico. Nesse sentido, serão apontados eixos argumentos que se fixam: na aplicação do controle de convencionalidade, que se pauta pela incorporação da Convenção de Direitos das Pessoas com Deficiência (CDPD) ao bloco de constitucionalidade; na afetação do núcleo essencial mínimo do direito à educação de pessoas com deficiência, o que infringe as obrigações centrais atinentes a um mínimo inclusivo; na ruptura do pacto federativo, levada a cabo pela possibilidade de adesão voluntária fixada na política (art. 13 do Decreto 10.502/2020); na possibilidade de descumprimento da ADI 5.357/DF (educação inclusiva na rede privada); na proibição do retrocesso e no efeito *cliquet* em matéria de direitos fundamentais; na infração da obrigatoriedade de consulta prévia a pessoas com deficiência e suas entidades representativas, conforme fixado no art. 4.3 da CDPD; na inobservância da transversalidade da Política de Educação Especial; na inconstitucionalidade da alternatividade da escolha pela escolarização obrigatória em classe regular; no desrespeito ao modelo social de deficiência e ao paradigma da inclusão; e na incongruência com os princípios da não-discriminação e da acessibilidade, conforme constante no art. 3º da CDPD. Primeiramente, se faz um resgate dos antecedentes diretos da Política questionada, para, em seguida, se declinar as arestas dos argumentos inovadores levantados. Ao fim, se avança o argumento da quebra do pacto federativo.

---

24. ARANHA, Maria Salete. Educação Inclusiva: Transformação Social ou Retórica. In: OMOTE, Sadao. (Org.). *Inclusão*: intenção e realidade. Marília: FUNDEPE, 2004. p. 7.

1. CONTEXTO E RESULTADOS DE IMPLEMENTAÇÃO DA PNEEPI DE 2008

A Política de Educação Especial na Perspectiva da Educação Inclusiva (PNEEPI) foi promulgada em janeiro de 2008, redefinindo o conceito de "educação especial", em contraste com a Resolução CNE/CEB 2 de 2001, para fixá-lo como uma "modalidade de ensino que perpassa todos os níveis, etapas e modalidades, realiza o atendimento educacional especializado, disponibiliza os recursos e serviços e orienta quanto a sua utilização no processo de ensino e aprendizagem nas turmas comuns do ensino regular". Nesse sentido, a PNEEPI define a educação inclusiva como "um paradigma educacional fundamentado na concepção de direitos humanos, que conjuga igualdade e diferença como valores indissociáveis".[25] Esta transformação conduziu a uma distinção da educação especial como uma modalidade de ensino – e não de educação escolar – que deve perpassar todos os níveis, etapas e modalidades dos serviços educacionais comuns – e não os substituir.

A PNEEPI significou, à época de sua promulgação, um avanço no âmbito dos direitos das pessoas com deficiência, especialmente ao diferenciar a educação especial como modalidade de ensino transversal. Nesse sentido, com vistas a dar cumprimento ao princípio de não-discriminação e de valorização da diversidade, "a nova política propõe a inclusão de todos na escola regular, buscando ressignificar a identidade dos alunos da educação especial".[26] Dado este propósito, o documento segue à chamada perspectiva paradigmática da inclusão.[27] É por esse motivo que se aponta que "o enfoque na quebra de barreiras e não na deficiência fez da PNEEPEI um documento inovador, revolucionário, do ponto de vista da inclusão escolar".[28]

---

25. BRASIL. Ministério da Educação. Secretaria de Educação Especial. *Política Nacional de Educação Especial na Perspectiva da Educação Inclusiva*. Brasília: MEC/ SEED, 2008. Disponível em: [http://portal.mec.gov.br/arquivos/pdf/politicaeducespecial.pdf]. Acesso em: 13.11.2021.

26. MACHADO, Jardel Pelissari; PAN, Miriam Aparecida Graciano de Souza. Do nada ao tudo: políticas públicas e a educação especial brasileira. *Educação & Realidade*, v. 37, 2012. p. 286.

27. Nesse sentido, opondo-se a uma visão processual da inclusão, Mantoan expressa que a inclusão é uma "mudança muito drástica de paradigma. (...) As instituições em geral reagem defendendo que a inclusão é um processo e que as escolas regulares não estão preparadas, que elas não atendem bem, mas para elas melhorarem, elas precisam de um desafio, precisam assumir a responsabilidade de trabalhar com todas as crianças, indistintamente, têm que se reconhecerem competentes e buscarem a competência para que a inclusão ocorra. Desta forma, a inclusão escolar não é um processo." ALVES, Carlos Jordan Lapa Alves. ARAÚJO, Thalyta Nogueira de. Entrevista com Maria Teresa Eglér Mantoan: Educação Especial e Inclusão Escolar. In: *Rev. Educação, Artes e Inclusão*. v. 13. n. 2. 2017. Com efeito, a percepção da inclusão como paradigma foi explicitamente adotada pela PNEEPI, ao fixar que a educação inclusiva se apresenta como "um paradigma educacional fundamentado na concepção de direitos humanos, que conjuga igualdade e diferença como valores indissociáveis, e que avança em relação à ideia de equidade formal ao contextualizar as circunstâncias históricas da produção da exclusão dentro e fora da escola".

28. GRABOIS, Cláudia. et al. *Em defesa da política nacional de educação especial na perspectiva da educação inclusiva*. Campinas: Laboratório de Estudos e Pesquisas em Ensino e Diferença (Leped) da Faculdade de Educação da Universidade Estadual de Campinas (FE/Unicamp), 2018.

Dentre as principais críticas endereçadas à PNEEPI, estão as que entendem seus resultados como limitados, mas expansíveis a partir de aprimoramento do significado de "inclusão". Por essa via, questiona-se o sentido estático de deficiência, como atribuível a um diagnóstico correlato, bem como a centralização da inclusão em ambientes setorizados, especificamente arregimentados pelo Atendimento Educacional Especializado (AEE) que é fornecido na Sala de Recursos Multifuncionais (SRM).[29] Apesar de tais críticas, esta política tem sido apontada como responsável pelo aumento exponencial de estudantes matriculados na rede regular de ensino. No Brasil, a quantidade de matrículas de alunos com deficiência, transtornos do espectro autista e altas habilidades ou superdotação matriculados em classes comuns passou de 560 mil em 2011 para 1,52 milhão em 2020.[30]

2. HISTÓRICO E CONTEXTO DE PROMULGAÇÃO DA NOVA POLÍTICA

As movimentações executivas para a reforma da política educacional voltada para pessoas com deficiência remontam às discussões acerca da Base Nacional Curricular Comum (BNCC), homologada em dezembro de 2017. Embora contasse com uma abordagem específica para a área da Educação Especial (EE) nas versões preliminares de 2015 e 2016, o texto final deste documento suprimiu integralmente as contribuições de pesquisadores que reportavam-se aos seguintes temas: Atendimento Educacional Especializado – AEE; estudo de caso; plano de AEE; ensino do Sistema Braille; ensino do uso do Soroban; estratégias para autonomia no ambiente escolar; orientação e mobilidade; ensino do uso de recursos de tecnologia assistiva; ensino do uso da Comunicação Alternativa e Aumentativa – CAA; estratégias para o desenvolvimento de processos cognitivos; estratégias para enriquecimento curricular; profissional de apoio; tradutor/intérprete da Língua Brasileira de Sinais/Língua Portuguesa; guia intérprete.[31] De acordo com Garcia e Fávero, na BNCC, houve um "tratamento restritivo e de caráter compensatório" para abordagem da Educação Especial (EE) como área, "servindo para reforçar a dicotomia entre a EE e a educação regular".[32]

---

29. Para uma análise crítica dos limites da PNEEPI – sem, contudo, deslegitimar seu contexto de implementação e seus objetivos, conferir PAGNI, Pedro Angelo. Dez anos da PNEEPEI: uma análise pela perspectiva da biopolítica. *Educação & Realidade*, v. 44, 2019.

30. Disponível em: [https://www.observatoriodopne.org.br/meta/educacao-especial/inclusiva]. Acesso em: 1211.2021.

31. A avaliação de intervenção no processo de participação popular, com modificação dos textos referentes à educação especial nas versões de 2015 e 2016, é feita por meio do Parecer do Laboratório de Estudos e Pesquisas em Ensino e Diferença (Leped) da Faculdade de Educação da Universidade Estadual de Campinas (FE/Unicamp). Disponível em: [https://inclusaoja.files.wordpress.com/2018/05/texto-de-anc3a1lise-dos--slides-sobre-a-reforma-da-pneepei-final1.pdf]. Acesso em: 14.11. 2021.

32. GARCIA, Dorcely Isabel Bellanda; FAVARO, Neide de Almeida Lança Galvão. Educação Especial: políticas públicas no Brasil e tendências em curso. *Research, Society and Development*, v. 9, n. 7, p. e184973894-e184973894, 2020. p. 4.

Essa ausência discursiva refletiu a desconsideração da perspectiva dos especialistas na formação do documento que rege o Currículo da Educação Básica. Nesse sentido, a ausência de participação das entidades no processo de elaboração da BNCC pode ser pensada segundo a avaliação de Ferreira, Moreira e Volsi:

> Os estudos evidenciaram um silenciamento em relação à educação especial na BNCC. Ela somente é citada, nas versões finais, no conjunto das modalidades da educação escolar brasileira. Há uma ausência no tocante a concepção de educação especial e a apresentação de suportes teórico-metodológico e orientações que subsidiem a organização da proposta pedagógico-curricular das escolas a fim de garantir a oferta de educação especial na perspectiva da inclusão. Além disso, a BNCC refere-se apenas às pessoas com deficiência e não aos demais grupos (pessoas com transtornos globais do desenvolvimento e altas habilidades/superdotação) que compõem o público-alvo da educação especial. Também não é possível identificar se houve participação de sujeitos individuais e coletivos (entidades) representantes da educação especial na elaboração das versões finais da BNCC, pois as fichas técnicas apenas mencionam o nome dos representantes titular e suplente da SECADI.[33]

A despeito dessa avaliação, a Diretora de Política de Educações Especiais que iniciou o processo de revisão considerou o formato de colheita das opiniões públicas como adequado, afirmando que "a intenção é que esta proposta seja analisada e efetivada nos mesmos moldes da BNCC, ou seja, com a participação da sociedade, sistemas e organizações de ensino, de forma transparente e democrática".[34] É em consideração desse histórico e da tomada do processo de elaboração da BNCC como modelo de participação direta, portanto, que devemos pensar criticamente a Nova Política, especialmente ao intentarmos compreender, como um fator de comprovação da ilegitimidade, a ausência de "consultas estreitas" e de envolvimento ativo das pessoas com deficiência, por intermédio das organizações representativas (art. 4º, 3, CDPD).

Por outro lado, a proposta específica de reformar a PNEEPEI foi anunciada em uma reunião organizada pela Secretaria de Educação Continuada, Alfabetização, Diversidade e Inclusão (SECADI) no dia 16 de abril de 2018. A proposta, que então se tratava de uma mera apresentação de slides, reivindicava atualizar a política, aprimorando-a.[35] Posteriormente, em setembro daquele ano, houve a disponibilização de documento de minuta referente à "Política Nacional de Educação Especial: Equitativa, Inclusiva e Ao longo da vida". Abriu-se, então, em novembro, uma consulta pública, para colheita de opiniões da sociedade civil e dos técnicos especialistas em inclusão, de maneira a fundamentar a legitimidade do processo de revisão, que até

---

33. FERREIRA, Gesilaine Mucio; DA SILVA MOREIRA, Jani Alves; VOLSI, Maria Eunice França. Políticas de educação especial na perspectiva da educação inclusiva no Brasil: em discussão a Base Nacional Comum Curricular (BNCC). *Revista Inclusiones*, 2020. p. 10-34.

34. Disponível em: [http://portal.mec.gov.br/ultimas-noticias/202-264937351/62961-politica-de-educacao--especial-devera-passar-por-atualizacao]. Acesso: 12.11.2021.

35. Disponível em: [https://inclusaoja.files.wordpress.com/2018/05/texto-de-anc3a1lise-dos-slides-sobre-a--reforma-da-pneepei-final1.pdf]. Acesso: 12.11.2021.

a data de elaboração do documento em formato *power point* apenas havia contado com participação em baixa densidade de associações de educação especializada.[36] As manifestações foram compiladas em um Relatório Descritivo, sendo disponibilizada uma nova minuta do que seria a nova política,[37] a qual, contudo, não indicava o texto final que constaria do decreto que viria a ser promulgado em 2020.

Foi, então, em 1º de outubro de 2020, que o Decreto Federal 10.502/2020, instituiu a nova "Política Nacional de Educação Especial". O texto do Decreto conta com dezoito artigos divididos em nove capítulos, que incluem: as disposições gerais (art. 1º); os conceitos dos termos utilizados (art. 2º); os princípios norteadores da Política (arts. 3º e 4º); a delimitação de público-alvo (art. 5º); as diretrizes que orientam a execução da política (art. 6º); a especificação dos recursos e serviços da educação especial (art. 7º); a listagem dos agentes profissionais educacionais envolvidos na execução da Política (art. 8º); o apontamento das ações de implementação (art. 9º); os mecanismos de avaliação e monitoramento (art. 10 e 11); e as disposições finais relativas à coordenação estratégica, ao financiamento e o órgão responsável pelo estabelecimento de orientações (arts. 12 a 18). Posteriormente, em outubro de 2020 – e diante das inúmeras manifestações populares contrárias ao conteúdo do Decreto –, o MEC disponibilizou um documento referente à implementação da Política,[38] na qual a tônica de "necessidade de adequações" e "melhoramento" da política anterior é reforçada, com realce, ainda, para a necessidade de se ampliar o processo de inclusão para além das "discussões teóricas".

De maneira geral, um dos pontos mais notáveis que atravessa a redação é o enfoque na estrutura das escolas especializadas e classes especializadas, o qual destoa da perspectiva que perpassava anteriormente a PNEEPI, para a qual o destaque consistia na efetivação da inclusão no ensino regular, com definição de ações, mecanismos, estratégias e serviços centralizados na superação de barreiras que geram desigualdades.

3. MAPA DE ARGUMENTOS LEVANTADOS NA ADI 6.590

Tendo em vista os pontos de choque entre o proposto na nova política e a PNEEPI, foi impetrada a ADI 6.590, a qual promoveu a suspensão dos efeitos do Decreto 10.502 até a efetivação da análise de constitucionalidade do texto. Dentre os argumentos suscitados pelo Partido Socialista Brasileiro (PSB), entidade impetrante, podemos estabelecer a seguinte segmentação analítica:

---

36. Cf. [http://portal.mec.gov.br/component/content/article/211-noticias/218175739/70811-pela-primeira--vez-educacao-especial-tera-consulta-publica]. Acesso em: 12..11.2021.

37. Disponível em: [https://www.idea.ufscar.br/arquivos/acervo-sitiografico/pnee_versao_pos_consulta_publica_final-1.pdf]. Acesso em: 12.11.2021.

38. Disponível em: [https://www.gov.br/mec/pt-br/assuntos/noticias/mec-lanca-documento-sobre-implementacao-da-pnee-1/pnee-2020.pdf]. Acesso em: 12.11.2021.

Argumento central	Argumentos associados
A) O direito à educação inclusiva consiste em um preceito fundamental constitucional, violado pelo texto do decreto	A.1) A nova política promove o funcionamento de instituições especializadas e classes segregadas sob a aparência lexical de fundamento na inclusão, conforme definido pelo Comentário Geral 4 do Comitê de Direitos das Pessoas com Deficiência;
	A.2) O decreto endossa estruturas discriminatórias e capacitistas, que excluem as pessoas com deficiência do convívio educacional comum;
	A.3) A exclusão do sistema educacional geral consiste em afronta ao art. 24 da CDPD, que comanda a não exclusão sob justificativa de deficiência (art. 24, 2, 'a') e o acesso ao ensino primário inclusivo (art. 24, 2, 'b');
	A.5) A promulgação do decreto infringe a proibição do retrocesso em matéria de Direitos Humanos;
B) A inclusão nas salas regulares promoveu benefícios para o aprimoramento do sistema educacional comum, persistindo prejuízos no caso de incentivo à segregação	B.1) A PNEEPI está associada ao crescimento da matrícula dos estudantes na rede regular de ensino, sendo que o incentivo que existia para a escolarização na sala regular naquela política é alijado do contexto normativo da Nova Política de Educação Especial;
	B.2) Pesquisas de percepção sugerem que indivíduos conjugam do senso comum de que instituições educacionais se tornam melhores com a inclusão e de que a inserção em salas comuns é relevante para o aprimoramento do ensino de crianças com deficiências;
C) O processo de elaboração e promulgação do decreto não contou com participação da sociedade civil, conforme disposto no art. 4º, 3, da CDPD.	C.1) A rejeição manifestada por meio de pareceres, notas públicas e posicionamentos coletivos sobre a nova política é indicativo que o ato normativo não contou com debate popular;
	C.2) O Ministério da Educação não promoveu a abertura de mecanismos de oitiva, o que é atestado pela existência de uma única consulta pública em 2018, com baixa densidade de consideração da participação das associações da sociedade civil e das entidades técnicas.

Além dos argumentos utilizados para formalizar o pleito de declaração de inconstitucionalidade, é possível utilizar, por meio de argumentação setorizada segundo a tipologia do tópico levantado, de outras justificativas para discutir a constitucionalidade do decreto. Tal se sugere segundo uma interpretação sistemática dos pontos nevrálgicos do documento, segundo i) seu significado quanto ao preenchimento material do conteúdo do direito fundamental à educação inclusiva; ii) seu lugar na estrutura jurídica que sustenta o Estado Democrático de Direito; iii) sua semântica no que diz respeito aos estudos de deficiência; e iv) sua (in)congruência com a malha das políticas públicas que subjaz à distribuição de competências afeta ao pacto federativo.

4. NOVA ESTRUTURAÇÃO DOS ARGUMENTOS CENTRAIS AO PLEITO DE INCONSTITUCIONALIDADE

Em que pese a pertinácia do pleito de avaliação de constitucionalidade, a exordial da ADI 6590 carece de uma segmentação sofisticada dos tipos de argumentos empregados que prospectivamente evidenciem a inconstitucionalidade do Decreto 10.502. Diante disto, sugiro segmentar os argumentos centrais que apontam para a inconstitucionalidade do texto a partir dos seguintes eixos: Argumentos de matriz jurídico-estrutural concernentes ao conteúdo material do direito fundamental à educação; Argumentos de matriz jurídico-principiológica relativas ao Estado Democrático de Direito; Argumentos de matriz jurídico-dogmática relativos ao direito à educação; e Argumentos de matriz teórico-jurídica relativos aos Direitos das Pessoas com Deficiência. Por fim, aponto que há um argumento de fundo, com potencial de infirmar a constitucionalidade do texto prejudicialmente, de forma a tornar despicienda qualquer outro juízo, qual seja o de que a qualificação da política como voluntária promove uma ruptura do pacto federativo.

4.1 Argumentos de matriz jurídico-estrutural concernentes ao conteúdo material do direito fundamental à educação

O conteúdo do direito fundamental à educação inclusiva não é um dado, de modo que, ao contrário do que apontado por De Beco, esta prerrogativa não é essencialmente autoevidente, apesar das zonas cinzentas carentes de melhor clarificação.[39] Em verdade, o dissenso no que diz respeito aos textos da PNEEPI e da Nova Política nos evidenciam que este direito apresenta mais zonas cinzentas que definições clarificadas, o que demanda uma análise conceitual, ainda que superficial e provisória, deste direito no contexto do arcabouço jurídico epistemológico, que, da forma como atualmente se estrutura, pode ou não comportá-lo. Percebe-se duas estratégias de preenchimento do conteúdo deste direito: um pela via do bloco de constitucionalidade, outro pela interpretação sistemática de acordo com outros documentos internacionais atinentes ao direito à educação.

4.1.1 *Controle de convencionalidade: incorporação da CDPD ao bloco de constitucionalidade*

O texto final da Convenção de Direitos das Pessoas com Deficiência (CDPD) foi aprovado em 13 de dezembro de 2006, entrando em vigor em 3 de maio de 2008, depois de sua vigésima ratificação. O Brasil figurou, em 30 de março de 2007, como parte signatária deste tratado multilateral, incorporando-o, no mais, ao ordenamen-

---

39. DE BECO, Gauthier. The right to inclusive education according to Article 24 of the UN Convention on the rights of persons with disabilities: background, requirements and (remaining) questions. *Netherlands Quarterly of Human Rights*, v. 32/3, 263–287, 2014. p. 264.

to jurídico interno em consonância com os ditames do art. 5º, § 3º, da CF/88. Sua promulgação se deu pelo Decreto Legislativo 186, de 9 de julho de 2008, com *status* constitucional, figurando como o primeiro texto internacional de direitos humanos aprovado com força de emenda constitucional. Posteriormente, em 25 de agosto de 2009, pautado no previsto no art. 84, IV, da Constituição, o Presidente da República sancionou o documento por meio do Decreto Presidencial 6.949, com vistas a dar execução ao tratado a nível interno. Tendo em vista essa modalidade de incorporação, este texto passou a compor o bloco de constitucionalidade, oportunizando, assim, sua utilização no controle de convencionalidade – difuso e concentrado – da legislação infraconstitucional afeta aos direitos das pessoas com Deficiência.

O controle de convencionalidade concentrado, de acordo com Valério Mazzuoli, diz respeito à compatibilização das leis internas com os tratados de direitos humanos. Com efeito, especificamente no que diz respeito àqueles textos dotados de *status* material e formalmente constitucional, em conformidade com o art. 5º, § 3º, da CF/88, há, ainda, a interpretação de que sua parametrização normativa para a realização do controle concentrado de convencionalidade.[40] Este controle exige uma dupla compatibilidade vertical da lei interna, que terá de se conformar tanto à CF/88 quanto aos tratados de direitos humanos em vigor do país para gozar de validade.

A incorporação da CDPD no plano interno com *status* formal e materialmente constitucional significa, ademais, que os termos convencionais não podem ser denunciados pelo Presidente da República, podendo, ainda, ser utilizados como parâmetro para o controle difuso. O bloco de constitucionalidade que o tratado passa a integrar, em virtude de sua aprovação conforme os termos do art. 5º, § 3º, da CF/88, sugere que, além de se considerar o texto normativo, deve-se igualmente incorporar como constitucional a tônica convencional, priorizando-se, na interpretação jurisdicional nacional, o modelo de direitos humanos de deficiência e a listagem de princípios da CDPD, que incluem a não-discriminação e a promoção da igualdade de oportunidades.[41]

Com efeito, veja-se que o STF já admitiu, anteriormente, a tese de controle de convencionalidade para a constatação de constitucionalidade de legislação infraconstitucional nacional. Em decisão monocrática do Ministro Edson Fachin, no contexto da ADI 5.357 – igualmente na matéria de direito à educação de pessoas com deficiência –, se consagrou a interpretação segundo a qual:

> (...) a igualdade não se esgota com a previsão normativa de acesso igualitário a bens jurídicos, mas engloba também a previsão normativa de medidas que efetivamente possibilitem tal acesso e sua efetivação concreta. Posta a questão nestes termos, foi promulgada pelo Decreto 6.949/2009 a Convenção Internacional sobre os Direitos das Pessoas com Deficiência, dotada do propósito

---

40. MAZZUOLI, Valério de Oliveira. *O controle jurisdicional da convencionalidade das leis*. São Paulo: Ed. RT, 2013.

41. Art. 3º da CDPD.

de promover, proteger e assegurar o exercício pleno e equitativo de todos os direitos humanos e liberdades fundamentais por todas as pessoas com deficiência, promovendo o respeito pela sua inerente dignidade (art. 1º). A edição do decreto seguiu o procedimento previsto no art. 5º, § 3º, da Constituição da República, o que lhe confere status equivalente ao de emenda constitucional, reforçando o compromisso internacional da República com a defesa dos direitos humanos e compondo o bloco de constitucionalidade que funda o ordenamento jurídico pátrio.[42]

Nesse sentido, não cabe a negativa de reconhecimento da constitucionalidade material e formal do direito à educação inclusiva em conformidade com o *caput* do art. 24 da CDPD. Tal reconhecimento promove uma modulação do paradigma inclusivo pensado pela PNEEPEI. Dessa maneira, qualquer proposta de legislação ou política deve, mais do que considerar gramaticalmente, por meio da adoção de um "léxico da inclusão", espelhar a tônica que anima este art. 24, que é a da consagração da inclusão como paradigma educacional. Veja-se que o "paradigma da inclusão", tal como reconhecido na PNEEPI, segundo Ana Maria D´Ávila Lopes e Isabelle Maria Campos Vasconcelos Chehab, qualifica a própria efetividade do direito à educação. Para as autoras:

> O reconhecimento da Convenção Internacional sobre os Direitos das Pessoas com Deficiência como parte integrante do bloco de constitucionalidade brasileiro, fortaleceu a fundamentação da constitucionalidade do Estatuto da Pessoa com Deficiência, garantindo, nesse caso concreto, o acesso das pessoas com deficiência a instituições públicas ou privadas de ensino, conferindo, dessa forma, efetividade ao direito à educação sob o paradigma da inclusão social. Trata-se, sem dúvida, de uma significativa mudança de posição do STF em relação ao bloco de constitucionalidade nacional, confirmando a abertura do ordenamento jurídico brasileiro à proteção internacional dos direitos humanos no marco do diálogo de fontes, cuja finalidade precípua é a salvaguarda da dignidade de todo ser humano.[43]

Por fim, veja-se que a via do reconhecimento do controle de convencionalidade confere adequação ao subsídio de preenchimento da prerrogativa que recorre diretamente ao Comentário Geral 4 do Comitê das Nações Unidas sobre Direitos das Pessoas com Deficiência. Esta é, segundo a CDPD, a entidade com interpretação autorizada e legítima acerca do conteúdo que serve de parâmetro de convencionalidade. Veja-se que, no caso de aplicação da Convenção Americana de Direitos Humanos de 1969, ou Pacto de São José da Costa Rica, Lopes e Chehab também entendem como desrespeito ao bloco de convencionalidade a aplicação de norma nacional que implique em inobservância da interpretação que a Corte IDH faz dela.[44]

---

42. STF - SUPREMO TRIBUNAL FEDERAL. ADI 5.357 MC-DF. Disponível em: [https://redir.stf.jus.br/paginadorpub/paginador.jsp?docTP=TP&docID=12012290]. Acesso em: 12.11.2021.

43. LOPES, Ana Maria D.'Ávila; CHEHAB, Isabelle Maria Campos Vasconcelos. Bloco de constitucionalidade e controle de convencionalidade: reforçando a proteção dos direitos humanos no Brasil. *Revista Brasileira de Direito*, v. 12, n. 2, 2016. p. 86.

44. Idem.

Sublinhe-se que o Comitê de Direitos das Pessoas com Deficiência da ONU, ao promover autorizada interpretação do texto convencional, apontou que o "direito à não-discriminação inclui o direito de não ser segregado e de receber adaptação razoável, e deve ser entendido no contexto do dever de proporcionar ambientes de aprendizagem acessíveis e adaptação razoável".[45] Destacou ainda que a manutenção de dois sistemas de educação não é compatível com a CDPD, de modo que os Estados-Parte obrigados a implementar este tratado de direitos humanos não podem manter sistemas de ensino regular e especial/segregado.

4.1.2 Afetação do núcleo essencial mínimo do Direito à Educação de Pessoas com Deficiência: defesa de um "mínimo inclusivo"

Embora a tese da proibição do retrocesso seja invocada doutrinariamente, há poucos casos de reconhecimento deste argumento como parâmetro principal para a declaração da inconstitucionalidade. Nesse sentido, a tese de que existe um núcleo essencial do Direito à Educação Inclusiva que advém da gama principiológica incorporada com a subscrição da CDPD pode apresentar-se relevante para pensar o núcleo intangível do direito à educação, que não pode ser afetado por rearranjos legislativos que impliquem em decréscimo da tutela ao bem jurídico considerado.

Trata-se, portanto, de pensar em um "mínimo inclusivo", que não é resguardado quando pensamos em estruturas que incentivam a inserção de estudantes com deficiências em âmbitos segregados. Por meio desta argumentação, ainda que a tese do retrocesso social não fosse aceita – sob o argumento de que não se trata de regressão a um estado detrimentoso, mas de propostas educacionais diversas voltadas para públicos-alvo com demandas específicas –, é possível considerar, sob a proposta de proteção do "mínimo inclusivo", que há previsões básicas impassíveis de contrariedade dogmática sob o viés do paradigma da inclusão, dentre as quais: a escolarização obrigatória no ensino regular comum; o fornecimento do atendimento educacional especializado como complementar ou suplementar – jamais substitutivo; e a transversalidade da educação especializada, que deve perpassar todos os sistemas educacionais. Com efeito, tanto o Comitê dos Direitos Sociais, Econômicos e Culturais quanto o Comitê de Direitos das Pessoas com Deficiência, ambos das Nações Unidas, já promoveram o reconhecimento de há obrigações centrais afetas aos direitos fundamentais, às quais não podem ser relativizadas face a escolhas metodológicas em termos de prestação de serviço ou invocação da progressividade dos direitos sociais.

A tese de que este mínimo inclusivo deflui da tônica convencional está em conformidade, ainda, com ressalva feita pelo Comitê de Direitos das Pessoas com Deficiência da ONU no sentido de que a realização progressiva em matéria de direi-

---

45. ONU. Observación General 4. Educación inclusiva. Comité sobre los derechos de las personas con discapacidad. CRPD/C/GC/4. 2016, par. 26. Tradução nossa.

tos sociais não deve ser usada como argumento para a manutenção de sistemas de ensino segregados. De fundamental interesse é a leitura direta desta compreensão:

O Artigo 4 (2) exige que os Estados Partes adotem medidas envolvendo o máximo de seus recursos disponíveis em matéria de direitos econômicos, sociais e culturais e, quando necessário, dentro de um quadro de cooperação internacional, com o objetivo de alcançar progressivamente a plena realização desses direitos. Concretização progressiva significa que os Estados Partes têm uma obrigação específica e contínua de avançar o mais rápido e eficazmente possível para a plena execução do artigo 24. Isso não é compatível com a manutenção de dois sistemas de educação: sistemas de ensino regular e especial/segregado. A concretização progressiva deve ser interpretada de acordo com o objetivo geral da Convenção de estabelecer obrigações claras para os Estados Partes em relação à plena efetivação dos direitos em questão. Do mesmo modo, os Estados Partes são encorajados a redefinir as dotações orçamentárias para a educação, incluindo a transferência de orçamentos para desenvolver educação inclusiva. Qualquer medida de retrocesso deliberado a esse respeito não deve afetar estudantes com deficiência desproporcionalmente em qualquer nível de educação. (...) A concretização progressiva não afeta as obrigações aplicáveis imediatamente. Como expressado pelo Comitê sobre Direitos Econômicos, Sociais e Culturais no Comentário Geral n°. 3 (1990) sobre a natureza das obrigações dos Estados Partes, estes têm um conjunto mínimo de obrigações básicas de garantir a satisfação, pelo menos, um nível mínimo essencial de cada um dos aspectos do direito à educação. Portanto, os Estados Partes devem implementar os seguintes direitos fundamentais com efeito imediato:

a) Não-discriminação em todos os aspectos da educação e abrangendo todos os motivos de discriminação proibidos internacionalmente. Os Estados Partes devem assegurar a não-exclusão das pessoas com deficiência na educação e eliminar as desvantagens estruturais para alcançar uma efetiva participação e igualdade para todas as pessoas com deficiência. Eles devem tomar medidas urgentes para remover todas as formas jurídicas, administrativas e outros tipos de discriminação que impeçam o direito de acesso à educação inclusiva. A adoção de medidas de ação afirmativa não constitui uma violação do direito à não-discriminação em relação à educação, desde que tais medidas não levem à manutenção de padrões desiguais ou separados para diferentes grupos.

b) Adaptações razoáveis para garantir a não-exclusão de pessoas com deficiência da educação. A não-concessão de adaptações razoáveis constitui discriminação por motivo de deficiência;

c) Ensino primário obrigatório e gratuito disponível para todos. Os Estados Partes devem tomar todas as medidas adequadas para garantir esse direito, com base na inclusão, a todas as crianças e jovens com deficiência. O Comitê encoraja os Estados Partes a garantir o acesso e a conclusão de uma educação de qualidade para todas as crianças e jovens por pelo menos 12 anos, de ensino primário e secundário de qualidade e gratuito, com financiamento público, inclusivo e equitativo, dos quais pelo menos nove anos são obrigatórios, bem como o acesso a uma educação de qualidade para crianças e jovens fora da escola, através de uma série de modalidades, de acordo com o Plano de Ação Educação 2030.[46]

Veja-se que, ao listar referidos requisitos mínimos, o Comitê também estabelece que os Estados Partes devem adotar e implementar uma estratégia educacional nacional que inclua educação em todos os níveis para todos os estudantes, com base na inclusão e na igualdade de oportunidades.[47] Por esse motivo, é preciso assegurar

---

46. Id. par. 41-44.

47. Id. par. 45.

que uma política de abrangência nacional cumpra um *mínimo*, o que não obsta o aprimoramento de a nível regional e local, com vistas ao melhor cumprimento do paradigma da inclusão. A política nacional que devidamente resguarda esse mínimo atravanca, contudo, qualquer intento de regulamentação que afete o mínimo inclusivo essencial. Por esta via de argumentação, todas as regulamentações de abrangência nacional devem resguardar a proibição de discriminação, obrigação que deve ser imediatamente implementada. Referido reconhecimento tem consequências também a nível de resguardo do direito à educação como direito subjetivo, dado que tal delimitação de um mínimo inclusivo habilita sujeitos individualmente considerados a tomarem as medidas judiciais cabíveis quando afetado tal núcleo essencial do direito fundamental.

Como mencionado, a tese do limiar mínimo em matéria de direitos sociais vem sendo adotada pelo Comitê Internacional sobre Direitos Econômicos Sociais e Culturais, o qual, ademais, entende que o descumprimento de "obrigações centrais" que defluem dos direitos sociais privaria a fixação das prerrogativas no texto internacional de sua *raison d'être*. Com efeito, o Comitê já fez referência, anteriormente, a "níveis mínimos essenciais" dos direitos à alimentação,[48] à educação[49] e à saúde,[50] confirmando a tese de que tais obrigações são "não-derrogáveis". Nesse sentido, no campo dos direitos sociais, é peremptória a afirmação do Comitê de que, se uma estratégia nacional "não reflete este limite mínimo, é inconsistente com as obrigações juridicamente vinculativas do Estado parte".[51]

4.2 Argumentos de matriz jurídico-principiológica relativas ao Estado Democrático de Direito

A CDPD é o primeiro tratado de direitos humanos do século XXI, preenchendo um vazio considerável no que diz respeito a existência de um instrumento normativo juridicamente vinculante no âmbito da deficiência. Ela instaura uma nova era no campo dos direitos das pessoas com deficiência, alocando-os especificamente no campo dos direitos humanos. Contudo, conforme já apontei, a CDPD não é autoevidente. Com vistas a orientar o entendimento do documento, há direciona-

---

48. UNITED NATIONS. General Comment 12: The right to adequate food (art. 11). Geneva: ONU, 1999a. Disponível em: [https://tbinternet.ohchr.org/_layouts/15/treatybodyexternal/Download.aspx?symbolno=E%2fC.12%2f1999%2f5&Lang=em]. Acesso em: 12.11.2021.

49. UNITED NATIONS. General Comment 13: The right to education (article 13 of the Covenant). Geneva: ONU, 1999b. Disponível em: [https://tbinternet.ohchr.org/_layouts/15/treatybodyexternal/Download.aspx?symbolno=E%2fC.12%2f1999%2f10&Lang=en]. Acesso em: 12.11.2021.

50. UNITED NATIONS. General Comment nº 14: The right to the highest attainable standard of health. Geneva: ONU, 2000. Disponível em: [https://tbinternet.ohchr.org/_layouts/15/treatybodyexternal/Download.aspx?symbolno=E%2fC.12%2f2000%2f4&Lang=en]. Acesso em: 12.11.2021.

51. UNITED NATIONS. Statement Adopted by the Committee on Economic, Social and Cultural Rights on 4 May 2001. Geneva: ONU, 2001. Disponível em: [https://digitallibrary.un.org/record/452397]. Acesso em: 12.11.2021.

mento interno que aponta como delimitar os parâmetros de aplicação da CDPD, auxiliando-nos a fechar um marco teórico de interpretação alinhado com o modelo de direitos humanos de deficiência – este é o art. 3º do texto convencional.

Veja-se que a inclusão dos "princípios gerais" num artigo autônomo é uma inovação no sistema internacional de direitos humanos, e sob este aspecto, a CDPD é única entre os principais tratados de direitos humanos, que costumam prever princípios no preâmbulo ou de maneira esparsada no próprio texto vinculante. Nesse sentido, no caso da Convenção de Direitos das Pessoas com Deficiência, os princípios detêm uma natureza bidimensional, de nos orientar interpretativamente, como geralmente é o caso da parte preambular nos tratados internacionais, e de serem, eles mesmos, partes vinculantes da CDPD.

O artigo 3º estabelece oito princípios gerais que fornecem orientações aos Estados Partes para interpretar os direitos e obrigações substantivas, muito embora nós também devamos lembrar que o art. 3º foi usado ele mesmo como uma baliza normativa, juntamente com o art. 27, para indicar a inconvencionalidade da legislação laboral alemã, na Comunicação 2/2010 do Comitê da CDPD. Como baliza interpretativa, Janet Lord e Michael Stein nos apontam que os princípios devem também servir de "filtro" através do qual os Estados Partes devem avaliar a conformidade das leis nacionais com os objetivos da Convenção.[52] Como argumentos principiológicos centrais, apontamos: a proibição do retrocesso e a obrigatoriedade de consulta prévia.

4.2.1   Proibição do Retrocesso e efeito cliquet

De acordo com Sarlet, a vedação do retrocesso em matérias de direitos fundamentais significa "toda e qualquer forma de proteção de direitos fundamentais em face de medidas do poder público, com destaque para o legislador e o administrador, que tenham por escopo a supressão ou mesmo restrição de direitos fundamentais".[53] O principal entendimento que o alicerça é a ideia de que há níveis de desenvolvimento e de implementação de direitos fundamentais que geram a defesa contra o regresso como uma "garantia institucional e um direito subjetivo". Neste caso, a conquista do direito à educação inclusiva é resultado de um histórico de lutas capitaneadas pelas pessoas com deficiência, não sendo possível retroceder a estados menos protetivos em relação a este direito.

De acordo com Barroso, a proibição do retrocesso admite uma natureza principiológica implícita, decorrente do sistema jurídico-constitucional, a partir do

---

52. LORD, Janet E.; STEIN, Michael Ashely. The domestic incorporation of human rights law and the United Nations Convention on the Rights of Persons with Disabilities. *Wash. L. Rev.*, v. 83, p. 449, 2008.

53. SARLET, Ingo Wolfgang. Notas sobre a assim designada proibição de retrocesso social e a construção de um direito constitucional comum latinoamericano. *Revista Brasileira de Estudos Constitucionais – RBEC*. Belo Horizonte, ano 3, n. 11, jul.-set. 2009. p. 21

que "entende-se que se uma lei, ao regulamentar um mandamento constitucional, instituir determinado direito, ele se incorpora ao patrimônio jurídico da cidadania e não pode ser arbitrariamente suprimido".[54] Nesse sentido, existe um conteúdo substantivo, fixado no grau de realização atingido por meio de progressos sociais, que não pode ser revertido ao *status* anterior, visto que tal retorno significa uma infração da segurança e da confiança popular na capacidade de providência estatal. Por esta via, sendo a inclusão na sala de aula regular devidamente suprida por medidas de apoio uma conquista lograda e regulamentada a partir da PNEEPI, há um "efeito cliquet" que impede um retrocesso a permissibilidade da escolha pela segregação – ainda que o cumprimento perfectibilizado do fornecimento das medidas de apoio não haja se integralizado totalmente.

4.2.2   Obrigatoriedade de consulta prévia

A leitura conjunta dos artigos 4º, '3' e 29, 'b', I e II da CDPD nos permite inferir um modelo de cidadania plena, no qual os cidadãos com deficiência devem participar ativamente dos processos políticos de seu Estado e estarem presentes na vida pública da comunidade onde vivem, seja pela representação em mandado eletivo, na atuação e gestão de entidades públicas ou por meio de organizações da sociedade civil. Tais dispositivos condicionam o requisito de legitimidade das políticas públicas afetas à deficiência à participação direta de sujeitos com deficiência e suas entidades representativas.

Acentua-se, com isso, o protagonismo das pessoas com deficiência no exercício e reivindicação de seus direitos segundo suas demandas e interesses, reforçando a importância da luta política do movimento das pessoas com deficiência, cujo lema internacional é "Nada sobre nós sem nós". Destaque-se que não apenas a consulta, mas igualmente a garantia de que a participação direta de pessoas com deficiência e suas organizações representativas será determinante no produto normativo final é garantida pelo texto convencional, de acordo com interpretação balizada do Comitê de Direitos das Pessoas com Deficiência:

> Os Estados Partes também devem considerar as consultas e o envolvimento de pessoas com deficiência como um passo obrigatório antes da aprovação de leis, regulamentos e políticas, sejam elas universais ou específicas da deficiência. Portanto, as consultas devem começar nos estágios iniciais e fornecer uma contribuição para o produto final em todos os processos de tomada de decisão. As consultas devem incluir organizações que representam a grande diversidade de pessoas com deficiência, em nível local, nacional, regional e internacional.[55]

---

54.   BARROSO, Luis Roberto. *Direito Constitucional e a efetividade das normas*. 5. ed. Rio de Janeiro, Renovar, 2001. p. 158-159.

55.   ONU. Observación general núm. 7 (2018) sobre la participación de las personas con discapacidad, incluidos los niños y las niñas con discapacidad, a través de las organizaciones que las representan, en la aplicación y el seguimiento de la Convención. Comité sobre los derechos de las personas con discapacidad. CRPD/C/GC/7. 2018, par. 15.

No ensejo, veja-se que a ausência de participação direta eficaz de pessoas com deficiência no processo de elaboração da política, além de atestar sua ilegitimidade, afeta a realização integral dos demais direitos fundamentais titularizados pelo segmento. Isso porque o direito à educação inclusiva é condicionante para a qualificação da participação em outros processos consultivos. Nesse sentido, de acordo com o Comentário Geral 7, sobre participação política, "as barreiras enfrentadas pelas pessoas com deficiência no acesso à educação inclusiva comprometem suas oportunidades e minam suas capacidades de se envolver nas decisões públicas, o que, por sua vez, tem um impacto sobre as capacidades institucionais de suas organizações".[56]

4.3 Argumentos de matriz jurídico-dogmática relativos ao direito à educação

No Brasil, a organização da educação escolar contida no título V da LDBEN de 1996 aloca a existência de dois níveis de ensino: a educação básica – formada pela educação infantil, pelo ensino fundamental e ensino médio – e a educação superior.[57] Cury aponta que a expressão "educação básica" aportada pela LDBEN de 1996 apresenta-se enquanto um conceito inédito, surgindo pela primeira vez no contexto das legislações educacionais em citado normativo. O autor afirma ainda que a educação básica possui um duplo caráter, sendo tanto um direito quanto uma forma de organização da educação nacional, configurando-se sua asseguração como o primeiro passo no caminho da formação da cidadania. Tal legislação importa que a inserção no sistema educacional é um imperativo, não derrogável sob qualquer hipótese. Dessa maneira, a educação especial torna-se tão somente uma modalidade não-concorrente à educação básica, a partir do qual se estruturam serviços e recursos que garantem a permanência e a qualidade do acesso. Tendo, portanto, em vista a dogmática normativa da legislação educacional, identificam-se dois argumentos que colocam em xeque a constitucionalidade da Nova Política: a transversalidade da educação especial e a não-alternatividade da escolarização obrigatória em classe regular.

4.3.1 Transversalidade da Política de Educação Especial: entendimento do 'preferencialmente'

A educação especial, como uma modalidade transversal, não pode ser entendida isoladamente, fora do contexto da educação regular. Desde 2013, a LDBEN, com redação dada pela Lei 12.796/2013, prevê que o "dever do Estado com educação escolar pública será efetivado mediante a garantia de (...) atendimento educacional especializado gratuito aos educandos com deficiência, transtornos

---

56. Id. par. 59.

57. CURY, Jamil. A educação básica como um direito. In: Cadernos de Pesquisa, v. 38, n. 134, p. 293-303, maio/ago. 2008. p. 294.

globais do desenvolvimento e altas habilidades ou superdotação, transversal a todos os níveis, etapas e modalidades, preferencialmente na rede regular de ensino" (art. 4º, III). Nesse sentido, o atendimento educacional especializado, consistente em uma organização dos serviços e recursos complementares e suplementares utilizados no processo educacional de pessoas com deficiência, não podendo ser substitutivo da educação regular inclusiva, sob pena de serem fomentados contextos discriminatórios.

Um dos motivos de dissenso para que se entenda a educação especial como sendo substitutiva, e não suplementar ou complementar, consiste na redação do texto constitucional, que instituiu, em seu art. 208, os deveres estatais correlacionados à garantia do ensino fundamental, obrigatório e gratuito – direito público subjetivo do aluno – e do atendimento educacional especializado para pessoas com deficiência "preferencialmente na rede regular de ensino". A utilização do advérbio "preferencialmente" em sua matriz conduz a acirradas discussões que desafiam o próprio conceito de inclusão. A depender do modo que se entenda tal condicionante, é possível fixar um dos três panoramas de destinação da educação especial descritos por Mantoan, quais sejam: um primeiro que consagra o sentido de oposição entre educação especial e regular, em que os estudantes com deficiência só teriam o ensino especial como opção de acesso à escola; um segundo que tem por consequência a inserção parcial, qualificada pela integração nas salas de aula do ensino regular apenas dos estudantes com deficiência preparados e aptos para estudar com seus colegas no ensino geral, ressalvado o acompanhamento do serviço especializado; um terceiro que indica a inclusão nas salas de aula do ensino regular, sem distinções ou condicionantes, implicando a qualificação das escolas para o atendimento das demandas de todos, com e sem deficiência.[58]

A Nova Política, além de perpetuar a discussão acerca do uso do "preferencialmente" (cf. art. 2º, I do Decreto 10.502/2020), estabelece que escolas especializadas podem ser lócus de fornecimento da educação especial aos que "não se beneficiam" do ensino conjunto. Nesse sentido, em vez de reconhecer que não há uma alternatividade entre o AEE e a matrícula no sistema regular de ensino, o decreto perpetua a ambivalência do "preferencialmente" e a reforça ao incluir o critério da ausência de benefício do ensino comum. Ao revés, para interpretar o art. 208, inc. III da CF, é preciso ter em mente que o fornecimento do atendimento educacional especializado não exime o Estado de garantir às pessoas com deficiência o ensino fundamental obrigatório e gratuito no âmbito da rede regular de ensino, sobretudo ao se considerar o brocardo da igualdade de acesso e permanência que fundamenta axiologicamente a efetivação do direito à educação.

---

58. MANTOAN, Maria Teresa Egler. A Educação especial no Brasil – Da Exclusão à Inclusão Escolar. Disponível em: [http://www.lite.fe.unicamp.br/cursos/nt/ta1.3.htm]. Acesso em: 19.11.2021.

4.3.2 Alternatividade da escolha pela escolarização obrigatória em classe regular

A ideia de que familiares e profissionais podem decidir por uma "alternativa educacional mais adequada" (art. 3º, VI; art. 6º, IV, art. 9º, III), além de alocar indevidamente o peso da "escolha" pelo serviço mais adequado nos familiares e no próprio estudante com deficiência, subverte a ótica inclusiva, segundo a qual as escolas são os meios sob os quais devem recair as ações tendentes à reestruturação inclusiva.

Veja-se, ainda, que, de acordo com a LDBEN, "(...) é dever dos pais ou responsáveis efetuar a matrícula das crianças na educação básica a partir dos 4 (quatro) anos de idade" (art. 6º). Já o Estatuto da Criança e do Adolescente (Lei 8.069/90) prevê que "os pais ou responsáveis têm a obrigação de matricular seus filhos ou pupilos na rede regular de ensino" (art. 55), devendo ser plenamente assegurado o direito de tais pais e responsáveis de "(...) ter ciência do processo pedagógico, bem como [de] participar da definição das propostas educacionais" (art. 54, § único), competindo ao Poder Público "(...) recensear os educandos no ensino fundamental, fazer-lhes a chamada e zelar, junto aos pais ou responsável, pela frequência à escola" (art. 53, § 3º).

Sobre este tópico, também há manifestação expressa do Comitê de Direitos das Pessoas com Deficiência, que reconhece que "a educação é um direito do aluno e não um direito dos pais ou cuidadores (no caso de crianças). As responsabilidades parentais neste ambiente estão subordinadas ao direito da criança".[59] Nesse sentido, o Comitê determina que não apenas não há um direito de pais ou cuidadores relativizarem a obrigação de inclusão no ensino regular, como impõem que a participação de tais agentes deve se dar por meio da participação, *quando e se necessário*, dos processos de fornecimento de apoios ou adaptações.[60] Porque importante para compreender a extensão do papel desses atores, vejamos a redação do Comentário Geral do Comitê:

> Os pais e cuidadores de estudantes com deficiência, quando apropriado, podem servir como parceiros no desenvolvimento e implementação de programas de aprendizagem, incluindo planos de educação individualizados. Eles podem desempenhar um papel importante no aconselhamento e apoio aos professores na prestação de apoio a estudantes individuais, mas isso nunca deve ser um pré-requisito para admissão no sistema educacional.[61]

De tal forma, *inexiste* escolha entre a escolarização especial e a regular, tendo em vista que o acesso ao sistema educacional comum é direito subjetivo do educando com deficiência em idade escolar, estando os pais obrigados a promover a matrícula

---

59. ONU. Observación General 4. Educación inclusiva. Comité sobre los derechos de las personas con discapacidad. CRPD/C/GC/4. 2016, par. 11. Tradução nossa.

60. Id., par. 30, 33

61. Ibid., par. 72

no ensino regular. Não há possibilidade de a família do educando ou uma equipe profissional, de qualquer formação, transigir sobre direitos irrenunciáveis, como é o caso da escolarização, prerrogativa fundamental da pessoa com deficiência.

4.4 Argumentos de matriz teórico-jurídica relativos aos Direitos das Pessoas com Deficiência

A deficiência é um atributo estático ou dinâmico? Se dinâmico, como identificar o público-alvo dos serviços associados ao direito à educação inclusiva? Estas questões revolvem a terra do próprio terreno em que se semeiam os estudos de deficiência, o qual tem gerado frutos como a linguagem dos modelos e os diferentes quadros referenciais de abordagem do fenômeno da deficiência. A deficiência constrói-se, neste sentir, como um campo de lutas e tensões nem sempre tangíveis a partir de um único referencial. Nesta seção, proponho que há dois pontos de atrito concernentes à Nova Política ao pensarmos estudos de deficiência: a discordância com o modelo social e a deturpação da compreensão de acessibilidade e não-discriminação.

4.4.1 Modelo Social de Deficiência e não benefício com a inclusão

O conceito de deficiência consignado na Convenção sobre os Direitos das Pessoas com Deficiência, a qual é dotada de *status* constitucional, admite que:

> [P]essoas com deficiências são aquelas que têm impedimentos de longo prazo de natureza física, mental, intelectual ou sensorial, os quais, em interação com diversas barreiras, podem obstruir sua participação plena e efetiva na sociedade em igualdade de condições com as demais pessoas.

Esta perspectiva está alinhada com o chamado "modelo social de deficiência", segundo o qual as barreiras são os problemas que devem ser enfrentados pela via da ação coletiva, não a condição orgânica da pessoa com deficiência individualmente considerada. O modelo social realoca a derivação da deficiência na coletividade, estruturada de acordo com um paradigma social excludente, falho na providência de serviços adequados às demandas do segmento estigmatizado. O modelo social encontra seu correlato, no campo educacional, no paradigma de educação inclusiva. Como destacamos, o paradigma da inclusão comanda que não são as pessoas com deficiência que devem se adaptar ao sistema educacional. É por outro lado, o sistema educacional deve atender e respeitar, de maneira acessível, as diferenças e demandas dos estudantes com deficiência, a fim de garantir sua permanência no sistema educacional, mas também o fornecimento do serviço de ensino com garantia de qualidade.

Do ponto de vista dos impactos do modelo social no direito, o modelo social de deficiência gera os seguintes postulados quando da interpretação de dispositivos jurídicos afetos à deficiência: o enfoque de direitos humanos é o adequado normativamente para abordar a questão da deficiência; a deficiência é uma situação na qual se encontram ou podem se encontrar uma ou mais pessoas, inexistindo um traço individual que a caracterize; a deficiência tem uma origem social, devendo a sociedade ser a destinatária das medidas executivas relacionadas ao direito das pessoas com deficiência; e, por fim, a política normativa voltada para lidar com o direito das pessoas com deficiência deve pautar-se na igualdade, na não-discriminação e na generalização.[62]

A tônica convencional que assegura que o modelo social plasma a convenção gera, então, a necessidade de enfoque nas barreiras educacionais e escolares – o que, na Política cuja constitucionalidade é contestada, é subvertido por uma ótica de destacamento do impedimento orgânico. Enquanto as barreiras educacionais e escolares são as que podem comprometer a efetiva aprendizagem curricular do estudante, seu desenvolvimento e plena participação nos espaços escolares, pela interação com impedimentos individuais de longo prazo, a Política realça indevidamente a noção de que os impedimentos podem gerar "processos inclusivos não-benéficos" (art. 2º, VI; art. 9º, III). Essa proposta é contrária à musculatura de hermenêutica jurídica plasmada pelo modelo social, pautando-se, ademais, indevidamente no léxico inclusivo, que comanda a "a reestruturação das escolas como um todo, com o objetivo de assegurar que todos os alunos possam ter acesso a todas as gamas de oportunidades educativas e sociais oferecidas pela escola".[63]

Veja-se, ademais, que, para os pesquisadores do LEPED, não é trivial o uso do léxico da inclusão e da valorização da deficiência em um instrumento que, em verdade, subverte a lógica de asseguração de autonomia a pessoas com deficiência. Para eles, "por trás do uso dos termos do campo da inclusão está uma tentativa de tornar mais palatável o retrocesso que se quer impor, sem diálogo, sem considerar os atores que estão de fato envolvidos, em todas as escolas brasileiras, com a inclusão escolar".[64] Tal "maquiagem da inclusão" não deve ser entendida, pois, como suficiente para atender às obrigatoriedades derivadas da incorporação da CDPD.

4.4.2 Não discriminação e acessibilidade como princípios convencionais – uma tônica de interpretação da Constituição fornecida pela Convenção

A CDPD é orientada por princípios especialmente delineados para a tutela dos direitos das pessoas com deficiência, cabendo aqui destacar a não discriminação; a plena e efetiva participação e inclusão na sociedade; a igualdade de oportunidades e a acessibilidade. Ressalte-se que a inclusão dos "princípios gerais" num artigo autónomo é uma inovação no sistema internacional de direitos humanos, e sob

---

62. ASÍS ROIG, Rafael de. Sobre el modelo social de discapacidad: críticas y éxito. In: *Papeles el tiempo de los derechos*. n. 1. 2013. p. 2.

63. MITTLER, Peter. *Educação Inclusiva*: contextos sociais. São Paulo: artmed. 2008. p. 25

64. Disponível em: [https://inclusaoja.files.wordpress.com/2018/05/texto-de-anc3a1lise-dos-slides-sobre-a--reforma-da-pneepei-final1.pdf]. Acesso em: 14..11.2021.

este aspecto, a CDPD é única entre os principais tratados de direitos humanos, que costumam prever princípios no preâmbulo ou de maneira esparsada no próprio texto vinculante. Isso significa dizer que os princípios previstos no texto convencional compõem a sua parte dispositiva, motivo pelo qual podem, eles mesmos, ser considerados como parâmetros normativos quando da mensuração do bloco de constitucionalidade e, consequentemente, quando da realização do controle de convencionalidade.

A não discriminação representa um papel fundamental no paradigma da educação inclusiva, tendo em vista que sua articulação principiológica *obsta* a diferenciação entre pessoas com deficiência e pessoas sem deficiência – bem como entre pessoas com deficiências diversas. Nesse sentido, destacamos o exposto por Kassar:

> De um lado, a presença de crianças com deficiências, transtornos globais do desenvolvimento e altas habilidades/superdotação nas salas de aula comuns pode ser considerada um progresso, quando nos lembramos de que há poucas décadas havia uma distinção clara, legalmente estabelecida, entre os alunos que poderiam ser escolarizados e, portanto, deveriam ser matriculados em escolas, e aqueles que não teriam condições necessárias para a escolarização e deveriam ser atendidos apenas por serviços especializados (KASSAR; REBELO, 2011). Isso porque dois grupos de "deficientes" eram identificados: um direcionado a uma "meta mínima" (para adquirir habilidades básicas para o autocuidado e as atividades de vida diária) e outro para se beneficiar de alguma forma de escolarização (KASSAR; REBELO, 2011). (...) Hoje não encontramos mais essa limitação na legislação; contrariamente o país adota a Convenção Internacional sobre os Direitos das Pessoas com Deficiência e seu Protocolo Facultativo, promulgada no pelo Decreto nº 6.949, de 25 de agosto de 2009, que afirma a proibição de qualquer discriminação às pessoas com deficiência, inclusive na educação, de modo que a proposta de "educação inclusiva" está em plena implantação.[65]

Ao se referir à igualdade, a CDPD trabalha com o conceito de igualdade inclusiva, tomado sob a perspectiva multidimensional de interseccionalidade; redistributividade, participação social; de acomodação da diferença como uma questão de dignidade humana. Com relação à discriminação, ressalte-se a possibilidade de sua instrumentalização por via indireta, por meio de leis, políticas públicas ou práticas aparentemente neutras, cujo impacto negativo afeta de modo desproporcional as pessoas com deficiência, excluindo-as, em razão de sua condição.

Veja-se que a segregação educacional é um dos exemplos fornecidos pelo Comentário Geral 6 de 2018 quando se trata de delimitar casos de políticas discriminatórias contra pessoas com deficiência, sendo, portanto, notório que esta é uma das práticas a serem enfrentadas quando da utilização da "não-discriminação de pessoas com deficiência" como lentes com as quais se deve ler toda a legislação infraconstitucional afeta à pauta da deficiência.

---

65. KASSAR, Mônica Carvalho Magalhães. Escola como espaço para a diversidade e o desenvolvimento humano. *Educação & Sociedade*, v. 37, 2016. p. 1223-1240.

Ademais, ressaltamos, por fim, a conexão específica desta disposição com o direito à acessibilidade, que é estabelecida na seguinte orientação, a qual aborda a necessidade de fornecimento de adaptações razoáveis:

> Modelos segregados de educação, que excluem os estudantes com deficiência do ensino regular e inclusivo com base na deficiência, violam os artigos 5 (2) e 24 (1) (a) da Convenção. O artigo 5 (3) exige que os Estados Partes tomem todas as medidas apropriadas para assegurar que sejam fornecidas acomodações razoáveis. Esse direito é reforçado para pessoas com deficiência no artigo 24 (2) (b), que exige que os Estados Partes garantam uma educação inclusiva para pessoas com deficiência em pé de igualdade com outras pessoas nas comunidades em que vivem. Esse objetivo pode ser alcançado fornecendo acomodações razoáveis às exigências individuais, de acordo com o artigo 24 (2) (c), e desenvolvendo novos e inclusivos ambientes de acordo com o desenho universal.[66]

5. VOLUNTARIEDADE DA POLÍTICA DE EDUCAÇÃO ESPECIAL E RUPTURA DO PACTO FEDERATIVO

No art. 13 do Decreto cuja constitucionalidade é questionada, há a previsão de que a adesão à Política em questão será voluntária. Tratando-se de uma política nacional, e não de um programa pertinente à um plano de execução, a voluntariedade não condiz com a qualificação do direito à educação inclusiva como direito público subjetivo, inegociável e irrenunciável.

Constitucionalmente, conquanto fixada uma autonomia político-administrativa dos entes da federativos no que diz respeito à execução do serviço educacional, é estabelecida, ao mesmo tempo, a previsão de uma atuação conjunta, o que garante que haja, entre os diferentes sistemas educacionais, uma relação coordenada. Com efeito, este não é apenas um entendimento subjetivo, mas um corolário da leitura do próprio texto constitucional:

> Art. 211. A União, os Estados, o Distrito Federal e os Municípios organizarão em regime de colaboração seus sistemas de ensino. (...)
>
> § 2º Os Municípios atuarão prioritariamente no ensino fundamental e na educação infantil.
>
> § 3º Os Estados e o Distrito Federal atuarão prioritariamente no ensino fundamental e médio.
>
> § 4º Na organização de seus sistemas de ensino, a União, os Estados, o Distrito Federal e os Municípios definirão formas de colaboração, de forma a assegurar a universalização, a qualidade e a equidade do ensino obrigatório. [grifos nossos]

De acordo com Cury, existe um "federalismo educacional",[67] que deve ser respeitado em todos os níveis – inclusive na iniciativa privada autorizada em conformidade com o art. 209 – a partir de uma simetria do local e regional com o nacio-

---

66. ONU. Observación general núm. 6 (2018) sobre la igualdad y la no discriminación. Comité sobre los derechos de las personas con discapacidad. CRPD/C/GC/6. 2018, par. 64.

67. CURY, Carlos Jamil. Sentidos da educação na Constituição Federal de 1988. *Revista Brasileira de Política e Administração da Educação*-Periódico científico editado pela ANPAE, v. 29, n. 2, 2013.

nal. Um sistema federativo de educação *demanda* um alinhamento entre políticas nacional, estaduais e municipais, que cumpram a dupla missão de resguardar as diferenças situadas e garantir uma coordenação cooperativa quanto à prestação do serviço educacional.

Tendo em vista esse federalismo cooperativo educacional, o art. 8º, § 1º, da Lei 9.394/1996 estabelece que cabe à União a coordenação da política nacional de educação, articulando os diferentes níveis e sistemas e exercendo função normativa, redistributiva e supletiva em relação às demais instâncias educacionais. No art. 11 do mesmo diploma, aponta-se que cabe aos municípios organizar, manter e desenvolver os órgãos e instituições oficiais dos seus sistemas de ensino, integrando-os às políticas e planos educacionais da União e dos Estados.

Nesse sentido, embora cada sistema de ensino conte com liberdade de organização, nos termos da Lei, à União cabe o estabelecimento de parâmetros que estruturam a coluna vertebral que articula organicamente todos os sistemas de ensino da federação. Veja-se que, em sendo exercido em regime de colaboração, o serviço educacional ofertado deve guardar uma simetria federal também em decorrência da qualificação do direito à educação – especificamente, do acesso ao ensino obrigatório – como direito público subjetivo.

Paralelamente ao sistema educacional, veja-se que a descentralização operada no exercício do serviço de saúde já reconhece tal necessidade de congruência, a qual deflui inclusive da garantia de equalização do acesso:

> No tocante à diretriz de descentralização em saúde, o texto constitucional acolhe a municipalização das ações e serviços (Dallari, 1992). Isso não significa, entretanto, que os municípios são completamente autônomos para definir e implementar as políticas de saúde em seu território, pois na prática, se assim fosse, seria possível ter até 5.569 sistemas de saúde e não um sistema único, no qual princípios e diretrizes são compartilhados e assegurados por todos os entes da Federação. Ainda que se desconsiderem as questões econômicas, relativas à perda de eficiência com esse modelo, um problema relevante é que esses sistemas teriam capacidades muito variadas para prover serviços para a população. Portanto, compreendida dessa maneira, a diretriz de descentralização se oporia ao princípio de igualdade de acesso, violando-o já de início, pois o acesso aos serviços de saúde de cada brasileiro ocorreria de acordo com a disponibilidade dos mesmos no seu município de residência.[68]

Compreendemos que a voluntariedade de adesão apontada pela política instituída pelo Decreto 10.502 não está guarda aplicação da melhor técnica em matéria de políticas públicas, tendo em vista que políticas nacionais fornecem parâmetros centrais, embora não únicos, resguardada a competência dos entes federativos municipais e estaduais para elaborarem suas próprias políticas em matéria de efetivação de direitos sociais. Não por outro motivo, o artigo 24, IX, da CF/88 fixa como com-

---

68. JACCOUD, Luciana de Barros; VIEIRA, Fabiola Sulpino. *Federalismo, integralidade e autonomia no SUS:* desvinculação da aplicação de recursos federais e os desafios da coordenação. Texto para Discussão. Instituto de Pesquisa Econômica Aplicada. Brasília, Rio de Janeiro: Ipea, 2018.

petência concorrente da União, dos Estados, do Distrito Federal e dos Municípios, a produção de legislação em matéria de educação, cultura, ensino, desporto, ciência, tecnologia, pesquisa, desenvolvimento e inovação.

Veja-se, ademais, que, em relação à técnica de "transferências via adesão a programas e estratégias específicas" tem sido apontada uma tendência para a fragmentação na aplicação dos recursos".[69] Em políticas de saúde, em virtude desse déficit, tem sido adotado um modelo de regionalização do fornecimento do serviço que promoveu ganhos institucionais expressivos, como o fortalecimento das regiões de saúde, a organização das redes de atenção e o aprimoramento da governança regional. Nesse sentido, a fixação de adesão voluntária a políticas de abrangência nacional pode ser questionada sob o ponto de vista da literatura em federalismo e políticas públicas, tomando-se como objeto de análise o caso do serviço de saúde. Sublinhamos:

> Como reconhece a literatura sobre o federalismo brasileiro e o SUS, apresentada em resumo neste texto, o sucesso na descentralização de ações e serviços de saúde, bem como na implementação das políticas e programas, decorre, em grande medida, da capacidade de o Ministério da Saúde induzir esses processos por meio da alocação de recursos. Como aponta Arretche (2002; 2004), qualquer ente federado estava constitucionalmente autorizado a implementar programas na área de saúde, mas nenhum estava constitucionalmente obrigado a isso, ampliando os riscos de superposição, desigualdade de provisão e limitação das ofertas. Se a atuação do governo federal na coordenação do sistema evitou esses riscos, eles parecem retornar com a alteração proposta nas formas de repasse dos recursos federais em saúde, que reduz drasticamente a possibilidade de o órgão influir na implementação. A decisão de alocação passaria a ser integralmente dos municípios e estados, ficando o ministério sem um dos principais instrumentos de coordenação da política em âmbito nacional.

Nesta linha de argumentação, veja-se que, de acordo com Machado e Pan, as políticas nacionais exercem um papel fundamental não apenas na estruturação do serviço educacional, mas também na orientação das perspectivas de ensino que devem ser adotadas:

> A legislação, nacional e internacional, e as políticas públicas (medidas que põem em ação a legislação) são os guias centrais para o direcionamento de atividades educativas que vão desde a organização mais ampla (deveres e obrigações de cada unidade administrativa do Estado, orçamento etc.) a elementos filosóficos (quem é o aluno, o professor e seu papel, sentidos do processo de educação escolar) e metodológicos (como devem ser as práticas educacionais).[70]

Como uma modalidade transversal a todos os níveis educacionais, a Política de Educação Especial não deve assumir como variável determinante a adesão voluntária e sujeita ao juízo de conveniência e oportunidade dos gestores dos entes federativos. Isso porque, embora seja a implementação de políticas públicas afeta aos poderes de auto-organização e autogestão dos entes federativos, a determinação das diretrizes

---

69. Id. p. 24.

70. MACHADO, Jardel Pelissari; PAN, Miriam Aparecida Graciano de Souza. Do Nada ao Tudo: políticas públicas e a educação especial brasileira. *Educação & Realidade*, v. 37, 2012. p. 274.

que respeitam o reconhecimento da inclusão como paradigma educacional deve ser feita por meio de política nacional, em atendimento à competência legislativa da União para fixar normas gerais. Esta deve, portanto, em observância dos preceitos convencionais e constitucionais, operar dentro de uma margem imposta pela dupla compatibilidade vertical.

Nesse sentido, aponta Machado, ao tratar da simetria que os sistemas de ensino federais, estaduais e municipais devem guardar quando da estruturação de suas ações de fornecimento do atendimento educacional especializado:

> Como a política brasileira de Educação Especial prevê que o atendimento educacional especializado precisa ser garantido ao seu público-alvo desde o ingresso em rede regular de ensino, este suporte precisa estar estruturado em todos os níveis educacionais, desde a Educação Infantil. Pode-se concluir a partir disso, que todos os sistemas de ensino federais, estaduais e municipais terão corresponsabilidades na execução do atendimento educacional especializado, respeitando as normativas e diretrizes regulamentadas pela União.[71]

Diante da possibilidade de não-adesão da política educacional inclusiva por parte do ente federativo, restam dúvidas que podem ser articuladas nas seguintes questões:

– De que forma se dará a manutenção da coordenação das políticas de inclusão entre União, Estados e Municípios, tendo em vista a repartição de competências de execução do serviço educacional entre estas diferentes figuras?

– Como deve ser lida juridicamente a teratológica situação de um sistema educacional *sem* uma política inclusiva orientadora? Poderá tal ente produzir sua própria política descentralizada de maneira descoordenada com as demais instâncias?

– Como serão determinadas as definições, diretrizes e objetivos da política de inclusão diante de uma possível não adesão? Em havendo uma descontinuidade do léxico implementador utilizado, como deverá ser acompanhado o estudante com deficiência nos níveis de ensino pelos quais deverá passar?

– Em face de uma não-adesão, como se dará a manutenção dos recursos já direcionados para escolas da rede municipal e estadual, por meio de Programas, Planos e Pactos orientados a partir da PNEEPI de 2008?

– Deve-se assumir, a partir da Nova Política, que o voluntarismo executivo local ou regional pode ser uma *variável determinante* para a continuidade da articulação

---

71. PEDOTT, Larissa. A organização legislativa brasileira na educação especial: resgate histórico da legislação e competência dos entes federativos na oferta desta modalidade educacional. In: RANIERI, Nina Beatriz Stocco; ALVES, Angela Limongi Alvarenga. *Direito à educação e direitos na educação em perspectiva interdisciplinar*. São Paulo: Cátedra UNESCO de Direto à Educação/Universidade de São Paulo (USP), 2018. p. 107.

dos recursos afetos à educação de pessoas com deficiência no âmbito organizacional das instituições de ensino?[72]

Argumentamos que as respostas para estas perguntas irão indicar a inconstitucionalidade do Decreto 10.502/2020 em virtude de um importante argumento de fundo, qual seja o de ruptura do pacto federativo. Por exemplo, veja-se que, em não havendo uma obrigatoriedade do setor público em garantir, em sua rede pública de educação regular, as condições necessárias para o fornecimento do serviço educacional inclusivo para pessoas com deficiência, que exigem constantemente novos recursos materiais e humanos, poderão ocorrer negativas de matrícula sob o argumento da falta de adesão à política.

6. ÚLTIMAS CONSIDERAÇÕES

Propus, nestes comentários, um mapa de entendimento dos argumentos contra a constitucionalidade do Decreto 10.502. Finalizo acrescendo uma possibilidade de avaliação prejudicial aos demais argumentos, tendo em vista que se refere à possibilidade de ruptura do pacto federativo em face da adesão voluntária à política. Dado que a Educação Especial é uma modalidade transversal a todos os níveis educacionais, a Política Nacional de Educação Inclusiva não deve assumir como variável determinante a adesão voluntária e sujeita ao julgamento de conveniência e oportunidade dos gestores das entidades federativas. Isto porque, embora a implementação de políticas públicas afete os poderes de auto-organização e autogestão das entidades federativas, a determinação das diretrizes que respeitam o reconhecimento da inclusão como paradigma educacional deve ser feita através da política nacional, em conformidade com a competência legislativa da União para estabelecer padrões gerais. Isto deve, portanto, em conformidade com os preceitos convencionais e constitucionais, operar dentro de uma margem imposta pela dupla compatibilidade vertical.

---

72. Dentre estes, mencionamos o Programa de Implantação de Salas de Recursos Multifuncionais e o direcionamento de recursos à escola com a dupla matrícula de alunos que recebem atendimento educacional especializado nas salas de recursos.

Capítulo V
Do Direito à Moradia

Cláudia Franco Correa
Cristina Gomes Campos de Seta

Art. 31. A pessoa com deficiência tem direito à moradia digna, no seio da família natural ou substituta, com seu cônjuge ou companheiro ou desacompanhada, ou em moradia para a vida independente da pessoa com deficiência, ou, ainda, em residência inclusiva.

§ 1º O poder público adotará programas e ações estratégicas para apoiar a criação e a manutenção de moradia para a vida independente da pessoa com deficiência.

§ 2º A proteção integral na modalidade de residência inclusiva será prestada no âmbito do Suas à pessoa com deficiência em situação de dependência que não disponha de condições de autossustentabilidade, com vínculos familiares fragilizados ou rompidos.

Art. 32. Nos programas habitacionais, públicos ou subsidiados com recursos públicos, a pessoa com deficiência ou o seu responsável goza de prioridade na aquisição de imóvel para moradia própria, observado o seguinte:

I – reserva de, no mínimo, 3% (três por cento) das unidades habitacionais para pessoa com deficiência;

II – (VETADO);

III – em caso de edificação multifamiliar, garantia de acessibilidade nas áreas de uso comum e nas unidades habitacionais no piso térreo e de acessibilidade ou de adaptação razoável nos demais pisos;

IV – disponibilização de equipamentos urbanos comunitários acessíveis;

V – elaboração de especificações técnicas no projeto que permitam a instalação de elevadores.

§ 1º O direito à prioridade, previsto no *caput* deste artigo, será reconhecido à pessoa com deficiência beneficiária apenas uma vez.

§ 2º Nos programas habitacionais públicos, os critérios de financiamento devem ser compatíveis com os rendimentos da pessoa com deficiência ou de sua família.

§ 3º Caso não haja pessoa com deficiência interessada nas unidades habitacionais reservadas por força do disposto no inciso I do *caput* deste artigo, as unidades não utilizadas serão disponibilizadas às demais pessoas.

Art. 33. Ao poder público compete:

I – adotar as providências necessárias para o cumprimento do disposto nos arts. 31 e 32 desta Lei; e

II – divulgar, para os agentes interessados e beneficiários, a política habitacional prevista nas legislações federal, estaduais, distrital e municipais, com ênfase nos dispositivos sobre acessibilidade.

1. PANORAMA GERAL DA LEI 13.146/2015: BREVES CONSIDERAÇÕES

Em panorama geral, salienta-se a relevância de alguns aspectos quando da edição da Lei 3.146/2015, de modo a elucidar a questão do direito de moradia não só na textura da respectiva lei, mas, sobretudo, a *ratio* particularmente contida na tutela pretendida.

Parece-nos que a propositura central do presente *paper*, envolve dois assuntos bem delicados em solo brasileiro. Um de caráter mais abrangente, que é o caso do direito de moradia e ou outro, de cunho mais específico, que é a delicadíssima questão das incapacidades e como se encontra tratada no direito pátrio.

Assim sendo, cabe-nos elaborar alguns pontos na convergência de questões tão imbrogliantes, de modo a nos permitir ao final perenizar algumas conclusões.

Preliminarmente, necessário discorrer contextualmente sobre a Lei 13.146/2015 em seu aspecto fundante. A partir desse móvel, podemos atribuir à referida lei alguns aspectos. O primeiro é de natureza técnica, uma vez que, indica-se que o legislador partiu do pressuposto de que a norma jurídica, no geral, tratava as pessoas portadoras de enfermidade ou deficiência mental como incapazes, compreendendo que tal maneira de olhar as colocava em situação de inferioridade, negando-lhes direito fundamental da dignidade da pessoa humana. Com efeito, tanto a população mundial, mas também a sociedade brasileira, foram confrontadas com o tratamento dispensado no passado às pessoas portadoras de enfermidades mentais.

Abaladas pelas notícias de verdadeiro holocausto perpetrado pelo sistema manicomial que encarcerava pessoas portadoras de transtornos mentais submetendo-as à exclusão social e às atrocidades sub-humanas sob a escusa de protegê-las,[1] a comunidade internacional e a sociedade pátria passaram a exigir a inclusão social das pessoas com deficiência, reconhecendo-as, igualmente, titulares do direito fundamental da dignidade buscando as suas inclusões na sociedade. A fim de inseri-las

---

1. ARBEX, Daniela. *Holocausto brasileiro*: genocídio 60 mil mortos no maior hospício do Brasil. São Paulo: Geração, 2013.

como pessoas dignas, o estatuto foi promulgado reconhecendo-lhes direitos e as colocando como pessoas capazes, aptas a realizarem sozinhas todos os atos da vida civil. As terminologias anteriormente empregadas pelo Código Civil de 2002 – "portador de enfermidade ou deficiência mental" foram substituídas por "pessoa com deficiência", definindo, o artigo 2º, da Lei 13.146/2015, que se considera como tal àquela que tem "impedimento de longo prazo de natureza física, mental, intelectual ou sensorial, o qual, em interação com uma ou mais barreiras, pode obstruir sua participação plena e efetiva na sociedade em igualdade de condições com as demais pessoas".

2. O DIREITO DE MORADIA E SUAS COMPLEXIDADES DE EXECUÇÃO

O direito de Moradia, na textura do direito brasileiro, está atrelado fundamentalmente a contextualização dos direitos sociais. A importância dessa conjuntura consiste no relevante papel que a própria dogmática jurídica vem admitindo sobre a importância que o direito de moradia exerce na efetividade do princípio da dignidade da pessoa humana. Portanto, como dito no início do presente artigo, a questão do direito de moradia possui caráter muito amplo, pois o acesso ao direito de moradia de maneira eficiente ou ineficiente refletirá consistentemente na população como um todo.

Para se ter uma ideia, o Brasil tem um déficit habitacional de 7,757 milhões de moradias, segundo estudo da Fundação Getulio Vargas (FGV). O dado é de 2015, o mais recente, e tem como base a Pesquisa Nacional Pesquisa Nacional por Amostra de Domicílios (Pnad), do IBGE.[2] São milhares de brasileiros que não desfrutam de uma moradia ou de uma moradia digna como ocorre com aqueles que moram em favelas. Nesse aspecto, os números causam espanto, uma vez que 3.224.529 domicílios são assentados em favelas no Brasil, ou seja, 5,6% do total de domicílios brasileiros estão localizados em assentamentos precários.[3]

Portanto, os dados acabam por revelar a ausência de efetivas políticas públicas, que para além do "papel", possam consolidar acesso a moradias condizentes com o Estado republicano a todos.

No delineamento dogmático, algumas teorizações resvalam-se em dúvidas quanto ao conteúdo de exequibilidade emprestada ao direito de moradia cuja sua natureza seja de cunho social. José Afonso da Silva salienta que o direito de moradia se estabelece como um direito positivo de caráter prestacional. No Brasil, a Emenda Constitucional 6, de 14 de fevereiro de 2000, inseriu no artigo 6º da Constituição Federal o direito de moradia no rol de direitos sociais. Sendo assim, tal direito envolve não só a faculdade de ocupar uma habitação qualquer; vai além, exige a lei que seja

---

2. [http://www.valor.com.br/brasil/5498629/deficit-de-moradias-no-pais-ja-chega-77-milhoes].

3. Dados CENSO IBGE 2010.

uma moradia digna, que envolva dimensões espaciais adequadas, com condições de higiene e conforto, que preserve a intimidade pessoal e familiar, caso contrário, haverá um direito claudicante, pois, segundo o autor, não há marginalização maior que não ter um teto digno para morar.[4]

Essas percepções nos remetem à concepção de reconhecimento do Estado de que há na esfera social direitos basicamente considerados como essenciais, a fim de se respeitar a existência humana com um grau razoável de dignidade. Em resumo: sem uma moradia digna, não há que se falar em princípio da dignidade da pessoa humana. É o reconhecimento do mínimo existencial, aqui reconhecido como o conjunto de prestações materiais necessárias e absolutamente essenciais para que todo ser humano tenha uma vida digna. Tal princípio é consagrado pela Doutrina jurídica no geral como sendo o núcleo do Princípio da Dignidade da Pessoa Humana, previsto no artigo 1º, III, da CF.

José Gomes Canotilho observa que os direitos fundamentais assumem uma função valiosíssima, que seria a de prestação social. Para o jurista, o direito à prestação significa, em sentido estrito, o direito do particular de obter algo através do Estado (saúde, educação, segurança social). Ressalta que se o particular tiver meios financeiros suficientes, poderá obter a satisfação das suas próprias "pretensões prestacionais" através do comércio privado,[5] ou seja, os direitos sociais estariam condicionados, enquanto alcance, a uma gama de pessoas não dotadas de meios financeiros capazes de realizar as pretensões de conteúdo mínimo existencial. Tanto que o autor acredita que os direitos sociais pressuporiam "um tratamento preferencial para as pessoas que, em virtude de condições econômicas, físicas e sociais, não podem desfrutar destes direitos".[6]

Nessa ordem, os direitos sociais teriam o sentido de indicar para uma dimensão da democracia econômica e social. Seria a tendência de igualar todos os cidadãos no que é pertinente às prestações sociais, assegurando igual dignidade social em todos os aspectos, não se reduzindo apenas a questões previdenciárias e de assistência social. Abrangeria também "um conjunto de tarefas conformadoras" que, além de garantirem a dignidade social, contribuiriam com uma igualdade real entre os cidadãos.[7]

Também comunga de tais concepções Ingo Sarlet ao considerar os direitos sociais como diretos a prestações que visam a realizar e garantir pressupostos materiais para uma real fruição das liberdades. No caso específico da moradia, esta assumiria

---

4. DA SILVA, José Afonso. *Curso de Direito Constitucional Positivo*.32. ed., Malheiros, 2009, p. 315.

5. CANOTILHO, Gomes. *Direito Constitucional e Teoria da Constituição*. 7. ed. Coimbra: Livraria Almedina, 2003, p. 408.

6. CANOTILHO, Gomes. *Direito Constitucional e Teoria da Constituição*. 7. ed. Coimbra: Livraria Almedina, 2003, p. 348.

7. CANOTILHO, Gomes. *Direito Constitucional e Teoria da Constituição*. 7. ed. Coimbra: Livraria Almedina, 2003, p. 349.

dupla feição, porque possui condição de direito de defesa, em razão de encontrar-se protegida contra a violação por parte do Estado e dos particulares, como nos casos da impenhorabilidade do bem de família, e de direito a prestação (como todo direito social em sentido amplo), pelas múltiplas possibilidades de efetivação concreta no acesso à moradia digna, como nos casos de concessão de financiamento a juros subsidiados ou até mesmo o fornecimento de material para construção de uma moradia própria, exemplifica o autor.[8]

Tais posições são dotadas de sentido protetivo, já que defendem a formulação de categorias fundamentais de existência, em sede constitucional, na manutenção normativa de conjunções materiais mínimas àqueles que, por falta de condições, não têm a possibilidade do produzir por si as estruturas básicas do reconhecido mínimo existencial. Na realidade, são direitos que necessitam ativamente da atuação do Estado para implementá-los.

Após essa breve contextualização acerca do caráter fundamental que o direito de moradia exerce na dinâmica do princípio da dignidade da pessoa humana e a importância da atuação do Estado na tarefa de executá-lo, primordialmente em relação aqueles que não possuem condições de acessá-lo por meios próprios, podemos interpor uma ligação concreta com o acesso ao direito de moradia àqueles que, por qualquer deficiência, se tornam hipervulneráveis e, portanto, sem meios eficazes de autopromoção habitacional.

3. O DIREITO DA PESSOA PORTADORA DE DEFICIÊNCIA À MORADIA

Segundo o Censo Demográfico 2010, do IBGE, 45,6 milhões de brasileiros ou 23,9% da população total, têm algum tipo de deficiência – visual, auditiva, física ou intelectual; 25,8 milhões (26,5%) são mulheres, 19,8 milhões (21,2%) são homens. Do total, 38,4 milhões de 6 pessoas vivem em áreas urbanas e 7,1 milhões em áreas rurais.

O Movimento da Luta Antimanicomial se caracteriza pela luta pelos direitos das pessoas com sofrimento mental. Dentro dessa luta está o combate à ideia de que se deve isolar a pessoa com sofrimento mental em nome de pretensos tratamentos, ideia baseada apenas nos preconceitos que cercam a doença mental. Durante décadas, a pessoa com certa deficiência era vista pela sociedade como uma "semipessoa", alguém com características que a inferiorizavam. Sendo a deficiência física, aos deficientes caberia um papel de ator coadjuvante, apartado da vida social, política e econômica. Se a deficiência fosse de ordem mental, a fórmula adequada era a de segregação

---

8. SARLET, Ingo Wolfgang. *A eficácia dos direitos fundamentais*. 5. ed. Porto Alegre: Livraria do Advogado, 2005, p. 285.

em instituições "adequadas" para seu "tratamento". A história nos mostra que sob pretexto de "tratamentos", verdadeiros holocaustos eram executados.[9]

O Movimento da Luta antimanicomial faz lembrar que, como todo cidadão, as pessoas com deficiência possuem o direito fundamental à liberdade, o direito a viver em sociedade, além do direto a receber cuidado e tratamento sem que para isto tenham que abrir mão de seu lugar de cidadãos.

Dentro desse contexto, disciplinou a lei o direito da pessoa com deficiência, não somente à moradia, mas a uma moradia digna e em compasso com as suas necessidades. Apartando-se da vetusta concepção da necessidade de institucionalizar a pessoa com deficiência, seja física, seja mental, para fins de reconhecimento dos direitos à sua dignidade enquanto pessoa, estabeleceu a legislação o seu direito a permanecer morando com a sua família, seja natural ou substituta. A partir do reconhecimento à pessoa com deficiência do direito de instituir matrimônio ou de estabelecer união estável, preocupou-se o legislador, ainda, em reconhecer o seu direito à moradia em convivência com cônjuge ou companheiro.

A fim de rechaçar qualquer dúvida sobre o direito à moradia, deixou claro o legislador que a pessoa com deficiência também terá direito à moradia caso opte por viver desacompanhada. Importante essa questão porque, em passado próximo, questionava-se o reconhecimento da concepção de bem de família, instituto inserido igualmente no âmbito do mínimo existencial para uma vida digna, àqueles que residiam sozinhos, ou seja, desacompanhados de qualquer membro de sua família (ascendentes, descendentes ou colaterais) e igualmente não se encontrando casados ou em união estável. Superada a questão, porém, não passou ao largo o legislador que, para dirimir qualquer reintrodução da discussão, reconheceu de forma explícita que o direito à moradia digna também se aplica às pessoas com deficiência que desejem residir desacompanhadas.

Dentro da noção de dignidade, o legislador foi enfático porque disciplinou a necessidade de garantir às pessoas com deficiência um local acessível e livre de barreiras. Introduziu-se a noção de acessibilidade coadunada ao direito à moradia digna. A noção de moradia digna ganha qualificadora essencial: a acessibilidade. Entende-se acessibilidade como sendo a condição que possibilita a transposição dos entraves os quais representam barreiras para a efetiva participação de pessoas nos vários âmbitos da vida social. Acessibilidade parece estar associada à noção de autonomia, de independência das pessoas portadoras com deficiência de forma que estas possam desempenhar suas atividades diárias de forma autônoma, livre de obstáculos.

A questão não é novidade. A Convenção da ONU sobre os Direitos das Pessoas com Deficiência, introduzido no ordenamento jurídico brasileiro pelo Decreto 6.949,

---

9. ARBEX, Daniela. *Holocausto brasileiro*: genocídio 60 mil mortos no maior hospício do Brasil. São Paulo: Geração, 2013.

de 25 de agosto de 2009, indica em seu artigo 3º, dos Princípios Gerais, o respeito pela dignidade inerente a autonomia individual, inclusive a liberdade de fazer as próprias escolhas, e a independência das pessoas; na alínea *f* reconhece entre como consectário dessa autonomia, a acessibilidade. Adiante, dedica a Convenção em seu artigo 9º, diretrizes sobre a acessibilidade, dispondo ser obrigatório que os Estados-Partes tomem "as medidas apropriadas para assegurar às pessoas com deficiência o acesso, em igualdade de oportunidades com as demais pessoas, ao meio físico".

A noção de moradia digna e acessível está vinculada ao ideal de liberdade e independência e autonomia sendo dever do poder público viabilizar o seu exercício através de programas e ações estratégicas (artigo 33, § 1º, do LBI). No Brasil, em 1983, a NBR 9050, passou a orientar sobre as regras, parâmetros e requisitos para atender às necessidades da população com deficiência e, na ordem mundial, a Convenção do Direito das Pessoas com deficiência já introduzia tais noções e elencava tais direitos.

Especialistas em arquitetura e *design* defendem a tese de que todas as casas devem ter acessibilidade, não sendo adequada a construção de unidades habitacionais exclusivas para pessoas com deficiência. Todas as construções deveriam ser de "*design* único" a permitir que todas as pessoas com ou sem deficiência, jovens ou idosos, possam residir simultaneamente na mesma moradia. Essa questão que num primeiro olhar parece peculiar tem fundamento, na medida em que a pessoa com deficiência também convive tem o direito de conviver com outras sem deficiência; pessoas jovens envelhecem e não se pode obrigar a pessoa com deficiência a permanecer eternamente na mesma unidade habitacional. Essa tese apoia-se na ideia de liberdade de escolha de moradia, definida na Convenção Internacional sobre o direito das pessoas com deficiência, artigo 19.

> Artigo 19
>
> Vida independente e inclusão na comunidade
>
> Os Estados-Partes desta Convenção reconhecem o igual direito de todas as pessoas com deficiência de viver na comunidade como as demais e deverão tomar medidas efetivas e apropriadas para facilitar às pessoas com deficiência o pleno desfrute deste direito e sua plena inclusão e participação na comunidade, inclusive assegurando que: a. As pessoas com deficiência possam escolher seu local de residência e onde e com quem morar, em igualdade de oportunidades com as demais pessoas, e que não sejam obrigadas a morar em determinada habitação; b. As pessoas com deficiência tenham acesso a uma variedade de serviços de apoio em domicílio ou em instituições residenciais ou a outros serviços comunitários de apoio, inclusive os serviços de atendentes pessoais que forem necessários como apoio para viverem e serem incluídas na comunidade e para evitarem ficar isoladas ou segregadas da comunidade; e c. Os serviços e instalações da comunidade para a população em geral estejam disponíveis às pessoas com deficiência, em igualdade de oportunidades, e atendam às suas necessidades.

Segundo tal artigo, os Estados-partes da convenção devem reconhecer o direito das pessoas com deficiência em viver na comunidade com a mesma liberdade de escolha das demais pessoas. Mais adiante estabelece expressamente que as pessoas com deficiência devem poder "escolher seu local de residência e onde e com quem morar, em igualdade de oportunidades com as demais pessoas, e que não sejam obrigadas a viver em determinado tipo de moradia".

Dessa forma, imperioso interpretar os artigos 32 e 33 da Lei de Inclusão para que não se empregue hermenêutica restritiva. O poder público deve fomentar a construção de unidades habitacionais acessíveis, não limitando a construção destas em quantidade específica como sugere o artigo 33 que abaixo será abordado.

Deve ficar claro, contudo, que o direito à moradia acessível e inclusiva extrapola o âmbito familiar e individual, na medida em que se reconhece igualmente esse direito àquelas pessoas com deficiência que, pelas suas características peculiares, estejam em posição de dependência, não dispondo de condições de "autossustentabilidade" ou que estejam com vínculos familiares fragilizados ou rompidos. Nessas hipóteses, introduziu-se a ideia de "Residências Inclusivas". No dizer de Silvana Serafino Cambiaghi e Luís Henrique da Silveira Mauch, trata-se de uma modalidade de serviço de acolhimento do Sistema Único de Assistência Social. O público-alvo seria jovens e adultos com deficiência e em situação de dependência, prioritariamente beneficiários do Benefício de Prestação Continuada (BPC) que ostentassem as características acima "e/ ou que estejam em processo de desinstitucionalização de instituições de longa permanência".[10]

Para fins de efetividade ao direito à moradia, estabeleceu o artigo 32 da Lei 13.146/2015 a prioridade nos programas habitacionais, públicos ou subsidiados com recursos públicos, à pessoa com deficiência ou o seu responsável, devendo haver a reserva de 3% (três por cento) das unidades para pessoas com deficiência, direito este que somente poderá ser reconhecido para cada pessoa ou responsável uma única vez.

Como dito acima, a interpretação deve ser extensiva. Ecoando as diretrizes dos profissionais da arquitetura e *design*, não somente 3% das construções devem ser construídas para pessoas com deficiência. Tal interpretação faria com que as pessoas com deficiência estivessem "aprisionadas" a viverem sempre em suas moradias para ela construídas, ou, em última hipótese, caso deseje mudar o seu rol de escolha sempre se apresentará em número reduzido. Muitas construções antigas não possuem condições de serem transformadas em moradias acessíveis. As novas construções, pelo menos, devem sê-lo para fins de concretude com o direito de escolha previsto na Convenção dos Direitos da Pessoa com Deficiência.

Estabelece ainda a necessidade de crédito para a aquisição da referida unidade de forma compatível com os rendimentos da pessoa com deficiência ou de sua família. Mais uma vez, o legislador insiste na acessibilidade não somente à moradia, mas também, em caso de edificação multifamiliar nas áreas de uso comum. Prioriza

---

10. CAMBIAGHI, Silvana Severino e MAUCH, Luís Henrique da Silveria. Moradia acessível para a independência de pessoas com deficiência. Inc. Soc., Brasília, DF, v. 10 n. 2, p. 147, jan./jun. 2017. Disponível em: [file:///C:/Users/User/Downloads/4043-11680-1-PB.pdf].

que nessas edificações, o piso térreo seja destinado para tal fim prevendo, ainda, adaptação razoável para os demais pisos e estabelece que o projeto seja dotado de especificações técnicas para fins de instalação de elevadores. Veja-se que apesar de priorizar o térreo, a legislação prevê que as demais moradias possam ser acessíveis.

As legislações municipais disciplinam a construção através de seus Códigos de Obras ou legislações equivalentes. Há ainda no Brasil uma infinidade de Municípios que permitem a construção de edifícios com quatro e cinco patamares sem elevadores, o que restringe o acesso da pessoa com deficiência. A importância da legislação de inclusão é de, nesse momento, impor que, pelo menos, haja a previsão nessas construções para que, no futuro, haja a possibilidade de instalação de elevadores.

Outras legislações já vinham reconhecendo o direito à moradia, ainda que de forma mais tímida, às pessoas com deficiência. A Lei 11.977, de 07 de julho de 2009, em seu artigo 3º, V, já continha preferência aos portadores de deficiência para a aquisição de imóveis no Programa Minha Casa Minha Vida. A Lei 12.424/2011 deu nova redação ao artigo 73 da Lei que regulamentou o Programa em questão, para assegurar disponibilidade de unidades adaptáveis ao uso por pessoas com deficiência com mobilidade reduzida, ressaltando, ainda, que em cada Município haja a reserva de no mínimo 3% de unidades adaptadas ao uso por pessoas com deficiência.

Para fins de publicidade e asseguração dos direitos previstos na Lei de Inclusão, o artigo 33 dispõe acerca da obrigatoriedade do poder público em divulgar, para os agentes interessados e beneficiários, a política habitacional prevista nas legislações federal, estaduais, distrital e municipais, com ênfase nos dispositivos sobre acessibilidade. A obrigatoriedade de divulgação e informação possui duas vertentes: impedir a construção apartada da legalidade e permitir que o público em geral, principalmente os destinatários da norma, adquiram consciência acerca dos seus direitos para que possam exigir o cumprimento e respeito ao direito ora estabelecido.

4. CONSIDERAÇÕES FINAIS ACERCA DA MORADIA NA LEI DE INCLUSÃO

As inovações e o reforço trazidos pela Lei de Inclusão da Pessoa com Deficiência o foram já com significativo atraso. Desde 30 de março de 2007 foi promulgada a Convenção Internacional sobre os Direitos das Pessoas com Deficiência e seu Protocolo Facultativo, assinados em Nova York. No Brasil, tal convenção passou a ser reconhecida e foi inserida no âmbito jurídico a partir do Decreto 6.949, de 25 de agosto de 2009. Em que pese o direito à moradia da pessoa com deficiência ter sido pontualmente reconhecido em algumas legislações esparsas, tais como quando da instituição do programa Minha Casa Minha Vida, somente com o advento da Lei da Inclusão foi reconhecido como um verdadeiro "direito". A importância do reconhecimento e a disciplina desse direito são créditos da referida lei de inclusão que tentou disciplinar de forma mais pormenorizada a questão.

É de se perquirir, todavia, a curiosa necessidade de reconhecer às pessoas com deficiência o direito à moradia. Esta já se encontrava reconhecida para todas as pessoas com o advento da Emenda Constitucional 26 de 14 de ferreiro de 2000. Daí por que é de se ressaltar o inconsciente que povoava o mundo jurídico levando a crer que, como já mencionado acima, por várias décadas, a pessoa com deficiência era vista como uma pessoa não dotada de completude. Críticas à parte, louva-se a explicitação do direito à moradia, não somente para que se permitisse refletir sobre a necessidade do reconhecimento expresso deste direito, mas também pela associação à moradia digna e acessível. Obviamente, críticas surgirão, mas se espera que com o tempo seja possível dar concretude ao direito à moradia na sua forma ampla, possibilitando que todas as pessoas com deficiência possam ter a liberdade de escolher a moradia que melhor lhe aprouver. Somente assim, dar-se-á concretização ao direito de moradia como expressão da liberdade e dignidade existencial.

Capítulo VI
Do Direito ao Trabalho

Laura Magalhães de Andrade

Art. 34. A pessoa com deficiência tem direito ao trabalho de sua livre escolha e aceitação, em ambiente acessível e inclusivo, em igualdade de oportunidades com as demais pessoas.

§ 1º As pessoas jurídicas de direito público, privado ou de qualquer natureza são obrigadas a garantir ambientes de trabalho acessíveis e inclusivos.

§ 2º A pessoa com deficiência tem direito, em igualdade de oportunidades com as demais pessoas, a condições justas e favoráveis de trabalho, incluindo igual remuneração por trabalho de igual valor.

§ 3º É vedada restrição ao trabalho da pessoa com deficiência e qualquer discriminação em razão de sua condição, inclusive nas etapas de recrutamento, seleção, contratação, admissão, exames admissional e periódico, permanência no emprego, ascensão profissional e reabilitação profissional, bem como exigência de aptidão plena.

§ 4º A pessoa com deficiência tem direito à participação e ao acesso a cursos, treinamentos, educação continuada, planos de carreira, promoções, bonificações e incentivos profissionais oferecidos pelo empregador, em igualdade de oportunidades com os demais empregados.

§ 5º É garantida aos trabalhadores com deficiência acessibilidade em cursos de formação e de capacitação.

1. ASPECTOS GERAIS

O presente artigo inaugura o Capítulo VI da Lei Brasileira de Inclusão (LBI), que apresenta o direito ao trabalho dos portadores de deficiência e inicia a Seção I, que versa sobre as Disposições Gerais sobre o Direito ao Trabalho. Sob esse assunto, convêm analisar, didática e pormenorizadamente, as expressões presentes no *caput* do art. 34, com seus conceitos, contextualizações histórico-legislativas e características: o direito ao trabalho, a livre escolha e aceitação, o ambiente acessível e inclusivo, além de igualdade de oportunidades, fazendo-se a devida associação com seus parágrafos, quando eles forem pertinentes a tais temas.

2. DO DIREITO AO TRABALHO

Com relação a este tema, o § 2º do Estatuto da Pessoa com Deficiência assim dispõe, expressamente:

> [...]
>
> § 2º A pessoa com deficiência tem direito, em igualdade de oportunidades com as demais pessoas, a condições justas e favoráveis de trabalho, incluindo igual remuneração por trabalho de igual valor.
>
> § 3º É vedada restrição ao trabalho da pessoa com deficiência e qualquer discriminação em razão de sua condição, inclusive nas etapas de recrutamento, seleção, contratação, admissão, exames admissional e periódico, permanência no emprego, ascensão profissional e reabilitação profissional, bem como exigência de aptidão plena.

Inicialmente, cabe salientar que o Capítulo do Direito ao Trabalho vem inserido no Título II, LBI, intitulado "Dos Direitos Fundamentais". Isso significa dizer que o acesso ao trabalho pode ser considerado como um direito elevado à categoria de Direito Fundamental, ao passo que é um dos pilares para a manutenção da dignidade da pessoa humana, como preceitua a Carta da República de 1988, em seu artigo 1º, inciso III.

Tal previsão se coaduna com o teor do art. 27 da Convenção sobre os Direitos da Pessoa com Deficiência da Organização das Nações Unidas (ONU),[1] celebrada em 11.12.2006, ratificada pelo Congresso Nacional brasileiro em 09.07.2008 e pelo Decreto Legislativo 186/2008, sendo todos os seus artigos são de aplicação imediata.

Ao estabelecer que o direito ao trabalho fosse colocado na LBI dentro do rol de direitos fundamentais, há uma posição de destaque e superior importância, ao lado do direito à vida, à educação, à moradia, à saúde, por exemplo, e, portanto, trata-se uma norma de caráter geral, de ordem pública e que deve ser salvaguardada por todos.

Como uma breve contextualização histórica, cumpre mencionar que as normas que protegem o direito ao trabalho tomaram força, principalmente, no momento após a Primeira Guerra Mundial, no qual houve um marco histórico-jurídico que culminou com a criação da Organização Internacional do Trabalho (OIT), em 1919, dentre outras importantes medidas: Tratado de Versalhes.

Com o surgimento da Segunda Guerra Mundial, sobrevieram um sem número de pessoas que adquiriram certos tipos de restrições motoras e psicossomáticas, ocasionando uma perda expressiva de contingente de mão de obra economicamente

---

1. "Artigo 27. Trabalho e emprego. Os Estados-Partes reconhecem o direito das pessoas com deficiência de trabalhar, em igualdade de oportunidades com as demais pessoas. Este direito abrange o direito à oportunidade de se manter com um trabalho de sua livre escolha ou aceito no mercado laboral em ambiente de trabalho que seja aberto, inclusivo e acessível a pessoas com deficiência. Os Estados-Partes deverão salvaguardar e promover a realização do direito ao trabalho, inclusive daqueles que tiverem adquirido uma deficiência no emprego, adotando medidas apropriadas, incluídas na legislação, com o fim de, entre outros: [...]". Disponível em: [http://www.planalto.gov.br/ccivil_03/_ato2007-2010/2009/decreto/d6949.htm]. Acesso em: 10 out. 2017.

ativa, o que culminou, forçosamente, em se pensar com mais aprofundamento sobre as questões que envolvessem a inclusão desse tipo de trabalhador, bem como sua reabilitação, de forma que este estivesse apto e qualificado a desempenhar outras funções laborais.

Sob esse aspecto, outro importante marco que merece destaque é a Convenção 111 da Organização Internacional do Trabalho, criada em 1958, que versa sobre a Discriminação em Matéria de Emprego e Ocupação, ratificada pelo Brasil em 1965. Além disso, a OIT editou a Convenção 159, de 1983, e ratificada pelo Brasil em 1990, relativa à Reabilitação Profissional e Emprego das Pessoas com Deficiência.

Em consonância com as referidas Convenções e seguindo a tendência mundial de valorização da dignidade humana e de direitos sociais, a Constituição da República de 1988 se traduz em um marco brasileiro em matéria de princípios, liberdade e igualdade e dos chamados direitos de solidariedade.

Depois desse breve apanhado histórico-jurídico e retomando a análise do direito ao tralhado sob a ótica da LBI, há que de atentar para uma importante questão: a lei não faz menção à *emprego* mas sim à *trabalho*, em sentido amplo. Tal previsão segue a mesma linha ditada pela Constituição Federal que estabelece, em seu artigo 1º, como um dos fundamentos do Estado Democrático de Direito, em seu inciso IV, "os valores sociais do trabalho", e o art. 6º, em que prevê o trabalho como direito social. Ademais, o art. 193 da Carta Magna prevê que "a ordem social tem como base o primado do trabalho, e como objetivo o bem-estar e a justiça sociais".

Desse modo, segue-se a intenção de abarcar expressão mais genérica, que possibilite o atendimento às diversas formas de labor e não aquelas que preenchem os elementos que caracterizam o vínculo de emprego, como preconizam os artigos 2º e 3º da Consolidação das Leis do Trabalho (CLT), ao versar sobre as definições de empregado e empregador.

Poder-se-á verificar nos artigos seguintes, que tratam do direito ao trabalho, entretanto, que há um direcionamento para o trabalho em que há subordinação jurídica, ao dar especial atenção às instituições públicas e privadas, o que não significa que outras formas de trabalho não estejam contempladas.

Retomando a ideia de que o direito ao trabalho é um direito social, um direito de solidariedade ou de fraternidade, é mister salientar que o trabalho, contemporaneamente, não é considerado apenas como uma fonte de renda, mais uma ferramenta de valorização do indivíduo, sua inclusão social e interação com seus pares, como um instrumento que identifica o indivíduo perante sua comunidade e com o mundo. Tanto que é por meio do trabalho que o ser humano se realiza e exterioriza suas ideias, pois o "trabalho ocupa a pessoa como um todo".[2]

---

2. DAL ROSSO, Sadi. *Mais Trabalho!* A intensificação do labor na sociedade contemporânea. São Paulo: Boitempo, 2008.

Ademais, deve-se destacar o fato de que ao trabalhador com deficiência são reconhecidos todos os direitos e são aplicáveis as mesmas proibições estipuladas aos demais trabalhadores pelo art. 7º, da Constituição da República, que prevê, ainda, em seu inciso XXXI, a vedação à discriminação para admissão e remuneração em razão de deficiência. Outrossim, destaca-se que, no caso de ser empregado, também será regido pela Consolidação das Leis do Trabalho tal como todas as pessoas que firmam contrato de trabalho, sempre atentando, todavia, a normas especiais aplicáveis à pessoa com deficiência. Finalmente, a Constituição Cidadã prevê, em seu artigo 37, inciso VIII, a reserva de vagas na Administração Direta e Indireta para portadores de necessidades especiais.

Partindo-se para a legislação infraconstitucional, enumeram-se, a seguir, os principais dispositivos legais que versam sobre o trabalho das pessoas com deficiência:

1 A Lei 7.853/1989[3] preconiza, em seu artigo 2º, tratar "a matéria como obrigação nacional a cargo do Poder Público e da sociedade" e em seu parágrafo único estabelece que "para o fim estabelecido no *caput* deste artigo, os órgãos e entidades da administração direta e indireta devem dispensar, no âmbito de sua competência e finalidade, aos assuntos objetos esta Lei, tratamento prioritário e adequado [...]";

2 A Lei 8.112/1990[4] estabelece a reserva de 5% a 20% dos cargos da Administração Direta e Indireta a pessoas com deficiência, em seu art. 5º, § 2º, dentre outras previsões especiais às pessoas com deficiência;

3 A Lei 8.213/1991[5], que no artigo 93 estabeleceu as cotas de 2% até 5% de emprego para pessoas com deficiência ou reabilitadas nas empresas com mais de 100 empregados;

4 O Decreto 3.298/1999, que regulamenta a Lei 7.853/1989 e dispõe sobre a Política Nacional para a Integração da Pessoa Portadora de Deficiência prevê, no art. 15, que os órgãos e as entidades da Administração Pública Federal prestarão direta ou indiretamente à pessoa portadora de deficiência os serviços de "formação profissional e qualificação para o trabalho" (inciso II);

5 O Decreto 5.296/2004, que regulamentaram as Leis 10.048 e 10.098, ambas de 2000, para o transporte público adaptado e remoção de barreiras arquitetônicas.

Depreende-se de todo o aparato legislativo apresentado, em um rol meramente exemplificativo, que o direito ao trabalho ao portador de necessidades especiais vem sendo tutelado pelo ordenamento jurídico nacional e, seguindo essa tendência, o

---

3. Dispõe sobre o apoio às pessoas portadoras de deficiência, sua integração social, sobre a Coordenadoria Nacional para Integração da Pessoa Portadora de Deficiência – Corde, institui a tutela jurisdicional de interesses coletivos ou difusos dessas pessoas, disciplina a atuação do Ministério Público, define crimes, e dá outras providências.

4. Dispõe sobre o regime jurídico dos servidores públicos civis da União, das autarquias e das fundações públicas federais.

5. Dispõe sobre os Planos de Benefícios da Previdência Social e dá outras providências.

Estatuto da Pessoa com Deficiência veio consolidar sua proteção em associação a princípios tão relevantes, como a igualdade, a dignidade humana e a solidariedade social.

Registre-se que, em que pese ter a LBI consolidado a previsão e proteção do direito ao trabalho, deixou-se de prever, expressamente, uma ampliação do rol de direitos e proteções deles decorrentes para os parentes diretos que têm, sob seus cuidados, alguma pessoa com deficiência, estendendo àquele a possibilidade de proteção quanto à necessidade de jornada de trabalho reduzida, por exemplo, desde que, obviamente, demonstre-se necessidade imperativa.

Desse modo, os dispositivos do direito ao trabalho na LBI atingem apenas a população com deficiência apta ao trabalho ou que possa ser habilitada para uma profissão, e em idade economicamente ativa, ou seja, a partir de 14 anos – considerando-se a idade mínima para o contrato de aprendizagem.

Finalmente, urge ressaltar que, de acordo com dados da Organização das Nações Unidas (ONU) as pessoas com deficiência são consideradas a maior minoria do mundo e têm, cotidianamente, seus direitos sonegados dentro e fora das instituições que lhes oferecem trabalho. Portanto, conhecer, debater e assegurar os direitos do trabalhador com deficiência é destacar que estes não se exaurem com a cota legal e muito menos se resumem a ela.

Nos tópicos seguintes, serão abordadas, de forma detalhada, as demais expressões previstas no *caput* do art. 34, relacionando-os, quando couber, aos parágrafos do citado artigo.

3. LIVRE ESCOLHA E ACEITAÇÃO

A expressão "livre escolha e aceitação" significa uma reprodução do que foi estabelecido pelo art. 27, item 1, da Convenção sobre os Direitos das Pessoas com Deficiência, da ONU e acrescenta, pelo princípio inserido na letra "n" de seu Preâmbulo, "a importância, para as pessoas com deficiência, de sua autonomia e independência individuais, inclusive da liberdade para fazer as próprias escolhas".[6]

Com relação à manifestação de vontade livre ou livre consentimento, cabe fazer uma breve análise do ordenamento jurídico brasileiro, notadamente sobre o Código Civil de 2002, que preconiza como um dos requisitos de validade dos negócios jurídicos, a vontade livre, tomando-se esta como premissa que os distingue dos atos meramente jurídicos.

A vontade livre passa pela manifestação de pessoa capaz civilmente, de forma plena ou relativa, no segundo caso com representação. E que essa vontade seja

---

6. Disponível em: [http://www.planalto.gov.br/ccivil_03/_ato2007-2010/2009/decreto/d6949.htm]. Acesso em: 10 out. 2017.

expressa sem vícios, sem erro ou ignorância (art. 138 e segs. do Código Civil), sem dolo (art. 145 e segs.), sem coação (art. 151 e segs.), sem estado de perigo (art. 156 e segs.), sem ocorrência de lesão (art. 157) ou fraude. E, por fim, que estejam presentes os demais requisitos de validade dos atos jurídicos, como a licitude do objeto e a forma prescrita e não defesa em lei.

No que diz respeito a um contrato de trabalho, ainda necessário que a pessoa com deficiência, além de manifestar livremente sua vontade nos termos acima, sem vícios, possua a capacidade jurídica laboral, caso tenha sido declarada parcial ou absolutamente incapaz para atos da vida civil, interditada, por exemplo, somente poderá firmar contrato de trabalho por meio do representante legal formalmente constituído, o curador, nos limites determinados pela decisão que o nomeou.

Destaca-se, finalmente, que todos os direitos previstos no art. 7º da Constituição da República aplicam-se ao trabalhador com deficiência, de modo que lhe são vedadas atividades perigosas, insalubres e noturnas se estiver entre 16 e 18 anos, por exemplo. Portanto, respeitando-se a manifestação de vontade ou o livre consentimento da pessoa, não há que se impor restrição em todas as hipóteses, salvo as que o próprio ordenamento jurídico assim impor, por ser cabalmente inconstitucional e contrário aos princípios basilares do direito.

4. AMBIENTE ACESSÍVEL E INCLUSIVO

Sobre esse tema em específico, pode-se relacioná-lo, diretamente, aos seguintes parágrafos do art. 34 do Estatuto da Pessoa com Deficiência:

> [...]
>
> § 1º As pessoas jurídicas de direito público, privado ou de qualquer natureza são obrigadas a garantir ambientes de trabalho acessíveis e inclusivos.
>
> [...]
>
> § 5º É garantida aos trabalhadores com deficiência acessibilidade em cursos de formação e de capacitação.

Com relação à conceituação de ambiente acessível e inclusivo, não cabe aqui tecer comentários mais aprofundados, haja vista que tal assunto é tratado logo no art. 3º do Estatuto da Pessoa com Deficiência e será melhor trabalhado quando da análise do Título III da citada Lei.

No que tange, especificamente, ao ambiente laboral, cumpre mencionar que a LBI contempla não somente a inclusão da pessoa com deficiência no mercado de trabalho, mas também as condições para sua manutenção nos locais de trabalho, tal como preceitua o art. 1º, item 3, da Convenção 111 da OIT.[7] Essa previsão corrobora

---

7. Art. 1º, item 3. Para fins da presente Convenção as palavras "emprego" e "profissão" incluem não só o acesso à formação profissional, ao emprego e às diferentes profissões, como também às condições de emprego.

o entendimento de que a deficiência não está na pessoa nem pode ser tida como uma dificuldade em si, mas na relação entre a pessoa e o meio e na interação da pessoa com deficiência e a sociedade em que se encontra.

Para os contratos submetidos à Consolidação das Leis do Trabalho – CLT – a obrigação das empresas em manter as normas de saúde e segurança do ambiente de trabalho vem expressa no art. 157, inciso I.[8] Ressalta-se, nesse passo, que quando se fala em saúde e segurança é não apenas sob o aspecto físico, mas também mental, sob os aspectos não visíveis, livre das atitudes e práticas de discriminação e assédio.

Há que se refletir, nesse sentido, para o fato de que a eliminação de barreiras físicas e arquitetônicas, por si só, não garante a plena acessibilidade, pois esta deve ser percebida em sentido amplo, através do respeito ao próximo e às diferenças, bem como à dignidade e aos direitos conquistados pelas pessoas com deficiência como passo essencial em seu acesso ao trabalho e à convivência pacífica, a bens e serviços relativos ao lazer, à moradia, à educação, à saúde, à informação, ao transporte, dentre outros.

Destaca-se, ademais, que a garantia do direito ao trabalho é importante fator de socialização, como também de assegurar que a pessoa com deficiência continuará a desenvolver-se com uma atividade relevante após ter concluído os estudos escolares.[9]

A fim de construirmos uma sociedade mais fraterna e sem preconceitos, portanto, a atitude de cada cidadão é essencial. E, como dito, não menos importante é o papel do Estado que, na garantia dos direitos da pessoa com deficiência, não se perfaz com a elaboração de leis e ratificação de Convenções Internacionais. Mostra-se primordial que, além das construções jurídicas, o Estado atue como verdadeiro promotor dos direitos que consagrou.

5. IGUALDADE DE OPORTUNIDADES

No que tange a esse tema, em específico, assim dispõe a Lei:

[...]

§ 2º A pessoa com deficiência tem direito, em igualdade de oportunidades com as demais pessoas, a condições justas e favoráveis de trabalho, incluindo igual remuneração por trabalho de igual valor.

---

8. Art. 157. Cabe às empresas: I – cumprir e fazer cumprir as normas de segurança e medicina do trabalho; [...].

9. PEREIRA-GLODEK, Christine; TOMASEVICIUS FILHO, Eduardo. *Capacidade de agir e o direito ao trabalho da pessoa com deficiência*: análise da Lei n. 13.146/15 e o relato de uma experiência alemã sobre o tema. In: PEREIRA, Fabio Queiroz; MORAIS, Luísa Cristina de Carvalho; LARA, Mariana Alves (org.) *A teoria das incapacidades e o Estatuto da Pessoa com Deficiência*. Belo Horizonte: D'Placido, 2016. p. 199.

O direito à igualdade e, por conseguinte, à não discriminação, como já mencionado nos tópicos precedentes, é essencial à preservação dos direitos fundamentais e à análise e aplicação do próprio Estatuto da Pessoa com Deficiência, porque baseado no princípio da igualdade, basilar num Estado Democrático de Direito. Tanto assim que recebeu um Capítulo específico (II), intitulado "Da igualdade e não discriminação", que já foi objeto de análise pela presente obra.

O conceito jurídico do princípio da igualdade é dúplice e pressupõe a igualdade formal e a igualdade material; enquanto a primeira é verificada perante a lei, a segunda é a igualdade real, também chamada pela doutrina de igualdade social. Nesse contexto, a Constituição Federal de 1988 garante vagas reservadas em concurso público para pessoas com deficiência, no já citado art. 37, VIII, previsão esta que obriga à observância da igualdade material nesse caso.

Nesse prisma, cumpre mencionar, por fim, que a igualdade de oportunidades é expressão prestigiada pela Convenção 111 da OIT, outrora mencionada. Nos artigos subsequentes, também pertinentes ao Direito ao Trabalho, será abordada a questão da igualdade sob outros vieses, condizentes a cada dispositivo legal a ser estudado.

> **Art. 35.** É finalidade primordial das políticas públicas de trabalho e emprego promover e garantir condições de acesso e de permanência da pessoa com deficiência no campo de trabalho.
>
> **Parágrafo único.** Os programas de estímulo ao empreendedorismo e ao trabalho autônomo, incluídos o cooperativismo e o associativismo, devem prever a participação da pessoa com deficiência e a disponibilização de linhas de crédito, quando necessárias.

6. ASPECTOS GERAIS

O art. 35 do Estatuto da Pessoa com Deficiência finaliza as disposições gerais sobre o Direito ao Trabalho. Com relação a esse dispositivo e adotando-se o mesmo método que o utilizado para o artigo precedente, convém analisá-lo igualmente por meio de palavras-chave, quais sejam: (i), para o *caput* – políticas públicas e condições de acesso e permanência; (ii) para o parágrafo único – trabalho autônomo e cooperativismo e associativismo.

7. POLÍTICAS PÚBLICAS

Esse tema, em específico, discorre sobre a chamada acessibilidade programática, que significa aquela que não compete ao cidadão, ao empregador ou mesmo a contratante de trabalho ou serviço, exatamente porque o papel do Estado não está restrito à elaboração de leis e ratificação de Convenções Internacionais. É patente que o Estado atue como verdadeiro promotor dos direitos que consagrou.

No que tange à acessibilidade, essa promoção dar-se-á na implementação, fiscalização de controle sobre as das normas existentes dentro do ordenamento jurídico brasileiro, como na adoção de políticas públicas e programas sociais que contemplem a acessibilidade das pessoas com deficiência em todas as suas dimensões.

As duas formas de atuação do Estado, como assegurador e promotor dos direitos da pessoa com deficiência estão também insculpidas no art. 4° da Convenção da ONU[10] e não apenas vêm acompanhar a valorização do trabalho e a dignidade da pessoa humana, como a garantia da ampla cidadania.

Muito embora a expressão "política pública" tenha sido popularizada e seja de uso recorrente, no presente caso deve-se ter em mente que a política pública é aquela que afeta a situação social dos indivíduos, famílias e grupos sociais, induzindo melhorias na qualidade de vida. Tais políticas, desse modo, são compreendidas como de "proteção social" dos cidadãos, manifestada na seguridade social que tem como ideia central a solidariedade aos indivíduos, famílias e grupos em determinadas situações de dependência ou vulnerabilidade; e de "promoção social", assim "entendida como a resultante da geração de igualdades de oportunidades e resultados para indivíduos e/ou grupos sociais", nos dizeres de Jorge Abrahão Castro.[11]

Como política pública elaborada pelo Estado Brasileiro tem-se, por exemplo, o Programa *Viver Sem Limites*,[12] que criou uma série de incentivos fiscais para produção e aquisição de equipamentos de tecnologia de assistência e acessibilidade; trata de educação, saúde e lazer inclusivos, criação de centro nacionais de referência, centros-dia e residências inclusivas, ambos da área de assistência social; cria uma estrutura nas esferas de governo para defesa e implementação dos direitos da pessoa com deficiência, e uma série de outros benefícios, políticas e atividades com fonte de custeio, números e prazos de execução.

Ademais, no Brasil existem Conselhos e Secretarias que atuam em prol dos direitos das pessoas com deficiência nas três esferas de governo. Deve-se refletir, por fim, que o país avançou em termos de políticas públicas, a exemplo das medidas já citadas; entretanto, toda a coletividade precisa ter ciência e acesso a todo esse aparato, não só para usufruir dele, mas, principalmente, para que se exija o cumprimento e a perpetuidade de ações.

---

10. Os Estados-Partes se comprometem a assegurar e promover o pleno exercício de todos os direitos humanos e liberdades fundamentais por todas as pessoas com deficiência, sem qualquer tipo de discriminação por causa de sua deficiência. Para tanto, os Estados-Partes se comprometem a [...].

11. CASTRO, Jorge Abrahão. Política Social no Brasil e o desenvolvimento: desafios e perspectivas. ENAP. Ministério do Planejamento e Gestão. 2012. Disponível em: [http://repositorio.enap.gov.br/bitstream/]. Acesso em: 08 out. 2017.

12. Informações disponíveis em: [http://www.pessoacomdeficiencia.gov.br/app/viver-sem-limite]. Acesso em: 20 out. 2017.

8. TRABALHO AUTÔNOMO, COOPERATIVISMO E ASSOCIATIVISMO (§ 1º)

A colocação do trabalhador por conta própria ou sua promoção por conta própria, de acordo com o art. 35, I, do Decreto 3.298/1999, fica a cargo da própria pessoa, que poderá trabalhar mediante trabalho autônomo, cooperativo ou em regime de economia familiar, com vistas à emancipação econômica e financeira. Estas modalidades, nesse prisma, versam sobre o trabalho sem vínculo empregatício.

De acordo com Camargos [...], as entidades assistenciais estão reguladas pela Portaria GM/MTE 772, de 26 de agosto de 1999 e prevê a possibilidade do portador de deficiência, regularmente registrado por atividade assistencial, prestar serviços a empresas com fins terapêuticos ou de desenvolvimento de capacidade colaborativa. A autora aduz ainda que "se essa prestação não se estender por mais de seis meses, é reconhecida como treinamento, visando à capacitação e inserção do portador de deficiência no mercado de trabalho".

O parágrafo único do artigo 34 do Decreto 3.298/1999 dispõe que nos casos de deficiência grave ou severa, o cumprimento do disposto em seu *caput* poderá ser efetivado mediante a contratação das cooperativas sociais, previstas na Lei 9.867/1999, que versa sobre a criação e o funcionamento de cooperativas sociais, visando à integração social dos cidadãos.

As cooperativas sociais foram instituídas com a finalidade de inserir as pessoas em desvantagem no mercado econômico por meio do trabalho, fundamentam-se, como preceitua seu art. 1º, no interesse geral da comunidade em promover a pessoa humana e a integração social dos cidadãos. Os incisos I e II do citado artigo preveem, ainda, que entre as suas atividades estão incluídos os serviços sociossanitários e o desenvolvimento de atividades agrícolas, industriais, comerciais e de serviços.

Para os efeitos da Lei de Cooperativas Sociais em apreço, são consideradas pessoas em desvantagem os elencados nos incisos I ao VIII do art. 3º, quais sejam: deficientes físicos e sensoriais, os deficientes psíquicos e mentais, as pessoas dependentes de acompanhamento psiquiátrico permanente, os egressos de hospitais psiquiátricos, os dependentes químicos, os egressos de prisões, os condenados a penas alternativas à detenção e os adolescentes em idade adequada ao trabalho e situação familiar difícil do ponto de vista econômico, social ou afetivo.

Finalmente com relação às cooperativas, cumpre mencionar que elas não podem ser meras intermediadoras de mão de obra ou mesmo empregadoras, sob pena de, havendo subordinação, restar configurado um vínculo de emprego entre os cooperados e a cooperativa ou entre os cooperados e o tomador de serviços.

Com relação aos temas abordados nesta subseção, salienta-se que as noções de trabalho autônomo, cooperativas e sociedades/associações estão na CLT bem como no Código Civil e outras leis especiais, em sentido lato. Para não estender a presente obra para além das hipóteses concernentes às pessoas com deficiência, optou-se pelo não aprofundamento com relação aos citados dispositivos legais.

Pelo exposto, o Estatuto da pessoa com Deficiência, ao salientar a necessidade de estímulo ao empreendedorismo, o trabalho autônomo, trabalho cooperado e associações corrobora a máxima da autonomia da pessoa com deficiência e suas liberdades fundamentais, exaltadas pelo novo ordenamento jurídico, respeitando sua escolha, desejos, preferências e competências. Nesse aspecto, deve ser encarado pela sociedade e pelo poder público que a pessoa com deficiência possa estar do outro lado da relação laborativa, no lugar de empregador e até mesmo que opte por trabalhar de maneira independente. Para isso vale tudo que foi explicado no caput do art. 34, a respeito de "livre escolha e aceitação".

Seção II
Da Habilitação Profissional e Reabilitação Profissional

Laura Magalhães de Andrade

Art. 36. O poder público deve implementar serviços e programas completos de habilitação profissional e de reabilitação profissional para que a pessoa com deficiência possa ingressar, continuar ou retornar ao campo do trabalho, respeitados sua livre escolha, sua vocação e seu interesse.

§ 1º Equipe multidisciplinar indicará, com base em critérios previstos no § 1º do art. 2º desta Lei, programa de habilitação ou de reabilitação que possibilite à pessoa com deficiência restaurar sua capacidade e habilidade profissional ou adquirir novas capacidades e habilidades de trabalho.

§ 2º A habilitação profissional corresponde ao processo destinado a propiciar à pessoa com deficiência aquisição de conhecimentos, habilidades e aptidões para exercício de profissão ou de ocupação, permitindo nível suficiente de desenvolvimento profissional para ingresso no campo de trabalho.

§ 3º Os serviços de habilitação profissional, de reabilitação profissional e de educação profissional devem ser dotados de recursos necessários para atender a toda pessoa com deficiência, independentemente de sua característica específica, a fim de que ela possa ser capacitada para trabalho que lhe seja adequado e ter perspectivas de obtê-lo, de conservá-lo e de nele progredir.

§ 4º Os serviços de habilitação profissional, de reabilitação profissional e de educação profissional deverão ser oferecidos em ambientes acessíveis e inclusivos.

§ 5º A habilitação profissional e a reabilitação profissional devem ocorrer articuladas com as redes públicas e privadas, especialmente de saúde, de ensino e de assistência social, em todos os níveis e modalidades, em entidades de formação profissional ou diretamente com o empregador.

§ 6º A habilitação profissional pode ocorrer em empresas por meio de prévia formalização do contrato de emprego da pessoa com deficiência, que será considerada para o cumprimento da reserva de vagas prevista em lei, desde que por tempo determinado e concomitante com a inclusão profissional na empresa, observado o disposto em regulamento.

§ 7º A habilitação profissional e a reabilitação profissional atenderão à pessoa com deficiência.

1. ASPECTOS GERAIS

O art. 36 do Estatuto da Pessoa com Deficiência trata da Seção II, que dispõe sobre a Habilitação Profissional e a Reabilitação Profissional. Trata-se de desdobramentos do direito à saúde e do direito à educação com o direcionamento à inserção no mercado de trabalho.

Nesse sentido, aduz a Constituição da República, em seu art. 196: "A saúde é direito de todos e dever do Estado, garantido mediante políticas sociais e econômicas que visem à redução do risco de doença e de outros agravos e ao acesso universal e igualitário às ações e serviços para sua promoção, proteção e recuperação". No art. 203, a Carta Magna prevê o direito à assistência social e, mais especificamente, o direito à habilitação e reabilitação profissional das pessoas com deficiência (inciso IV), *in verbis*:

> Art. 203. A assistência social será prestada a quem dela necessitar, independentemente de contribuição à seguridade social, e tem por objetivos:
>
> I – a proteção à família, à maternidade, à infância, à adolescência e à velhice;
>
> II – o amparo às crianças e adolescentes carentes;
>
> III – a promoção da integração ao mercado de trabalho;
>
> IV – a habilitação e reabilitação das pessoas portadoras de deficiência e a promoção de sua integração à vida comunitária;
>
> V – a garantia de um salário mínimo de benefício mensal à pessoa portadora de deficiência e ao idoso que comprovem não possuir meios de prover à própria manutenção ou de tê-la provida por sua família, conforme dispuser a lei.

Na forma do § 5º do art. 36, afirma a Lei Brasileira de Inclusão que a habilitação e reabilitação profissional da pessoa com deficiência devem ser pautadas em uma tríade de direitos sociais, quais sejam, a saúde, o ensino e a assistência social, seguindo a ótica dos dispositivos constitucionais acima mencionados.

Com relação ao *caput* do citado artigo da LBI, pode-se depreender que o retratado é o Estado, o aparato estatal que no federalismo brasileiro é formado pela União, Estados e Municípios, a chamada Administração Pública Direta. No que se refere a políticas e programas de habilitação e reabilitação profissional, refere-se mais fortemente ao Poder Executivo, exercido por Governos, seus Ministérios e Secretarias ou agentes por eles delegados. Nesse dispositivo, portanto, a LBI reforça o papel do Estado e das políticas públicas, bem como a necessidade de ações afirmativas e medidas efetivas da concretização do direito fundamental ao trabalho.

2. HABILITAÇÃO E REABILITAÇÃO PROFISSIONAL

Os temas em apreço são concernentes à própria Constituição da República, como visto na subseção precedente e à Lei 8.213/1991, que versa sobre os Planos de Benefícios da Previdência Social e dá outras providências. Ademais, a Convenção da

ONU sobre os direitos das pessoas com deficiência traz a habilitação e reabilitação em seu art. 26.[1]

Conceitualmente, a habilitação é o conjunto de procedimentos e conhecimentos empenhados no desenvolvimento de aptidões e capacidades. Habilitação profissional é a gama de saberes, serviços e Programas voltando à qualificação e desenvolvimento da pessoa para sua inserção no mercado de trabalho. A habilitação profissional pode ser feita nas próprias empresas, pelo Sistema "S"[2], em programas de formação técnica, por exemplo.

Já a reabilitação profissional possui conceito mais específico e significa a recuperação das faculdades motoras, físicas, biológicas, sensoriais ou psíquicas daquelas pessoas consideradas inaptas ou incapacitadas para o trabalho. No que diz respeito às pessoas com deficiência, especificamente, a reabilitação será dirigida a suas funções cognitivas, sensoriais, auditivas, visuais, intelectuais ou mentais. O beneficiário do processo de reabilitação, consoante o art. 17 do Decreto 3.298/1999, é a pessoa que possui alguma deficiência, qualquer seja a natureza, agente causal, ou grau de severidade.

A reabilitação, ao contrário da habilitação, é um serviço que compete, privativamente, à Previdência Social e ao SUS. Conforme o art. 19 da Lei 8.213/1991, cabe a reabilitação a empregado vitimado por doença ou acidente de trabalho, independente de período de carência, mesmo quando considerado insuscetível de recuperação para sua atividade habitual, quando passará pelo processo de reabilitação para outros trabalhos.

Genericamente, a Lei 8.213/1991 dispõe, em seu art. 89, que "a habilitação e a reabilitação profissional e social deverão proporcionar ao beneficiário incapacitado parcial ou totalmente para o trabalho, e às pessoas portadoras de deficiência, os meios para a (re)educação e de (re)adaptação profissional e social indicados para participar do mercado de trabalho e do contexto em que vive. Portanto, as pessoas

---

1. Artigo 26: Habilitação e reabilitação 1. Os Estados-Partes tomarão medidas efetivas e apropriadas, inclusive mediante apoio dos pares, para possibilitar que as pessoas com deficiência conquistem e conservem o máximo de autonomia e plena capacidade física, mental, social e profissional, bem como plena inclusão e participação em todos os aspectos da vida. Para tanto, os Estados-Partes organizarão, fortalecerão e ampliarão serviços e programas completos de habilitação e reabilitação, particularmente nas áreas de saúde, emprego, educação e serviços sociais, de modo que esses serviços e programas [...].

2. De acordo com o sítio eletrônico do Senado Federal, o Sistema "S" é um termo que define o conjunto de organizações das entidades corporativas voltadas para o treinamento profissional, assistência social, consultoria, pesquisa e assistência técnica, que além de terem seu nome iniciado com a letra S, têm raízes comuns e características organizacionais similares. Fazem parte do sistema S: Serviço Nacional de Aprendizagem Industrial (Senai); Serviço Social do Comércio (Sesc); Serviço Social da Indústria (Sesi); e Serviço Nacional de Aprendizagem do Comércio (Senac). Existem ainda os seguintes: Serviço Nacional de Aprendizagem Rural (Senar); Serviço Nacional de Aprendizagem do Cooperativismo (Sescoop); e Serviço Social de Transporte (Sest). Disponível em: [https://www12.senado.leg.br/noticias/glossario-legislativo/sistema-s]. Acesso em: 22 out. 2017.

com deficiência habilitadas e os trabalhadores reabilitados serão beneficiários da política implementada.

A reserva de cargos nas empresas está prevista na lei previdenciária, na subseção II, que versa sobre a habilitação e a reabilitação. O artigo 92 prevê que:

> Concluído o processo de habilitação ou reabilitação social e profissional, a Previdência Social emitirá certificado individual, indicando as atividades que poderão ser exercidas pelo beneficiário, nada impedindo que este exerça outra atividade para a qual se capacitar. O trabalhador reabilitado está incluído nas cotas do art. 93 da Lei 8.213/1991.

Pelo artigo em apreço, pode-se interpretar que somente a pessoa habilitada ou reabilitada que possui certificação da Previdência Social preencherá vagas nas empresas. Entretanto, deve-se tomar como base interpretativa o art. 36, § 2º, do Decreto 3.298/1999, que define a pessoa com deficiência habilitada como sendo a que concluiu o curso de educação profissional de nível básico, técnico ou tecnológico, ou curso superior, com certificação ou diplomação expedida por instituição pública ou privada legalmente credenciada pelo Ministério da Educação ou órgão equivalente, ou aquela com certificado de conclusão no processo de habilitação ou reabilitação profissional fornecido pelo Instituto Nacional de Seguridade Social (INSS). Nos moldes do § 3º do citado artigo, considera-se também pessoa com deficiência habilitada aquela que, não tendo se submetido a processo de habilitação ou reabilitação, esteja capacitada para o exercício da função.

O trabalhador reabilitado pela Previdência Social é um dos destinatários da reserva de cargos em empresas com 100 (cem) ou mais empregados, nos termos do art. 93 da Lei 8.213/1991. No caso de ser reabilitado em uma empresa com menos de 100 (cem) funcionários, após a cessação do auxílio-doença acidentário e da fruição da garantia de emprego de 12 (doze) meses, via de regra, será demitido. Para corrigir essa lacuna da lei e verdadeiro tratamento desigual aos reabilitados, a autora Maria Aparecida Gugel[3] propõe a alteração do sistema, por meio da reserva de cargos, tornando-a condizente com relação à realidade das empresas existentes no país, que são de pequeno porte em sua maioria.

A Portaria n. 818/GM do Ministério da Saúde, de 05 de junho de 2001, instituiu a criação das redes de assistência à pessoa com deficiência física em todo território nacional, abrindo oportunidade para que essas pessoas tenham acesso o mais próximo de seus domicílios de tratamento/acompanhamento em programas de reabilitação referendados por política pública de assistência à saúde. Já a Portaria 1.060/GM de 05.06.2002, do mesmo órgão ministerial, aprovou, em seu anexo, a Política Nacional de Saúde da Pessoa com Deficiência, com propósito de definir uma política voltada para a reabilitação da pessoa com deficiência na sua capacidade funcional e

---

3. GUGEL, Maria Aparecida. *Pessoas com deficiência e o direito ao trabalho*. Florianópolis: Obra Jurídica, 2007, p. 89.

desempenho humano, de modo a contribuir para a sua inclusão plena em todas as esferas da vida social.

Por todo o exposto e diante da realidade do país, deve-se seguir o entendimento de diversos doutrinadores no sentido de que a pessoa com deficiência pode ser admitida diretamente pelas empresas privadas, independente do processo de habilitação ou reabilitação, sendo necessário apenas que haja a demonstração de capacidade para o desempenho de atividades necessárias ao preenchimento da vaga oferecida, em atenção ao princípio da igualdade e da livre escolha, tal como já analisado nesta obra.

Seção III
Da Inclusão da Pessoa com Deficiência no Trabalho

Laura Magalhães de Andrade

Art. 37. Constitui modo de inclusão da pessoa com deficiência no trabalho a colocação competitiva, em igualdade de oportunidades com as demais pessoas, nos termos da legislação trabalhista e previdenciária, na qual devem ser atendidas as regras de acessibilidade, o fornecimento de recursos de tecnologia assistiva e a adaptação razoável no ambiente de trabalho.

Parágrafo único. A colocação competitiva da pessoa com deficiência pode ocorrer por meio de trabalho com apoio, observadas as seguintes diretrizes:

I – prioridade no atendimento à pessoa com deficiência com maior dificuldade de inserção no campo de trabalho;

II – provisão de suportes individualizados que atendam a necessidades específicas da pessoa com deficiência, inclusive a disponibilização de recursos de tecnologia assistiva, de agente facilitador e de apoio no ambiente de trabalho;

III – respeito ao perfil vocacional e ao interesse da pessoa com deficiência apoiada;

IV – oferta de aconselhamento e de apoio aos empregadores, com vistas à definição de estratégias de inclusão e de superação de barreiras, inclusive atitudinais;

V – realização de avaliações periódicas;

VI – articulação intersetorial das políticas públicas;

VII – possibilidade de participação de organizações da sociedade civil.

1. ASPECTOS GERAIS

O art. 37 do Estatuto da Pessoa com Deficiência inaugura a Seção III, que trata da Inclusão da Pessoa com Deficiência no Trabalho através da colocação competitiva, através da igualdade de oportunidades com as demais pessoas.

Para tanto, devem ser diferenciadas três modalidades de inserção da pessoa com deficiência no âmbito das empresas privadas, trazidas pelo art. 35 do Decreto 3.298/1999: as colocações competitiva, seletiva e por conta própria. Em que pese a opção do legislador ter sido pela primeira modalidade, a presente análise abordará os demais conceitos apenas a título comparativo. Finalmente, cabem serem tecidos alguns comentários sobre a tecnologia assistiva e uma análise crítica sobre o inciso VII do artigo em estudo. Todos os conceitos serão abordados nas subseções seguintes.

2. COLOCAÇÃO COMPETITIVA

A colocação competitiva independe da adoção de procedimentos especiais para a sua concretização, mas não exclui a possibilidade de uso de apoios especiais que permitam compensar restrições que a pessoa possui, como preceitua o inciso I do já mencionado art. 35 da Lei 3.298/1999. Destaca-se, ademais, que o trabalho da pessoa com deficiência é um contrato de emprego como outro qualquer, dentro dos requisitos que configuram o vínculo empregatício, como preceituam os arts. 2° e 3° da Consolidação das Leis do Trabalho (CLT).

3. COLOCAÇÃO SELETIVA

Nessa modalidade, há a adoção de procedimentos e apoios especiais para a sua concretização (art. 35, II, Lei 3.298/1999). Como procedimentos especiais podem ser considerados os meios utilizados para a contratação de pessoas que, devido ao seu grau de deficiência, seja transitória ou permanente, exija algumas condições especiais, como ambiente de trabalho adequado às suas especificidades, jornada de trabalho variável, horário flexível, proporcionalidade de salário, dentre outros, como prevê o § 2° do citado artigo.

O art. 5° da Instrução Normativa 20/2001 do Ministério do Trabalho e Emprego traz os mesmos parâmetros para os procedimentos especiais. Já as previsões dos artigos 35, § 3°, do Decreto 3.298/1999 e 6° da Instrução Normativa já mencionada, trazem a definição de apoios especiais, como sendo referentes à orientação e supervisão técnicas que auxiliem e tornem possível a compensação das limitações motoras, sensoriais ou mentais do portador de deficiência, para que ele tenha a plena utilização de suas capacidades e condições normais de trabalho.

4. COLOCAÇÃO POR CONTA PRÓPRIA

A colocação ou promoção por conta própria já foi objeto de estudo nessa obra, quando da análise do § 1° do art. 34 do Estatuto da Pessoa com Deficiência e fica a cargo da própria pessoa, que poderá trabalhar mediante trabalho autônomo, cooperativo ou em regime de economia familiar, com vistas à emancipação econômica e financeira, nos moldes do art. 35, I, do Decreto 3.298/1999.

5. TECNOLOGIA ASSISTIVA

No Brasil, o Comitê de Ajudas Técnicas – CAT, instituído pela Portaria da Secretaria Especial de Direitos Humanos 142, de 16 de novembro de 2006, apresenta um conceito para a tecnologia assistiva:

> Tecnologia Assistiva é uma área do conhecimento, de característica interdisciplinar, que engloba produtos, recursos, metodologias, estratégias, práticas e serviços que objetivam promover a funcionalidade, relacionada à atividade e participação de pessoas com deficiência, incapacidades ou mobilidade reduzida, visando sua autonomia, independência, qualidade de vida e inclusão social.

O termo *Assistive Technology*, traduzido no Brasil como Tecnologia Assistiva, foi criado em 1988 como importante elemento jurídico dentro da legislação norte-americana conhecida como *Public Law* 100-407 e foi renovado em 1998 como *Assistive Technology Act* de 1998 (P.L. 105-394, S.2432).[1] Compõe, com outras leis, o ADA – American with Disabilities Act, que regula os direitos dos cidadãos com deficiência nos EUA, além de prover a base legal dos fundos públicos para compra dos recursos que estes necessitam.

Os Recursos são todo e qualquer item, equipamento ou parte dele, produto ou sistema fabricado em série ou sob medida, que serão utilizados para aumentar, manter ou melhorar as capacidades funcionais das pessoas com deficiência. Os Serviços são definidos como aqueles que auxiliam diretamente uma pessoa com deficiência a selecionar, comprar ou usar os recursos acima definidos.

6. CONSIDERAÇÕES CRÍTICAS AO INCISO VII

Finalmente, cabem tecer alguns comentários críticos sobre o artigo 37. Como se viu, o citado artigo do Estatuto da Pessoa com Deficiência se baseia na colocação competitiva da pessoa com deficiência no mercado de trabalho, o que pode abrir espaço à intermediação desta mão de obra por organizações da sociedade civil (art. 37, parágrafo único, inciso VII).

A mera intermediação de mão de obra, ou *merchandage*,[2] é proibida no ordenamento jurídico pátrio, conforme preceitua o item I, *a*, do Anexo da Constituição

---

1. Informações disponíveis em: [http://portalsaude.saude.gov.br/index.php/o-ministerio/principal/secretarias/509-sas-raiz/dapes/saude-da-pessoa-com-deficiencia/12-saude-da-pessoa-com-deficiencia/10250-comite-de-ajudas-tecnicas]. Acesso em: 29 out. 2017.

2. O juiz Rodrigo Cândido Rodrigues, em sua atuação na 4ª Vara do Trabalho de Coronel Fabriciano/MG, examinou um caso em que foi constatada a prática ilícita da *marchandage* entre três empresas: um banco, uma financeira e uma promotora de vendas. Segundo esclareceu o juiz, *marchandage* é uma expressão francesa cunhada no século XIX para nominar situações em que um trabalhador era contratado por intermédio de um mercador de força de trabalho, cujo negócio consistia em lucrar com o trabalho de terceiros que locava. Essa prática foi abolida pela Declaração de Filadélfia, ratificada pelo Brasil, em seu

da OIT – "o trabalho não é uma mercadoria"[3] – além da previsão contida na súmula 331, I, do TST.

Entretanto, o art. 24, XX, da Lei de Licitações (Lei 8.666/1993) prevê exceção a essa regra, pois torna dispensável a licitação na contratação de associação de portadores de deficiência física, sem fins lucrativos e de comprovada idoneidade, por órgãos ou entidades da Administração Pública, para a prestação de serviços ou *fornecimento* de mão de obra, desde que o preço contratado seja compatível com o praticado no mercado.

Desse modo, o art. 37, VII, da Lei 13.146/2015 tenta trazer a excepcional figura do Direito Administrativo para a iniciativa privada e, portanto, deve-se ter cautela quanto a sua aplicação, o que apenas poderá ser verificado na prática, nas futuras jurisprudências a respeito da aplicação do dispositivo em apreço.

> **Art. 38.** A entidade contratada para a realização de processo seletivo público ou privado para cargo, função ou emprego está obrigada à observância do disposto nesta Lei e em outras normas de acessibilidade vigentes.

7. ASPECTOS GERAIS

Finalmente, encerrando a Seção III e o Capítulo VI – Do Direito ao Trabalho, o art. 38 versa sobre a contratação de empresa responsável pela realização de processos seletivos para entes públicos ou privados.

Sob esse aspecto, deve-se reforçar o entendimento de que o Estatuto da Pessoa com Deficiência prevê que não apenas os órgãos públicos ou privados que contratem pessoas com deficiência devem promover acessibilidade, por meio do cumprimento das cotas para esses tipos de profissionais. Devem, outrossim, garantir meio ambiente de trabalho adaptado, sadio, seguro e inclusivo, cabendo tal tarefa também às empresas por eles contratadas para a realização das seleções e concursos para cargos. Isso porque o processo de divulgação de vagas, entrevistas, seleção de candidatos, concursos públicos por vezes são terceirizados ou realizados por setores especializados da empregadora final, o que não exime a prestadora de tais serviços de cumprir todo o disposto com relação ao direito ao trabalho estipulado na legislação pertinente, em especial a Lei Brasileira de Inclusão.

---

artigo 1º, que reafirmou o princípio de que o trabalho não é uma mercadoria. Disponível em: [https://trt-3.jusbrasil.com.br/noticias/112509813/jt-julga-caso-de-pratica-ilicita-de-marchandage]. Acesso em 29 out. 2017.

3. A Declaração de Filadélfia foi anexada à Constituição da OIT, após sua revisão na década de 40, e cujo início de vigência deu-se em 20.04.1948. No Brasil, a ratificação da Constituição da OIT e seu anexo (a Declaração de Filadélfia), deu-se pelo Decreto de Promulgação 25.696, em 20.10.1948.

8. CONSIDERAÇÕES FINAIS SOBRE O CAPÍTULO

Vivemos em tempos de flexibilização das relações trabalhistas e envoltos em projetos de terceirização, que assombram a classe trabalhadora sob o constante receio de precarização do trabalho e desregulamentação de direitos. Dentro desse cenário, é fundamental que os órgãos de defesa da ordem jurídica e toda a coletividade estejam ainda mais atentos à inclusão de pessoas com deficiência e seu direito ao trabalho, no sentido de que haja efetivo controle e fiscalização sobre o cumprimento da norma, que merece aplausos sob a ótica da inclusão do trabalhador, seguindo outros ditames legais de ordem internacional e nacional como os já citados. Nesse trilhar, fica a reflexão através do apelo de Dworkin:[4]

> A instituição requer um ato de fé por parte das minorias, porque o alcance de seus direitos será controverso sempre que forem direitos importantes e porque os representantes da maioria agirão de acordo com suas próprias noções do que realmente são esses direitos. Sem dúvida esses representantes irão discordar de muitas reivindicações apresentadas pelas minorias. Isso torna ainda mais importante que eles tomem suas decisões com seriedade. Devem demonstrar que sabem o que são direitos e não devem trapacear quando examinam o conjunto de implicações da doutrina correspondente. O governo não irá estabelecer o respeito pelo direito se não conferir à lei alguma possibilidade de ser respeitada. Não será capaz de fazê-lo, se negligenciar a única característica que distingue o direito da brutalidade organizada. Se o governo não levar os direitos a sério, é evidente que também não levará a lei a sério.

Conclui-se, assim, com a ideia de que a inclusão social, por mais que seja objeto de reivindicação para a consecução de políticas públicas e, nesse prisma, tendo o Estado como protagonista, não pode ser um tema que diga respeito aos entes estatais ou a própria pessoa com deficiência, mas a toda a sociedade, pois pressupõe a solidariedade, a cooperação, a valorização das diferenças, o respeito e, principalmente, o tratamento igualitário, no sentido de que todo cidadão tem direito à dignidade.

---

4. DWORKIN, Ronald. *Levando os direitos a sério*. 3. ed. São Paulo: Martins Fontes, 2010.

Capítulo VII
Do Direito à Assistência Social

Elisa Costa Cruz

Art. 39. Os serviços, os programas, os projetos e os benefícios no âmbito da política pública de assistência social à pessoa com deficiência e sua família têm como objetivo a garantia da segurança de renda, da acolhida, da habilitação e da reabilitação, do desenvolvimento da autonomia e da convivência familiar e comunitária, para a promoção do acesso a direitos e da plena participação social.

§ 1º A assistência social à pessoa com deficiência, nos termos do *caput* deste artigo, deve envolver conjunto articulado de serviços do âmbito da Proteção Social Básica e da Proteção Social Especial, ofertados pelo Suas, para a garantia de seguranças fundamentais no enfrentamento de situações de vulnerabilidade e de risco, por fragilização de vínculos e ameaça ou violação de direitos.

§ 2º Os serviços socioassistenciais destinados à pessoa com deficiência em situação de dependência deverão contar com cuidadores sociais para prestar-lhe cuidados básicos e instrumentais.

Art. 40. É assegurado à pessoa com deficiência que não possua meios para prover sua subsistência nem de tê-la provida por sua família o benefício mensal de 1 (um) salário-mínimo, nos termos da Lei 8.742, de 7 de dezembro de 1993.

1. ASPECTOS GERAIS

Os capítulos VII e VIII da Lei 13.146/2015 tratam dos direitos à assistência social e à previdência social das pessoas com deficiência.

Tanto assistência como previdência constituem parte do sistema da seguridade social, composto também pelo direito à saúde, e que é definido como "o conjunto de princípios, de regras e de instituições destinado a estabelecer um sistema de proteção social aos indivíduos contra contingências que os impeçam de prover as suas necessidades pessoais básicas e de suas famílias, integrado por ações de iniciativa dos Poderes Públicos e da sociedade".[1]

---

1. MARTINS, Sergio Pinto. *Direito da seguridade social*. 22. ed. São Paulo: Editora Atlas, 2005, p. 44.

São direitos sociais (art. 6° da CRFB) e de natureza fundamental financiados direta ou indiretamente pela sociedade e que devem observar a universalidade da cobertura e do atendimento, uniformidade e equivalência dos benefícios e serviços às populações urbanas e rurais, seletividade e distributividade na prestação dos benefícios e serviços, irredutibilidade do valor dos benefícios, equidade na forma de participação no custeio, diversidade na base de financiamento e caráter democrático e descentralizado da administração, mediante gestão quadripartite, com participação dos trabalhadores, dos empregadores, dos aposentados e do Governo nos órgãos colegiados (art. 195 da CRFB).

Esse sistema de seguridade social tão abrangente e destinado à proteção de vulnerabilidades constitui uma inovação da Constituição da República de 1988. Até essa data, a seguridade social no Brasil era essencialmente equivalente à proteção de alguns direitos do trabalhador, com caráter residual e caritativo da assistência.[2] Basta analisar a história da seguridade social no país a partir das disposições constitucionais sobre o tema de modo a perceber a mudança de paradigma a partir de 1988, quando houve a ampliação qualitativa e quantitativa da proteção social: a Constituição de 1824 tratava da seguridade no art. 179, XXXI, ao prever a garantia dos socorros públicos; a Constituição de 1891 dispôs no art. 75 dispôs que "a aposentadoria só poderá ser dada aos funcionários públicos em caso de invalidez no serviço da nação"; a Constituição de 1934 ampliou os direitos da seguridade, definindo no art. 121, alínea "h", o direito a "assistência médica e sanitária ao trabalhador e à gestante, assegurando a esta descanso antes e depois do parto, sem prejuízo do salário e do emprego, e instituição de previdência, mediante contribuição igual da União, do empregador e do empregado, a favor da velhice, da invalidez, da maternidade e nos casos de acidente de trabalho ou de morte, enquanto o art. 148 assegurava assistência ao trabalhador intelectual e o art. 177, § 3°, determinava a aplicação de 4% das receitas tributárias de Estados e Municípios em favor das respectivas populações sujeitas à seca; a Constituição de 1946 assegurou ao trabalhador, no art. 157, X, XVI, XV e XVI, direito à assistência sanitária, inclusive hospitalar e médica preventiva, ao trabalhador e à gestante, assistência aos desempregados e previdência, no art. 164 a assistência à maternidade, à infância e à adolescência, os quais foram repetidos no art. 158, XI, XV, XVI e xx e art. 167, § 4°, da Constituição de 1967 e art. 165, XI, XV, XVI e XIX, e art. 175, § 4°, da Emenda Constitucional 1/1969. Além dessas regras gerais, a partir da Constituição de 1934 passou o texto a contar com a previsão de aposentadoria aos servidores públicos.

Sobre pessoas com deficiência, contudo, apenas a Constituição da República de 1988 faz referência expressa, a teor dos arts. 7°, XXXI, 23, II, 24, XIV, 37, VIII, 40, § 4°, I, § 4°-A, e 100, § 2°, 201, § 1°, 203, IV e V, 208, III, 227, § 1°, II, § 2°, e 244.

---

2. MARTINS, Sergio Pinto. Op. cit., 141.

Partindo da elevação da dignidade da pessoa humana como princípio, fundamento e objetivo ser perseguido pelo Estado brasileiro, a Constituição da República de 1988 provocou uma profunda transformação no regime da seguridade social.

Como destaca Valter Martins,[3] a Constituição rearticulou três sistemas que aparentemente se regiam por lógicas diferentes: a saúde, por meio da necessidade; a previdência, pela condição de trabalho; e a assistência, pela vulnerabilidade.[4] Em todos os casos, a Constituição determinou a universalização, a solidarização do sistema e a ampliação da cobertura, tudo orientado por critérios de justiça social.

O resultado, segundo o mesmo autor, foi o de um "novo padrão constitucional da política pública social", caracterizada pela universalidade da cobertura, reconhecimento dos direitos sociais, afirmação do dever do Estado, subordinação das práticas privadas à regulação em função da relevância pública das ações e serviços nessas áreas, perspectiva publicista de cogestão governo/sociedade e arranjo organizacional descentralizado, que previa a participação da sociedade nas esferas de decisões acerca das políticas que compõem a Seguridade Social.[5]

De forma a alinhar coerentemente lógicas que poderiam parecer conflitantes, a Constituição definiu a assistência social como uma série de programas, projetos, benefícios e serviços que se destinam a assegurar condições dignas de vida a população a que se destina, independentemente de contribuição e a previdência como um seguro destinado a cobrir os riscos sociais eleitos pelo legislador, portanto, de natureza contributiva.[6]

Assim, a cobertura pela assistência ou pela previdência é aferida por um sistema de exclusão: se o risco social está coberto pela Previdência e a pessoa cumpriu os seus requisitos, aplicar-se-lhe esse regime jurídico; do contrário, há que se buscar o sistema assistencial para a proteção de um mínimo de sobrevivência.

2. A ASSISTÊNCIA SOCIAL

A assistência social constitui um conjunto de normas, tendo os arts. 203 e 204 da Constituição da República de 1988 como matriz, que, segundo dispõe sobre prestações devidas pelo Estado às pessoas em vulnerabilidade ou risco.[7]

Como antes afirmado, é um sistema de caráter não contributivo que visa a assegurar à garantia da dignidade, da vida, à redução de danos e à prevenção da

---

3. MARTINS, Valter. O modelo de proteção social brasileiro: notas para a compreensão do desenvolvimento da seguridade social. *Revista Brasileira de Políticas Públicas*, Brasília, v. 1, n. 1, p. 137-158, jan./jun. 2011.

4. MARTINS, Sergio Pinto. *Op. cit., 147.*

5. Ibidem.

6. TAVARES, Marcelo Leonardo. *Direito previdenciário.* 12. ed. Niterói: Editora Impetus, 2010, p. 26.

7. Ibidem, pp. 16-17.

incidência de riscos e a atender à família, à infância, à adolescência, à juventude, à velhice, à promoção da integração ao mercado de trabalho, à habilitação e reabilitação das pessoas portadoras de deficiência e a promoção de sua integração à vida comunitária e à garantia de um salário-mínimo de benefício mensal à pessoa portadora de deficiência e ao idoso que comprovem não possuir meios de prover à própria manutenção ou de tê-la provida por sua família, conforme dispuser a lei.

O sistema de assistência social (SUAS – Sistema Único de Assistência Social) inaugurado pela Constituição é regulamentado pela Lei 8.742, de 07 de dezembro de 1993, que define as prestações assistenciais e as responsabilidades de cada ente federativo, uma vez que se trata de competência administrativa comum.

A Política Nacional de Assistência Social, aprovada em 2004, complementa a Lei 8.742/1993 e reconhece a assistência social como a "possibilidade de reconhecimento público da legitimidade das demandas de seus usuários e espaço de ampliação de seu protagonismo".[8]

As prestações assistenciais serão aquelas definidas pelo ente federativo competente, salvo quanto a ao benefício de prestação continuada (BPC), que é da competência e gestão da União Federal e consiste na "garantia de um salário-mínimo mensal à pessoa com deficiência e ao idoso com 65 (sessenta e cinco) anos ou mais que comprovem não possuir meios de prover a própria manutenção nem de tê-la provida por sua família" (art. 20).

As demais prestações e benefícios referidos nos arts. 22 a 25 da Lei 8.742/1993 e no art. 39 da Lei 13.146/2015 podem ser instituídas por quaisquer dos entes federativos – União, Estados, Municípios e Distrito Federal –, desde que observadas as regras de competência e fontes de custeio definidas na Constituição e em lei.

O tipo e intensidade da prestação deverá ser aferido de acordo com o grau de vulnerabilidade da pessoa com deficiência, que, em lei, vem classificadas como proteção social básica e especial. A proteção especial básica visa a prevenir situações de vulnerabilidade e risco social por meio do desenvolvimento de potencialidades e aquisições e do fortalecimento de vínculos familiares e comunitários; a proteção especial em por objetivo contribuir para a reconstrução de vínculos familiares e comunitários, a defesa de direito, o fortalecimento das potencialidades e aquisições e a proteção de famílias e indivíduos para o enfrentamento das situações de violação de direitos (art. 6º-A da Lei 8.742/1993).

A Política Nacional distingue a proteção especial em média e alta complexidade: aquela congrega serviços às pessoas com direitos violados, mas sem o rompimento dos vínculos familiar e comunitário; essa, consiste num conjunto de serviços dire-

---

8. BRASIL. Ministério do Desenvolvimento Social e Combate à Fome. Brasília, novembro de 2005, p. 31.

cionado a pessoas que se encontram sem referência e, ou, em situação de ameaça, necessitando ser retiradas de seu núcleo familiar e, ou, comunitário.[9]

Não há impedimento legal a que uma mesma pessoa seja destinatária de mais de uma prestação socioassistencial, conforme deixa claro o art. 39, § 1°, da Lei 13.146/2015.

As pessoas com deficiência podem ser beneficiárias de todo e qualquer prestação socioassistencial prevista em lei, mas três deles fazem expressa referência a esse grupo de pessoas: o benefício de prestação continuada, a habilitação e reabilitação e cuidador social.

2.1. O benefício de prestação continuada

O benefício de prestação continuada (BPC) está previsto no art. 203, V, da Constituição da República, art. 40 da Lei 13.146/2015 e art. 20 da Lei 8.742/1993 que o define como "garantia de um salário-mínimo mensal à pessoa com deficiência e ao idoso com 65 (sessenta e cinco) anos ou mais que comprovem não possuir meios de prover a própria manutenção nem de tê-la provida por sua família".

A incapacidade de prover a subsistência existe quando a renda familiar seja inferior a ¼ (um quarto) do salário-mínimo. O critério da renda familiar, contudo, pode ser modulado, permitindo-se a concessão do benefício mesmo quando a renda seja superior ao limite legal, ante a declaração de inconstitucionalidade do art. 20, § 3°, da Lei 8.742/1993 no julgamento da Reclamação 4.374 pelo Supremo Tribunal Federal, desde que verificada a vulnerabilidade social das famílias.

Essa orientação já vinha sendo aplicada pelo Superior Tribunal de Justiça desde o julgamento do RESp 1.112.557, em 28 de outubro de 2009,[10] em regime de recurso repetitivo.

A concessão do benefício segue o procedimento regulamentado pelo Decreto 6.214, de 26 de setembro de 2007, do qual se destaca a análise funcional do fenômeno da deficiência, distanciando-se claramente do modelo médico que se impôs por tantos anos na sociedade. Não basta, assim, a comprovação da deficiência, mas que esta obstrua a participação plena e efetiva da pessoa na sociedade em igualdade de condições com as demais pessoas (arts. 9°, I, e 16 do Decreto 6.214/2007).

Outros aspectos importantes a ser destacados sobre o BPC são: a impossibilidade de acumulação do benefício com outro no âmbito da seguridade social ou de outro regime, salvo assistência médica e pensão decorrente de responsabilidade civil (art. 20, § 4°, da Lei 8.742/1993); a inexistência de prejuízo ao recebimento do benefício em caso de institucionalização (art. 20, § 5°, da Lei n. 8.742/1993); desnecessidade

---

9. BRASIL. Ministério do Desenvolvimento Social e Combate à Fome. Brasília, novembro de 2005, p. 38.

10. Brasília (DF). Superior Tribunal de Justiça. Recurso Especial 1.112.557-MG, da 3ª Seção do Superior Tribunal de Justiça, 28 out. 2009. *Diário Oficial eletrônico, 20 nov. 2009.*

de sujeição da pessoa à curatela ou outra medida de proteção (art. 18 do Decreto 6.214/2007).

2.2. O cuidador social

O art. 39, § 2º, da Lei 13.146/2015 determina a existência de cuidadores sociais nos serviços socioassistenciais para proverem cuidados básicos à pessoa com deficiência em situação de dependência.

Enquanto os serviços são aqueles especificados Resolução 109, de 11 de novembro de 2009, do Conselho Nacional de Assistência Social (CNAS), os recursos humanos envolvidos na assistência encontram-se na Norma Operacional Básica de Recursos Humanos do SUAS (NOB-RH-SUAS), aprovada pela Resolução 269, de 13 de dezembro de 2006, do CNAS.

A ocupação de cuidador social é tratada na Resolução 9, de 15 de abril de 2014, do CNAS, a qual lhe prescreve as seguintes funções: desenvolver atividades de cuidados básicos essenciais para a vida diária e instrumentais de autonomia e participação social dos usuários, a partir de diferentes formas e metodologias, contemplando as dimensões individuais e coletivas; desenvolver atividades para o acolhimento, proteção integral e promoção da autonomia e autoestima dos usuários; atuar na recepção dos usuários possibilitando uma ambiência acolhedora; identificar as necessidades e demandas dos usuários; apoiar os usuários no planejamento e organização de sua rotina diária; apoiar e monitorar os cuidados com a moradia, como organização e limpeza do ambiente e preparação dos alimentos; apoiar e monitorar os usuários nas atividades de higiene, organização, alimentação e lazer; apoiar e acompanhar os usuários em atividades externas; desenvolver atividades recreativas e lúdicas; potencializar a convivência familiar e comunitária; estabelecer e, ou, potencializar vínculos entre os usuários, profissionais e familiares; apoiar na orientação, informação, encaminhamentos e acesso a serviços, programas, projetos, benefícios, transferência de renda, ao mundo do trabalho por meio de articulação com políticas afetas ao trabalho e ao emprego, dentre outras políticas públicas, contribuindo para o usufruto de direitos sociais; contribuir para a melhoria da atenção prestada aos membros das famílias em situação de dependência; apoiar no fortalecimento da proteção mútua entre os membros das famílias; contribuir para o reconhecimento de direitos e o desenvolvimento integral ao grupo familiar; apoiar famílias que possuem, dentre os seus membros, indivíduos que necessitam de cuidados, por meio da promoção de espaços coletivos de escuta e troca de vivência familiar; e, participar das reuniões de equipe para o planejamento das atividades, avaliação de processos, fluxos de trabalho e resultado.

2.3. A habilitação e a reabilitação

Sobre o tema, remetemos o leitor aos comentários aos artigos 14 a 17.

Capítulo VIII
Do Direito à Previdência Social

Eduardo Mazzaroppi Barão Pereira

Art. 41. A pessoa com deficiência segurada do Regime Geral de Previdência Social (RGPS) tem direito à aposentadoria nos termos da Lei Complementar 142, de 8 de maio de 2013.

1. ASPECTOS GERAIS

A Constituição Federal de 1988 disciplina, em seu artigo 201, com redação dada pela Emenda Constitucional 20/1998, o Regime Geral da Previdência Social (RGPS), de caráter contributivo, filiação obrigatória e proibição de critérios diferenciados para a concessão de aposentadoria a seus beneficiados, exceto nos casos previstos em seu § 1º, dentre os quais encontram-se os trabalhadores portadores de deficiência.[1]

Estabelecendo, contudo, as hipóteses permissivas de diferenciação, reservou o dispositivo constitucional à lei complementar a regulamentação da matéria, ficando a cargo da Lei Complementar 142/2013 o regime previdenciário das pessoas com deficiência.

Nesse sentido, o Estatuto das Pessoas com Deficiência preconiza apenas, em seu Capítulo VIII, em artigo único, ser o regime jurídico relativo à previdência da pessoa com deficiência àquele instituído pela LC 142/2013, vez que já existe norma específica regulando o tema.

Caberá, pois, no presente artigo, a análise do texto legal da mencionada norma regulamentadora, a qual estabelece, em onze artigos, os critérios para a concessão de aposentadoria aos portadores de deficiência segurados do RGPS.

2. LEI COMPLEMENTAR 142/2013

Passa-se, assim, à análise dos principais regramentos do regime previdenciário das pessoas com deficiência seguradas do RGPS, sendo a primeira ressalva justamente sua incidência apenas em caso de deficientes sujeitos ao regime geral.[2]

---

1. Assim também àqueles que exercem atividades prejudiciais à saúde ou à integridade física, em conformidade com a redação conferida pela Emenda Constitucional 47/2005, que alterou o texto do § 1º, do art. 201.

2. Excluem-se, por exemplo, os portadores de deficiência com incapacidade absoluta para o trabalho, os que nunca trabalharam, apesar de aptos, e aqueles sujeitos a regime próprio, como servidores públicos.

Garante-se regime diferenciado aos deficientes, cuja característica principal é a diferenciação no tempo de contribuição ou na idade mínima, dependendo do grau de deficiência, conforme regulamento do Poder Executivo,[3] sempre inferior ao das pessoas não portadoras de deficiência.

O artigo 3º dispõe sobre os referidos tempos de contribuição ou idade, distinguindo-os, no primeiro caso, conforme a enfermidade seja considerada, nos termos da norma executiva, leve, moderada ou grave, *in verbis*:

Art. 3º É assegurada a concessão de aposentadoria pelo RGPS ao segurado com deficiência, observadas as seguintes condições:

I – aos 25 (vinte e cinco) anos de tempo de contribuição, se homem, e 20 (vinte) anos, se mulher, no caso de segurado com deficiência grave;

II – aos 29 (vinte e nove) anos de tempo de contribuição, se homem, e 24 (vinte e quatro) anos, se mulher, no caso de segurado com deficiência moderada;

III – aos 33 (trinta e três) anos de tempo de contribuição, se homem, e 28 (vinte e oito) anos, se mulher, no caso de segurado com deficiência leve; ou

IV – aos 60 (sessenta) anos de idade, se homem, e 55 (cinquenta e cinco) anos de idade, se mulher, independentemente do grau de deficiência, desde que cumprido tempo mínimo de contribuição de 15 (quinze) anos e comprovada a existência de deficiência durante igual período.

Nos termos dos artigos 4º e 5º, a avaliação da deficiência será realizada caso a caso, baseada em critério médico e funcional, por perícia do Instituto Nacional da Seguridade Social (INSS). E a comprovação do tempo de contribuição sujeita-se às regras daquela legislação complementar, com critérios próprios, distintos daqueles estabelecidos para as pessoas sem qualquer deficiência (art. 6º).

O professor Fernando Rubin sintetiza as modalidades de deficiência e suas implicações previdenciárias nos seguintes termos:

Entende-se, portanto, que, no Brasil, a legislação da Seguridade Social separa os portadores de deficiência em, pelo menos, três categorias, com projeções jurídicas diferenciadas: (a) deficientes sem habilitação para o trabalho; (b) deficientes com habilitação para o trabalho; (c) deficientes reabilitados. Partindo desta premissa, podemos entender que aos primeiros resta possível a concessão do benefício assistencial – o conhecido LOAS, regulado na Lei 8.742/1993; aos demais viável a concessão de aposentadorias previdenciárias com a redução legal decorrente da deficiência – por idade ou por tempo de contribuição, nos termos atualizados da Lei 8.213/1991, ou, alternativamente, a concessão de benefícios por incapacidade definitivos, como os auxílios-acidentes.[4]

---

3. Parágrafo único, do artigo 3º da LC 142/2013. Este mesmo regulamento executivo (Decreto 8.145/2013) estabelece critérios para contagem recíproca de tempo de contribuição para pessoas que tenham adquirido deficiência após período de contribuição como segurado comum.

4. RUBIN, F. *Previdência e Processo*: A pessoa com deficiência e os desafios do reconhecimento judicial dos seus novos direitos. *Jus Brasil*. Disponível em: [http://www.jusbrasil.com.br/artigos/250582970]. Acesso em: 25.05.2017.

Importante ressaltar que não se aplica fator previdenciário na aposentadoria por tempo de contribuição para as pessoas com deficiência, nos termos do artigo 8°, o qual prevê, todavia, sua incidência em caso de aposentadoria por idade.

Finalmente, o artigo 9° garante contagem recíproca para os tempos de contribuição prestados no regime geral com os prestados no regime próprio[5] e aplicação das demais normas relativas ao RGPS, principalmente quando lhe forem mais favoráveis, mas o artigo 10 veda expressamente a cumulação dos benefícios previdenciários por deficiência com àqueles em razão de atividades prejudiciais à saúde ou à integridade física.

3. CONCLUSÕES

Não precisou a Lei Brasileira de Inclusão da Pessoa com Deficiência, Lei 13.146/2015, regular direitos previdenciários para as pessoas com deficiência, tendo em vista a preexistência de estatuto normativo específico e moderno regulando a matéria. Bastou, pois, à referida Lei reservar expressamente àquela norma a disciplina do tema, estabelecendo-se capítulo próprio apenas para lembrar que as pessoas com deficiência se sujeitam a direitos previdenciários específicos.

---

5. No que não se diferencia, vale lembrar, do regime previdenciário dos não portadores de deficiência.

Capítulo IX
Do Direito à Cultura, ao Esporte, ao Turismo e ao Lazer

Pedro Bastos de Souza

Art. 42. A pessoa com deficiência tem direito à cultura, ao esporte, ao turismo e ao lazer em igualdade de oportunidades com as demais pessoas, sendo-lhe garantido o acesso:

I – a bens culturais em formato acessível;

II – a programas de televisão, cinema, teatro e outras atividades culturais e desportivas em formato acessível; e

III – a monumentos e locais de importância cultural e a espaços que ofereçam serviços ou eventos culturais e esportivos.

§ 1º É vedada a recusa de oferta de obra intelectual em formato acessível à pessoa com deficiência, sob qualquer argumento, inclusive sob a alegação de proteção dos direitos de propriedade intelectual.

§ 2º O poder público deve adotar soluções destinadas à eliminação, à redução ou à superação de barreiras para a promoção do acesso a todo patrimônio cultural, observadas as normas de acessibilidade, ambientais e de proteção do patrimônio histórico e artístico nacional.

Art. 43. O poder público deve promover a participação da pessoa com deficiência em atividades artísticas, intelectuais, culturais, esportivas e recreativas, com vistas ao seu protagonismo, devendo:

I – incentivar a provisão de instrução, de treinamento e de recursos adequados, em igualdade de oportunidades com as demais pessoas;

II – assegurar acessibilidade nos locais de eventos e nos serviços prestados por pessoa ou entidade envolvida na organização das atividades de que trata este artigo; e

III – assegurar a participação da pessoa com deficiência em jogos e atividades recreativas, esportivas, de lazer, culturais e artísticas, inclusive no sistema escolar, em igualdade de condições com as demais pessoas.

Art. 44. Nos teatros, cinemas, auditórios, estádios, ginásios de esporte, locais de espetáculos e de conferências e similares, serão reservados espaços livres e assentos para a pessoa com deficiência, de acordo com a capacidade de lotação da edificação, observado o disposto em regulamento.

§ 1º Os espaços e assentos a que se refere este artigo devem ser distribuídos pelo recinto em locais diversos, de boa visibilidade, em todos os setores, próximos aos corredores, devidamente sinalizados, evitando-se áreas segregadas de público e obstrução das saídas, em conformidade com as normas de acessibilidade.

§ 2º No caso de não haver comprovada procura pelos assentos reservados, esses podem, excepcionalmente, ser ocupados por pessoas sem deficiência ou que não tenham mobilidade reduzida, observado o disposto em regulamento.

§ 3º Os espaços e assentos a que se refere este artigo devem situar-se em locais que garantam a acomodação de, no mínimo, 1 (um) acompanhante da pessoa com deficiência ou com mobilidade reduzida, resguardado o direito de se acomodar proximamente a grupo familiar e comunitário.

§ 4º Nos locais referidos no *caput* deste artigo, deve haver, obrigatoriamente, rotas de fuga e saídas de emergência acessíveis, conforme padrões das normas de acessibilidade, a fim de permitir a saída segura da pessoa com deficiência ou com mobilidade reduzida, em caso de emergência.

§ 5º Todos os espaços das edificações previstas no *caput* deste artigo devem atender às normas de acessibilidade em vigor.

§ 6º As salas de cinema devem oferecer, em todas as sessões, recursos de acessibilidade para a pessoa com deficiência.

§ 7º O valor do ingresso da pessoa com deficiência não poderá ser superior ao valor cobrado das demais pessoas.

Art. 45. Os hotéis, pousadas e similares devem ser construídos observando-se os princípios do desenho universal, além de adotar todos os meios de acessibilidade, conforme legislação em vigor.

§ 1º Os estabelecimentos já existentes deverão disponibilizar, pelo menos, 10% (dez por cento) de seus dormitórios acessíveis, garantida, no mínimo, 1 (uma) unidade acessível.

§ 2º Os dormitórios mencionados no § 1º deste artigo deverão ser localizados em rotas acessíveis.

1. COMENTÁRIOS AO CAPÍTULO IX

A Constituição Federal de 1988, em uma visão pluralista, adota um conceito antropológico de cultura em seus artigos 215 e 216.[1] Cultura, sob a ótica constitu-

---

1. Art. 215. O Estado garantirá a todos o pleno exercício dos direitos culturais e acesso às fontes da cultura nacional, e apoiará e incentivará a valorização e a difusão das manifestações culturais. [...]

    Art. 216. Constituem patrimônio cultural brasileiro os bens de natureza material e imaterial, tomados individualmente ou em conjunto, portadores de referência à identidade, à ação, à memória dos diferentes grupos formadores da sociedade brasileira, nos quais se incluem:

cional, inclui não apenas o acesso a produtos culturais, mas engloba as formas de agir e pensar e aspectos simbólicos ligados a identidade e memória.

Conforme Malinowski,[2] o conceito de cultura envolve manifestações as mais diversas, incluindo bens de consumo, as normas que regem os diferentes grupos sociais, as ideias e as artes, as crenças e os costumes. Em culturas simples ou complexas, estão envolvidos aspectos humanos, materiais e espirituais.

Em linha similar, de acordo com a Declaração da Cidade do México sobre Políticas Culturais da UNESCO (1985) o conceito de cultura é definido como: "[...] o conjunto dos traços distintivos, espirituais e materiais, intelectuais e afetivos que caracterizam uma sociedade ou um grupo social e que abarca, para além das artes e das letras, os modos de vida, os direitos fundamentais do ser humano, os sistemas de valores, as tradições e as crenças".

Assim, cultura abrange a língua e as diferentes formas de linguagem e de comunicação, os usos e costumes quotidianos, a religião, os símbolos comunitários, as formas de apreensão e de transmissão de conhecimentos, as formas de cultivo da terra e do mar e as formas de transformação dos produtos daí extraídos, as formas de organização política, o meio ambiente enquanto alvo de ação humanizadora.[3]

Analisando a Constituição Federal do Brasil, J.A. Silva[4] enumera os direitos culturais que preenchem de significado a tutela cultural constitucional: a liberdade de expressão da atividade intelectual, artística e científica; o direito de criação cultural, compreendidas as criações artísticas, científicas e tecnológicas; o direito de acesso às fontes da cultura nacional; o direito de difusão das manifestações culturais; o direito de proteção das manifestações das culturas populares, indígenas e afro-brasileiras e de outros grupos participantes do processo civilizatório nacional; o direito-dever estatal de formação do patrimônio cultural brasileiro e de proteção dos bens culturais, que passam a um regime especial de bens de interesse público.

Nesse conceito ampliado de cultura é que se insere o Capítulo IX do Estatuto da Pessoa com Deficiência. Em sentido estrito, faz-se referência à acessibilidade aos bens culturais. Em sentido ampliado, também o acesso ao turismo, esporte e lazer podem ser enquadrados como pertinentes a um Direito à Cultura.

I – as formas de expressão; II – os modos de criar, fazer e viver; III – as criações científicas, artísticas e tecnológicas; IV – as obras, objetos, documentos, edificações e demais espaços destinados às manifestações artístico-culturais; V – os conjuntos urbanos e sítios de valor histórico, paisagístico, artístico, arqueológico, paleontológico, ecológico e científico

2. MALINOWSKI, Branislaw. *Une théorie scientifique de la culture*. Paris: Maspero, 1968, p. 37.

3. MIRANDA, Jorge. *Notas sobre cultura, Constituição e direitos culturais*. O Direito. Lisboa: Universidade de Lisboa, 2006. Disponível em: [www.fd.ul.pt/Portals/0/Docs/Institutos/ICJ/LusCommune/MirandaJorge. pdf]. Acesso em: 13 out. 2017.

4. SILVA, José Afonso da. *Ordenação constitucional da cultura*. São Paulo: Malheiros, 2001, p. 51.

O Capítulo IX da Lei 13.146/2015 apresenta forte similaridade com a proteção estabelecida na Convenção Internacional sobre os Direitos das Pessoas com Deficiência (N. York, 2007), internalizada pelo Decreto 6.949/2009. Convém a reprodução dos dispositivos:

Artigo 30. Participação na vida cultural e em recreação, lazer e esporte

Os Estados-Partes reconhecem o direito das pessoas com deficiência de participar na vida cultural, em igualdade de oportunidades com as demais pessoas, e tomarão todas as medidas apropriadas para que as pessoas com deficiência possam:

a) Ter acesso a bens culturais em formatos acessíveis;

b) Ter acesso a programas de televisão, cinema, teatro e outras atividades culturais, em formatos acessíveis; e

c) Ter acesso a locais que ofereçam serviços ou eventos culturais, tais como teatros, museus, cinemas, bibliotecas e serviços turísticos, bem como, tanto quanto possível, ter acesso a monumentos e locais de importância cultural nacional.

2. Os Estados-Partes tomarão medidas apropriadas para que as pessoas com deficiência tenham a oportunidade de desenvolver e utilizar seu potencial criativo, artístico e intelectual, não somente em benefício próprio, mas também para o enriquecimento da sociedade.

3. Os Estados-Partes deverão tomar todas as providências, em conformidade com o direito internacional, para assegurar que a legislação de proteção dos direitos de propriedade intelectual não constitua barreira excessiva ou discriminatória ao acesso de pessoas com deficiência a bens culturais.

4. As pessoas com deficiência farão jus, em igualdade de oportunidades com as demais pessoas, a que sua identidade cultural e linguística específica seja reconhecida e apoiada, incluindo as línguas de sinais e a cultura surda.

5. Para que as pessoas com deficiência participem, em igualdade de oportunidades com as demais pessoas, de atividades recreativas, esportivas e de lazer, os Estados Partes tomarão medidas apropriadas para:

a) Incentivar e promover a maior participação possível das pessoas com deficiência nas atividades esportivas comuns em todos os níveis;

b) Assegurar que as pessoas com deficiência tenham a oportunidade de organizar, desenvolver e participar em atividades esportivas e recreativas específicas às deficiências e, para tanto, incentivar a provisão de instrução, treinamento e recursos adequados, em igualdade de oportunidades com as demais pessoas;

c) Assegurar que as pessoas com deficiência tenham acesso a locais de eventos esportivos, recreativos e turísticos;

d) Assegurar que as crianças com deficiência possam, em igualdade de condições com as demais crianças, participar de jogos e atividades recreativas, esportivas e de lazer, inclusive no sistema escolar;

e) Assegurar que as pessoas com deficiência tenham acesso aos serviços prestados por pessoas ou entidades envolvidas na organização de atividades recreativas, turísticas, esportivas e de lazer.

Ressalte-se que os direitos sociais, econômicos e culturais dependem de ações governamentais e de políticas públicas. A omissão ou ação deficiente do Estado não retira a juridicidade nem a dimensão subjetiva dos direitos fundamentais. Como destacado por Comparato,[5] a essência dos direitos não é sua realização forçada, mas a devida atribuição a cada pessoa dos bens da vida que lhe pertencem: a todos os seres humanos devem ser atribuídas condições sociais de vida digna.

Pouco adiantaria uma moldura constitucional progressista e plural em termos de Direito à Cultura se, na prática, uma parcela da população se vê privada do acesso e fruição dos bens culturais. Assim, o Estatuto da Pessoa com Deficiência não apenas reforça a previsão constitucional de Direito à cultura, esporte, turismo e lazer, mas procura estabelecer parâmetros que contribuam para a concretização de tais direitos.

Nesta linha, os artigos 42 e 43 estabelecem as diretrizes centrais no que tange aos direitos ali previstos. São comandos destinados aos gestores públicos, aos legisladores de todos os entes federativos e à sociedade como um todo. Deve-se considerar que os direitos ali previstos não são meras recomendações aos gestores públicos e ao setor privado que presta serviços culturais. Embora possam demandar regulamentação infralegal em casos específicos, podem ser exigidos de plano pelo cidadão.

As previsões visam dar concretude ao princípio da dignidade da pessoa humana (art. 1º, III). O referido princípio, por sua vez, está diretamente relacionado com a efetividade dos princípios da igualdade e da liberdade. Igualdade aqui, lida em sentido material, relacionada tanto com políticas de reconhecimento como com políticas de redistribuição. A redação do artigo 42 é clara nesse sentido, ao mencionar "igualdade de oportunidades com as demais pessoas".

Sob o prisma do Reconhecimento, os dispositivos reforçam a ideia de que todos os cidadãos merecem igual consideração e respeito, não podendo ser privados de bens da vida em razão de deficiência. Todo o conjunto normativo do Estatuto, aliás, visa dar visibilidade a uma parcela considerável da população. Reconhecendo o direito de ser diferente, o EPD veda expressamente a recusa de oferta intelectual em formato acessível à pessoa com deficiência (art. 42, § 1º).

Sob o prisma da Redistribuição, foca-se na garantia de acesso por meio de ações afirmativas, com uma série de medidas destinadas essencialmente ao Poder Público (art. 43), além de medidas concretas, como a reserva de assentos em locais de uso coletivo (cinemas, teatros, locais de espetáculos, praças específicas), conforme previsto no § 3º do artigo 44.

Na junção das duas vertentes, visa-se, ao final, garantir também o direito à liberdade. Liberdade não apenas vista como direito de ir e vir, mas como possibilidade objetiva de decidir e usufruir dos bens de natureza cultural. Por tal razão a questão da acessibilidade é tão cara no tratamento dado pelos artigos 42 e 43.

Torna-se imperiosa, assim, a implementação de políticas públicas que visem não apenas assegurar a acessibilidade nos locais de eventos (artigo 42, II), como também a própria participação das pessoas com deficiência como sujeitos ativos,

---

5. COMPARATO, Fábio Konder. *A afirmação histórica dos direitos humanos*. São Paulo: Saraiva, 2009, p. 341.

construtores de sua própria história e cidadania, nas atividades de natureza artística, esportiva e de lazer (artigo 42, III).

Ao lado das ações promocionais, também se verifica a preocupação com medidas antidiscriminatórias. Além da mencionada vedação à recusa de oferta intelectual em formato acessível, não podem os responsáveis pela venda de ingressos cobrarem valores mais elevados das pessoas com deficiência. Assim, não pode o proprietário do cinema ou do teatro, por exemplo, a pretexto de cobrir eventuais custos com obras ou equipamentos que garantam acessibilidade, repassar tal custo majorando o preço dos ingressos destinados às pessoas com deficiência.

Em relação à reserva de espaços livres e reserva de assentos para pessoas com deficiência (art. 44) é interessante recordar que o Decreto 5.296/2004, regulamentando as Leis 10.048/2000 e 10.098/2000, já estabelecia, em seu artigo 23, a reserva de 2% da lotação.

Conforme comentado por Farias et al[6] "não basta a destinação de um local qualquer, desprovido de conforto apenas para atender uma formalidade". Além disso, deve-se evitar a segregação dos deficientes a determinados sítios. Deve-se procurar fomentar sua inclusão com os demais, em vez de colocá-las em separado das outras pessoas. Além disso, os assentos devem ter rotas de fuga e de emergência que facilitem a saída das pessoas com deficiência.

Foi com tal escopo que o Decreto 9.404/2018 alterou a redação original do artigo 23 do Decreto 5296/2004 que passou a contar com especificações:

> Art. 23. Nos teatros, cinemas, auditórios, estádios, ginásios de esporte, locais de espetáculos e de conferências e similares, serão reservados espaços livres para pessoas em cadeira de rodas e assentos para pessoas com deficiência ou com mobilidade reduzida, de acordo com a capacidade de lotação da edificação, conforme o disposto no art. 44 § 1º, da Lei 13.446, de 2015.
>
> § 1º Os espaços e os assentos a que se refere o *caput*, a serem instalados e sinalizados conforme os requisitos estabelecidos nas normas técnicas de acessibilidade da Associação Brasileira de Normas Técnicas – ABNT, devem:
>
> I – ser disponibilizados, no caso de edificações com capacidade de lotação de até mil lugares, na proporção de:
>
> *a)* dois por cento de espaços para pessoas em cadeira de rodas, com a garantia de, no mínimo, um espaço; e
>
> *b)* dois por cento de assentos para pessoas com deficiência ou com mobilidade reduzida, com a garantia de, no mínimo, um assento; ou
>
> II – ser disponibilizados, no caso de edificações com capacidade de lotação acima de mil lugares, na proporção de:
>
> *a)* vinte espaços para pessoas em cadeira de rodas mais um por cento do que exceder mil lugares; e
>
> *b)* vinte assentos para pessoas com deficiência ou com mobilidade reduzida mais um por cento do que exceder mil lugares.

---

6. FARIAS, Cristiano Chaves et al. *Estatuto da Pessoa com Deficiência Comentado Artigo Por Artigo*. Salvador: JusPodivm, 2017, p. 150.

§ 2º Cinquenta por cento dos assentos reservados para pessoas com deficiência ou com mobilidade reduzida devem ter características dimensionais e estruturais para o uso por pessoa obesa, conforme norma técnica de acessibilidade da ABNT, com a garantia de, no mínimo, um assento.

§ 3º Os espaços e os assentos a que se refere este artigo deverão situar-se em locais que garantam a acomodação de um acompanhante ao lado da pessoa com deficiência ou com mobilidade reduzida, resguardado o direito de se acomodar proximamente a grupo familiar e comunitário.

§ 4º Nos locais referidos no *caput*, haverá, obrigatoriamente, rotas de fuga e saídas de emergência acessíveis, conforme padrões das normas técnicas de acessibilidade da ABNT, a fim de permitir a saída segura de pessoas com deficiência ou com mobilidade reduzida, em caso de emergência.

§ 5º As áreas de acesso aos artistas, tais como coxias e camarins, também devem ser acessíveis a pessoas com deficiência ou com mobilidade reduzida.

§ 6º Para obtenção do financiamento de que trata o inciso III do *caput* do art. 2º, as salas de espetáculo deverão dispor de meios eletrônicos que permitam a transmissão de subtitulação por meio de legenda oculta e de audiodescrição, além de disposições especiais para a presença física de intérprete de Líbras e de guias-intérpretes, com a projeção em tela da imagem do intérprete sempre que a distância não permitir sua visualização direta.

[...]

§ 9º Na hipótese de a aplicação do percentual previsto nos § 1º e § 2º resultar em número fracionado, será utilizado o primeiro número inteiro superior.

§ 10. As adaptações necessárias à oferta de assentos com características dimensionais e estruturais para o uso por pessoa obesa de que trata o § 2º serão implementadas no prazo de doze meses, contado da data de publicação deste Decreto.

§ 11. O direito à meia entrada para pessoas com deficiência não está restrito aos espaços e aos assentos reservados de que trata o caput e está sujeito ao limite estabelecido no § 10 do art. 1º da Lei 12.933, de 26 de dezembro de 2013.

§ 12. Os espaços e os assentos a que se refere o *caput* deverão garantir às pessoas com deficiência auditiva boa visualização da interpretação em Líbras e da legendagem descritiva, sempre que estas forem oferecidas.

O referido Decreto incluiu também o os artigos 23-A e 23-B regulamentando a utilização dos assentos reservados em caso de ausência de procura e a forma de identificação destes assentos.

Art. 23-A. Na hipótese de não haver procura comprovada pelos espaços livres para pessoas em cadeira de rodas e assentos reservados para pessoas com deficiência ou com mobilidade reduzida, esses podem, excepcionalmente, ser ocupados por pessoas sem deficiência ou que não tenham mobilidade reduzida.

§ 1º A reserva de assentos de que trata o *caput* será garantida a partir do início das vendas até vinte e quatro horas antes de cada evento, com disponibilidade em todos os pontos de venda de ingresso, sejam eles físicos ou virtuais.

§ 2º No caso de eventos realizados em estabelecimentos com capacidade superior a dez mil pessoas, a reserva de assentos de que trata o *caput* será garantida a partir do início das vendas até setenta e duas horas antes de cada evento, com disponibilidade em todos os pontos de venda de ingresso, sejam eles físicos ou virtuais.

§ 3º Os espaços e os assentos de que trata o *caput*, em cada setor, somente serão disponibilizados às pessoas sem deficiência ou sem mobilidade reduzida depois de esgotados os demais assentos daquele setor e somente quando os prazos estabelecidos nos § 1º e § 2º se encerrarem.

§ 4º Nos cinemas, a reserva de assentos de que trata o caput será garantida a partir do início das vendas até meia hora antes de cada sessão, com disponibilidade em todos os pontos de venda de ingresso, sejam eles físicos ou virtuais.

Art. 23-B. Os espaços livres para pessoas em cadeira de rodas e assentos reservados para pessoas com deficiência ou com mobilidade reduzida serão identificados no mapa de assentos localizados nos pontos de venda de ingresso e de divulgação do evento, sejam eles físicos ou virtuais.

Parágrafo único. Os pontos físicos e os sítios eletrônicos de venda de ingressos e de divulgação do evento deverão:

I – ser acessíveis a pessoas com deficiência e com mobilidade reduzida; e

II – conter informações sobre os recursos de acessibilidade disponíveis nos eventos.

No que tange à questão das atividades esportivas, Oliveira & Sarraf[7] apontam que a questão do desporto paralímpico vinha sendo tratada de forma pouco satisfatória pela legislação até então. Um dos pontos seria a ausência de um Sistema Nacional de Esporte e o fato de as normas serem de pouca clareza e de baixa densidade normativa. Um dos pontos positivos observados com o Estatuto foi o aumento da proporção de recursos para o Comitê Paralímpico Brasileiro. Com o § 1º, artigo 110 do EPD, a divisão entre Comitê Olímpico e Comitê Paralímpico passa de 85% x 15% dos recursos para 62,96% x 37,04% dos recursos.

Podemos considerar que a preocupação com a baixa densidade normativa dos dispositivos normativos e sua (in)efetividade refere-se muito mais à postura dos Poderes Executivo e Legislativo, especialmente em períodos em que o Estado adota um discurso de austeridade fiscal e de corte de direitos sob viés neoliberal do que propriamente nas qualidades intrínsecas no texto da lei. Apenas a título exemplificativo: a previsão orçamentária da União para promoção e defesa das pessoas com deficiência teria redução de 56% em 2018 em relação ao ano anterior.[8]

É importante salientar, ainda, que a própria lei previu períodos de adaptação para que determinados dispositivos passassem a ter vigência. Assim, a obrigação de se oferecer recursos de acessibilidade nas salas de cinema (artigo 44, § 6º) teve sua exigibilidade postergada para quatro anos após a entrada em vigor da lei (artigo 125, II), ou seja, 2019.

A questão dos recursos de acessibilidade visual e auditiva nos segmentos de distribuição e exibição cinematográfica vem tratada na Instrução Normativa 128/2016, da ANCINE – Agência Nacional de Cinema. Conforme artigo 3º da referida Instrução, "as salas de exibição comercial deverão dispor de tecnologia assistiva voltada

---

7. OLIVEIRA, Allan Scheffer & SARRAF, Viviane Panelli. Do direito à cultura, ao esporte, turismo e ao lazer. In: SETUBAL, Joyce Marquezin & FAYAN, Regiane Alves Costa. *Lei Brasileira de Inclusão da Pessoa com Deficiência* – Comentada. Campinas: Fundação FEAC, 2016.

8. Dados publicados pelo INESC. Instituto de Estudos Socioeconômicos – INESC. Disponível em: [http://www.inesc.org.br/noticias/noticias-do-inesc/2017/setembro/orcamento-2018-brasil-a-beira-do-caos]. Acesso em: 12.10.2017.

à fruição dos recursos de legendagem, legendagem descritiva, audiodescrição e LIBRAS – Língua Brasileira de Sinais."

Caberá ao distribuidor do filme fornecer as cópias já com os referidos recursos (art. 5º). O número de equipamentos e suportes individuais voltados à promoção da acessibilidade visual e auditiva varia de acordo com o número de salas do complexo, sendo, no caso de uma única sala, de no mínimo três aparelhos.

Outro ponto relevante na área do Audiovisual, relacionado ao formato acessível previsto no artigo 42, II, do EPD é a previsão da obrigatoriedade de recursos de legendagem descritiva, audiodescrição e LIBRAS em obras cinematográficas que sejam financiadas com recursos geridos pela ANCINE. É o que prevê a Instrução Normativa ANCINE 132/2017: "Art. 1º Todos os projetos de produção audiovisual financiados com recursos públicos federais geridos pela ANCINE deverão contemplar nos seus orçamentos serviços de legendagem, legendagem descritiva, audiodescrição e LIBRAS – Língua Brasileira de Sinais." Assim, toda a produção audiovisual futura financiada via ANCINE deverá ser distribuída já com os referidos recursos.

No que tange ao Turismo, também em relação à acessibilidade em hotéis foi estabelecido um prazo para que as disposições do artigo 45 entrassem em vigor. Os estabelecimentos hoteleiros já existentes deverão reservar no mínimo 10% de seus dormitórios acessíveis. Já para as novas construções os padrões de acessibilidade serão obrigatórios. Houve um prazo de 24 meses para a entrada em vigor (art. 125, IV). Deverão os estabelecimentos ser construídos e adaptados seguindo a Norma Brasileira de Acessibilidade NBR 9050. O tema encontra-se regulamentado no Decreto 9.296 de 1º de março de 2018.

O prazo para a implementação das adaptações de acessibilidade deste art. 44, no caso de microempresa ou empresa de pequeno porte, é de 24 meses contados data de publicação do Decreto 9.405, que se deu em 12 de junho de 2018 (art. 3º).

 **TOME NOTA!**

O prazo para cumprimento do § 6º do art. 44 foi estendido para janeiro de 2023 pela Lei 14.159/2021 (vide nota no art. 125).

O acesso a obras intelectuais por pessoas cegas também teve novidades e ganhou importante reforço com a promulgação pelo Brasil do Tratado de Marraqueche para Facilitar o Acesso a Obras Publicadas às Pessoas Cegas, com Deficiência Visual ou com Outras Dificuldades para Ter Acesso ao Texto Impresso, através do Decreto 9.522, de 8 de outubro de 2018. Tal tratado foi regulamentado pelo Decreto 10.882, de 3 de dezembro de 2021 que dispõe sobre o processo administrativo de reconhecimento e de fiscalização de entidades autorizadas a realizarem o intercâmbio transfronteiriço e a importação de exemplares em formatos acessíveis, e as obrigações relativas a medidas tecnológicas de proteção, ao respeito à privacidade e à cooperação.

Capítulo X
Do Direito ao Transporte e à Mobilidade

Luigi Bonizzato

Art. 46. O direito ao transporte e à mobilidade da pessoa com deficiência ou com mobilidade reduzida será assegurado em igualdade de oportunidades com as demais pessoas, por meio de identificação e de eliminação de todos os obstáculos e barreiras ao seu acesso.

§ 1º Para fins de acessibilidade aos serviços de transporte coletivo terrestre, aquaviário e aéreo, em todas as jurisdições, consideram-se como integrantes desses serviços os veículos, os terminais, as estações, os pontos de parada, o sistema viário e a prestação do serviço.

§ 2º São sujeitas ao cumprimento das disposições desta Lei, sempre que houver interação com a matéria nela regulada, a outorga, a concessão, a permissão, a autorização, a renovação ou a habilitação de linhas e de serviços de transporte coletivo.

§ 3º Para colocação do símbolo internacional de acesso nos veículos, as empresas de transporte coletivo de passageiros dependem da certificação de acessibilidade emitida pelo gestor público responsável pela prestação do serviço.

1. ASPECTOS GERAIS

Embora alguns dispositivos venham, nesse Capítulo X, da Lei 13.146, de 06 de julho de 2015, a ser tratados, ora de forma conjunta, ora separada, o *caput* já indica a necessidade de um exame compartimentalizado. São alguns os pontos relevantes e vinculados a regras e princípios jurídicos, mais ou menos abrangentes, a depender do foco a ser conferido às respectivas matérias.

Nesse sentido, procedendo-se a uma inicial inversão na abordagem de conceitos, o primeiro para o qual ora se chama a atenção e que, certamente, já foi objeto de análise nesta Obra, assim como ainda voltará a ser, é o relativo à "igualdade de oportunidades". Frise-se, em razão de muito já se ter desenvolvido e também bastantes elementos a serem sempre desenvolvidos, não se pode jamais esquecer da relevância e magnitude do princípio da igualdade, uma das centrais molas mestras sobre a qual se funda toda proteção e garantia de direitos à pessoa com deficiência[1] e, por conseguinte, a própria e presente Lei.

Nesse sentido, em matéria de transporte e mobilidade, mais uma vez foi o legislador brasileiro, também em respeito à legislação internacional sobre o assunto, claro ao fazer prevalecer a igualdade em respeito às diferenças. Ou seja, em observar, enxergar e valorizar a diferença para poder prestigiar e, por corolário, promover a garantia do princípio da igualdade. Pois se equivoca quem acredita em uma igualdade formal ou, até mesmo, falsamente material, a partir da qual se invoca uma isonomia distintiva excludente. É indispensável, sobretudo contemporânea e futuristicamente, pensar-se na diferença e seus desdobramentos para se poder defender uma verdadeira igualdade. De fato e de direito, principalmente a partir de leis reguladoras de condutas e destas reproduzidas em leis.

Com efeito, conforme também se verá, a seguir, barreiras e obstáculos de todos os tipos, devem ser identificados e eliminados, em prol da acessibilidade, a ser melhor destrinchada no Capítulo subsequente. E, de acordo com o que se reforçará, com maior rigor, nas linhas adiante, ao se falar em direito à mobilidade e ao transporte de pessoas com deficiência, deve-se repetir o exposto no art. 2º, da presente Lei:

> Art. 2º Considera-se pessoa com deficiência aquela que tem impedimento de longo prazo de natureza física, mental, intelectual ou sensorial, o qual, em interação com uma ou mais barreiras, pode obstruir sua participação plena e efetiva na sociedade em igualdade de condições com as demais pessoas.

Em mais precisos dizeres e, conforme ora se quer chamar destacar, apesar de o assunto mobilidade e transporte, no tocante às pessoas com deficiência, comum e normalmente conduzir a uma maior preocupação com os portadores de deficiência física, que, de alguma forma, têm prejudicadas, diretamente, sua locomoção – tais como, entre outros, cadeirantes, portadores de muletas, bengalas, andadores etc. –, não se pode deixar de incluir como alcançados pela Lei ora sob foco todos as pessoas identificadas no art. 2º acima transcrito: "aquela que tem impedimento de longo prazo de natureza [...] mental, intelectual ou sensorial, o qual, em interação com uma ou mais barreiras, pode obstruir sua participação plena e efetiva na sociedade

---

1. Para facilitação do deslinde dos comentários que se iniciam ao presente Capítulo, informa o aqui Autor que usará, de forma livre, as expressões "pessoa com deficiência" e "pessoa com mobilidade reduzida". Em mais precisos dizeres, ora será usada a primeira expressão ("pessoa com deficiência"), mas com o intuito de englobar ambas as expressões, situações e condições, ora serão usadas as duas, separadamente. É claro que, quando do uso da primeira expressão, mas com o intuito de englobar, também, a segunda expressão, estará o ora Autor referindo-se a casos patologicamente entendidos como de deficiência e, não, a situações passageiras que dificultem a locomoção, como no caso de gestantes, pessoas com criança de colo, entre outras. Se a primeira expressão é de cunho mais amplo, pode pecar por tal amplitude; e se a segunda é um pouco mais específica, pode pecar, seja pela dita maior especificidade, seja por, também, seu grau de amplitude. De todo modo, transcreve-se, para fins de fortificação teórico-metodológica, o inciso IX do art. 3º da Lei 13.146/2015: *IX – pessoa com mobilidade reduzida: aquela que tenha, por qualquer motivo, dificuldade de movimentação, permanente ou temporária, gerando redução efetiva da mobilidade, da flexibilidade, da coordenação motora ou da percepção, incluindo idoso, gestante, lactante, pessoa com criança de colo e obeso.*

em igualdade de condições com as demais pessoas". Portanto, deficientes visuais podem, em muitos casos, caminhar normalmente, mas encontrarão obstáculos e barreiras distintos das pessoas sem deficiência. Para além desses e, a título exemplificativo, que se ressalte, pessoas, com deficiências mentais que não atinjam, direta e imediatamente, áreas físicas do organismo, tais como visão, audição ou, ainda, membros locomotores ou auxiliares, também precisam e devem, inexorável e invariavelmente, ser alcançadas pela presente Lei e pelo ora dispositivo, uma vez que indireta ou mediatamente podem vir a sofrer grandes entraves sociais, nos mais variados casos. Assim, portadores de autismo, para os quais, inclusive, já há no país legislação específica,[2] determinados graus (normal, mas, não necessariamente, elevados) de esquizofrenia, transtorno obsessivo compulsivo (TOC), transtorno pós-traumático (TPT), transtorno da ansiedade generalizada (TAG), transtorno da ansiedade social (TAS), transtorno bipolar (TBP),[3] entre tantos outros,[4] podem necessitar de altos cuidados e diferenciação de trato, a fim de que possam gozar, plenamente, seus direitos, não somente nessa lei, mas também constitucionalmente garantidos. Enfim, a diferença entre "ser" e "estar" deve ser consignada, porque, para fins de transporte, pode-se estar diante de condições limitativas e/ou incapacitantes permanentes ou temporárias. Mas, como já anteriormente mencionado e, adiante, a ser melhor entendido, providências amplas e que, de forma adequada, alcancem

---

2. Lei 12.764, de 27 de dezembro de 2012, cuja Ementa é: *Institui a Política Nacional de Proteção dos Direitos da Pessoa com Transtorno do Espectro Autista; e altera o § 3º do art. 98 da Lei 8.112, de 11 de dezembro de 1990.* Tendo em vista que esta citada Lei que versa sobre a proteção de pessoas com Transtorno do Espectro Autista não traz dispositivos específicos e diretamente ligados ao direito ao transporte e à mobilidade – até porque, a depender dos chamados graus de autismo, pode acometer em menor ou maior escala, pessoas com esta deficiência –, aplica-se, subsidiariamente, às pessoas com Transtorno do Espectro Autista, a presente e ora examinada Lei 13.146, de 06 de julho de 2015. Eis, inclusive, o que estatui o altamente relevante § 2º do art. 1º da Lei 12.764/2012: *Art. 1º [...] § 2º A pessoa com transtorno do espectro autista é considerada pessoa com deficiência, para todos os efeitos legais.* Por conseguinte, o autismo é transtorno que enquadra a pessoa na categoria diretamente ora estudada, isto é, pessoa com deficiência.

3. É certo que vários desses transtornos, já internacionalmente cadastrados, científica e medicamente reconhecidos, catalogados e confirmados, ainda precisam, também no âmbito internacional, mas, máxime, no brasileiro e de diversos países menos desenvolvidos, ser melhor explorados por teóricos, pela sociedade e seus grupos, assim como pelas próprias indústrias midiáticas. Entretanto, sempre de modo a diminuir e mitigar o sofrimento de seus portadores, gradativamente eliminar a discriminação e o preconceito e, enfim, aumentar a informação, o entendimento e a compreensão sobre os mesmos. Que, ressalte-se, até mesmo nos países chamados desenvolvidos, carecem, ainda, da devida atenção social, institucional e governamental.

4. Seria aqui difícil e, também, para além dos objetivos propostos, enumerar a quantidade de deficiências, das mais variadas naturezas. Mas fato é que, quanto mais preparado o legislador e sua assessorial técnica, mais abrangente, protetiva e específica a norma produzida, de modo a fazer valer com a máxima qualidade os direitos das genericamente chamadas pessoas com deficiência. Assim estatui o art. 2º, § 1º, da Lei 13.146/2015: *§ 1º A avaliação da deficiência, quando necessária, será biopsicossocial, realizada por equipe multiprofissional e interdisciplinar e considerará: I – os impedimentos nas funções e nas estruturas do corpo; II – os fatores socioambientais, psicológicos e pessoais; III – a limitação no desempenho de atividades; e IV – a restrição de participação.* A esperança, portanto, reside e residirá, minimamente, na avaliação adequada do contido neste parágrafo, de modo a fazer com que profissionais sejam qualificados e habilitados para avaliar e fazer valer, com a maior amplitude, os direitos daqueles que nesta Lei, encontram uma de suas principais guaridas.

pessoas com deficiência, podem também alcançar – apesar de não necessariamente, pois casos concretos sempre poderão comportar necessidades diversas – as chamadas "pessoas com mobilidade reduzida", categoria no interior da qual as ditas condições de "estar", ou seja, temporárias, comumente se fazem mais presentes. Contudo, assim como igualmente anunciado em breves linhas antecedentes, a tendência, a fim de facilitação didática do que ora se apresenta, será a de utilização prevalente da expressão "pessoa com deficiência", reiterando-se, desde logo, o respeito às devidas proporções, variações e tipos de análise.

Feitas estas considerações iniciais, também passa a ser importante, fazer comentários sobre o direito ao transporte, intimamente ligado a institutos como a mobilidade e a acessibilidade. Quanto à mobilidade, é importante mencionar e se fazer relação imediata com a Lei de Mobilidade Urbana (Lei 12.587, de 03 de janeiro de 2012), a qual não é o objeto direto destes breves comentários, mas necessita de citação e consulta conjunta e obrigatória. O mesmo se diga sobre o chamado Estatuto da Cidade, com diretrizes normativas voltadas para as cidades, locais onde, majoritariamente, encontram-se à disposição da população os mais diversos meios de transporte.[5]

---

5. Assim estatuem o art. 1°, seu parágrafo único, o art. 2° e o art. 3°, da Lei de Mobilidade Urbana: *Art. 1° A Política Nacional de Mobilidade Urbana é instrumento da política de desenvolvimento urbano de que tratam o inciso XX do art. 21 e o art. 182 da Constituição Federal, objetivando a integração entre os diferentes modos de transporte e a melhoria da acessibilidade e mobilidade das pessoas e cargas no território do Município. Parágrafo único. A Política Nacional a que se refere o caput deve atender ao previsto no inciso VII do art. 2° e no § 2° do art. 40 da Lei 10.257, de 10 de julho de 2001 (Estatuto da Cidade). Art. 2° A Política Nacional de Mobilidade Urbana tem por objetivo contribuir para o acesso universal à cidade, o fomento e a concretização das condições que contribuam para a efetivação dos princípios, objetivos e diretrizes da política de desenvolvimento urbano, por meio do planejamento e da gestão democrática do Sistema Nacional de Mobilidade Urbana. Art. 3° O Sistema Nacional de Mobilidade Urbana é o conjunto organizado e coordenado dos modos de transporte, de serviços e de infraestruturas que garante os deslocamentos de pessoas e cargas no território do Município.* E, a seguir, a redação dos dispositivos do Estatuto da Cidade, citados no corpo dos Artigos e parágrafo apenas transcritos: *Art. 2° A política urbana tem por objetivo ordenar o pleno desenvolvimento das funções sociais da cidade e da propriedade urbana, mediante as seguintes diretrizes gerais: [...] VII – integração e complementaridade entre as atividades urbanas e rurais, tendo em vista o desenvolvimento socioeconômico do Município e do território sob sua área de influência; e Art. 40. [...]. § 2° O plano diretor deverá englobar o território do Município como um todo.* Note-se que os referidos dispositivos deixam claro que, mesmo tendo a Lei inicialmente em comento, nome voltado à área urbana (Lei de Mobilidade Urbana), não deve esquecer, abandonar, nem deixar de acolher, em suas normas, áreas, zonas e regiões também rurais e não urbanas, de modo a promover a integração necessária, sobretudo institucional, para o adequado e consentâneo funcionamento de políticas de transporte. E, em bases primeiras, eis o teor das também indicadas e sinalizadas, na Lei 12.587, de 03 de janeiro de 2012, normas constitucionais: *Art. 21. Compete à União: [...] XX – instituir diretrizes para o desenvolvimento urbano, inclusive habitação, saneamento básico e transportes urbanos;* e *Art. 182. A política de desenvolvimento urbano, executada pelo Poder Público municipal, conforme diretrizes gerais fixadas em lei, tem por objetivo ordenar o pleno desenvolvimento das funções sociais da cidade e garantir o bem-estar de seus habitantes.* Vale por fim lembrar que, leitura das Constituições dos Estados-membros da Federação brasileira e igualmente, de numerosas Leis Orgânicas municipais, faz com que possam ser encontrados múltiplos dispositivos que versam sobre e definem o que são as funções sociais da cidade. E, entre elas, constarão os transportes, principalmente públicos (os transportes individuais não podem, entretanto, ser esquecidos, dada não apenas sua grande frota, mas tudo que gira em torno deles, como, ilustrativamente, reserva de vagas em estacionamentos etc.), públicos e privados.

Sobre a acessibilidade, nada obstante algumas questões possam ser aqui levantadas, a seguir serão melhor examinadas.[6] E, no que diz respeito ao transporte e ao direito dele decorrente, as considerações que virão mostram-se bem relevantes. E, para que se possa montar adequadamente bases coerentes para o desenvolvimento que se propõe, as considerações apenas citadas serão inseridas nos comentários aos parágrafos do art. 46 da presente Lei, cujos detalhamentos também serão, gradativamente, analisados. Far-se-á uma continuação da avaliação dos direitos ao transporte e à mobilidade, previstos no *caput*, a partir de agora mais evolutiva e conjunta, em comunhão com outros conceitos íntimos e ligados àqueles. Uma interação entendida profícua e vantajosa para o melhor deslinde das questões oriundas das normas que se enfrentam.

2. OS §§ 1º, 2º E 3º

Os §§ 1º a 3º do art. 46 do Estatuto da Pessoa com Deficiência, detalham questões ligadas, preponderantemente, ao chamado transporte coletivo, no § 1º subdividido nas categorias terrestre, aquaviária e aérea. Saliente-se que na categoria terrestre enquadram-se vários meios de transporte, tais como o rodoviário, o ferroviário, o metroviário, em suas tantas formas e variações. Pois é possível que um transporte rodoviário coletivo se concretize na figura de ônibus, assim como na figura de vans, especialmente destinadas a este fim.[7] Do mesmo modo, o transporte ferroviário pode ser municipal, intermunicipal, estadual, interestadual, nacional e internacional. Embora, no Brasil, o transporte ferroviário coletivo de passageiros não tenha sido objeto de investimentos para seu crescimento e expansão por todo país, de maneira a se buscar uma integração ferroviária, isoladamente, em âmbitos e esferas municipais, pode ser encontrado, como em cidades de grande porte, tais quais, por exemplo, Rio de Janeiro e São Paulo. Paralelamente, em se tratando do transporte metroviário, comum em vários centros urbanos mundiais, encontra-se presente no Brasil, atualmente (meados de 2017), nas cidades do Rio de Janeiro, São Paulo, Belo Horizonte, Brasília e Recife. Em outras, podem surgir e se fazer presentes tipos e modalidades de transportes sobre trilhos, mas não subterrâneos e totalmente caracterizados como metropolitanos, mais se aproximando de espécies de transportes ferroviários. Falando-se, por sua vez, do transporte aquaviário, cidades e localidades que margeiam mares e rios, são as mais suscetíveis a tais transportes, por meio de

---

6. Em que pese seu já tratamento teórico e abordagem anterior, além do exame que advirá, em razão do próprio Capítulo subsequente ao que ora se perscruta, não é demais lembrar do conceito trazido no art. 3º, inciso I, da Lei que ora se comenta, frise-se, a 13.146/2015: *Art. 3º Para fins de aplicação desta Lei, consideram-se: I – acessibilidade: possibilidade e condição de alcance para utilização, com segurança e autonomia, de espaços, mobiliários, equipamentos urbanos, edificações, transportes, informação e comunicação, inclusive seus sistemas e tecnologias, bem como de outros serviços e instalações abertos ao público, de uso público ou privados de uso coletivo, tanto na zona urbana como na rural, por pessoa com deficiência ou com mobilidade reduzida.*

7. Aqui não se considerará o moto táxi transporte coletivo, apesar de, muitas vezes, suportar mais de uma pessoa, para além do motociclista.

barcas, barcos, lanchas, navios e demais embarcações. E, por fim, no que tange aos transportes aéreos, boa parte dos passageiros se locomovem por aviões e helicópteros, sendo muito menor a existência e o volume de pessoas que se locomovem por outras modalidades, muitas das quais até questionáveis se cogitado seu caráter aéreo ou não, como nos casos de teleféricos. Balões, ultraleves, asa-deltas etc., comumente mais usados para fins de lazer, podem complementar uma categoria que, repita-se, encontra sua principal forma na figura dos aviões e dos helicópteros, evidentemente, este último, com volume de passageiros substancialmente menor do que no primeiro e realçado caso (transporte por avião). Assim, perceba-se, ao se falar de transportes terrestres, aquaviários e aéreos, no Brasil, são numerosas suas formas e variações.[8]

Aventados e enumerados meios de transporte, em função de sua expressa menção nesta Lei, importante reservar, nesse momento, espaço para declarar o caráter constitucional do direito ao transporte. Se desde nascida a Constituição de 1988, dúvidas não residiam acerca de sua constitucionalidade e previsão, ainda que indireta, no texto da Constituição da República, a Emenda Constitucional 90, de 15 de setembro de 2015, veio a trazer importante modificação na Constituição ao inserir, no rol dos direitos sociais do art. 6º, o direito ao transporte. Apesar de não ser este o momento mais propício para o exame sob foco, fato é que uma aparentemente simples inserção, pode trazer consequência de suma importância para o ordenamento jurídico brasileiro. Pois, se um direito social é entendido como fundamental e for considerado norma vinculante e integradora da força normativa constitucional, poderão, com maior base e fundamentação jurídico-constitucional, ser admitidos pleitos, junto ao Poder Judiciário, por transporte e, concomitantemente, por melhorias quantitativas e qualitativas.[9]

De qualquer maneira, retomando o foco central ora preconizado, o próprio § 1º do art. 46 se encerra com menções expressas a terminais, estações, pontos de parada, sistemas viários, veículos e a prestação do serviço. A ideia é abranger os direitos das pessoas com deficiência, em matéria de transporte, de forma conjugada com a Constituição de 1988 e demais legislações já anteriormente citadas (Estatuto da Cidade, Lei de Mobilidade Urbana etc.), do modo mais amplo possível, a fim de que a integralidade de um sistema de transporte não somente se adapte, mas também

---

8. Muito embora não mencionados no corpo do texto, as figuras dos elevadores e das escadas e esteiras rolantes não deixam de ser reputadas meios de transporte e, igualmente, merecem todo cuidado e atenção, podendo e devendo ser alcançadas pelos benefícios e características da presente Lei da Pessoa com Deficiência, sempre que cabível e adequada sua aplicação.

9. Para aprofundamentos e detalhamentos jurídicos no âmbito constitucional e institucional, e em esferas sociais, conferir, entre outros: BONIZZATO, Luigi, BOLONHA, Carlos, BONIZZATO, Alice Ribas Dias. Consequências institucionais do revigorado direito constitucional ao transporte: questões, indagações e desenvolvimentos urbanísticos e institucionais após a emenda constitucional n. 90 à Constituição brasileira de 1988. *Revista de Direito da Cidade*. v. 9. n. 01., p. 198-232, 2017, disponível em SSRN: [http://www.e-publicacoes.uerj.br/index.php/rdc/article/view/26627/19540].

esteja apto a garantir a igualdade de condições de acesso, locomoção e mobilidade, com qualidade e segurança, a todas as pessoas, com ou sem deficiência.

Por derradeiro, ressalte-se que os §§ 2º e 3º, em maior, mas exclusiva, medida, apenas fortificam normas de cunho mais burocrático. No § 2º, tendo em vista que boa parte dos serviços de transporte oferecidos no país, são privatizados e sob a modalidade de contratos de direito público, entre os quais os de concessão, permissão, autorização, habilitação, entre outros, fez o legislador questão de deixar claro que a Lei alcança qualquer ente, público ou privado, responsável pelo transporte coletivo de passageiros. E, no caso do § 3º, uma questão formal relevante, mas ligada à burocracia acima mencionada: as empresas de transporte coletivo de passageiros dependem da certificação de acessibilidade emitida pelo gestor público responsável pela prestação do serviço, para colocação do símbolo internacional de acesso nos veículos. A colocação do referido símbolo é e significa uma espécie de certificação, de credencial para que o transporte possa ser considerado, oficialmente, apto e dentro das normas legais para o transporte adequado de pessoas com deficiência. É claro que, neste aspecto, a qualidade do serviço prestado pelo respectivo gestor público responsável pela prestação do serviço de transporte será fundamental, assim como, igualmente, a fiscalização de tal ato, que deverá ser exercida por órgãos e instituições governamentais e, natural e, essencialmente, pela sociedade, seus grupos e setores.

> **Art. 47.** Em todas as áreas de estacionamento aberto ao público, de uso público ou privado de uso coletivo e em vias públicas, devem ser reservadas vagas próximas aos acessos de circulação de pedestres, devidamente sinalizadas, para veículos que transportem pessoa com deficiência com comprometimento de mobilidade, desde que devidamente identificados.
>
> § 1º As vagas a que se refere o *caput* deste artigo devem equivaler a 2% (dois por cento) do total, garantida, no mínimo, 1 (uma) vaga devidamente sinalizada e com as especificações de desenho e traçado de acordo com as normas técnicas vigentes de acessibilidade.
>
> § 2º Os veículos estacionados nas vagas reservadas devem exibir, em local de ampla visibilidade, a credencial de beneficiário, a ser confeccionada e fornecida pelos órgãos de trânsito, que disciplinarão suas características e condições de uso.
>
> § 3º A utilização indevida das vagas de que trata este artigo sujeita os infratores às sanções previstas no inciso XX do art. 181 da Lei 9.503, de 23 de setembro de 1997 (Código de Trânsito Brasileiro). (Redação dada pela Lei 13.281, de 2016)
>
> § 4º A credencial a que se refere o § 2ºdeste artigo é vinculada à pessoa com deficiência que possui comprometimento de mobilidade e é válida em todo o território nacional.

3. COMENTÁRIOS AO ART. 47

Aqui, para além do previsto nos artigos anteriores, preocupou-se também o legislador infraconstitucional com o transporte individual de passageiros, embora não expressamente mencionado. E, nos termos do próprio *caput*, com o transporte público e privado. Assim, tanto um táxi, quanto um veículo privado, como um automóvel particular, farão jus ao estacionamento nos locais definidos nesta lei, os quais deverão respeitar em número e características, o previsto no art. 47 e seus parágrafos.

Exemplificativamente, seja em espaços públicos, como vagas localizadas em ruas, avenidas, praças e outros locais de uma cidade, seja em estacionamentos considerados privados, como os comumente localizados em shopping centers, grandes lojas e magazines, supermercados, Faculdades, Universidades, garagens (terminais) privadas para uso não restrito,[10] estacionamentos privados para uso público e coletivo, entre outras várias ilustrações possíveis, deve haver reserva de vagas, nos termos do contido no § 1º e, da mesma maneira, devem os veículos portar identificação, a serem emitidas pelos órgãos de trânsito responsáveis, nos moldes do previsto na Lei 9.503, de 23 de setembro de 1997, ou seja, no Código Brasileiro de Trânsito (CBT). Este o estatuído no § 2º do artigo ora sob foco.

No que tange ao § 3º, a sempre necessária previsão sancionatória, sem a qual todos ficariam dependentes da boa-fé, assim como da ausência da má-fé de usuários e cidadãos em geral. Ainda que em um cenário ideal de conscientização da população, sanções findam por ser necessárias, a fim de que, senão usadas, sirvam como prevenção de abusos e excessos por parte de pessoas que tentem burlar as normas de proteção às pessoas com deficiência. O art. 181, inciso XX, do Código Brasileiro de Trânsito, assim estabelece, após a redação trazida pela Lei 13.281, de 04 de maio de 2016:

> Art. 181. Estacionar o veículo:
>
> [...]
>
> XX – nas vagas reservadas às pessoas com deficiência ou idosos, sem credencial que comprove tal condição:
>
> Infração – gravíssima;
>
> Penalidade – multa;
>
> Medida administrativa – remoção do veículo.
>
> § 1º Nos casos previstos neste artigo, a autoridade de trânsito aplicará a penalidade preferencialmente após a remoção do veículo.
>
> § 2º No caso previsto no inciso XVI é proibido abandonar o calço de segurança na via.

---

10. As de uso restrito são as aqui consideradas ligadas a prédios, edifícios, condomínios e áreas privadas, em que as vagas de garagem estão vinculadas aos moradores, proprietários, inquilinos ou demais usuários por estes últimos autorizados a utilizar vagas para estacionamento de seus veículos. Exceção talvez a ser feita a condomínios de grande porte que possuem, para além das vagas reservadas e de uso restrito, espaço de estacionamento para os chamados visitantes, no qual seria adequado a reserva de vagas prevista no presente art. 47.

Valendo lembrar, sempre, da diferença entre parar e estacionar, para os fins do Código de Trânsito Brasileiro (CBT), que, em seu Anexo I (*Dos Conceitos e Definições*), assim define:

Estacionamento – imobilização de veículos por tempo superior ao necessário para embarque ou desembarque de passageiros.

Parada – imobilização do veículo com a finalidade e pelo tempo estritamente necessário para efetuar embarque ou desembarque de passageiros.

Portanto, se uma pessoa deixa seu veículo, com ou sem o sinal de alerta ligado, com ou sem alguém dentro deste mesmo veículo, em área legalmente reservada para o estacionamento de veículos para pessoas com deficiência, sem o objetivo de embarque e desembarque imediato (*tempo estritamente necessário*) de passageiros, estará infringindo a Lei 13.146/2015 e, paralelamente, a Lei 9.503/1997, sujeitando-se às infrações acima expostas.

Assevere-se que a credencial a que faz, o artigo ora examinado, por diversas vezes menção, é de uso exclusivo da pessoa com deficiência, a ela se vinculando, sendo, portanto, terminantemente proibido seu uso por pessoa sem deficiência. É claro que situações excepcionais podem ocorrer e competirá a cada fiscalizador, em cada caso concreto, a partir de princípios preponderantemente de direito público (legalidade, moralidade etc.) e/ou de direito privado (boa-fé, boa-fé objetiva etc.), decidir e avaliar o uso de vagas reservadas a pessoas com deficiência. Apenas, mais uma vez, em caráter meramente ilustrativo, entende-se que, se um motorista particular, um parente, amigo ou familiar, estaciona seu veículo para fins de buscar uma pessoa com deficiência em um shopping center, deve ser entendido como adequado tal estacionamento, mesmo diante do silêncio da lei, a qual poderia ter sido mais extensa e abrangente neste aspecto, de modo a mais amplamente proteger e defender interesses de pessoas com deficiência.

Por fim, afirme-se que o Conselho Nacional de Trânsito (CONTRAN), por meio de sua Resolução 304, de 2008, definiu, especificamente, como proceder para se conseguir a credencial de pessoa com deficiência, de modo a habilitar um veículo a estacionar em vaga reservada, nos termos legais. O ora Autor considera um avanço toda e qualquer legislação a respeito da proteção de pessoas com deficiência, mas lamenta eventual falta de amplitude.[11] Pois, em lembrança ao desde o início levantado, pessoas com deficiência não se limitam a cadeirantes, embora o símbolo maior

---

11. A ação estatal é determinada por pressões políticas, econômicas e sociais, a partir das quais, sobretudo estas últimas, devem-se fazer visíveis e fortes o suficiente para a garantia de seus interesses . Segundo bem expõe Eduardo A. Vasconcellos: *[...] é preciso superar a visão equivocada das políticas de transporte e circulação como técnicas neutras de intervenção. O trânsito é, na realidade, uma disputa pelo espaço, feita por atores políticos, que vivem papéis transitórios no tempo e no espaço. Na vivência destes papéis, os atores têm interesses e necessidades conflitantes, o que leva a pressões variadas e conflitantes sobre o Estado.* Na linha seguida, afirma o citado autor que: *Por outro lado, os agentes do Estado e da iniciativa privada também têm interesses e necessidades específicas. Assim, a intervenção nunca é neutra mas, ao contrário, ocorre em função do jogo de interesses e da capacidade relativa dos grupos e agentes no sentido de influenciar as decisões* (VASCONCELLOS, Eduardo A. *Transporte urbano, espaço e equidade*: análise das políticas públicas. São Paulo: Annablume, 2001, p. 186-187). Deveras,

utilizado remeta a esta ideia, de acordo, inclusive, com as fotografias anexas à citada Resolução do Contran.[12]

> **Art. 48**. Os veículos de transporte coletivo terrestre, aquaviário e aéreo, as instalações, as estações, os portos e os terminais em operação no País devem ser acessíveis, de forma a garantir o seu uso por todas as pessoas.
>
> § 1º Os veículos e as estruturas de que trata o *caput* deste artigo devem dispor de sistema de comunicação acessível que disponibilize informações sobre todos os pontos do itinerário.
>
> § 2º São asseguradas à pessoa com deficiência prioridade e segurança nos procedimentos de embarque e de desembarque nos veículos de transporte coletivo, de acordo com as normas técnicas.
>
> § 3º Para colocação do símbolo internacional de acesso nos veículos, as empresas de transporte coletivo de passageiros dependem da certificação de acessibilidade emitida pelo gestor público responsável pela prestação do serviço.

Aqui, apesar de capítulo destinado à acessibilidade constar também da presente Lei, far-se-ão breves e prévios comentários, repita-se, em razão de área mais específica ser destinada ao tema. Nas linhas seguintes, associar-se-á ao que até se examinou, questões multidisciplinares, ligadas, em sentido amplo, aos chamados sistemas de circulação. E, considerando que o ora art. 48 versa, principalmente, sobre transportes coletivos terrestres e aos veículos a esses relacionados, uma associação prévia aos transportes chamados urbanos será interessante e importante para o deslinde do estudo.

---

está-se diante de uma constante batalha de interesses, não se podendo deixar o Estado esquecer de inúmeros deveres seus e de variadas necessidades prementes, legal, constitucional e internacionalmente garantidas.

12. Eis o inteiro teor dos artigos da Resolução, com indicação de visualização, pelo ora leitor, do Anexo I à Resolução, onde imagens comprovam e demonstram o que ora se quer salientar: *Art. 1º As vagas reservadas para veículos que transportem pessoas portadoras de deficiência e com dificuldade de locomoção serão sinalizadas pelo órgão ou entidade de trânsito com circunscrição sobre a via utilizando o sinal de regulamentação R-6b 'Estacionamento regulamentado' com a informação complementar conforme Anexo I desta Resolução. Art. 2º Para uniformizar os procedimentos de fiscalização deverá ser adotado o modelo da credencial previsto no Anexo II desta Resolução. § 1º A credencial confeccionada no modelo proposto por esta Resolução terá validade em todo o território nacional. § 2º A credencial prevista neste artigo será emitida pelo órgão ou entidade executiva de trânsito do município de domicílio da pessoa portadora de deficiência e/ou com dificuldade de locomoção a ser credenciada. § 3º A validade da credencial prevista neste artigo será definida segundo critérios definidos pelo órgão ou entidade executiva do município de domicílio da pessoa portadora de deficiência e/ou com dificuldade de locomoção a ser credenciada. § 4º Caso o município ainda não esteja integrado ao Sistema Nacional de Trânsito, a credencial será expedida pelo órgão ou entidade executiva de trânsito do Estado. Art. 3º Os veículos estacionados nas vagas reservadas de que trata esta Resolução deverão exibir a credencial que trata o art. 2º sobre o painel do veículo, ou em local visível para efeito de fiscalização. Art. 4º O uso de vagas destinadas às pessoas portadoras de deficiência e com dificuldade de locomoção em desacordo com o disposto nesta Resolução caracteriza infração prevista no Art. 181, inciso XVII do CTB. Art. 5º Os órgãos ou entidades com circunscrição sobre a via têm o prazo de até 360 (trezentos e sessenta) dias, a partir da data de publicação desta Resolução, para adequar as áreas de estacionamento específicos existentes ao disposto nesta Resolução. Art. 6º Esta Resolução entra em vigor na data de sua publicação, revogadas as disposições em contrário.*

Nesta linha, portanto, ao se tratar e cuidar dos transportes urbanos, merecem realce alguns pontos específicos de análise. As antigas tendências de investigar e encarar o transporte de forma apenas técnica e tecnológica cederam espaço para novas perspectivas, por meio das quais se acrescentou uma abordagem sociológica do transporte. Neste diapasão, além de fatores quantitativos, passou-se a considerar caracteres qualitativos, colimando-se sempre um mais acurado estudo da questão sob exame.

Na trilha ora aduzida, exsurge como indispensável a análise da relação entre estrutura de produção e transporte e entre este e estrutura de reprodução. Como bem salienta Eduardo A. Vasconcellos, no que diz respeito ao transporte, mais precisamente, urbano, "[...] a abordagem sociológica do transporte urbano concilia a análise dos processos de produção e reprodução com as formas específicas do uso do espaço de circulação".[13]

Assim, para uma melhor compreensão, a estrutura de produção seria a parte do ambiente construído onde a maior parte do processo de produção ocorreria. *Exempli gratia*, a indústria privada, o comércio e os serviços, e as empresas públicas. Já a estrutura de reprodução seria a parte do ambiente construído onde ocorreria principalmente a reprodução biológica, social e cultural das pessoas e classes sociais. *Verbi gratia*, principalmente, a residência, além da escola, locais de lazer e espaços em que se realizam atividades sociais e políticas. Por fim, já que por vezes mencionada, a estrutura de circulação também comportaria destaque, sendo considerada a parte do ambiente construído que permitiria a circulação física de pessoas e mercadorias. Como exemplo, vias públicas, calçadas, vias férreas e terminais de passageiros e cargas. Segundo Eduardo A. Vasconcelos: "A estrutura de circulação é o suporte físico da circulação propriamente dita, seja a pé ou por meio de veículos (bicicletas, automóveis, ônibus, trens) que são chamados meios de circulação. A combinação entre a estrutura e os meios de circulação constitui o sistema de circulação".[14]

Colocações feitas, se se atentar para o art. 48 e seus parágrafos, logo se perceberá sua direta relação com os veículos de transporte. Da acessibilidade a outros requisitos, como certificação de acessibilidade emitida pelo gestor público responsável pela prestação do serviço, a fim de que empresas de transporte coletivo de passageiros possam ter o símbolo internacional de acesso nos veículos (esta a essência do § 3º do art. 48), algumas foram as preocupações do legislador.[15]

---

13. VASCONCELLOS, Eduardo A. *Transporte urbano, espaço e equidade*: análise das políticas públicas. São Paulo: Annablume, 2001, p. 26.

14. VASCONCELLOS, Eduardo A. Ob. cit., p. 33-34.

15. VASCONCELLOS, Eduardo A. Ob. cit., p. 39. A título de maior esclarecimento, como menção se faz à *acessibilidade*, vale também salientar explanação oferecida pelo próprio Eduardo A. Vasconcellos, para quem *mobilidade* seria, simplesmente, a habilidade de movimentar-se, em decorrência de condições físicas e econômicas. *Neste sentido, as pessoas pobres, idosas ou com limitações físicas estariam nas faixas inferiores de mobilidade em relação às pessoas de renda mais alta ou sem problemas físicos de deslocamento.* Já a acessibilidade seria entendida como *a mobilidade para satisfazer as necessidades, ou seja, a mobilidade que permite à pessoa chegar aos destinos desejados* (VASCONCELLOS, Eduardo A. Ob. cit., p. 40-41).

Mas, caso se tenha que eleger uma grande preocupação, trazida neste dispositivo que agora se examina, escolhesse, sem grande dificuldade, reforce-se, a questão da acessibilidade. Portanto, no próprio § 2º, abordado de forma conjunta e complementar com o *caput* do art. 48, a prioridade de acesso ao embarque e ao desembarque é garantida e estabelecida como um direito das pessoas com deficiência. Isto é, os veículos de transportes coletivos devem proporcionar tal prioridade e, frise-se, associada à ideia de segurança. À pessoa com deficiência, em respeito à sua diferença e, por conseguinte, conforme acima já explanado, ao próprio cerne da igualdade enquanto princípio, devem ser asseguradas prioridades de acesso seguro no embarque e desembarque de veículos de transportes coletivos.

No que tange à arquitetura e ao funcionamento, rampas, corrimãos, orientadores (humanos e não humanos), apoiadores, entre outros tantos recursos, devem ser usados de forma ampla e, jamais, restritiva. Reforce-se, tanto recursos materiais e físicos em sentido estrito, quanto humanos, por meio de pessoas e profissionais adequada e consentaneamente treinados, devem tornar-se algo corriqueiro, comum e natural. Não se promove uma verdadeira inclusão social, nos seus mais variados aspectos, sem uma aqui, de forma inicialmente descompromissada, conceitual e metodologicamente – mas, certamente, inteligível para o leitor –, naturalização de práticas inclusivas e, paralelamente, desnaturalização e condenação de atos e medidas excludentes. De um cadeirante que pode necessitar de apoio humano para embarque e/ou desembarque em um vagão de um metrô ou em um ônibus, a um esquizofrênico, medicado ou, quiçá, não medicado, todas as pessoas com deficiência devem encontrar nos veículos de transportes o auxílio necessário ao combate à discriminação, ao preconceito, à vexação e ao abandono.

Enfim, mas, em complemento ao que até aqui se avaliou, é coerente o conteúdo do § 1º do art. 48, ao exigir que os veículos e as estruturas de que trata o *caput* deste artigo devem dispor de sistema de comunicação acessível que disponibilize informações sobre todos os pontos do itinerário. Ora, de acordo com o já exposto, todos os recursos disponíveis devem ser empregados pelas empresas de transporte: dos humanos ao que de mais moderno pode a tecnologia da informação oferecer. Aos, por exemplo, deficientes visuais, auditivos, sensoriais, motores, assim como a todos os demais, profissionais humanos e apoios múltiplos e de todas as espécies possíveis devem compor o rol de equipamentos a serem oferecidos àqueles que não podem, por motivos alheios à sua vontade, equipararem-se à maioria dos cidadãos e cidadãs, entendidos e considerados pessoas sem nenhuma deficiência. Esta é maneira de se incluir e, paralelamente, de se criar a tão importante cultura da inclusão, a substituir, o quanto antes, a perversa cultura inversa, qual seja, a da exclusão e, por corolário, da discriminação, afastamento e isolamento.

Art. 49. As empresas de transporte de fretamento e de turismo, na renovação de suas frotas, são obrigadas ao cumprimento do disposto nos arts. 46 e 48 desta Lei.

4. COMENTÁRIOS AO ARTS. 49

O objetivo deste dispositivo é, sem dúvida, complementar, o que não retira, de modo algum, sua importância. Em primeiro lugar, perceba-se seu caráter também futurístico: "[...] na renovação de suas frotas [...]". Infelizmente, sabe o legislador que muito há que se avançar em termos de proteção aos direitos de pessoas com deficiência. E, em matéria de transporte, o mesmo ocorre.

Assim, empresas de fretamento e de turismo precisarão cumprir todas as exigências previstas nos acima já comentados arts. 46 e 48 da Lei 13.146/2015. A acessibilidade, em seu sentido mais amplo, deve ser garantida, com o cumprimento, concomitante, dos requisitos previstos para que um veículo possa ser considerado plenamente adequado ao transporte de pessoas com deficiência e mobilidade reduzida.

Ora, se o lazer e o turismo são essenciais à vida humana, matéria esta a não ser aqui esmiuçada, em razão do recorte temático bem delineado, precisam, igual e necessariamente, ser confortável e adequadamente garantidos às pessoas com deficiência. Práticas turísticas variadas, para as quais fretamentos e utilização de veículos particulares são utilizados por agências e empresas, são cada dia mais comuns e devem ser garantidos os legais acessos às pessoas com deficiência. Desde guias turísticos, motoristas e profissionais treinados para atendimento às necessidades de cada pessoa, até equipamentos que promovam a inclusão de pessoas com deficiência, de modo a dá-las a possível independência de que tanto necessitam para sua vida cotidiana ordinária e extraordinária, ou seja, respectivamente, para a execução de atos do dia a dia e para a concretização de atos não necessariamente diários e contínuos, mas excepcionais, tal como é, muitas vezes – mas nem sempre, a depender do perfil social e econômico de cada pessoa –, o relativo a uma atividade turística, de lazer e divertimento.

Mantendo a interação entre o estudo e análise deste Capítulo X, da Lei 13.146/2015, sobretudo no tocante às abordagens de cada dispositivo, um tanto quanto vinculadas, ligadas e conectadas, vale sempre lembrança às dificuldades, infelizmente, reforce-se, tradicionalmente vividas por pessoas com deficiência, ainda mais em países não considerados desenvolvidos. Nessa linha e, relativamente apenas os deficientes considerados físicos:

> Os portadores de deficiência física são menos móveis por motivos óbvios. Enquanto em sociedades mais ricas eles recebem tratamento especial para garantir suas necessidades básicas de deslocamento (ECMT, 1999) nos países em desenvolvimento, eles raramente têm algum tipo de apoio. Sem dúvida, os portadores de deficiência formam o grupo social mais prejudicado em suas necessidades de mobilidade nos países em desenvolvimento, ainda mais prejudicados que os pobres. Além das barreiras físicas e da inadequação da infraestrutura, eles enfrentam barreiras culturais relacionadas às famílias que não querem expor seus membros deficientes em público.

A discussão de como superar o problema é uma das mais difíceis em termos de política de transporte, profundamente relacionado ao conceito de equidade.[16]

Por conseguinte, para além de políticas de igualdade de condições de acesso em transportes coletivos terrestres, aquaviários e aéreos, todos os demais tipos, modalidades e formas de transporte devem ser contemplados, de modo a fazer com que pessoas com deficiência possam locomover-se com dignidade, zelando-se por sua qualidade de vida e bem-estar social. Sem se esquecer que, se o art. 49 aparenta potencial grau de especificidade, interesses políticos, assim como ligados a grupos sociais e econômicos, inserem-no em categoria bem mais ampla, na qual os transportes são peça chave em níveis macro institucionais.[17] Reforce-se, de acordo com Lafayette Prado, "a discussão dos transportes não se limita aos meios físicos, vias, veículos e instalações. Estende-se também à política, ao planejamento e à execução de obras, com o sentido de racionalizar investimentos, assegurar a manutenção e coibir toda sorte de abusos [...]".[18] Embora não seja, agora, o momento de maiores divagações, macro institucionalmente é preciso atentar para a série de nuanças, aspectos e variações, para cada tipo de análise e exame que se procede. Por isso que, se uma norma legal como a presente, estabelece o dever de respeito às pessoas com deficiência em futuras frotas de sociedades empresárias que exercem atividades vinculadas a fretes e ao turismo, impactos políticos, sociais e econômicos certamente far-se-ão sentir. Momento em que, por questões legais, constitucionais e, conforme desde o início desta Lei 13.146/2015, estampado e perscrutado, supraconstitucionais, deve-se conhecer para se pode cobrar, fiscalizar, vigiar e, ao final, aprimorar sempre o cumprimento das normas jurídicas vigentes no ordenamento jurídico nacional. Ainda mais quando nítida e cristalinamente direcionadas à defesa da igualdade em seu sentido mais amplo, um dos grandes pilares e alicerces da Constituição da República.

Art. 50. O poder público incentivará a fabricação de veículos acessíveis e a sua utilização como táxis e vans, de forma a garantir o seu uso por todas as pessoas.

Art. 51. As frotas de empresas de táxi devem reservar 10% (dez por cento) de seus veículos acessíveis à pessoa com deficiência.

§ 1º É proibida a cobrança diferenciada de tarifas ou de valores adicionais pelo serviço de táxi prestado à pessoa com deficiência.

§ 2º O poder público é autorizado a instituir incentivos fiscais com vistas a possibilitar a acessibilidade dos veículos a que se refere o *caput* deste artigo.

---

16. VASCONCELLOS, Eduardo A. Ob. Cit., p. 122.

17. Sobre instituições e uma abordagem do cenário brasileiro, a partir de teorias nacionais e norte-americanas, entre outros, conferir: BONIZZATO, Luigi. *A Constituição e suas Instituições Contemporâneas*: representatividade, crises, exemplos e marcos fáticos no Brasil, como elementos de análise de teorias constitucionais-institucionais brasileiras. Rio de Janeiro: Editora Lúmen Juris, 2017.

18. PRADO, Lafayette. *Transportes e corrupção*: um desafio à cidadania. Rio de Janeiro: Topbooks, 1997, p. 300.

5. COMENTÁRIOS AOS ARTS. 50 E 51

Conforme já delineado, os transportes são órgão vital dentro de qualquer estrutura, máxime urbana, e seu bom ou mau funcionamento interfere implacavelmente na qualidade de vida de uma cidade. Um adequado planejamento, que contemple de forma consentânea a estrutura de transportes, será alicerce fundamental para a promoção de um equilibrado desenvolvimento e do bem-estar social, valores estes expressamente previstos, inclusive, na Constituição de 1988.

Neste viés, com efeito, em seara de transportes (sobretudo, urbanos), planejar afigura-se não somente possível e desejável, mas fundamentalmente necessário. Um deficiente sistema de transportes, neste incluídos não somente a organização viária, mas também diversos outros fatores, tais como a acessibilidade, o tempo, as distâncias e os meios, é causa incontestável de inúmeros problemas, dentre eles os que afetam não apenas pessoas sem deficiência, mas também pessoas com deficiência.

No cerne, ainda, da estrutura da reprodução e de sua relação com o transporte, vale frisar que melhorias no sistema de transportes podem significar um direto e incontinenti incremento na qualidade de vida das pessoas. Isto porque, além do anteriormente já enfatizado, muitas viagens antes inviáveis podem passar a se tornar viáveis, representando um acréscimo qualitativo na vida de cada um dos beneficiados com a mudança. Ou seja, a oferta de meios de transporte pode representar mais qualidade para todos, que, enquanto seres humanos, tendem não somente ter como meta, mas a literalmente precisar de maior bem-estar, aí incluído a possibilidade de circulação, com reflexos imediatos no lazer, no trabalho, na moradia e no próprio descanso.

Por conseguinte, os dois artigos que ora se analisam de forma conjunta, versam sobre o chamado transporte individual e público de passageiros, no caso dos táxis, e sobre outra modalidade de transporte coletivo e público, qual seja, o executado por vans, devidamente registradas junto aos órgãos governamentais para complementarem o transporte de massa, comumente executado, no âmbito terrestre, por ônibus, trens e metrôs nas cidades brasileiras.

Assim, os arts. 50 e 51 valorizam a aqui muito falada acessibilidade e mobilidade (arts. 50, *caput* e 51, *caput*), além de criarem incentivos financeiros (art. 51, § 2°) e proibirem, em homenagem ao também muito reforçado princípio da igualdade, cobranças diferenciadas para pessoas com deficiência. E, embora tenha sido claro o dispositivo no tocante à vedação de cobranças adicionais para pessoas com deficiência, induz-se, em um primeiro momento, uma implícita negação a cobranças a menor, de modo a prestigiar a igualdade, em seu sentido amplo.[19]

---

19. Cobranças a menor, por exemplo, para pessoas com deficiência, se partissem de lei, poderiam até representar uma política de cota, guardadas e respeitadas proporções de exame e de análise, que não serão, por motivos lógicos, adentradas neste momento, muito embora estudos e pesquisas cada vez mais intensos devam ser desviados neste rumo e, também, nada obstante exista uma natural aproximação de medidas em prol de pessoas com deficiência de certas interpretações dadas às tradicionais ações afirmativas.

Art. 52. As locadoras de veículos são obrigadas a oferecer 1 (um) veículo adaptado para uso de pessoa com deficiência, a cada conjunto de 20 (vinte) veículos de sua frota.

Parágrafo único. O veículo adaptado deverá ter, no mínimo, câmbio automático, direção hidráulica, vidros elétricos e comandos manuais de freio e de embreagem.

6. COMENTÁRIOS AO ART. 52

Por fim, este último dispositivo do Capítulo X, da Lei 13.146/2015, volta sua atenção para as chamadas Locadoras de Veículos, sem deixar, no entanto, de se preocupar, novamente, com os maiores destinatários da referida Lei, isto é, as pessoas com deficiência. Se, por um lado, a criação de obrigações previstas no *caput* para as Locadoras citadas, servem, logicamente, para atender às pessoas com deficiência e capazes de dirigir veículos, por outro, o parágrafo único traz obrigação, em rol exemplificativo, contudo, de forma alguma, reduzível, de equipamentos e requisitos dos veículos adaptados a pessoas com deficiência.

A expressão "veículo adaptado" é central e vale tanto no que concerne ao quantitativo da frota de uma Locadora de Veículos, conforme previsão contida no *caput* do art. 52 (5% – cinco por cento – dos veículos devem ser adaptados a pessoas com deficiência), quanto para as características mínimas que cada um destes chamados veículos adaptados devem ter. Frise-se, características mínimas, quaisquer outros equipamentos, elementos e acessórios facilitadores para pessoas com deficiência sendo permitidos e, ressalte-se, muito bem-vindos, não se podendo cogitar, em paralela análise, de qualquer diminuição dos acessórios contidos no parágrafo único do mesmo art. 52, dada a clara utilização dos vocábulos "no mínimo".

Em um primeiro momento, as normas contidas neste art. 52 parecem direcionarem-se para o meio de transporte privado e individual, pois, preponderantemente, as Locadoras de Veículos procedem ao aluguel de veículos para estes fins, repita-se, individual e privado. Entretanto, há e existem Locadoras de veículos de maior porte, como micro-ônibus, vans ônibus etc. E, se possível for a construção, pelas respectivas fábricas, de veículos adaptados, devem as Locadoras também estar vinculadas às previsões e exigências do presente art. 52, valendo suas normas para a figura de motoristas e, ao mesmo tempo, para a figura de passageiros que, exemplificativamente, em uma van ou outro transporte coletivo, deve ter toda acessibilidade garantida para seu embarque, trajeto e desembarque.

Enfim, como não poderia deixar de ser, dada a tônica dos comentários procedidos desde o início, a dificuldade demonstrada pelo legislador infraconstitucional brasileiro em lidar com a expressão pessoa com deficiência e, pior e concomitantemente, com as variadas formas de deficiência, leva a crer que os veículos de que cuidam o dispositivo legal em comento, devem ser adaptados para pessoas com mobilidade reduzida, mas, de acordo com o acima já exposto, capazes de dirigir um veículo adaptado. A variedade de deficiências, como se fez questão de reforçar ao longo do exame deste Capítulo, é bem significativa e, mais uma vez, sente-se falta de, quem sabe, maiores detalhamentos legais, pelos quais se poderia ter uma maior ou mais qualificada abrangência das normas jurídicas.

Derradeiramente, a título de encerramento analítico de todo o Capítulo X da Lei 13.146, de 06 de julho de 2015, traz-se à tona, neste momento, questões conceituais já tratadas no início desta Obra coletiva, mas, de algum modo, de revisitação relevante, ainda que de maneira breve, recortada e direcionada. Portanto, sem maiores divagações, sobretudo para não desnecessariamente fadigar o leitor, retoma-se aqui menção às chamadas barreiras, nos termos do art. 3º da presente Lei. Assim, tal destaque específico, para algumas barreiras, em relação às quais questões ligadas ao transporte podem, em menor ou maior grau, encontrar guarida, retoma questões desde o começo deste Capítulo aventadas, mas, agora, já com as devidas reflexões prejacentes:

Art. 3º Para fins de aplicação desta Lei, consideram-se:

[...]

IV – barreiras: qualquer entrave, obstáculo, atitude ou comportamento que limite ou impeça a participação social da pessoa, bem como o gozo, a fruição e o exercício de seus direitos à acessibilidade, à liberdade de movimento e de expressão, à comunicação, ao acesso à informação, à compreensão, à circulação com segurança, entre outros, classificadas em:

a) barreiras urbanísticas: as existentes nas vias e nos espaços públicos e privados abertos ao público ou de uso coletivo;

b) barreiras arquitetônicas: as existentes nos edifícios públicos e privados;

c) barreiras nos transportes: as existentes nos sistemas e meios de transportes;

d) barreiras nas comunicações e na informação: qualquer entrave, obstáculo, atitude ou comportamento que dificulte ou impossibilite a expressão ou o recebimento de mensagens e de informações por intermédio de sistemas de comunicação e de tecnologia da informação;

e) barreiras atitudinais: atitudes ou comportamentos que impeçam ou prejudiquem a participação social da pessoa com deficiência em igualdade de condições e oportunidades com as demais pessoas;

f) barreiras tecnológicas: as que dificultam ou impedem o acesso da pessoa com deficiência às tecnologias.

Uma subdivisão do referido e supratranscrito art. 3º, inciso IV, e suas alíneas, para os fins ora colimados, em duas categorias, nada afastando a existência e possibilidade de criação de outras, finda por se impor. Uma primeira categoria, assim, diria respeito às barreiras mais diretamente relacionadas aos transportes propriamente ditos. Estar-se-ia diante, nesse viés, da previsão contida no art. 3º, inciso IV, alínea c, da Lei 13.146/2015. Por outro lado, uma segunda categoria referir-se-ia às barreiras menos diretamente relacionadas aos transportes, mas com possíveis implicações, em menor ou maior grau, nessa esfera. Estas seriam as barreiras previstas no art. 3º, inciso IV, alíneas a, b, d, e e f.

Entretanto, vale ainda chamar a atenção para, no que diz respeito a barreiras comunicacionais e, por corolário, de informação, de qualquer natureza, haver sempre o que ora se denomina "reciprocidade". Ou seja, para evitar barreiras de comunicação, tanto a pessoa com deficiência deve possuir meios de comunicação facilitados, quanto as pessoas que lidarão com elas devem estar adequadamente educadas e informadas para entenderem as necessidades e a comunicação de pessoas com deficiência. De alguma forma e em algum peso e medida, pode-se também aqui fazer ligação do que se afirma com as próprias barreiras chamadas atitudinais e constantes da alínea *e* do inciso IV do art. 3º sob exame.

E, entre variadas outras colocações, mas, respeitando os limites naturais do Capítulo em voga, no que concerne às barreiras tecnológicas, são cada vez mais comuns aplicativos digitais e virtuais ligados aos transportes, sobretudo aos individuais públicos. Exemplos marcantes são os denominados UBER, CABIFY, assim como semelhantes aplicativos utilizados já por motoristas de táxis. É fundamental que, relativamente à tecnologia e seus exponenciais avanços, não se promova uma exclusão digital para pessoas com deficiência, fato a ser, lógica e obviamente, estendido à seara e área do transporte e do direito social, dele decorrente.[20]

Dessa forma e, conclusivamente, conforme já se pode bem perceber, eficientes e abrangentes meios de transporte coletivos estão intimamente ligados a decisões relativas à moradia,[21] ao trabalho, ao lazer, enfim, em última instância, à qualidade de vida de cada habitante de uma cidade.[22] Mais precisamente, no tocante às pessoas

---

20. Para que não se passe em branco, considerando a abordagem do art. 3º da Lei 13.146/2015, que versa sobre conceitos e definições diversas, que se registre o contido no inciso VIII, pelo qual se pode, pelo menos, interpretar menção a objetos relacionados à esfera dos transportes: *Art. 3º Para fins de aplicação desta Lei, consideram-se: [...] VIII – mobiliário urbano: conjunto de objetos existentes nas vias e nos espaços públicos, superpostos ou adicionados aos elementos de urbanização ou de edificação, de forma que sua modificação ou seu traslado não provoque alterações substanciais nesses elementos, tais como semáforos, postes de sinalização e similares, terminais e pontos de acesso coletivo às telecomunicações, fontes de água, lixeiras, toldos, marquises, bancos, quiosques e quaisquer outros de natureza análoga.*

21. Para um exame mais voltado à relação entre transporte e moradia, entre várias obras de qualidade, conferir nossa pesquisa: BONIZZATO, Luigi. *Propriedade Urbana Privada & Direitos Sociais*: 2. Edição – Revista e Atualizada, incluindo a Lei 13.089/15, que instituiu o Estatuto da Metrópole. Curitiba: Juruá, 2015.

22. No que se refere, ainda, à cidade do Rio de Janeiro, sempre profícuo exemplo, dada sua exposição nacional e mundial mais aguçada, além de seus graves problemas urbanos, não deixa de se posicionar Janice Caiafa. Afirma a Autora, primeiramente, que o transporte coletivo expande as possibilidades de circulação, o que conduziria a uma dispersão com consequente viabilização da heterogeneização. Verdadeiramente, *ao conduzir a população para longe das vizinhanças e muitas vezes criar, em seu meio mesmo e ao longo das jornadas, um espaço de contato para os que viajam onde a mistura caracteristicamente urbana já se realiza*, está-se abrindo espaços favoráveis à heterogeneização (CAIAFA, Janice. *Jornadas urbanas: exclusão, trabalho e subjetividade nas viagens de ônibus na cidade do Rio de Janeiro*. Rio de Janeiro: FGV, 2002, p. 18). Aliás, algumas das revoluções e ousadias da cidade, na concepção da própria autora, seriam a fuga, a dispersão e heterogeneização, facilitadas pela existência do transporte coletivo. Entretanto, a mesma estudiosa entende que inúmeros vêm sendo os problemas enfrentados pelos grandes centros urbanos brasileiros no que se refere ao transporte coletivo. Utilizando o exemplo extraído do município do Rio de Janeiro, a tendência à privatização do movimento é característica marcante e inexorável: às classes abastadas a possibilidade do automóvel, com direcionamento dos investimentos em seu favor; aos menos favorecidos, o transporte

com deficiência, qualquer medida governamental, executiva ou judicial, que vise proporcionar, tutelar e garantir o direito ao transporte, em seu sentido mais extenso e agregador, igualitário, coletivo e acessível, deve levar em conta a conjuntura e a estrutura de cada local, região e áreas, rurais ou, conforme se examina, em maior quantidade, urbanas, nas quais variados meios de transporte findam por ser mais requisitados, utilizados, necessitados e disponibilizados. O que, também à guisa de conclusão, na visão por vezes utilizada de Eduardo A. Vasconcellos, transcreve-se, é bem esclarecedor e, indubitavelmente, ainda provocador:

> A questão dos portadores de deficiência refere-se às dificuldades para desempenhar todos os papéis no trânsito. Estas pessoas vivem a soma dos problemas e dificuldades das demais pessoas, mais os seus próprios problemas. A raiz do problema está tanto nos limites físicos e mentais destas pessoas, quanto nos limites políticos, referentes a não ter suas necessidades reconhecidas pela sociedade. Dentre as questões de mobilidade, a dos portadores de deficiência é a mais contundente do ponto de vista social, uma vez que revela quanto a sociedade pretende investir na discussão dos seus direitos.[23]

Uma adequada oferta, construção, planejamento e expansão de meios dignos e inclusivos de transporte, não mais deve ser uma simples meta, a ser um dia alcançada, mas um dever legal e constitucional, a ser concretizada e incrementado incontinenti.

---

coletivo, o qual finda por sucumbir aos interesses dominantes e de, repita-se, privatização do movimento. Conforme anuncia a mesma autora: *Não poder mover-se ou fazê-lo com dificuldade é estar desprovido numa cidade, é ser destituído da principal senha para a vida urbana* (CAIAFA, Janice. Ob. cit., p. 21). E, concluindo, destaca: *A estratégia de garantir um bom transporte coletivo é o primeiro e mais forte caminho para corrigir os problemas do trânsito e desprivatizar a cidade* (CAIAFA, Janice. Ob. cit., p. 25). Ressalte-se, as colocações acima, se elaboradas de modo geral e sem a especificidade relacionada às pessoas com deficiência, ganha ainda mais realce e adquire magnitude ímpar se emprestadas ao cerne do que aqui se examina. Quando se critica a homogeneidade, nos termos do exposto pela Autora acima mencionada, imagine-se quando trazida à tona a questão das pessoas com deficiência. Para além de um incentivo e de uma promoção à heterogeneidade socioeconômica, uma heterogeneidade social de cunho muito mais inclusivo, amplo e abrangente exsurge, a partir da defesa dos interesses e direitos mais básicos das pessoas com deficiência. E, repita-se o desde o início salientado, seja ela – a deficiência – qual for.

23. VASCONCELLOS, Eduardo A. Op. Cit., p. 131.

TÍTULO III
DA ACESSIBILIDADE
Capítulo I
Disposições Gerais

Vitor Almeida
Lorranne Carvalho da Costa e
Gabriela Helena Mesquita de Oliveira Campos

Art. 53. A acessibilidade é direito que garante à pessoa com deficiência ou com mobilidade reduzida viver de forma independente e exercer seus direitos de cidadania e de participação social.

1. COMENTÁRIOS AO ART. 53

O termo acessibilidade já definido no art. 3º, inciso I, do presente Estatuto, trata do direito garantido à pessoa com deficiência ou com mobilidade reduzida de ter condições e possibilidades de exercício efetivo e pleno gozo de seus direitos fundamentais, nas mais variadas esferas, seja nos espaços públicos, privados, mobiliários, nos serviços de transportes, no acesso a informação e tecnologia. Cumpre dizer que a acessibilidade viabiliza o exercício da autonomia e assegura uma vida independente dada pessoa com deficiência.

Nesse passo, implica na efetivação do princípio da isonomia previsto no *caput* do art. 5º da Constituição Federal, uma vez que a acessibilidade representa a concretização da igualdade de exercício pleno dos direitos às pessoas portadoras de deficiência, sendo entendida enquanto um direito instrumental para o exercício dos demais direitos. Nesse sentido, o dispositivo em tela impõe a forma como o ambiente social deve ser adaptado (ou readaptado) para propiciar um espaço de convívio igualitário e democrático, desprovido de barreiras ambientais de toda sorte (físicas, sensoriais, auditivas etc.), o que reflete a plena adoção do modelo social da deficiência, que impõe à sociedade o dever de retirar ou diminuir os obstáculos à plena e igualitária participação social das pessoas com deficiência. Busca-se um ambiente inclusivo e plural, capaz de permitir o convívio de todos e não somente restringido às pessoas com deficiência.

O objetivo central da acessibilidade é a efetiva inclusão social por meio de condições materiais que assegurem à autônoma, independente e igualitária participação das pessoas com deficiências no exercício da cidadania, como consequência da isonomia substancial e da solidariedade social. A almejada capacidade plena das pessoas com deficiência[1] somente é alcançada com a efetiva acessibilidade, eis que essa é instrumental para o exercício da autonomia relacionada aos atos da vida civil.

A acessibilidade é um dos princípios gerais previstos na Convenção Internacional dos Direitos da Pessoa com Deficiência (CDPD) no seu art. 3, *f*, com o fim de "possibilitar às pessoas com deficiência viver de forma independente e participar plenamente de todos os aspectos da vida" (art. 9, CDPD). Desse modo, a Convenção determina que "os Estados Partes tomarão as medidas apropriadas para assegurar às pessoas com deficiência o acesso, em igualdade de oportunidades com as demais pessoas, ao meio físico, ao transporte, à informação e comunicação, inclusive aos sistemas e tecnologias da informação e comunicação, bem como a outros serviços e instalações abertos ao público ou de uso público, tanto na zona urbana como na rural".

O Superior Tribunal de Justiça, no julgamento do Recurso Especial 1.733.468-MG, no qual examinou em ação de compensação por dano moral a falta de acessibilidade a transporte público municipal à pessoa com deficiência usuária de cadeira de rodas motorizada, asseverou que a CDPD alçou a "acessibilidade a princípio geral a ser observado pelos Estados Partes, atribuindo-lhe, também, o caráter de direito humano fundamental".

A acessibilidade é, portanto, elemento central para a garantia de diversos outros direitos assegurados à pessoa com deficiência, sobretudo no que concerne ao seu reconhecimento e inclusão.[2] Nos termos da redação dada pelo Estatuto ao art. 2º, I, da Lei 10.098/2000, a acessibilidade consiste na "possibilidade e condição de alcance para utilização, com segurança e autonomia, de espaços, mobiliários, equipamentos urbanos, edificações, transportes, informação e comunicação". Nessa esteira, as barreiras encontradas pelas pessoas com deficiência que limita ou impede a plena participação social, bem como o exercício de seus direitos à acessibilidade, basicamente, se baseiam em quatro eixos: (*i*) barreiras urbanísticas nas vias e nos espaços públicos e privados abertos ao público ou de uso coletivo; (*ii*) barreiras arquitetônicas nos edifícios públicos e privados; (*iii*) barreiras nos transportes; e,

---

1. Sobre o assunto permita-se remeter a BARBOZA, Heloisa Helena; ALMEIDA JUNIOR, Vitor de Azevedo. A capacidade civil à luz do Estatuto da Pessoa com Deficiência. In: MENEZES, Joyceane Bezerra de (Org.). *Direito das pessoas com deficiência psíquica e intelectual nas relações privadas* – Convenção sobre os direitos da pessoa com deficiência e Lei Brasileira de Inclusão. Rio de Janeiro: Processo, 2016, p. 249-274. Cf., ainda, BARBOZA, Heloisa Helena; ALMEIDA JUNIOR, Vitor de Azevedo. A (in)capacidade da pessoa com deficiência mental ou intelectual e o regime das invalidades: primeiras reflexões. In: Marcos Ehrhardt Jr. (Org.). *Impactos do novo CPC e do EPD no direito civil brasileiro.* Belo Horizonte: Fórum, 2016, p. 205-228.

2. Cf. BARBOZA, Heloisa Helena; ALMEIDA JUNIOR, Vitor de Azevedo. Reconhecimento e inclusão das pessoas com deficiência. *Revista Brasileira de Direito Civil*, v. 13, p. 17-37, 2017.

(*iv*) barreiras nas comunicações e na informação que dificulte ou impossibilite a expressão ou recebimento de mensagens e informações por intermédio de sistemas de comunicação ou de tecnologia da informação.

Como visto, a CDPD não apenas elevou a acessibilidade ao patamar de um princípio (artigo 3º, *f*), mas também uma obrigação do Estado signatário, na forma prevista pelos artigos 4º (*f* a *i*), 9º e 20. A Constituição da República já estabelecia a necessidade de "normas de construção dos logradouros e dos edifícios de uso público e de fabricação de veículos de transporte coletivo, a fim de garantir acesso adequado às pessoas portadoras de deficiência" (artigo 227, § 2º). Da mesma forma, a Constituição também previu, em seu artigo 244, a necessidade de se legislar a respeito de normas de adaptação do espaço público já construído e adequação dos veículos de transporte coletivo existentes para garantir do acesso às pessoas com deficiência.

A Constituição repartiu a competência legislativa e administrativa sobre a proteção das pessoas com deficiência, inclusive aspectos ligados à acessibilidade, entre todos os entes federativos. No artigo 24, inciso XIV, atribui-se à União, Estados e Distrito Federal a competência para legislar sobre a proteção e integração das pessoas portadoras de deficiência. Cabe frisar que por força do art. 30, inciso I, compete aos municípios legislar sobre matéria de interesse local, incluindo-se as questões atinentes à acessibilidade das pessoas com deficiência. No campo da competência administrativa, o artigo 23, inciso III, atribuiu a todos os entes da Federação o dever de proteção e garantia das pessoas com deficiência.

Com base na aludida repartição constitucional de competências, atribui-se à União a edição de normas gerais. Nessa linha, logo após a promulgação da Constituição, a Lei 7.853/1989, que dispõe sobre o apoio às pessoas portadoras de deficiência, determinou em seu artigo 2º, parágrafo único, inciso V, alínea *a*, que o Poder Público deve tomar medidas necessárias para evitar ou remover óbices às pessoas com deficiência, de modo a lhes permitir acessar edifícios, logradouros e meios de transporte. Posteriormente, a Lei 10.098/00 estabeleceu normas gerais e critérios básicos para acessibilidade das pessoas com deficiência ou mobilidade reduzida, assegurando medidas voltadas à superação de barreiras nos quatro eixos de relevância para a efetividade da acessibilidade: arquitetônico, urbanístico, transporte e informacional (artigo 2º, inciso II) com redação dada pelo Estatuto da Pessoa com Deficiência.

Além das leis gerais editadas no âmbito da União, encontra-se na esfera estadual e municipal inúmeras leis que objetivam igualmente concretizar a acessibilidade, suplementando, no que couberem, as regras gerais. Apesar da aparente boa vontade legislativa, o que reflete, em certa medida, a conscientização social em prol da inclusão das pessoas com deficiência, é induvidoso que ainda é incipiente as medidas concretas para a eliminação das barreiras de todas as ordens ainda existentes e que impedem a plena cidadania das pessoas com deficiência.

Art. 54. São sujeitas ao cumprimento das disposições desta Lei e de outras normas relativas à acessibilidade, sempre que houver interação com a matéria nela regulada:

I – a aprovação de projeto arquitetônico e urbanístico ou de comunicação e informação, a fabricação de veículos de transporte coletivo, a prestação do respectivo serviço e a execução de qualquer tipo de obra, quando tenham destinação pública ou coletiva;

II – a outorga ou a renovação de concessão, permissão, autorização ou habilitação de qualquer natureza;

III – a aprovação de financiamento de projeto com utilização de recursos públicos, por meio de renúncia ou de incentivo fiscal, contrato, convênio ou instrumento congênere; e

IV – a concessão de aval da União para obtenção de empréstimo e de financiamento internacionais por entes públicos ou privados.

2. ASPECTOS GERAIS

O presente artigo dispõe acerca dos atos e circunstâncias que devem observar os preceitos da acessibilidade contidos neste estatuto, bem como nas demais leis que lhe determinam.[3] O dispositivo eleva para o plano da lei ordinária, com pequenas alterações textuais, as disposições contidas no artigo 2º do Decreto 5.296/2004, regulamentador da Lei 10.098/2000, que dispõe sobre normas gerais de acessibilidade.

3. O INCISO I

O inciso I dispõe sobre a obrigatoriedade do cumprimento das disposições que regulam a acessibilidade quando da aprovação de projetos arquitetônicos e urbanísticos, bem como aprovação de projetos de informação e comunicação; na produção de veículos de transportes públicos e nos serviços que eles desenvolvem e, por fim, toda e qualquer obra cuja destinação seja pública ou coletiva deve ser guiada contemplando a aplicação da acessibilidade.

4. O INCISO II

O presente inciso trata da outorga ou renovação de permissão, concessão, autorização e habilitação, termos que remontam o Direito Administrativo e, portanto, algumas considerações são pertinentes. Como dispõe o art. 175 da Constituição Federal, incumbe ao Poder Público, diretamente ou sob regime de concessão ou permissão a prestação de serviços públicos. Nesse sentido, os serviços públicos podem

---

3. Nesse sentido, art. 2º da Lei 10.098/2000.

ser prestados de forma centralizada, descentralizada e desconcentrada.[4] A outorga e a renovação de concessão, permissão, autorização ou habilitação se enquadram na prestação de serviços descentralizada, haja vista a Administração Pública realizá-las através de suas entidades componentes da Administração Indireta, ou através de empresas permissionárias, concessionárias e autorizatárias.

Assim, cabe a Administração Pública outorgar, isto é, conceder ou renovar a concessão, permissão, autorização ou habilitação de determinado serviço público. Nessa linha, cumpre diferenciar concessão, permissão e autorização:

> Assim, em resumo, são formas de delegação do serviço público: a concessão, a permissão e a autorização. Concessão e permissão de serviço público são formas contratuais de delegação, isto é, são contratos administrativos, já a autorização de serviço público é forma unilateral de delegação, quer dizer, é ato administrativo.[5]

Em outras palavras, de acordo com o art. 2º, incisos II e IV, da Lei 8.987/1995, entende-se por concessão, a delegação de prestação de um serviço público à pessoa jurídica ou consórcio de empresas, por sua conta e risco e por determinado prazo, e permissão enquanto delegação, a título precário, de prestação de serviço público à pessoa jurídica ou física, por sua conta e risco.

Por seu turno, autorização corresponde a um ato discricionário e precário da Administração Pública em consentir com o exercício de determinada atividade ou situação de interesse exclusivo ou predominantemente privado, sem contrariar o interesse público, normalmente, concedida mediante alvará. Exemplo clássico dessa assertiva é a autorização para instalação de bancas de revistas em praças públicas.[6]

Por fim, habilitação consiste, usualmente, na segunda fase de um procedimento de licitação, exceto nos casos em que há inversão de fases. É nessa fase que a Administração Pública avalia a capacidade do candidato para o exercício do objeto de determinada licitação, tais determinações encontram respaldo nos arts. 27 e 33 da Lei 8.666/1993. Assim, seja qual for a categoria escolhida para a realização do serviço público, caberá a Administração Pública atentar para a aplicação do disposto nesse Estatuto.

Embora ao inciso II imponha a observação das normas relativas à acessibilidade quando da outorga ou renovação de concessão, permissão, autorização ou habilitação, o Superior Tribunal de Justiça entendeu que a adaptação deve ocorrer imediatamente. No julgamento do Recurso Especial 1.595.018, a Corte manteve

---

4. CUNHA JR., Dirley. *Curso de Direito Administrativo*. 11. ed. rev. amp., Salvador, Bahia: JusPodivm, 2012, p. 250.

5. CUNHA JR., Dirley. *Curso de Direito Administrativo*. 11. ed. rev. amp., Salvador, Bahia: JusPodivm, 2012, p. 250.

6. MEIRELLES, Hely Lopes. *Direito administrativo brasileiro*. 42. ed./atual. até a Emenda Constitucional 90, de 15.9.2015. São Paulo: Malheiros, 2016, p. 214.

acórdão proferido pelo Tribunal de Justiça do Estado do Rio de Janeiro que, em sede de ação civil pública, condenou concessionária de serviço de transporte urbano a realizar adaptação na frota com a reserva de assentos especiais antes da roleta.[7]

5. O INCISO III

O presente inciso delibera acerca da utilização de renúncia ou de incentivo fiscal para aprovação de projeto com o emprego de recursos públicos, os quais, a Administração, ao conceder tais benefícios deve observar se o referido projeto se encontra em conformidade com as exigências de acessibilidade previstas neste estatuto, como exemplo, a eliminação de barreiras arquitetônicas.

Insta mencionar que o incentivo fiscal corresponde à redução ou supressão de determinado ônus tributário, por intermédio de benefícios outorgados para incentivar comportamentos específicos.[8] Por outro lado, a redução vem disciplinada no art. 14, § 1°, da Lei de Responsabilidade Fiscal (Lei 101, de 4 de maio de 2000), segundo o qual,

> Art. 14. A concessão ou ampliação de incentivo ou benefício de natureza tributária da qual decorra renúncia de receita deverá estar acompanhada de estimativa do impacto orçamentário-financeiro no exercício em que deva iniciar sua vigência e nos dois seguintes, atender ao disposto na lei de diretrizes orçamentárias e a pelo menos uma das seguintes condições:
>
> § 1° A renúncia compreende anistia, remissão, subsídio, crédito presumido, concessão de isenção em caráter não geral, alteração de alíquota ou modificação de base de cálculo que implique redução discriminada de tributos ou contribuições, e outros benefícios que correspondam a tratamento diferenciado.

Desse modo, estabelece o dispositivo em questão que a aprovação de financiamentos de projeto com a utilização de recursos públicos, seja qual for o instrumento utilizado, estará condicionada à observância dos critérios de acessibilidade.

6. O INCISO IV

Em que pese às operações de crédito no exterior, o pedido de empréstimo internacional feito por Estados e Municípios necessita de autorização do Ministério da Fazenda e aprovação do Senado Federal. Nesse sentido, a resolução n. 43/2001 do Senado Federal estabelece quais documentos devem ser apresentados ao Ministério da Fazenda para que seja encaminhado o pedido ao Senado, cuja aprovação é rea-

---

7. STJ, REsp. 1.595.018/RJ, Rel. Min. Humberto Martins, Segunda Turma, julg. em 18 ago. 2016.

8. ELALI, André. *Incentivos Fiscais, Neutralidade Da Tributação E Desenvolvimento Econômico*: A questão da redução das desigualdades regionais e sociais. Disponível em: [http://sisnet.aduaneiras.com.br/lex/doutrinas/arquivos/070807.pdf]. Acesso em: 20 ago. 2017.

lizada pelo Plenário. Restando a União, assim, o papel de avalista dessas operações de crédito.

O presente inciso estabelece, portanto, que cabe a União ao conceder aval para entes públicos ou privados obterem empréstimo e financiamento internacionais, atentar para comprovação de que esse empréstimo, independente da destinação pretendida, seja para projetos arquitetônicos ou de comunicação, por exemplo, deve ser guiado pelos preceitos da acessibilidade.

> **Art. 55**. A concepção e a implantação de projetos que tratem do meio físico, de transporte, de informação e comunicação, inclusive de sistemas e tecnologias da informação e comunicação, e de outros serviços, equipamentos e instalações abertos ao público, de uso público ou privado de uso coletivo, tanto na zona urbana como na rural, devem atender aos princípios do desenho universal, tendo como referência as normas de acessibilidade.
>
> § 1º O desenho universal será sempre tomado como regra de caráter geral.
>
> § 2º Nas hipóteses em que comprovadamente o desenho universal não possa ser empreendido, deve ser adotada adaptação razoável.
>
> § 3º Caberá ao poder público promover a inclusão de conteúdos temáticos referentes ao desenho universal nas diretrizes curriculares da educação profissional e tecnológica e do ensino superior e na formação das carreiras de Estado.
>
> § 4º Os programas, os projetos e as linhas de pesquisa a serem desenvolvidos com o apoio de organismos públicos de auxílio à pesquisa e de agências de fomento deverão incluir temas voltados para o desenho universal.
>
> § 5º Desde a etapa de concepção, as políticas públicas deverão considerar a adoção do desenho universal.

7. COMENTÁRIOS AO ART. 55

Nota-se que o presente artigo trata do chamado desenho universal, cuja definição já foi realizada no art. 3º, inciso II, do presente Estatuto. Desse modo, entende-se enquanto desenho universal um padrão capaz de atender às necessidades de todo e qualquer ser humano quando utilizado no desenvolvimento de produtos, ambientes, programas, serviços e recursos de tecnologia. Portanto, a definição de desenho universal surgiu com o intuito de promover a inclusão das pessoas nos diversos segmentos sociais mediante a facilitação do acesso, bem como uso dos mais variados produtos, serviços e espaços.

Em 2004, realizou-se na cidade do Rio de Janeiro a Conferência Internacional sobre o Desenho Universal, cujos trabalhos resultaram na Carta do Rio, que se sustenta em sete princípios, a saber: (i) o *uso equiparável* para pessoas com diferentes capacidades; (ii) *uso flexível* para atender ao maior espectro de habilidades e preferência pessoais; (*iii*) *simples e intuitivo*, a permitir facilidade no uso; (*iv*) *informação perceptível*, de modo a permitir uma comunicação de forma eficaz; (*v*) *tolerância ao erro*, para a diminuição dos riscos do manuseio; (*vi*) *pouca exigência de esforço físico*, de modo que possa ser acessado e utilizado por o maior número de pessoas; e (*vii*) *tamanho e espaço para o acesso e uso* adequado a qualquer tipo de usuário.

A NBR ABNT 9050 trata, entre outros aspectos da acessibilidade, de padrões técnicos para o melhor alcance da adoção do desenho universal, que o Estatuto prevê ser uma regra de caráter geral. Não obstante o § 1º estabelecer que o desenho universal deva ser encarado como regra em todas as disposições contidas no *caput* do presente artigo, o § 2º demonstra que no mundo fático tal determinação pode eventualmente não alcançar a efetividade esperada. Nesses casos, deve ser aplicada a adaptação razoável, cuja definição encontra-se no art. 3º, inciso VI da lei em comento. Assim, estabelece o § 2º que nos casos em que o desenho universal não possa ser aplicado, as adaptações razoáveis serão adotadas.

De acordo com o § 3º, o Poder Público deve proporcionar a inclusão de temas referentes ao desenho universal nas grades curriculares do ensino superior, na educação profissional e tecnológica e na formação das chamadas carreiras do Estado, quais sejam, aquelas que exercem atribuições relacionadas à expressão do Poder Estatal, não possuindo, portanto, correspondência no setor privado.

Por sua vez, o § 4º discorre acerca dos organismos públicos de auxílio à pesquisa e de agências de fomento. Assim, é válido atentar para a existência da Coordenação de Aperfeiçoamento de Pessoal de Nível Superior – CAPES (Lei 8.405/1992), órgão público federal de fomento à pesquisa. Cabe, portanto, ao referido órgão e aos demais que tratem a nível estadual da matéria, a observação e aprovação dos programas e projetos de pesquisa cuja orientação deve incluir temas e pesquisas voltadas ao desenho universal.

Por fim, o § 5º prevê que as políticas públicas devem ser guiadas, desde a concepção pelo desenho universal.

 **TOME NOTA!**

A NBR ABNT 9050 foi reeditada em 03.08.2020 e esta versão foi corrigida em 25/01/2021. Com foco nas edificações, projetos, construções, instalações e adaptações urbanas e rurais, a norma fixa condições de acessibilidade, com o escopo de proporcionar a utilização autônoma, independente e segura do ambiente, edificações, mobiliário, equipamentos urbanos e elementos à maior quantidade possível de pessoas considerando diversas condições de mobilidade e de percepção do ambiente, com ou sem a ajuda de aparelhos específicos, como próteses, aparelhos de apoio, cadeiras de rodas, bengalas de rastreamento, sistemas assistivos de audição ou qualquer outro que venha a complementar as necessidades individuais.

Art. 56. A construção, a reforma, a ampliação ou a mudança de uso de edificações abertas ao público, de uso público ou privadas de uso coletivo deverão ser executadas de modo a serem acessíveis.

§ 1º As entidades de fiscalização profissional das atividades de Engenharia, de Arquitetura e correlatas, ao anotarem a responsabilidade técnica de projetos, devem exigir a responsabilidade profissional declarada de atendimento às regras de acessibilidade previstas em legislação e em normas técnicas pertinentes.

§ 2º Para a aprovação, o licenciamento ou a emissão de certificado de projeto executivo arquitetônico, urbanístico e de instalações e equipamentos temporários ou permanentes e para o licenciamento ou a emissão de certificado de conclusão de obra ou de serviço, deve ser atestado o atendimento às regras de acessibilidade.

§ 3º O poder público, após certificar a acessibilidade de edificação ou de serviço, determinará a colocação, em espaços ou em locais de ampla visibilidade, do símbolo internacional de acesso, na forma prevista em legislação e em normas técnicas correlatas.

8. COMENTÁRIOS AO ART. 56

O presente dispositivo prevê, diretamente, uma das principais diretrizes relacionadas à acessibilidade, em especial no que tange à eliminação das barreiras arquitetônicas. Nessa perspectiva, toda atividade que envolva edificações abertas ao público, de uso público ou privadas de uso coletivo, deverão ser realizadas de acordo com os parâmetros da acessibilidade.

Nessa perspectiva, o Tribunal de Justiça do Estado de São Paulo decidiu nos autos da Apelação 0160746-18.2009.8.26.0100,[9] na qual se pleiteava obrigação de fazer consistente em vaga de deficiente em garagem de condomínio, cujo pedido parcialmente procedente na sentença resultou na presente apelação fundada na alegação de que não haveria deliberação na convenção e no regulamento do edifício acerca das vagas para deficiente, bem como na inexistência de norma que assegure o direito de moradores de edifícios residenciais, mas apenas a espaços públicos. O relator, contudo, demonstrou que, por óbvio nenhuma convenção ou assembleia condominial tem o condão de se sobrepor à lei e que, os espaços privados de uso coletivo também devem se enquadrar nas disposições que envolvem a acessibilidade.

O § 1º trata da fiscalização, bem como da responsabilização de projetos de engenharia e de arquitetura no cumprimento em suas atividades das determinações deste estatuto. Isto posto, deve-se considerar o art. 24 da Lei 5.194/1966, que cuida do exercício da profissão de engenheiro e engenheiro-agrônomo, o qual estabelece que

---

9. TJ-SP, APL: 01607461820098260100, 4ª Câmara de Direito Privado, Rel. Des. Fábio Quadros, julg. 26 jun. 2014, publ. 03 jul. 2014.

tal fiscalização deve ser exercida pelo Conselho Federal de Engenharia e Agronomia (CONFEA) e pelos Conselhos Regionais de Engenharia e Agronomia (CREA). A Lei 12.378, de 31 de dezembro de 2010, regulamentou o exercício da Arquitetura e Urbanismo, criando o Conselho de Arquitetura e Urbanismo do Brasil (CAU/BR) e os Conselhos estaduais (CAUs).

Por seu turno, o § 2° prevê que para que seja aprovado, licenciado ou emitido um projeto arquitetônico ou urbanístico, bem como a conclusão de obra ou serviço deve-se atentar para o cumprimento das disposições deste Estatuto no que tange à acessibilidade.

Por fim, o § 3° remonta ao símbolo internacional de acesso, previsto na Lei 7.405/1985, de modo que, os locais que de fato apresentarem acessibilidade devem, obrigatoriamente, por força do art. 1° da lei supracitada e do Estatuto em comento, alocar de forma visível, o símbolo internacional de acesso.

> **Art. 57**. As edificações públicas e privadas de uso coletivo já existentes devem garantir acessibilidade à pessoa com deficiência em todas as suas dependências e serviços, tendo como referência as normas de acessibilidade vigentes.

9. COMENTÁRIOS AO ART. 57

O presente artigo estabelece a necessidade de que, ainda que já construídas, as edificações públicas e privadas de uso coletivo devem proporcionar acessibilidade em todas as suas áreas, bem como serviços. A Constituição da República, no § 2° do art. 227, expressamente prevê o direito ao meio ambiente urbano acessível e inclusivo, como concretização do direito à igualdade material (art. 5°, *caput*) e da proteção à dignidade da pessoa humana (art. 1°, III), a fim de garantir acesso adequado às pessoas portadoras de deficiência. No art. 244, a Lei Maior determinou a adaptação dos logradouros e edifícios públicos que tenham sido construídos anteriormente à sua promulgação, conforme as normas de acessibilidade trazidas pela legislação infraconstitucional.

A Convenção de Nova Iorque prevê em seu art. 9° que a acessibilidade deve assegurar às pessoas com deficiência, em igualdade de oportunidades com as demais pessoas, o acesso ao meio físico, ao transporte e à informação e à comunicação, bem como a outros serviços e instalações abertos ao público ou de uso público, tanto na zona urbana como na rural, norma, portanto, de natureza indiscutivelmente constitucional. Nesse sentido, de modo a assegurar o cumprimento do direito fundamental à acessibilidade, foi estabelecida a competência legislativa concorrente no inciso XIV do art. 24 da Constituição, cabendo à União editar normas gerais (art. 24, § 1°) e aos estados-membros o exercício de competência suplementar (art. 24, § 2°). Ainda, aos municípios foi atribuída competência para suplementar a legislação federal e estadual, sendo o ente municipal competente para criar normas legais nos assuntos de interesse local (art. 30, I e II, CR/1988), o que inclui matérias atinentes à acessibilidade de pessoas com deficiência.

As Leis federais 7.853/1989 (art. 2º, parágrafo único, V, *a*) e 10.098/2000 (art. 2º, I) estabeleceram alguns parâmetros de acessibilidade a serem observados pelo Poder Público nos logradouros e pelos particulares nos prédios de uso coletivo, visando a tornar o meio ambiente urbano mais inclusivo. O Decreto 5.296/2004, que regulamenta a Lei 10.098/2000, traz em seu art. 11 que a "construção, reforma ou ampliação de edificações de uso público ou coletivo, ou a mudança de destinação para estes tipos de edificação, deverão ser executadas de modo que sejam ou se tornem acessíveis à pessoa portadora de deficiência ou com mobilidade reduzida".

O Estatuto, em seu art. 57, repisa o dever constitucional – reforçado pela Convenção – de garantir acessibilidade e de adaptar as edificações públicas e privadas de uso coletivo, mesmo quando não sejam construções novas, de modo a permitir o livre acesso das pessoas com deficiência em todas as suas dependências e serviços.

> **Art. 58**. O projeto e a construção de edificação de uso privado multifamiliar devem atender aos preceitos de acessibilidade, na forma regulamentar.
>
> § 1º As construtoras e incorporadoras responsáveis pelo projeto e pela construção das edificações a que se refere o *caput* deste artigo devem assegurar percentual mínimo de suas unidades internamente acessíveis, na forma regulamentar.
>
> § 2º É vedada a cobrança de valores adicionais para a aquisição de unidades internamente acessíveis a que se refere o § 1º deste artigo.

10. ASPECTOS GERAIS

O artigo acima descrito possui como fito precípuo garantir que tanto na fase de planejamento, como no momento do desenvolvimento prático das edificações sejam observadas as determinações que normatizam a acessibilidade. Com isso, o Estatuto da Pessoa com Deficiência estabelece o direito à acessibilidade da pessoa com deficiência em prédios particulares, ainda que não sejam de uso coletivo.

Dessa maneira, necessário esclarecer o conceito de "edificação de uso privado multifamiliar". Segundo o art. 8º, inc. VIII do Decreto 5.296/2004, que regulamenta a Lei 10.098/2000, consideram-se edificações de uso privado aquelas destinadas à habitação, porém essas podem se classificar tanto em habitações unifamiliares, as quais correspondem à construção de apenas uma residência por lote, quanto multifamiliares, que se caracterizam justamente pela edificação de mais de uma unidade por lote, como por exemplo, a construção de apartamentos ou de mais de uma casa no mesmo loteamento. O mencionado Decreto possui diversas regras de acessibilidade aplicáveis aos prédios de uso privado, como o disposto no art. 18 que traz a obrigatoriedade para a construção de edificações de uso privado multifamiliar em atender aos preceitos de acessibilidade na interligação das partes de uso comum ou abertas ao público, atendidas as normas técnicas de acessibilidade da ABNT. O seu parágrafo único explicita que também se sujeitam ao dever de acessibilidade todas as áreas acessórias de uso comum, como piscina, salão de festa e portaria, além do estacionamento e da garagem.

O Decreto 9.451, de 26 de julho de 2018, regulamenta dispositivo em comento e define o que considera edificação de uso privado multifamiliar, unidade internamente acessível, unidade adaptável e unidade com adaptação razoável (art. 2º). Destaca-se que as unidades autônomas adaptáveis deverão ser convertidas em unidades internamente acessíveis quando solicitado pelo adquirente, por escrito, até a data do início da obra, nos termos do art. 5º do mencionado Decreto, sendo vedada a cobrança de valores adicionais para a conversão. O § 2º determina que na "hipótese de desistência ou de resolução contratual por inadimplemento do comprador da unidade internamente acessível, o incorporador poderá reter os custos adicionais incorridos devido à adaptação solicitada, desde que previsto expressamente em cláusula contratual".

Assim, os profissionais responsáveis pelo planejamento e construção de tais edificações deverão atentar-se para as questões de acessibilidade, estando a aprovação e certificação do projeto arquitetônico ou urbanístico sujeitos à observância das regras referentes à acessibilidade.

Com efeito, cuida-se de norma que objetiva resguardar o direito fundamental à moradia, previsto no art. 6º da Constituição da República, que, no caso das pessoas com deficiência, depende de acessibilidade instrumental para ser efetivamente viabilizado.

11. A GARANTIA MINIMA DE UNIDADES ACESSÍVEIS

Conforme disposto no § 1º do artigo em comento, as responsáveis pelo projeto e desenvolvimento das edificações deverão reservar certa quantidade de imóveis que precisarão ser totalmente adaptados internamente, a fim que possibilitem a acessibilidade a qualquer portador de necessidades especiais, como, por exemplo, com pisos adequados, informações em *Braille*, indicações sonoras e visuais, com fim de romper com as barreiras sociais que distanciam tais pessoas do pleno exercício de suas liberdades.

Contudo, válido ressaltar que o referido parágrafo dispõe que as mudanças supracitadas deverão ser realizadas "na forma regulamentar", devendo observar as regras dispostas no Decreto 9.451/2018. O art. 15 da Lei 10.098/2000 já previa a necessidade de criação de unidades habitacionais adaptadas para o atendimento da demanda de pessoas portadoras de deficiência. O Decreto 5.296/2004, apesar de não trazer qualquer percentual, nos incisos II e III do art. 28, reforça a obrigatoriedade, nos prédios particulares multifamiliares, de execução de unidades acessíveis no piso térreo e acessíveis ou adaptáveis nos demais pisos, bem como a execução de partes comuns seguindo as normas de acessibilidade da ABNT. Cabe frisar, contudo, conforme salientado por Cristiano Chaves quando estivermos nos referindo às edificações do Projeto Minha Casa Minha Vida, que são de responsabilidade da União, deverão ser destinados 3% de todas os imóveis a fim de garantir as condições de acessibilidade (art. 73 da Lei 11.977/2009), caso as leis municipais e estaduais não regulamentem o tema.[10]

12. A VEDAÇÃO DE COBRANÇA DE VALORES ADICIONAIS PARA A AQUISIÇÃO DE UNIDADES INTERNAMENTE ACESSÍVEIS

O § 2º descrito dispõe sobre a vedação a comportamentos advindos de construtoras, por exemplo, que visem cobrar dos adquirentes de unidades acessíveis os custos diferenciados devido às suas especificidades. Tal norma carreia importante medida em prol da igualdade material e da não discriminação da pessoa com deficiência. Nessa perspectiva, o direito à acessibilidade, globalmente considerado, visa à promoção da autonomia da pessoa com deficiência, o que inclui o seu direito à moradia digna e adaptada à sua particular condição, vedando a cobrança de valores adicionais para aquisição de unidades internamente acessíveis.

Nesse sentido, necessário se faz elucidar que cobrar valores mais dispendiosos as pessoas com deficiência devido à sua condição, não parece minimamente razoável e vai de contra aos preceitos de equidade.

> **Art. 59.** Em qualquer intervenção nas vias e nos espaços públicos, o poder público e as empresas concessionárias responsáveis pela execução das obras e dos serviços devem garantir, de forma segura, a fluidez do trânsito e a livre circulação e acessibilidade das pessoas, durante e após sua execução.

13. COMENTÁRIOS AO ART. 59

O presente diploma legal está fundado no direito à liberdade de locomoção estipulado no art. 5º, inc. XV da Constituição da República, e discorre acerca das responsabilidades daqueles que realizam obras e serviços em espaços públicos, de garantir que no decorrer do desenvolvimento da atividade todas as pessoas, incluindo-se aquelas com deficiência, consigam trafegar de maneira autônoma sem que as interferências advindas do transcorrer da construção obstem a livre circulação.

Tal regramento está estipulado no diploma legal em comento, com vistas a enfatizar o dever que as empresas encarregadas possuem de se atentarem à sua

---

10. FARIAS, Cristiano Chaves de; CUNHA, Rogério Sanches. PINTO, Ronaldo Batista. *Estatuto da Pessoa com Deficiência Comentado artigo por artigo*. 2. rev., ampl. e atual. Salvador: JusPodivm, 2016, p. 182.

obrigação de oportunizar o tráfego de todos, observando as disposições relativas às pessoas com deficiência principalmente.

O ponto crucial do art. 59 é que a norma também procura garantir a acessibilidade das pessoas com deficiência durante as obras de intervenções em vias e espaços públicos, e não somente após a execução da obra, de modo a garantir a livre locomoção, circulação e passagem. Sem dúvida, trata-se de mais uma medida que objetiva a eliminação de barreiras ambientais e arquitetônicas de forma a incluir a pessoa com deficiência em todos os espaços possíveis.

A norma, apesar da relevância social, não é inédita em nossa ordem jurídica, uma vez que configura simples repetição do conteúdo do art. 12 do Decreto 5.296/2004, que regulamentou a Lei 10.098/2000.

> **Art. 60**. Orientam-se, no que couber, pelas regras de acessibilidade previstas em legislação e em normas técnicas, observado o disposto na Lei 10.098, de 19 de dezembro de 2000, 10.257, de 10 de julho de 2001, e 12.587, de 3 de janeiro de 2012:
>
> I – os planos diretores municipais, os planos diretores de transporte e trânsito, os planos de mobilidade urbana e os planos de preservação de sítios históricos elaborados ou atualizados a partir da publicação desta Lei;
>
> II – os códigos de obras, os códigos de postura, as leis de uso e ocupação do solo e as leis do sistema viário;
>
> III – os estudos prévios de impacto de vizinhança;
>
> IV – as atividades de fiscalização e a imposição de sanções; e
>
> V – a legislação referente à prevenção contra incêndio e pânico.
>
> § 1º A concessão e a renovação de alvará de funcionamento para qualquer atividade são condicionadas à observação e à certificação das regras de acessibilidade.
>
> § 2º A emissão de carta de habite-se ou de habilitação equivalente e sua renovação, quando esta tiver sido emitida anteriormente às exigências de acessibilidade, é condicionada à observação e à certificação das regras de acessibilidade.

14. ASPECTOS GERAIS

Segundo o art. 24, inciso I, da Constituição Federal, compete à União, Estados e o Distrito Federal legislar concorrentemente sobre direito urbanístico. Ainda, de acordo com o art. 30, incisos I, II e VII, bem como art. 182, § 1º, da CF, aos municípios, dentre outros, cabe ordenar o pleno desenvolvimento das funções sociais da cidade e garantir o bem-estar de seus habitantes, assim como promover, no que couber, adequado ordenamento territorial, mediante planejamento e controle do uso, do parcelamento e da ocupação do solo urbano. Em outros termos, é preciso realçar que a matéria é competência legislativa (arts. 24, XIV e § § 1º e 2º e 30, I e II, CR/1988) e administrativa (arts. 23, III, CR/1988) de todos os entes da federação.

Nesse sentido, o artigo 60 do EPD discorre que tanto os estudos prévios, os códigos de obras, os planos diretores e a legislação referente à prevenção contra incêndio deverão estar em consonância com o regramento referente às normas de acessibilidade. Com isso, realça-se que a proteção e concretização do direito à acessibilidade da pessoa com deficiência deve ser interpretado do conjunto de normas do ordenamento jurídico brasileiro, sem se limitar às disposições do Estatuto, mas integrando-o às demais leis que versam ou tangenciam o tema da acessibilidade.

Conforme expressamente mencionado no dispositivo em exame, as Leis editadas pela União 10.098/2000, 10.257/2001 e 12.587/2012 devem ser observadas como parâmetros mínimos de garantia de acessibilidade e mobilidade urbana. Nessa linha, estados-membros e municípios estão constitucionalmente autorizados a legislar sobre os aspectos que lhe são pertinentes dentro da sua esfera de atuação com o fito de aprimorar os mecanismos de acessibilidade.

Indispensável mencionar que a Lei 10.257/2001 (Estatuto da Cidade) dispõe de normas relevantes em matéria de direito à acessibilidade da pessoa com deficiência, como os arts. 2º, I e V, e 41, § 3º.

15. OS PLANOS DIRETORES MUNICIPAIS, OS PLANOS DIRETORES DE TRANSPORTE E TRÂNSITO, OS PLANOS DE MOBILIDADE URBANA E OS PLANOS DE PRESERVAÇÃO DE SÍTIOS HISTÓRICOS

Os planos referidos no inciso I são de suma importância para o pleno desenvolvimento dos entes da federação, uma vez que se preocupam em regular ocupação do solo, traçar estratégias para uma melhor efetividade dos transportes públicos, proteger o patrimônio artístico cultural, dentre outros. Tais projetos devem agora incluir em suas normativas estratégias com vistas a efetivar a acessibilidade em todas as áreas das cidades, buscando, ao máximo, cidades inclusivas e sustentáveis.

16. OS CÓDIGOS DE OBRAS, OS CÓDIGOS DE POSTURA, AS LEIS DE USO E OCUPAÇÃO DO SOLO E AS LEIS DO SISTEMA VIÁRIO

De acordo com o inciso II, as leis que se referirem ao sistema viário, ou seja, rodovias e ferrovias, aos códigos de obras, ao código de postura, o qual se caracteriza por consolidar em um documento normas referentes à administração municipal, também deverão observar os preceitos referentes à efetivação do pleno acesso às pessoas com deficiência.

17. OS ESTUDOS PRÉVIOS DE IMPACTO DE VIZINHANÇA

O Estudo de Impacto de Vizinhança (EIV) está previsto no art. 4º, inciso VI, da Lei 10.257/2001, sendo estabelecido para fins de intermediar interesses privados com a manutenção da qualidade de vida da população urbana que esteja no entorno de uma ocupação que acarretará grandes impactos em seu cotidiano. Dessa maneira, tal estudo demonstra-se uma ferramenta indispensável para o desenvolvimento das cidades de maneira acessível e inclusivas em prol sua efetividade.

18. AS ATIVIDADES DE FISCALIZAÇÃO E A IMPOSIÇÃO DE SANÇÕES

A imposição de sanções deverá ser estipulada pelos regramentos previstos no inciso I desse artigo, sendo de suma importância que o Estado, em exercício de seu poder de polícia, venha a fiscalizar a todos e sancionar aqueles que porventura vierem a ignorar os preceitos contidos nesse código.

19. A CONCESSÃO E A RENOVAÇÃO DE ALVARÁ DE FUNCIONAMENTO

Inicialmente cumpre esclarecer acerca dos institutos elucidados no § 1º. Desse modo, no que se refere à concessão, expõe Carvalho Filho:

> No sistema atual, pode-se, a uma primeira visão, catalogar os contratos de concessão em dois grupos, de acordo com o objetivo a que se destinam: (1º) concessões de serviços públicos; (2º) concessões de uso de bem público. As concessões de serviços públicos, como informa a própria denominação, têm por objeto a delegação da execução de serviço público a pessoa privada. Trata-se, pois, conforme visto anteriormente, de processo de descentralização, formalizado por instrumento contratual. O concessionário, a seu turno, terá sempre a seu cargo o exercício de atividade pública. Já as concessões de uso de bem público visam somente a consentir que pessoa privada se utilize de bem pertencente a pessoa de direito público. Semelhantes concessões resultam da atividade normal de gestão que os entes públicos desenvolvem sobre os bens integrantes de seu acervo. Os concessionários de uso, contrariamente ao que ocorre com as concessões de serviços públicos, podem executar atividades de caráter público e de caráter privado, dependendo da destinação do uso do bem público que lhes tiver sido autorizada.[11]

Por sua vez, no tocante à renovação de contrato Hely Lopes Meirelles, discorre que "[...] é a inovação no todo ou em parte do ajuste, mantido, porém, seu objeto inicial, para continuidade de sua execução, com o mesmo contratado ou com outrem. A renovação do contrato pode exigir ou dispensar licitação, conforme as circunstâncias ocorrentes em cada caso".[12] Maria Sylvia Zanella Di Pietro define ainda alvará como "instrumento pelo qual a Administração Pública confere licença

---

11. CARVALHO FILHO, José dos Santos. *Manual de direito administrativo*. 28. ed., São Paulo: Atlas, 2015, p. 191.

12. MEIRELLES, Hely Lopes. *Direito Administrativo Brasileiro*, 43. ed., atual. até a Emenda Constitucional 99, de 14.12.2017, São Paulo: Malheiros Editores, p. 270.

ou autorização para a prática de ato ou exercício de atividade sujeitos ao poder de polícia do Estado".[13]

Dessa maneira, o § 1º supracitado, condiciona os atos da administração pública de concessão e renovação de alvarás a realizações, por parte dos requerentes, das medidas relativas à acessibilidade, sendo que só por meio da sua consumação será concedido o certificado necessário ao início ou continuação das atividades.

20. A CARTA HABITE-SE

A carta de *habite-se*, ou auto de conclusão de obra, caracteriza-se como uma certidão emitida pela administração municipal, a qual atesta que determinado imóvel se encontra devidamente habilitado a ser franqueado, pois está em consonância com os parâmetros necessários para tanto.

O § 2º aduz que, caso o *habite-se* tenha sido emitido ou renovado em período anterior à presente legislação, tanto sua renovação quanto novas emissões deverão atentar-se às normas deste estatuto, estando, portanto, a emissão de tal certificação, condicionada a implementação efetiva das normas referentes à acessibilidade.

> **Art. 61**. A formulação, a implementação e a manutenção das ações de acessibilidade atenderão às seguintes premissas básicas:
>
> I – eleição de prioridades, elaboração de cronograma e reserva de recursos para implementação das ações; e
>
> II – planejamento contínuo e articulado entre os setores envolvidos.

21. COMENTÁRIOS AO ART. 61

O artigo em comento, bem como seus incisos, dispõe acerca dos procedimentos primordiais que as ações de acessibilidade deverão ser pautadas tanto na fase de planejamento, tanto na de execução, quanto na de manutenção. Dessa maneira, preceitua-se inicialmente que sejam eleitas prioridades, ou seja, sejam designadas ações de acessibilidade fundamentais e indispensáveis aos portadores de necessidades especiais, reservando-se para tanto parcela dos recursos.

Ainda de acordo com o diploma legal mencionado, imprescindível se faz a elaboração de um cronograma, o qual deverá estipular os períodos em que as ações deverão ser concretizadas. Por fim, de acordo com o inciso II, os setores envolvidos na elaboração de tais ações deverão possuir uma maior integração a fim de planejá-las de maneira constante, com vistas efetivá-las da melhor maneira.

---

13. DI PIETRO, Maria Sylvia Zanella. *Direito Administrativo*. 27. ed., São Paulo: Atlas, 2014, p. 246.

Fundamental, nessa esteira, que as ações de acessibilidade sejam pautadas em planejamento contínuo e articuladas entre as três esferas federativas e os demais atores envolvidos, além da definição de prioridades, elaboração de cronograma e a reserva de recursos com a indicação de específica fonte de custeio pelo ente federado. O § 5º do art. 195 da Constituição da República veda a criação, extensão ou majoração de benefício ou serviço da seguridade social sem que haja a correspondente fonte de custeio total, com o objetivo de resguardar o equilíbrio das contas públicas. No âmbito federal, a Secretaria Nacional de Promoção dos Direitos da Pessoa com Deficiência é responsável pelar articulação entre os entes federativos para a implementação das ações de acessibilidade.

> **Art. 62.** É assegurado à pessoa com deficiência, mediante solicitação, o recebimento de contas, boletos, recibos, extratos e cobranças de tributos em formato acessível.

22. COMENTÁRIOS AO ART. 62

O presente artigo destaca-se como um grande avanço do presente Estatuto, uma vez que garante à pessoa com deficiência o direito básico à informação[14], salvaguardado na Constituição de 1988, mas que, na maioria das vezes, apenas era concretizado se a via judicial fosse acionada. Cuida-se, portanto, do aspecto informacional da acessibilidade. A CDPD possui diversas normas diretamente voltadas à tutela da acessibilidade informacional. Dentre eles, o art. 21 afirma o direito à liberdade de expressão e opinião, "incluindo à liberdade de buscar, receber e compartilhar informações e ideias, em igualdade de oportunidades com as demais pessoas e por intermédio de todas as formas de comunicação de sua escolha". De modo a garantir a efetividade desse direito, cabe ao Estado fornecer e assegurar o recebimento, por intermédio de particulares, sem cobrança de qualquer custo adicional, às pessoas com deficiência, de todas as informações destinadas ao público em geral, em formatos acessíveis e nas tecnologias apropriadas aos diferentes tipos de deficiência (art. 21, *a*, CDPD).

Em sede infraconstitucional, a Lei 10.098/2000, na redação dada pela Lei 13.145/2015, prevê no art. 2º, inciso IX, o direito à comunicação da pessoa com deficiência que permita a interação entre os cidadãos e que abrange as "línguas, inclusive a Língua Brasileira de Sinais (Libras), a visualização de textos, o *Braille*, o sistema de sinalização ou de comunicação tátil, os caracteres ampliados, os dispositivos multimídia, assim como a linguagem simples, escrita e oral, os sistemas auditivos e

---

14. Sobre o direito à informação da pessoa com deficiência em tempos de pandemia da Covid-19, seja consentido remeter a BARBOZA, Heloisa Helena; ALMEIDA, Vitor. O direito da pessoa com deficiência à informação em tempos da pandemia da Covid-19: uma questão de acessibilidade e inclusão. In: *Liinc em Revista*, v. 16, p. 01-11, 2020.

os meios de voz digitalizados e os modos, meios e formatos aumentativos e alternativos de comunicação, incluindo as tecnologias da informação e das comunicações". De modo a assegurar a comunicação sem barreiras, o próprio Estatuto imputa ao Estado, diretamente ou em parceria com organizações da sociedade civil, o dever de "promover a capacitação de tradutores e intérpretes da Libras, de guias intérpretes e de profissionais habilitados em *Braille*, audiodescrição, estenotipia e legendagem" (art. 73), de modo a facilitar a comunicação direta à pessoa com deficiência (art. 18).

O presente dispositivo afirma o direito assegurado à pessoa portadora de deficiência, mediante a sua solicitação, a receber suas contas, boletos, recibos, extratos e cobranças de tributos de forma acessível e em formato adequado à sua específica condição. Assim, o denominado "formato acessível" variará de acordo com a deficiência do portador que requerer seu direito, possuindo a contraparte o dever de disponibilizar tais informações no formato correto, não cabendo alegar custos demasiados, por exemplo, uma vez que se trata de preceito fundamental. A referida norma é direcionada tanto ao Poder Público como aos particulares, como as concessionárias e permissionárias de serviços públicos.

O Código de Defesa do Consumidor (Lei 8.078/1990), no inciso III do art. 6º, garante o direito básico à informação do consumidor acerca de produtos e serviços ofertados no mercado de consumo, com todas as especificações necessárias esclarecidas de forma precisa, adequada e ostensiva. O Estatuto incluiu, por meio do art. 100, o parágrafo único ao art. 6º do CDC, que dispõe que a informação "deve ser acessível à pessoa com deficiência", a cujo comentário se remete.

Por fim, surge no mesmo sentido o entendimento firmado pela decisão do Superior Tribunal de Justiça, no julgamento do Recurso Especial 1.315.822/RJ,[15] o

---

15. Recurso especial. Ação civil pública. Ação destinada a impor à instituição financeira demandada a obrigação de adotar o método *Braille* nos contratos bancários de adesão celebrados com pessoa portadora de deficiência visual. 1. Formação de litisconsórcio passivo necessário. Descabimento, na hipótese. 2. Dever legal consistente na utilização do método *Braille* nas relações contratuais bancárias estabelecidas com consumidores portadores de deficiência visual. Existência. Normatividade com assento constitucional e legal. Observância. Necessidade. 3. Condenação por danos extrapatrimoniais coletivos. Cabimento. 4. Imposição de multa diária para o descumprimento das determinações judiciais. Revisão do valor fixado. Necessidade, na espécie. 5. Efeitos da sentença exarada no bojo de ação civil pública destinada à tutela de interesses coletivos *stricto sensu*. Decisão que produz efeitos em relação a todos os consumidores portadores de deficiência visual que estabeleceram ou venham a firmar relação contratual com a instituição financeira demandada em todo o território nacional. Indivisibilidade do direito tutelado. Artigo 16 da Lei 7.347/1985. Inaplicabilidade, na espécie. Precedentes. 7. Recurso especial parcialmente provido. [...] 2. Ainda que não houvesse, como de fato há, um sistema legal protetivo específico das pessoas portadoras de deficiência (Leis 4.169/62, 10.048/2000, 10.098/2000 e Decreto 6.949/2009), a obrigatoriedade da utilização do método *Braille* nas contratações bancárias estabelecidas com pessoas com deficiência visual encontra lastro, para além da legislação consumerista *in totum* aplicável à espécie, no próprio princípio da Dignidade da Pessoa Humana. 2.1 A Convenção Internacional sobre os Direitos das Pessoas com Deficiência impôs aos Estados signatários a obrigação de assegurar o exercício pleno e equitativo de todos os direitos humanos e liberdades fundamentais pelas pessoas portadoras de deficiência, conferindo-lhes tratamento materialmente igualitário (diferenciado na proporção de sua desigualdade) e, portanto, não discriminatório, acessibilidade física e de comunicação e informação, inclusão social, autonomia e independência (na medida do possível, naturalmente), e liberdade para fazer suas próprias escolhas, tudo a viabilizar a

qual obrigou instituição bancária a adotar método em *Braille* nos contratos de adesão realizados com pessoas com deficiência visual.

Portanto, as normas que asseguram a acessibilidade em seu aspecto informacional procuram garantir o acesso às informações necessárias ao exercício da cidadania, possibilitando uma vida independente, e de modo a evitar a exposição às situações vexatórias.

---

consecução do princípio maior da Dignidade da Pessoa Humana. 2.2 Valendo-se das definições trazidas pelo Tratado, pode-se afirmar, com segurança, que a não utilização do método *Braille* durante todo o ajuste bancário levado a efeito com pessoa portadora de deficiência visual (providência, é certo, que não importa em gravame desproporcional à instituição financeira), impedindo-a de exercer, em igualdade de condições com as demais pessoas, seus direitos básicos de consumidor, a acirrar a inerente dificuldade de acesso às correlatas informações, consubstancia, a um só tempo, intolerável discriminação por deficiência e inobservância da almejada "adaptação razoável". [...] 6. A sentença prolatada no bojo da presente ação coletiva destinada a tutelar direitos coletivos stricto sensu – considerada a indivisibilidade destes – produz efeitos em relação a todos os consumidores portadores de deficiência visual que litigue ou venha a litigar com a instituição financeira demandada, em todo o território nacional. Precedente da Turma.7. Recurso especial parcialmente provido. (grifos nossos). STJ, REsp. 1.315.822/RJ. Rel. Min. Marco Aurélio Bellizze, Terceira Turma, julg. em 24 mar. 2015, publ. 16 abr. 2015.

Capítulo II
Do Acesso à Informação e à Comunicação

Patrícia Esteves de Mendonça

Art. 63. É obrigatória a acessibilidade nos sítios da internet mantidos por empresas com sede ou representação comercial no País ou por órgãos de governo, para uso da pessoa com deficiência, garantindo-lhe acesso às informações disponíveis, conforme as melhores práticas e diretrizes de acessibilidade adotadas internacionalmente.

§ 1º Os sítios devem conter símbolo de acessibilidade em destaque.

§ 2º Telecentros comunitários que receberem recursos públicos federais para seu custeio ou sua instalação e *lan houses* devem possuir equipamentos e instalações acessíveis.

§ 3º Os telecentros e as *lan houses* de que trata o § 2º deste artigo devem garantir, no mínimo, 10% (dez por cento) de seus computadores com recursos de acessibilidade para pessoa com deficiência visual, sendo assegurado pelo menos 1 (um) equipamento, quando o resultado percentual for inferior a 1 (um).

1. ASPECTOS GERAIS DO CAPÍTULO II

A Lei Brasileira de Inclusão está fundamentada, especialmente, na Convenção sobre os Direitos das Pessoas com Deficiência e seu Protocolo Facultativo, ratificados pelo Congresso Nacional, através do Decreto Legislativo 186, de 9 de julho de 2008, em conformidade com o artigo 5º, § 3º, da Constituição da República e promulgados pelo Decreto 6.949, de 25 de agosto de 2009, data em que entrou em vigor.

O Estatuto da Pessoa com Deficiência em seu Título II trata da acessibilidade e seu Capítulo II, do acesso à informação e à comunicação. O acesso à informação é garantia constitucional prevista no artigo 5º, inciso XIV. A comunicação e o acesso à informação são direitos fundamentais, que consolidam o exercício da cidadania. A participação na sociedade é efetivada através da comunicação social, manifestando seus interesses e opiniões.

Assim, como norteia o princípio da isonomia, positivado no *caput* do artigo supracitado, sendo inviolável o direito a igualdade estabelecido ao longo da Carta Magna brasileira. Entretanto, há de se destacar que o a promoção de tal princípio não é o tratamento igualitário, pois notoriamente não traria benefícios à pessoa portadora de deficiência.

O deficiente tratado nas mesmas condições que uma pessoa sem limitações não estaria sendo respeitado o direito à igualdade. O tratamento desigual, atendendo as necessidades de cada um seria a forma correta de se promover o mencionado princípio. Dessa forma, no que diz respeito ao acesso à informação, é essencial que esta seja promovida de forma que todos tenham autonomia.

O princípio da igualdade é considerado fundamental na conquista de direitos e garantias de todas as pessoas que fazem parte de um grupo minoritário. Está, diretamente, relacionado com o ideal de justiça e interligado ao estado democrático de direito.

O Princípio da Dignidade Humana, considerando a essência humana, norteador de todos os direitos humanos, possui relação direta com o direito à vida e seus desdobramentos, o direito à liberdade, à igualdade, à integridade física e moral, à liberdade de expressão, entre outros. Podendo até mesmo se sobrepor ao direito à vida, pois, viver não significa apenas manter as atividades encefálicas, mas, principalmente, fazer parte do processo de interação com a sociedade e o meio onde vive.

2. DO ACESSO À INTERNET

A internet é considerada um dos maiores fenômenos de transformação social. Mudou os meios de comunicação, de trabalho e de pesquisa. Passa, então, a ser vista como um direito fundamental. Partindo-se do princípio de que nem todos os direitos fundamentais estão expressamente previstos na Constituição e sim aqueles que em cada momento histórico se torna necessário para promover a dignidade, a liberdade e a igualdade humana. Os bancos de dados e cadastros de consumidores deverão ser disponibilizados de forma acessível a todas as pessoas, inclusive os portadores de deficiência, em caso de solicitação pelo consumidor, conforme redação do artigo 43 do CDC, Lei 8.078. Desta forma, Lei Geral de Proteção de Dados (LGPD), Lei 13.709, de 14 de agosto de 2018, também atingiu o EPD, Lei 13.146/15.

As razões principais que tornaram a Internet um fenômeno social são: a relativa facilidade de adquirir acesso, a mundialidade da estrutura, a sua descentralização.[1] A rede mundial de computadores se diferencia dos outros meios de comunicação tradicionais, permitindo maior agilidade e mobilidade ao seu usuário.

O direito à informação, principalmente atualmente, é fundamental ao exercício da cidadania em conformidade com a dignidade humana. A Organização das Nações Unidas (ONU) em 2011 declarou que desconectar pessoas do acesso à internet é

---

1. AZUMA, Eduardo Akira. *Considerações iniciais sobre a Internet e o seu uso como instrumento de defesa dos Direitos Humanos, mobilização política e social.* Disponível em: [http://calvados.c3sl.ufpr.br/ojs2/index. php/direito/article/view/6995/4973]. Acesso em: 21 out. 2017, p. 5.

um crime contra os direitos humanos.[2] Infringe, segundo a ONU, o artigo 19, § 3º, do Pacto Internacional de Direitos Civis e Políticos, de 1966.

A Lei 10.098/2000 e o Decreto Federal 5.296/2004 já haviam unido esforços no sentido de promover a acessibilidade de forma mais genérica. A lei e o decreto dirigido, exclusivamente, aos portadores de deficiência visual. Posteriormente a Lei 12.527/2011, regulamentada pelo Decreto 7.724/2012, exigia acessibilidade nos sites do Estado. Até que o Marco Civil da internet, Lei 12.965/2014, reforçou a acessibilidade como direito essencial a cidadania.

Seguindo essa diretriz, o Estatuto da Pessoa com Deficiência, reafirma e reforça esse direito para a pessoa com deficiência. Estipulando que os recursos de acessibilidade sejam adequados para que todos tenham acesso à informação, promovendo a dignidade humana, em conformidade com as determinações da ONU.

> [...] a possibilidade e a condição de alcance, percepção, entendimento e interação para a utilização, a participação e a contribuição, em igualdade de oportunidades, com segurança e autonomia, em sítios e serviços disponíveis na *web*, por qualquer indivíduo, independentemente de sua capacidade motora, visual, auditiva, intelectual, cultural ou social, a qualquer momento, em qualquer local e em qualquer ambiente físico ou computacional e a partir de qualquer dispositivo de acesso.[3]

Assim, a acessibilidade à informação, através da internet, deixa o plano da subjetividade e passa a ocupar espaço na agenda do governo que torna a obrigatória a implementação de políticas públicas nesse sentido, permitindo que as pessoas com deficiência cada vez encontrem menos barreiras no acesso à rede.

A partir da vigência do Estatuto da Pessoa com Deficiência, não apenas os *sites* governamentais, mas todos os mantidos por empresas com sede ou representação no país, devem promover o acesso ao deficiente. As funcionalidades devem permitir que qualquer pessoa possa, de forma autônoma, consiga as informações desejadas.

Acessibilidade foi definida pelo legislador estatutário, no artigo 3º, inciso I, como a possibilidade e condição de alcance para utilização, com segurança e autonomia, de espaços, mobiliários, equipamentos urbanos, edificações, transportes, informação e comunicação, inclusive seus sistemas e tecnologias, bem como de outros serviços e instalações abertos ao público, de uso público ou privados de uso coletivo, tanto na zona urbana como na rural, por pessoa com deficiência ou com mobilidade reduzida.[4]

---

2. *Human Rights Council, General Assembly* ONU, 2011; Disponível em: [http://www2.ohchr.org/english/bodies/hrcouncil/docs/17session/A.HRC.17.27_en.pdf], acesso em: out. 2017.

3. W3C. Diretrizes de Acessibilidade para Conteúdo Web (WCAG) 2.0 – Recomendação W3C de 11, dezembro de 2008. Título original: *Web Content Accessibility Guidelines* (WCAG) 2.0. Tradução: Prof. Everaldo Bechara. W3C Escritório Brasil, São Paulo, 2014.

4. BRASIL, Lei 13.146, de 6 de julho de 2015. Institui a Lei Brasileira de Inclusão da Pessoa com Deficiência (Estatuto da Pessoa com Deficiência). Disponível em: [http://www.planalto.gov.br/ccivil_03/_Ato2015-2018/2015/Lei/L13146.htm]; acesso em: out. 2017

O § 1º do artigo 63 da lei estatutária determina que sejam utilizados símbolos de acessibilidade nos sítios da rede. Existem diversos signos que representam acessibilidade, inclusive serão variados, em conformidade com a deficiência específica.

Uma figura simétrica conectada por quatro pontos a um círculo, representando a harmonia entre o ser humano e a sociedade, e com os braços abertos, simbolizando a inclusão de pessoas com todas as habilidades, em todos os lugares, foi escolhida pela ONU como símbolo de acessibilidade. A figura abaixo foi denominada de "A Acessibilidade" (The Accessibility), tem o objetivo de promover produtos acessíveis.

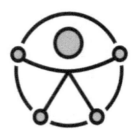

[5]

Vale lembrar, que ainda falta regulamentação com critérios objetivos para definir o que seria acessibilidade, como seria feita a validação e a fiscalização dos *sites*. O primeiro passo foi dado pela Lei 13.146/2015, mas ainda existe um longo caminho a ser percorrida para a promoção da acessibilidade no acesso à informação pela internet.

O § 2º do artigo 63 da Lei de Inclusão menciona que os telecentros, espaços públicos providos de computadores conectados à Internet em banda larga, onde são realizadas atividades, por meio do uso das TICs (Tecnologias da Informação e Comunicação), com o objetivo de promover a inclusão digital e social das comunidades atendidas, serão custeados com recursos púbicos federais.

Os telecentros e *lan houses* deverão permitir o acesso de pessoas com dificuldade motoras e sensórias. É obrigatória a otimização desses espaços para que a pessoa com deficiência tenha total autonomia na utilização dos serviços oferecidos. O uso de computadores com sistema de som já estava garantido aos deficientes visuais, pelo Decreto 5.296/2004. O Estatuto veio reafirmar esse direito.

Segundo o censo do IBGE de 2010 a maioria das pessoas que se declara com algum tipo de deficiência está relacionada à restrição visual. Assim, o legislador estatutário preocupou-se em salvaguardar os direitos do deficiente visual, determinando que 10% dos computadores deverão ter recurso de acessibilidade com funcionalidade de som. Eventualmente, quando o percentual for inferior a um, ao menos um computador deverá ter tais recursos.

---

5. Imagem de: [http://diariodosurdo.com.br/2015/08/onu-cria-novo-simbolo-para-acessibilidade/]; acesso em: out. 2017.

Art. 64. A acessibilidade nos sítios da internet de que trata o art. 63 desta Lei deve ser observada para obtenção do financiamento de que trata o inciso III do art. 54 desta Lei.

3. COMENTÁRIOS AO ART. 64

A acessibilidade digital exige que o equipamento de *hardware* ou *software,* seja programado de maneira que permita a utilização plena e com total autonomia por todas as pessoas, inclusive aquelas que tenham algum tipo de limitação motora ou sensorial.

A Emenda Constitucional 85 de 2015, alterou os artigos 23, 24 e 200 da Constituição Federal, estabelecendo que compete aos entes federativos proporcionar os meios de acesso à cultura, à educação; à ciência; à tecnologia; à pesquisa e à inovação. Portanto, o acesso à informação proporcionado pelos *sites* de internet e seus recursos de acessibilidade necessitam de fomento estatal.

Posteriormente, a Emenda Constitucional 90 de 2015, modificou a redação do artigo 6º, determinando que são direitos sociais a educação, a saúde, a alimentação, o trabalho, a moradia, o transporte, o lazer, a segurança, a previdência social, a proteção à maternidade e à infância, a assistência aos desamparados.

Destaca-se que os direitos sociais não necessariamente são coletivos, mas sim de expressão coletiva. Os direitos sociais existem, essencialmente, para proteção da pessoa enquanto agente participante de uma coletividade, de modo que o titular por excelência dos direitos sociais é a pessoa individual. Assim, ao se garantir direitos sociais, garante-se direitos individuais.[6]

A acessibilidade imposta aos sites *será* financiada por meios de projeto com utilização de recursos públicos, por meio de renúncia ou de incentivo fiscal, contrato, convênio ou instrumento congênere. Facilitando, dessa forma, a obrigatoriedade e execução de acessos aos sítios de internet.

Faz parte da acessibilidade digital a chamada educação digital que, por imposição do artigo 227, § 1º, inciso II, da Constituição Federal, deverá ser promovida pelo Estado. Deverão ser criados programas de treinamento para que o acesso digital possa ser efetivado de forma adequada.

O Comitê Gestor da Internet no Brasil (CGI) é o órgão responsável pela administração da internet no Brasil. O CGI identifica as melhores práticas de acessibilidade, dentre suas atribuições são estabelecer diretrizes e estratégicas relacionadas ao uso e ao desenvolvimento da Internet no Brasil, e diretrizes para a execução do registro

---

6. SARLET, Ingo Wolfgang. *A eficácia dos Direitos Fundamentais uma teoria geral dos direitos humanos fundamentais na perspectiva constitucional.* 11. ed. Rev. Atual. Porto Alegre: Livraria do Advogado Editora, 2012, p. 215.

de nomes de domínio, alocação de endereço IP (Internet Protocol) e administração pertinente ao Domínio de Primeiro Nível BR.

O terceiro princípio do CGI é a universalidade, estabelece que o acesso à Internet deve ser universal para que ela seja um meio para o desenvolvimento social e humano, contribuindo para a construção de uma sociedade inclusiva e não discriminatória em benefício de todos.[7]

O W3C (World Wide Web Consortium) é um dos órgãos de apoio ao CGI, é um consórcio internacional que estabelece protocolos e diretrizes para desenvolvimento da internet. O W3C-Brasil possui um grupo de trabalho de acessibilidade na web, que discute e planeja ações.

O grupo publicou a tradução autorizada pelo W3C das Diretrizes de Acessibilidade para Conteúdo Web 2.0 (WCAG – *Web Content Accessibility Guidelines*). O documento é fundamental para programar acessibilidade na Internet e utilizado como referência para a construção de páginas que não criem barreiras para as pessoas com deficiências.[8]

As diretrizes estabelecidas pelo WCAG 2.0 pretendem que as pessoas com deficiência das mais variadas, desde cegueira, até dificuldade de aprendizagem, passando por dificuldade de mobilidade, possam ter, de forma mais acessível, aos conteúdos disponíveis na internet.

Os *sites* serão classificados de acordo com a acessibilidade proporcionada, variando de A até AAA, de acordo com os níveis de conformidade com as diretrizes. O W3C pode fazer requisições para que a página da internet seja adequada às diretrizes. Caso isso ocorra, ficará registrado na página a data e a requisição feita.

A Secretaria de Logística e Tecnologia da Informação (SLTI) do Ministério do Planejamento e a Universidade Federal da Paraíba – UFPB são parceiras desde 2014, desenvolvendo o sistema da Suite VLibras, um conjunto de ferramentas computacionais de código aberto, que traduz automaticamente conteúdos digitais em Língua Brasileira de Sinais (LÍBRAS), tornando computadores, dispositivos móveis e plataformas Web acessíveis para deficientes auditivos. Facilitando a acessibilidade de pessoas surdas.

Conclui-se que o desenvolvimento da acessibilidade digital deve respeitar a diversidade como norteador e proporcionar a inclusão da pessoa com deficiência, não importa em qual modalidade essa deficiência seja apresentada. Para isso é fundamental o apoio do Estado com implementação de políticas públicas nesse sentido e apoio financeiro direto ou por meio de incentivos fiscais.

---

7. BRASIL, Princípios para a Governança e Uso da Internet, disponível em: [https://www.cgi.br/principios/], acesso em: out. 2017.

8. BRASIL, Diretrizes de Acessibilidade para Conteúdo Web (WCAG) 2.0, disponível em [https://www.w3.org/Translations/WCAG20-pt-br/WCAG20-pt-br-20141024/]; acesso em: out. 2017.

Art. 65. As empresas prestadoras de serviços de telecomunicações deverão garantir pleno acesso à pessoa com deficiência, conforme regulamentação específica.

4. DO ACESSO À TELEFONIA

O Estatuto da Pessoa com Deficiência garante ao deficiente acesso aos serviços de telecomunicações, mas não o faz de forma detalhada. O assunto é remetido a legislação especial para regulamentação da matéria.

O Decreto federal 5.296/2004 estabelecia as ações para acessibilidade às pessoas com deficiência no Serviço Telefônico Fixo Comutado e no Serviço Móvel Celular. Porém, em decorrência dos diversos avanços tecnológicos, ficou clara a necessidade de atualização da lei, para que se torne compatível as inovações do setor.

O Estatuto colaborou com a elaboração do Regulamento Geral de Acessibilidade em Serviços de Telecomunicações de interesse coletivo, aprovado pela Resolução 667 da ANATEL, de 30 de maio de 2016. O objetivo é estabelecer regras para propiciar às pessoas com deficiência a fruição de serviços de telecomunicações e a utilização de equipamentos de telecomunicações em igualdade de oportunidades com as demais pessoas, por meio da supressão das barreiras à comunicação e à informação.[9]

O Regulamento deixa claro que não revoga a Lei de Inclusão, nem tão pouco, outras normas referentes à acessibilidade. Em caso de incompatibilidade de regras, a que mais amplia os direitos das pessoas com deficiência deverá preponderar. Tais regras são dirigidas as empresas prestadoras de serviço de telefonia.

O regulamento define acessibilidade no artigo 2º, inciso I, do Anexo I, como sendo possibilidade e condição de alcance para utilização, com segurança e autonomia de espaços, mobiliários, equipamentos urbanos, edificações, transportes, informação e comunicação, inclusive seus sistemas e tecnologias, bem como de outros serviços e instalações abertos ao público, de uso público ou privados de uso coletivo, tanto na zona urbana como na rural, por pessoa com deficiência ou com mobilidade reduzida.[10] Repetindo a definição estatutária.

O artigo 4º do Anexo I da Resolução 667/2016, estabelece que os deficientes terão direito de usufruir dos serviços de telefonia em igualdade de condições com todas as pessoas. Para tanto, o serviço deverá estar adequado com as normas referentes à acessibilidade.

O atendimento especializado é ato de atender uma pessoa com deficiência de maneira compreensível, sendo realizado de modo presencial ou remoto, conforme

---

9. BRASIL, Resolução 667, de 30 de maio de 2016; Disponível em: [http://www.anatel.gov.br/legislacao/resolucoes/2016/905-resolucao-n-667], acesso em: out. 2017.

10. BRASIL, Resolução 667, de 30 de maio de 2016; Disponível em: [http://www.anatel.gov.br/legislacao/resolucoes/2016/905-resolucao-n-667], acesso em: out. 2017.

definições do Regulamento Geral de Direitos do Consumidor de Serviços de Tele-comunicações RGC, usando tecnologia assistiva, bem como outro meio que garanta a perfeita interação entre o usuário e a prestadora.[11]

Tal atendimento deverá ser oferecido pelas empresas prestadoras de serviço, em conformidade com o artigo 5°, do Anexo I, do Regulamento. Permitindo que o deficiente tenha atendimento satisfatório, para uma comunicação acessível, ainda equipara seu acompanhante ou atendente pessoal, para fins de atendimento preferencial.

A resolução define audiodescrição como a narração, em língua portuguesa, integrada ao som original da obra audiovisual, contendo descrições de sons e elementos visuais e quaisquer informações adicionais que sejam relevantes para possibilitar a melhor compreensão desta por pessoas com deficiência visual e intelectual.

Assim, todas as prestadoras de serviço de telefonia, que não forem de pequeno porte, deverão divulgar tal funcionalidade, existente, em seus terminais, como recurso de acessibilidade voltado para o deficiente visual. Além de outros recursos como por exemplo leitor de tela, marcadores táteis, retorno sonoro ou tátil, sinais sonoros, ajuste do tamanho de fontes, controle de ajuste de brilho e contraste, mudança do tamanho da tela principal, visor retroiluminado, conversor de texto para voz e reconhecimento ótico e ampliador de tela.

As barreiras nas comunicações, qualquer entrave, obstáculo, atitude ou comportamento que dificulte ou impossibilite a expressão ou o recebimento de mensagens e de informações por intermédio de sistemas de comunicação e de tecnologia da informação, deverão ser identificadas e excluídas pelas empresas.

Os produtos de telefonia deverão adotar um desenho universal. A concepção dos produtos, ambientes, programas e serviços serão utilizados por todas as pessoas, sem necessidade de adaptação ou projeto específico, incluindo os recursos de tecnologia assistiva.

Todas as empresas de telefonia, exceto as de pequeno porte, são obrigadas a fornecer ao deficiente visual contrato e conta em condições acessíveis a ele, em *Braille*, com fontes ampliadas ou outro formato eletrônico acessível, sempre que solicitado.

Deverão disponibilizar, como estabelecido no artigo 63 do Estatuto da Pessoa com Deficiência e reafirmado no artigo 8°, inciso II, do Anexo do Regulamento, em sua página na internet e em todos os canais de atendimento, informações sobre os serviços em formato acessível. Garantindo, assim, a acessibilidade de sua página na internet, proporcionando o pleno acesso às informações.

Serão ofertados planos de serviços para pessoas com deficiência auditiva. Esses planos devem garantir que somente sejam cobrados os serviços condizentes com o tipo de deficiência auditiva. Tornando mais justa e adequada a cobrança, em conformidade com o serviço prestado.

---

11. BRASIL, Resolução 667, de 30 de maio de 2016; Disponível em: [http://www.anatel.gov.br/legislacao/resolucoes/2016/905-resolucao-n-667], acesso em: out. 2017.

As prestadoras de serviço telefônico obrigatoriamente disponibilizarão canais de atendimento remoto por internet, mecanismos de interação via mensagem eletrônica, *webchat* e videochamada com profissionais qualificados para atender as pessoas com deficiência.

O Regulamento dispõe que o descumprimento da lei ensejará sanções às empresas prestadoras de serviço de telefonia. Porém, não as prevê e deixa a critério de legislação e regulamentação especiais. Dessa forma, não esgota o tema que será efetivado através de outro diploma específico.

A criação de um Grupo de Implantação do Regulamento, composto pela Anatel e pelas Prestadoras abrangidas por suas disposições, inclusive as de Pequeno Porte, foi determinada pelo regulamento. O objetivo do grupo, que poderá ser composto, também, por representante do Conselho Nacional dos Direitos da Pessoa com Deficiência, é acompanhar a implementação das normas estabelecidas na Resolução 667/2016.

Ao Grupo serão atribuídas as funções de acompanhamento de implementação das disposições regulamentares, conduzindo o processo orientado para a observância das melhores práticas, com aplicação de conhecimentos, habilidades e técnicas para que a execução das normas se dê de forma efetiva, eficaz e com qualidade.

Deverá, ainda, coordenar, orientar e avaliar a metodologia de implantação dos dispositivos e, quando for o caso, determinar a sua implantação de forma padronizada pelas Prestadoras. Tendo como resultado final do trabalho a elaboração de um manual operacional dos procedimentos por ele definidos, a ser observado nos procedimentos de fiscalização da Anatel.

> **Art. 66**. Cabe ao poder público incentivar a oferta de aparelhos de telefonia fixa e móvel celular com acessibilidade que, entre outras tecnologias assistivas, possuam possibilidade de indicação e de ampliação sonoras de todas as operações e funções disponíveis.

5. COMENTÁRIOS AO ART. 66

Todos os itens, peças, equipamentos ou sistema de produtos, produzidos comercialmente ou artesanalmente, desenvolvido com o objetivo de auxiliar a utilização por pessoas com limitações motoras ou sensoriais, são considerados de tecnologia assistiva. A expressão tem origem no inglês *Assistive Technology* cujo conceito é "uma ampla gama de equipamentos, serviços, estratégias e práticas concebidas e aplicadas para minorar os problemas encontrados pelos indivíduos com deficiências".[12]

---

12. COOK, A.M. & HUSSEY, S. M. (1995). *Assistive Technologies*: Principles and Practices. St. Louis, Missouri. Mosby – Year Book, Inc.; p. 135.

O artigo 19 do Decreto 3.298/1999 estabelece que "consideram-se ajudas técnicas, para os efeitos deste Decreto, os elementos que permitem compensar uma ou mais limitações funcionais motoras, sensoriais ou mentais da pessoa portadora de deficiência, com o objetivo de permitir-lhe superar as barreiras da comunicação e da mobilidade de possibilitar sua plena inclusão social".[13]

Mais precisamente, o inciso VI, parágrafo único, do artigo mencionado acima, dispõe, expressamente, que são ajudas técnicas elementos especiais para facilitar a comunicação, a informação e a sinalização para pessoa portadora de deficiência. Assim, tais elementos deverão ser aplicados aos aparelhos de telefonia fixa e móvel.

Teclados em *Braille*, recursos de lupas, telefones com teclado-teletipo (TTY), sistemas com alerta táctil-visual, celulares com mensagens escritas e chamadas por vibração, *softwares* que facilitem a comunicação ao celular, transformando em voz o texto digitado no celular e em texto a mensagem falada, seriam recursos essenciais para promoção de acessibilidade telefônica.

A Resolução 667/2016 da ANATEL, determina que os telefones públicos devem ser adaptados para o uso de todas as pessoas, inclusive, pessoas com deficiência. Essa adaptação deverá seguir as normas estipuladas pela Associação Brasileira de Normas Técnicas (ABNT). Assim, todos os telefones públicos seguirão o Desenho Universal e estarão adaptados para o uso por deficientes visuais.

O fundamento do artigo 66 da Lei de Inclusão foi a da Convenção Internacional de Direitos da Pessoa com Deficiência. Essa convenção foi assinada, em Nova York, em 30 de março de 2007. Foi o primeiro diploma internacional, pautado em direitos humanos, que ganhou força de Emenda Constitucional, conforme artigo 5º, § 3º, da Constituição da República.

> Os princípios gerais da Convenção são os seguintes: a) O respeito pela dignidade inerente, a autonomia individual, inclusive a liberdade de fazer as próprias escolhas, e a independência das pessoas; b) A não discriminação; c) A plena e efetiva participação e inclusão na sociedade; d) O respeito pela diferença e pela aceitação das pessoas com deficiência como parte da diversidade humana e da humanidade; e) A igualdade de oportunidades; f) A acessibilidade; g) A igualdade entre o homem e a mulher; e, h) O respeito pelo desenvolvimento das capacidades das crianças com deficiência e pelo direito das crianças com deficiência de preservar sua identidade.[14]

O artigo 20 da convenção estabelece que os Estados-Partes deverão tomar medidas assecuratórias ao deficiente, que garanta sua mobilidade pessoal com a máxima independência. O estado deverá facilitar às pessoas com deficiência o acesso a tecnologias assistivas, dispositivos e ajudas técnicas de qualidade, e formas de

---

13. BRASIL, Decreto 3.298 de 20 de dezembro 1999; Disponível em: [http://www.planalto.gov.br/ccivil_03/decreto/d3298.htm]; acesso em: out. 2017.

14. DO AMARAL, Carlos Eduardo Rios. *Breve Nota Sobre a Convenção Internacional dos Direitos das Pessoas com Deficiência de Nova York*, 2011; Disponível em: [https://www.jurisway.org.br/v2/dhall.asp?id_dh=6679]; acesso em: out. 2017.

assistência humana ou animal e de mediadores, inclusive tornando-os disponíveis a custo acessível.

Os Estados-Partes terão o dever de incentivar entidades que produzem ajudas técnicas de mobilidade, dispositivos e tecnologias assistivas a levarem em conta todos os aspectos relativos à mobilidade de pessoas com deficiência, por meio de subsídios diretos e indiretamente prestados.

Assim, o Brasil assume, através da lei estatutária, e responsabilidade de incentivar a oferta de aparelhos de telefonia fixa e móvel celular com acessibilidade. O governo deverá promover isenções fiscais e créditos especializados para desenvolvimento e ofertas de produtos de telefonia com tecnologia assistiva.

O governo federal mantém um programa de apoio à pós-graduação e à pesquisa científica e tecnológica em tecnologia assistiva – PGPTA. Foi firmado Acordo de Cooperação Técnica e Científica, entre MCTI, CAPES e SDH, em 2014, que resultou na publicação do Edital CAPES 59/2014 no valor de 20,3 milhões.[15]

> **Art. 67**. Os serviços de radiodifusão de sons e imagens devem permitir o uso dos seguintes recursos, entre outros:
>
> I – subtitulação por meio de legenda oculta;
>
> II – janela com intérprete da Libras;
>
> III – audiodescrição.

6. DO ACESSO AOS SERVIÇOS DE RADIODIFUSÃO DE SONS E IMAGENS

Os meios de comunicação serão obrigados a oferecer o acesso a pessoas com deficiência. Utilizando tecnologias de acessibilidade com objetivo de promover acesso à informação, a cultura e ao lazer, por todos independentemente de alguma limitação sensorial. Minimizando, assim, o acesso as pessoas portadoras de deficiência.

A Portaria 310/2006, emitida pelo Ministério das Comunicações, define Legenda Oculta como a transcrição, em língua portuguesa, dos diálogos, efeitos sonoros, sons do ambiente e demais informações que não poderiam ser percebidos ou compreendidos por pessoas com deficiência auditiva. Permitindo que o deficiente auditivo que saiba ler, tenha acesso ao que está sendo dito por atores e apresentadores, além de sons como aplausos e risos.

Closed caption, nomenclatura original da legenda oculta, também conhecida pela sigla CC, pode ser reproduzida por um aparelho de televisão habilitado com

---

15. BRASIL, Ministério da Ciência e Tecnologia; A Aplicabilidade do Estatuto da Pessoa com Deficiência; Disponível em: [file:///C:/Users/LUIZ/Downloads/DOC_PARTICIPANTE_EVT_3077_1456748198008_K-
-Comissao-Permanente-CDH-20160229EXT008_parte5923_RESULTADO_1456748198008.pdf]; acesso em: out. 2017.

tal funcionalidade. As legendas apenas ficam disponíveis quando acionadas por um botão específico.

A Janela de Libras, também definida na mesma Portaria como espaço delimitado no vídeo, em que as informações são interpretadas na Língua Brasileira de Sinais (Libras). Determinando, ainda, que programas que compõem a propaganda político-partidária e eleitoral, assim como, campanhas institucionais e informativos de utilidade pública veiculados pelas pessoas jurídicas concessionárias do serviço de radiodifusão de sons e imagem, ainda as pessoas jurídicas que possuem permissão ou autorização para executar o serviço de retransmissão de televisão, deverão conter janela com intérprete de LIBRAS.[16]

A autodescrição, de acordo com a Resolução do Ministério das Comunicações, é a narração, em língua portuguesa, integrada ao som original da obra audiovisual, contendo descrições de sons e elementos visuais e quaisquer informações adicionais que sejam relevantes para possibilitar a melhor compreensão desta por pessoas com deficiência visual e intelectual.

Esse recurso permite ao deficiente visual se inteirar de cenas que não existe diálogo e descrições de cenários, como forma de ambientação e clareza descritiva do que está sendo veiculado pelas emissoras de televisão. Pois, uma pessoa treinada, narra ao deficiente o que está acontecendo em momentos de silêncio na programação.

O Estatuto da Pessoa com deficiência não menciona a dublagem como forma exigida para a acessibilidade a programação de televisão. No entanto, seria uma forma de garantir o acesso a programação aos deficientes visuais. A dublagem é tradução de programa originalmente falado em língua estrangeira, com a substituição da locução original por falas em língua portuguesa, sincronizadas no tempo, entonação, movimento dos lábios dos personagens em cena etc.[17]

A Portaria 958/2014 da ANATEL estabelece regras e procedimentos para verificação do cumprimento das obrigações acerca do conteúdo veiculado ou transmitido por estações dos Serviços de Radiodifusão e de Telecomunicações. Assim, a verificação do cumprimento do que está disciplinado no artigo 67 do Estatuto, seguirá as determinações dessa portaria.

Cumpre esclarecer que o rol apresentado na Lei de Inclusão é meramente exemplificativo. Não poderia deixar de ser diante da realidade atual, na qual os avanços tecnológicos acontecem com celeridade e o legislador não teria condições de acompanhar a ciência para incluir as novas tecnologias assistivas. Dessa forma, em surgindo novas possibilidade de acesso, as emissoras de televisão deverão incluir em sua programação para que os deficientes tenham melhor acesso ao conteúdo exibido.

---

16. BRASIL, Portaria 310 de 27 de junho de 2006 do Ministério das Comunicações; Disponível em: [http://www.anatel.gov.br/legislacao/normas-do-mc/442-portaria-310]; acesso em: out. 2017.

17. BRASIL, Portaria 310 de 27 de junho de 2006 do Ministério das Comunicações; Disponível em: [http://www.anatel.gov.br/legislacao/normas-do-mc/442-portaria-310]; acesso em: out. 2017.

Art. 68. O poder público deve adotar mecanismos de incentivo à produção, à edição, à difusão, à distribuição e à comercialização de livros em formatos acessíveis, inclusive em publicações da administração pública ou financiadas com recursos públicos, com vistas a garantir à pessoa com deficiência o direito de acesso à leitura, à informação e à comunicação.

§ 1º Nos editais de compras de livros, inclusive para o abastecimento ou a atualização de acervos de bibliotecas em todos os níveis e modalidades de educação e de bibliotecas públicas, o poder público deverá adotar cláusulas de impedimento à participação de editoras que não ofertem sua produção também em formatos acessíveis.

§ 2º Consideram-se formatos acessíveis os arquivos digitais que possam ser reconhecidos e acessados por *softwares* leitores de telas ou outras tecnologias assistivas que vierem a substituí-los, permitindo leitura com voz sintetizada, ampliação de caracteres, diferentes contrastes e impressão em Braille.

§ 3º O poder público deve estimular e apoiar a adaptação e a produção de artigos científicos em formato acessível, inclusive em Libras.

7. DO ACESSO À LEITURA

O artigo 68 do Estatuto está fundamentado no que disciplina o artigo 21 da Convenção Internacional dos Direitos das Pessoas com Deficiência de Nova York, no qual ao deficiente são garantidas a Liberdade de expressão e de opinião e acesso à informação.

Os Estados-Partes tornaram-se obrigados a adotar medidas assecuratórias que garantam a todos os deficientes o exercício da liberdade de expressão e opinião. Permitindo-lhes liberdade de buscar, receber e compartilhar, autonomamente, informações, em igualdade de oportunidades e através dos meios que julgar mais interessantes no momento.

A plena e efetiva participação e inclusão na sociedade é um dos princípios da convenção de Nova York e junto com o artigo anteriormente mencionado, serviram de fundamento para o legislador estatutário.

A Lei 10.753/2003, que institui a Política Nacional do Livro, já demonstrava preocupação com acessibilidade. O artigo 2º equipara a conceituação de livro, as publicações em meio digital, magnético e ótico, para uso exclusivo de pessoas com deficiência visual e os impressos no Sistema *Braille*.[18]

O artigo 58 do Decreto 5.296/2004 determina que o Poder Público adotará mecanismos de incentivo para tornar disponíveis em meio magnético, em formato

---

18. BRASIL, Lei 10.753 de 30 de outubro de 2003. Disponível em: [http://www.planalto.gov.br/ccivil_03/leis/2003/L10.753.htm]; acesso em: out. 2017.

de texto, as obras publicadas no País,[19] facilitando ao deficiente visual o acesso as obras literárias.

O legislador estatutário ampliou a responsabilidade do Estado, determinando que deverá, ainda, promover incentivo à comercialização das obras que possuam recursos de acessibilidade. A partir de então, o governo deve promover políticas de incentivo para produção e distribuição de livros produzidos com tecnologia assistiva.

A reprodução de obras literárias, artísticas ou cientificas, exclusivamente para deficientes visuais, que não tenha cunho comercial, feita através do sistema *Braille*, ou áudio book ou qualquer meio de tecnologia destinado para esse fim, não constitui ofensa aos direitos autorais, conforme artigo 46, inciso I, alínea *d*, da Lei 9.610/1998.[20]

Cumpre ressaltar que o Brasil é signatário do Tratado de Marraquexe, elaborado com a finalidade de promover acesso por deficientes visuais aos livros que, a princípio, só seriam disponibilizados em formato impresso. O documento foi elaborado em junho de 2013 pela Organização Mundial da Propriedade Intelectual (OMPI), na cidade do Marrocos, que dá nome ao tratado.[21]

Os princípios da não discriminação, de igualdade de oportunidades, de acessibilidade e de participação e inclusão plena e efetiva na sociedade, estabelecidos na Declaração Universal dos Direitos Humanos e na Convenção das Nações Unidas sobre os Direitos das Pessoas com Deficiência, ganham efetivação através desse tratado.

O Tratado Internacional entrou em vigor dia 30 de setembro de 2016, com equivalência a Emenda Constitucional. Passando a compor o junto com a Convenção Internacional sobre os Direitos das Pessoas com Deficiência e pelo seu Protocolo Facultativo, os três tratados com nível hierárquico formalmente constitucional no Brasil.

A Lei de Inclusão tem como diferencial na abordagem desse tema o incentivo, não apenas a edição de livros em *Braille* ou áudio books que atendam aos portadores de deficiência visual, mas teve a preocupação de incentivar a promoção de publicações em LIBRAS, atendendo as necessidades dos deficientes auditivos.

Essa preocupação da lei estatutária é fundamental aos deficientes auditivos, pois a LIBRAS é considerada, em muitos casos, a primeira língua para essas pessoas.

---

19. BRASIL, Decreto 5.296 de 2 de dezembro de 2004. Disponível em: [http://www.planalto.gov.br/ccivil_03/_ato2004-2006/2004/decreto/d5296.htm]; acesso em: out. 2017.

20. BRASIL, Lei 9.610 de 19 de fevereiro de 1998. Disponível em: [http://www.planalto.gov.br/ccivil_03/leis/L9610.htm]; acesso em: out. 2017.

21. BRASIL, Brasil entrega ratificação ao Tratado de Marraqueche. Disponível em: [http://www.brasil.gov.br/cultura/2015/12/brasil-entrega-ratificacao-ao-tratado-de-marraqueche]; acesso em: out. 2017.

A Lei 10.436/2002,[22] a considerou como oficial no Brasil e deverá ser garantida pelo poder público.

A Lei 13.005/2014,[23] que estabelece o Plano Nacional de Educação, traz orientações que deverão ser adotadas com o objetivo de inclusão do aluno portador de alguma deficiência. A lei atribui ao governo a obrigatoriedade de oferta de materiais didáticos acessíveis, inclusive em LIBRAS.

O § 1º do artigo 68 do Estatuto cumpre um importante papel, dispondo, taxativamente, que os editais para compra de livros deverão excluir a participação de editoras que não ofertem sua produção também em formatos acessíveis. Entretanto, existe a possibilidade de tal dispositivo ser considerado inconstitucional.

Poucas editoras, atualmente, possuem condições de disponibilizarem todos os livros publicados, também em formato *Braille*. Assim, a exclusão de tais editoras do processo licitatório, poderá caracterizar violação ao princípio da impessoalidade, expressamente previstos nos artigos 37 da Constituição da República e artigo 3º, § 1º, inciso I, da Lei 8.663/1993.[24]

> **Art. 69.** O poder público deve assegurar a disponibilidade de informações corretas e claras sobre os diferentes produtos e serviços ofertados, por quaisquer meios de comunicação empregados, inclusive em ambiente virtual, contendo a especificação correta de quantidade, qualidade, características, composição e preço, bem como sobre os eventuais riscos à saúde e à segurança do consumidor com deficiência, em caso de sua utilização, aplicando-se, no que couber, os arts. 30 a 41 da Lei 8.078, de 11 de setembro de 1990.
>
> § 1º Os canais de comercialização virtual e os anúncios publicitários veiculados na imprensa escrita, na internet, no rádio, na televisão e nos demais veículos de comunicação abertos ou por assinatura devem disponibilizar, conforme a compatibilidade do meio, os recursos de acessibilidade de que trata o art. 67 desta Lei, a expensas do fornecedor do produto ou do serviço, sem prejuízo da observância do disposto nos arts. 36 a 38 da Lei 8.078, de 11 de setembro de 1990.
>
> § 2º Os fornecedores devem disponibilizar, mediante solicitação, exemplares de bulas, prospectos, textos ou qualquer outro tipo de material de divulgação em formato acessível.

---

22. BRASIL, Lei 10.436 de 24 de abril de 2002. Disponível em: [http://www.planalto.gov.br/ccivil_03/leis/2002/L10436.htm]; acesso em: out. 2017.

23. BRASIL, Lei 13.005 de 25 de junho 2014. Disponível em: [http://www.planalto.gov.br/ccivil_03/_ato2011-2014/2014/lei/l13005.htm]; acesso em: out. 2017.

24. BRASIL, Lei 8.663 de 21 de junho de 1993. Disponível em: [http://www.planalto.gov.br/ccivil_03/leis/L8666cons.htm]; acesso em: out. 2017.

8. DO ACESSO À INFORMAÇÃO SOBRE PRODUTOS E SERVIÇOS

O artigo 69 do Estatuto da Pessoa com deficiência adequou o que estava expressamente disciplinado no artigo 31 do Código de Defesa do Consumidor, Lei 8.078/1990,[25] às peculiaridades de acessibilidade aos portadores de deficiência, garantindo a todos os consumidores, inclusive deficientes, acesso às informações sobre produtos consumidos.

O fornecedor, tanto fabricante quanto o comerciante, tem o dever de informar ao consumidor, os riscos à saúde e segurança do consumidor, conforme determinação do artigo 8º do Código de Defesa do Consumidor, passando a integrar o produto ou o serviço.

Esse dever é repetido nos artigos 9º e 10 da Lei 8.078/1990, estabelecendo, respectivamente, dever de informar nos produtos potencialmente nocivos ou perigosos e a proibição de colocação de produto ou serviço no mercado de consumo com alto grau de nocividade ou periculosidade.

A responsabilidade estabelecida no artigo 31 do Código de Defesa do Consumidor é ampliada pela Lei de Integração pré-contratual. Exigindo do fornecedor, apresentação do produto ou serviço com informações corretas, claras, precisas, ostensivas e em língua portuguesa, devendo abordar as características, qualidades, quantidade, composição, preço, garantia, prazos de validade e origem dos produtos e serviços, com especial destaque para a informação sobre os riscos que os produtos ou serviços possam apresentar à saúde e segurança do consumidor.[26]

Assim, garantindo a maior ambientação do deficiente e a possibilidade de acesso aos produtos e serviços de forma adequada, a Lei de Inclusão obriga o fornecedor de produtos e serviços garantir que as informações contidas nos produtos, por determinação do Código de Defesa do Consumidor, sejam adequadamente disponíveis ao deficiente.

A informação deverá ser disponibilizada através de recursos de acessibilidade como a audiodescrição, legenda, tradução em LIBRAS etc. Os materiais de informação serão oferecidos em formato acessível, sem nenhum custo extra ao consumidor deficiente. Tal determinação abrange todas as plataformas e todos os fornecedores de produtos e serviços.

O Estatuto da Pessoa com Deficiência pretende ir além do deficiente visual e auditivo. A lei pretende que as pessoas com deficiência de compreensão, por dificuldades mentais ou intelectuais possam compreender as informações sobre o produto a ser adquirido.

---

25. BRASIL, Lei 8.78 de 11 de setembro de 1990. Disponível em [http://www.planalto.gov.br/ccivil_03/leis/L8078.htm]; acesso em: out. 2017.

26. BENJAMIN, Antônio Herman V.; MARQUES Claudia Lima; BESSA Leonardo Roscoe. *Manual de Direito do Consumidor*. 2. ed. São Paulo: Ed. RT, 2009, p. 135.

Assim, não apenas recursos de tecnologia assistivas deverão ser utilizados, mas também, linguagem clara e direta, com o objetivo de informar, a qualquer pessoa, sobre os riscos do produto. Sendo possível o recurso de imagens em alguns casos. Tais imagens são chamadas de pictogramas tipo particular de comunicação visual que combina figuras e conceitos para transmitir, instantaneamente, informações importantes à prática social e à vivência comunitária.[27]

A Lei de Inclusão não faz previsão expressa da utilização de imagens, porém o seu rol não é exaustivo permitindo a utilização de recursos diversos dos que foram elencados, dede que garantam o acesso à informação aos deficientes. As barreiras de comunicação devem ser ultrapassadas com a utilização de todos os recursos disponíveis.

A Resolução da Diretoria e Colegiada 47/2009,[28] que dispões sobre procedimentos da ANVISA, sobre textos de bulas de medicamentos, impõe obrigatoriedade de fornecimento em formato *Braille*, digital ou com fontes ampliadas, toda vez que solicitados.

> **Art. 70**. As instituições promotoras de congressos, seminários, oficinas e demais eventos de natureza científico-cultural devem oferecer à pessoa com deficiência, no mínimo, os recursos de tecnologia assistiva previstos no art. 67 desta Lei.
>
> **Art. 71**. Os congressos, os seminários, as oficinas e os demais eventos de natureza científico-cultural promovidos ou financiados pelo poder público devem garantir as condições de acessibilidade e os recursos de tecnologia assistiva.

9. DO ACESSO A EVENTOS

Os artigos 70 e 71 possuem redação praticamente idêntica. A única diferença, que no segundo dispositivo o evento seria financiado com recursos públicos. Por esta razão, excepcionalmente, os comentários serão feitos de forma a abranger ambos. Ressalvada a peculiaridade do financiamento estatal.

O Estatuto Da Pessoa Com Deficiência tem objetivo garantir e promover os direitos fundamentais aos portadores de deficiência, através de sua inclusão social e efetivar o exercício da sua cidadania. Proporcionando a igualdade de oportunidades da pessoa com deficiência com qualquer outra pessoa.

---

27. SOUZA, S. Conteúdo, forma e função no design de pictogramas. In: Correa, T. G. (Org.). *Comunicação para Mercado*: Instituições, Mercado, Publicidade, São Paulo: Edicon, 1995; p. 171-192.

28. BRASIL, Resolução Da Diretoria Colegiada – Rdc N. 60, de 12 de dezembro De 2012. Disponível em: [http://bvsms.saude.gov.br/bvs/saudelegis/anvisa/2012/rdc0060_12_12_2012.pdf]; acesso em: out. 2017.

Assim, muitas vezes, a forma da pessoa com deficiência expor suas necessidades e reivindicações é a participação em eventos de natureza científico-cultural. A adequação dos eventos a acessibilidade dos deficientes é fundamental para efetivação desse direito.

A preocupação com o acesso do deficiente a espaços culturais já estava demonstrada desde 2012, no relatório final do 3ª Conferência Nacional dos Direitos das Pessoas com Deficiência.[29] O texto final da conferência estabelece que deverá haver implemento de políticas públicas com o objetivo de proporcionar acesso à cultura ao deficiente, em igualdade de condições com as demais pessoas. Determinando a e disponibilização do acesso de livros no sistema *Braille*, sistema áudio *books* e vídeos em LIBRAS nas Casas de Cultura, bibliotecas, pontos de culturais e de leitura.

Previa a destinação de recursos públicos para a criação e a adaptação de espaços físicos públicos e privados acessíveis, considerando o desenho universal. Adequando e criando espaços culturais, nas três esferas de governo, bem como promover eventos culturais com participação das Pessoas com Deficiência com o objetivo de promover a inclusão social.[30]

A lei estatutária utilizando como referência o seu artigo 67, reafirma, expressamente, os direitos da pessoa com deficiência em participação de eventos. Assim, o promotor de evento, seja com recursos estatais ou privados, deverá garantir a acessibilidade física, com instalação de rampas, elevadores, sinalização adequada, banheiros especiais e assentos que proporcionem total autonomia ao deficiente.

O deficiente terá direito a acessibilidade atitudinal. Portanto, o evento deverá ter pessoas capacitadas para receber a diversidade de público e preparada para auxiliar quando necessário, sendo adequado que deficientes componham a equipe promotora dos eventos.

Os recursos de acessibilidade devem ser oferecidos, para que o deficiente tenha acesso as informações de forma adequada e satisfatória. Os acessos previstos no artigo 67, em alguns casos, precisam ser complementados ou substituídos por tradutores e intérpretes de LIBRAS, ledores, guias intérpretes, transcrição simultânea, estenotipia, material impresso em *Braille* e tipos ampliados, em formato digital acessível e outros recursos, garantindo mais autonomia ao deficiente.

Dessa forma, o legislador estatutário pretende que o deficiente possa participar de congressos, seminários, oficinas e demais eventos de natureza científico-cultural, impondo ao organizador particular a colocação de elementos de tecnologia assistiva.

---

29. BRASIL; 3ª Conferência Nacional dos Direitos das Pessoas com Deficiência, realizada em 2012. Disponível em: [http://www.pessoacomdeficiencia.gov.br/app/sites/default/files/publicacoes/livro-relatorio-3a-conferencia-final_0.pdf]; acesso em: out. 2017.

30. BRASIL; 3ª Conferência Nacional dos Direitos das Pessoas com Deficiência, realizada em 2012. Disponível em: [http://www.pessoacomdeficiencia.gov.br/app/sites/default/files/publicacoes/livro-relatorio-3a-conferencia-final_0.pdf]; acesso em: out. 2017.

Legenda oculta; janela com intérprete da LIBRAS e audiodescrição, ou qualquer outro meio que proporcione, ao deficiente, acesso as informações.

O artigo 71 estabelece que quando os congressos, seminários, oficinas e demais eventos de natureza científico-cultural forem promovidos ou financiados com recursos públicos, além das tecnologias assistivas, deverão ser garantidas condições de acessibilidade.

O que pode ser entendido que serão proporcionados recursos que garantam ao deficiente mobilidade necessária para acesso ao local. O Estado precisa, nesses casos específicos, garantir que o portador de deficiência consiga acesso ao local do evento nas mesmas condições que qualquer outra pessoa.

Mais uma vez destaca-se a importância da adoção do desenho universal, que como regra de caráter geral, deve ser implantado em projetos urbanísticos e arquitetônicos, de transporte, informação e comunicação, dos sistemas e tecnologias da informação e comunicação e de outros serviços, equipamentos e instalações abertos ao público, de uso público ou privado de uso coletivo.

A Convenção Internacional de Nova York, que serve como fundamento da lei estatutária, estabelece em seu artigo 30, que os Estados-Partes reconhecem o direito das pessoas com deficiência de participar na vida cultural, em igualdade de oportunidades com as demais pessoas, e tomarão todas as medidas apropriadas para assegurar esse direito.[31]

> **Art. 72.** Os programas, as linhas de pesquisa e os projetos a serem desenvolvidos com o apoio de agências de financiamento e de órgãos e entidades integrantes da administração pública que atuem no auxílio à pesquisa devem contemplar temas voltados à tecnologia assistiva.

10. DO INCENTIVO A PESQUISAS E PROJETOS

A tecnologia assistiva é o meio mais eficaz de proporcionar autonomia ao deficiente. Através dela, o deficiente, poderá ter acesso ou ampliação de habilidades que originariamente não possua ou esteja limitada em razão de sua deficiência. Como lembra RADABAUGH "para as pessoas sem deficiência a tecnologia torna as coisas mais fáceis. Para as pessoas com deficiência, a tecnologia torna as coisas possíveis".[32]

---

31. BRASI, 3ª Convenção sobre os Direitos das Pessoas com Deficiência, 2012. Disponível em: [http://www.pessoacomdeficiencia.gov.br/app/sites/default/files/publicacoes/convencaopessoascomdeficiencia.pdf]; acesso em: out. 2017.

32. RADABAUGH, M. P. NIDRR's Long Range Plan – Technology for Access and Function Research Section Two: NIDDR Research Agenda Chapter 5: TECHNOLOGY FOR ACCESS AND FUNCTION – [http://www.ncddr.org/rpp/techaf/lrp_ov.html]; acesso em: out. 2017.

Assim, é primordial, para garantia da dignidade da pessoa com deficiência, a utilização de tecnologia assistiva, que possui uma variação ampla, desde uma simples muleta à aparelhos que auxiliam através de audiodescrição. Sempre, proporcionando maior autonomia e inclusão do deficiente.

A Coordenação de Aperfeiçoamento de Pessoal de Nível Superior (CAPES), Coordenação de Aperfeiçoamento de Pessoal de Nível Superior (CAPES), vinculada ao Ministério da Educação (MEC), Fundações Estaduais de Amparo à Pesquisa (FAPS), presentes em todas unidades federais, como por exemplo: Fundação de Amparo à Pesquisa do Estado de São Paulo (Fapesp), Fundação de Amparo à Pesquisa do Estado do Rio de Janeiro (Faperj) e Fundação de Amparo à Pesquisa do Estado de Minas Gerais (Fapemig), Financiadora de Estudos e Projetos (FINEP), ligada ao Ministério da Ciência, Tecnologia e Inovação do Brasil (MCTI), Banco Nacional de Desenvolvimento Econômico e Social (BNDES) e o Conselho Nacional de Desenvolvimento Científico e Tecnológico (CNPq) reúnem esforços com o objetivo de promover pesquisas e preferencialmente, financiar projetos relacionados à tecnologia assistiva.

O Ministério da Ciência, Tecnologia e Inovação – MCTI investe no desenvolvimento de tecnologia assistiva desde 2005. O Ministério faz parte do Plano Nacional dos Direitos da Pessoa com Deficiência, que desenvolve o projeto Viver Sem Limites, instituído pelo Decreto 7.612/2011. A sua finalidade é promover, por meio da integração e articulação de políticas, programas e ações, o exercício pleno e equitativo dos direitos das pessoas com deficiência, nos termos da Convenção Internacional sobre os Direitos das Pessoas com Deficiência e seu Protocolo Facultativo.[33]

O MCTI tem o dever de elaborar políticas públicas direcionadas aos interesses do deficiente, através de financiamento e estruturação de Rede Nacional de Pesquisadores. O projeto Viver Sem Limites é composto de um Comitê Interministerial de Tecnologia Assistiva, cuja finalidade é formular, articular e implementar políticas, programas e ações para o fomento ao acesso, desenvolvimento e inovação em tecnologia assistiva.[34]

O CAPES em 2014, lançou o Edital 59/2014, destinando 20,3 Milhões de reais para projetos de pesquisa na área de tecnologia assistiva. Foram contemplados 15 programas de pós-graduação interinstitucional; 45 instituições de ensino abrangendo diferentes áreas do conhecimento para o desenvolvimento de Tecnologia Assistiva; 210 bolsas de mestrado e doutorado.

---

33. BRASIL; Decreto 7.612, de 17 de novembro de 2011. Disponível em: [http://www.planalto.gov.br/ccivil_03/_ato2011-2014/2011/decreto/d7612.htm]; acesso em: out. 2017.

34. BRASIL, Ministério da Ciência e Tecnologia; A Aplicabilidade do Estatuto da Pessoa com Deficiência; Disponível em: [file:///C:/Users/LUIZ/Downloads/DOC_PARTICIPANTE_EVT_3077_1456748198008_K--Comissao-Permanente-CDH-20160229EXT008_parte5923_RESULTADO_1456748198008.pdf]; acesso em: out. 2017.

O Viver sem Limite tinha cinco metas específicas: implantar e coordenar o Comitê Interministerial de Tecnologia Assistiva, o que foi realizado em 2012; implantar um Centro Nacional de Referência em TA, objetivo, também, foi alcançado em 2012; criação de uma Rede Nacional de P&D em Tecnologia Assistiva, a qual foi consolidada em 2013, com 54 instituições e 85 núcleos através de Portaria Ministerial. Objetivava, ainda, implantação de um plano de inovação em Tecnologia Assistiva, fortalecendo a interação das ICTs com a indústria nacional, que foi executado via FINEP três chamadas públicas já lançadas e ainda, disponibilizar catálogo virtual de Produtos de Tecnologia Assistiva disponíveis no mercado nacional, feito através do *site* Portal Nacional de Tecnologia Assistiva,[35] que conta com 1.500 produtos especificados.

O Instituto Centro Nacional de Referência em Tecnologia Assistiva – CNRTA foi criado através da Portaria Ministério da Ciência Tecnologia e Inovação 139/2012. O CNRTA é uma rede de pesquisa, utilizado como meio de efetivação do Plano Nacional dos Direitos da Pessoa com Deficiência – Plano Viver sem Limite.[36]

O CNRTA tem concentrado esforços na articulação da Rede Nacional de P&D em Tecnologia Assistiva. É promovida uma reunião de pesquisadores de diversas áreas, agindo de modo cooperativo para pesquisas, desenvolvimentos e inovações. O objetivo, principal, é alcançar a inserção do deficiente, com autonomia e dignidade na sociedade.

A FINEP, Financiadora de Estudos e Projetos do Ministério da Ciência e Tecnologia, passa a concentrar esforços no Programa de Inovação Tecnológica em Tecnologia Assistiva e a princípio disponibilizou 150 milhões para apoio a empresas de créditos sustentáveis, recursos para universidades e pesquisas e subvenção econômica à inovação.[37] Resultando em 13 produtos que já estão disponíveis no mercado.

O Estatuto da Pessoa com Deficiência veio coroar a ideia implementada pela Convenção de Nova York. Assim, o Estado passou a ser responsável por investimentos em pesquisas de Tecnologia Assistiva, com o objetivo de promover a dignidade humana. O filósofo Paul Ricouer trata da questão na perspectiva ética, de acordo com "vida boa com e para os outros nas instituições justas".[38]

---

35. BRASIL, Portal Nacional de Tecnologia Assistiva. Disponível em: [http://assistiva.mct.gov.br]; acesso em: out. 2017.

36. BRASIL, Ministério da Ciência e Tecnologia; A Aplicabilidade do Estatuto da Pessoa com Deficiência; Disponível em: [file:///C:/Users/LUIZ/Downloads/DOC_PARTICIPANTE_EVT_3077_1456748198008_K--Comissao-Permanente-CDH-20160229EXT008_parte5923_RESULTADO_1456748198008.pdf]; acesso em: out. 2017.

37. BRASIL, Ministério da Ciência e Tecnologia; a aplicabilidade do Estatuto da Pessoa com Deficiência; Disponível em: [file:///C:/Users/LUIZ/Downloads/DOC_PARTICIPANTE_EVT_3077_1456748198008_K--Comissao-Permanente-CDH-20160229EXT008_parte5923_RESULTADO_1456748198008.pdf]; acesso em: out. 2017.

38. RICOEUR, P. *O si-mesmo como um outro*. Trad. Lucy Moreira Cesar. Campinas: Papirus, 1991. p. 202.

Art. 73. Caberá ao poder público, diretamente ou em parceria com organizações da sociedade civil, promover a capacitação de tradutores e intérpretes da Libras, de guias intérpretes e de profissionais habilitados em *Braille*, audiodescrição, estenotipia e legendagem.

11. DA CAPACITAÇÃO PROFISSIONAL

A acessibilidade, de acordo com o Estatuto da Pessoa com Deficiência, precisa ser prestada mediante serviços de qualidade. O legislador estatutário impõe que ocorra a capacitação dos prestadores de serviços, para que o façam de forma adequada e eficiente. Mais uma vez priorizando a dignidade humana, estabelecida na Constituição como regra principiológica.

O Poder Público tornou-se responsável por promover a capacitação de tradutores e intérpretes da Libras, de guias intérpretes e de profissionais habilitados em *Braille*, audiodescrição, estenotipia e legendagem, segundo as NBR 15.599/2008 da ABNT.[39]

O Conselho Nacional das Pessoas com Deficiência, CONADE em sua 3ª Conferência Nacional, determinou a garantia na qualidade do serviço de atendimento às pessoas com deficiência, nos âmbitos público e privado, em todos as unidades da federação, por meio do aumento da quantidade de profissionais capacitados, da oferta continuada de capacitação e formação para esses profissionais especialmente no que tange às legislações referentes à pessoa com deficiência e as especificidades desse público.[40]

A capacitação é fundamental para preenchimento da demanda surgida em decorrências das normas impostas na Lei de Inclusão. A Lei 10.098/2000,[41] normas gerais e critérios básicos para a promoção da acessibilidade das pessoas com deficiência ou com mobilidade reduzida. Tal lei foi a primeira a estabelecer a formação do intérprete de LIBRAS.

A Lei 12.319/2010[42] regulamentou a profissão de Tradutor e Intérprete da Língua Brasileira de Sinais – LIBRAS. A partir de então o intérprete de LIBRAS passa a

---

39. ABNT NBR 15.599: 2008. Acessibilidade: Comunicação na Prestação de Serviços. ABNT, 2008. Disponível em: [https://www.abntcatalogo.com.br/norma.aspx?ID=1451]. Acesso em: out. 2017.

40. CONADE. 3ª Conferência Nacional dos Direitos da Pessoa com Deficiência/ Secretaria de Direitos Humanos da Presidência da República (SDH/PR) / Secretaria Nacional de Promoção dos Direitos Humanos da Pessoa com Deficiência (SNPD) / Conselho Nacional dos Direitos da Pessoa com Deficiência (CONADE). 3ª Conferência Nacional dos Direitos da Pessoa com Deficiência (Relatório Final). Brasília: SDH/PR – SNPD – Conade, 2013. Disponível em: [http://www.pessoacomdeficiencia.gov.br/app/conade/iv-conferencia-nacional]. Acesso em: out. 2017.

41. BRASIL, Lei 10.098 de 19 de dezembro de 2000. Disponível em: [http://www.planalto.gov.br/ccivil_03/leis/L10098.htm]; acesso em: out. 2017.

42. BRASIL. Lei 12.319 de 1º de setembro de 2010. Disponível em: [http://www.planalto.gov.br/ccivil_03/_ato2007-2010/2010/lei/l12319.htm]. Acesso em: out. 2017.

ser tratado como profissional, não mais exercendo a função, apenas, em âmbito de informalidade no contexto social. Essa formação é fundamental para que a acessibilidade imposta no Estatuto seja aplicada de forma a garantir o acesso do deficiente à informação.

Essa lei estabelece que a formação desse profissional ocorrerá por meio de cursos de educação profissional reconhecidos pelo Sistema que os credenciou; cursos de extensão universitária e cursos de formação continuada promovidos por instituições de ensino superior e instituições credenciadas por Secretarias de Educação. Sendo facultado à formação por sociedades civil que representem a comunidade de surdos, porém, o diploma precisa ser validado pela Secretaria de Educação.

A profissão de guia-intérprete foi, também, recentemente reconhecida ela Lei 12.319/2010. Esse profissional tem formação técnica multidisciplinar para comunicação com pessoas com surdo-cegueira. Seu trabalho consiste em interpretar, recebendo a mensagem em uma língua e transmitindo em outra acessível ao deficiente ou fazer transliteração, recebendo a mensagem em determinada língua e transmitindo ao deficiente de diversa e acessível.[43]

O Projeto de Lei 5.732/2013 que tramita no Congresso, visa a regulamentação do exercício das profissões de transcritor e de revisor de textos em *Braille*.[44] O projeto pretende que seja obrigatória a participação de profissional habilitado, em curso certificado pelo Ministério da Educação, na produção de todos os textos em *Braille*, como forma de garantir uma acessibilidade adequada ao deficiente visual.

O profissional de audiodescrição é formado mediante cursos de extensão, formando uma equipe com o audiodescritor roteirista, o audiodescritor narrador e o consultor. Embora a profissão não seja regulamentada, ainda cada um tem sua função. O roteirista é o profissional que faz a tradução das imagens e estímulos sonoros. O narrador é aquele que realiza a locução do roteiro. Já o consultor é uma pessoa com deficiência visual que avalia a pertinência e a qualidade do roteiro de audiodescrição.[45]

O profissional em estenotipia atua na conversão do falado para o escrito em tempo real, de forma presencial ou remota. Prestam serviço legenda oculta para emissoras de televisão e outras empresas que produzem imagens a serem transmitidas. A Associação Brasileira de Normas Técnicas (ABNT) tem uma norma que regulamenta

---

43. ALMEIDA, Natália. *Guia-Intérprete de Libras*: Formação e atuação deste profissional na cidade de Fortaleza. Disponível em: [http://www.porsinal.pt/index.php?ps=artigos&idt=artc&cat=16&idart=182]; acesso em: out. 2017.

44. BRASIL. Projeto de Lei 5.732 de 21 de junho de 2013. Disponível em: [http://www.camara.gov.br/proposicoesWeb/fichadetramitacao?idProposicao=580048]; acesso em: out. 2017.

45. MIANES, Felipe Leão; Consultoria em audiodescrição: alguns caminhos e Possibilidades. Disponível em: [http://www.ufpb.br/cia/contents/manuais/livro-audiodescricao-praticas-e-reflexoes.pdf]; acesso em: out. de 2017.

a atividade. As legendas aplicadas sobre a tela devem reproduzir o texto do áudio com 98% de precisão e atraso de no máximo 4 segundos, no caso de programas ao vivo; para conteúdos gravados, o índice de precisão exigido é de 100%.[46]

O profissional para ser capacitado ou habilitado em legendagem requer fluência em outros idiomas e capacidade de sintetizar tudo que foi dito pelo ator ou apresentador. A ATA associação sediada nos EUA, em Alexandria/VA, tem objetivo é fomentar o desenvolvimento profissional de tradutores e intérpretes.[47]

Dessa forma, percebe-se que a capacitação desses profissionais não poderá ser negligenciada. Afinal, se o objetivo primordial da Lei Brasileira de Inclusão é garantir acessibilidade, para que o deficiente tenha igualdade de condições ao acesso as informações é, fundamental, que seja obtida de forma correta. O Estado se torna responsável em implementar políticas que garantam a habilitação e regulamentação dos profissionais que auxiliam a acessibilidade.

---

46. ASDEF, Associação de Deficientes e Familiares. Estenotipia: importante aliada na comunicação. Disponível em http://asdef.org.br/noticias/08/05/2015/estenotipia-importante-aliada-na-comunicacao; acesso em: out. 2017.

47. ANDRADE FILHO, Julio. *Legendagem*: A rotina do profissional das legendas. Disponível em: [https://otrecocerto.com/2014/07/17/legendagem-a-rotina-do-profissional-das-legendas/]; acesso em: out. 2017.

Capítulo III
Da Tecnologia Assistiva

Luiz Claudio Carvalho de Almeida

Art. 74. É garantido à pessoa com deficiência acesso a produtos, recursos, estratégias, práticas, processos, métodos e serviços de tecnologia assistiva que maximizem sua autonomia, mobilidade pessoal e qualidade de vida.

Art. 75. O poder público desenvolverá plano específico de medidas, a ser renovado em cada período de 4 (quatro) anos, com a finalidade de:

I – facilitar o acesso a crédito especializado, inclusive com oferta de linhas de crédito subsidiadas, específicas para aquisição de tecnologia assistiva;

II – agilizar, simplificar e priorizar procedimentos de importação de tecnologia assistiva, especialmente as questões atinentes a procedimentos alfandegários e sanitários;

III – criar mecanismos de fomento à pesquisa e à produção nacional de tecnologia assistiva, inclusive por meio de concessão de linhas de crédito subsidiado e de parcerias com institutos de pesquisa oficiais;

IV – eliminar ou reduzir a tributação da cadeia produtiva e de importação de tecnologia assistiva;

V – facilitar e agilizar o processo de inclusão de novos recursos de tecnologia assistiva no rol de produtos distribuídos no âmbito do SUS e por outros órgãos governamentais.

Parágrafo único. Para fazer cumprir o disposto neste artigo, os procedimentos constantes do plano específico de medidas deverão ser avaliados, pelo menos, a cada 2 (dois) anos.

1. A TECNOLOGIA ASSISTIVA

A frase que melhor define a importância da tecnologia assistiva para as pessoas com deficiência é a formulada por Mary Pat Radabaugh, segundo a qual "para as pessoas sem deficiência, a tecnologia torna as coisas mais fáceis. Para as pessoas com deficiência, a tecnologia torna as coisas possíveis".[1]

---

1. Apud LEITE, Flávia Piva Almeida; RIBEIRO, Lauro Luiz Gomes; COSTA FILHO, Waldir Macieira da. *Comentários ao Estatuto da Pessoa com Deficiência*. São Paulo: Saraiva. 2016, p. 278. No original: *For Americans without disabilities, technology makes things easier. For Americans with disabilities, technology makes things possible.*

No rompimento das barreiras impostas às pessoas com deficiência, a tecnologia apresenta-se como uma ferramenta essencial e estratégica no caminho da inclusão.

Não é por outro motivo que a Convenção Sobre os Direitos das Pessoas com Deficiência, que foi entronizada no ordenamento jurídico pátrio sob o *status* de emenda constitucional, prevê em várias passagens, obrigações para os Estados-partes no sentido de fomentar o desenvolvimento de tecnologias para a maior inclusão das pessoas com deficiência.

Destaca-se o texto do art. 1º, e suas alíneas *g* e *h*, *verbis*:

1. Os Estados-Partes se comprometem a assegurar e promover o pleno exercício de todos os direitos humanos e liberdades fundamentais por todas as pessoas com deficiência, sem qualquer tipo de discriminação por causa de sua deficiência. Para tanto, os Estados-Partes se comprometem a:

[...]

g) Realizar ou promover a pesquisa e o desenvolvimento, bem como a disponibilidade e o emprego de novas tecnologias, inclusive as tecnologias da informação e comunicação, ajudas técnicas para locomoção, dispositivos e tecnologias assistivas, adequados a pessoas com deficiência, dando prioridade a tecnologias de custo acessível;

h) Propiciar informação acessível para as pessoas com deficiência a respeito de ajudas técnicas para locomoção, dispositivos e tecnologias assistivas, incluindo novas tecnologias bem como outras formas de assistência, serviços de apoio e instalações;

[...]

Por sua vez, a Lei 13.146/2015 (Estatuto da Pessoa com Deficiência/Lei Brasileira de Inclusão da Pessoa com Deficiência), traz a definição de tecnologia assistiva em seu art. 3º, inciso III:

Art. 3º. Para fins de aplicação desta Lei, consideram-se:

[...]

III – tecnologia assistiva ou ajuda técnica: produtos, equipamentos, dispositivos, recursos, metodologias, estratégias, práticas e serviços que objetivem promover a funcionalidade, relacionada à atividade e à participação da pessoa com deficiência ou com mobilidade reduzida, visando à sua autonomia, independência, qualidade de vida e inclusão social;

[...]

Note-se que a legislação ainda mantém como sinônimo de tecnologia assistiva a expressão "ajuda técnica", que historicamente esteve presente em outros diplomas normativos que tratam do tema agora em análise.[2-3]

---

2. O Decreto 5.296, de 2 de dezembro de 2004, conceitua, em seu art. 8º, inciso V, ajuda técnica como "os produtos, instrumentos, equipamentos ou tecnologia adaptados ou especialmente projetados para melhorar a funcionalidade da pessoa portadora de deficiência ou com mobilidade reduzida, favorecendo a autonomia pessoal, total ou assistida".

3. Em trabalho desenvolvido pelo Comitê de Ajudas Técnicas (CAT) foram identificadas em linhas gerais 3 (três) expressões: ajudas técnicas (mais difundida em países de língua espanhola – *ayudas técnicas*); tecnologia assistiva (mais utilizada em países da língua inglesa – *assistive technology*); e tecnologia de apoio

Muito embora ainda não se valesse da terminologia atualmente consagrada, a Lei 7.853, de 24 de outubro de 1989, já estabelecia como dever para a administração pública direta ou indireta "o incentivo à pesquisa e ao desenvolvimento tecnológico em todas as áreas do conhecimento relacionadas com a pessoa portadora de deficiência". (art. 2º, inciso IV, alínea *c*).

Por sua vez, o Decreto 3.298, de 20 de dezembro de 1999, que regulamentou a Lei 7.853/1989, arrola em seu art. 19 uma série de hipóteses que se enquadram na categoria tecnologia assistiva, muito embora ainda utilizasse a expressão "ajuda técnica":

> Art. 19. Consideram-se ajudas técnicas, para os efeitos deste Decreto, os elementos que permitem compensar uma ou mais limitações funcionais motoras, sensoriais ou mentais da pessoa portadora de deficiência, com o objetivo de permitir-lhe superar as barreiras da comunicação e da mobilidade e de possibilitar sua plena inclusão social.
>
> Parágrafo único. São ajudas técnicas:
>
> I – próteses auditivas, visuais e físicas;
>
> II – órteses que favoreçam a adequação funcional;
>
> III – equipamentos e elementos necessários à terapia e reabilitação da pessoa portadora de deficiência;
>
> IV – equipamentos, maquinarias e utensílios de trabalho especialmente desenhados ou adaptados para uso por pessoa portadora de deficiência;
>
> V – elementos de mobilidade, cuidado e higiene pessoal necessários para facilitar a autonomia e a segurança da pessoa portadora de deficiência;
>
> VI – elementos especiais para facilitar a comunicação, a informação e a sinalização para pessoa portadora de deficiência;
>
> VII – equipamentos e material pedagógico especial para educação, capacitação e recreação da pessoa portadora de deficiência;
>
> VIII – adaptações ambientais e outras que garantam o acesso, a melhoria funcional e a autonomia pessoal; e
>
> IX – bolsas coletoras para os portadores de ostomia.

É intuitivo perceber que o referido rol de hipóteses é meramente exemplificativo, até porque é absolutamente impossível prever numa legislação todo o avanço tecnológico existente e ainda a existir que de alguma maneira promove ou promoverá a redução ou eliminação de barreiras à inclusão da pessoa com deficiência.

Porém, é aceito internacionalmente o modelo de classificação denominado *Horizontal European Activities in Rehabilitation Technology (HEART)*, que surgiu no âmbito do Programa *Technology Initiative for Disabled and Elderly People (TIDE)*, da União Europeia. A partir do dito modelo permitir-se-ia classificar a tecnologia

---

(tradução de Portugal para *assistive technology*). Vide Brasil. Subsecretaria Nacional de Promoção dos Direitos da Pessoa com Deficiência. Comitê de Ajudas Técnicas. Tecnologia Assistiva. Brasília: CORDE, 2009, p. 13.

assistiva em 3 (três) grandes áreas, quais sejam: a) componentes técnicos; b) componentes humanos e c) componentes socioeconômicos.

Por sua vez os componentes técnicos são classificados em 4 (quatro) áreas de formação: a) comunicação (por exemplo, sites acessíveis, próteses auditivas etc.); b) mobilidade (por exemplo, a cadeira de rodas); c) manipulação (por exemplo, uma prótese de membro superior) e d) orientação (por exemplo, uma bengala).[4]

O grupo dos componentes humanos "inclui tópicos relacionados com o impacto causado pela deficiência no ser humano. As noções adotadas pelas ciências biológicas, pela psicologia e pelas ciências sociais, podem ajudar na compreensão das transformações da pessoa, e como esta se relaciona com o espaço em que vive, como resultado de uma deficiência, e como é que a TA pode facilitar a autonomia dessa pessoa".[5] Esse componente engloba a imagem social que se tem da deficiência e da própria tecnologia assistiva.

Por fim, o grupo dos componentes socioeconômicos levam em consideração elementos como benefícios fiscais e legislação.[6]

No cenário nacional, a legislação não chegou a tal grau de detalhamento.[7]

Nesse momento também é preciso salientar que o conceito de tecnologia assistiva dialoga com outros conceitos consagrados na legislação pátria, em especial da própria Lei Brasileira de Inclusão, como por exemplo o conceito de acessibilidade.

Por isso, em vários momentos, a Lei Brasileira de Inclusão invoca implícita ou explicitamente o conceito em análise para tratar de outros temas. Isso é o que se observa dos arts. 9º, inciso III; 16, inciso III; 18, inciso XI; 28, inciso VI; 42; 67; 68 e 80.

Outra observação que se mostra importante é que cada pessoa possui características próprias, de modo que atender às necessidades do indivíduo exige criatividade e conhecimento das peculiaridades de cada caso. Por isso, para que se promova a efetiva inclusão da pessoa com deficiência, a criação de produtos e serviços deve ser permanentemente monitorada e seguida sempre da capacitação do usuário no

---

4. Para mais informações sobre classificação de tecnologia assistiva recomenda-se a publicação "Tecnologia Assistiva" (Brasil. Subsecretaria Nacional de Promoção dos Direitos da Pessoa com Deficiência. Comitê de Ajudas Técnicas. Tecnologia Assistiva. Brasília: CORDE, 2009), disponível no seguinte endereço eletrônico: [http://www.pessoacomdeficiencia.gov.br/app/sites/default/files/publicacoes/livro-tecnologia-assistiva.pdf], acesso em 14 de dezembro de 2017.

5. Brasil. Subsecretaria Nacional de Promoção dos Direitos da Pessoa com Deficiência. Comitê de Ajudas Técnicas. Tecnologia Assistiva. Brasília: CORDE, 2009, p. 21.

6. Para outro modelo de classificação de tecnologia assistiva vide o trabalho de Rita Bersch, intitulado "Introdução à Tecnologia Assistiva" e disponível no endereço eletrônico [http://www.assistiva.com.br/Introducao_Tecnologia_Assistiva.pdf.], acesso em: 14.12.2017.

7. Contudo, em algumas situações, a norma procurou destacar situações bem específicas, como no caso do cão-guia (vide por exemplo o art. 61, § 2º, do Decreto n. 5.296/2004).

intuito de se extrair o melhor da tecnologia disponível e de se corrigir eventuais falhas só detectáveis no curso de sua utilização.

Esse tipo de precaução encontra previsão na legislação norte-americana, mais especificamente na Public Law 108-364, oct. 25, 2004, sec. 3. Definitions.[8]

Outro ponto de importância é a necessidade da participação do usuário no processo de criação e desenvolvimento dos produtos e serviços vinculados à tecnologia assistiva. É o que pontua, com muita pertinência, Ana Irene Alves de Oliveira:[9] "É crescente a consciência da necessidade de uma participação ativa do usuário final em todas as etapas e em todas as decisões relativas à implementação de tecnologia assistiva. Sem a participação e o diálogo com os atores envolvidos nesse processo, aumenta em muito o risco de que uma determinada solução de TA seja abandonada em pouco tempo de uso[...]".

A Lei Brasileira de Inclusão não só consagra o direito de acesso das pessoas com deficiência às tecnologias assistivas[10] disponíveis no mercado, como estabelece caminhos estratégicos a serem seguidos pela administração pública no cumprimento desse dever legal. Essas estratégias estão previstas no art. 75 e indicam, em linhas gerais, os seguintes caminhos: a) facilitação de crédito; b) simplificação de procedimentos de importação; c) fomento à pesquisa; d) eliminação ou redução de tributação incidente sobre a tecnologia assistiva.

Um marco das ações de fomento à difusão de desenvolvimento da tecnologia assistiva foi o chamado "Plano Viver Sem Limite", instituído pelo Decreto 7.612, de 17 de novembro de 2011. O referido decreto criou o Comitê Interministerial de Tecnologia Assistiva, "com a finalidade de formular, articular e implementar políticas, programas e ações para o fomento ao acesso, desenvolvimento e inovação em tecnologia assistiva" (art. 12, *caput*).

Nesse ponto é necessário frisar que, mesmo antes do advento do "Plano Viver Sem Limite", o Decreto 5.296/2004, em seu art. 66, já havia previsto o Comitê de Ajudas Técnicas, a ser instituído pela então Secretaria Especial de Direitos Humanos,

---

8. Disponível em: [https://www.gpo.gov/fdsys/pkg/STATUTE-118/pdf/STATUTE-118-Pg1707.pdf], acesso em: 14 de dezembro de 2017.

9. LEITE, Flávia Piva Almeida; RIBEIRO, Lauro Luiz Gomes; COSTA FILHO, Waldir Macieira da. *Comentários ao Estatuto da Pessoa com Deficiência*. São Paulo: Saraiva. 2016, p. 283.

10. Ana Irene Alves de Oliveira esclarece, com bastante propriedade, que a expressão tecnologia assistiva, se utilizada no plural, assume significado diverso. Segundo a autora, "a expressão 'tecnologia assistiva' deve sempre ser utilizada no singular, por se tratar de uma área do conhecimento, podendo ser no plural a terminologia empregada para se referir aos produtos, denominados 'produtos assistivos" (LEITE, Flávia Piva Almeida; RIBEIRO, Lauro Luiz Gomes; COSTA FILHO, Waldir Macieira da. *Comentários ao Estatuto da Pessoa com Deficiência*. São Paulo: Saraiva. 2016, p. 274). Por sua vez, a legislação norte-americana prevê termos distintos para as hipóteses indicadas pela autora ora referida. Para "tecnologia assistiva", no singular, utiliza *assistive technology* e para "tecnologias assistivas", no plural, se vale ora de *assistive technology device* ora de *assistive technology service* (vide Public Law 108-364, oct. 25, 2004, disponível em https://www.gpo.gov/fdsys/pkg/STATUTE-118/pdf/STATUTE-118-Pg1707.pdf, acesso em 14 de dezembro de 2017).

o que veio a efetivamente ser concretizado no ano de 2006 (Portaria 142, de 16 de novembro de 2006).

O Plano buscou a implementação de ações dividindo-as nos seguintes eixos temáticos: educação, saúde, inclusão social e acessibilidade.

Vários desafios se colocam na aplicação de um projeto ambicioso como o "Viver Sem Limite". A despeito do aporte financeiro que lastreou as ações à época do seu lançamento, o plano esbarrou em medidas que não estavam a cargo do Governo Federal.

A título de exemplo, permite-se citar a instalação de salas de recurso nas escolas para permitir o ingresso com qualidade de alunos com deficiência. Nesse ponto, vale mais uma vez o escólio de Ana Irene Alves de Oliveira[11] ao observar que muitas vezes "nota-se que os recursos de tecnologia assistiva das salas multifuncionais são subutilizados, pois são adquiridos sem avaliar o contexto no qual serão utilizados". Citando Braun e Vianna, completa que os produtos que chegam à escola "nem sempre são realmente adequados, ou os professores não aprenderam a utilizar todos os recursos disponíveis".

Por outro lado, o oferecimento de linhas de crédito por meio do Banco do Brasil, igualmente previsto no plano, apresentou-se com um efeito mais prático na facilitação do acesso das pessoas com deficiência aos produtos disponíveis, com um grau bem menor de complexidade e de intercorrências no desenvolvimento da ação.

Num contexto mais amplo, os princípios que nortearam o "Plano Viver Sem Limite" mostram-se plenamente harmônicos com as diretrizes ora estabelecidas pela Lei Brasileira de Inclusão, sem embargo dos percalços enfrentados e dos desafios que foram surgindo no curso da execução das respectivas ações.

Em linhas gerais, os incisos do art. 75, da Lei Brasileira de Inclusão, procuram combater os entraves ao acesso da população aos produtos e serviços com características de tecnologia assistiva. Há uma clara preocupação do legislador com o fomento à pesquisa, que depende, sobretudo, de financiamento, à facilitação do crédito ao usuário, à desburocratização do processo de importação e à diminuição do preço final do bem.

Em relação a este último ponto, a legislação autoriza a desoneração tributária à semelhança do que já ocorre, por exemplo, com a isenção do Imposto Sobre Produtos Industrializados (IPI) incidente sobre veículos automotores para adquirentes com deficiência, conforme previsão do art. 1°, inciso IV, da Lei 8.989, de 24 de fevereiro de 1995, com a incidência da prorrogação de prazo prevista no art. 126 da Lei Brasileira de Inclusão.

Por fim, para a plena eficácia do dispositivo legal ora em comento, mostram-se ainda essenciais ações a cargo do Poder Executivo no sentido de fomentar a pesquisa por meio de linhas de financiamento ou do estímulo da participação da iniciativa privada em empreendimentos desse viés.

---

11. Op. cit., p. 282.

Capítulo IV
Do Direito à Participação na Vida Pública e Política

Beatriz Carvalho de Araujo Cunha

Art. 76. O poder público deve garantir à pessoa com deficiência todos os direitos políticos e a oportunidade de exercê-los em igualdade de condições com as demais pessoas.

§ 1º À pessoa com deficiência será assegurado o direito de votar e de ser votada, inclusive por meio das seguintes ações:

I – garantia de que os procedimentos, as instalações, os materiais e os equipamentos para votação sejam apropriados, acessíveis a todas as pessoas e de fácil compreensão e uso, sendo vedada a instalação de seções eleitorais exclusivas para a pessoa com deficiência;

II – incentivo à pessoa com deficiência a candidatar-se e a desempenhar quaisquer funções públicas em todos os níveis de governo, inclusive por meio do uso de novas tecnologias assistivas, quando apropriado;

III – garantia de que os pronunciamentos oficiais, a propaganda eleitoral obrigatória e os debates transmitidos pelas emissoras de televisão possuam, pelo menos, os recursos elencados no art. 67 desta Lei;

IV – garantia do livre exercício do direito ao voto e, para tanto, sempre que necessário e a seu pedido, permissão para que a pessoa com deficiência seja auxiliada na votação por pessoa de sua escolha.

§ 2º O poder público promoverá a participação da pessoa com deficiência, inclusive quando institucionalizada, na condução das questões públicas, sem discriminação e em igualdade de oportunidades, observado o seguinte:

I – participação em organizações não governamentais relacionadas à vida pública e à política do País e em atividades e administração de partidos políticos;

II – formação de organizações para representar a pessoa com deficiência em todos os níveis;

III – participação da pessoa com deficiência em organizações que a representem.

1. SOBERANIA POPULAR, DEMOCRACIA E PARTICIPAÇÃO POLÍTICA

As Revoluções burguesas, ao darem fim ao Absolutismo e à concepção de soberania da nação, resgataram a noção de democracia da Grécia Antiga para retirar o poder das mãos exclusivas do Monarca, inaugurando-se o conceito de soberania popular. O resgate, contudo, abandonou a ideia de democracia direta para inaugurar a noção de democracia representativa, buscando colocar o poder sob a ingerência de órgãos de representação popular. Assim, a partir da importação do contrato de mandato do Direito Privado, criou-se a ficção jurídica da ideia de mandato eletivo, concebendo-se que o povo, quando elege alguém, lhe concede autorização para que aja em seu nome no processo político. Avultou-se, então, a importância do direito ao voto e da representação, a fim de conferir legitimidade ao exercício do poder pelo Estado.

Nessa toada, a democracia representativa – ao lado da separação dos poderes e dos direitos individuais – tornou-se um dos pilares do Constitucionalismo moderno, sendo caracterizada pela existência de dois direitos políticos fundamentais básicos: (i) a capacidade eleitoral ativa, que abarca o direito de votar; e (ii) a capacidade eleitoral passiva, que abrange o direito de ser votado.

Ocorre que, para haja de fato democracia, é preciso que todos aqueles possivelmente afetados por uma decisão tenham as mesmas chances de integrar o debate político, assegurando-se a soberania popular. Com isso, estar-se-á pluralizando o debate, fazendo prevalecer a força do melhor argumento e proporcionando a tomada de uma decisão legítima sob o ponto de vista democrático. A democracia, portanto, pressupõe a igualdade de participação na esfera pública.

É o que estabelece a Constituição Federal, que coloca a soberania, a cidadania e o pluralismo político como fundamentos da República (art. 1º, I, II e V, parágrafo único); que prevê o sufrágio universal (arts. 14 a 17); e a participação da comunidade na Administração Pública pelos usuários de serviços (art. 37, § 3º), na discussão dos planos e leis orçamentárias (art. 48, parágrafo único), na seguridade social (art. 194, VII), na saúde (art. 198, III), na assistência social (art. 204, II), na educação (art. 206, VI), na cultura (art. 216, § 1º), em matéria de criança e adolescente (art. 227, § 1º), dentre outros setores.

Ainda, tem-se o Pacto Internacional de Direitos Civis e Políticos, o qual assegura a todo cidadão o direito de participação na condução dos assuntos públicos; o direito de votar e de ser eleito; e de ter acesso às funções públicas de seu país (art. 25). Da mesma forma, no âmbito do sistema regional americano de direitos humanos, os direitos de participação nos assuntos públicos, de votar e ser eleito e de ter acesso às funções públicas estão dispostos na Convenção Americana (art. 23.1).[1]

---

1. No que toca aos demais sistemas regionais de direitos humanos, há previsão dos direitos políticos no art. 3º do primeiro protocolo da Convenção Europeia para Proteção dos Direitos Humanos e das Liberdades Fundamentais; e no art. 13 da Carta Africana dos Direitos Humanos e dos Povos.

Esta, contudo, estabeleceu que a lei interna pode restringir o exercício dos referidos direitos "exclusivamente por motivos de idade, nacionalidade, residência, idioma, instrução, capacidade civil ou mental, ou condenação, por juiz competente, em processo penal" (art. 23.2). Interpretando essa norma, a Corte Interamericana de Direitos Humanos, no *Caso Yatama vs. Nicarágua*, entendeu que "a restrição deve se encontrar prevista em uma lei, não ser discriminatória, ser baseada em satisfazer um interesse público imperativo e ser proporcional a atingir esse objetivo",[2] visando a atender aos princípios da legalidade, necessidade e proporcionalidade.

Calcando-se nessa premissa, indaga-se se a deficiência pode ser utilizada como critério para determinar a restrição aos direitos políticos por parte de determinada pessoa. Em uma análise perfunctória do art. 23.2 da Convenção Americana de Direitos Humanos, pode-se imaginar que a expressão "capacidade mental" permite que pessoas com deficiência sejam excluídas do jogo democrático, ante a ressalva realizada pela própria norma convencional. Ocorre que não se pode desconsiderar a evolução do direito internacional dos direitos humanos e do próprio direito civil no que toca ao tratamento dispensado em relação à pessoa com deficiência, como se passa a demonstrar.

2. DEFICIÊNCIA, AUTONOMIA E PARTICIPAÇÃO NA VIDA PÚBLICA E POLÍTICA

Em um primeiro momento, considerava-se que as causas que davam origem à deficiência possuíam fundo religioso, sendo reflexo de mensagens diabólicas no sentido de que a vida de tais pessoas não merecia ser vivida. Como eram consideradas inúteis por não contribuírem para suprir as necessidades da comunidade, as pessoas com deficiência eram vistas como dispensáveis, prescindíveis. Tratava-se do *modelo de prescindência*, que prevaleceu na Antiguidade clássica[3] e na Idade Média.[4]

---

2. CORTE INTERAMERICANA DE DIREITOS HUMANOS. *Caso Yatama vs. Nicarágua.* Sentença de 23 de junho de 2005. § 206. p. 89. Disponível em: [http://www.cnj.jus.br/files/conteudo/arquivo/2016/04/b3b2dcefe29f27b2984178160015c3ba.pdf]. Acesso em: 13.05.2018.

3. Na Antiguidade Clássica, adotava-se uma perspectiva eugenista, permitindo a prática do infanticídio contra crianças que nascessem nessas condições. Na Lei das XII Tábuas, apregoada no Fórum Romano por volta de 450 a.C., por exemplo, havia previsão expressa no sentido de que o pai poderia matar o seu filho "defeituoso". Entendia-se que o seu nascimento era fruto de algum pecado cometido pelos pais (Grécia) ou uma advertência de que a aliança com Deus estava quebrada (Roma).

4. Na Idade Média, adotava-se uma perspectiva de marginalização, cujo traço característico era a exclusão, seja por compaixão, seja por medo de considerá-las objeto de malefícios ou advertência de um perigo iminente. Sobre o tema, veja: MADRUGA, Sidney. *Pessoas com deficiência e direitos humanos*: ótica da diferença e ações afirmativas. 2. ed. São Paulo: Saraiva, 2016. p. 34.

O modelo de prescindência, contudo, foi abandonado[5] com o surgimento do *modelo médico* ou *reabilitador*, inaugurado com o fim da Primeira Guerra Mundial e com a necessidade de conviver com os efeitos laborais suportados pelos "feridos de guerra". Passou-se a considerar que as causas que dão origem à deficiência são científicas. Em detrimento da perspectiva de outrora, o objetivo, a partir de então, tornou-se o de *normalizar* as pessoas com deficiência, buscando reabilitá-las psíquica, física e/ou sensorialmente para alcançar o padrão de normalidade estético e existencial pré-estabelecido.

Entretanto, em meados dos anos 1960, como uma reação às abordagens biomédicas, passou a prevalecer o *modelo social*, segundo o qual "a deficiência não deve ser entendida como um problema individual, mas como uma questão eminentemente social, transferindo a responsabilidade pelas desvantagens dos deficientes das limitações corporais do indivíduo para a incapacidade da sociedade de prever e ajustar-se à diversidade".[6]

Com efeito, a distinção central entre o modelo médico e o modelo social é que o primeiro enxerga a deficiência como um problema individual da pessoa, incapaz de enfrentar a sociedade; ao passo que o segundo passou a compreender que, em verdade, a deficiência nada mais é do que um produto de uma organização social pouco sensível à diversidade corporal, consistindo na combinação das limitações individuais pelo corpo com as condições da sociedade em que vive.

Assim, a partir do momento em que o problema não era mais o indivíduo e a sua *anormalidade*, mas o contexto social responsável por sua estigmatização, a inclusão social tornou-se premissa básica do tratamento dispensado à pessoa com deficiência. Materializou-se, no tema, a ideia de que a igualdade inerente a todo ser humano inclui a diferença, desmistificando eventual limitação como uma tragédia; e ideia de autovalorização do ser humano independentemente de sua utilidade no meio social.

Especificamente no Direito Positivo, o grande marco desse novo modelo ocorreu com edição, em 13 de dezembro de 2006, da Convenção das Nações Unidas sobre os Direitos da Pessoa com Deficiência, a qual entrou em vigor em 3 de maio de 2008. No Brasil, foi aprovada pelo Congresso Nacional sob a forma do art. 5º, § 3º, da Constituição da República, tendo adquirido *status* de emenda constitucional, integrando o bloco de constitucionalidade. Incorporando o explicitado modelo social, ficou assegurado o princípio da autonomia individual, da liberdade de fazer as próprias escolhas, da independência, bem como da plena e efetiva participação e inclusão na sociedade (art. 3º, *a, c, e*). No mesmo diapasão, também se estabeleceu que "as

---

5. Em que pese a doutrina afirme que houve, no plano da teoria, abandono do modelo de prescindência, não se pode ignorar que o mesmo foi, no plano dos fatos, parcialmente retomado quando da ascensão do fascismo durante a Segunda Guerra Mundial, ocasião em que, em alguns países, pessoas com deficiência foram vítimas de políticas de esterilização compulsória, segregação e extermínio.

6. MEDEIROS, Marcelo. DINIZ, Débora. *Envelhecimento e deficiência*. Disponível em: [http://www.en.ipea. gov.br/agencia/images/stories/PDFs/livros/Arq_09_Cap_03.pdf]. Acesso em: 26.12.2017. p. 108.

pessoas com deficiência gozam de capacidade legal em igualdade de condições com as demais pessoas em todos os aspectos da vida" (art. 12).

Nesse sentido, não por outra razão foi assegurado, à pessoa com deficiência, o direito de participar na vida política e pública, em igualdade de oportunidades com as demais pessoas, diretamente ou por meio de representantes livremente escolhidos, incluindo o direito e a oportunidade de votarem e serem votadas. Trata-se de dispositivo que, basicamente, foi reproduzido pelo recente Estatuto da Pessoa com Deficiência (Lei 13.146/2016),[7] no seu art. 76, reiterando, no plano interno, os direitos de votar e de ser votada; de se candidatar e de desempenhar quaisquer funções públicas; de que recursos que lhe permitam a compreensão sejam utilizados em pronunciamentos oficiais, propagandas eleitorais obrigatórias e debates; e direito a auxílio por pessoa de sua livre escolha.

Ainda, o mesmo art. 76 do Estatuto, em seu § 2º, também se inspirou na Convenção ao prever o direito de participar em questões públicas, inclusive quando institucionalizada, por meio (i) da participação em organizações não governamentais e em atividades e administração de partidos políticos; (ii) da formação de organizações para representar as pessoas com deficiência em todos os níveis; e, inovando em relação ao tratado internacional, (iii) da participação de tais indivíduos em organizações que os representem.

Como explicitado, a razão de ser do dispositivo decorre do modelo social de deficiência, adotado pela Convenção das Nações Unidas e pelo Estatuto da Pessoa com Deficiência, que visa a propiciar a autonomia e a inclusão da pessoa com deficiência. A autonomia é característica universal dos seres racionais e não depende de classe social, raça ou qualquer outro fator.[8] Trata-se do fundamento do livre-arbítrio, permitindo, aos indivíduos, buscar, da sua própria maneira, o ideal de viver bem e de ter uma vida boa. Assegura-se a autodeterminação, permitindo-se que cada um defina as regras que irão reger a sua vida. Dela, decorre a ideia de *autonomia privada*, relacionada ao autogoverno do indivíduo; e de *autonomia pública*, relacionada à liberdade republicana, associada à cidadania e à participação na vida política.[9]

A premissa da autonomia privada é a de que não é papel do Estado ou da sociedade definir como as pessoas devem conduzir as suas próprias vidas, evitando-se o paternalismo, ou seja, a interferência na liberdade pessoal voltada à proteção do próprio agente. Com o modelo social, houve o rompimento com os ideais assistencialistas e integracionistas que prevaleceram durante o modelo médico. Por meio da integração, as pessoas com deficiência eram subestimadas em suas aptidões e,

---

7. Complementando o teor do art. 76, o Estatuto da Pessoa com Deficiência também dispõe que a curatela não afeta o direito de voto, nos termos do art. 85.

8. KANT, Immanuel. *Fundamentação da metafísica dos costumes*. Trad. Pedro Quintela. Lisboa: Edições 70, 2011. p. 50-124.

9. BARROSO, Luís Roberto. *Aqui, lá e em Todo Lugar*: A dignidade humana no direito contemporâneo e no discurso transnacional. Revista dos Tribunais. Vol. 919, 2012. p. 127-195. Maio, 2012.

por vezes, banidas de qualquer atividade social, sob o argumento de que elas seriam inválidas e incapazes, permitindo que os "válidos e capazes" tomassem decisões sobre a vida daquelas, sem considerar seus desejos, temores e interesses, tal como se, presumidamente, soubessem o que é bom para cada pessoa.

Violava-se, com isso, a dignidade humana, já que tratava as pessoas com deficiência como objetos da ação de terceiros – o Estado ou a sociedade –, e não como sujeitos dotados de valor intrínseco. Sob essa ótica, o Estatuto da Pessoa com Deficiência modificou a teoria das incapacidades no Direito Civil para abolir qualquer vinculação entre deficiência e incapacidade (art. 6º), vedando a transferência compulsória das decisões, inclusive políticas, para um terceiro.

Por outro lado, a autonomia pública é o que melhor se relaciona com esse art. 76 do Estatuto da Pessoa com Deficiência. Vincula-se não só à possibilidade de votar, concorrer aos cargos públicos, mas também de ser membro de associações políticas, de fazer parte de movimentos sociais, organizações não governamentais e, sobretudo, de ter direito às condições necessárias para participar do debate público. Atrela-se, pois, ao regime democrático e à concepção de que os cidadãos não são somente destinatários das normas estatais, mas seus coautores.

Verifica-se, portanto, que o art. 76 do Estatuto foi editado com vistas a efetivar, no plano político, o modelo social, fazendo prevalecer a autonomia privada e política da pessoa com deficiência, de forma a concretizar os ideais democráticos e a igualdade de participação.

3. A INDISPENSÁVEL REMOÇÃO DOS OBSTÁCULOS EXTERNOS

Para efetivação do direito à participação na vida pública e política, não bastaria que o legislador, simplesmente, estabelecesse que as pessoas com deficiência têm direito ao voto secreto, livre, universal, além do direito a se candidatar e a desempenhar funções e cargos públicos e de integrar organizações. Fazia-se indispensável fincar as bases para que o exercício desse direito, no plano fático, não fosse impossível ou demasiadamente oneroso,[10] sob pena de ver esvaziado o seu conteúdo e de não haver efetiva pluralidade de participação, tampouco democracia substancial.

Para tanto, o legislador entendeu por bem remover obstáculos externos ao seu exercício pela pessoa com deficiência.[11] Por isso, previu, no inciso I do art. 76, a "garantia de

---

10. A Resolução 21.920/2004 do TSE isenta de sanção as pessoas com deficiência, caso seja impossível ou demasiadamente oneroso o cumprimento de suas obrigações eleitorais.

11. Mesmo antes da edição do Estatuto da Pessoa com Deficiência, o ordenamento jurídico já trazia disposições a partir das quais já era possível extrair tal direito, como aquela constante no art. 21, parágrafo único, do Decreto 5.296/2004, que regulamentou as Leis 10.048/2000 e 10.098/2000: "Art. 21. (...) Parágrafo único. No caso do exercício do direito de voto, as urnas das seções eleitorais devem ser adequadas ao uso com autonomia pelas pessoas portadoras de deficiência ou com mobilidade reduzida e estarem instaladas em local de votação plenamente acessível e com estacionamento próximo."

que os procedimentos, as instalações, os materiais e os equipamentos para votação sejam apropriados, acessíveis a todas as pessoas e de fácil compreensão e uso". Ainda, inseriu o § 6º-A no art. 135 do Código Eleitoral, estabelecendo que "os Tribunais Regionais Eleitorais deverão, a cada eleição, expedir instruções aos Juízes Eleitorais para orientá-los na escolha dos locais de votação, de maneira a garantir acessibilidade para o eleitor com deficiência ou com mobilidade reduzida, inclusive em seu entorno e nos sistemas de transporte que lhe dão acesso". Trata-se de mais uma concretização do dever do Estado previsto no art. 227, § 1º, II, da Constituição da República, inserido por intermédio da Emenda Constitucional 65/2010, segundo o qual deve haver a facilitação do acesso aos bens e serviços coletivos, mediante a eliminação de obstáculos arquitetônicos.[12]

Ademais, inovando em relação à Convenção das Nações Unidas, o referido art. 76, I, do Estatuto da Pessoa com Deficiência, em sua parte final, prevê que é vedada a instalação de seções eleitorais exclusivas para pessoas com deficiência. Busca-se, com isso, rechaçar aquela perspectiva outrora adotada no modelo médico, que pretendia segregá-las, em razão da sua *anormalidade*, em prol da adoção de um viés inclusivo, próprio do modelo social.

Antes dessa inovação legislativa, contudo, o Tribunal Superior Eleitoral havia editado normativa determinando a criação dessas seções eleitorais especiais (art. 1º da Resolução 21.008 do TSE; arts. 4º, § 1º, 5º, § 2º, 7º, II, *a*, da Resolução 23.381 do TSE). A questão, inclusive, já havia sido interpretada na jurisprudência, tendo o Tribunal Superior Eleitoral decidido que não era possível extinguir as seções especiais destinadas a pessoas com deficiência, em razão da inviabilidade de a Justiça Eleitoral adaptar todas as seções eleitorais do país às necessidades dos eleitores nela inscritos.[13]

Utilizando o mesmo fundamento desse tribunal, parte da doutrina já vem defendendo a desproporcionalidade da vedação à criação de seções eleitorais exclusivas, como recém implementado pelo Estatuto da Pessoa com Deficiência. Argumentam que parece mais prático que, por exemplo, haja a instalação de urnas especialmente destinadas a cadeirantes no piso térreo de uma escola, ao invés de se espalhá-las por diversas salas de aulas no 2º andar.[14] Por outro lado, há quem entenda de forma diversa, defendendo que a vedação a seções eleitorais exclusivas almeja não só evitar a segregação de tais pessoas, como já mencionado, mas também promover a aces-

---

12. No mesmo sentido e no campo eleitoral, a Resolução 23.381/2012 do TSE já havia instituído o Programa de Acessibilidade destinado ao eleitor com deficiência ou mobilidade reduzida, objetivando a implementação gradual de medidas para remoção das barreiras físicas, arquitetônicas, de comunicação e de atitudes existentes no processo eleitoral.

13. "Res. TSE 21.008. Solicitação. Conselho Nacional da Pessoa Portadora de Deficiência (Conade). Seções eleitorais especiais destinadas a eleitores portadores de deficiência. Extinção. Impossibilidade. 1. A transferência de eleitores portadores de deficiência para as seções especiais não é obrigatória. 2. Inviabilidade de a Justiça Eleitoral adaptar, no presente momento, todas as seções eleitorais do país às necessidades especiais dos eleitores nela inscritos" (TSE, Res. 21.342, rel. Min. Fernando Neves, j. 13.02.2003).

14. FARIAS, Cristiano Chaves de. *Estatuto da Pessoa com Deficiência*: Comentado artigo por artigo. Cristiano Chaves de Farias, Rogério Sanches Cunha, Ronaldo Batista Pinto. Salvador: Ed. JusPodivm, 2016. p. 206-207.

sibilidade dos prédios públicos e coletivos, já que a maioria dos locais de votação é localizada em edifícios públicos.[15]

De fato, a nosso ver, a afirmação de que a vedação a seções eleitorais exclusivas é inconstitucional parece ir na contramão do abandono do modelo médico, que foi substituído pelo modelo social. Não há que se cogitar de desproporcionalidade na reforma dos prédios nos quais se realizam as eleições, uma vez que, contemporaneamente, se compreende que o déficit de acesso das pessoas com deficiência não pode ser imputado à ela e à sua condição médica; mas à própria sociedade, que historicamente desconsiderou esses indivíduos em prol de um determinado paradigma de ser humano que não os comporta. Não há, portanto, mais espaço para se conceber que a acessibilidade decorre de ajuda benevolente da sociedade, por ser esta a responsável pela implementação de um conjunto de soluções capazes de integrar toda a variedade de pessoas.[16]

Ainda no intuito de reduzir os obstáculos externos para exercício da participação, o Estatuto da Pessoa com Deficiência inovou em relação à Convenção das Nações Unidas e estabeleceu, em seu art. 76, III, que os pronunciamentos oficiais, a propaganda eleitoral obrigatória e os debates transmitidos pelas emissoras de televisão devem ter, pelo menos, os recursos de subtitulação por meio de legenda oculta, janela com intérprete da Libras e audiodescrição.[17] No mesmo diapasão, permite-se que, caso necessário e a pedido, a pessoa com deficiência seja auxiliada por pessoa de sua escolha no momento da votação, nos termos do art. 76, IV.[18]

Verifica-se, pois, que andou bem o legislador ao reconhecer que não bastava estampar os direitos no Estatuto da Pessoa com Deficiência, sendo necessário remover os obstáculos externos que poderiam vir a impossibilitar ou tornar excessivamente oneroso o seu exercício. Assegura-se, portanto, efetividade, igualdade de participação e democracia substancial.

4. O INCENTIVO À CANDIDATURA E AO DESEMPENHO DE FUNÇÕES PÚBLICAS

No caso das pessoas com deficiência, a autonomia pública atrela-se, intimamente, à noção de liberdade positiva. Não basta que sejam removidos os obstáculos externos às suas escolhas e atos; é imprescindível que se assegurem os meios neces-

---

15. DIAS, Joelson. JUNQUEIRA, Ana Luísa Cellular. *Do Direito à Participação na Vida Pública e Política*. In: LEITE, Flávia Piva Almeida, RIBEIRO, Lauro Luiz Gomes, COSTA FILHO, Waldir Macieira da (org.). *Comentários ao Estatuto da Pessoa com Deficiência*. São Paulo: Saraiva, 2016. p. 297-298.

16. BARCELLOS, Ana Paula de. CAMPANTE, Renata Ramos. *A acessibilidade como instrumento de promoção de direitos fundamentais. In:* Manual dos direitos da pessoa com deficiência / Carolina Valença Ferraz... [et al]. São Paulo: Saraiva, 2012. p. 183-184.

17. Norma semelhante já era prevista no art. 44, § 1°, da Lei 9.504/1997; no art. 33, § 1°, da Resolução 23.191/2009 do TSE; e no art. 29, § 4°, da Resolução 23.404/2014 do TSE.

18. O art. 51 da Resolução 23.218/2010 do TSE prevê disposição semelhante, estabelecendo, inclusive, que o auxílio independe de requerimento antecipado ao Juiz Eleitoral.

sários para que haja o exercício dessa liberdade e, para tanto, é preciso voltar o olhar para as necessidades e vulnerabilidades do sujeito concreto.

Isso porque as escolhas feitas pelos indivíduos são, em boa parte, condiciona-das pela cultura em que elas estão inseridas. O que se é e o que se quer é reflexo de valores que foram internalizados durante o processo de socialização, ao qual cada um se submete desde o nascimento. Em um ambiente social muito paternalista, por exemplo, é quase impossível que uma mulher chegue a formular o plano de vida de se tornar uma política influente ou de manter uma vida sexual com muitos parceiros e poucos compromissos. "Os que se aventuram *outsiders*, desafiando costumes e preconceitos enraizados, encontram, no mais das vezes, o desprezo e o desrespeito na sociedade, o que torna o ônus de se insurgir contra o ethos dominante muito elevado".[19]

Partindo dessa premissa, andou bem o legislador ao estabelecer que deve haver o *incentivo* à pessoa com deficiência a candidatar-se e a desempenhar funções públicas (art. 76, § 1º, II, do EPD).[20] Trata-se do reconhecimento de que, após retirados os obstáculos externos, é preciso, ainda, que se encoraje, estimule, incite a pessoa com deficiência a se candidatar e a desempenhar tais funções, a fim de atenuar eventual subestima por ela internalizada durante o processo de socialização.

Dessa forma, verifica-se que a Convenção da ONU sobre os Direitos da Pes-soa com Deficiência e o Estatuto da Pessoa com Deficiência possuem forte valor simbólico e pedagógico, já que também têm a função de desafiar a cultura ainda vigente no país de *invisibilidade* das pessoas com deficiência, que têm seus direitos sistematicamente desrespeitados à mercê de existir legislação protetiva específica desde a década de 1980.

Por essa razão, Heloisa Helena Barboza e Vitor de Azevedo Almeida Junior defendem que esses diplomas possuem uma *função promocional*, nos dizeres de Norberto Bobbio:[21]

> Diante desse quadro, realça-se a função promocional do EPD e da Convenção, na medida em que a promulgação de uma lei geral sobre os direitos da pessoa com deficiência, que reflete normas constitucionais incorporadas após a internalização do CPDP, desafia intérpretes e operadores do direito, bem como as instituições competentes, a transformarem a atual "cultura de indiferença" causada pela invisibilidade e exclusão das pessoas com deficiência em nossa sociedade. Para tanto, é preciso celebrar as diferenças e valorizar a diversidade humana, de modo a beneficiar toda a sociedade que passa a conviver com diferentes visões de mundo.

---

19. SARMENTO, Daniel. *Dignidade da pessoa humana*: conteúdo, trajetória e metodologia. 2. ed. Belo Horizonte: Fórum, 2016. p. 156.

20. Como exemplo de incentivo que já era garantido mesmo antes da edição do Estatuto, tem-se a reserva constitucional de cargos e empregos públicos às pessoas com deficiência (art. 37, VIII, da CRFB).

21. BOBBIO, Norberto. *Da estrutura à função*: novos estudos de teoria do Direito. Barueri: Manole, 2007.

Nesse sentido, indispensável promover a autonomia da pessoa com deficiência para decidir sobre sua própria vida e para isso se centrar na eliminação de qualquer tipo de barreira, para que haja uma adequada equiparação de oportunidades. Isso provoca o empoderamento da pessoa com deficiência que passa a tomar suas próprias decisões e assumir o controle do seu projeto de vida. Entretanto, para que essa independência seja viável e real, é imprescindível a implementação de políticas públicas, programas sociais e serviços adaptados que permitam a superação das barreiras (...).[22]

Logo, a norma que prevê que deve haver o incentivo à candidatura e desempenho de funções públicas por pessoas com deficiência, além de pluralizar as instituições, tem a função promocional de empoderá-las e lembrá-las que elas são dignas e aptas a exercer tais atividades, sendo, portanto, merecedoras de valorização social.

5. CONSIDERAÇÕES FINAIS DO DISPOSITIVO

Visando a assegurar igualdade de participação na esfera pública, pluralização do debate e democracia substancial, o Estatuto da Pessoa com Deficiência prevê que a pessoa com deficiência tem direito à participação na vida pública e política (art. 76), sob a inspiração da Convenção das Nações Unidas sobre Pessoas com Deficiência. Trata-se de mais uma decorrência do abandono do vetusto modelo médico, que pretendia a reabilitação com vistas ao alcance de um padrão de normalidade preestabelecido e a integração; em prol da adoção do modelo social, caracterizado pela valorização da diferença, autonomia e inclusão.

Nesse sentido, o art. 76 prevê os direitos de votar e de ser votada; de se candidatar e de desempenhar quaisquer funções públicas; de que recursos que lhe permitam a compreensão sejam utilizados em pronunciamentos oficiais, propagandas eleitorais obrigatórias e debates; e direito a auxílio por pessoa de sua livre escolha. Ainda, estabelece o direito de participar em questões públicas, inclusive quando institucionalizada, por meio (i) da participação em organizações não governamentais e em atividades e administração de partidos políticos; (ii) da formação de organizações para representar as pessoas com deficiência em todos os níveis; e, inovando em relação ao tratado internacional, (iii) da participação de tais indivíduos em organizações que os representem.

Com efeito, também na seara da esfera pública, o legislador assegurou autonomia privada à pessoa com deficiência, reconhecendo-a como apta a participar do diálogo, seja por meio do voto, seja por meio da participação em organizações; bem como autonomia pública, proporcionando-lhe condições necessárias para integrar

---

22. BARBOZA, Heloisa Helena. ALMEIDA JUNIOR, Vitor de Azevedo. Reconhecimento e Inclusão das Pessoas com Deficiência. *Revista Brasileira de Direito Civil* – RBDCivil. Belo Horizonte, v. 13. p. 35. Disponível em: [https://www.ibdcivil.org.br/rbdc.php?ip=123&titulo=VOLUME%2013%20|%20Jul-Set%202017&category_id=200&arquivo=data/revista/volume13/2017_13.pdf]. Acesso em: 26.12.2017.

esse debate e enxergando-a como capaz de ser coautora das normas estatais, e não só destinatária.

Para assegurar efetividade a esses direitos, determinou-se que os procedimentos, as instalações, os materiais e os equipamentos para votação sejam apropriados, acessíveis e de fácil compreensão e uso; e que deve haver o incentivo à pessoa com deficiência para que ela se candidate e desempenhe funções públicas. Trata-se do reconhecimento de que não bastaria a previsão dos direitos, fazendo-se indispensável a remoção dos obstáculos externos e a adoção de medidas para atenuar eventual subestima internalizada por essas pessoas durante o processo de socialização.

Dessa forma, verifica-se que as transformações recentes na tutela dos direitos das pessoas com deficiência também alcançaram a vida pública e política, seja no sentido de assegurar a plena participação desse grupo vulnerável, à luz da sua autonomia e inclusão; seja como forma de pluralizar o debate na esfera pública, proporcionando a produção de decisões mais qualificadas, especialmente nos assuntos que mais diretamente lhes dizem respeito.

TOME NOTA!

Para o exercício do direito de voto, o Tribunal Superior Eleitoral garante à pessoa com deficiência o direito de solicitar no cartório eleitoral, com antecedência de 151 dias das eleições, a transferência do local de votação para uma seção com acessibilidade que possa atender melhor às suas necessidades, como rampas e/ou elevadores. Poderá também requerer com 90 dias de antecedência, por requerimento escrito ao juiz eleitoral, que se providencie os meios e recursos destinados a facilitar-lhes o exercício do voto, informando suas restrições e necessidades.

No momento da votação, poderá ainda informar ao mesário suas limitações, para que sejam providenciadas as soluções adequadas no momento e caso seja imprescindível para que a votação ocorra, poderá requerer ao presidente da mesa receptora de votos autorização para ter a ajuda de uma pessoa de sua confiança na cabina de votação, contanto que o escolhido não esteja a serviço da Justiça Eleitoral, de partido político ou de coligação.

TÍTULO IV
DA CIÊNCIA E TECNOLOGIA

Any Carolina Garcia Guedes

Art. 77. O poder público deve fomentar o desenvolvimento científico, a pesquisa e a inovação e a capacitação tecnológicas, voltados à melhoria da qualidade de vida e ao trabalho da pessoa com deficiência e sua inclusão social.

§ 1º O fomento pelo poder público deve priorizar a geração de conhecimentos e técnicas que visem à prevenção e ao tratamento de deficiências e ao desenvolvimento de tecnologias assistiva e social.

§ 2º A acessibilidade e as tecnologias assistiva e social devem ser fomentadas mediante a criação de cursos de pós-graduação, a formação de recursos humanos e a inclusão do tema nas diretrizes de áreas do conhecimento.

§ 3º Deve ser fomentada a capacitação tecnológica de instituições públicas e privadas para o desenvolvimento de tecnologias assistiva e social que sejam voltadas para melhoria da funcionalidade e da participação social da pessoa com deficiência.

§ 4º As medidas previstas neste artigo devem ser reavaliadas periodicamente pelo poder público, com vistas ao seu aperfeiçoamento.

1. ASPECTOS GERAIS

Os avanços da inovação e da tecnologia foram capazes de promover profunda alteração comportamental em todos os âmbitos da humanidade, fortalecendo o movimento que foi batizado pelos teóricos da economia como 4ª Revolução Industrial,[1] caracterizado pela convergência das tecnologias digital, físicas e biológicas, culminando na combinação de sistemas capazes de produzir resultados semelhantes à tomada de decisão, função tipicamente humana, ora mitigada pelos avanços do processo de automação das máquinas.

Compreendendo-se por tecnologia o produto da ciência e da engenharia que conjuga instrumentos, métodos e técnicas com o intuito de resolver problemas, aplicando-se o conhecimento de forma prática em diversas áreas de pesquisa e inovação como a introdução de novidade ou aperfeiçoamento de produtos, serviços

---

1. SWAB, Klaus. *A 4ª Revolução Industrial*. São Paulo: Edipro. Edipro, 2015.

ou processos no ambiente produtivo social, agregando novas funcionalidades ou características capazes de agregar melhorias e efetivo ganho de qualidade ou desempenho em produtos ou serviços já existentes, na definição que lhe atribui o art. 2º, IV, da Lei 13.243 de 2016, fica evidente que a facilitação do desenvolvimento dessas duas ferramentas pode ampliar, consideravelmente, a qualidade de vida necessária a promover a efetiva inclusão social.

Nesse contexto, o que seria um cenário típico dos filmes de ficção científica acaba se aproximando da vida real e, no contexto do Estatuto da Pessoa com Deficiência, passa a ser fonte renovável de esperanças na efetividade do tratamento desigual que confira a todos o alcance da isonomia e a plenitude da dignidade humana.

2. O PODER PÚBLICO E O DEVER DE FOMENTO DAS INICIATIVAS TECNOLÓGICAS INOVADORAS

O legislador inaugura o capítulo IV do Estatuto da Inclusão determinando, no *caput* do art. 77, que o Poder Público fomente o desenvolvimento da ciência, pesquisa, inovação e capacitação tecnológica com a finalidade de melhorar a qualidade de vida e de trabalho da pessoa com deficiência para promover a sua inclusão social.

O comando da Lei Ordinária ratifica as atribuições já assumidas pelo Poder Público quando da internalização da Convenção Internacional sobre Direitos da Pessoa com Deficiência, aprovado no Congresso Nacional pelo Decreto 186/2008, com *status* de Emenda Constitucional, na forma do art. 5º, § 3º, da CR, por meio do Decreto 6.947/2009 do Poder Executivo, evidenciando-se que antes mesmo da edição da lei em comento, o efeito vertical das normas constitucionais já autorizava a tomada de medidas eficientes destinadas à redução das desigualdades do extenso grupo de pessoas amparadas pela Lei.

No que tange às políticas públicas de fomento à inovação e tecnologia destinadas a tornar as coisas possíveis[2] para os tutelados pelo Estatuto, o Estado divide seus esforços entre os projetos nascidos dentro do ecossistema tecnológico público composto por: agências de fomento, criadores, incubadoras, instituições científicas, núcleos de inovação tecnológica, fundações de apoio, pesquisadores públicos, inventores independentes, parques e polos tecnológicos, majoritariamente criados e mantidos em conjunto com as Universidades nacionais,[3] subvencionados finan-

---

2. BERSH, Rita. *Introdução à tecnologia Assistiva. Para as pessoas sem deficiência a tecnologia torna as coisas mais fáceis*. Para as pessoas com deficiência, a tecnologia torna as coisas possíveis. Disponível em: [http://www.assistiva.com.br/Introducao_Tecnologia_Assistiva.pdf], acesso em: 24.10.2017

3. BRASIL, Mistério da Ciência, Tecnologia e Inovação. Parques & Incubadoras para o desenvolvimento do Brasil: Estudo de Práticas de Parques Tecnológicos e Incubadoras de Empresas. Brasília: MCTI, 2015. In: [http://www.anprotec.org.br/Relata/EstudoMelhoresPraticasParquesIncubadoras.pdf]. Acesso em: 01.11.2017.

ceiramente pelo BNDES e pela FINEP com recursos oriundos da Lei 10.973/2004,[4] chamada Lei da Inovação, que também regula o incentivo aos projetos advindos da iniciativa privada, decorrentes da atividade empreendedora.

Para que o alcance dessas políticas públicas seja subjetivado de forma ampla, o Superior Tribunal de Justiça tem firmado a sua jurisprudência destinada à efetividade dos direitos dos portadores de deficiência. No que tange à obrigatoriedade de garantir a acessibilidade pela iniciativa privada e em processo individual, o STJ condenou empresa de ônibus, de atuação no âmbito municipal, a indenizar cadeirante não apenas pela falta de estrutura necessária a comportar a cadeira de rodas motorizada como pela atitude discriminatória dos seus funcionários[5]. Na defesa de interesses difusos e coletivos que se amparam neste Estatuto, o Tribunal já se manifestou em ação civil movida pelo Ministério Público do Estado de São Paulo para condenar a administração do Município de Santos na obrigação de fazer o rebaixamento das calçadas com a instalação de rampas de acesso no prazo de 06 meses sob pena de multa diária de R$ 1.000,00 (mil reais)[6]

Além da acessibilidade relativa aos espaços urbanos, no que tange ao exercício do direito à informação e à cultura o STJ já se manifestou tanto pela obrigatoriedade dos bancos elaborarem em braile seus contratos de adesão e demais documentos

---

4. BRASIL, Lei 10.973 de 02 de dezembro de 2004. Dispõe sobre incentivos à inovação e à pesquisa científica e tecnológica no ambiente produtivo e dá outras providências.

5. BRASIL. Superior Tribunal de Justiça. 1.733.468 - MG – Recurso Especial - Ementa Min(a). Nancy Andrighi – Julgamento: 19.06.2018 – terceira turma julgadora. Direito Civil. Recurso Especial. Ação de Compensação por Danos Morais. Falha na prestação de serviço de transporte público municipal. Pessoa com deficiência usuária de cadeira de rodas motorizada. Falta de acessibilidade. Tratamento discriminatório pelos prepostos da concessionária. Embargos de declaração. Omissão, Contradição, obscuridade ou erro material. Ausência. Análise de direito local. Inviabilidade. Violação do direito ao transporte e mobilidade do usuário do serviço. Dano moral configurado. Valor fixado pelo Tribunal de Origem. Adequação. Honorários de sucumbência. Majoração.

6. BRASIL. Superior Tribunal de Justiça. 1.320.356 – SP – Recurso Especial - Ementa Min. Herman Benjamin – Julgamento: 08.11.2016 – segunda turma julgadora. Administrativo. Ação civil pública. Acessibilidade de deficientes físicos. Astreintes. Súmula 7/STJ. Recurso especial não provido. 1. Cuida-se, na origem, de Ação Civil Pública ajuizada pelo Ministério Público do Estado de São Paulo contra a Prefeitura Municipal de Santos, objetivando a condenação da ré à obrigação de fazer consistente em adequar as calçadas do Bairro do Emba às normas da NBR 9050 - ABNT, a fim de garantir a plena Documento: 1621368 - Inteiro Teor do Acórdão - Site certificado - DJe: 14.08.2017 Página 6 de 4 Superior Tribunal de Justiça acessibilidade aos portadores de deficiência. 2. O Juiz de 1º Grau julgou parcialmente procedente a ação, para o fim de condenar a Municipalidade a proceder ao rebaixamento das guias em todos os cruzamentos das vinte vias públicas eleitas pela administração para serem pavimentadas no chamado "programa de repavimentação das ruas do - Embaré", adotando-se os ditames da NBR9050 - ABNT, no prazo de 6 meses, sob pena de multa diária de R$ 1.000,00. 3. O Tribunal a quo assim consignou: "Na realidade, almeja-se na presente ação apenas que as ruas já escolhidas e reformadas pela Municipalidade tenham suas calçadas rebaixadas para a circulação dos portadores de deficiência, de acordo com as normas da NBR 9050, por expressa determinação da lei, cuja obediência não se encontra no âmbito de discricionariedade do administrador. Sendo assim, na hipótese em apreço, correta a solução adotada pelo magistrado sentenciante, não se configurando qualquer intromissão indevida do Judiciário. " (fl. 176, grifo acrescentado). 4. Recurso Especial não provido

essenciais aos serviços que prestam[7], assim como também deverão observar esta linguagem acessível as revistas impressas, livros didáticos e obras de difusão cultural, literárias e científicas[8] e, embora reconhecida a incompetência do eminente Tribu-

---

7. BRASIL. Superior Tribunal de Justiça. 1.377.941 – RJ – Recurso Especial - Ementa Min. Marco Aurélio Bellizze – Julgamento: 15.05.2018 – terceira turma julgadora. Agravo interno no recurso especial. Negativa de prestação jurisdicional. Não ocorrência. Ação civil pública. Ação destinada a impor à instituição financeira demandada a obrigação de adotar o método braille nos contratos bancários de adesão celebrados com pessoa portadora de deficiência visual. Dever legal consistente na utilização do método braille nas relações contratuais bancárias estabelecidas com consumidores portadores de deficiência visual. Existência. Normatividade com assento constitucional e legal. Observância. Necessidade. Precedentes das turmas de direito privado do STJ. Enunciado 83 da Súmula do STJ. Incidência. Imposição de multa diária para o descumprimento das determinações judiciais. Revisão do valor fixado devidamente efetivada na decisão agravada. Agravo interno improvido. 1. Infere-se que todas as questões relevantes para o deslinde da causa, devolvidas no âmbito recursal, foram devidamente apreciadas, tendo o Tribunal de Justiça do Estado do Rio de Janeiro proferido os seus acórdãos com suficiente e idônea fundamentação, razão pela qual se afigura insubsistente a alegação de negativa de prestação jurisdicional. 2. O entendimento exarado na origem converge com o posicionamento firmado no âmbito das Turmas de Direito Privado do STJ, segundo o qual "ainda que não houvesse, como de fato há, um sistema legal protetivo específico das pessoas portadoras de deficiência (Leis 4.169/62, 10.048/2000, 10.098/2000 e Decreto 6.949/2009), a obrigatoriedade da utilização do método braille nas contratações bancárias estabelecidas com pessoas com deficiência visual encontra lastro, para além da legislação consumerista in totum aplicável à espécie, no próprio princípio da Dignidade da Pessoa Humana". 2.1 Concluiu-se, por ocasião de tais julgamentos (REsp 1.315.822/RJ, desta Relatoria, Terceira Turma, julgado em 24.03.2015, Dje 16.04.2015, e REsp 1.349.188/RJ, Rel. Ministro Luis Felipe Salomão, Quarta Turma, julgado em 10.05.2016, DJe 22.06.2016), inclusive, que a obrigatoriedade de confeccionar em braille os contratos bancários de adesão e todos os demais documentos fundamentais para a relação de consumo estabelecida com indivíduo portador de deficiência visual, além de encontrar esteio no ordenamento jurídico nacional, afigura-se absolutamente razoável, impondo à instituição financeira encargo próprio de sua atividade, adequado e proporcional à finalidade perseguida, consistente em atender ao direito de informação do consumidor, indispensável à validade da contratação, e, em maior extensão, ao Princípio da Dignidade da Documento: 1710158 - Inteiro Teor do Acórdão - Site certificado - DJe: 25.05.2018 Página 1 de 4 Superior Tribunal de Justiça Pessoa Humana. 3. Cingindo-se a discussão ao valor arbitrado a título de multa diária, a significativa redução operada pela decisão agravada, para a hipótese de descumprimento das obrigações judiciais, afigura-se suficiente consentânea aos parâmetros da razoabilidade e da proporcionalidade, bem como à finalidade do instituto colimada. 4. Agravo interno improvido.

8. BRASIL. Superior Tribunal de Justiça. 1.407.781 – SP – Recurso Especial - Ementa Min. Herman Benjamin – Julgamento: 15.08.2017 – segunda turma julgadora. Processual civil. Ação civil pública. Ofensa ao art. 535 do CPC/1973 não demonstrada. deficiência na fundamentação. Súmula 284/STF. Ministério público como autor da ação. Desnecessidade de intervenção do parquet como custos legis. Deficiência visual. Edição obrigatória de livros em braille. Art. 1º, XII, da LEI 10.753/2003 não prequestionado. Súmula 282/STF. Controvérsia solucionada em âmbito constitucional. Competência do STF. 1. Trata-se de Ação Civil Pública interposta pelo Ministério Público Federal contra a União, objetivando a condenação desta em obrigação de fazer, consistente em disciplinar prazos e condições para que todas as editoras e congêneres do País passem a publicar cota de suas obras em meio acessível às pessoas com deficiência visual (braille). 2. Num primeiro momento, mantive o entendimento favorável ao acolhimento da pretensão recursal, fixando o prazo de 12 meses para que a recorrida implantasse as medidas do art. 2º da Lei 4.169/1962. Todavia, em sessão de julgamento realizada no dia 6.12.2016, o eminente Ministro Og Fernandes apresentou argumentos em sentido divergente: a) inadequação da via eleita; b) matéria de fundo constitucional; e c) ofensa ao princípio da independência dos poderes. Diante desses fundamentos, após reapreciação do Recurso Especial, realinho minha posição inicial. 3. Não se conhece de Recurso Especial em relação à ofensa ao art. 535 do CPC/1973 quando a parte não aponta, de forma clara, o vício em que teria incorrido o acórdão impugnado. Aplicação, por analogia, da Súmula 284/STF. 4. O STJ consolidou o entendimento de que não há falar em nulidade do julgamento por ausência de manifestação do Ministério Público como custos legis, tendo em vista que atuou como parte na Ação Civil Pública. 5. O art. 2º da Lei 4.169/1962 dispõe que "a utilização do Código de Contrações e Abreviaturas Braille será feita gradativamente, cabendo ao Ministro da Educação e Cultura, ouvido o Instituto Benjamin Constant, baixar

nal para tratar matéria afeta ao exame pelo Supremo Tribunal Federal, fez registrar no voto do relator que a ausência de atos do Poder Público destinados à efetivação das políticas públicas de acesso das pessoas portadoras de deficiência compreende omissão a ser objeto de exame pelo Supremo Tribunal Federal.

Além da subvenção do Poder Público, o fomento governamental ao desenvolvimento da ciência e tecnologia no âmbito da iniciativa privada amplia os personagens envolvidos, agregando as micro e pequenas empresas com capacidade de desenvolvimento de produtos os serviços nascidos em ambientes criativos, de forma multidisciplinar e com alta capacidade escalável, denominadas *startups*, que avançam no mercado da inovação alimentadas financeiramente pelos chamados investidores anjos e/ou por fundos privados de investimento, destacando-se, nesse seguimento como medida de fomento do Poder Público, a edição da Lei Complementar 155/2016,[9] em vigor a partir de 2017, que destaca o aporte financeiro do investidor do capital social das micro e pequenas empresas, protegendo-os de responder por eventuais dívidas, inclusive as oriundas de recuperação judicial, afastando-os, ainda, da possiblidade de alcance do patrimônio pessoal do investidor para saldar eventuais

---

regulamento sobre prazos da obrigatoriedade a que se refere o artigo anterior e seu emprego nas revistas impressas pelo sistema Braille no Brasil, livros didáticos e obras de difusão cultural, literária ou científica". 6. Assim, depreende-se da leitura do mencionado dispositivo legal que há previsão expressa para que a União, por meio do Ministério da Educação e Cultura, baixe regulamentos sobre prazos para que a obrigatoriedade da utilização das convenções em braille seja adotada em todo o território nacional, por intermédio de revistas, livros didáticos e obras de difusão cultural, literária ou científica. 7. Mostra-se desrespeitosa a inércia estatal, uma vez que, apesar de o normativo legal estar presente no ordenamento jurídico pátrio desde 1962, até o presente Documento: 1560208 - Inteiro Teor do Acórdão - Site certificado - DJe: 08.05.2018 Página 1 de 9 Superior Tribunal de Justiça momento não foram adotadas as medidas por ele exigidas. 8. Todavia, a despeito dos argumentos acima indicados, o apelo recursal não merece prosperar. Isso porque, ao dirimir a controvérsia, o Tribunal a quo utilizou os seguintes argumentos para embasar o seu decisum: a) o Estado não pode impor, por regulamento, determinação que seria gritantemente inconstitucional; b) o pedido formulado pelo recorrente viola o disposto no art. 5°, II, da Constituição Federal, bem como os princípios constitucionais da ordem econômica e da livre concorrência; c) a União já tem adotado medidas que contemplem o comando expresso no art. 208, II, da Constituição Federal; e d) o pedido vertido pelo Ministério Público extrapola a competência constitucional da União. 9. Assim, percebe-se que não se pode conhecer da irresignação contra a ofensa ao art. 1°, XII, da Lei 10.753/2003, uma vez que o mencionado dispositivo legal não foi analisado pela instância de origem. Ausente, portanto, o requisito do prequestionamento, o que atrai, por analogia, o óbice da Súmula 282/STF. 10. Além disso, da leitura do acórdão recorrido, bem como das razões do Recurso Especial interposto pela recorrente, depreende-se que, apesar de ter sido invocado dispositivo legal, foi debatida e solucionada matéria com fundamento eminentemente constitucional, sendo sua apreciação de competência exclusiva do Supremo Tribunal Federal, conforme dispõe o art. 102, III, da CF/1988, razão porque é possível analisar a tese recursal. 11. Finalmente, ressalte-se que, a despeito do desprovimento do presente apelo recursal, nada impede que o Ministério Público adote providências administrativas e judiciais cabíveis e adequadas, inclusive no campo da Lei de Improbidade Administrativa. 12. Recurso Especial não conhecido.

9. BRASIL, Lei Complementar 155/2016. Altera a Lei Complementar 123 de 14 de dezembro de 2006, para reorganizar e simplificar a metodologia de apuração do imposto devido por optantes pelo Simples Nacional; altera as Leis 9.613 de 03 de março de 1998, 12.512 de 14 de outubro de 2011 e 7.998 de 11 de janeiro de 1990 e revoga dispositivos da Lei 8.212 de 24 de julho de 1991. Art. 61-A. Para incentivar as atividades de inovação e os investimentos produtivos, a sociedade enquadrada como microempresa ou empresa de pequeno porte, nos termos desta Lei Complementar, poderá admitir o aporte de capital que não integrará o capital social da empresa. § 2° O aporte de capital poderá ser realizado por pessoa física ou por pessoa jurídica, denominadas investidor-anjo.

débitos decorrentes da atividade empresária, retirando-o do âmbito de incidência da desconsideração da personalidade jurídica.

O Estatuto expressa no § 1º do art. 77 que a produção científica e tecnológica, para ser inclusiva, precisa ser assistiva e social.[10] Embora o Estatuto não defina o que seriam tais modalidades tecnológicas, maior efetividade se dará à norma quando compreendido o conceito de forma ampliativa, consoante sintetizado pelo Comitê de Ajudas Técnicas, criado pela Secretaria Especial de Direitos das Pessoas com Deficiência, vinculada à Secretaria de Direitos Humanos da Presidência da República, que define e, sutilmente, diferencia tecnologia assistiva de tecnologia social:

> Tecnologia Assistiva é a área do conhecimento, de característica interdisciplinar, que engloba produtos, recursos, metodologias, estratégias, práticas e serviços que objetivam promover a funcionalidade, relacionada à atividade e participação, de pessoas com deficiência, incapacidades ou mobilidade reduzida, visando sua autonomia, independência, qualidade de vida e inclusão social[11].

A partir da conceituação supra é possível depreender que, quando a lei trata de tecnologia assistiva, está falando das atividades multidisciplinares destinadas ao suprimento da funcionalidade faltante ao tutelado, em razão da sua deficiência, ainda que esta ocorra em razão do envelhecimento.[12] Ao passo que, quando fala de tecnologia social, trata da inclusão do indivíduo quanto ao exercício dos Direitos Sociais que compõem o capítulo II da Constituição Federal, dentre outros típicos da vida em sociedade.

Seja em seu aspecto assistivo ou no social, o desenvolvimento tecnológico tratado pelo Estatuto se qualifica pela redução das limitações das pessoas com deficiência, integrando a rotina dos hospitais desde as clássicas técnicas de mecanismos de aperfeiçoamento de próteses e órteses que substituem membros ampliando as capacidades do corpo à estabilização de funções do organismo humano debilitado, como, por exemplo, os marcapassos, *stents* coronarianos, estando em desenvolvimento um mecanismo de implantação corporal capaz de realizar a filtragem do sangue no corpo substituindo as funções renais,[13] que pode representar o fim a hemodiálise, impactando de forma positiva a qualidade de vida das pessoas.

Na área da adaptação de instrumentos do dia a dia, a tecnologia capacita a vida dando maior independência aos destinatários do Estatuto por meio do simples uso de um *smartfone* e demais artefatos tecnológicos nos quais, já programados com controles assistivos destinados à ampliação da acessibilidade, capazes de dar informa-

---

10. BRASIL, Comitê de Ajudas Técnicas. Presidência da República. Brasília, 2008. *in:* [http://www.pessoacomdeficiencia.gov.br/app/sites/default/files/publicacoes/livro-tecnologia-assistiva.pdf]. Acesso em 01.11.2017.

11. PONTES, Patrícia Albino Galvão. Criança e Adolescente com deficiência: impossibilidade de opção pela sua educação exclusivamente no atendimento educacional especializado. Inclusão: *Revista de Educação Especial/ Secretaria de Educação Especializada.* Vol. 1. N.1.Brasília, out. 2005. p. 41-48.

12. BERSH, Rita. Idem, pg.3.

13. The Kidney Project. Disponível em: [https://pharm.ucsf.edu/kidney], acesso em: 30.10.2018.

ções via comando de voz, indicar e otimizar os deslocamentos, acessar toda a ordem de serviços disponíveis por aplicativos como comidas, entretenimentos em geral e relações interpessoais em tempo real, já desenvolvidos e em uso tanto o aplicativo que converte de textos para o *Braille*,[14] quanto o que viabiliza a comunicação entre um pai engenheiro brasileiro e sua filha portadora de paralisia cerebral,[15] conferindo a ela certa autonomia, na medida em que possibilita sejam feitas escolhas pela menor ou que ela responder a perguntas simples com sim ou não a partir do estímulo visual.

3. DA ACESSIBILIDADE DA EDUCAÇÃO E A INSTRUMENTALIZAÇÃO DAS INSTITUIÇÕES

O § 2º do art. 77 trata da qualificação educacional mencionando três medidas objetivas: a) criação de curso de pós-graduação; b) formação de recursos humanos; c) inclusão do tema nas diretrizes de áreas do conhecimento.

No que tange a educação, importa destacar que em 2008, a Secretaria de Educação Especial, órgão vinculado ao Ministério da Educação e Cultura, sintetizou a Política Nacional de Educação Especial e, acompanhando as orientações da Declaração da Salamanca de Princípios da Educação, de 1994,[16] concluiu que o tratamento inclusivo não deveria segregar os alunos em regulares e especiais, haja vista que o art. 205 da CR, ao tratar do direito de acesso à educação em seu mais amplo sentido, não fez divergência entre os sujeitos de direito.

Nesse cenário, conformando a redação do art. 58 da LDB ao comando do art. 208, III, da CR, a Lei 12.796/2013 ampliou o âmbito de proteção da educação especial para assegurar que esta seria prestada a quem dela necessitasse, preferencialmente na rede regular de ensino, conceito que abarca tanto a educação fundamental básica composta pelos ensinos infantil, fundamental e médio, quanto o ensino superior.[17]

---

14. Associação dos Tradutores Públicos e Intérpretes Comerciais – ATPIESP. Ferramenta Online Traduz Textos para Braille. Disponível em: [http://www.atpiesp.org.br/ferramenta-online-traduz-textos-para-o-braille/]. Acesso em 24.10.2017.

15. Disponível em: [http://www.hypeness.com.br/2013/09/pai-cria-app-para-conseguir-se-comunicar-com--filha-com-paralisia-cerebral/ http://www.livox.com.br/]. Acesso em: 21.10.2017.

16. UNIDAS, Nações. Declaração de Salamanca Sobre Princípios, Políticas e Práticas na Área das Necessidades Educativas Especiais Resolução das Nações Unidas adotada em Assembleia Geral, disponível em: [http://portal.mec.gov.br/seesp/arquivos/pdf/salamanca.pdf.] Acesso em: 25.10.2017.

17. BRASIL. Tribunal de Justiça do Estado do Rio de Janeiro. Sobre a aplicação dos recursos de acessibilidade e inclusão aplicados no ensino superior, tem-se recente decisão oriunda do TJRJ, nestes termos: Apelação Cível 0190757-26.2012.8.19.0001 – Des. Lindolpho Morais Marinho – Julgamento: 07.06.2016 – Decima Sexta Câmara Cível Direito do Consumidor e Direito Processual Civil. Prevenção desta câmara. Ação de obrigação de fazer. Aluno do curso de graduação em direito que possui deficiência física. Problemas de audição em ambos os ouvidos. Necessidade de intérprete de libras para assistir às aulas. Obrigação de contratação pela instituição de ensino de profissional em língua brasileira de sinais libras. Acerto da sentença que se mantém. A Garantia do aprendizado especial aos portadores de deficiência tornou-se exigência impostergável para todos os estabelecimentos de ensino, sejam públicos ou privados. Sendo a educação

Portanto, o § 2º do art. 77 do Estatuto se apresenta como norma ampliativa, estendendo a acessibilidade aos cursos de pós-graduação, que deverão ser criados para as pessoas em condições especiais, assegurada a acessibilidade, a presença da tecnologia assistiva e a participação de recursos humanos qualificados.

Por meio do Decreto 10.502/2020[18] de 30 de setembro de 2020 o Governo Federal pretendeu instituir o que chamou de Política Nacional de Educação Especial: Equitativa, Inclusiva e com Aprendizado ao Longo da Vida, com o condão de suprimir a obrigatoriedade das escolas regulares realizarem a matrícula de alunos portadores de deficiência e determinando a inclusão destes em escolas especializadas,[19] priorizando o critério clínico-médico do indivíduo em detrimento da educação inclusiva que, à luz da constituição federal, da lei de diretrizes e bases da educação e do estatuto da pessoa com deficiência, propunham uma reforma estrutural do espaço de aprendizagem, do currículo, da avaliação pedagógica e da própria sociedade para oferecer melhores experiências ao portador de deficiência dentro da rede regular de ensino, na forma do art. 208, III da Carta Política.

A proposta de segregação contida no decreto presidencial andou na contramão das regras principiológicas e basilares deste Estatuto e seu conteúdo foi objeto da Ação Direta de Inconstitucionalidade 6590,[20] que suspendeu a sua eficácia de forma cautelar em controle abstrato, por entender que a mesma representava novidade legislativa geradora de verdadeiro retrocesso social, valendo destacar do acordo proferido o trecho que segue:

> O paradigma da educação inclusiva é o resultado de um processo de conquistas sociais que afastaram a ideia de vivência segregada das pessoas com deficiência ou necessidades especiais para inseri-las no contexto da comunidade. Subverter esse paradigma significa, além de grave ofensa à Constituição de 1988, um retrocesso na proteção de direitos desses indivíduos. 4. A Política Nacional de Educação Especial questionada contraria o paradigma da educação inclusiva, por claramente retirar a ênfase da matrícula no ensino regular, passando a apresentar esse último como mera alternativa dentro do sistema de educação especial. Desse modo, o Decreto

---

direito fundamental garantido pela Constituição da República, é indubitável a obrigação da instituição de ensino em promover a integração das pessoas portadoras de deficiência, uma vez que seria inócuo ingresso destes sem que possam usufruir dos ensinamentos ministrados. Dano moral *in re ipsa*. Arbitrado dentro dos princípios da razoabilidade e proporcionalidade e mantido. Reparo da sentença, de ofício, com base na súmula 161, do TJRJ, tão somente com o fim de condenar a instituição ré ao pagamento das despesas processuais e dos honorários advocatícios que fixo em 10% sobre o valor da condenação, Recurso a que se nega provimento.

18. BRASIL, Decreto 10.502 de 30 de Setembro de 2020. Institui a Política Nacional de Educação Especial: Equitativa. Inclusiva e com Aprendizado ao Longo da Vida

19. SANTOS, Élida Cristina da Silva de Lima. MOREIRA, Jefferson da Silva. A "Nova" Política de Educação Especial como Afronta aos Direitos Humanos: Análise Crítica do Decreto 10.502/2020. *In* Revista de Estudos em Educação e Diversidade. p. 156/175. Disponível em: [https://periodicos2.uesb.br/index.php/reed/article/view/7908/5732]. Acesso em: 29.05.21

20. BRASIL, Supremo Tribunal Federal. Ação Direta de Inconstitucionalidade 6590 MC – REF/DF. Rel. Min. Dias Tóffoli

10.502/2020 pode vir a fundamentar políticas públicas que fragilizam o imperativo da inclusão de alunos com deficiência, 3 Documento assinado digitalmente conforme MP 2.200-2/2001 de 24.08.2001. O documento pode ser acessado pelo endereço http://www.stf.jus.br/portal/autenticacao/autenticarDocumento.asp sob o código A6F3-3D97-83EA-0C39 e senha D256-77B2-D68B-91F2 Supremo Tribunal Federal ADI 6590 MC-REF / DF não se limita a pormenorizar os termos da lei regulamentada (Lei de Diretrizes e Bases da Educação Nacional), promovendo a introdução de uma nova política educacional nacional, com o estabelecimento de institutos, serviços e obrigações que, até então, não estavam inseridos na disciplina educacional do país, sendo dotado de densidade normativa a justificar o cabimento da presente ação direta de inconstitucionalidade. Precedentes: ADI 3.239/DF, Rel. Min. Cezar Peluso, Rel. p/ o ac. Min. Rosa Weber, Tribunal Pleno, DJe de 1º/2/2019; ADI 4.152/SP, Rel. Min. Cezar Peluzo, Tribunal Pleno, DJe de 21.09.2011; ADI 2.155/PR-MC, Rel. Min. Sydney Sanches, Tribunal Pleno, DJ de 1º.06.2001. 2. A Constituição estabeleceu a garantia de atendimento especializado às pessoas com deficiência preferencialmente na rede regular de ensino (art. 208, inciso III). O Convenção Internacional sobre os Direitos das Pessoas com Deficiência – primeiro tratado internacional aprovado pelo rito legislativo previsto no art. 5º, § 3º, da Constituição Federal e internalizado por meio do Decreto Presidencial 6.949/2009 – veio reforçar o direito das pessoas com deficiência à educação livre de discriminação e com base na igualdade de oportunidades, pelo que determina a obrigação dos estados partes de assegurar um sistema educacional inclusivo em todos os níveis. Precedente: ADI 5.357/DF, Rel. Min. Edson Fachin, Tribunal Pleno, DJe de 11/11/16. 3. O paradigma da educação inclusiva é o resultado de um processo de conquistas sociais que afastaram a ideia de vivência segregada das pessoas com deficiência ou necessidades especiais para inseri-las no contexto da comunidade. Subverter esse paradigma significa, além de grave ofensa à Constituição de 1988, um retrocesso na proteção de direitos desses indivíduos. 4. A Política Nacional de Educação Especial questionada contraria o paradigma da educação inclusiva, por claramente retirar a ênfase da matrícula no ensino regular, passando a apresentar esse último como mera alternativa dentro do sistema de educação especial. Desse modo, o Decreto 10.502/2020 pode vir a fundamentar políticas públicas que fragilizam o imperativo da inclusão de alunos com deficiência, transtornos globais do desenvolvimento e altas habilidades ou superdotação na rede regular de ensino. 5. Medida cautelar referendada.

A educação especializada não compreende um reforço ao ensino regular, tampouco é medida que pretenda segregar os alunos que se encontrem protegidos pelo estatuto, ela é apenas mais uma ferramenta de integração, utilizada para garantir que eles potencializem o aprendizado pela melhoria da qualidade de métodos educacionais de aferição das suas respostas, não apenas quanto a grade curricular, mas em todos os ambientes destinados ao aprendizado.[21]

Para que isso seja possível, a parte final do § 2º do art. 77 esboça, ainda que de forma tímida, a formação multidisciplinar dos recursos humanos envolvidos com a preparação científico-pedagógica do sistema de educação continuada dos alunos especiais, propondo a inclusão do tema em diversas áreas do conhecimento, a fim de que a redução das barreiras limitantes não seja uma obrigação apenas do professor, responsável pela transmissão da informação técnica, para alcançar a todos os envolvidos, a fim de que na avaliação do aluno o foco da correção sejam as suas

---

21. PONTES, Patricia. Idem. [http://portal.mec.gov.br/seesp/arquivos/pdf/revinclusao5.pdf], p 41-48. Acesso em: 10.10.2017.

dificuldades de compreensão do conteúdo e inclusão no ecossistema educacional e não a sua deficiência.

A proposta legal de aprendizado multidisciplinar somada à partilha do ambiente educacional entre portadores de necessidades especiais e os alunos regulares, propicia um saudável ambiente de crescimento conjunto, que torna desatualizada a jurisprudência que, pretendendo dar efetividade à ordem constitucional, justifica a inclusão do aluno em escola especial.[22] Na realidade, sendo a educação um direito de todos e munida a sociedade de meios de cumprimento dos comandos de acessibilidade, assistividade e socialidade, o Poder Público deve assegurar a vaga no sistema de ensino regular, estendendo-se até à pós-graduação, capacitado todas as unidades com instrumentos inclusivos e pessoal treinado para atender à necessidade do aluno especial em todos os seus sentidos.

Em outras palavras, mais do que a criação de escolas especiais é necessária a criação de escolas regulares capacitadas ao atendimento das necessidades especiais de seus alunos em todos os níveis de aprendizado, tanto no setor público quanto no setor privado e neste último, sem que seja cobrado nenhum valor a mais por isso. Esse é o sentido ampliativo que pretendeu dar o legislador ao tema tratado no art. 77, § 2º e que, de certa forma, já fora apreciado pelo Supremo Tribunal Federal quando desafiado a analisar a constitucionalidade dos artigos 28, § 1º, e 30 do Estatuto em comento.[23]

A mesma inspiração legal se insere no § 3º do art. 77, todavia, neste caso, o alvo é a prestação de serviços públicos e privados às pessoas com necessidades especiais, determinando o Estatuto que seja fomentada a capacitação tecnológica dos equipamentos, para efetivar a participação da pessoa com deficiência em todas as esferas sociais.

Mais uma vez temos a tecnologia a favor da inclusão das pessoas tuteladas pelo Estatuto, sendo a informática grande porta de acesso aos serviços públicos e às

---

22. BRASIL. Tribunal de Justiçado Estado do Rio de Janeiro. 0165235-85.2012.8.19.0004 – Apelação 1ª Ementa Des(a). Marco Antonio Ibrahim – Julgamento: 16.11.2016 – quarta câmara cível Direito Constitucional. Educação. Jovem que apresenta quadro de transtorno global de desenvolvimento. Inexistência de escolas especializadas no Município de São Gonçalo. Ação de obrigação de fazer ajuizada pelo Ministério Público com objetivo de compelir o Município réu a custear para a jovem escola privada para portadores de necessidades especiais e cuidador especializado no período de adaptação, além de transporte de ida e volta para o local. Sentença de procedência. Apelo do Município. Preliminar. Legitimidade ativa do Ministério Público. Artigos 127 e 129, II da Constituição Federal. Artigos 7º, 200 e 201 do ECA. Artigo 6º do Código de Processo Civil de 1973. Legitimação extraordinária. Mérito. Garantia constitucional de acesso à educação infantil. Relativização do Princípio da Reserva do Possível. Ao Poder Público e seus órgãos cabe assegurar às crianças e aos adolescentes, portadores de deficiência, o pleno exercício de seus direitos básicos, garantindo-lhes, com absoluta prioridade, o direito à educação, o qual é efetivado por meio da inclusão do Aluno em escola especial que atenda às suas necessidades. Recurso Desprovido.

23. São constitucionais o art. 28, § 1º e o art. 30 da Lei 13.146/2015, que determinam que as escolas privadas ofereçam atendimento educacional adequado e inclusivo às pessoas com deficiência sem que possam cobrar valores adicionais de qualquer natureza em suas mensalidades, anuidades e matrículas para cumprimento dessa obrigação. STF. Plenário. ADI 5357 MC-Referendo/DF, Rel. Min. Edson Fachin, julgado em 09.06.2016 (Info 829).

ofertas da iniciativa privada diretamente do conforto do lar. Por meio de plataformas virtuais é possível minimizando a burocratização para buscar informações pessoais dentro do sistema que atende à Administração Pública direta e indireta em serviços como o lançamento e o pagamento de tributos, registro de ocorrências policiais, cadastramento e acesso às informações previdenciárias, o Processo Judicial Eletrônico[24] em todas as instâncias, implementado desde 2011, ampliando os efeitos da publicidade e da participação das partes pelo acompanhamento de suas demandas podendo, inclusive, assistir aos julgamentos dos Tribunais Superiores em tempo real.

O Conselho Nacional de Justiça editou a Resolução 230/2016 – CNJ em cumprimento à Política Nacional de Proteção à Pessoa com Deficiência, determinando a adequação de todos os órgãos integrantes do Poder Judiciário para assegurar a autonomia das pessoas tuteladas pelo Estatuto pela redução das barreiras físicas, tecnológicas ou mesmo comportamentais, impeditivas do tratamento isonômico.

No setor privado, a tecnologia oportunizou o avanço das relações interpessoais viabilizando a celebração de negócios jurídicos cujas etapas são todas desenvolvidas diretamente em ambiente virtual, possibilitando que todos possam fazer suas escolhas com relação a produtos e serviços, sem a necessidade de intermediários.

Além da possibilidade de autonomia, as relações público/privadas desenvolvidas em ambiente virtual atraem os efeitos da responsabilização civil, penal e administrativa para os envolvidos e, não havendo comprovada vulnerabilidade por parte da pessoa em situação especial, a eliminação de intermediários e o reconhecimento da sua capacidade de escolha atrai, também as consequências decorrentes de eventual responsabilização civil pela prática de atos capazes de causar prejuízos a terceiros, a vista dos efeitos da Lei 13.146/2015, que alterou o Código Civil para suprimir os incisos II a III do art. 3º, firmando como única hipótese de incapacidade absoluta a dos menores de 18 anos completos.

4. DA REAVALIAÇÃO PERIÓDICA

O § 4º do art. 77 atribui à legislação um caráter prospectivo, na medida em que prevê a realização de avaliações periódicas pelo poder público do funcionamento de todos os fomentos demandados no *caput* e nos incisos anteriores, com a finalidade de realizar constante aperfeiçoamento dos institutos, assegurando manutenção da efetividade da norma.

Em se tratando de legislação destinada à proteção dos aspectos existenciais de uma coletividade de pessoas que apresentem inicial situação de desigualdade, a

---

24. BRASIL. Congresso Nacional. Lei 11.419/2006 de 19.12.2006. Dispõe sobre a informatização do processo judicial; altera a Lei 5.869, de 11 de janeiro de 1973 – Código de Processo Civil; e dá outras providências. Disponível em: [http://www.planalto.gov.br/ccivil_03/_ato2004-2006/2006/lei/l11419.htm], acesso em 30.10.2017.

possibilidade de revisão dos seus termos para melhor adequação do seu propósito, independente do burocrático processo legislativo necessário à alteração das normas, expressa a compreensão do verdadeiro sentido da constitucionalização do Direito como um todo, notadamente na parte dispositiva que trata do incentivo aos avanços tecnológicos destinados à quebra das barreiras limitadoras, sem abalar a segurança jurídica.

Partindo da observação do salto dado pela tecnologia ao longo dos últimos 10 (dez) anos[25] e a multiplicidade de fatores passíveis de inserir uma pessoa natural no âmbito de proteção da Lei da Inclusão,[26] é possível concluir que solução não dependeria da mera edição de uma lei formal aplicável aos casos concretos, mas à necessária edição de uma política pública complexa que, produzida em um cenário de debates multidisciplinares entre os diversos interessados, teria na avaliação posterior a sua implementação a etapa necessária à assegurar a sua eficácia no tempo.[27]

Nesse sentido, o fecho do art. 77, na condição de cláusula aberta, efetiva a política de inclusão convocando toda a comunidade engajada e participante a exercer sua cidadania perante os órgãos do Poder Público e da iniciativa privada, apontando os elementos de reforma e de avanço, para que a Lei da Inclusão seja um organismo de constante adequação e aperfeiçoamento.

Art. 78. Devem ser estimulados a pesquisa, o desenvolvimento, a inovação e a difusão de tecnologias voltadas para ampliar o acesso da pessoa com deficiência às tecnologias da informação e comunicação e às tecnologias sociais.

Parágrafo único. Serão estimulados, em especial:

I – o emprego de tecnologias da informação e comunicação como instrumento de superação de limitações funcionais e de barreiras à comunicação, à informação, à educação e ao entretenimento da pessoa com deficiência;

II – a adoção de soluções e a difusão de normas que visem a ampliar a acessibilidade da pessoa com deficiência à computação e aos sítios da internet, em especial aos serviços de governo eletrônico.

---

25. HARARI. Yuval Noah. *Homo Deus, uma breve história do amanhã*. São Paulo: Companhia das Letras, 2016.

26. PERLINGIEIRI, Pietro. *Perfis do Direito Civil*: uma introdução ao Direito Civil Constitucional, p .166: "A insuficiência mental, para justificar um estatuto particular de incapacidade ou limitada capacidade, e, portanto, para derrogar o princípio da igualdade formal (art. 3º, § 1º, Const.), deve representar objetivamente um estado patológico. Esse estado patológico pode ser individuado mediante uma complexa avaliação doas condições pessoais do sujeito e daquelas sociais, culturais e ambientais, mas, sempre, em relação ao exclusivo interesse das manifestações do desenvolvimento pessoal, e não já alegando razões de interesse superior que bem se prestariam a legitimar qualquer instrumentalização, também política, com violação do art. 22 da Const, a necessidade de remover os obstáculos ao pleno e otimal desenvolvimento da pessoa (art. 3º, § 2º, 2 Const) – ainda mais que a tutela da saúde (art. 32 Const) – constituiu a única legitimação constitucional do estatuto de proteção e de promoção que deve ser funcionalizado a tal exigência."

27. SOUZA, Celina. *Políticas Públicas*: uma revisão da literatura. Sociologias, Porto Alegre, ano 8, n. 16, jul./dez 2006, p. 20-45, disponível em: [http://www.scielo.br/pdf/soc/n16/a03n16]. Acesso em: 01.11.2017.

5. ASPECTOS GERAIS

Consoante já discorrido no comentário ao artigo anterior, a tecnologia integra o cotidiano de forma tão intensa e irreversível, que o artigo 78 direciona o seu comando para o estímulo da ampliação do quadro de melhorias já geradas pela evolução da comunicação, buscando a consolidação dos seus efeitos na vida de todos como uma melhoria e das pessoas com deficiência como uma revolução.

Talvez em razão disso, o legislador tenha escolhido como comando mais adequado para o *caput* do art. 78 o verbo estimular, no lugar de fomentar, tão utilizado para as indicações atribuídas às questões inerentes ao artigo 77 do Estatuto, repleto de conceituações e da clara intenção de subjetivar os direitos assegurados aos tutelados pela lei da Inclusão com a adoção das medidas inseridas no ordenamento.

Ao contrário do que aparenta, ainda que guardem aspectos de semelhança, fomentar e estimular possuem sutis diferenças. Para que uma medida seja fomentada, faz-se necessária a adoção de meios e cuidados para promover determinada situação ao alcance dos resultados pretendidos, ao passo que o estímulo compreende o *animus*, o encorajamento que ativa funções, ou seja, em linhas gerais, o fomento é o instrumento de produção dos efeitos concretos e o estímulo o apoio motivacional para que essa efetivação se mantenha ativa.

Sob esse aspecto, quando o *caput* do art. 78 determina que a ampliação das tecnologias da informação, comunicação e sociais sejam estimuladas com o objetivo de ampliar o acesso das pessoas com deficiência, na verdade reconhece que esses fenômenos já existem no âmbito das relações jurídicas e, compreendendo o efeito positivo decorrente da sua atuação, determina, de forma objetiva, que seja mantida e seus efeitos ampliados.

Importante observar que com o avanço da pandemia da COVID-19 no Brasil a partir do ano de 2020, o necessário afastamento social recomendado como meio de contenção da contaminação motivou a adoção dos meios digitais como cenário tanto para o fornecimento de serviços públicos e privados quanto para o estabelecimento das relações pessoais. No âmbito da educação, por exemplo, a necessária intermediação por plataformas para transmissão do conteúdo somente alcançaria a sua finalidade se na outra ponta da corrente, os alunos estivessem em ambientes capazes de suportar a conexão e com aparelhos que comportassem a transmissão. Tal realidade tornou mais profundo o fosso das diferenças entre o ensino público e o privado, produzindo efeitos sociais negativos sentidos em vários campos, notadamente no exame nacional do ensino médio, que registrou a histórica marca de 51.5% de abstenções.[28] Conquanto o meio digital seja cada dia mais utilizado como cenário do desenvolvimento das relações sociais, as tecnologias da Informação e da Comunicação, responsáveis pela utilização de recursos tecnológicos como ins-

---

28. [https://www.futura.org.br/enem-2020-atravessado-por-uma-pandemia/]. Acesso em: 29.05.2021

ANY CAROLINA GARCIA GUEDES **ART. 78**

trumentos de armazenamento, organização, recuperação e disseminação de dados informações e conhecimentos a diferentes públicos, revestidas de forte potencial inclusivo, na medida em que seus recursos possam ser utilizados para fins educacionais, doméstico ou profissionais.[29]

A transmissão da informação no âmbito da interligação mundial proporcionada pela rede internacional de computadores foram responsáveis, por exemplo, por incluir a comunidade surda no *ciber*espaço, oportunizando o aceso facilitado à leitura pela adaptação de quatro adequações de acessibilidade, quais sejam: a) materiais audiovisuais legendados, inclusive em libras; b) controle de volume no *hardware* utilizado nas bibliotecas; c) acesso visual às informações sonoras e sinalização visual para eventos do sistema como recepção e envio de mensagens; d) transcrição em texto de documentos digitais orais.[30]

A socialização das referidas tecnologias compreende a capacidade da sua reprodução em larga escala, de modo que a sua disponibilidade esteja nos lugares onde o acesso seja conferido a todos, incluindo nesse grupo a comunidade surda, que no exemplo supracitado, fora motivadora do seu desenvolvimento. A quebra de paradigmas proposta pela tecnologia social é a da minimização de espaços especiais destinados às pessoas com alguma inabilidade, tornando os espaços públicos instrumentos de inclusão pela viabilidade da utilização coletiva de todos que se insiram no conceito de cidadãos.[31]

---

29. CASTELLS. Manoel. *A Sociedade em Rede*. vol. 1. Paz e Terra. São Paulo,1999. A revolução da tecnologia da informação e a reestruturação do capitalismo introduziram uma nova forma de sociedade, a sociedade em rede. Essa sociedade é caracterizada pela globalização das atividades econômicas decisivas do ponto de vista estratégico, por sua forma de organização em redes; pela flexibilidade e instabilidade do emprego e pela individualização da mão de obra. Por uma cultura de virtualidade real construída a partir de um sistema de mídia onipresente, interligado e altamente diversificado.

30. CORRADI, Juliane. NORTE, Mariângela. Te*cnologia da Informação e Comunicação: acessibilidade surda no ciberespaço*. Disponível em: [http://wwwfsp.usp.br/acessibilidade]. Acesso em: 01.11.2017.

31. LIMA, Claudia Regina Uchoa. SANTAROSA, Lucila Maria Costi. Acessibilidade tecnologias pedagógicas na apropriação das tecnologias de informação e comunicação por pessoas com necessidades educacionais especiais. *Simpósio Brasileiro de Informática e Educação* – NCE – IM/UFRJ, 3003. O paradigma da educação inclusiva, desloca a questão do modelo médico que centraliza as dificuldades nas deficiências biológicas, orgânicas e funcionais, para um modelo sócio/educacional, identificando que o foco do problema não está no sujeito e na sua deficiência, mas sim na maneira como o sujeito e suas necessidades especiais são concebidas no ambiente social. Desta forma, podemos entender por "acessibilidade" o conjunto de esforços que se realiza em diferentes âmbitos da atividade humana para facilitar ao cesso a meios e recursos sociais, culturais, educacionais etc., como objetivo de reduzir o efeito de uma limitação do meio ambiente e assim proporcionar uma maior igualdade às pessoas com necessidades especiais. As barreiras de acessibilidade atingem a todos, pois em muitos casos, as pessoas podem ter dificuldades em utilizar as TIC, devido às características específicas próprias ou do meio ambiente onde se encontram e por este motivo, há uma estreita relação entre os conceitos de "acessibilidade" e "desenho universal". O desenho universal não abrange apenas as pessoas com necessidades especiais; leva em consideração as múltiplas diferenças existentes entre o maior número de pessoas. A ideia é evitar a necessidade de ambientes e produtos especiais adaptados para pessoas com "deficiência", buscando garantir a acessibilidade a todos os componentes do meio ambiente e a todos os produtos concebidos no decorrer do desenvolvimento de um projeto, para que sejam utilizados por todas as pessoas om diferentes capacidades, o maior tempo possível, sem a necessidade de adaptações. Disponível em: [http://www.nce.ufrj.br/sbie2003/publicações/paper44.pdf], acesso em: 01.11.2017.

6. DO PARÁGRAFO ÚNICO

O artigo possui um parágrafo único, redigido não com a intenção de restringir o âmbito de atuação dos recursos decorrentes das tecnologias da comunicação, informação e social, mas com vistas a direcionar os esforços, especialmente, ao desenvolvimento de duas funções: superação dos limites funcionais e barreiras; difusão das normas e acessibilidade.

Reconhecendo os instrumentos tecnológicos como indispensáveis a ampliação da acessibilidade pela restrição de barreiras tecnológicas e sociais, a Comissão de Constituição e Justiça do Congresso Nacional aprovou a Proposta de Emenda Constitucional 185/2015,[32] que transforma o acesso à internet em um Direito Fundamental, incluindo o inciso LXXIX no art. 5° da Carta Política.

A possibilidade de desenvolvimento das relações jurídicas em ambientes virtuais propicia a ampliação dos instrumentos assecuratórios da dignidade humana, sobretudo no que tange ao acesso à educação, ao mercado de trabalho, as relações interpessoais e com o próprio Estado por meio das plataformas de armazenamento e compartilhamento de dados.

A determinação da ampliação da acessibilidade tem o objetivo de estender os benefícios da tecnologia como instrumento de superação das limitações à todas as pessoas e a sua previsão em legislação própria oportuniza não apenas a atuação do Estado como estimulador das medidas, mas do Poder Judiciário quando observadas omissões ou cumprimentos parciais das determinações legais, haja vista prevalência da tutela da dignidade humana.

No contexto da redação do art. 78, a considerar que o legislador não direciona o comando de estímulo ao Poder Público, como fez com o artigo anterior, abre a possibilidade de direcionamento do Constitucional Direito de Ação em face de todos os que, podendo, não tomaram as medidas necessárias o emprego das tecnologias em comento para alcançar a superação dos limites funcionais e as barreiras que impedem ou minimizam o acesso das pessoas com deficiência a esses recursos, porque, mais do que uma norma legal, o Estatuto possui características bem claras Política Pública, portanto, envolvendo todos os setores da sociedade no propósito de efetivar a inclusão.

---

32. BRASIL. Congresso Nacional. Proposta de Emenda à Constituição 185/2015. Disponível em: [http://www.camara.gov.br/proposicoesWeb/fichadetramitacao?idProposicao=2075915]. Acesso em: 06.11.2017.

Livro II
Parte Especial
TÍTULO I
DO ACESSO À JUSTIÇA
Capítulo I
Disposições Gerais

Lívia Pitelli Zamarian Houaiss
Fernando Gama de Miranda Netto

Art. 79. O poder público deve assegurar o acesso da pessoa com deficiência à justiça, em igualdade de oportunidades com as demais pessoas, garantindo, sempre que requeridos, adaptações e recursos de tecnologia assistiva.

§ 1º A fim de garantir a atuação da pessoa com deficiência em todo o processo judicial, o poder público deve capacitar os membros e os servidores que atuam no Poder Judiciário, no Ministério Público, na Defensoria Pública, nos órgãos de segurança pública e no sistema penitenciário quanto aos direitos da pessoa com deficiência.

§ 2º Devem ser assegurados à pessoa com deficiência submetida a medida restritiva de liberdade todos os direitos e garantias a que fazem jus os apenados sem deficiência, garantida a acessibilidade.

§ 3º A Defensoria Pública e o Ministério Público tomarão as medidas necessárias à garantia dos direitos previstos nesta Lei.

1. DIREITO FUNDAMENTAL DE ACESSO À JUSTIÇA

O direito desempenha nas sociedades uma função de trazer segurança e estabilidade às relações sociais, por meio da transferência ao Estado do poder de pacificar conflitos, conforme os ditames da "justiça". Para que haja uma equânime tutela do direito de todo cidadão, é imprescindível garantir-lhe o acesso igualitário à justiça.

Segundo a Constituição Federal,[1] em seu artigo art. 5º, inciso XXXV, garantir o acesso à justiça significa assegurar ao jurisdicionado que toda lesão ou ameaça a direito será analisada pelo Estado através do Poder Judiciário, o que representa,

---

1. Direito social básico de todo cidadão, o "acesso à justiça", apesar de menções anteriores a formas de acesso aos Poderes Público, só foi expresso em 1946, na Constituição dos Estados Unidos do Brasil: Art. 141, § 4º.

não só uma forma de asseverar todas as garantias constitucionais do processo, bem como os demais direitos fundamentais.

De acordo com Cappelletti e Garth, o acesso à justiça é um direito fundamental social, "um requisito fundamental de um sistema jurídico igualitário e moderno que pretenda garantir, e não apenas proclamar os direitos de todos".[2] O processo não pode mais ser visto como um fim em si mesmo, mas deve sim ser meio de garantir às partes seus direitos fundamentais.

Costuma-se associar acesso à justiça e tutela jurisdicional efetiva. Para Leonardo Greco, a tutela jurisdicional efetiva é um direito fundamental, cuja eficácia irrestrita é preciso assegurar, em respeito à própria dignidade humana.[3] Segundo Luigi Comoglio,[4] efetividade significa que todos devem ter pleno acesso à atividade estatal, sem qualquer óbice (*effettività soggetiva*); devem ter a seu dispor meios adequados (*effettività tecnica*) para a obtenção de um resultado útil (*effettività qualitativa*) e suficiente para assegurar aquela determinada situação da vida reconhecida pelo ordenamento jurídico material (*effettività oggetiva*).[5] Nesta linha, não basta assegurar às partes as vias para se chegar ao Judiciário. A efetividade, em suas mais variadas dimensões, exige que os obstáculos para o acesso à ordem jurídica justa devam ser removidos.

2. ACESSO DA PESSOA COM DEFICIÊNCIA AO JUDICIÁRIO

O art. 79 inaugura o livro II do Estatuto e traz a garantia de acesso das pessoas com deficiência à justiça, basicamente replicando a determinação do artigo 13, item 1, da Convenção Internacional sobre os Direitos das Pessoas com Deficiência[6] no tocante, em especial à igualdade, que é utilizada em seu sentido material.

---

2. CAPPELLETTI, Mauro; GARTH, Bryant. *Acesso à justiça*. Trad. Ellen Gracie Northfleet. Porto Alegre: Fabris, 1998. p. 12.

3. Grecco, Leonardo. Garantias fundamentais do processo: o processo justo. *Revista Jurídica*, v. 305, p. 89, mar. 2003.

4. COMOGLIO, Luigi. *Giurisdizione e processo nel quadro delle garanzie constituzionali. Rivista Trimestrale di Diritto e Procedura Civile*, a. XLVIII, 1994, p. 1070.

5. Ver MOREIRA, José Carlos Barbosa. Efetividade do processo e técnica processual. *Temas de direito processual*, sexta série. São Paulo: Saraiva, 1997. p. 17 e ss. Em sentido similar, sintetiza o constitucionalista português CANOTILHO. J.J Gomes. Direito Constitucional e teoria da Constituição. 3. ed. Coimbra: Almedina, 1999. p. 465-466: o acesso à Justiça exige uma proteção eficaz e temporalmente adequada, importando, pois, numa prestação jurisdicional regular do ponto de vista da apreciação do Juiz (vinculativa ao direito material e as pretensões expostas), de uma decisão vinculativa (em sintonia com as leis processuais) e a efetividade das decisões (garantia ao jurisdicionado de uma execução efetiva e temporalmente útil).

6. "Artigo 13. Acesso à justiça. 1. Os Estados Partes assegurarão o efetivo acesso das pessoas com deficiência à justiça, em igualdade de condições com as demais pessoas, inclusive mediante a provisão de adaptações processuais adequadas à idade, a fim de facilitar o efetivo papel das pessoas com deficiência como participantes diretos ou indiretos, inclusive como testemunhas, em todos os procedimentos jurídicos, tais como investigações e outras etapas preliminares [...]".

O Estado deve atuar para, ainda em abstrato, garantir um potencial acesso da pessoa com deficiência, conforme definição de Ingo Sarlet[7] que defende a necessária liberdade de autodeterminação desse grupo, "não dependendo da sua efetiva realização no caso da pessoa em concreto".

Com este viés, o Conselho Nacional de Justiça já havia proferido a Recomendação 27/2009, determinando que os tribunais brasileiros tomassem "as providências cabíveis para a remoção de quaisquer barreiras que pudessem impedir e/ou dificultar o acesso das pessoas com deficiência aos bens e serviços de todos os integrantes do Poder Judiciário".[8]

A palavra "acesso" – aproveitando-se observação de Luiz Alberto David Araújo[9] acerca dos transportes – não se restringe somente à entrada, "mas significa a sua plena utilização". Dessa forma, por barreiras, devem ser entendidas aquelas físicas, bem como as arquitetônicas, de comunicação e atitudinais no sentido em que, para que se possa efetivamente ter à acesso à justiça, é importante que se garanta não somente o acesso físico às instalações do Poder Judiciário, mas também aos serviços e funcionalidades dos processos físicos e eletrônicos, bem como a efetiva participação em todos os atos processuais.

As previsões de tal recomendação não foram suficientes para garantir a criação de um processo judicial eletrônico verdadeiramente acessível, já que de início, não atendia às normas internacionais de acessibilidade *web*, referentes ao Consórcio *Wide Web* (W3C) e assim, não era apto à navegação da pessoa com deficiência visual. A Recomendação também não impediu que o então presidente do CNJ negasse pedido liminar de advogada com deficiência visual, de continuar apresentando suas petições em papel, sob o argumento de "o motivo explanado pela reclamante, no sentido de necessitar de ajuda de terceiros para o envio de uma petição eletrônica ante a inacessibilidade do sistema para deficientes visuais, não configura o perigo de dano irreparável ou de difícil reparação".[10]

É corolário da dignidade humana que acesso da pessoa com deficiência seja exatamente igual ao de qualquer outro ser humano, de forma autônoma, o que não foi garantido no caso analisado. Compreendendo tal conceito, o STF acabou por liminarmente autorizar a advogada a peticionar fisicamente em todos os órgãos

---

7. SARLET, Ingo. *Dignidade da pessoa humana e direitos fundamentais*. Porto Alegre: Livraria do Advogado, 2006, p. 85.

8. CONSELHO NACIONAL DE JUSTIÇA. Recomendação 27/2009. Disponível em: [http://www.cnj.jus.br/// images/atos_normativos/recomendacao/recomendacao_27_16122009_13032014184318.pdf]. Acesso: 30 de abril de 2018.

9. ARAÚJO, Luiz Alberto David. A proteção constitucional das pessoas portadoras de deficiência. 4. ed. rev. e atual. Brasília: CORDE, 2011.

10. CONSELHO NACIONAL DE JUSTIÇA. Reclamação para Garantia das Decisões 0006968-22.2013.2.00.0000. Brasília, 04 dez. 2013. Disponível em: [https://www.conjur.com.br/dl/cnj-nega-peticao-papel-advogada--cega.pdf]. Acesso: 30 de abril de 2018.

do Poder Judiciário, até que o processo judicial eletrônico esteja de acordo com os padrões internacionais de acessibilidade.[11]

Tal preocupação veio consubstanciada no Código de Processo Civil de 2015 que fixou como dever das unidades do Poder Judiciário assegurar acessibilidade das pessoas com deficiência às páginas dos tribunais na rede mundial de computadores bem como aos processos eletrônicos, incluindo comunicações dos atos processuais e assinaturas digitais (art. 199). Este dispositivo deve ser combinado, ainda, com a Resolução 185/2013 do CNJ, que institui o sistema de processo judicial eletrônico, alterada pela Resolução 245/2016, e que prevê no § 1º do art. 18 o auxílio técnico presencial às pessoas com deficiência ou aquelas que comprovem idade igual ou superior a 60 (sessenta) anos, e ainda pela Resolução 335/2020 que instituiu a Plataforma Digital do Poder Judiciário Brasileiro – PDPJ-Br para integrar os tribunais de todo o país, com garantia de ser acessível (Art. 4º, X; Art. 9º, VI e Art. 13, VII).

A PDPJ-Br tem o escopo de ser um sistema multisserviço que busca incentivar o desenvolvimento de sistemas pelos tribunais de maneira colaborativa e descentralizada, ao mesmo tempo em que promove a gestão e a expansão do uso de soluções partilhadas, incluindo o PJe.[12] Todas as aplicações, microsserviços e soluções de tecnologia a serem compartilhados nesta plataforma devem observar os conceitos e padrões internacionais de acessibilidade aplicáveis à implementação de sistemas e conteúdos na web (Art. 5º, Resolução 401/2021).

Ainda no âmbito do CNJ, observa-se que a primeira Resolução sobre os direitos da pessoa com deficiência após a LBI foi a Resolução 230, de 22 de junho de 2016, orientando a adequação das atividades dos órgãos do Poder Judiciário e de seus serviços auxiliares às determinações exaradas pela Convenção Internacional sobre os Direitos das Pessoas com Deficiência e seu Protocolo Facultativo e pela Lei Brasileira de Inclusão da Pessoa com Deficiência, e revisando a Recomendação 27 de 2009. Tal Resolução se preocupava com garantia de acessibilidade através da eliminação e prevenção de "barreiras urbanísticas, arquitetônicas, nos transportes, nas comunicações e na informação, atitudinais ou tecnológicas" (art. 3º); o atendimento ao público e o uso de linguagem de sinais, braile, comunicação aumentativa e alternativa em tramites oficiais (art. 4º, I); adaptações arquitetônicas (art. 4º, II); disponibilização de, no mínimo, 5% dos servidores, funcionários e terceirizados capacitados para uso e interpretação da Libras em cada órgão do Judiciário, (art. 4º, § 2º); adequação e acessibilidade do processo eletrônico (art. 7º); e a proibição de discriminação também na esfera extrajudicial (14).

---

11. BRASIL, Supremo Tribunal Federal. Medida Cautelar em Mandado de Segurança 32.751-DF. Relator(a): Min. Celso de Mello, Decisão Proferida pelo(a) Ministro(a) Ricardo Lewandowski (Vice-Presidente) Brasília, DF, 31 jan. 2014. Dje-027, 07 fev. 2014.

12. Sobre a Plataforma Digital do Poder Judiciário Brasileiro – PDPJ-Br informações complementares na Cartilha disponível em: [https://www.cnj.jus.br/wp-content/uploads/2021/10/cartilha-pdpj-30-09-2021.pdf].

Apesar de significar um importante passo, as conquistas ainda são insuficientes. É inadmissível que após a entrada em vigor de todos esses arcabouços regulamentares, um advogado ainda tenha sido impedido de participar de uma audiência porque o único meio de acesso à sala onde será realizada se dá por meio de escadas. A barreira física existente, presente em diversos prédios do Judiciário brasileiro[13], foi ainda agravada pela barreira atitudinal criada pelo magistrado que se recusou a realizar o ato judicial no andar térreo do edifício[14], contrariando não só todas as garantias de acesso do ordenamento brasileiro, mas também o alerta expresso do Comitê sobre os Direitos das Pessoas com Deficiência da ONU de que não há acesso efetivo à justiça quando os edifícios onde estão localizados os organismos responsáveis por cumprir a lei e administrar a justiça não são fisicamente acessíveis às pessoas com deficiência, os sérvios não são acessíveis, e nem mesmo as informações e comunicações que prestam.[15]

A citada Res. 230/16 foi revogada em 18 de junho 2021, através da Resolução 401 que dispôs sobre "o desenvolvimento de diretrizes de acessibilidade e inclusão de pessoas com deficiência nos órgãos do Poder Judiciário e de seus serviços auxiliares, e regulamenta o funcionamento de unidades de acessibilidade e inclusão".

A nova normativa prevê a adoção, com urgência, de medidas apropriadas para eliminar e prevenir quaisquer barreiras urbanísticas ou arquitetônicas, de mobiliários, de acesso aos transportes, nas comunicações e na informação, atitudinais ou tecnológicas (art. 2º), além da utilização de quantas adaptações ou tecnologias assistivas forem necessárias para assegurar acessibilidade plena a espaços, informações e serviços, além de coibir qualquer forma de discriminação por motivo de deficiência (Art. 2º, 1º). Prevê ainda a acessibilidade nos portais e sites eletrônicos dos órgãos

---

13. As barreiras arquitetônicas existentes nos prédios do Judiciário do Estado de São Paulo, com destaque especial para os fóruns de Cotia, Caieiras, Francisco Morato e Franco da Rocha, culminaram no Pedido de Providências 0001417-90.2015.2.00.000 junto ao CNJ. Em 2020, após 5 anos de seu ajuizamento motivado por uma advogada impedida de exercer sua profissão por falta de acesso aos prédios, o pedido de adequação foi deferido e o plenário do CNJ determinou o prazo de 60 dias (prorrogáveis por igual período) para que o Tribunal de Justiça de São Paulo apresentasse o cronograma e iniciasse obras de adequação.

14. A Subseção do Espírito Santo da Ordem dos Advogados do Brasil relata que em 21 de fevereiro de 2018, o advogado Cristian Ricardo Ferreira Júnior, portador de artrite idiopática juvenil, e com implante de duas próteses no quadril que o impede de fazer o movimento de necessário para subir escadas, não conseguiu acessar a sala da Vara de Execuções Penais e Medidas Alternativas de Vitória e não pode participar da audiência com seu cliente. Segundo a Ordem, a solicitação do advogado para que o juiz Carlos Eduardo Ribeiro Lemos realizasse o ato judicial no térreo não foi atendida. (ORDEM DOS ADVOGADOS DO BRASIL. Advogado é impedido de trabalhar por causa de deficiência física. Site da Ordem dos Advogados do Brasil – Seccional Espírito Santo, Vitória, 22 abril 2018. Disponível em: [http://www.oabes.org.br/noticias/advogado-e-impedido-de-trabalhar-por-causa-de-deficiencia-fisica-559009.html]. Acesso: 30 de abril de 2018).

15. Conteúdo disposto no Comentário-Geral 2 (CRPD/C;GC/2), parágrafo 37, no original "No puede haber un acceso efectivo a la justicia si los edificios en que están ubicados los organismos encargados de hacer cumplir la ley y de administrar la justicia no son físicamente accesibles para las personas con discapacidad, o si no son accesibles los servicios, la información y la comunicación que proporcionan no son accesibles para las personas con discapacidad (art. 13)."

do Poder Judiciário às pessoas com deficiência, garantindo o pleno acesso às informações disponíveis, conforme as melhores práticas e diretrizes de acessibilidade adotadas internacionalmente (Art. 2º, § 2º).

A nova Resolução prevê ainda medidas de promoção da acessibilidade com a implementação pelo Judiciário: do uso da Língua Brasileira de Sinais (Libras), do Braille, da audiodescrição, da subtitulação, da comunicação aumentativa e alternativa, e de todos os demais meios e formatos acessíveis de comunicação; da nomeação de tradutor e intérprete de Libras, sempre que figurar no processo pessoa com deficiência auditiva; da nomeação ou permissão de utilização de guia-intérprete, sempre que figurar no processo pessoa surdocega; do uso de recursos de tecnologia assistiva disponíveis para possibilitar à pessoa com deficiência o acesso universal aos portais da internet e intranet, ambientes virtuais de aprendizagem, sistemas judiciários e administrativos (Art. 4º, I a V). Na parte de infraestrutura arquitetônica, os prédios do Judiciário devem obedecer às normas técnicas de acessibilidade na construção, na reforma, na locação, na ampliação ou na mudança de uso das edificações, orientando-se pela adoção do desenho universal. Assim, as adaptações arquitetônicas e urbanísticas devem permitir a livre movimentação, com independência e segurança, da pessoa com deficiência, utilizando rampas, elevadores, vagas de estacionamento próximas aos locais de atendimento e acesso facilitado para a circulação de transporte público nos locais dos postos de trabalho e atendimento ao público.(Art. 4º, VII e VIII), dentre outras medidas.

3. ADAPTAÇÃO E RECURSOS DE TECNOLOGIA ASSISTIVA

A redação do *caput* do art. 79, aparentemente condiciona o dever estatal de garantia de acesso ao requerimento do interessado, todavia, tal previsão não permite ao Judiciário furtar-se de fazê-lo administrativamente de ofício quando constatar a necessidade de adaptação[16] de edificações, mobiliário, equipamentos ou qualquer outro elemento de acessibilidade em prol de qualquer pessoa envolvida, bem como, de desenvolver políticas públicas para implementar um processo verdadeiramente acessível.

O *caput* do art. 79 ainda assegura aos portadores de deficiência recursos de tecnologia assistiva, que deve ser entendida como "uma área do conhecimento, de característica interdisciplinar, que engloba produtos, recursos, metodologias, estratégias, práticas e serviços que objetivam promover a funcionalidade, relacionada à atividade e participação, de pessoas com deficiência, incapacidades ou mobilidade reduzida, visando sua autonomia, independência, qualidade de vida e

---

16. Cf. a NBR 9050/2015, que rege as normas de acessibilidade em edificações, mobiliários, espaços e equipamentos urbanos, acessado em 11.05.2018, disponível em: [http://www.pessoacomdeficiencia.gov.br/app/sites/default/files/arquivos/%5Bfield_generico_imagens-filefield-description%5D_164.pdf].

inclusão social"[17] (Comitê de Ajudas Técnicas); ou " uma disciplina de domínio de profissionais de várias áreas do conhecimento, que interagem para restaurar a função humana. Tecnologia Assistiva diz respeito à pesquisa, fabricação, uso de equipamentos, recursos ou estratégias utilizadas para potencializar as habilidades funcionais das pessoas com deficiência. A aplicação de Tecnologia Assistiva abrange todas as ordens do desempenho humano, desde as tarefas básicas de autocuidado até o desempenho de atividades profissionais.[18]

Nesse sentido, o escopo da tecnologia assistiva é conferir maior independência, inclusão e qualidade de vida às pessoas com deficiência, na medida em que amplia a comunicação e mobilidade, bem como potencializa o melhor controle do ambiente e das habilidades de aprendizado.[19] É possível mencionar alguns itens importantes de ajudas técnicas previstos no Decreto 3.298/1999:

I – próteses auditivas, visuais e físicas;

II – órteses que favoreçam a adequação funcional;

III – equipamentos e elementos necessários à terapia e reabilitação da pessoa portadora de deficiência;

IV – equipamentos, maquinarias e utensílios de trabalho especialmente desenhados ou adaptados para uso por pessoa portadora de deficiência;

V – elementos de mobilidade, cuidado e higiene pessoal necessários para facilitar a autonomia e a segurança da pessoa portadora de deficiência;

VI – elementos especiais para facilitar a comunicação, a informação e a sinalização para pessoa portadora de deficiência;

VII – equipamentos e material pedagógico especial para educação, capacitação e recreação da pessoa portadora de deficiência;

VIII – adaptações ambientais e outras que garantam o acesso, a melhoria funcional e a autonomia pessoal; e

IX – bolsas coletoras para os portadores de ostomia.

4. A CAPACITAÇÃO DE MEMBROS E SERVIDORES

A disposição prevista no § 1º vem complementar a determinação do art. 13, item 2, da Convenção Internacional sobre os Direitos das Pessoas com Deficiência que determina que "os Estados-Partes promoverão a capacitação apropriada daqueles que trabalham na área de administração da justiça, inclusive a polícia e os funcionários do sistema penitenciário".

---

17. Brasil. Subsecretaria Nacional de Promoção dos Direitos da Pessoa com Deficiência. Comitê de Ajudas Técnicas. Tecnologia Assistiva. Brasília: CORDE, 2009, p. 9, disponível em: [http://www.pessoacomdeficiencia. gov.br/app/sites/default/files/publicacoes/livro-tecnologia-assistiva.pdf], acesso: 11 de maio de 2018.

18. Idem, p. 11.

19. COLTRO, Antonio Carlos Mathias. Comentário ao art. 79. In: Flávia Leite, Lauro Ribeiro e Waldir da Costa Filho. *Comentários ao Estatuto da Pessoa com Deficiência*. São Paulo: Saraiva, 2016, p. 335.

ART. 79 ESTATUTO DA PESSOA COM DEFICIÊNCIA: COMENTÁRIOS À LEI 13.146/2015

Atento a tal necessidade, já na Resolução 230/2016, o Conselho Nacional de Justiça obrigava todos os Tribunais criarem, no exíguo prazo de 45 dias após a publicação a Resolução, Comissões Permanentes de Acessibilidade e Inclusão, com caráter multidisciplinar, para planejarem e acompanharem projetos para melhoria da acessibilidade, bem como projetos pedagógicos de treinamento e capacitação dos profissionais e funcionários ao atendimento de pessoas com deficiência, determinava, em seu art. 10, as seguintes ações e diretrizes:

I – construção e/ou reforma para garantir acessibilidade para pessoas com termos da normativa técnica em vigor (ABNT 9050), inclusive construção de rampas, adequação de sanitários, instalação de elevadores, reserva de vagas em estacionamento, instalação de piso tátil direcional e de alerta, sinalização sonora para pessoas com deficiência visual, bem como sinalizações visuais acessíveis a pessoas com deficiência auditiva, pessoas com baixa visão e pessoas com deficiência intelectual, adaptação de mobiliário (incluindo púlpitos), portas e corredores em todas as dependências e em toda a extensão (Tribunais, Fóruns, Juizados Especiais etc.);

II – locação de imóveis, aquisição ou construções novas somente deverão ser feitas se com acessibilidade;

III – permissão de entrada e permanência de cães-guias em todas as dependências dos edifícios e sua extensão;

IV – habilitação de servidores em cursos oficiais de Linguagem Brasileira de Sinais, custeados pela Administração, formados por professores oriundos de instituições oficialmente reconhecidas no ensino de Linguagem Brasileira de Sinais para ministrar os cursos internos, a fim de assegurar que as secretarias e cartórios das Varas e Tribunais disponibilizem pessoal capacitado a atender surdos, prestando-lhes informações em Linguagem Brasileira de Sinais;

V – nomeação de tradutor e intérprete de Linguagem Brasileira de Sinais, sempre que figurar no processo pessoa com deficiência auditiva, escolhido dentre aqueles devidamente habilitados e aprovados em curso oficial de tradução e interpretação de Linguagem Brasileira de Sinais ou detentores do certificado de proficiência em Linguagem Brasileira de Sinais – PROLIBRAS, nos termos do art. 19 do Decreto 5.626/2005, o qual deverá prestar compromisso e, em qualquer hipótese, será custeado pela administração dos órgãos do Judiciário;

VI – sendo a pessoa com deficiência auditiva partícipe do processo oralizado e se assim o preferir, o Juiz deverá com ela se comunicar por anotações escritas ou por meios eletrônicos, o que inclui a legenda em tempo real, bem como adotar medidas que viabilizem a leitura labial;

VII – nomeação ou permissão de utilização de guia-intérprete, sempre que figurar no processo pessoa com deficiência auditiva e visual, o qual deverá prestar compromisso e, em qualquer hipótese, será custeado pela administração dos órgãos do Judiciário;

VIII – registro da audiência, caso o Juiz entenda necessário, por filmagem de todos os atos nela praticados, sempre que presente pessoa com deficiência auditiva;

IX – aquisição de impressora em Braille, produção e manutenção do material de comunicação acessível, especialmente o *website*, que deverá ser compatível com a maioria dos softwares livres e gratuitos de leitura de tela das pessoas com deficiência visual;

X – inclusão, em todos os editais de concursos públicos, da previsão constitucional de reserva de cargos para pessoas com deficiência, inclusive nos que tratam do ingresso na magistratura (CF, art. 37, VIII);

XI – anotação na capa dos autos da prioridade concedida à tramitação de processos administrativos cuja parte seja uma pessoa com deficiência e de processos judiciais se tiver idade igual ou superior a 60 (sessenta) anos ou portadora de doença grave, nos termos da Lei n. 12.008, de 06 de agosto de 2009;

XII – realização de oficinas de conscientização de servidores e magistrados sobre os direitos das pessoas com deficiência;

XIII – utilização de intérprete de Linguagem Brasileira de Sinais, legenda, audiodescrição e comunicação em linguagem acessível em todas as manifestações públicas, dentre elas propagandas, pronunciamentos oficiais, vídeos educativos, eventos e reuniões;

XIV – disponibilização de equipamentos de autoatendimento para consulta processual acessíveis, com sistema de voz ou de leitura de tela para pessoas com deficiência visual, bem como, com altura compatível para usuários de cadeira de rodas.

Nota-se ainda que além da preocupação na melhoria da acessibilidade dos serviços e instalações já existentes que incluem adequações arquitetônicas, disponibilização de tecnologias assistivas e preparo dos profissionais judiciários, o Conselho Nacional de Justiça adotou desde o início postura preventiva na seleção de seus futuros servidores. Através de determinação do então vigente art. 19, passou a ser obrigatória a cobrança em concursos públicos para ingresso nos quadros do Poder Judiciário, inclusive da magistratura e de seus serviços auxiliares, de disciplina que abarque os direitos das pessoas com deficiência, o que impôs uma necessária conscientização dos direitos das pessoas com eficiência para todos aqueles que moldarão o sistema jurídico.

5. O PAPEL INSTITUCIONAL DA DEFENSORIA E DO MINISTÉRIO PÚBLICO

O Ministério Público, enquanto "instituição permanente e essencial à função jurisdicional do Estado" (art. 127, CF) tem, entre suas funções, a defesa do interesse público que incluiu a atuação em prol de qualquer parte litigante que "se apresente de tal maneira inferiorizada que, sem a participação do Ministério Público, não estaria assegurada a igualdade das partes no processo".

A primeira legislação que previu expressamente a atribuição do MP na proteção das pessoas com deficiência, de forma coletiva ou por pleito individual relacionado com deficiência física ou mental, foi a Lei 7.853/1989, cautela justificada pelo momento histórico vivido, e fórmula repetida do § 3º do art. 79 do EPD, muito embora tal dispositivo não especifique tutela individual ou coletiva.

A atuação do Ministério público em causas de interesses difusos e coletivos, bem como na defesa de interesses sociais e individuais indisponíveis tem previsão constitucional (art. 127). Hugo Mazzilli[20] entendia que as barreiras que as deficiências fáticas impõem à autoproteção e exercício de seus próprios interesses, já conectavam o princípio da igualdade como base constitucional desta função institucional do MP, todavia, não parece ser razoável ainda defender, ante à própria autonomia que o Estatuto almeja garantir às pessoas com deficiência que o Ministério Público tenha legitimidade par atuar em demandas individuais de sujeitos capazes. Corrobora com

---

20. MAZZILLI, H. N. *Manual do Promotor de Justiça*. 2. ed. São Paulo: Saraiva, 1991 (versão eletrônica, 2010), p. 107.

tal entendimento a disposição do Código de Processo Civil atual acerca da intervenção processual do Ministério Público em demanda privada, somente quando se tratar de interesse de incapaz (art. 178, II, CPC), o que só ocorrerá, excepcionalmente, em caso de curatela judicialmente determinada.

Por sua vez, da mesma forma que o Ministério Público, a Defensoria é também "instituição permanente, essencial à função jurisdicional do Estado", a quem compete a "orientação jurídica, a promoção dos direitos humanos e a defesa, em todos os graus, judicial e extrajudicial, dos direitos individuais e coletivos, de forma integral e gratuita, aos necessitados", conforme preceitua o art. 134, CF. Tal conceito de "necessitado", quando ligado à legitimidade para promover ação civil pública em defesa de direitos individuais homogêneos, não se restringe à mera hipossuficiência econômica, mas também aos "necessitados jurídicos".[21]

Afirma-se, assim, que Defensoria Pública tem legitimidade para propor ação civil pública (Lei 11.448/2007 c/c LC 132/2009), podendo pleitear a tutela de direitos individuais e coletivos das pessoas com deficiência, tais como exigir a adaptação de transportes, o fornecimento de equipamentos e medicamentos para tratamento da saúde, o acesso à educação etc.[22]

No Estado do Rio de Janeiro, por exemplo, é urgente que essas instituições fiscalizem a exigência da Lei 7.601/2017, que obriga os operadores dos modais de transporte ferroviário de trens e metrô no Estado do Rio de Janeiro a disponibilizarem rampa ou qualquer meio que auxilie o cadeirante no embarque e desembarque da rua para a estação e da estação para a plataforma de trens do estado.

---

21. Nesse sentido o julgamento do STJ: "[...] 1. Controvérsia acerca da legitimidade da Defensoria Pública para propor ação civil pública em defesa de direitos individuais homogêneos de consumidores idosos, que tiveram seu plano de saúde reajustado, com arguida abusividade, em razão da faixa etária. 2. A atuação primordial da Defensoria Pública, sem dúvida, é a assistência jurídica e a defesa dos necessitados econômicos, entretanto, também exerce suas atividades em auxílio a necessitados jurídicos, não necessariamente carentes de recursos econômicos, como é o caso, por exemplo, quando exerce a função do curador especial, previsto no art. 9º, inciso II, do Código de Processo Civil, e do defensor dativo no processo penal, conforme consta no art. 265 do Código de Processo Penal. [...]4. "A expressão 'necessitados' (art. 134, *caput*, da Constituição), que qualifica, orienta e enobrece a atuação da Defensoria Pública, deve ser entendida, no campo da Ação Civil Pública, em sentido amplo, de modo a incluir, ao lado dos estritamente carentes de recursos financeiros – os miseráveis e pobres –, os hipervulneráveis (isto é, os socialmente estigmatizados ou excluídos, as crianças, os idosos, as gerações futuras), enfim todos aqueles que, como indivíduo ou classe, por conta de sua real debilidade perante abusos ou arbítrio dos detentores de poder econômico ou político, 'necessitem' da mão benevolente e solidarista do Estado para sua proteção, mesmo que contra o próprio Estado. Vê-se, então, que a partir da ideia tradicional da instituição forma-se, no Welfare State, um novo e mais abrangente círculo de sujeitos salvaguardados processualmente, isto é, adota-se uma compreensão de *minus habentes* impregnada de significado social, organizacional e de dignificação da pessoa humana" (REsp. 1.264.116/RS, Rel. Ministro Herman Benjamin, Segunda Turma, julgado em 18.10.2011, *DJe* 13.04.2012). [...] (BRASIL, Superior Tribunal de Justiça. EREsp 1192577/RS, Rel. Ministra Laurita Vaz, Corte Especial, julgado em 21.10.2015, *DJe* 13.11.2015).

22. COLTRO, Antonio Carlos Mathias. Comentário ao art. 79. In: Flávia Leite, Lauro Ribeiro e Waldir da Costa Filho. *Comentários ao Estatuto da Pessoa com Deficiência*. São Paulo: Saraiva, 2016, p. 344.

Art. 80. Devem ser oferecidos todos os recursos de tecnologia assistiva disponíveis para que a pessoa com deficiência tenha garantido o acesso à justiça, sempre que figure em um dos polos da ação ou atue como testemunha, partícipe da lide posta em juízo, advogado, defensor público, magistrado ou membro do Ministério Público.

Parágrafo único. A pessoa com deficiência tem garantido o acesso ao conteúdo de todos os atos processuais de seu interesse, inclusive no exercício da advocacia.

6. DOS DESTINATÁRIOS DA NORMA

O art. 80 reforça a previsão do artigo 13, item 1, da Convenção Internacional sobre os Direitos das Pessoas com Deficiência[23] no sentido em que devem ser entendidos como destinatários desse direito fundamental, todos os participantes do processo, ou seja, as partes e seus representantes, terceiros interessados, vítimas, testemunhas, e os profissionais jurídicos de maneira geral, advogados, magistrados, promotores, defensores, assistentes técnicos, servidores, peritos e auxiliares do juízo, administradores judiciais, depositários, bem como todos aqueles que integrarem diretamente ou indiretamente os procedimentos jurídicos, inclusive nas etapas preliminares e investigações, o que abarca também delegados de polícia, investigadores, escrivães etc.

Nota-se que a preocupação central da primeira Resolução do CNJ sobre o tema – já referida, era muito mais centrada no papel da pessoa com deficiência enquanto jurisdicionado, mas a disposição do art. 80 relembra que a pessoa com deficiência pode ocupar qualquer lugar dentro das relações jurídicas, garantia lembrada pelo CNJ ao prever a possibilidade de condições especiais de para seus servidores ou magistrados com deficiência através da Resolução 343/2020 (art. 7º) do CNJ, extensível também àqueles que tenham filhos ou dependentes legais com deficiência.

A inclusão do profissional com deficiência nos atos do CNJ é um passo essencial à almejada mudança de postura e de um Judiciário verdadeiramente inclusivo, que perpassa necessariamente pela sensibilização em geral de seus membros acerca das questões relativas às pessoa com deficiência e seus direitos, medida que deve ser estimulada em diversos momentos, e da assunção de que a pessoa com deficiência pode ocupar qualquer papel, não só no Judiciário, mas em toda sociedade.

Não se pode deixar de notar, contudo, que inclusão ainda é uma meta a ser alcançada nos quadros do Judiciário, já que o percentual de profissionais com de-

---

23. "Artigo 13. Acesso à justiça. 1. Os Estados-Partes assegurarão o efetivo acesso das pessoas com deficiência à justiça, em igualdade de condições com as demais pessoas, inclusive mediante a provisão de adaptações processuais adequadas à idade, a fim de facilitar o efetivo papel das pessoas com deficiência como participantes diretos ou indiretos, inclusive como testemunhas, em todos os procedimentos jurídicos, tais como investigações e outras etapas preliminares [...]".

ficiência é de 1,67%[24] – muito inferior ao percentual de pessoas com deficiência na sociedade brasileira.[25]

7. O ACESSO AO CONTEÚDO DOS ATOS PROCESSUAIS

Nos termos do parágrafo único do art. 80, é importante que seja garantido à pessoa com deficiência o acesso a todo o conteúdo dos autos, seja ele consubstanciado em documento escrito, impresso ou digital, de imagem ou áudio.

Acertadamente, o legislador foi aqui cauteloso quando não garantiu um acesso "pleno" ao conteúdo processual, limitando o conhecimento ao interesse da pessoa com deficiência, inclusive interesse na atuação profissional enquanto advogado. Eventuais restrições podem ser impostas ao conhecimento de determinados conteúdos, como ocorre nos processos que tramitam sob segredo de justiça.

Apesar de inúmeros relatos de vilipêndio à exigência normativa de acesso, como aquele dos comentários ao art. 79, aos poucos o Judiciário começa a adaptar-se. Numa demonstração de respeito à previsão estatutária, decisão do Tribunal de Justiça do Tocantins,[26] suspendeu liminarmente a tramitação processual dos autos de uma execução de alimentos que não se encontrava acessível ao advogado de uma das partes, deficiente visual. Tratava-se de autos eletrônicos e os documentos anexados estavam em formato pdf., todavia, a digitalização havia sido feita no modo imagem e não texto, o que impede a utilização de programas e aplicativos de leitura de textos e, consequentemente obstou o conhecimento de seu teor pelo advogado.[27]

---

24. Neste sentido foram os dados levantados no relatório que apontam que dos 1,74% dos profissionais com deficiência no Judiciário o brasileiro (CONSELHO NACIONAL DE JUSTIÇA; Pesquisa: pessoas com deficiência no Poder Judiciário / Conselho Nacional de Justiça. – Brasília: CNJ, 2021). Dentre os magistrados, somente 0,42% tem algum tipo de deficiência, enquanto nos servidores este percentual é de 1,97% e nos estagiários 0,39% (muito embora a pesquisa indique que para estes há muita não "informação").

25. Este percentual é de cerca de 6,7% da população brasileira (Considerando-se as pessoas que tem "grande dificuldade" ou "não consegue de forma alguma" ver, ouvir, caminhar/subir escadas ou possuir deficiência mental/intelectual.), conforme Nota Técnica 01/2018 do IBGE, que fez uma releitura do Censo 2010, que equivocadamente indicava 23,9%.

26. TOCANTINS, Tribunal de Justiça do Estado. Agravo de Instrumento n. 0004398-70.2017.827.0000 (Origem: 0000216-18.2016.827.2735, Execução de Alimentos, 1ª Vara Cível da Comarca de Pium). Relator: Des. Etelvina Maria Sampaio Felipe. Processo em Segredo de justiça. Disponível em: [https://eproc2.tjto. jus.br/eprocV2_prod_2grau/externo_controlador.php?acao=processo_seleciona_publica&acao_origem=processo_consulta_publica&acao_retorno=processo_consulta_publica&num_processo=000439 87020178270000&hash=32467816575046389688acb05e66be48]. Acesso em: 30 de abril de 2018.

27. Conforme relato da OABTO: "A desembargadora Etelvina Maria Sampaio Felipe, do TJ-TO (Tribunal de Justiça do Tocantins), suspendeu liminarmente um processo de verba alimentar que está tramitando na 1ª Vara Cível de Pium por ele não ser acessível para deficientes visuais. O autor do agravo que resultou na liminar é o advogado Elex Carvalho, deficiente visual e representante de uma das partes. [...] Na decisão do Tocantins, a desembargadora cita em especial a violação do Artigo 80 da Lei 13146/2015, o Estatuto da Pessoa Deficiente, que diz que devem ser oferecidos todos os recursos de tecnologia assistiva disponíveis para que a pessoa com deficiência tenha garantido o acesso à justiça. [...] 'A suspensão do processo até julgamento do mérito foi uma decisão sensata e prudente. O cerceamento de defesa no presente caso, em face

Com um atraso de mais de cinco anos de vigência da lei brasileira de inclusão, o Superior Tribunal de Justiça se adaptou neste sentido e passou a utilizar Reconhecedores Óticos de Caracteres (OCRs, *Optical Character Recognition*, em inglês) na integralidade de seus processos. A tecnologia permite a transformação de uma imagem de texto em texto digital que, com o auxílio de aplicativos de leitura de tela, transmitem o conteúdo digitalizado em voz sintetizada. A falta desta tecnologia fazia com que os processos físicos que chegavam ao tribunal e eram digitalizados, ficassem inacessíveis a tais leitores já que tinham o formato de imagem e não de texto. Tal medida, ainda não disponível nos tribunais de todo o Brasil, viabiliza o acesso a todas as peças processuais do acervo da corte às pessoas com deficiência visual, e se soma a outras ferramentas implementadas pela Corte: janelas de Libras, o suporte a advogados com deficiência nos pedidos de sustentação oral; ferramentas digitais com recursos de audiodescrição; legendas em tempo real nas apresentações em Power-Point com e as instruções para atendimento de advogados com limitações físicas.

Na nova Plataforma Digital do Poder Judiciário Brasileiro – PDPJ-Br, a utilização de conceitos e padrões internacionais de acessibilidade aplicáveis à implementação de sistemas e conteúdos na web é uma garantia expressa na Resolução 441/2021, como se viu, mas que ainda precisa ser concretizado.

> **Art. 81**. Os direitos da pessoa com deficiência serão garantidos por ocasião da aplicação de sanções penais.

8. APLICAÇÃO DE NORMAS DE PROTEÇÃO NA ESFERA CRIMINAL

O objetivo do EPD foi igualar materialmente as pessoas com deficiência de maneira global em todos os aspectos possíveis, e com tal intuito, o art. 81 vem reforçar a necessidade de seu respeito também no âmbito penal. Assim, quando do cumprimento de pena, seja ela privativas de liberdade, a ser cumprida em regime fechado, semiaberto ou aberto (art. 33, CP), seja ela restritiva de direitos ou de multa (art. 32, CP), devem ser respeitados os direitos individuais do condenado na medida de sua deficiência, até mesmo para que cumpram suas finalidades de prevenção, retribuição e ressocialização.

---

do advogado ser pessoa com deficiência é flagrante e a nulidade deve ser sanada com a digitalização correta dos documentos e abertura de novos prazos às partes. De qualquer forma, a decisão pode ser considerada como um avanço na acessibilidade ao judiciário pelos advogados com deficiência. Esperamos que essa decisão venha a repercutir nos futuros processos onde haja litigantes com deficiências ou advogados com deficiência, patrocinando a causa, garantindo assim, um acesso igual a justiça e paridade de armas, bem como o respeito às prerrogativas do advogado com deficiência no que se refere a acessibilidade processual e demais garantias legais', pontua o presidente da Comissão dos Direitos da Pessoa com Deficiência da OAB-TO (Ordem dos Advogados do Brasil no Tocantins), Arlindo Nobre da Silva" (Ordem dos Advogados do Brasil. TJTO suspende processo por não ser acessível a advogado cego. Site da Ordem dos Advogados do Brasil – Seccional Tocantins, Palmas, 22 dez. 2017. Disponível em: [https://www.oabto.org.br/noticia--2895-tj-to-suspende-processo-por-n-o-ser-acess-vel-a-advogado-cego]. Acesso: 30 abr. 2018).

9. PARADOXO LEGISLATIVO

É importante observar, contudo, que apesar a presunção de plena capacidade civil que passa a gozar a pessoa com deficiência a partir da vigência deste Estatuto, não houve modificação no tocante à imputabilidade penal, em especial à previsão do art. 26, do CP, que prevê a isenção de pena para o "agente que, por doença mental ou desenvolvimento mental incompleto ou retardado, era, ao tempo da ação ou da omissão, inteiramente incapaz de entender o caráter ilícito do fato ou de determinar-se de acordo com esse entendimento", hipótese de absolvição imprópria na qual aplica-se medida de segurança consistente em internação e tratamento psiquiátrico ou ambulatorial, nos termos do art. 96, CP. Em caso de semi-inimputabilidade poderá ser aplicada medida de segurança ou pena reduzida de um a dois terços (art. 26, parágrafo único).

Ao não promover alteração na legislação penal, o Estatuto da pessoa com deficiência criou a incongruência apontada pela doutrina:[28] A figura do sujeito plenamente capaz civilmente para realizar e compreender seus atos, mas inimputável por não compreender a ilicitude de tal fato no âmbito penal. Nas palavras de Kûmpfel, o EPD "rompeu a harmonia até então existente entre o Direito Civil e Penal, dificultando assim uma compreensão interdisciplinar do fenômeno jurídico em questão, e, mais do que isso, desamparando justamente as pessoas que pretendia proteger".[29]

Art. 82. (VETADO).

10. RAZÕES DO VETO

O dispositivo vetado previa a prioridade de tramitação aos processos judiciais e administrativos envolvendo a pessoa com deficiência, com a seguinte redação:

> Art. 82. É assegurado à pessoa com deficiência prioridade na tramitação processual, nos procedimentos judiciais e administrativos em que for parte, interveniente ou terceira interessada e no recebimento de precatórios, em qualquer instância.
>
> § 1º A prioridade a que se refere este artigo será obtida mediante requerimento acompanhado de prova da deficiência à autoridade judiciária ou administrativa competente para decidir o feito, que determinará as providências a serem cumpridas, anotando-se essa circunstância em local visível nos autos.

---

28. Nesse sentido, ver: (KÜMPEL, V. F. *O estranho caso do inimputável capaz*. Partes I, II e III. Migalhas, 24 Novembro 2015. Disponível em: [http://www.migalhas.com.br/Registralhas/98,MI230397,61044-O+estranho+caso+do+inimputavel+capaz+Parte+III]. Acesso: 30 de abril de 2018); (MAGALHÃES, L. H. R.; LIMA, R. A. A imputabilidade penal e os efeitos do estatuto da pessoa com deficiência: uma análise hermenêutica das incongruências. *Revista de Direito Penal, Processo Penal e Constituição*. Maranhão, Jul/Dez. 2017 2017. 108-125).

29. KÜMPEL, V. F. *Loc. cit.*

§ 2° A prioridade estende-se a processos e procedimentos em todos os órgãos e entidades da administração pública direta e indireta da União, dos Estados, do Distrito Federal e dos Municípios, no Poder Judiciário, no Ministério Público e na Defensoria Pública.

Tal dispositivo foi objeto de veto presencial especificamente em razão da previsão de prioridade no pagamento de precatórios já que esta, conforme argumento dos Ministérios da Fazenda, da Justiça e a Advocacia-Geral da União, ofende o art. 100 da Constituição Federal de 1988, que determina o pagamento exclusivamente pela ordem cronológica de apresentação.

11. PRIORIDADE NA TRAMITAÇÃO PROCESSUAL

Observa-se, aliás, que a Lei 12.008/2009 já havia alterado o Código de Processo Civil de 1973 para priorizar o andamento processual somente de pessoa com idade igual ou superior a 60 (sessenta) anos, ou portadora de doença grave, o que certamente não incluía a pessoa com deficiência, já que tal conceito está desatrelado da situação patológica e acertadamente é considerado mera condição da pessoa humana. Aquela lei resguardou, por outro lado, a prioridade na tramitação dos processos administrativos de pessoas portadoras de deficiência ao alterar o art. 69-A da Lei 9.784/ 1999.

O Código de Processo Civil (Lei 13.015/2015) seguinte, na esteira do anterior, não incluiu a pessoa com deficiência dentro os beneficiários da prioridade de tramitação (art. 1.048). Apesar do veto ao art. 82, por força do art. 9°, VII, do Estatuto da Pessoa com Deficiência, está assegurada a tramitação prioritária das ações judiciais bem como dos processos administrativos de que seja parte ou interessada pessoa com deficiência.

Por derradeiro, diga-se que permanece intacto o atendimento prioritário das pessoas com deficiência em qualquer órgão ou repartição pública pela determinação já existente na Lei 10.048/2000, que foi ainda reforçada no tocante ao Poder Judiciário e de seus serviços auxiliares pela Resolução 230/2016 do Conselho Nacional de Justiça nos seguintes termos:

Art. 16. A pessoa com deficiência tem direito a receber atendimento prioritário, sobretudo com a finalidade de:

I – proteção e socorro em quaisquer circunstâncias;

II – atendimento em todos os serviços de atendimento ao público;

III – disponibilização de recursos, tanto humanos quanto tecnológicos, que garantam atendimento em igualdade de condições com as demais pessoas;

IV – acesso a informações e disponibilização de recursos de comunicação acessíveis;

V – tramitação processual e procedimentos judiciais e administrativos em que for parte ou interessada, em todos os atos e diligências.

Parágrafo único. Os direitos previstos neste artigo são extensivos ao acompanhante da pessoa com deficiência ou ao seu atendente pessoal, exceto quanto ao disposto no inciso V deste artigo.

Art. 83. Os serviços notariais e de registro não podem negar ou criar óbices ou condições diferenciadas à prestação de seus serviços em razão de deficiência do solicitante, devendo reconhecer sua capacidade legal plena, garantida a acessibilidade.

Parágrafo único. O descumprimento do disposto no *caput* deste artigo constitui discriminação em razão de deficiência.

12. O ACESSO À JUSTIÇA PELA VIA EXTRAJUDICIAL

Direito fundamental previsto no artigo 5º, inciso XXXV, da Constituição Federal de 1988, o acesso à justiça exige não só que o cidadão consiga chegar até o Poder Judiciário, órgão responsável pelo Estado para a prestação da jurisdição, mas é necessário que o sistema produza "resultados que sejam individualmente justos".[30]

É importante notar que a Constituição coloca o Judiciário como protagonista dessa função, o que leva, por vezes, a uma compreensão limitada desse acesso, já que a tutela de direitos não é exclusiva deste Poder. O acesso a uma ordem jurídica justa é muito mais amplo, e a concretização de direitos pode (e deve) ser obtida também extrajudicialmente, como já ensinava Chiovenda,[31] e deve ter no Judiciário sua forma de alcance somente em último caso.

A tutela do direito pela via judicial muitas vezes acaba sendo um mal necessário quando um direito é violado ou ameaçado e de outra forma não pôde ser resguardado. Porém, a priori, o processo não é um bem por si só, e o "melhor acontece quando se dá a tutela do direito em que este é protegido e realizado sem a necessidade da via jurisdicional", que não raramente se demonstra insuficiente.[32]

O conceito tradicional baseado nas ondas de acesso à justiça, de Cappelletti e Garth[33] passa por revisões pragmático-conceituais demandadas pelo ideal hodierno de um "acesso à justiça democrático".[34] Muito embora a última onda prevista pelos autores tenha incluído meios "alternativos" de acesso, como a mediação, conciliação

---

30. CAPPELLETTI, M.; GARTH, B. *Acesso à justiça.* Trad. Ellen Gracie Northfleet. ed. Porto Alegre: Fabri, 1998, p. 8.

31. *"Y esta declaración lógica de certeza como determinante de la tutela jurídica, seria el signo distintivo de lacto jurisdicional em general de las outras formas de tutela jurídica que puedem encontra-se fuera del processo"* (CHIOVENDA, G. La acción em el sistema de lós derechos. Tradução de Santiago Sentis Melendo. ed. Bogotá-Colômbia: Editorial Temis, 1986, p. 83).

32. SOUZA, G. A.; SOUZA FILHO, G. A. Acesso ao judiciário e a efetivação de direito. In: ZAMARIAN, L. P.; GOMES, J. D. S. *As constituições do Brasil: análise histórica das constituições e de temas relevantes ao constitucionalismo pátrio.* Birigui-SP: Boreal, 2012. Cap. XVII, p. 339-358.

33. CAPPELLETTI, M.; GARTH, B. *Acesso à justiça.* Trad. Ellen Gracie Northfleet. ed. Porto Alegre: Fabri, 1998.

34. NUNES, D.; TEIXEIRA, L. *Acesso à Justiça Democrático.* Brasília: Gazeta Jurídica, 2013.

e arbitragem,[35] é latente a necessidade de hoje buscar-se múltiplas formas de obtenção de justiça além do Judiciário, o que reforma a importância das vias extrajudiciais e, consequente, o papel dos serviços notariais e de registro. indicando a necessidade de se procurar além do Judiciário.[36]

A preocupação exarada pelo legislador no art. 83 se coaduna com essa visão multiportas, ao reforçar a que o acesso da pessoa com deficiência à justiça também pode se dar pela via extrajudicial, onde lhe deve ser garantida a prática de atos existenciais ou patrimoniais. Resguarda-se aqui a eventual necessidade de implementação de adaptações, físicas, arquitetônicas, de comunicação e atitudinais, imperativas à utilização autônoma dos serviços notariais pelas pessoas com deficiência, nos mesmos moldes do previsto no sistema judiciário no art. 79.

A esfera extrajudicial já tinha sido lembrada na Resolução 230/2016 ao prever expressamente, como já referido, a proibição de discriminação das pessoas com deficiência nos cartórios extrajudiciais, mas foi pouco abordada na Resolução 401/2021.

A previsão do art. 83 reforça também a capacidade jurídica plena presumida da pessoa com deficiência nos termos do reconhecido pelo art. 6º deste Estatuto, ao garantir seu direito de livremente, independentemente de qualquer representação, assim como qualquer sujeito civilmente capaz, participar de atos notariais com a finalidade de registro civil, registro imobiliário ou relativa a títulos ou protestos. Fica ressalvada aqui, a faculdade do deficiente de utilizar-se da tomada de decisão apoiada, disciplinado no art. 1.783-A do Código Civil, autêntico direito potestativo do apoiado condicionada somente à sua própria liberalidade. A exceção existe somente para os casos extremados em que judicialmente se determinou a curatela da pessoa com deficiência, prevista nos arts. 84 e 85, nos limites estritos dos atos para o qual foi considerado incapaz.

13. SANÇÕES APLICÁVEIS POR ATO DISCIMINATÓRIO

Visando conferir efetividade da garantia de acesso a tais serviços notariais, o legislador tipificou ainda, a recusa como ato discriminatório, punível na esfera criminal (nos termos do arts. 88 desse Estatuto) e administrativa, através de procedimento

---

35. Cappelletti em obra anterior, também reiterava a importância na procura de meios extrajudicial e não judiciais como a melhor formar para a tutela de direitos: "[...] em certas áreas ou espécies de litígios, a solução normal – o tradicional processo litigioso em Juízo – pode não ser o melhor caminho para ensejar a vindicação efetiva de direitos. Aqui, a busca há de visar reais *alternativas (stricto sensu)* aos juízos ordinários e aos procedimentos usuais" (CAPPELLETTI, M. Os métodos alternativos de solução de conflitos no quadro do movimento universal de acesso à justiça. *Revista do Processo*. São Paulo, v. 74, p. 82-97, 1994. p. 87-88.).

36. CAPPELLETTI, M. Os métodos alternativos de solução de conflitos no quadro do movimento universal de acesso à justiça. *Revista do Processo*. São Paulo, v. 74, p. 82-97, 1994. p. 87-88.

administrativo disciplina ou de improbidade administrativa nos termos do art. 11 da Lei 8.429/1992, como defendem Farias, Cunha e Pinto.[37]

Na esfera cível, havendo danos morais ou patrimoniais de qualquer natureza, sejam lucros emergentes, cessantes, a perda de uma chance ou danos existenciais, possível também a responsabilização civil como delineado pelos artigos 186 e 927 do Código Civil. A responsabilidade dos notários e oficiais de registro, bem como por seus prepostos (substitutos ou escreventes que designarem) é subjetiva por danos causados na lavratura do ato registral ou notarial, nos termos da Lei 13.286/2016, incidindo o prazo prescricional de três anos para a reparação civil (art. 22 da Lei 8.935, de 18 de novembro de 1994).

---

37. FARIAS, Cristiano Chaves de; CUNHA, Rogério Sanches; PINTO, Ronaldo Batista. *Estatuto da Pessoa com Deficiência Comentado artigo por artigo*. Salvador JusPodivm, 2016, p. 240.

Capítulo II
Do Reconhecimento Igual Perante a Lei

Rafael Esteves

Art. 84. A pessoa com deficiência tem assegurado o direito ao exercício de sua capacidade legal em igualdade de condições com as demais pessoas.

§ 1º Quando necessário, a pessoa com deficiência será submetida à curatela, conforme a lei.

§ 2º É facultado à pessoa com deficiência a adoção de processo de tomada de decisão apoiada.

§ 3º A definição de curatela de pessoa com deficiência constitui medida protetiva extraordinária, proporcional às necessidades e às circunstâncias de cada caso, e durará o menor tempo possível.

§ 4º Os curadores são obrigados a prestar, anualmente, contas de sua administração ao juiz, apresentando o balanço do respectivo ano.

1. ASPECTOS GERAIS

O capítulo em comento destaca a importância da diferença entre incapacidade jurídica e deficiência para, novamente, afirmar a capacidade, como regra, da pessoa com deficiência. Entretanto, merece destaque a expressão "igualdade perante a lei", pois na doutrina constitucional dos direitos fundamentais, o termo refere-se, especificamente, à igualdade formal.

Tal como destaca Silva, a dimensão da igualdade formal enseja dois comandos, o da igualdade perante a lei, e o da igualdade na lei. Embora, para o autor, a diferença não tenha repercussão prática o direito pátrio, deve-se observar que, tanto um, quanto outro aspecto da igualdade veda o tratamento discriminatório.[1]

A tutela constitucional da pessoa com deficiência, assim também o tratamento dispensado pela legislação em comento, mais estão voltados ao aspecto substancial da igualdade. Sem prescindir das garantias advindas da dimensão formal, a igualdade substancial volta-se ao reconhecimento dos diversos aspectos próprios de grupos e de pessoas, para, na diferença, reconhecer a igualdade.

---

1. SILVA, José Afonso da, *Curso de direito constitucional positivo*, 25. ed. São Paulo: Malheiros, 2005, p. 215.

Portanto, não obstante o capítulo refira-se textualmente ao aspecto formal da igualdade, seu conteúdo apresenta evidente marca da igualdade substancial, com significativo potencial empoderador da pessoa com deficiência para, através dos mecanismos de curatela e tomada de decisão assistida, promover condições de igualdade, reconhecimento das diversidades, e superação das barreiras. Como no pensamento de Santos, a igualdade [formal,] deve sempre ser alegada quando a diferença gerar inferiorização, tal como se deve defender a diferença quando o discurso universalizante de igualdade oprime e descaracteriza.[2]

2. A CURATELA DA PESSOA COM DEFICIÊNCIA

O instituto jurídico da curatela, tal como disciplinado na lei sob comento, apresenta salutar atualização quando comparado às disposições do Código Civil de 1916 – e de 2002 –, assim como quando comparado aos Códigos de Processo Civil da década de 1970 e em relação à redação original do Código vigente. Bevilaqua a definiu como "[...] encargo público conferido a alguém, para dirigir a pessoa e administrar os bens dos maiores que por si não possam fazê-lo".[3]

Como apresenta Perlingieri, a curatela é uma espécie de situação jurídica subjetiva determinada como poder[-dever] jurídico, na qual o titular a exerce no interesse do representado.[4] Portanto, trata-se de situação jurídica subjetiva complexa, pois aquele que titulariza o poder, titulariza também o dever de exercê-lo em favor do representado. Nesse sentido, o poder curatelar é uma fonte de deveres jurídicos para o seu titular. Esses deveres são constituídos a fim de que a representação produza os efeitos necessários à proteção dos interesses do representado, dentre os quais, sua autonomia pessoal. Dessa forma, a constituição de curatela deve ser interpretada como mecanismo emancipatório, funcionalizado a superação das barreiras.

Observa-se, entretanto, que o discurso de liberdades pessoais e o seu imperioso reconhecimento às pessoas com deficiência, não pode fundamentar o seu abando à própria sorte sob o pretexto de liberdade. Nesse sentido, Barboza e Almeida Junior advertem que, embora não haja, nem deva haver, qualquer direito do curador sobre os aspectos existenciais da pessoa com deficiência, por vezes, a fim de protegê-la, o curador deverá intervir em suas situações jurídicas subjetivas existenciais, como, por exemplo, para a promoção da atenção à sua saúde.[5]

---

2. SANTOS, Boaventura de Sousa (org.), *Reconhecer para libertar*: os caminhos do cosmopolitismo multicultural, Rio de Janeiro: Civilização Brasileira, 2003, p. 64.

3. BEVILAQUA, Clovis, *Direito da Família*, 7. ed. Rio de Janeiro: Editora Rio, 1976, p. 415.

4. PERLINGIERI, Pietro, *Perfis do direito civil: introdução ao direito civil constitucional*, 3. ed. Rio de Janeiro: Renovar, 2007, p. 129.

5. BARBOZA, Heloisa Helena; ALMEIDA JUNIOR, Vitor de Azevedo, O novo perfil da curatela em face do Estatuto da Pessoa com Deficiência, *in*: BEATRIZ RAMOS CABANELLAS; JUVÊNCIO BORGES SILVA (org.), *Direito de família e sucessões*, Florianópolis: Conpedi, 2016, p. 143.

Diferente do tratamento legal tradicionalmente dispensado pelos Códigos Civis e de Processo Civil, o sistema de curatela desse Estatuto articula medidas de promoção do curatelado não subordinadas ao instituto tradicional de incapacidades. O "diálogo" promovido por essa lei determinou uma série de alterações legislativas naqueles diplomas, com o propósito de reforçar o papel instrumental da curatela, assim como afirmar capacidade plena, como regra, da pessoa com deficiência.

Conforme se extrai do texto do dispositivo legal em comento, a curatela da pessoa com deficiência é caracterizada por sua excepcionalidade e proporcionalidade. O aspecto da excepcionalidade volta-se, como se afirmou, à constatação de que a capacidade seja a regra para todas as pessoas. Se tal atributo refere-se à oportunidade, ou não de fixação da curatela, a proporcionalidade refere-se à sua extensão.

Como aponta Silva, embora o termo "regra da proporcionalidade" esteja, por vezes, relacionado ao termo "proibição do excesso" na atuação do Estado, não há sinonímia entre eles.[6] O autor, ao informar que a regra da proporcionalidade é fruto da atuação do Tribunal Constitucional alemão em decisões sobre leis de restrição a direitos fundamentais, apresenta os três critérios, ou elementos estruturais da regra, quais sejam: adequação, necessidade e proporcionalidade *stricto sensu*.[7]

Percebe-se, assim, que o recurso à proporcionalidade não pode ser elemento de retórica vazia. Deve ele ser utilizado como critério técnico para a fundamentação de uma decisão de constituição de curatela. Sobretudo, devem ser observados seus elementos para legitimar a extensão dos poderes-deveres que serão exercidos pelo curador em favor do curatelado. Devidamente preenchidas de conteúdo jurídico, a excepcionalidade e a proporcionalidade são instrumentos de garantia legal para que a pessoa com deficiência exerça, em regra, seus direitos de forma direta e pessoal.

3. A TOMADA DE DECISÃO APOIADA

Diversamente do que se afirmou sobre o instituto da curatela, a tomada de decisão apoiada constitui-se como novidade no direito brasileiro. Embora seja possível estabelecer comparações com outros institutos do ordenamento jurídico, trata-se de inovação do legislador, que inseriu no Código Civil um capítulo próprio sobre o tema. Trata-se de hipótese na qual a pessoa com deficiência, no pleno exercício de sua capacidade jurídica, solicita apoio, de, pelo menos, duas pessoas, para a prática de algum ato da vida civil.[8]

---

6. SILVA, Vergílio Afonso da, O proporcional e o razoável, *Revista dos Tribunais*, v. 758, 2002. p. 27.

7. *Ibid.* p. 30.

8. Código Civil, art. 1.783-A. "A tomada de decisão apoiada é o processo pelo qual a pessoa com deficiência elege pelo menos 2 (duas) pessoas idôneas, com as quais mantenha vínculos e que gozem de sua confiança, para prestar-lhe apoio na tomada de decisão sobre atos da vida civil, fornecendo-lhes os elementos e informações necessários para que possa exercer sua capacidade".

ART. 84 — ESTATUTO DA PESSOA COM DEFICIÊNCIA: COMENTÁRIOS À LEI 13.146/2015

A função jurídica do novo instituto é a instrumentalização de medidas para superação de barreiras de informação, comunicação e, eventualmente, tecnológicas. A atuação dos apoiadores, dessa forma, ocorrerá a fim de assegurar à pessoa com deficiência elementos e informações suficientes para a prática dos atos determinados no pedido de apoio. Cumpre destacar que tal instituto não deve ser confundido com a assistência de relativamente incapazes, pois os agentes apoiados gozam de plena capacidade.

Não se trata, então, de um juízo substituto por parte dos apoiadores, pois a autonomia da pessoa com deficiência deverá ser plenamente observada e respeitada, não prevalecendo decisão do apoiador que seja divergente do apoiado.[9] Tampouco há que se falar em anulabilidade dos negócios jurídicos praticados sem "ratificação" dos apoiadores,[10] pois o negócio praticado por agente capaz é, em regra, válido, salvo outra causa, não subjetiva, de anulabilidade.

Embora o Estatuto não mencione e o Código Civil apresente disposições de cunho eminentemente patrimoniais, não parece vedado ao instituto sua utilização para atos voltados a tomadas de decisões referentes a situações jurídicas existenciais. Como forma de promoção da pessoa com deficiência poderia, por exemplo, ser, por ela, requerido suporte para o exercício de sua liberdade reprodutiva.[11] Como a decisão ficará a cargo do próprio apoiado, o suporte poderia fornecer elementos suficientes para o exercício genuíno de sua autonomia.

Admite-se a hipótese de aplicação da tomada de decisão apoiada às situações jurídicas existenciais havendo como pressuposto que a declaração de vontade da pessoa com deficiência prevaleça. Dessa forma, a questão estaria adstrita ao espaço de decisões pessoais, de natureza existencial, que se quer deveria sofrer interferência ou limitação pelo Estado quanto ao conteúdo ou conveniência. Ao Estado, caberia resguardar o adequado exercício de suporte dos apoiadores, que garanta informações adequadas para escolhas autônomas, fruto da autodeterminação da pessoa com deficiência.

Portanto, tal como ocorre na curatela, a admissão da tomada de decisão apoiada no espaço de situações jurídicas existenciais, somente será admitida como medida de promoção e ampliação das garantias previstas no Estatuto referentes ao corpo,

---

9. Código Civil, art. 1783-A. § 6º. "Em caso de negócio jurídico que possa trazer risco ou prejuízo relevante, havendo divergência de opiniões entre a pessoa apoiada e um dos apoiadores, deverá o juiz, ouvido o Ministério Público, decidir sobre a questão".

10. Código Civil, art. 1783-A. § 5º "Terceiro com quem a pessoa apoiada mantenha relação negocial pode solicitar que os apoiadores contra-assinem o contrato ou acordo, especificando, por escrito, sua função em relação ao apoiado".

11. Pode-se cogitar, por exemplo, do aconselhamento genético. As questões técnicas que envolvem o aconselhamento genético limitam o acesso ao conhecimento para qualquer pessoa não especializada. A adoção da tomada de decisão apoiada pode ser uma forma intermediária, uma ponte, entre o dado técnico, e a compreensão dos aspectos relevantes para o exercício pleno da autonomia pessoal do deficiente.

às liberdades e aos demais aspectos que compõe a dimensão existencial da pessoa com deficiência.

> **Art. 85.** A curatela afetará tão somente os atos relacionados aos direitos de natureza patrimonial e negocial.
>
> § 1º A definição da curatela não alcança o direito ao próprio corpo, à sexualidade, ao matrimônio, à privacidade, à educação, à saúde, ao trabalho e ao voto.
>
> § 2º A curatela constitui medida extraordinária, devendo constar da sentença as razões e motivações de sua definição, preservados os interesses do curatelado.
>
> § 3º No caso de pessoa em situação de institucionalização, ao nomear curador, o juiz deve dar preferência a pessoa que tenha vínculo de natureza familiar, afetiva ou comunitária com o curatelado.

4. OS HABILITADOS AO EXERCÍCIO DA CURATELA

É possível observar que, tal como no artigo anterior, o dispositivo ora em exame expressamente destaca a função promocional da curatela. São ressalvadas de sua incidência, em regra, todas as situações jurídicas existenciais titularizadas pela pessoa com deficiência. O que importa dizer, uma vez mais, a curatela é medida excepcional, pois a regra é capacidade da pessoa humana.

O Estatuto, ao determinar quem pode ser nomeado curador, estabelece um rol aberto de legitimados. Embora a tradição legislativa e dos tribunais reconheça certa prevalência às pessoas da relação familiar, o artigo em comento, de forma ampla, reconhece como legitimados, também, pessoas com vínculos afetivos e comunitários. Como a lei põe a salvo os interesses do curatelado, sendo possível, a sua manifestação deverá ser critério essencial na fixação da curatela e determinação do curador.

A hipótese contemplada nesse dispositivo legal dirige-se, ainda, à pessoa em situação de institucionalização. Nesse particular, é importante trazer à discussão o panorama do acesso à saúde da pessoa com deficiência, pois como abordado no espaço próprio desses comentários, a internação deve atender ao bem-estar da pessoa, sendo medida excepcional. Assim, como exemplos, podem ser mencionados o programa Melhor em Casa[12] e a regulamentação do Atendimento Domiciliar pelo SUS,[13] ambos empreendidos pelo Ministério da Saúde. Ademais, o Código Civil

---

12. BRASIL, Ministério da Saúde, Melhor em casa, Portal da Saúde, disponível em: [http://portalsaude.saude.gov.br/index.php/cidadao/acoes-e-programas/melhor-em-casa], acesso em: 8 jan. 2017.

13. BRASIL, Ministério da Saúde, Portaria 825 de 2016. Redefine a Atenção Domiciliar no âmbito do Sistema Único de Saúde (SUS) e atualiza as equipes habilitadas.

também ressalta a conveniência da manutenção do convívio familiar e comunitário da pessoa sob curatela.[14]

Na impossibilidade de a curatela ser determinada a partir da declaração de vontade do curatelado, o juiz deverá observar, dentre os legitimados, aquele que melhor possa exercer os atos de cuidado e promoção da pessoa curatelada. É possível realizar interpretação sistemática entre o Estatuto e o Código Civil para oferecer ao julgador os critérios legais do art. 1.775. Entretanto, não poderia constituir fonte de hierarquia rígida entre legitimados, pois essa não foi a técnica do legislador especial. Analogamente, seria possível, também, admitir-se a aplicação da curatela compartilhada prevista no Código Civil.[15]

5. ASPECTOS DA INTERDIÇÃO E EXERCÍCIO DA CURATELA

A interdição da pessoa humana no ordenamento jurídico brasileiro está tradicionalmente atrelada à falta de discernimento para a prática pessoal dos atos da vida civil. Como observou Pontes de Miranda, o termo "interdito", haurido no Direito Romano, refere-se à pessoa a quem se proíbe algo, e a curatela seria o "[...] cargo conferido por lei a alguém, para reger a pessoa e os bens [... podendo abranger] *non solum patrimoium, sed et corpus*".[16]

Sobre o conteúdo que se comenta, é fundamental destacar que o papel reservado à curatela pelo Estatuto rompe com a tradição acima mencionada. Primeiro, como afirmam Barboza e Almeida Junior, a constituição da interdição é medida excepcional "[...] só se admitindo a declaração de incapacidade por sentença, uma vez realizado o contraditório e produzida prova de que a pessoa não se encontra em condições de exercer pessoalmente os atos da vida civil, seja ou não deficiente".[17]

Segundo, os efeitos da curatela da pessoa com deficiência são estritamente patrimoniais, resguardas à própria pessoa sua autonomia jurídica de gerir as escolhas de vida sobre o corpo, à sexualidade, ao matrimônio, à privacidade, à educação, à saúde, ao trabalho e ao voto. Dessa maneira, a interdição patrimonial não pode resultar em óbice ao exercício dessas e das demais garantias fundamentais e liberdades pessoais que constituem o núcleo essencial da dignidade da pessoa humana.

---

14. Código Civil, art. 1.777. "As pessoas referidas no inciso I do art. 1.767 receberão todo o apoio necessário para ter preservado o direito à convivência familiar e comunitária, sendo evitado o seu recolhimento em estabelecimento que os afaste desse convívio".

15. Código Civil, art. 1.775-A. "Na nomeação de curador para a pessoa com deficiência, o juiz poderá estabelecer curatela compartilhada a mais de uma pessoa".

16. PONTES DE MIRANDA, *Tratado de Direito de Família*, 3. ed. São Paulo: Max Limonad, 1947, p. 273-275.

17. BARBOZA; ALMEIDA JUNIOR, *O novo perfil da curatela em face do Estatuto da Pessoa com Deficiência*, p. 140.

Embora seja importante notar que o curador não exerce direitos sobre o corpo do curatelado, e que a interdição deva voltar-se, apenas, ao exercício de situações jurídicas subjetivas patrimoniais, faz parte do *munus* assumido pelo curador promover aspectos existenciais da pessoa com deficiência. Assim, não há que se falar em falta de capacidade da pessoa com deficiência para o exercício de seus direitos da personalidade e, sempre que possível, a gestão patrimonial da curatela deverá instrumentalizar tal exercício.

No aspecto processual, o Código de Processo Civil expressamente revogou a disposição do Código Civil que previa a possibilidade de curatela voluntária – aquela requerida pelo próprio curatelado. Assim, apenas os familiares, tutor, a instituição de abrigo do interditando, ou o Ministério Público, poderão, mediante comprovação da legitimidade, requerer a interdição.[18] Cumpre esclarecer, como o faz Bueno, que a legitimidade do Ministério Público verifica-se na proteção de direito individual indisponível.[19]

As exigências da Lei processual no procedimento de interdição estão voltadas ao interesse do interditando e ao resguardo do pressuposto de sua capacidade. Por esse motivo, torna-se necessária a demonstração minuciosa dos fatos da vida do interditando que possam ensejar sua inabilitação para gerir seus negócios e demais interesses patrimoniais, assim como a legitimidade de quem pleiteia a medida, sob pena de inépcia por eventual falta de interesse de agir ou ausência de documentos indispensáveis.

Para o reconhecimento da necessidade em se designar um curador, é fundamental a realização de entrevista com o interditando, a fim de que o juízo possa formar sua compreensão clara sobre a percepção de mundo do interditando, e como a curatela poderá contribuir em assegurar sua autonomia. Como afirmou Bueno, embora a Lei processual determine a faculdade de acompanhamento da entrevista por especialista,[20] o Código Civil a torna obrigatória.[21-22] Não obstante o acerto na afirmação, com a vigência do novo Código processual, o dispositivo do Código Civil, alterado pelo Estatuto, foi revogado.

---

18. Código de Processo Civil, Art. 747. "A interdição pode ser promovida: I – pelo cônjuge ou companheiro; II – pelos parentes ou tutores; III – pelo representante da entidade em que se encontra abrigado o interditando; IV – pelo Ministério Público. Parágrafo único. A legitimidade deverá ser comprovada por documentação que acompanhe a petição inicial".

19. BUENO, Cassio Scarpinella, *Manual de Direito Processual Civil*, 3. ed. São Paulo: Saraiva, 2017, p. 541.

20. Art. 751. "O interditando será citado para, em dia designado, comparecer perante o juiz, que o entrevistará minuciosamente acerca de sua vida, negócios, bens, vontades, preferências e laços familiares e afetivos e sobre o que mais lhe parecer necessário para convencimento quanto à sua capacidade para praticar atos da vida civil, devendo ser reduzidas a termo as perguntas e respostas. [...] § 2º A entrevista poderá ser acompanhada por especialista".

21. "Art. 1.771. Antes de se pronunciar acerca dos termos da curatela, o juiz, que deverá ser assistido por equipe multidisciplinar, entrevistará pessoalmente o interditando".

22. BUENO, *Manual de Direito Processual Civil*, p. 542.

Merece referência, contudo, o entendimento de Barboza e Almeida Junior, ao advertirem que, embora a lei processual haja revogado artigos do Código Civil "[...] que foram alterados pelo Estatuto da Pessoa com Deficiência, o intérprete deve se atentar que o Estatuto encontra seu fundamento na Constituição da República, eis que a Convenção foi internalizada com *status* de emenda constitucional".[23]

Torna-se pertinente, também, advertir que a avaliação de junta interdisciplinar no processo de interdição não deve ser confundida com a prescrição do art. 2º desse Estatuto. Isso porque, nessa Lei, a atuação da junta interdisciplinar volta-se à verificação dos fatores determinantes de deficiência para fins legais. A diferença é fundamental, pois as causas determinantes da deficiência, não são causas determinantes de incapacidade que suscitem um procedimento de interdição. Como já se afirmou, a interdição ocorre para pessoas com ou sem deficiência.

A decisão judicial que determina a curatela deverá ser amplamente fundamentada, com base nas provas produzidas no procedimento submetido ao contraditório. Sua fixação deve priorizar termos claros e precisos quanto à extensão dos poderes do curador e os atos negociais que requeiram sua intervenção. Também por esse motivo, deverá a curatela sem atribuída a quem melhor puder prover os interesses do curatelado.[24] Bueno afirma que a sentença, ao fixar a curatela, não poderá, automaticamente, excluir a guarda exercida pelo interditanto, sob pena de violar o art. 6º, VI, desse Estatuto.[25]

> **Art. 86**. Para emissão de documentos oficiais, não será exigida a situação de curatela da pessoa com deficiência.

6. EXERCÍCIO PESSOAL DO DIREITO A IDENTIFICAÇÃO

A construção da identidade é um aspecto da pessoa humana de inegável dimensão existencial. Identificar-se e ser reconhecido são perspectivas de um mesmo processo, historicamente construído, que compõem as relações humanas em sociedade. Nessa dualidade são encontrados os aspectos pessoal e social da identidade. Tal atributo tanto toca à formação da autorreferência pessoal, como permite a estruturação do seu espaço de convivência interpessoal.

No espaço jurídico, o nome apresenta-se com importante exemplo de identificação da pessoa humana. Perlingieri afirma tratar-se de exemplo emblemático,

---

23. BARBOZA; ALMEIDA JUNIOR, *O novo perfil da curatela em face do Estatuto da Pessoa com Deficiência*, p. 135-136.

24. Art. 755, § 1º, do Código de Processo Civil.

25. BUENO, *Manual de Direito Processual Civil*, p. 543. Observa-se que o mesmo pode ser entendido quanto ao que determina o art. 1.778 do Código Civil.

assegurado a todos, elemento mais imediato e sintético da identidade pessoal.[26] Entretanto, há que se notar que desempenha, ainda, um outro papel: o de identificação social. Por isso, "toda pessoa natural identifica-se pelo *nome*. A identificação faz-se, entre os povos modernos, por uma denominação única e própria a cada pessoa. É exigida no seu interesse e no da sociedade".[27]

Outros atributos devem ser considerados para a formação de perfil jurídico de identidade como, por exemplo, relações familiares, o gênero, o Estado ao qual faz parte. Diante dessa multiplicidade de elementos, o Direito reconhece direitos, e estabelece deveres, para a promoção dessa dimensão da dignidade da pessoa humana. A identificação dos cidadãos é um dever do Estado que assume esse aspecto promocional. Por isso, cabe ao Estado prover os meios adequados para que todas as pessoas tenham a possibilidade de se identificarem e de obterem os documentos oficiais de identificação.

A identificação oficial pelo Estado cumpre a finalidade de reconhecer a especial característica de cada pessoa, mas, também, desempenha importante papel na organização da sociedade. Assim, é possível verificar que diversos direitos são exercidos pressupondo as identificações oficiais do Estado, tais como, certidões de nascimento, casamento e divórcio, cédula de identificação civil, cadastro de pessoa física na Receita Federal, carteira nacional de habilitação para a condução de veículos automotores. É fundamental, então reconhecer que o acesso a documentos de tal natureza seja direito fundamental de todas as pessoas humanas.

Nesse sentido, a pessoa com deficiência deve goza das mesmas garantias à identificação oficial. Por isso, quando sua deficiência assim o determinar, o Estado deverá garantir a superação das barreiras que venham a impedir o exercício pessoal desse direito fundamental. Trata-se de medida que assegura a igualdade substancial e permite igual acesso aos meios institucionais de identificação.

Como verificado, por se tratar de situação jurídica subjetiva de conteúdo existencial, o exercício da identificação não poderá ser subordinado ou limitado por constituição de curatela. A curatela da pessoa com deficiência volta-se, exclusivamente, a promoção de condições para o exercício de interesses patrimoniais. Nesse sentido, pode-se mencionar o exemplo da Previdência Social. Desde 2013, pelo menos, o órgão estatal, em seus procedimentos de "prova de vida" para manutenção de benefícios previdenciários, admite a participação de procurador – o que dispensa curatela – para as pessoas impedidas de comparecerem pessoalmente por motivo de doença ou dificuldade de locomoção.[28]

---

26. PERLINGIERI, Pietro; BISCONTINI, Guido, *Soggetti e situazioni soggettive*, Napoli: Edizioni Scientifiche Italiane, 2000, p. 160.

27. GOMES, Orlando, Introdução ao Direito Civil, 12. ed. Rio de Janeiro: Forense, 1996, p. 157.

28. BRASIL, Previdência Social, Prova de vida e renovação da senha bancária, Previdência Social, disponível em: [http://www.previdencia.gov.br/servicos-ao-cidadao/informacoes-gerais/renovacao-senha-bancaria--prova-vida/], acesso em: 8 jan. 2017.

> **Art. 87.** Em casos de relevância e urgência e a fim de proteger os interesses da pessoa com deficiência em situação de curatela, será lícito ao juiz, ouvido o Ministério Público, de ofício ou a requerimento do interessado, nomear, desde logo, curador provisório, o qual estará sujeito, no que couber, às disposições do Código de Processo Civil.

7. ASPECTOS DA CURATELA PROVISÓRIA

A curatela, como medida excepcional, que visa à proteção da pessoa com deficiência, por determinação desse Estatuto, deverá durar o menor tempo possível. Nesse sentido, as curatelas determinadas em juízo são – ou deverão ser –, em geral, provisórias. Tal afirmação decorre do fato de que a regra deva ser a capacidade plena, inclusive para a prática dos atos de gestão patrimonial. Portanto, cabe cogitar qual o objetivo do dispositivo ora em comento.

Primeiramente, não é dispensável esclarecer que o artigo trata de situação de extrema exceção, pois se a curatela já resulta em excepcionalidade, a, aqui nomeada curatela provisória, seria a exceção dentro do regime excepcional. Dessa maneira, além dos requisitos impostos pela lei processual para demandar pela interdição, e além do ônus argumentativo imposto ao juízo que julgue procedente o pedido com a fixação de curatela, dois outros requisitos são somados, quais sejam: relevância e urgência.

Uma segunda observação pertinente seria relacionada à natureza da decisão de constituição de curatela provisória. Pela forma como está descrita no dispositivo, trata-se de decisão de caráter interlocutório. Nesse âmbito, há que se questionar se efetivamente trata-se de uma curatela provisória ou de uma tutela provisória sobre a curatela. Esclarece Bueno que a tutela provisória caracteriza-se pelo

> [...] conjunto de técnicas que permite ao magistrado, na presença de determinados pressupostos, que gravitam em torno da presença da 'urgência' ou da 'evidência', prestar tutela jurisdicional, antecedente ou inicialmente [...] apta a *assegurar* e/ou *satisfazer*, desde logo a pretensão do autor, até mesmo de maneira liminar, isto é, sem prévia oitiva do réu.[29]

Ao considerar a tutela de urgência, cumpre destacar que, tal como a lei processual trata os requisitos para essa modalidade de tutela provisória, parece incompatível aplicá-la no procedimento de interdição. Isso porque, por um lado a "probabilidade de direito" e "perigo de dano" referem-se à pessoa no réu – interditando. Por outro, o interessado que requer a curatela, se esse for o caso, pode não ser o nomeado pelo juízo para exercê-la. Ademais, não há que se considerar o interessado – autor, como a pessoa interditanda, uma vez que o próprio Código de Processo Civil revogou a possibilidade de curatela voluntária.

---

29. BUENO, *Manual de Direito Processual Civil*, p. 257.

Na curatela determinada por sentença, o art. 755 do Código de Processo Civil determina que "na sentença que decretar a interdição, o juiz: I – nomeará curador, que *poderá ser* o requerente da interdição, e fixará os limites da curatela, segundo o estado e o desenvolvimento mental do interdito" (grifos do autor). O § 1º reforça a ideia ao prescrever que "a curatela deve ser atribuída a quem melhor possa atender aos interesses do curatelado". Esses critérios estão em sintonia com a finalidade protetiva da curatela e servem como referencial interpretativo também para a decisão interlocutória.

Se for possível considerar adequada ao procedimento de interdição a modalidade da tutela de urgência, caberá determinar se ambas espécies, cautelar e antecipada, seriam aplicáveis. Nesse sentido, conforme a peculiaridade em questão, a característica cautelar apresenta-se como pertinente, vez que reúne medidas de conservação e proteção dos alegados direitos. Dessa maneira, a fixação de curatela em sede de tutela provisória de urgência, deverá ser revestida de caráter cautelar, para possibilitar a conservação imediata de interesses patrimoniais relevantes do interditando.

TÍTULO II
DOS CRIMES E DAS INFRAÇÕES ADMINISTRATIVAS

Edvania Fátima Fontes Godoy

Art. 88. Praticar, induzir ou incitar discriminação de pessoa em razão de sua deficiência:

Pena: reclusão, de 1 (um) a 3 (três) anos, e multa.

§ 1º Aumenta-se a pena em 1/3 (um terço) se a vítima encontrar-se sob cuidado e responsabilidade do agente.

§ 2º Se qualquer dos crimes previstos no *caput* deste artigo é cometido por intermédio de meios de comunicação social ou de publicação de qualquer natureza:

Pena: reclusão, de 2 (dois) a 5 (cinco) anos, e multa.

§ 3º Na hipótese do § 2º deste artigo, o juiz poderá determinar, ouvido o Ministério Público ou a pedido deste, ainda antes do inquérito policial, sob pena de desobediência:

I – recolhimento ou busca e apreensão dos exemplares do material discriminatório;

II – interdição das respectivas mensagens ou páginas de informação na internet.

§ 4º Na hipótese do § 2º deste artigo, constitui efeito da condenação, após o trânsito em julgado da decisão, a destruição do material apreendido.

1. ASPECTOS GERAIS SOBRE O ESTATUTO DA PESSOA COM DEFICIÊNCIA E OS CRIMES PREVISTOS

O Estatuto da Pessoa com Deficiência, Lei Federal 13.146/2015, foi promulgado com o intuito de propiciar igualdade material para as pessoas com deficiência, de modo a dar-lhes dignidade efetiva e tratamento isonômico perante a sociedade.

Especificamente no que tange aos crimes previstos no referido diploma, que são objeto deste capítulo, o legislador buscou assegurar a tutela dos bens jurídicos dignidade da pessoa humana, patrimônio, saúde física e psicológica.

Nos termos do art. 2º, *caput*, do Estatuto da Pessoa com Deficiência, é considerada pessoa com deficiência aquela que possui restrições de natureza física, mental, intelectual ou sensorial em longo prazo. Assim, para que sua participação se dê de forma plena no corpo social, é necessária a redução ou até mesmo o afastamento dos obstáculos e barreiras que impedem ou dificultam sua interação.

É importante ter em mente que as previsões do Estatuto não são regalias, muito pelo contrário, são conquistas da humanidade decorrentes das transformações sociais vivenciadas ao longo da história.

Nesse sentido, merece destaque a Convenção sobre os Direitos das Pessoas com Deficiência promulgada pela Assembleia Geral das Nações Unidas (ONU), em 13 de dezembro de 2006, e, assinada pelo Brasil em 30 de março de 2007.

A Convenção passou a vigorar no âmbito internacional no dia 13 de maio de 2008, e, o Brasil, por sua vez, editou o Decreto Legislativo 186/2008[1] reconhecendo sua eficácia no território nacional e um dos marcos para promulgação da Lei Federal 13.146/2015.

A Convenção deixa evidente no art. 1º seu principal objetivo: "promover, proteger e assegurar o exercício pleno e equitativo de todos os direitos humanos e liberdades fundamentais por todas as pessoas com deficiência e promover o respeito pela sua dignidade inerente."

Segundo Flávio Hermanny Filho[2] a Convenção desviou o foco estatal protecionista, que para alguns, inclusive, era considerado discriminatório, abrindo espaço para a questão primordial da inclusão social, bem como da responsabilidade estatal de propiciar o integral desenvolvimento da pessoa com deficiência. Afirma ele que a nova nuance permitiu o abandono da retrógrada teoria das incapacidades que possibilitava presumir a falta de discernimento do indivíduo tendo em vista qualquer nível de enfermidade psíquica, e a partir disso, aplicar-lhe uma espécie de sanção civil indefensável, que o excluía da sociedade. Como se vê, houve uma mudança de paradigma, de modo que agora é da sociedade o dever de adaptar-se e proporcionar as transformações necessárias para permitir efetivamente a inclusão das pessoas com deficiência.

Ao discorrer sobre a Convenção Flávio Tartuce[3] avulta a existência de duas correntes de pensamento. De um lado estão os que condenam as modificações por

---

1. Disponível em: [http://www.portalinclusivo.ce.gov.br/phocadownload/legislacaodeficiente/convencao%20 sobre%20os%20direitos%20das%20pessoas%20com%20deficiencia.pdf].

2. HERMANNY FILHO, Flávio. Os Impactos do Estatuto da Pessoa com Deficiência no Regime das Incapacidades. Disponível em: [www.conpedi.org.br/publicacoes/02q8agmu/8v3pu3uq/NYDAj0p1T4e5J0fN. pdf]. Acesso em: 16.04.2018, p. 189.

3. TARTUCE, Flávio. Alterações do Código Civil pela Lei 13.146/2015 (Estatuto da Pessoa com Deficiência): Repercussões para o Direito de Família e Confrontações com o Novo CPC. Parte II. 2015. Disponível em: [www.migalhas.com.br/FamiliaeSucessoes/104,MI225871,51045-Alteracoes+do+Codigo+-Civil+pela+lei+131462015+Estatuto+da+Pessoa+com]. Acesso em: 16.04.2018.

acreditarem que a dignidade da pessoa com deficiência deveria ser respaldada por meio de um sistema mais intervencionista, considerando a vulnerabilidade dos indivíduos. Por outro lado, há uma segunda vertente que proclama a inovação por entender que a dignidade-liberdade da pessoa com deficiência foi tutelada de modo a permitir-lhe não somente a inclusão social e a não discriminação, mas também, a garantia de capacidade plena.

Embora haja posições divergentes quanto às modificações introduzidas pela Convenção e, conquanto, seja lamentável que no atual estágio da civilização ainda seja necessária edição de leis para assegurar e resguardar a igualdade de tratamento e a dignidade da pessoa com deficiência, não se pode negar que o Estatuto é uma grande conquista, sobretudo por ter introduzido uma mudança significativa no sistema jurídico pátrio, especialmente na seara cível, considerando seu impacto no instituto da curatela e no regime das incapacidades.

Especificamente no campo penal, muito embora os bens jurídicos tutelados pelos tipos penais previstos no Estatuto tenham importância inquestionável e, a aplicação de pena ao criminoso, propicie à vítima uma sensação de justiça ou até mesmo de "vingança", não se pode negar que a ausência de natureza compensatória deixa um vazio, ao contrário do que ocorre na seara cível, que prevê a obrigação de reparação do dano por parte daquele que pratica um ato ilícito e acarrete dano a outrem (art. 927 CC).

Vale dizer que o Direito Penal não é o único instrumento de controle social, devendo ser utilizado apenas como *ultima ratio*. A simples existência de tipos penais não impede a prática de atos delitivos, como já é cediço no ordenamento penal brasileiro. Desse modo, não se pode deixar exclusivamente a cargo do Direito Penal a difícil tarefa de solucionar questão tão grave como a afronta aos direitos da pessoa com deficiência. O controle social formal do delito realizado pelo Direito Penal permite tão somente o tratamento do efeito, isso quando a ofensa perpetrada chega ao conhecimento das instâncias de controle e repressão e o conjunto probatório é suficiente.

O problema do desrespeito aos direitos básicos da pessoa com deficiência deve ser, antes de tudo, objeto de medidas de conscientização da sociedade e de fortalecimento das entidades que lutam pela proteção e inclusão efetiva da pessoa com deficiência. Infelizmente, há situações em que os próprios familiares não compreendem as limitações e necessidades do vulnerável e se tornam os sujeitos ativos do crime, ou seja, os infratores da norma.

Feitas essas considerações gerais, é oportuno agora discutir as principais alterações trazidas pelo Estatuto no âmbito penal, ou seja, os tipos penais introduzidos (arts. 88, 89, 90 e 91) e suas peculiaridades. O intuito é focar nas mudanças consideradas mais impactantes.

Apesar do título II denominar-se dos crimes e infrações administrativas, verifica-se que houve uma falha técnica por parte do legislador na medida em que não há previsão de infrações administrativas, mas tão somente tipos penais.

2. COMENTÁRIOS AO ART. 88

Depreende-se da leitura do art. 88 que o bem jurídico tutelado é a dignidade da pessoa humana com deficiência. Para sua configuração é necessário que seja perpetrada uma das seguintes condutas criminosas: praticar, induzir ou incitar discriminação[4] de pessoa em razão de sua deficiência de forma dolosa, ou seja, intencional, não sendo possível a configuração da modalidade culposa. A pena prevista é de reclusão de 1 (um) a 3 (três) anos, e multa, podendo, portanto, a depender do caso concreto, ser cumprida em regime inicial fechado, semiaberto ou aberto. A ação penal, como para os demais crimes previstos no Estatuto, é de natureza pública incondicionada, ficando a cargo exclusivo do Ministério Público a propositura de eventual ação penal, haja vista a vulnerabilidade da pessoa com deficiência.

O tipo penal traz em seu bojo duas particularidades. Uma causa de aumento de pena e uma qualificadora. A causa de aumento de pena configura-se caso o crime seja praticado pelo indivíduo que detém o dever de cuidado da pessoa com deficiência, podendo acarretar um aumento da pena em 1/3.

A qualificadora está prevista no § 2º e consiste na prática de qualquer uma das condutas previstas no tipo penal por meio de publicação na internet ou em outro meio de comunicação de qualquer natureza. Para essa hipótese a pena prevista em abstrato varia de dois 2 (dois) a 5 (cinco) anos e multa. Essa qualificadora é de extrema pertinência e relevância, pois se coaduna com os efeitos nefastos das ofensas cometidas por meio de redes sociais, tendo em vista a velocidade e extensão da propagação.

É sujeito ativo do crime aquele que pratica a conduta discriminatória, ou seja, o infrator da norma penal, e sujeito passivo a pessoa com deficiência enquadrada no art. 2º do Estatuto, que sofre a ofensa a sua dignidade. Pode-se citar a título de exemplo a conduta daquele que obstaculiza a entrada de pessoa com deficiência em determinado estabelecimento ante a ausência de acessibilidade, ou, então, aquele que dissemina ofensa à pessoa com deficiência por meio de publicação nas redes sociais ou em grupos de *whatsapp*. O objetivo da norma é impedir a marginalização ou o constrangimento da pessoa com deficiência.

---

4. De acordo com o art. 2º da Convenção Internacional sobre os Direitos da Pessoa com Deficiência ratificada pelo Brasil, considera-se discriminação o ato praticado "por motivo de deficiência significa qualquer diferenciação, exclusão ou restrição baseada em deficiência, com o propósito ou efeito de impedir ou impossibilitar o reconhecimento, o desfrute ou o exercício, em igualdade de oportunidades com as demais pessoas, de todos os direitos humanos e liberdades fundamentais nos âmbitos político, econômico, social, cultural, civil ou qualquer outro. Abrange todas as formas de discriminação, inclusive a recusa de adaptação razoável".

Apenas no caso de cometimento do crime previsto no *caput* do artigo 88, ou seja, a modalidade mais simples, é que será possível a aplicação do benefício da suspensão condicional do processo, disposto no art. 89 da Lei Federal 9.099/1995 (Juizados Especiais Criminais). Para a pessoa que tem o dever de cuidado não é possível o benefício, tendo em vista a previsão de causa de aumento de pena.

Nota-se que, quando perpetrada a discriminação, acarreta grave violação ao exercício de direitos fundamentais em igualdade de condições. Porém, ainda que o tipo penal tutele a dignidade da pessoa com deficiência, é sabido que a aplicação de pena ao ofensor, quando levada a cabo, por si só, não possibilita a compensação da vítima diante da ofensa sofrida, de modo que tem se tornado cada vez mais comum que as vítimas desses crimes optem pelas ações de reparação por danos morais[5]-[6] no âmbito civil ao invés de registrar o boletim de ocorrência e aguardar o desfecho de uma ação penal. Infelizmente a máquina penal é morosa e não propicia à vítima o respaldo adequado.

Não raras vezes, a vítima sofre nova privação de sua dignidade ao procurar apoio no sistema penal. Sem contar que o procedimento criminal ainda não goza de meios adequados para informar a vítima do andamento processual, fato que gera um novo sentimento de descaso diante da ofensa sofrida.

Tal realidade, além de desestimular a vítima a buscar a represália penal para o agente que praticou o crime, ainda impede a obtenção e consequente sistematização concreta de dados acerca do cometimento desses crimes, reforçando a chamada cifra negra, que é fator impeditivo para que se possa vislumbrar a estatística real dos crimes praticados contra a pessoa com deficiência.

Nessa toada é importante ressaltar que em várias ocasiões a discriminação é cometida por meio de injúria consistente na utilização de elementos referentes à

---

5. DANOS MORAIS. Autora, deficiente física, que precisou ser carregada para ter acesso a evento realizado no clube do réu. Ausência de acessibilidade em banheiro. Equipamentos de acessibilidade que, se disponíveis, não foram informados à autora. Discriminação configurada (art. 4º, § 1º, do Estatuto da Pessoa com Deficiência). Caracterização de ofensa à honra subjetiva da autora. Danos morais configurados. Situação que ultrapassou o mero aborrecimento ou dissabor cotidiano. Majoração da indenização fixada (R$ 10.000,00). Recurso da autora parcialmente provido. Recurso do réu improvido (TJSP; APL 1004509-44.2015.8.26.0482; Ac. 9619168; Presidente Prudente; Quarta Câmara de Direito Privado; Rel. Des. Hamid Bdine; j. 21 jul. 2016; DJESP 12 ago. 2016).

6. Apelação Cível. Contrato de transporte. Ação de reparação de danos morais. Passageiro com deficiência física a quem se negou auxílio para subir em meio de transporte coletivo. Veículo não adaptado para o transporte de cadeirante. Proibição de discriminação nos termos do artigo 5º, *caput*, da Constituição Federal e do artigo 4º, *caput* e § 1º do Estatuto da Pessoa com Deficiência. Direito da pessoa com deficiência de embarque e desembarque nos veículos de transporte coletivo com prioridade e segurança, nos termos do artigo 48, § 2º, do Estatuto da Pessoa com Deficiência. Dano moral caracterizado. Termo inicial dos juros de mora corretamente fixado como a data do evento danoso, nos termos da Súmula 54 do E. Superior Tribunal de Justiça. Indenização fixada em R$ 10.000,00 (dez mil reais). Sentença mantida. Recurso não provido (TJSP; APL 1000926-85.2015.8.26.0115; Ac. 11194161; Campo Limpo Paulista; Décima Sexta Câmara de Direito Privado; Rel. Desª Daniela Menegatti Milano; J. 20 fev. 2018; DJESP 23 mar. 2018, p. 1873).

condição de pessoa com deficiência, configurando, nesse caso, o crime de injúria racial[7] e enquadrando-se no § 3º do art. 140 do Código Penal, cuja pena prevista é de reclusão de 1 (um) a 3 (três) anos e multa. A natureza da ação penal nesse caso será pública, condicionada à representação do ofendido, conforme se depreende da previsão contida no art. 145, parágrafo único, do Código Penal. A pessoa com deficiência que é vítima de crime de injúria racial tem prazo de 6 meses a contar do conhecimento da autoria para efetuar a representação, sem a qual o Ministério Público fica impedido de mover a ação penal.

Como já dito alhures, o Estatuto da Pessoa com deficiência é sem dúvida um grande avanço no que tange a luta pela inserção social efetiva e igualitária da pessoa com deficiência, no entanto, é preciso ter em mente que mais do que esperar a devida punição daqueles que praticam os crimes previstos no Estatuto, o maior desejo da pessoa com deficiência é ver seus direitos básicos respeitados.

Sob esse aspecto, é certo que não se pode abrir mão da tutela penal na defesa da pessoa com deficiência, no entanto, é *mister* que essa prestação jurisdicional seja concreta e alcance seu objetivo de forma efetiva, proporcionando na pessoa com deficiência o sentimento punitivo-retributivo que é característico das penas.

> **Art. 89.** Apropriar-se de ou desviar bens, proventos, pensão, benefícios, remuneração ou qualquer outro rendimento de pessoa com deficiência:
>
> Pena – reclusão, de 1 (um) a 4 (quatro) anos, e multa.
>
> Parágrafo único. Aumenta-se a pena em 1/3 (um terço) se o crime é cometido:
>
> I – por tutor, curador, síndico, liquidatário, inventariante, testamenteiro ou depositário judicial; ou
>
> II – por aquele que se apropriou em razão de ofício ou de profissão.

3. COMENTÁRIOS AO ART. 89

O tipo penal previsto no art. 89 tem como bem jurídico protegido o patrimônio da pessoa com deficiência. Para que seja configurada a conduta delitiva é necessário que o agente aproprie-se ou desvie bens móveis ou imóveis, proventos, pensão, benefícios, remuneração ou qualquer outro rendimento da pessoa com deficiência. Como o delito é perpetrado no tempo, considera-se crime permanente.

---

7. Apelação criminal – Crime contra a honra – Injúria qualificada – Condição de pessoa portadora de deficiência – Autoria comprovada – Elemento subjetivo do tipo – Intenção de ofender a vítima – Condenação mantida – Recurso conhecido e desprovido. – Restando comprovado que o agente agiu com o *animus injuriandi*, ao proferir palavras ofensivas à condição da vítima de portadora de deficiência, a condenação deve ser mantida (TJ-MG – APR: 10487130012775001 MG, Relator: Adilson Lamounier, j. 06 set. 2016, Câmaras Criminais / 5ª Câmara Criminal, Data de Publicação: 15 set. 2016).

O crime é punido com pena de reclusão de 1 (um) a 4 (quatro) anos e multa e a ação penal é de natureza pública incondicionada. Há previsão de aumento de pena no parágrafo único em 1/3 se o crime for cometido por quem tem o dever de cuidado dos bens da pessoa com deficiência, por exemplo, seu tutor ou curador. Incorre na mesma causa de aumento de pena aquele que faz uso de sua profissão para praticar o delito, um funcionário de banco por exemplo.

É considerado sujeito ativo o agente infrator da norma e sujeito passivo a vítima, devendo esta ser pessoa com deficiência. O tipo penal não admite a modalidade culposa. Apenas na modalidade simples, prevista no *caput,* é passível do benefício da suspensão condicional do processo previsto no art. 89 da Lei Federal 9.099/95 (Juizado Especial Criminal).

A prática dessa modalidade de crime está envolta numa teia de fragilidade no que concerne à formação de um conjunto probatório apto a sustentar um decreto condenatório, especialmente quando a conduta criminosa é praticada por aquele que tem o dever de cuidado dos bens da pessoa com deficiência. A realidade evidencia que não raras vezes o conjunto probatório é amealhado, não permitindo alcançar a certeza real de que o tutor ou curador deu aplicação diversa aos proventos da vítima, tanto é verdade que a jurisprudência é parca sobre o tema, o que se acredita ser consequência de dois motivos, a dificuldade de chegar ao conhecimento da autoridade policial a ocorrência da conduta criminosa e, consequentemente, a dificuldade de constituir um acervo probatório escorreito quanto à autoria e materialidade da conduta.[8]

No entanto, o reconhecimento desse obstáculo não pode ofuscar a grande inovação trazida pelo tipo penal de apropriação ou desvio dos bens da pessoa com deficiência, que é o afastamento da possibilidade de aplicação das escusas absolutórias[9] ante a especialidade da Lei 13.146/2015.

É cabível mencionar que o comportamento descrito na norma já estava previsto no ordenamento penal, podendo configurar, a depender da conduta perpetrada pelo agente, o crime de furto ou apropriação indébita, previstos respectivamente nos artigos 155 e 168 do Código Penal. Porém, em relação a estes tipos penais, quando cometidos em prejuízo da pessoa com deficiência, era cabível a aplicação das escusas absolutórias, que nada mais são do que causas excludentes de punibilidade.

---

8. Crime de apropriação indébita, em continuidade delitiva, de benefícios do INSS de pessoa com deficiência mental, dando-lhes aplicação diversa de sua finalidade. Absolvição. Possibilidade. Conjunto probatório insuficiente para sustentar o decreto condenatório. Conjunto probatório que é insuficiente a ensejar a condenação do réu, sendo de rigor a aplicação do princípio do *in dubio pro reo*. Recurso provido (TJSP; APL 0001841-52.2011.8.26.0355; Ac. 10982704; Miracatu; Décima Quinta Câmara de Direito Criminal; Rel. Des. Willian Campos; J. 16 nov. 2017; *DJESP* 08 jan. 2018; p. 1802).

9. Código Penal – "Art. 181. É isento de pena quem comete qualquer dos crimes previstos neste título, em prejuízo: I – do cônjuge, na constância da sociedade conjugal; II – de ascendente ou descendente, seja o parentesco legítimo ou ilegítimo, seja civil ou natural."

Desse modo, antes da promulgação do Estatuto da Pessoa com Deficiência, era possível que o agente que praticou a conduta descrita no tipo penal de furto ou apropriação indébita ficasse isento de pena. Todavia, as escusas absolutórias só são aplicáveis aos crimes contra o patrimônio previstos no Código Penal, sendo certa sua inaplicabilidade no que tange aos crimes previstos na Lei Federal 13.146/2015.

Enfim, a questão atualmente deve concentrar-se, primeiro, nos meios de controle para resguardar o patrimônio da pessoa com deficiência, de modo que sua vulnerabilidade não caracterize um incentivo para a prática de delitos dessa natureza, deixando a cargo do Direito Penal a repressão apenas em último caso.

> **Art. 90**. Abandonar pessoa com deficiência em hospitais, casas de saúde, entidades de abrigamento ou congêneres:
>
> Pena: reclusão, de 6 (seis) meses a 3 (três) anos, e multa.
>
> Parágrafo único. Na mesma pena incorre quem não prover as necessidades básicas de pessoa com deficiência quando obrigado por lei ou mandado.

4. COMENTÁRIOS AO ART. 90

Consoante se infere da análise do art. 90, o bem jurídico tutelado pela norma é a saúde física e psicológica da pessoa com deficiência, bem como o seu direito à convivência familiar e comunitária. O tipo penal prevê pena de reclusão de 6 (seis) meses a 3 (três) anos, e multa para aquele que abandonar pessoa com deficiência em hospitais, casas de saúde, entidades de abrigamento ou congêneres. A ação penal, como nos demais crimes, é de natureza pública incondicionada e o crime admite a suspensão condicional do processo (art. 89 da Lei Federal 9.099/1995). Trata-se de crime permanente cuja conduta dolosa do infrator consiste em omissão.

Seriam exemplos de configuração do delito as condutas de internar a pessoa com deficiência em casa de saúde e não mais voltar para fazer visitas ou então indicar falsos dados para contato no hospital, entidade de abrigamento ou congênere, deixando o individuo a própria mercê.

O crime não conta com causa de aumento de pena, porém, incorpora em seu parágrafo único uma segunda conduta típica ao dispor que incorre na mesma pena aquele que não provê as necessidades básicas da pessoa com deficiência quando este é o seu dever, deixando, por exemplo, de dar comida ou propiciar cuidados básicos de higiene.

Ressalte-se que não é possível confundir a conduta descrita no tipo penal em discussão com os crimes de abandono de incapaz ou abandono material, previstos, respectivamente, nos artigos 133 e 244 do Código Penal, pois a partir da edição do Estatuto a pessoa com deficiência não mais é considerada absolutamente incapaz (art. 3º CC) e o diploma legal é lei especial.

No que concerne especificamente à conduta daquele que não provê as necessidades básicas da pessoa com deficiência, é de se dizer que esse delito em algumas situações pode acontecer em meio à prática de outros delitos mais graves como cárcere privado e/ou maus-tratos, por exemplo, de forma que a conduta perpetrada prevista no Estatuto acaba sendo absorvida por crimes mais graves[10] previstos no ordenamento penal.

A constatação dessa realidade deixa evidente que o maior entrave na luta pela efetividade dos direitos e garantias da pessoa com deficiência parece ser inicialmente a ausência de consciência por parte da própria família, em especial daqueles que têm o dever de cuidado. A tão falada cultura de inclusão, muito embora careça ser melhor difundida na sociedade, deve também ser objeto de promoção dentro da própria família da pessoa com deficiência.

A tutela penal e sua *ultima ratio* enquanto instrumento de controle social formal do delito não pode suprir a ausência da maturidade social no tratamento e inclusão da pessoa com deficiência.

> **Art. 91**. Reter ou utilizar cartão magnético, qualquer meio eletrônico ou documento de pessoa com deficiência destinados ao recebimento de benefícios, proventos, pensões ou remuneração ou à realização de operações financeiras, com o fim de obter vantagem indevida para si ou para outrem:
>
> Pena: detenção, de 6 (seis) meses a 2 (dois) anos, e multa.
>
> Parágrafo único. Aumenta-se a pena em 1/3 (um terço) se o crime é cometido por tutor ou curador.

5. COMENTÁRIOS AO ART. 91

Entre os tipos penais previstos no Estatuto, é provável que o art. 91 seja o que detém maior dificuldade de configuração diante do caso concreto, no entanto, o legislador impôs apenas para ele pena detenção (regimes semiaberto ou aberto), já que os demais crimes previstos no Estatuto são todos punidos com pena de reclusão.

Igualmente ao crime previsto no art. 89, o bem jurídico aqui protegido é o patrimônio e só se admite a modalidade dolosa. A pena prevista em abstrato varia de 6 (seis) meses a 2 (dois) anos de detenção, e multa. Nota-se que a pena de multa é cumulativa em todos os tipos penais previstos no Estatuto. A ação penal é pública incondicionada e diante do fato da pena em abstrato não ultrapassar dois anos o crime deve ser processado no Juizado Especial Criminal (Lei Federal 9.099/1995), reservado exclusivamente para o julgamento dos crimes de menor potencial ofensivo,

---

10. Vide dois recentes casos que ganharam repercussão nacional: Armando Bezerra de Andrade em Guarulhos (SP); e José Antonio do Nascimento em Areia Branca (RN). Ambos são pessoas com deficiência mental e foram mantidos em cárcere privado e submetidos a maus-tratos por parte de familiares por vários anos.

sendo passível, portanto, de aplicação do benefício da transação penal (art. 76) ou da suspensão condicional do processo (art. 89), dispostos na referida Lei.

O sujeito ativo do crime é a pessoa que retém ou utiliza cartão magnético ou documento da pessoa com deficiência a fim de obter vantagem indevida em proveito próprio ou de terceiro. O sujeito passivo é a vítima da conduta delitiva, ou seja, a pessoa com deficiência.

Mais uma vez o Estatuto prevê causa de aumento de pena em 1/3, prevista no parágrafo único, caso o crime seja praticado por aquele que tem o dever de cuidado da pessoa com deficiência, seu tutor ou curador.

A jurisprudência quanto a essa modalidade de crime é por hora inexistente, mas seria exemplo de configuração, a conduta do agente que em posse de cartão magnético, contrata empréstimo em terminal eletrônico de agência bancária sem a devida autorização da pessoa com deficiência.

É sabido que a ausência de jurisprudência não reflete a inexistência da prática desse tipo de crime, pelo contrário, é um indicador alarmante de que a pessoa com deficiência submetida a esse tipo de crime não encontra meios para se desvencilhar da situação e registrar a ocorrência perante a autoridade policial.

Há episódios em que familiares e amigos ou vizinhos fazem vista grossa diante do cometimento de delitos dessa natureza contra a pessoa com deficiência, seja por receio de ter que assumir a responsabilidade de cuidado, no caso de familiares, ou por receio de testemunhar em uma ação penal, no caso de amigos e vizinhos, ou então, por ser necessário se indispor diretamente com aquele que praticou o crime. Seja como for, a pessoa com deficiência torna-se vítima do crime e refém da situação.

Mais uma vez resta nítido que o Direito Penal, por si só, não possui instrumentos para coibir esse tipo de violência perpetrada diuturnamente contra a pessoa com deficiência. A represália a esse tipo de conduta deve ser trabalhada de modo a evitar a ofensa, vez que a instauração de procedimento criminal e eventual punição do criminoso não tem o condão de compensar a vítima ou satisfazer seu sentimento de justiça.

As finalidades precípuas do Estatuto: defesa da dignidade humana da pessoa com deficiência, tratamento isonômico perante a sociedade e a restrição da capacidade de fato somente na medida do estritamente necessário e de forma proporcional são objetivos que os tipos penais introduzidos pela Lei Federal 13.146/2015 não conseguem efetivamente tutelar, tendo em vista todos os motivos expostos. Ao Direito Penal, em razão do princípio da intervenção mínima, só cabe atuar quando já se concretizou a afronta ao bem jurídico, de modo que a busca pela igualdade material, inclusão e proteção da pessoa com deficiência é tarefa a ser desenvolvida e empenhada por outras áreas a fim de que esses indivíduos tenham assegurado de forma permanente o exercício da sua autodeterminação.

Enfim, reconhecendo-se a escassez de doutrina e jurisprudência dos Tribunais pátrios em relação aos tipos penais introduzidos pelo Estatuto da Pessoa com Deficiência, é plausível apenas rematar que o tema exige atenção e complementos, portanto, generalizações devem ser evitadas. É certo que o diploma legal ainda é uma conquista recente e por esse motivo outros posicionamentos e debates hão de ser levantados, contudo, o que se espera é que essa discussão ganhe força e as pessoas com deficiência, que eram até então "invisíveis" para muitos da sociedade, possam finalmente se sentir incluídas.

TÍTULO III
DISPOSIÇÕES FINAIS E TRANSITÓRIAS

Almir Gallassi
Bruno Henrique Martins Pirolo

Art. 92. É criado o Cadastro Nacional de Inclusão da Pessoa com Deficiência (Cadastro-Inclusão), registro público eletrônico com a finalidade de coletar, processar, sistematizar e disseminar informações georreferenciadas que permitam a identificação e a caracterização socioeconômica da pessoa com deficiência, bem como das barreiras que impedem a realização de seus direitos.

§ 1º O Cadastro-Inclusão será administrado pelo Poder Executivo federal e constituído por base de dados, instrumentos, procedimentos e sistemas eletrônicos.

§ 2º Os dados constituintes do Cadastro-Inclusão serão obtidos pela integração dos sistemas de informação e da base de dados de todas as políticas públicas relacionadas aos direitos da pessoa com deficiência, bem como por informações coletadas, inclusive em censos nacionais e nas demais pesquisas realizadas no País, de acordo com os parâmetros estabelecidos pela Convenção sobre os Direitos das Pessoas com Deficiência e seu Protocolo Facultativo.

§ 3º Para coleta, transmissão e sistematização de dados, é facultada a celebração de convênios, acordos, termos de parceria ou contratos com instituições públicas e privadas, observados os requisitos e procedimentos previstos em legislação específica.

§ 4º Para assegurar a confidencialidade, a privacidade e as liberdades fundamentais da pessoa com deficiência e os princípios éticos que regem a utilização de informações, devem ser observadas as salvaguardas estabelecidas em lei.

§ 5º Os dados do Cadastro-Inclusão somente poderão ser utilizados para as seguintes finalidades:

I – formulação, gestão, monitoramento e avaliação das políticas públicas para a pessoa com deficiência e para identificar as barreiras que impedem a realização de seus direitos;

II – realização de estudos e pesquisas.

§ 6º As informações a que se refere este artigo devem ser disseminadas em formatos acessíveis.

1. COMENTÁRIOS AO ART. 92

O Decreto n8.954 de 10 de janeiro de 2017, instituiu o Comitê do Cadastro de Inclusão da Pessoa com Deficiência e da Avaliação Unificada da Deficiência. Os objetivos desse cadastro estão estabelecidos no art. 3º: I – promover a padronização e a homogeneidade semântica dos dados sobre as pessoas com deficiência, de forma a possibilitar a integração de sistemas de informação e bases de dados; II – reunir e sistematizar informações de bases de dados e sistemas de informação de órgãos públicos necessárias para a formulação, a implementação, o monitoramento e a avaliação das políticas de promoção dos direitos das pessoas com deficiência, especialmente aquelas referentes às barreiras que impedem a realização de seus direitos; III – fomentar a realização de estudos e pesquisas que promovam o conhecimento técnico-científico sobre as pessoas com deficiência e as barreiras que impedem a realização de seus direitos; e IV – promover a transparência ativa das ações do Estado, de modo a permitir a divulgação e a disseminação de informações que promovam o conhecimento sobre o grau de realização dos direitos das pessoas com deficiência.

Trata-se de uma importante fonte de informação com o objetivo principal de buscar a inclusão social da pessoa com deficiência. Além disso, nos termos do art. 4º do respectivo Decreto, compete ao Comitê do Cadastro Nacional de Inclusão da Pessoa com Deficiência e da Avaliação Unificada da Deficiência: I – criar instrumentos para a avaliação da deficiência; II – estabelecer diretrizes, definir estratégias e adotar medidas para subsidiar a validação técnico-científica dos instrumentos de avaliação biopsicossocial da deficiência, com base no Índice de Funcionalidade Brasileiro; III – promover a multiprofissionalidade e a interdisciplinaridade na avaliação biopsicossocial da deficiência; IV – articular a implantação da avaliação biopsicossocial da deficiência no âmbito da administração pública federal; V – coordenar e monitorar a implementação dos instrumentos de avaliação biopsicossocial da deficiência em cada órgão e entidade da administração pública federal competente, consideradas as especificidades das avaliações setorialmente realizadas; VI – disseminar informações sobre a implantação da avaliação biopsicossocial da deficiência e promover a participação das pessoas com deficiência; VII – estabelecer diretrizes para a implantação do Cadastro-Inclusão e acompanhar seus processos de consolidação e aperfeiçoamento; VIII – definir estratégias e adotar medidas para garantir a interoperabilidade entre registros administrativos e outras fontes de informação da administração pública federal sobre as pessoas com deficiência; IX – definir procedimentos a serem adotados na administração pública federal que assegurem o sigilo das informações sobre as pessoas com deficiência no Cadastro-Inclusão; X – articular-se com órgãos e entidades públicas, organismos internacionais e organizações da sociedade civil que desenvolvam pesquisas ou contem com registros e bases de dados sobre as pessoas com deficiência, para coleta, transmissão e sistematização de dados; e XI – promover, por meio de parcerias, pesquisas científicas sobre a caracterização socioeconômica da pessoa com deficiência e as barreiras que impeçam a efetivação de seus direitos.

De acordo com o estabelecido nesse artigo, o Cadastro Nacional da Pessoa com Deficiência poderá contribuir no fornecimento de dados que possam direcionar para a implementação de Políticas Públicas eficazes para que a pessoa com deficiência consiga a efetivação de seus direitos, levando em consideração não somente o aspecto relacionado à deficiência, mas também, sua situação econômica.

No Estado brasileiro há, infelizmente, uma divisão socioeconômica que proporciona uma discriminação social muito grande. Basta verificar a situação envolvendo a região Norte e Nordeste do Estado brasileiro em relação aos Estados do Sul e Sudeste. Essa falta de estrutura pode contribuir para uma não inclusão desses grupos. Por se tratar de grupos vulneráveis, a participação do Estado se faz necessária, para garantir o monitoramento de ações positivas que possam incluir esses grupos no meio social.

À título exemplificativo é possível observar a situação de crianças com deficiência e sua inclusão no âmbito escolar, onde uma avaliação de modo equivocado no aspecto quantitativo, no sentido de se levar em consideração que houve um aumento significativo nos últimos anos de crianças com deficiência no ensino regular, todavia, essa não é a realidade, tendo em vista que o fato de a criança com deficiência estar numa sala e aula com outras crianças não é sinônimo de inclusão, outros dados devem ser obtidos para que realmente se possa concluir que essa criança está incluída, que participa ativamente, respeitando sua deficiência, das mesmas atividades de outras crianças.

> **Art. 93**. Na realização de inspeções e de auditorias pelos órgãos de controle interno e externo, deve ser observado o cumprimento da legislação relativa à pessoa com deficiência e das normas de acessibilidade vigentes.

2. COMENTÁRIOS AO ART. 93

Questões relacionadas à pessoa com deficiência não podem ficar meramente no plano normativo. As ações estabelecidas em lei devem ser efetivadas com o objetivo principal de buscar a inclusão da pessoa com deficiência e a concretização do princípio constitucional da igualdade.

Nesse sentido, o art. 93 estabelece ações voltadas aos Tribunais de Contas dos Estados para realização de auditorias e fiscalização no sentido de avaliar se está ocorrendo o cumprimento da legislação relativa à pessoa com deficiência no que concerne a sua acessibilidade.

Tal consideração é fundamental em se tratando da pessoa com deficiência, isso porque, uma das maiores dificuldades enfrentadas por esses grupos é a acessibilidade, o que acaba restringindo seu direito de ir e vir, dificultando de maneira direta sua convivência social.

A questão da acessibilidade está prevista em diversos dispositivos legais que tratam da pessoa com deficiência. A Lei 13.146, de 06 de junho de 2015, em seu art. 3º, I – acessibilidade: possibilidade e condição de alcance para utilização, com segurança e autonomia, de espaços, mobiliários, equipamentos urbanos, edificações, transportes, informação e comunicação, inclusive seus sistemas e tecnologias, bem como de outros serviços e instalações abertos ao público, de uso público ou privados de uso coletivo, tanto na zona urbana como na rural, por pessoa com deficiência ou com mobilidade reduzida;

Em relação a questões de barreiras, a Lei 13.146, de 06 de junho de 2015, esclarece em seu art. 3º, IV – barreiras: qualquer entrave, obstáculo, atitude ou comportamento que limite ou impeça a participação social da pessoa, bem como o gozo, a fruição e o exercício de seus direitos à acessibilidade, à liberdade de movimento e de expressão, à comunicação, ao acesso à informação, à compreensão, à circulação com segurança, entre outros, classificadas em: a) barreiras urbanísticas: as existentes nas vias e nos espaços públicos e privados abertos ao público ou de uso coletivo; b) barreiras arquitetônicas: as existentes nos edifícios públicos e privados; c) barreiras nos transportes: as existentes nos sistemas e meios de transportes; d) barreiras nas comunicações e na informação: qualquer entrave, obstáculo, atitude ou comportamento que dificulte ou impossibilite a expressão ou o recebimento de mensagens e de informações por intermédio de sistemas de comunicação e de tecnologia da informação; e) barreiras atitudinais: atitudes ou comportamentos que impeçam ou prejudiquem a participação social da pessoa com deficiência em igualdade de condições e oportunidades com as demais pessoas; f) barreiras tecnológicas: as que dificultam ou impedem o acesso da pessoa com deficiência às tecnologias.

Demais questões relacionadas à acessibilidade estão previstas nos arts. 53 a 62 do Estatuto da Pessoa com deficiência (Lei 13.146 de 2015).

A Convenção Internacional sobre os Direitos das Pessoas com Deficiência, incorporada no ordenamento jurídico brasileiro através do Decreto 6. 949, de 25 de agosto de 2009, prevê a questão da acessibilidade em seu art. 9º, ao estabelecer que: A fim de possibilitar às pessoas com deficiência viver de forma independente e participar plenamente de todos os aspectos da vida; os Estados-Partes tomarão as medidas apropriadas para assegurar às pessoas com deficiência o acesso, em igualdade de oportunidades com as demais pessoas, ao meio físico, ao transporte, à informação e comunicação, inclusive aos sistemas e tecnologias da informação e comunicação, bem como a outros serviços e instalações abertos ao público ou de uso público, tanto na zona urbana como na rural. Essas medidas, que incluirão a identificação e a eliminação de obstáculos e barreiras à acessibilidade, serão aplicadas, entre outros.

A própria Convenção Interamericana para eliminação de todas as formas de discriminação as pessoas com deficiência, incorporado no ordenamento jurídico brasileiro através do Decreto 3956, de 08 de outubro de 2001, propõe a participação efetiva dos Estados na execução de medidas para efetivação dos direitos da pessoa com deficiência, dentre elas: Para alcançar os objetivos desta Convenção, os Estados-Partes comprometem-se a: 1. Tomar as medidas de caráter legislativo, social, educacional, trabalhista, ou de qualquer outra natureza, que sejam necessárias para eliminar a discriminação contra as pessoas portadoras de deficiência e proporcionar a sua plena integração à sociedade, entre as quais as medidas abaixo enumeradas, que não devem ser consideradas exclusivas: a) medidas das autoridades governamentais e/ou entidades privadas para eliminar progressivamente a discriminação e promover a integração na prestação ou fornecimento de bens, serviços, instalações, programas e atividades, tais como o emprego, o transporte, as comunicações, a habitação, o lazer, a educação, o esporte, o acesso à justiça e aos serviços policiais e as atividades políticas e de administração; b) medidas para que os edifícios, os veículos e as instalações que venham a ser construídos ou fabricados em seus respectivos territórios facilitem o transporte, a comunicação e o acesso das pessoas portadoras de deficiência; c) medidas para eliminar, na medida do possível, os obstáculos arquitetônicos, de transporte e comunicações que existam, com a finalidade de facilitar o acesso e uso por parte das pessoas portadoras de deficiência; e d) medidas para assegurar que as pessoas encarregadas de aplicar esta Convenção e a legislação interna sobre esta matéria estejam capacitadas a fazê-lo.

Diante das legislações apresentadas, se faz necessário realmente que o Estado, através de seus órgãos, possa verificar às implementações daquilo que está previsto em lei e que é direito da pessoa com deficiência. Somente com uma atuação efetiva em relação à fiscalização e acompanhamento de ações implementadas é que se pode auferir a real situação da pessoa com deficiência em seu relacionamento social, na busca incansável pela igualdade material, respeitando, sempre, suas limitações. Limitação não significa exclusão, mas uma forma de fazer algo diferente que possa incluir essas pessoas no meio social.

> **Art. 94**. Terá direito a auxílio-inclusão, nos termos da lei, a pessoa com deficiência moderada ou grave que:
>
> I – receba o benefício de prestação continuada previsto no art. 20 da Lei 8.742, de 7 de dezembro de 1993, e que passe a exercer atividade remunerada que a enquadre como segurado obrigatório do RGPS;
>
> II – tenha recebido, nos últimos 5 (cinco) anos, o benefício de prestação continuada previsto no art. 20 da Lei 8.742, de 7 de dezembro de 1993, e que exerça atividade remunerada que a enquadre como segurado obrigatório do RGPS.

3. COMENTÁRIOS AO ART. 94

O artigo 94 do Estatuto veio criar o auxílio-inclusão, o qual é um valor a ser pago as pessoas com deficiência que estão inseridas no mercado de trabalho. O valor a ser pago dependerá da avaliação da deficiência e do grau de impedimento para o exercício da atividade laboral, não podendo ser inferior a meio salário-mínimo. Ou seja, o trabalhador que possua alguma deficiência e passa a ser ativo no mercado de trabalho terá uma ajuda de custo, acrescendo ao valor recebido a título de salário.

O Projeto de Lei 2.130/2015 de autoria da Deputada Mara Gabrilli pretende regulamentar o referido auxilio, conforme artigo 1º:

> Art. 1º Fica instituído o auxílio-inclusão, benefício de caráter indenizatório, a ser pago a toda pessoa com deficiência que exerça atividade remunerada que a enquadre como segurado obrigatório do Regime Geral de Previdência Social ou como filiada a Regime Próprio de Previdência dos servidores públicos de todas as esferas de Governo.
>
> § 1º O valor do benefício dependerá da avaliação da deficiência e do grau de impedimento para o exercício da atividade laboral, não podendo ser inferior a cinquenta por cento do salário-mínimo.
>
> § 2º O auxílio-inclusão não poderá ser acumulado com prestações pagas a título de aposentadoria, exceto se a pessoa com deficiência continuar ou retornar ao exercício de atividade remunerada, nos termos do caput deste artigo.
>
> § 3º O Benefício de Prestação Continuada da pessoa com deficiência que passar a exercer atividade remunerada e receber o auxílio-inclusão será suspenso, voltando a ser pago, independentemente de perícia médica, em caso de rompimento da relação de emprego.
>
> § 4º Na hipótese de a pessoa com deficiência ter direito ao seguro-desemprego após o rompimento da relação de emprego, o pagamento do Benefício de Prestação Continuada só será reativado findo o pagamento daquelas parcelas, assegurado o direito de opção.

Segundo Mara Gabrilli: "Trata-se de um benefício a ser pago exclusivamente durante a vida laboral da pessoa com deficiência".[1]

O auxílio-inclusão será pago pelas agências do Instituto Nacional do Seguro Social (INSS) e será custeado com recursos do Orçamento da Seguridade Social, nos mesmos moldes do benefício assistencial de prestação continuada.

O benefício de prestação continuada, por sua vez, tem previsão nos artigos 2º, "E", e 20 da Lei 8.742/1993, que institui e organiza a Assistência Social. Esse benefício garante um (01) salário-mínimo a pessoas idosas acima de 65 anos e/ ou doentes-deficientes que não possuem meios de prover a própria manutenção ou de tê-la provida por sua família.

Esse benefício, também chamado de LOAS (inicias da Lei Orgânica da Assistência Social), também é realizado pela estrutura da Previdência Social, entretanto, com responsabilidade financeira da Assistência Social.

Com a instituição do auxílio-inclusão, caso a pessoa que possua alguma deficiência esteja recebendo o Benefício da Prestação Continuada e se insira no mercado de trabalho, terá o referido benefício suspenso, passando o segurado a receber o seu

---

1. GABRILLI. Mara. Câmara Notícias. Brasília, mar. 2016. Disponível em: [http://www2.camara.leg.br/camaranoticias/noticias/TRABALHO-E-PREVIDENCIA/505255-PESSOA-COM-DEFICIENCIA-QUE-TRABALHE--PODERA-RECEBER-AUXILIO-INCLUSAO.html]. Acesso em: 24 de out. 2017.

salário pelo trabalho e o acréscimo do benefício de auxílio-inclusão. Caso o contrato de trabalho seja interrompido, trabalhador-deficiente poderá optar pelo recebimento do seguro-desemprego ou o reestabelecimento benefício do LOAS a qual recebia antes de se inserir no mercado de trabalho. Se optar por receber as parcelas do seguro, o pagamento do Benefício de Prestação Continuada só será reativado após o recebimento de todas as parcelas do seguro.

Atualmente muitas pessoas com deficiência não adentram ao mercado de trabalho por receio de perder o LOAS. Assim, o auxílio-inclusão encorajará as pessoas com deficiência a abrirem mão do LOAS, já que irão receber o auxílio-inclusão juntamente ao salário pelo trabalho exercido, sendo que ao ingressarem no mercado de trabalho se desenvolverão como cidadãos, e não ficarão estagnados sob a garantia do recebimento do LOAS.

Portanto, o principal objetivo do auxílio-inclusão é promover a inserção no mercado de trabalho de pessoas que detêm total capacidade de exercer atividades laborativas em situação de igualdade (ou até mais eficientes) que a grande parcela dos trabalhadores, mas que ficam à margem dessa possibilidade por fatores socioculturais.

Pode se dizer que a incapacidade não é da pessoa e sim do próprio sistema que dificulta a inserção dos mesmos no mercado de trabalho, vide como exemplo, o sistema de cotas de trabalhadores com alguma deficiência, que mesmo com norma positivada, ainda, sofre resistência por parte do próprio mercado de trabalho.

Art. 95. É vedado exigir o comparecimento de pessoa com deficiência perante os órgãos públicos quando seu deslocamento, em razão de sua limitação funcional e de condições de acessibilidade, imponha-lhe ônus desproporcional e indevido, hipótese na qual serão observados os seguintes procedimentos:

I – quando for de interesse do poder público, o agente promoverá o contato necessário com a pessoa com deficiência em sua residência;

II – quando for de interesse da pessoa com deficiência, ela apresentará solicitação de atendimento domiciliar ou fará representar-se por procurador constituído para essa finalidade.

Parágrafo único. É assegurado à pessoa com deficiência atendimento domiciliar pela perícia médica e social do Instituto Nacional do Seguro Social (INSS), pelo serviço público de saúde ou pelo serviço privado de saúde, contratado ou conveniado, que integre o SUS e pelas entidades da rede socioassistencial integrantes do Suas, quando seu deslocamento, em razão de sua limitação funcional e de condições de acessibilidade, imponha-lhe ônus desproporcional e indevido.

4. COMENTÁRIOS AO ART. 95

O artigo 95 institui o caráter não obrigatório da presença física das pessoas com alguma deficiência que proporcionam limitações e/ou dificuldades em seu deslocamento nas repartições públicas.

Quando a presença da pessoa com deficiência for de interesse do órgão público, é sua a responsabilidade de contato com o cidadão e seu atendimento em sua residência. Quando for de interesse da própria pessoa portadora de alguma deficiência, ela pode apresentar solicitação para atendimento em sua residência ou ser representado por procurador constituído sem maiores obstáculos.

Levando em consideração outro problema recorrente no Brasil, que é sua insuficiência de infraestrutura básica, como no caso dos transportes coletivos não preparados e em quantidades insuficientes para atendimento à população, malha asfáltica rodoviária quase sempre em condições degradantes e, ainda, entre outros fatores, a má preparação para receber na sociedade pessoas com deficiência, como a falta de rampas de acesso etc., se torna imprescindível norma positivada que regule a obrigatoriedade do Estado em compensar pessoas com alguma deficiência, facilitando seu atendimento.

Assim, fica definido o atendimento domiciliar para cidadãos portadores de deficiência quando necessitarem de serviços públicos. Bom exemplo e importante destacar o caso das perícias médicas no INSS, onde a própria Lei 8.213/1991, sobre Planos de Benefícios da Previdência Social, no seu artigo 101, § 5º, assegura o atendimento domiciliar a segurados com dificuldade de locomoção por limitação funcional e/ ou condições de acessibilidade.

> Art. 101. O segurado em gozo de auxílio-doença, aposentadoria por invalidez e o pensionista inválido estão obrigados, sob pena de suspensão do benefício, a submeter-se a exame médico a cargo da Previdência Social, processo de reabilitação profissional por ela prescrito e custeado, e tratamento dispensado gratuitamente, exceto o cirúrgico e a transfusão de sangue, que são facultativos.
>
> § 5º É assegurado o atendimento domiciliar e hospitalar pela perícia médica e social do INSS ao segurado com dificuldades de locomoção, quando seu deslocamento, em razão de sua limitação funcional e de condições de acessibilidade, imponha-lhe ônus desproporcional e indevido, nos termos do regulamento.

Fica incumbido ao Estado, já que não possui estrutura mínima que garanta condições dignas à sociedade e, principalmente, as pessoas com deficiência, lhes colocar em situação de igualdade, oferecendo o atendimento em residência ou por procuradores sem maiores embaraços.

Dessa feita, esses artigos apresentaram normas inéditas quanto à instituição de direitos das pessoas com deficiência. Ademais, quanto às normas implementadas pelo Estatuto do Deficiente que alteram artigos já previstos em outras legislações:

Art. 96. O § 6º-A do art. 135 da Lei 4.737, de 15 de julho de 1965 (Código Eleitoral), passa a vigorar com a seguinte redação:

"Art. 135. [...]

[...]

§ 6º-A. Os Tribunais Regionais Eleitorais deverão, a cada eleição, expedir instruções aos Juízes Eleitorais para orientá-los na escolha dos locais de votação, de maneira a garantir acessibilidade para o eleitor com deficiência ou com mobilidade reduzida, inclusive em seu entorno e nos sistemas de transporte que lhe dão acesso.

[...]["

5. COMENTÁRIOS AO ART. 96

No âmbito eleitoral, o artigo 96 do Estatuto da Pessoa com Deficiência altera o § 6º do art. 135 do Código Eleitoral, onde orienta os responsáveis pelas escolhas dos locais de votação para que façam visando garantir uma melhor acessibilidade para as pessoas com deficiência, inclusive não só no local de votação, mas em seu entorno e no transporte necessário para deslocamentos aos locais de votação.

Trata-se de uma importante manifestação de cidadania, tendo em vista se tratar de um direito da pessoa com deficiência, exercer seu direito de voto, respeitando sua deficiência. Nesse sentido, a escolha de locais de votação com acessibilidade é fundamental para que essas pessoas com dificuldades de locomoção possam exercer seu direito de voto.

A grande dificuldade existente no exercício do direito das pessoas com deficiência e que já fora demonstrado nesse trabalho, diz respeito a acessibilidade, por isso, se faz necessário que as garantias mínimas em relação acessibilidade sejam respeitadas para que as pessoas com deficiência não sejam excluídas até mesmo do processo eleitoral.

Art. 97. A Consolidação das Leis do Trabalho (CLT), aprovada pelo Decreto-Lei 5.452, de 1º de maio de 1943, passa a vigorar com as seguintes alterações:

"Art. 428. [...]

(...)

§ 6º Para os fins do contrato de aprendizagem, a comprovação da escolaridade de aprendiz com deficiência deve considerar, sobretudo, as habilidades e competências relacionadas com a profissionalização.

(...)

§ 8º Para o aprendiz com deficiência com 18 (dezoito) anos ou mais, a validade do contrato de aprendizagem pressupõe anotação na CTPS e matrícula e frequência em programa de aprendizagem desenvolvido sob orientação de entidade qualificada em formação técnico-profissional metódica."

"Art. 433. [...]

[...]

I – desempenho insuficiente ou inadaptação do aprendiz, salvo para o aprendiz com deficiência quando desprovido de recursos de acessibilidade, de tecnologias assistivas e de apoio necessário ao desempenho de suas atividades;

[...]"

6. COMENTÁRIOS AO ART. 97

O art. 97 do Estatuto da Pessoa com Deficiência altera os artigos 428, §§ 6º e 8º e 433, I, da CLT, os quais apresentam regras quanto ao contrato de aprendizagem, sendo essa uma das modalidades de relação laboral onde há contrato de trabalho escrito e por prazo determinado, onde o empregador assegura a maiores de 14 anos e menores de 24 anos, inscritos em programas de aprendizagem técnica-profissional, atividades que lhe tragam desenvolvimento físico, moral e psicológico relacionados aos seus estudos.

O § 6º inserido pelo Estatuto, traz a necessidade, para fins do contrato de aprendizagem, da comprovação da escolaridade do aprendiz com deficiência, considerando habilidades e competências relacionadas com a sua profissionalização.

Já no § 8º, a inovação paira para o aprendiz com deficiência que possua 18 (dezoito) anos ou mais, sendo que a validade do contrato de aprendizagem pressupõe anotação na CTPS e matrícula com frequência em programa de aprendizagem desenvolvido sob orientação de entidade qualificada em formação técnico-profissional metódica.

Quanto ao artigo 433, o qual apresenta as possibilidades de extinção do contrato de aprendizagem, o inciso I garante a continuidade da atividade da pessoa com deficiência quando há desempenho insuficiente ou inadaptação quando o mesmo possui dificuldades de acessibilidade, ajuda assistida e de apoio necessário à prática da atividade.

Art. 98. A Lei 7.853, de 24 de outubro de 1989, passa a vigorar com as seguintes alterações:

"Art. 3º As medidas judiciais destinadas à proteção de interesses coletivos, difusos, individuais homogêneos e individuais indisponíveis da pessoa com deficiência poderão ser propostas pelo Ministério Público, pela Defensoria Pública, pela União, pelos Estados, pelos Municípios, pelo Distrito Federal, por associação constituída há mais de 1 (um) ano, nos termos da lei civil, por autarquia, por empresa pública e por fundação ou sociedade de economia mista que inclua, entre suas finalidades institucionais, a proteção dos interesses e a promoção de direitos da pessoa com deficiência.

[...]"

"Art. 8º Constitui crime punível com reclusão de 2 (dois) a 5 (cinco) anos e multa:

I – recusar, cobrar valores adicionais, suspender, procrastinar, cancelar ou fazer cessar inscrição de aluno em estabelecimento de ensino de qualquer curso ou grau, público ou privado, em razão de sua deficiência;

II – obstar inscrição em concurso público ou acesso de alguém a qualquer cargo ou emprego público, em razão de sua deficiência;

III – negar ou obstar emprego, trabalho ou promoção à pessoa em razão de sua deficiência;

IV – recusar, retardar ou dificultar internação ou deixar de prestar assistência médico-hospitalar e ambulatorial à pessoa com deficiência;

V – deixar de cumprir, retardar ou frustrar execução de ordem judicial expedida na ação civil a que alude esta Lei;

VI – recusar, retardar ou omitir dados técnicos indispensáveis à propositura da ação civil pública objeto desta Lei, quando requisitados.

§ 1º Se o crime for praticado contra pessoa com deficiência menor de 18 (dezoito) anos, a pena é agravada em 1/3 (um terço).

§ 2º A pena pela adoção deliberada de critérios subjetivos para indeferimento de inscrição, de aprovação e de cumprimento de estágio probatório em concursos públicos não exclui a responsabilidade patrimonial pessoal do administrador público pelos danos causados.

§ 3º Incorre nas mesmas penas quem impede ou dificulta o ingresso de pessoa com deficiência em planos privados de assistência à saúde, inclusive com cobrança de valores diferenciados.

§ 4º Se o crime for praticado em atendimento de urgência e emergência, a pena é agravada em 1/3 (um terço)."

7. COMENTÁRIOS AO ART. 98

O artigo 98 do estatuto altera os artigos 3º e 8º da Lei 7.853/1989, que dispõem sobre apoio e integração às pessoas com deficiência, tutela jurisdicional e atuação do Ministério Público nesse âmbito.

Art. 99. O art. 20 da Lei 8.036, de 11 de maio de 1990, passa a vigorar acrescido do seguinte inciso XVIII:

"Art. 20. [...]

[...]

XVIII – quando o trabalhador com deficiência, por prescrição, necessite adquirir órtese ou prótese para promoção de acessibilidade e de inclusão social.

[...]"

8. COMENTÁRIOS AO ART. 99

O artigo 99 do Estatuto altera o inciso XVIII do artigo 20 da Lei Do Fundo a Garantia por Tempo de Serviço (FGTS). A alteração vem instituir uma modalidade de movimentação (Saque) dos valores da conta quando se tratar de pessoa com deficiência que necessite, através de prescrição médica, adquirir próteses ou órteses para melhorar sua condição de acessibilidade e inclusão social. Ou seja, o estatuto vem implementar nova possibilidade de saque dos valores do FGTS, especificamente aos portadores de deficiência.

Art. 100. A Lei 8.078, de 11 de setembro de 1990 (Código de Defesa do Consumidor), passa a vigorar com as seguintes alterações:

"Art. 6º [...]

[...]

Parágrafo único. A informação de que trata o inciso III do *caput* deste artigo deve ser acessível à pessoa com deficiência, observado o disposto em regulamento."

"Art. 43. [...]

[...]

§ 6º Todas as informações de que trata o *caput* deste artigo devem ser disponibilizadas em formatos acessíveis, inclusive para a pessoa com deficiência, mediante solicitação do consumidor."

1. COMENTÁRIOS AO ART. 100

A Lei 8.078, de 11 de setembro de 1990, conhecida como Código de Defesa do Consumidor (CDC), inaugurou no ordenamento brasileiro uma tutela protetiva em prol do consumidor, buscando compensar sua intrínseca vulnerabilidade frente ao conhecimento técnico e/ou poder econômico dos fornecedores nas relações de consumo. O legislador ordinário, por determinação da Constituição da República de 1988,[1] estabeleceu diversos dispositivos que visam assegurar, numa relação historicamente e tradicionalmente desigual, uma proteção mais enérgica em relação ao sujeito vulnerável. Desse modo, na ordem constitucional brasileira, a defesa do consumidor é um direito fundamental,[2] prevista no art. 5º, inciso XXXII, e um princípio geral da atividade econômica, segundo o art. 170, inciso V.

É de se destacar que o reconhecimento de grupos sociais vulneráveis exige o estabelecimento de um arsenal legal e a criação de instrumentos jurídicos protetivos como forma, inclusive, de modo a concretizar o princípio constitucional da solida-

---

1. O legislador constituinte, no Ato de Disposições Constitucionais Transitórias (ADCT), estabeleceu, de acordo com o art. 48, que o "Congresso Nacional, dentro de cento e vinte dias da promulgação da Constituição, elaborará código de defesa do consumidor".

2. Ver, por todos: MARTINS, Guilherme Magalhães. A defesa do consumidor como direito fundamental na ordem constitucional. In: MARTINS, Guilherme Magalhães (Coord.). *Temas de direito do consumidor*. Rio de Janeiro: Lumen Juris, 2010.

riedade social.[3] A proteção das minorias,[4] dos grupos marginalizados e excluídos, não pode ser considerada como um favor do ordenamento, mas deve ser encarada como uma determinação, de cunho constitucional, para o alcance de um dos objetivos fundamentais da República, que é a construção de uma sociedade justa, livre e solidária.

Nessa linha, inclusive, emerge a proteção das pessoas com deficiência, que apesar de leis anteriores que já garantiam determinados direitos, como aqueles ligados à acessibilidade, por exemplo, somente com a edição da Lei 13.146, de 06 de julho de 2015, denominada Lei Brasileira de Inclusão ou Estatuto da Pessoa com Deficiência, que reuniu-se, de forma sistematizada, as normas protetivas desse grupo social invisível e historicamente negligenciado, num único diploma legal. Nessa esteira, se o CDC inaugurou a era dos Estatutos no início da década de noventa, ao lado do Estatuto da Criança e do Adolescente, agora o Estatuto da Pessoa com Deficiência prossegue no curso das leis que visam, sobretudo, a concretização da igualdade substancial, promovendo relações sociais mais justas e equilibradas.

Nessa senda, o projeto constitucional foi desenhado de modo a promover uma sociedade mais solidária, na qual se visa reduzir as desigualdades sociais e regionais, superando uma postura individualista em favor da justiça social. Nessa perspectiva, no campo do direito do consumidor, o paradigma da solidariedade social rompeu com a ótica individualista e patrimonialista do direito privado nacional que, sob a égide do liberalismo, era calcado numa visão igualitária formal, permitindo e chancelando relações de cunho notadamente desiguais, que reforçavam um modelo injusto e de concentração de poder nas mãos de quem já o detinha.

A defesa do consumidor no direito brasileiro, conforme explanado, é um imperativo consagrado pelo legislador constituinte como direito fundamental (art. 5º, XXXII) e princípio geral da atividade econômica (art. 170, V). Deliberadamente, decidiu-se não por proteger as relações de consumo, mas, especialmente, o consumidor, em virtude de sua reconhecida vulnerabilidade. Mais à frente, determinou que o desenvolvimento econômico deve, necessariamente, observar os direitos básicos do consumidor, procurando evitar que sejam afastados em prol do livre jogo de mercado e dos interesses econômicos dos fornecedores de produtos e serviços. Além dos mencionados dispositivos constitucionais, sobressai ainda outros princípios constitucionais que justificam e fundamentam o regime jurídico protetivo em relação ao consumidor, tais como a solidariedade social, que impõe que as relações de consumo sejam condizentes com a ótica solidária, que deve permear todos os setores do ordenamento brasileiro. O fundamento da proteção do consumidor na

---

3. BODIN DE MORAES, Maria Celina. O princípio da solidariedade. *Na medida da pessoa humana*. Rio de Janeiro: Renovar, 2010.

4. TEPEDINO, Gustavo; SCHREIBER, Anderson. Minorias no direito civil brasileiro. *Revista Trimestral de Direito Civil*, v. 10, Rio de Janeiro, p. 135-155, 2002.

ordem civil-constitucional deve, ainda, ser extraído do princípio maior da dignidade da pessoa humana. Indispensável afirmar, portanto, que o fundamento da enérgica tutela do consumidor é de inequívoca índole constitucional.

A vulnerabilidade é o elemento essencial para ensejar a aplicação do diploma consumerista, conforme já apontado por Antonio Herman Benjamin, que leciona que é a "'peça fundamental' do direito do consumidor, é 'o ponto de partida' de toda a sua aplicação".[5] Sem dúvida, como o próprio legislador reconheceu, a vulnerabilidade do consumidor no mercado de consumo é um dos princípios da Política Nacional de Relações de Consumo (art. 4º, I). De acordo com Claudia Lima Marques, "vulnerabilidade é uma situação permanente ou provisória, individual ou coletiva, que fragiliza, enfraquece o sujeito de direitos, desequilibrando a relação de consumo. [...] é uma característica, um estado do sujeito mais fraco, um sinal de necessidade de proteção".[6]

Em esquema abstrato, a doutrina identifica quatro tipos de vulnerabilidade (técnica, fática, jurídica e informacional), que podem se apresentar casuisticamente conjuntamente ou isoladamente, bem como não se confina aos tipos previamente identificados, podendo no caso concreto se revelar outras formas. A vulnerabilidade técnica se apresenta por meio do desconhecimento específico do consumidor em relação ao produto adquirido ou serviço prestado; por outro lado, a vulnerabilidade fática (também chamada socioeconômica) se caracteriza pela superioridade do fornecedor em razão do seu poder econômico ou da essencialidade do produto ou serviço. A vulnerabilidade jurídica decorre da falta de conhecimento dos aspectos jurídicos e contábeis envolvidos na relação de consumo. Por fim, reconheceu-se mais recentemente a intrínseca vulnerabilidade informacional que se destaca pelo déficit informacional, o que impõe um reforçado dever de informação aos fornecedores.

Nesse trilho, o CDC, no inciso III do art. 6º, garante o direito básico à informação do consumidor acerca de produtos e serviços ofertados no mercado de consumo, com todas as especificações necessárias, esclarecidas de forma precisa, adequada e ostensiva. Por isso, assegura o art. 31 do CDC que as ofertas e apresentações de produtos e serviços "devem assegurar informações corretas, claras, precisas, ostensivas e em língua portuguesa sobre suas características, qualidades, quantidade, composição, preço, garantia, prazos de validade e origem, entre outros dados, bem como sobre os riscos que apresentam à saúde e segurança dos consumidores".

Segundo Fernanda Nunes Barbosa, "o reconhecimento do direito à informação como direito fundamental decorre basicamente da verificação de que o consumidor é, antes de tudo, pessoa humana, e como tal não pode ser considerada apenas em

---

5. BENJAMIN, Antonio Herman V., MARQUES, Claudia Lima; BESSA, Leonardo Roscoe. *Manual de direito do consumidor*. 6. ed., rev., atual. e ampl., São Paulo: Ed. RT, 2014, p. 103.

6. BENJAMIN, Antonio Herman V., MARQUES, Claudia Lima; BESSA, Leonardo Roscoe. *Manual de direito do consumidor*. 6. ed., rev., atual. e ampl., São Paulo: Ed. RT, 2014, p. 104.

sua esfera econômica".[7] O direito à informação é dotado, inegavelmente, de caráter de fundamentalidade, tendo em vista a previsão no art. 5º, inciso XIV, da Constituição da República de 1988. Bruno Miragem leciona, ainda, que "o direito básico à informação do consumidor constitui-se em uma das bases da proteção normativa do consumidor no direito brasileiro, uma vez que sua garantia tem por finalidade promover o equilíbrio de poder de fato nas relações entre consumidores e fornecedores, ao assegurar a existência de uma equidade informacional das partes".[8]

Cabe registrar que a informação,[9] enquanto fato jurídico, tem perfil dúplice, eis que ora se reveste como um direito fundamental do consumidor, ora é qualificada como um dever do fornecedor. Sob o perfil da situação jurídica passiva, o dever de informar se fundamenta nos princípios da boa-fé objetiva[10] e transparência.[11]

A informação, portanto, tem que ser adequada ao perfil do público-consumidor, de maneira a atender as peculiaridades como idade, saúde, conhecimento ou condição social, e, atualmente, "impedimento de longo prazo de natureza física, mental, intelectual ou sensorial, o qual, em interação com uma ou mais barreiras, pode obstruir sua participação plena e efetiva na sociedade em igualdade de condições com as demais pessoas" (art. 2º, EPD), ou seja, a diversidade das deficiências. Nessa direção, o Estatuto incluiu, por meio do art. 100, o parágrafo único ao art. 6º do CDC, que dispõe que a informação "deve ser acessível à pessoa com deficiência", bem como inseriu o § 6º no art. 43, que trata dos bancos de dados e cadastros de consumidores, assegurando que todas as informações existentes em cadastros, fichas, registros e dados pessoais e de consumo arquivados "devem ser disponibilizados em formatos acessíveis, inclusive para a pessoa com deficiência, mediante solicitação do consumidor".

Nota-se que a principal preocupação com consumidor com deficiência reside na informação em formato acessível, de modo a permitir que a liberdade de escolha

---

7. BARBOSA, Fernanda Nunes. *Informação*: direito e dever nas relações de consumo. São Paulo: Ed. RT, 2008, p. 47.

8. MIRAGEM, Bruno. *Curso de direito do consumidor.* 4. ed., rev., atual. e ampl., São Paulo: Ed. RT, 2013, p. 169.

9. Fernanda Nunes Barbosa leciona que "a informação em sentido amplo, isto é, como mensagem, constitui elemento do ato de comunicação e abarca tanto conteúdos conceituais já incorporados pelo receptor, como conteúdos conceituais novos; em sentido estrito, a informação é o conteúdo conceitual novo, e, mais do que isso, o resultado de sua codificação" (*Informação*: direito e dever nas relações de consumo. São Paulo: Ed. RT, 2008, p. 113).

10. Fernanda Nunes Barbosa afirma que "constitui fonte primordial do dever de informar o princípio da boa-fé objetiva, em sua função criadora de deveres (função integradora)" (*Informação*: direito e dever nas relações de consumo. São Paulo: Ed. RT, 2008, p. 91-92).

11. "O direito à informação no Código de Defesa do Consumidor constitui ainda um reflexo do princípio da transparência, que significa maior clareza, veracidade e respeito, por meio da maior troca de informações entre as partes (consumidor e fornecedor)". BARBOSA, Fernanda Nunes. *Informação*: direito e dever nas relações de consumo. São Paulo: Ed. RT, 2008, p. 100.

seja concretamente exercida, sem as barreiras que a desinformação gera, violando o acesso à informação nas relações de consumo. Visa-se, com isso, garantir acessibilidade à pessoa com deficiência, como direito fundamental fundado na igualdade material (art. 5º, *caput*, CR/1988) e na dignidade da pessoa humana (art. 1º, III, CR/1988), por meio de informações pelos meios adequados que inclua todos os dados necessários à compreensão e que permita o livre e pleno exercício da cidadania pela pessoa com deficiência no mercado de consumo.

Importante mencionar que o art. 62 do Estatuto da Pessoa com Deficiência impõe ao Estado o dever de fornecer e assegurar o recebimento, sem cobrança de qualquer custo adicional, às pessoas com deficiência, mediante solicitação, contas, boletos, recibos, extratos e cobranças de tributos, por meio de formatos acessíveis e tecnologias apropriadas aos diferentes tipos de deficiência. Tal norma, insta consignar, é dirigida tanto ao Poder Público como aos particulares que prestem serviços públicos, como as concessionárias e permissionárias.

Nesse sentido, antes da vigência do EPD, o Tribunal de Justiça do Estado do Rio de Janeiro reconheceu o dever da concessionária prestadora do serviço de saneamento básico de oferecer as contas, faturas e relatórios de consumo em *Braille*, conforme requerido por consumidor-usuário portador de deficiência visual (TJRJ, Ap. 0343964-79.2011.8.19.0001, 25ª CC., Rel. Des. Maria Isabel Gonçalves, julg. 16 dez. 2015, DJe. 18 dez. 2015).

O Superior Tribunal de Justiça no julgamento do Recurso Especial 1.315.822/RJ obrigou instituição bancária a adotar método em Braille nos contratos de adesão realizados com portadores de deficiência visual.[12]

---

12. [...] Ainda que não houvesse, como de fato há, um sistema legal protetivo específico das pessoas portadoras de deficiência (Leis 4.169/62, 10.048/2000, 10.098/2000 e Decreto 6.949/2009), a obrigatoriedade da utilização do método *Braille* nas contratações bancárias estabelecidas com pessoas com deficiência visual encontra lastro, para além da legislação consumerista *in totum* aplicável à espécie, no próprio princípio da Dignidade da Pessoa Humana. *2.1 A Convenção Internacional sobre os Direitos das Pessoas com Deficiência impôs aos Estados signatários a obrigação de assegurar o exercício pleno e equitativo de todos os direitos humanos e liberdades fundamentais pelas pessoas portadoras de deficiência, conferindo-lhes tratamento materialmente igualitário (diferenciado na proporção de sua desigualdade) e, portanto, não discriminatório, acessibilidade física e de comunicação e informação, inclusão social, autonomia e independência (na medida do possível, naturalmente), e liberdade para fazer suas próprias escolhas, tudo a viabilizar a consecução do princípio maior da Dignidade da Pessoa Humana. 2.2 Valendo-se das definições trazidas pelo Tratado, pode-se afirmar, com segurança, que a não utilização do método Braille durante todo o ajuste bancário levado a efeito com pessoa portadora de deficiência visual (providência, é certo, que não importa em gravame desproporcional à instituição financeira), impedindo-a de exercer, em igualdade de condições com as demais pessoas, seus direitos básicos de consumidor, a acirrar a inerente dificuldade de acesso às correlatas informações, consubstancia, a um só tempo, intolerável discriminação por deficiência e inobservância da almejada "adaptação razoável".* [...] 6. A sentença prolatada no bojo da presente ação coletiva destinada a tutelar direitos coletivos stricto sensu - considerada a indivisibilidade destes - produz efeitos em relação a todos os consumidores portadores de deficiência visual que litigue ou venha a litigar com a instituição financeira demandada, em todo o território nacional. Precedente da Turma. 7. Recurso especial parcialmente provido. (grifos nossos) (BRASIL. Superior Tribunal de Justiça. REsp 1315822/RJ. Rel. Min. Marco Aurélio Bellizze, Terceira Turma, j. 24 mar. 2015, p. 16 abr. 2015).

Diante do exposto, é possível afirmar que a pessoa com deficiência consumidora é ainda mais vulnerável que o consumidor sem deficiência. Sensível a determinados grupos de consumidores, a doutrina tem identificado que em certas situações a vulnerabilidade é potencializada, como é o caso de crianças, idosos, enfermos e pessoas com deficiência, o que tem se convencionado denominar de hipervulnerabilidade.[13] Tal figura revela uma "situação social fática e objetiva de agravamento da vulnerabilidade da pessoa física consumidora, em razão de características pessoais aparentes ou conhecidas pelo fornecedor",[14] como a idade reduzida das crianças, a idade avançada dos idosos ou enfermidade que atinge os doentes. O Superior Tribunal de Justiça vem adotando a noção de hipervulnerabilidade, afirmando que: "Ao Estado Social importam não apenas os vulneráveis, mas sobretudo os hipervulneráveis, pois são esses que, exatamente por serem minoritários e amiúde discriminados ou ignorados, mais sofrem com a massificação do consumo e a 'pasteurização' das diferenças que caracterizam e enriquecem a sociedade moderna. [...] Ser diferente ou minoria, por doença ou qualquer outra razão, não é ser menos consumidor, nem menos cidadão, tampouco merecer direitos de segunda classe ou proteção apenas retórica do legislador".[15]

Nessa linha, o EDP em seu parágrafo único do art. 5º reconhece que crianças, adolescentes, mulheres e idosos com deficiência são considerados especialmente vulneráveis. No caso das pessoas com deficiência, portanto, a vulnerabilidade é indiscutível, no entanto, tal situação é agravada, para além dos casos acima mencionados, no mercado de consumo em razão da discriminação e das barreiras ao acesso a bens em formatos acessíveis para seu consumo. É com o objetivo de superar as assimetrias agravadas das pessoas com deficiência nas relações de consumo que o art. 110 do EPD ao inserir o parágrafo único ao art. 6º e § 6º ao art. 43 contribui para necessária eliminação das barreiras ao pleno acesso das informações no mercado de consumo, de modo a permitir, em igualdade de condições, a liberdade de escolha da pessoa-consumidora com deficiência.

---

13. V., por todos, SCHMITT, Cristiano Heineck. *Consumidores hipervulneráveis*: a proteção do idoso no mercado de consumo. São Paulo: Atlas, 2014.

14. MARQUES, Claudia Lima. Prefácio à 1ª edição. In: DESSAUNE, Marcos. *Teoria aprofundada do desvio produtivo do consumidor*: o prejuízo do tempo desperdiçado e da vida alterada. 2. ed., rev. e ampl. Vitória. ES: [s.n.], 2017, p. 16.

15. BRASIL. Superior Tribunal de Justiça. REsp 586316/MG. Rel. Min. Herman Benjamin, Segunda Turma, j. em 17 abr. 2007, p. 19 mar. 2009.

Almir Gallassi
Bruno Henrique Martins Pirolo

Art. 101. A Lei 8.213, de 24 de julho de 1991, passa a vigorar com as seguintes alterações:

"Art. 16. [...]

I – o cônjuge, a companheira, o companheiro e o filho não emancipado, de qualquer condição, menor de 21 (vinte e um) anos ou inválido ou que tenha deficiência intelectual ou mental ou deficiência grave;

[...]

III – o irmão não emancipado, de qualquer condição, menor de 21 (vinte e um) anos ou inválido ou que tenha deficiência intelectual ou mental ou deficiência grave;

[...]"

"Art. 77. [...]

[...]

§ 2º [...]

(...)

II – para o filho, a pessoa a ele equiparada ou o irmão, de ambos os sexos, pela emancipação ou ao completar 21 (vinte e um) anos de idade, salvo se for inválido ou tiver deficiência intelectual ou mental ou deficiência grave;

[...]

§ 4º (VETADO).

[...]"

"Art. 93. (VETADO):

I – (VETADO);

II – (VETADO);

III – (VETADO);

IV – (VETADO);

V – (VETADO).

§ 1º A dispensa de pessoa com deficiência ou de beneficiário reabilitado da Previdência Social ao final de contrato por prazo determinado de mais de 90 (noventa) dias e a dispensa imotivada em contrato por prazo indeterminado somente poderão ocorrer após a contratação de outro trabalhador com deficiência ou beneficiário reabilitado da Previdência Social.

§ 2º Ao Ministério do Trabalho e Emprego incumbe estabelecer a sistemática de fiscalização, bem como gerar dados e estatísticas sobre o total de empregados e as vagas preenchidas por pessoas com deficiência e por beneficiários reabilitados da Previdência Social, fornecendo-os, quando solicitados, aos sindicatos, às entidades representativas dos empregados ou aos cidadãos interessados.

§ 3º Para a reserva de cargos será considerada somente a contratação direta de pessoa com deficiência, excluído o aprendiz com deficiência de que trata a Consolidação das Leis do Trabalho (CLT), aprovada pelo Decreto-Lei 5.452, de 1º de maio de 1943.

§ 4º (VETADO)."

"Art. 110-A. No ato de requerimento de benefícios operacionalizados pelo INSS, não será exigida apresentação de termo de curatela de titular ou de beneficiário com deficiência, observados os procedimentos a serem estabelecidos em regulamento."

1. COMENTÁRIO AO ART. 101

O artigo 16 da Lei 8.213/1991 apresenta o rol de dependentes dos beneficiários do RGPS. Ou seja, para determinados benefícios como pensão por morte ou auxílio reclusão (entre outros), são aqueles que poderão receber o benefício do instituidor.

Com a aprovação do Estatuto da Pessoa com Deficiência, restou determinado que filhos e/ou irmãos inválidos ou com deficiência intelectual ou mental não cumprirão a regra geral de serem dependentes até o limite de 21 anos, podendo ser beneficiários como dependentes a qualquer idade, desde que a deficiência seja antes ao fato gerador do benefício.

O artigo 77 da mesma lei de benefícios previdenciários que normatiza sobre o benefício de pensão por morte passou a ser positivado garantindo o recebimento da pensão por morte (não cessação de sua cota parte) para filhos e/ ou irmãos que atinjam 21 anos mas possuam algum tipo de invalidade ou deficiência mental/ intelectual. Ou seja, vem reforçar a já nova redação do artigo 16, I e III.

O artigo 93 da mesma lei trata da obrigação de preenchimento pelas empresas/ empregadores das vagas de trabalho com pessoas com deficiência, até 200 empregados – 2%; de 201 a 500 – 3%; de 501 a 1000 – 4% e de 1001 em diante – 5%. Levando em consideração para essas vagas obrigatórias apenas aquelas contratações diretas e não as de trabalho como aprendiz ou outras modalidades.

O Estatuto altera, ainda, os §§ 1º, 2º e 3º do mesmo artigo 93, vetando a dispensa da pessoa com deficiência ou reabilitado no contrato por prazo determinado (90 dias) ou a dispensa imotivada desse mesmo empregado em contrato sem prazo determinado sem a devida contratação de outro empregado nas mesmas condições.

Ficando sob responsabilidade do Ministério do Trabalho e Emprego criar métodos de fiscalização e dados estatísticos sobre as vagas criadas e preenchidas por portadores de deficiência.

Por fim, a criação do artigo 110-A da lei dos benefícios previdenciários regula a não obrigação de apresentação de termo de curatela no protocolo do benefício quando o titular/ beneficiário e tratar de pessoa com algum tipo de deficiência, facilitando na implantação de benefício previdenciário.

> **Art. 102**. O art. 2º da Lei 8.313, de 23 de dezembro de 1991, passa a vigorar acrescido do seguinte § 3º:
>
> "Art. 2º [...]
>
> (...)
>
> § 3º Os incentivos criados por esta Lei somente serão concedidos a projetos culturais que forem disponibilizados, sempre que tecnicamente possível, também em formato acessível à pessoa com deficiência, observado o disposto em regulamento."

2. COMENTÁRIOS AO ART. 102

O art. 102 do estatuto vem alterar o § 3º da Lei de Incentivo à Cultura (Pronac), instituindo que os incentivos que serão concedidos, entre outros requisitos, devem estar em consonância, sempre que possível, a acessibilidade também da pessoa com deficiência aos eventos culturais a serem realizados.

Tereza Fernanda Martuscello Papa

Art. 103. O art. 11 da Lei 8.429, de 2 de junho de 1992, passa a vigorar acrescido do seguinte inciso IX:

"Art. 11. [...]

[...]

IX – deixar de cumprir a exigência de requisitos de acessibilidade previstos na legislação."

1. COMENTÁRIOS AO ART. 103

A Lei 13.146, de 6 de julho de 2015, Lei Brasileira de Inclusão da Pessoa com Deficiência (Estatuto da Pessoa com Deficiência) – LBI, alterou dispositivo da Lei de Improbidade Administrativa – LIA para inserir mais uma hipótese no artigo 11, deixar de cumprir a exigência de requisitos de acessibilidade previstos na legislação, como ato de improbidade administrativa que atenta contra os princípios da administração pública. Estão sujeitos, portanto, todo e qualquer agente público às penalidades legalmente previstas.

A Lei 8.429, de 2 de junho de 1992, chamada Lei de Improbidade Administrativa (LIA), dispõe sobre as sanções aplicáveis aos agentes públicos nos casos de enriquecimento ilícito no exercício de mandato, cargo, emprego ou função na administração pública direta, indireta ou fundacional e dá outras providências. A referida lei é considerada de grande relevância. Isso porque regulamentou o artigo 37, § 4º, da Constituição Federal.[1]

Segundo Carvalho Filho,[2] entre os deveres dos administradores públicos, o dever de probidade: "é o primeiro e talvez o mais importante dos deveres do administrador público. Sua atuação deve pautar-se pelos princípios da honestidade e moralidade, quer em face dos administrados, quer em face da própria Administração".

As questões ligadas a acessibilidade são das temáticas mais importantes da Lei Brasileira de Inclusão, pois permitem que a pessoa com deficiência possa com

---

1. "Art. 37. A administração pública direta e indireta de qualquer dos Poderes da União, dos Estados, do Distrito Federal e dos Municípios obedecerá aos princípios de legalidade, impessoalidade, moralidade, publicidade e eficiência e, também, ao seguinte:

    [...]

    § 4º Os atos de improbidade administrativa importarão a suspensão dos direitos políticos, a perda da função pública, a indisponibilidade dos bens e o ressarcimento ao erário, na forma e gradação previstas em lei, sem prejuízo da ação penal cabível."

2. CARVALHO FILHO, José dos Santos. *Manual de Direito Administrativo*. 25. ed. São Paulo: Atlas, 2012. p. 68.

segurança e autonomia exercer seu direito de ir e vir, assegurado no artigo 5º da Constituição Federal, o que torna perfeita a sintonia entre os diplomas legislativos em apreço.

O objetivo da alteração realizada é que os agentes públicos observem obrigatoriamente os requisitos de acessibilidade, incluindo as normas técnicas de acessibilidade da Associação Brasileira de Normas Técnicas – ABNT, que são providências essenciais para o avanço almejado, pois atualmente ainda não estamos nas condições ideais em repartições públicas e outros locais.

> **Art. 104.** A Lei 8.666, de 21 de junho de 1993, passa a vigorar com as seguintes alterações:
>
> "Art. 3º [...]
>
> [...]
>
> § 2º [...]
>
> [...]
>
> V – produzidos ou prestados por empresas que comprovem cumprimento de reserva de cargos prevista em lei para pessoa com deficiência ou para reabilitado da Previdência Social e que atendam às regras de acessibilidade previstas na legislação.
>
> (...)
>
> § 5º Nos processos de licitação, poderá ser estabelecida margem de preferência para:
>
> I – produtos manufaturados e para serviços nacionais que atendam a normas técnicas brasileiras; e
>
> II – bens e serviços produzidos ou prestados por empresas que comprovem cumprimento de reserva de cargos prevista em lei para pessoa com deficiência ou para reabilitado da Previdência Social e que atendam às regras de acessibilidade previstas na legislação.
>
> [...]"
>
> "Art. 66-A. As empresas enquadradas no inciso V do § 2º e no inciso II do § 5º do art. 3º desta Lei deverão cumprir, durante todo o período de execução do contrato, a reserva de cargos prevista em lei para pessoa com deficiência ou para reabilitado da Previdência Social, bem como as regras de acessibilidade previstas na legislação.
>
> **Parágrafo único.** Cabe à administração fiscalizar o cumprimento dos requisitos de acessibilidade nos serviços e nos ambientes de trabalho."

2. COMENTÁRIOS AO ART. 104

A Lei 13.146, de 6 de julho de 2015, Lei Brasileira de Inclusão da Pessoa com Deficiência (Estatuto da Pessoa com Deficiência) – LBI, alterou dispositivos da antiga

Lei de Licitações e Contratos Administrativos, Lei 8.666, de 21 de junho de 1993, atualmente revogada pela Lei 14.133, de 1º de abril de 2021, nova Lei de Licitações e Contratos Administrativos.

> **Art. 105**. O art. 20 da Lei 8.742, de 7 de dezembro de 1993, passa a vigorar com as seguintes alterações:
>
> "Art. 20. .[...]
>
> [...]
>
> § 2º Para efeito de concessão do benefício de prestação continuada, considera-se pessoa com deficiência aquela que tem impedimento de longo prazo de natureza física, mental, intelectual ou sensorial, o qual, em interação com uma ou mais barreiras, pode obstruir sua participação plena e efetiva na sociedade em igualdade de condições com as demais pessoas.
>
> [...]
>
> § 9º Os rendimentos decorrentes de estágio supervisionado e de aprendizagem não serão computados para os fins de cálculo da renda familiar per capita a que se refere o § 3º deste artigo.
>
> [...]
>
> § 11. Para concessão do benefício de que trata o *caput* deste artigo, poderão ser utilizados outros elementos probatórios da condição de miserabilidade do grupo familiar e da situação de vulnerabilidade, conforme regulamento."

3. COMENTÁRIOS AO ART. 105

A Lei 13.146, de 6 de julho de 2015, Lei Brasileira de Inclusão da Pessoa com Deficiência (Estatuto da Pessoa com Deficiência) – LBI, alterou dispositivos do artigo 20 da Lei 8.742, de 7 de dezembro de 1993, chamada Lei Orgânica da Assistência Social – LOAS.

Segundo Tavares[3], "a Assistência Social é um plano de prestações sociais mínimas e gratuitas a cargo do Estado para prover pessoas necessitadas de condições de vida dignas".

Com previsão no artigo 203 da Constituição Federal, a Assistência Social compõe o tripé da Seguridade Social, composta também pela Saúde e Previdência Social.

O artigo 20 da Lei Orgânica da Assistência Social estabelece o benefício de prestação continuada, regulamenta o inciso V do artigo 203 da Constituição Federal , garante um salário-mínimo mensal à pessoa com deficiência e ao idoso com

---

3. TAVARES, Marcelo Leonardo. Previdência e Assistência social. *Legitimação e Fundamentação Constitucional Brasileira.* Rio de Janeiro: Lumen Juris, 2003. p. 215.

65 (sessenta e cinco) anos ou mais que comprovem não possuir meios de prover a própria manutenção nem de tê-la provida por sua família.

A nova redação do § 2º do artigo 20 da LOAS apresenta o conceito de pessoa com deficiência para efeito de concessão do benefício de prestação continuada.

O novo texto do § 9º do artigo supramencionado considera que rendimentos decorrentes de estágio supervisionado e de aprendizagem não serão computados para os fins de cálculo da renda familiar per capita, critério utilizado para concessão do benefício de prestação continuada. A mudança é no sentido de incluir a remuneração de estágio supervisionado, pois antes só constava a proveniente de aprendizagem.

Muito se discute sobre o conceito de pessoa necessitada, mais especificamente em relação ao critério legal da renda per capita previsto no § 3º do artigo 20 da LOAS, alterado pela Lei 14.176, de 2021, cujo requisito é a pessoa com deficiência ou a pessoa idosa com renda familiar mensal per capita igual ou inferior a 1/4 (um quarto) do salário-mínimo.

A Lei Brasileira de Inclusão acrescentou, ainda, o § 11 ao artigo 20 da LOAS, estabelecendo que para concessão do benefício de prestação continuada poderão ser utilizados outros elementos probatórios da condição de miserabilidade do grupo familiar e da situação de vulnerabilidade, conforme regulamento.

Essa inovação foi muito aplaudida e apta a garantir a segurança jurídica que a sociedade merece, em especial a pessoa com deficiência.

Art. 106. (VETADO).

4. RAZÕES DO VETO

O artigo 106 da Lei 13.146, de 6 de julho de 2015, Lei Brasileira de Inclusão da Pessoa com Deficiência (Estatuto da Pessoa com Deficiência) – LBI, estabelecia alterações na Lei 8.989, de 24 de fevereiro de 1995, para isentar do Imposto sobre Produtos Industrializados – IPI as pessoas com deficiência, porém, foi vetado em razão de não terem sido apresentados estudos sobre o impacto da renúncia de receita, em violação ao que determina a Lei de Responsabilidade Fiscal.

> **Art. 107.** A Lei 9.029, de 13 de abril de 1995, passa a vigorar com as seguintes alterações:
>
> "Art. 1º É proibida a adoção de qualquer prática discriminatória e limitativa para efeito de acesso à relação de trabalho, ou de sua manutenção, por motivo de sexo, origem, raça, cor, estado civil, situação familiar, deficiência, reabilitação profissional, idade, entre outros, ressalvadas, nesse caso, as hipóteses de proteção à criança e ao adolescente previstas no inciso XXXIII do art. 7º da Constituição Federal."

"Art. 3º Sem prejuízo do prescrito no art. 2º desta Lei e nos dispositivos legais que tipificam os crimes resultantes de preconceito de etnia, raça, cor ou deficiência, as infrações ao disposto nesta Lei são passíveis das seguintes cominações:

[...]"

"Art. 4º [...]

I – a reintegração com ressarcimento integral de todo o período de afastamento, mediante pagamento das remunerações devidas, corrigidas monetariamente e acrescidas de juros legais;

[...]"

5. COMENTÁRIOS AO ART. 107

A Lei 13.146, de 6 de julho de 2015, Lei Brasileira de Inclusão da Pessoa com Deficiência (Estatuto da Pessoa com Deficiência) – LBI, alterou dispositivos da Lei 9.029, de 13 de abril de 1995, que veda práticas discriminatórias no contrato de trabalho.

A nova redação do artigo 1º da Lei 9.029 incluiu no rol de condutas discriminatórias no acesso à relação de trabalho a prática em razão de deficiência, reabilitação profissional, ressalvadas, entre outras, as hipóteses de proteção à criança e ao adolescente previstas no inciso XXXIII do art. 7º da Constituição Federal.

Esta lei é de suma importância para o direito do trabalho, principalmente porque busca através da vedação de práticas discriminatórias pelo empregador reequilibrar a relação juslaborativa, onde prepondera o poder econômico deste último em relação ao empregado.

O Tribunal Superior do Trabalho destacou a importância da referida lei e está admitindo a interpretação extensiva do artigo primeiro, inclusive na hipótese de despedida após o ajuizamento de ação trabalhista, em caso de retaliação do empregador, pois violaria o direito de ação previsto na Carta Constitucional de 1988.

Também houve alteração no artigo 4º, que trata do direito à reparação pelo dano moral em caso de rompimento da relação de trabalho por ato discriminatório, faculta ao empregado optar entre a reintegração com ressarcimento integral de todo o período de afastamento, mediante pagamento das remunerações devidas, corrigidas monetariamente e acrescidas de juros legais ou a percepção, em dobro, da remuneração do período de afastamento, corrigida monetariamente e acrescida dos juros legais. Mais especificamente no inciso I, onde constava o termo 'readmissão' foi substituído por 'reintegração', já que apenas a reintegração dá direito ao recebimento das verbas conforme previsto na lei.

Verifica-se a implementação de mais uma medida que assegura o direito social ao trabalho da pessoa com deficiência, resguardando os direitos do empregado que sofre práticas discriminatórias pelo empregador, situação que infelizmente não é incomum.

Art. 108. O art. 35 da Lei 9.250, de 26 de dezembro de 1995, passa a vigorar acrescido do seguinte § 5°:

"Art. 35. [...]

[...]

§ 5° Sem prejuízo do disposto no inciso IX do parágrafo único do art. 3° da Lei 10.741, de 1° de outubro de 2003, a pessoa com deficiência, ou o contribuinte que tenha dependente nessa condição, tem preferência na restituição referida no inciso III do art. 4° e na alínea "c" do inciso II do art. 8°."

6. COMENTÁRIOS AO ART. 108

A Lei 13.146, de 6 de julho de 2015, Lei Brasileira de Inclusão da Pessoa com Deficiência (Estatuto da Pessoa com Deficiência) – LBI, acrescentou o § 5° ao artigo 35 da Lei 9.250, de 26 de dezembro de 1995, que dispõe sobre imposto de renda das pessoas físicas.

A previsão legal determina a preferência na restituição do imposto de renda para a pessoa com deficiência ou o contribuinte que tenha dependente nessa condição, sem prejuízo do que consta no Estatuto do Idoso (Lei 10.741, de 1° de outubro de 2003).

Essa disposição legal que estabelece a prioridade no recebimento da restituição do imposto de renda se justifica por uma série de motivos, seja em razão da dignidade da pessoa humana, da isonomia ou por menor capacidade contributiva.

Assim como no caso de prioridade para idosos ou pessoas com doenças graves, as pessoas deficiência também fazem jus à prioridade, com a finalidade de preservar direitos constitucionais relevantes.

A lição encabeçada pela doutrina mais moderna relata o nascimento do imposto sobre a renda na idade moderna, tendo como motivação o desenvolvimento social, sobretudo, impulsionado pelo sistema capitalista, o qual deu importância aos bens móveis e títulos em detrimento do patrimônio imobiliário, com finalidade de redistribuir renda para o abrandamento da desigualdade social.

O imposto de renda tem sua regência dada pelo artigo 153, III, da Constituição Federal de 1988, tendo como finalidade marcantemente fiscal, de natureza puramente arrecadatória e incidência mais gravosa dada a "progressividade" fiscal, um dos princípios constitucionais do artigo 153, § 2°, I, da Constituição Federal de 1988 para obter o efeito redistributivo daquelas pessoas que pouco ou nada contribuem, em regra as pessoas que mais utilizam os serviços públicos (saúde e educação).

Considerando o tripé constitucional do imposto de renda (Progressividade, Generalidade e Universalidade), pode-se dizer que a generalidade e universalidade impõem tributação daquelas pessoas titulares de uma disponibilidade econômica ou jurídica (salvo as imunes) de toda renda ou proventos, ficando para a progressividade a incidência de alíquotas maiores para indivíduos que demonstram maior exteriorização de capacidade econômica (riqueza), respeitando, é claro, as desigualdades mais acentuadas de pessoas que se encontram em situações díspares (sentido vertical da isonomia), sob pena de violação ao princípio da isonomia.

> **Art. 109**. A Lei 9.503, de 23 de setembro de 1997 (Código de Trânsito Brasileiro), passa a vigorar com as seguintes alterações:
>
> "Art. 2º [...]
>
> Parágrafo único. Para os efeitos deste Código, são consideradas vias terrestres as praias abertas à circulação pública, as vias internas pertencentes aos condomínios constituídos por unidades autônomas e as vias e áreas de estacionamento de estabelecimentos privados de uso coletivo."
>
> "Art. 86-A. As vagas de estacionamento regulamentado de que trata o inciso XVII do art. 181 desta Lei deverão ser sinalizadas com as respectivas placas indicativas de destinação e com placas informando os dados sobre a infração por estacionamento indevido."
>
> "Art. 147-A. Ao candidato com deficiência auditiva é assegurada acessibilidade de comunicação, mediante emprego de tecnologias assistivas ou de ajudas técnicas em todas as etapas do processo de habilitação.
>
> § 1º O material didático audiovisual utilizado em aulas teóricas dos cursos que precedem os exames previstos no art. 147 desta Lei deve ser acessível, por meio de subtitulação com legenda oculta associada à tradução simultânea em Libras.
>
> § 2º É assegurado também ao candidato com deficiência auditiva requerer, no ato de sua inscrição, os serviços de intérprete da Libras, para acompanhamento em aulas práticas e teóricas."
>
> "Art. 154. (VETADO)."
>
> "Art. 181. [...]
>
> [...]
>
> XVII – [...]
>
> Infração – grave;
>
> [...]"

7. COMENTÁRIOS AO ART. 109

A Lei 13.146, de 6 de julho de 2015, Lei Brasileira de Inclusão da Pessoa com Deficiência (Estatuto da Pessoa com Deficiência) – LBI, alterou dispositivos da Lei 9.503, de 23 de setembro de 1997, o Código de Trânsito Brasileiro (CTB).

As alterações solucionam questões ligadas ao trânsito, para que a pessoa com deficiência possa utilizar vagas de estacionamento exclusivo, por exemplo, o que dará mais conforto e melhores condições de locomoção.

Primeiramente modificou-se o parágrafo único do artigo 2° para determinar que as vias e áreas de estacionamento de estabelecimentos privados de uso coletivo também são consideradas vias terrestres e, portanto, nestes locais haverá observância obrigatória das disposições do Código de Trânsito Brasileiro.

O artigo 86-A trata da necessidade de sinalização adequada para as vagas de estacionamento destinadas à pessoa com deficiência, onde conste os dados sobre a infração por estacionamento indevido.

A pessoa com deficiência auditiva que está em processo de habilitação tem garantido acessibilidade de comunicação, mediante emprego de tecnologias assistivas ou de ajudas técnicas em todas as etapas do processo de habilitação, que se estende ao material didático audiovisual, bem como os serviços de intérprete da Libras, para acompanhamento em aulas práticas e teóricas (artigo 147-A).

Finalmente, no artigo 181 observamos que a infração por estacionar em desacordo com as condições regulamentadas especificamente pela sinalização (placa – Estacionamento Regulamentado) passou de leve a grave.

> **Art. 110.** O inciso VI e o § 1° do art. 56 da Lei .615, de 24 de março de 1998, passam a vigorar com a seguinte redação:
>
> "Art. 56. [...]
>
> [...]
>
> VI – 2,7% (dois inteiros e sete décimos por cento) da arrecadação bruta dos concursos de prognósticos e loterias federais e similares cuja realização estiver sujeita a autorização federal, deduzindo-se esse valor do montante destinado aos prêmios;
>
> [...]
>
> § 1° Do total de recursos financeiros resultantes do percentual de que trata o inciso VI do *caput*, 62,96% (sessenta e dois inteiros e noventa e seis centésimos por cento) serão destinados ao Comitê Olímpico Brasileiro (COB) e 37,04% (trinta e sete inteiros e quatro centésimos por cento) ao Comitê Paralímpico Brasileiro (CPB), devendo ser observado, em ambos os casos, o conjunto de normas aplicáveis à celebração de convênios pela União.
>
> [...]"

8. COMENTÁRIOS AO ART. 110

A Lei 13.146, de 6 de julho de 2015, Lei Brasileira de Inclusão da Pessoa com Deficiência (Estatuto da Pessoa com Deficiência) – LBI, alterou o artigo 56 da Lei 9.615, de 24 de março de 1998, que dispõe das normas gerais sobre desporto e dá outras providências.

Os dispositivos em questão foram revogados pela Lei 13.756, de 2018, que dispõe sobre o Fundo Nacional de Segurança Pública (FNSP).

Art. 111. O art. 1º da Lei 10.048, de 8 de novembro de 2000, passa a vigorar com a seguinte redação:

"Art. 1º As pessoas com deficiência, os idosos com idade igual ou superior a 60 (sessenta) anos, as gestantes, as lactantes, as pessoas com crianças de colo e os obesos terão atendimento prioritário, nos termos desta Lei."

9. COMENTÁRIOS AO ART. 111

A Lei 13.146, de 6 de julho de 2015, Lei Brasileira de Inclusão da Pessoa com Deficiência (Estatuto da Pessoa com Deficiência) – LBI, alterou o artigo 1º da Lei 10.048, de 8 de novembro de 2000, que dispõe sobre prioridade de atendimento.

A partir de então consta no texto as 'pessoas com deficiência', e não mais 'pessoas portadoras de deficiência', já que esta última nomenclatura é inapropriada, estando em desacordo com a Convenção Sobre Os Direitos Das Pessoas Com Deficiência, incorporada ao ordenamento jurídico pátrio através do Decreto 6.949, de 25 de agosto de 2009.

Além das pessoas com deficiência, os idosos com idade igual ou superior a sessenta anos, gestantes, as pessoas com crianças de colo e os obesos terão atendimento prioritário.

No que se refere aos obesos, outra inovação trazida pela Lei Brasileira de Inclusão, não encontramos na legislação estudada, de abrangência nacional, a devida regulamentação.

O direito à prioridade como previsto em lei deverá ser respeitado e é importante para garantir o direito constitucional à cidadania.

Art. 112. A Lei 10.098, de 19 de dezembro de 2000, passa a vigorar com as seguintes alterações:

"Art. 2º [...]

I – acessibilidade: possibilidade e condição de alcance para utilização, com segurança e autonomia, de espaços, mobiliários, equipamentos urbanos, edificações, transportes, informação e comunicação, inclusive seus sistemas e tecnologias, bem como de outros serviços e instalações abertos ao público, de uso público ou privados de uso coletivo, tanto na zona urbana como na rural, por pessoa com deficiência ou com mobilidade reduzida;

II – barreiras: qualquer entrave, obstáculo, atitude ou comportamento que limite ou impeça a participação social da pessoa, bem como o gozo, a fruição e o exercício de seus direitos à acessibilidade, à liberdade de movimento e de expressão, à comunicação, ao acesso à informação, à compreensão, à circulação com segurança, entre outros, classificadas em:

a) barreiras urbanísticas: as existentes nas vias e nos espaços públicos e privados abertos ao público ou de uso coletivo;

b) barreiras arquitetônicas: as existentes nos edifícios públicos e privados;

c) barreiras nos transportes: as existentes nos sistemas e meios de transportes;

d) barreiras nas comunicações e na informação: qualquer entrave, obstáculo, atitude ou comportamento que dificulte ou impossibilite a expressão ou o recebimento de mensagens e de informações por intermédio de sistemas de comunicação e de tecnologia da informação;

III – pessoa com deficiência: aquela que tem impedimento de longo prazo de natureza física, mental, intelectual ou sensorial, o qual, em interação com uma ou mais barreiras, pode obstruir sua participação plena e efetiva na sociedade em igualdade de condições com as demais pessoas;

IV – pessoa com mobilidade reduzida: aquela que tenha, por qualquer motivo, dificuldade de movimentação, permanente ou temporária, gerando redução efetiva da mobilidade, da flexibilidade, da coordenação motora ou da percepção, incluindo idoso, gestante, lactante, pessoa com criança de colo e obeso;

V – acompanhante: aquele que acompanha a pessoa com deficiência, podendo ou não desempenhar as funções de atendente pessoal;

VI – elemento de urbanização: quaisquer componentes de obras de urbanização, tais como os referentes a pavimentação, saneamento, encanamento para esgotos, distribuição de energia elétrica e de gás, iluminação pública, serviços de comunicação, abastecimento e distribuição de água, paisagismo e os que materializam as indicações do planejamento urbanístico;

VII – mobiliário urbano: conjunto de objetos existentes nas vias e nos espaços públicos, superpostos ou adicionados aos elementos de urbanização ou de edificação, de forma que sua modificação ou seu traslado não provoque alterações substanciais nesses elementos, tais como semáforos, postes de sinalização e similares, terminais e pontos de acesso coletivo às telecomunicações, fontes de água, lixeiras, toldos, marquises, bancos, quiosques e quaisquer outros de natureza análoga;

VIII – tecnologia assistiva ou ajuda técnica: produtos, equipamentos, dispositivos, recursos, metodologias, estratégias, práticas e serviços que objetivem promover a funcionalidade, relacionada à atividade e à participação da pessoa com deficiência ou com mobilidade reduzida, visando à sua autonomia, independência, qualidade de vida e inclusão social;

IX – comunicação: forma de interação dos cidadãos que abrange, entre outras opções, as línguas, inclusive a Língua Brasileira de Sinais (Libras), a visualização de textos, o *Braille*, o sistema de sinalização ou de comunicação tátil, os caracteres ampliados, os dispositivos multimídia, assim como a linguagem simples, escrita e oral, os sistemas auditivos e os meios de voz digitalizados e os modos, meios e formatos aumentativos e alternativos de comunicação, incluindo as tecnologias da informação e das comunicações;

X – desenho universal: concepção de produtos, ambientes, programas e serviços a serem usados por todas as pessoas, sem necessidade de adaptação ou de projeto específico, incluindo os recursos de tecnologia assistiva."

"Art. 3º O planejamento e a urbanização das vias públicas, dos parques e dos demais espaços de uso público deverão ser concebidos e executados de forma a torná-los acessíveis para todas as pessoas, inclusive para aquelas com deficiência ou com mobilidade reduzida.

Parágrafo único. O passeio público, elemento obrigatório de urbanização e parte da via pública, normalmente segregado e em nível diferente, destina-se somente à circulação de pedestres e, quando possível, à implantação de mobiliário urbano e de vegetação."

"Art. 9º [...]

Parágrafo único. Os semáforos para pedestres instalados em vias públicas de grande circulação, ou que deem acesso aos serviços de reabilitação, devem obrigatoriamente estar equipados com mecanismo que emita sinal sonoro suave para orientação do pedestre."

"Art. 10-A. A instalação de qualquer mobiliário urbano em área de circulação comum para pedestre que ofereça risco de acidente à pessoa com deficiência deverá ser indicada mediante sinalização tátil de alerta no piso, de acordo com as normas técnicas pertinentes."

"Art. 12-A. Os centros comerciais e os estabelecimentos congêneres devem fornecer carros e cadeiras de rodas, motorizados ou não, para o atendimento da pessoa com deficiência ou com mobilidade reduzida."

10. COMENTÁRIOS AO ART. 112

A Lei 13.146, de 6 de julho de 2015, Lei Brasileira de Inclusão da Pessoa com Deficiência (Estatuto da Pessoa com Deficiência) – LBI, alterou dispositivos da Lei 10.098, de 19 de dezembro de 2000, que estabelece normas gerais e critérios básicos para a promoção da acessibilidade das pessoas portadoras de deficiência ou com mobilidade reduzida, e dá outras providências, conhecida como Lei de Acessibilidade.

A LBI aperfeiçoou o artigo 2º da Lei de Acessibilidade no que tange aos conceitos de acessibilidade, barreiras, pessoa com deficiência, pessoa com mobilidade reduzida, acompanhante, elemento de urbanização, mobiliário urbano, tecnologia assistiva ou ajuda técnica, comunicação e desenho universal.

O caput do artigo 3º foi alterado no que tange à expressão 'pessoas portadoras de deficiência' para tornar acessíveis os espaços públicos para todas as pessoas, inclusive para aquelas 'com deficiência' ou com mobilidade reduzida. Também foi acrescentado o parágrafo único.

O artigo 10-A faz previsão sobre a necessidade de sinalização tátil de alerta no piso quando da instalação de qualquer mobiliário urbano em área de circulação comum para pedestre que ofereça risco de acidente à pessoa com deficiência.

Acertadamente o artigo 12-A determina o fornecimento de carros e cadeiras de rodas, motorizados ou não, para o atendimento da pessoa com deficiência ou com mobilidade reduzida pelos centros comerciais e estabelecimentos congêneres.

> **Art. 113**. A Lei 10.257, de 10 de julho de 2001 (Estatuto da Cidade), passa a vigorar com as seguintes alterações:
>
> "Art. 3º [...]
>
> [...]
>
> III – promover, por iniciativa própria e em conjunto com os Estados, o Distrito Federal e os Municípios, programas de construção de moradias e melhoria das condições habitacionais, de saneamento básico, das calçadas, dos passeios públicos, do mobiliário urbano e dos demais espaços de uso público;
>
> IV – instituir diretrizes para desenvolvimento urbano, inclusive habitação, saneamento básico, transporte e mobilidade urbana, que incluam regras de acessibilidade aos locais de uso público;
>
> [...]"
>
> "Art. 41. [...]
>
> [...]
>
> § 3º As cidades de que trata o *caput* deste artigo devem elaborar plano de rotas acessíveis, compatível com o plano diretor no qual está inserido, que disponha sobre os passeios públicos a serem implantados ou reformados pelo poder público, com vistas a garantir acessibilidade da pessoa com deficiência ou com mobilidade reduzida a todas as rotas e vias existentes, inclusive as que concentrem os focos geradores de maior circulação de pedestres, como os órgãos públicos e os locais de prestação de serviços públicos e privados de saúde, educação, assistência social, esporte, cultura, correios e telégrafos, bancos, entre outros, sempre que possível de maneira integrada com os sistemas de transporte coletivo de passageiros."

11. COMENTÁRIOS AO ART. 113

A Lei 13.146, de 6 de julho de 2015, Lei Brasileira de Inclusão da Pessoa com Deficiência (Estatuto da Pessoa com Deficiência) – LBI, alterou dispositivos da Lei 10.257, de 10 de julho de 2001 (Estatuto da Cidade).

A redação do inciso III do artigo 3º teve o intuito de incluir na parte final 'das calçadas, dos passeios públicos, do mobiliário urbano e dos demais espaços de uso público', com objetivo de construção e melhoria destes que são essenciais para garantir a mobilidade urbana das pessoas com deficiência.

A modificação do inciso seguinte foi no sentido de reforçar a necessidade da acessibilidade aos locais de uso público.

O artigo 41 do Estatuto da Cidade agora dispõe no parágrafo terceiro que as cidades devem elaborar plano de rotas acessíveis, compatível com o plano diretor no qual está inserido, que disponha sobre os passeios públicos a serem implantados ou reformados pelo poder público, com vistas a garantir acessibilidade da pessoa com deficiência ou com mobilidade reduzida a todas as rotas e vias existentes, tudo com integração a transporte coletivo sempre que possível.

As inovações são peculiares e devem ser aplaudidas. O Estatuto da Cidade é diploma igualmente importante, pois tem por objetivo regulamentar os artigos 182 e 183 da Constituição Federal, sobre política urbana.

Guilherme Magalhães Martins

Art. 114. A Lei 10.406, de 10 de janeiro de 2002 (Código Civil), passa a vigorar com as seguintes alterações:

"Art. 3º São absolutamente incapazes de exercer pessoalmente os atos da vida civil os menores de 16 (dezesseis) anos.

I – (Revogado);

II -– (Revogado);

III – (Revogado)."

"Art. 4º São incapazes, relativamente a certos atos ou à maneira de os exercer:

[...]

II – os ébrios habituais e os viciados em tóxico;

III – aqueles que, por causa transitória ou permanente, não puderem exprimir sua vontade;

[...]

Parágrafo único. A capacidade dos indígenas será regulada por legislação especial."

"Art. 228. [...]

[...]

II – (Revogado);

III – (Revogado);

[...].

§ 1º [...]

§ 2º A pessoa com deficiência poderá testemunhar em igualdade de condições com as demais pessoas, sendo-lhe assegurados todos os recursos de tecnologia assistiva."

"Art. 1.518. Até a celebração do casamento podem os pais ou tutores revogar a autorização."

"Art. 1.548. [...]

I – (Revogado);

[...]"

"Art. 1.550. [...]

[...]

§ 1º [...]

§ 2º A pessoa com deficiência mental ou intelectual em idade núbia poderá contrair matrimônio, expressando sua vontade diretamente ou por meio de seu responsável ou curador."

"Art. 1.557. [...]

[...]

III – a ignorância, anterior ao casamento, de defeito físico irremediável que não caracterize deficiência ou de moléstia grave e transmissível, por contágio ou por herança, capaz de pôr em risco a saúde do outro cônjuge ou de sua descendência;

IV – (Revogado)."

"Art. 1.767. [...]

I – aqueles que, por causa transitória ou permanente, não puderem exprimir sua vontade;

II – (Revogado);

III – os ébrios habituais e os viciados em tóxico;

IV – (Revogado);

[...]"

"Art. 1.768. O processo que define os termos da curatela deve ser promovido:

[...]

IV – pela própria pessoa."

"Art. 1.769. O Ministério Público somente promoverá o processo que define os termos da curatela:

I – nos casos de deficiência mental ou intelectual;

[...]

III – se, existindo, forem menores ou incapazes as pessoas mencionadas no inciso II."

"Art. 1.771. Antes de se pronunciar acerca dos termos da curatela, o juiz, que deverá ser assistido por equipe multidisciplinar, entrevistará pessoalmente o interditando."

"Art. 1.772. O juiz determinará, segundo as potencialidades da pessoa, os limites da curatela, circunscritos às restrições constantes do art. 1.782, e indicará curador.

Parágrafo único. Para a escolha do curador, o juiz levará em conta a vontade e as preferências do interditando, a ausência de conflito de interesses e de influência indevida, a proporcionalidade e a adequação às circunstâncias da pessoa."

"Art. 1.775-A. Na nomeação de curador para a pessoa com deficiência, o juiz poderá estabelecer curatela compartilhada a mais de uma pessoa."

"Art. 1.777. As pessoas referidas no inciso I do art. 1.767 receberão todo o apoio necessário para ter preservado o direito à convivência familiar e comunitária, sendo evitado o seu recolhimento em estabelecimento que os afaste desse convívio."

1. ASPECTOS GERAIS

No Brasil, a curatela é um instituto antigo, que remonta às Ordenações do Reino, regulamentado sempre em atenção aos interesses patrimoniais, inexistindo um tratamento legal específico para o plano existencial.

Uma visão histórica dos processos e do papel social reservados à pessoa com deficiência revelam um ponto comum no destino traçado socialmente para esse grupo: o silêncio e invisibilização de suas vidas. [1]

Porém, com a evolução dos direitos humanos, intensifica-se a proteção da pessoa, com vistas ao seu livre desenvolvimento, em todos os aspectos da sua vida de relação, a partir da cláusula geral da dignidade da pessoa humana.

Como fruto desse progresso, no ano de 2007, a Organização das Nações Unidas – ONU promulgou a Convenção sobre os Direitos da Pessoa com Deficiência – CPPD[2] e seu protocolo facultativo. No Brasil, a Convenção de Nova York foi aprovada por meio do Decreto 186/2008, com quórum de maioria qualificada de três quintos, nas duas casas do Congresso Nacional, em dois turnos, alcançando a hierarquia de norma constitucional (art. 5º, § 3º, Constituição da República).

Posteriormente, a Convenção foi ratificada e promulgada através do Decreto Presidencial 6.949/2009. A Convenção trouxe um novo paradigma para a pessoa com deficiência, pautado no "modelo social dos direitos humanos".

Pode-se afirmar, sem medo de errar, que é unânime a consideração de que a Convenção de Nova York foi crucial em matéria de direitos humanos, tendo em vista seu enorme impacto, marcando um "antes" e um "depois" na evolução dos direitos das pessoas com deficiência, do ponto de vista da sua visibilidade, dando-se ênfase à pessoa e não à sua deficiência, porém, da mesma forma, ainda faltam muitos objetivos a alcançar na sua interpretação, nível de cumprimento e desenvolvimento

---

1. ALMEIDA, Vitor. A capacidade civil das pessoas com deficiência e os perfis da curatela. Belo Horizonte: Fórum, 2019, p. 386 (e-book)

2. A Convenção de Nova York prevê dentre seus princípios: "a) O respeito pela dignidade inerente, a autonomia individual, *inclusive a liberdade de fazer as próprias escolhas*, e a independência das pessoas; b) A *não discriminação*; c) A plena e efetiva participação e inclusão na sociedade". Especificamente em matéria de capacidade, o Artigo 12 da Convenção assim prevê: "Art. 12(2). Os Estados-Partes reconhecerão que as pessoas com deficiência gozam de capacidade legal em igualdade de condições com as demais pessoas em todos os aspectos da vida. Art. 12(3) Os Estados-Partes tomarão medidas apropriadas para prover o acesso de pessoas com deficiência ao apoio que necessitarem no exercício de sua capacidade legal. Art. 12(4). Os Estados-Partes assegurarão que todas as medidas relativas ao exercício da capacidade legal incluam salvaguardas apropriadas e efetivas para prevenir abusos, em conformidade com o direito internacional dos direitos humanos. *Essas salvaguardas assegurarão que as medidas relativas ao exercício da capacidade legal respeitem os direitos, a vontade e as preferências da pessoa, sejam isentas de conflito de interesses e de influência indevida, sejam proporcionais e apropriadas às circunstâncias da pessoa, apliquem-se pelo período mais curto possível e sejam submetidas à revisão regular por uma autoridade ou órgão judiciário competente, independente e imparcial.* As salvaguardas serão proporcionais ao grau em que tais medidas afetarem os direitos e interesses da pessoa" (g.n.).

normativo. Lamentavelmente, permanecem diversos obstáculos, tanto de fato como jurídicos; seguem sendo produzidas, sistematicamente, violações de direitos.[3]

Ao estabelecer um sistema protetivo-emancipatório, a Convenção estabeleceu que o amparo da pessoa com deficiência deve se dar por meio de apoio e salvaguardas e não pela restrição prévia à sua autonomia, verificando-se, no caso concreto, em que medida esta necessita de especial proteção, a fim de tutelar de forma adequada sua condição de vulnerabilidade, sem tolher sua autodeterminação por inteiro.[4]

A proteção da pessoa com deficiência passa a ser reconhecida sob uma perspectiva de direitos humanos, consolidando o chamado "modelo social de deficiência", partindo da premissa de que a deficiência, no passado, se originou em grande parte de uma sociedade que não considerava merecedores de proteção seus portadores. Isso significa o abandono do modelo médico da deficiência, em direção a um enfoque funcional, mais voltado a proteger ou estimular as potencialidades dos indivíduos.

A transição dos modelos de prescindência e reabilitador para o social deriva de toda uma luta, em virtude da mudança no papel das pessoas com deficiência face às estruturas normativas, em face de uma sociedade permeada por barreiras. [5] O exercício dos direitos pressupõe a possibilidade de acesso, cuja ausência pode implicar uma discriminação.[6]

O Estatuto da Pessoa com Deficiência (Lei 13.146/2015), também denominado Lei Brasileira de Inclusão, instrumentaliza a Convenção de Nova York, cuja ratificação e promulgação determinou sua incorporação, com força, hierarquia e eficácia constitucionais, ao ordenamento jurídico brasileiro, nos termos do art. 5º, § 3º, da Constituição da República.

---

3. VIVAS-TESÓN, Immaculada. Una década de vigencia de la Convención de Nova York en España y un anteproyecto de ley: hacia um derecho inclusivo. In: SALLES, Raquel Bellini; PASSOS, Aline Araújo; LAGE, Juliana Gomes (organizadoras). *Direito, vulnerabilidade e pessoa com deficiência*. Rio de Janeiro: Processo, 2019. p. 690.

4. YOUNG, Beatriz Capanema. A Lei Brasileira de Inclusão e seus reflexos no casamento da pessoa com deficiência física e intelectual. In: BARBOZA, Heloisa Helena; MENDONÇA, Bruna Lima de; ALMEIDA JÚNIOR, Vitor de Azevedo(coord.). *O Código Civil e o Estatuto da Pessoa com Deficiência*. Rio de Janeiro: Processo, 2017. p. 186. Para as autoras, "nisso o EPD pecou – por excesso de cuidado! Deixou de considerar absolutamente incapaz aquela pessoa completamente faltosa de discernimento, sem qualquer capacidade de entendimento ou de manifestação de um querer – detectado por perícia – e transpôs para o rol dos relativamente incapazes, aqueles que, por causa transitória ou permanente, não podem exprimir sua vontade (art. 4º, III). Nesse ponto, merece ser retificado, pois aquele que não tem condições de manifestar a sua vontade por estar em coma, por exemplo, não pode praticar quaisquer atos da vida civil, assim como qualquer pessoa que não dispuser do mínimo discernimento".

5. ARAÚJO, Luana Adriano. *Desafios teóricos à efetivação do direito à educação inclusiva*. Curitiba: CRV, 2019. p. 50.

6. ROIG, Rafael de Asís. Sobre el derecho a la accesibilidad universal. In: BARBOSA-FOHRMANN, Ana Paula; MARTINS, Guilherme Magalhães. *Pessoa com deficiência; estudos interdisciplinares*. Indaiatuba: Foco, 2020. p. 13.

A partir desse novo modelo social, as noções de deficiência e incapacidade não são mais passíveis de confusão, constituindo um notável avanço em relação ao direito anterior,[7] quando as pessoas com deficiência psíquica e intelectual foram excluídas de uma maior participação na vida civil, tiveram a sua capacidade mitigada ou negada, os bens espoliados e a vontade e autonomia desrespeitadas.[8]

No sistema do Código Civil de 1916, eram considerados absolutamente incapazes (artigo 5º) os menores de dezesseis anos, os loucos de todo gênero, os surdos-mudos que não pudessem exprimir sua vontade e os ausentes judicialmente reconhecidos, e relativamente incapazes (artigo 6º) as pessoas entre dezesseis e vinte e um anos, os pródigos e os silvícolas. O regime das incapacidades assentado no Código Civil de 1916 utilizou o critério do *status* para reconhecer a capacidade jurídica, identificando a idade e a deficiência como impedimentos à manifestação volitiva racional, e, portanto, como redutores da capacidade de exercício. O critério do *status* refletia os efeitos do modelo médico de abordagem da deficiência, pois qualquer diagnóstico de deficiência psíquica ou intelectual na ampla faixa designada pela lei "loucos de todo o gênero" era suficiente para colocar a pessoa na condição de absolutamente incapaz.[9]

Já o Código Civil de 2002, em sua redação original, reconheceu como absolutamente incapazes (artigo 3º) os menores de dezesseis anos, os que por enfermidade ou deficiência mental não tivessem o necessário discernimento para a prática de atos e os que por causa transitória não pudessem exprimir a vontade; já relativamente incapazes (artigo 4º) seriam as pessoas entre dezesseis e dezoito anos, os ébrios habituais, os viciados em tóxico e os que, por deficiência mental, tivessem o discernimento reduzido, além dos excepcionais sem desenvolvimento mental completo e dos pródigos.

2. O ESTATUTO DAS PESSOAS COM DEFICIÊNCIA E A NOVA LEITURA DO REGIME DAS INCAPACIDADES

O art. 12 da Convenção de Nova York estabelece que as pessoas com deficiência gozam de capacidade legal para os diversos aspectos da vida, com a igual possibilidade de possuir ou herdar bens, controlar as suas finanças e evitar a destituição

---

7. Na visão de Beviláqua, à luz do Código Civil de 1916, "alienados, ou loucos, no sentido do Código Civil, são aquelles que, por organização cerebral incompleta, ou por moléstia localizada no encephalo, lesão somática ou vicio de organização, não gozam de equilíbrio mental e clareza de razão sufficientes para se conduzirem socialmente nas várias relações da vida" BEVILÁQUA, Clovis. *Theoria geral do direito civil.* 2.ed. Rio de Janeiro: Francisco Alves, 1929. p. 99.

8. MENEZES, Joyceanne Bezerra de. *O direito protetivo no Brasil após a convenção sobre a proteção da pessoa com deficiência:* impactos do novo CPC e do Estatuto da Pessoa com Deficiência. *Civilística.com.* a.4, n. 1, p. 3, 2005. Disponível em: [http://civilistica.com/o-direito-protetivo-no-brasil/]. Acesso em: 19.01.2017.

9. MENEZES, Joyceanne Bezerra de; RODRIGUES, Francisco Luciano Lima; MORAES, Maria Celina Bodin de. A capacidade civil e o sistema de apoios no Brasil. In: MENEZES, Joyceanne Bezerra de; CAYCHO, Renato Antonio Constantino; BARIFFI, Francisco José. *Capacidade civil, deficiência e Direito Civil na América Latina.* Indaiatuba: Foco, 2021. p. 178.

arbitrária dos seus bens. Dispõe ainda no sentido de que os mecanismos do direito protetivo devem se consubstanciar em apoios, e não na substituição da vontade. Dentre os princípios cardeais da Convenção, destacam-se o *in dubio pro capacitas* e a intervenção mínima.

Seguindo a mesma linha, o artigo 6º da Lei 13.146/2015 trouxe grande inovação em relação ao direito anterior, ao afirmar com clareza que a deficiência não afeta a plena capacidade civil da pessoa;[10] já o artigo 114 do Estatuto alterou o artigo 3º do Código Civil, declarando como absolutamente incapazes apenas os menores de 16 (dezesseis) anos.[11]

A Lei 13.146/2015 promoveu a alteração no tratamento legislativo da deficiência, optando por uma proposta mais inclusiva, e, com isso, alterou os artigos 3º e 4º do Código Civil, cujo *caput* passa a prever como única hipótese de incapacidade absoluta a etária, isto é, aquela em que a pessoa tiver menos de dezesseis anos. Em relação à incapacidade relativa, altera a redação dos incisos II e III, para prever como relativamente incapazes os ébrios habituais e os viciados em tóxicos e aqueles que, por causa transitória ou permanente, não puderem exprimir sua vontade.

Trata-se, portanto, de uma mudança de paradigmas, reforçada por outros artigos da Lei 13.146/2015: o artigo 6º, que dispõe que a deficiência não afeta a plena capacidade civil da pessoa, inclusive para casar-se e constituir união estável, exercer direitos sexuais e reprodutivos, exercer o planejamento familiar, exercer direito à guarda, à tutela, à curatela e adoção, como adotante ou adotado, em igualdade de oportunidades com as demais pessoas. É o caso ainda dos artigos 11 e 13, que exigem consentimento prévio e esclarecido no tratamento, procedimento, hospitalização e pesquisa científica; do artigo 14, que assegura a reabilitação como livre escolha da pessoa com deficiência, e o artigo 84, que prevê que a curatela é medida excepcional, proporcional às necessidades e circunstâncias de cada caso. Da mesma forma, o artigo 85 estabelece que a curatela afetará apenas os atos relacionados aos direitos de natureza patrimonial ou negocial.[12]

---

10. "Art. 6º. A deficiência não altera a plena capacidade civil da pessoa, inclusive para : I – casar-se e constituir união estável; II – exercer direitos sexuais e reprodutivos; III – exercer o direito de decidir sobre o número de filhos e de ter acesso a informações adequadas sobre reprodução e planejamento familiar; IV– conservar sua fertilidade, sendo vedada a esterilização compulsória; V – exercer o direito à família e à convivência familiar e comunitária; e VI – exercer o direito à guarda, à tutela, à curatela e à adoção, como adotante ou adotando, em igualdade de oportunidades com as demais pessoas".

11. Art. 4º São incapazes, relativamente a certos atos ou à maneira de os exercer: I – os maiores de dezesseis e menores de dezoito anos; II – os ébrios habituais e os viciados em tóxico; III – aqueles que, por causa transitória ou permanente, não puderem exprimir sua vontade; IV – os pródigos. Parágrafo único. A capacidade dos indígenas será regulada por legislação especial".

12. CRUZ, Elisa. A Parte Geral do novo Código Civil e a Lei Brasileira de Inclusão. In: BARBOZA, Heloisa Helena; MENDONÇA, Bruna Lima de; ALMEIDA JÚNIOR, Vitor Almeida(coord.). *O Código Civil e o Estatuto da Pessoa com Deficiência*. Rio de Janeiro: Processo, 2017. p. 77-78.

Uma leitura apressada dos artigos 104, I e 166, I, ambos do Código Civil,[13] ambos não modificados pela Lei 13.146/2015, poderia levar à conclusão errônea de serem sempre plenamente válidos os atos da vida civil celebrados por pessoa com deficiência mental ou intelectual, que de fato não mais constitui causa de incapacidade absoluta. No entanto, tais atos poderão ser invalidados, sobretudo nos casos mais graves, a exigir uma proteção mais acentuada.

Ensina Caio Mário da Silva Pereira que a regra é a capacidade, e a incapacidade é a exceção;[14] "enunciado de outra maneira, afirma-se que toda pessoa tem a capacidade de direito ou de aquisição, e presume-se a capacidade de fato ou de ação ; somente por exceção, *expressamente decorrente de lei,* é que se recusa ao indivíduo a capacidade de fato".

O Estatuto afirma, portanto, aquilo que sempre foi regra, ou seja, a capacidade e a curatela parcial (a partir do artigo 1.772 do Código Civil), dando fim à discriminação própria da incapacidade absoluta.

A curatela deixa de produzir efeitos nas relações existenciais, persistindo, excepcionalmente, nos atos patrimoniais e negociais (art. 85, *caput,* Lei 13.146/2015[15]).

Numa visão superficial do Estatuto, poder-se-ia afirmar que entre os absolutamente incapazes restaram apenas as pessoas menores de dezesseis anos No entanto, situações podem vir a ocorrer em que o exercício pessoal dos direitos que lhe são assegurados gerem prejuízos para as pessoas com deficiência, ou mesmo se revele impossível, como no caso das deficiências físicas e mentais graves.[16]

---

13. "Art. 104. A validade do negócio jurídico requer: I – agente capaz; [...] "Art. 166. É nulo o negócio jurídico quando: I – celebrado por pessoa absolutamente incapaz [...]".

14. PEREIRA, Caio Mário da Silva. *Instituições de Direito Civil.* v. I. 29. ed. Atualização de Maria Celina Bodin de Moraes. Rio de Janeiro: Forense, 2016. p. 222: "Aquele que se acha em pleno exercício de seus direitos é capaz, ou tem a capacidade de fato, de exercício ou de ação; aquele a quem falta a aptidão para agir não tem a capacidade de fato. Regra é, então, que toda pessoa tem a capacidade de direito, mas nem toda pessoa tem a de fato. Toda pessoa tem a faculdade de adquirir direitos, mas nem toda pessoa tem o poder de usá-los pessoalmente e transmiti-los a outrem por ato de vontade".

15. "Art. 85. A curatela afetará tão somente os atos relacionados aos direitos de natureza patrimonial e negocial. § 1º Quando necessário, a pessoa com deficiência será submetida à curatela, conforme a lei. § 2º É facultado à pessoa com deficiência a adoção de processo de tomada de decisão apoiada. § 3º A definição de curatela de pessoa com deficiência constitui medida protetiva extraordinária, proporcional às necessidades e às circunstâncias de cada caso, e durará o menor tempo possível. § 4º Os curadores são obrigados a prestar, anualmente, contas de sua administração ao juiz, apresentando o balanço do respectivo ano".

16. A 3ª Câmara de Direito Privado do Tribunal de Justiça de São Paulo deu provimento ao recurso da Defensoria Pública daquele Estado, contrariando sentença que declarava absolutamente incapaz um homem com doença psíquica irreversível. O relator, Donegá Morandin, afirmou em seu voto que a incapacidade da pessoa com curatela será sempre relativa. Tal voto é criticado pelas professoras Ana Carolina Brochado Teixeira e Joyceanne Bezerra de Menezes (TEIXEIRA, Ana Carolina Brochado; MENEZES, Joyceanne Bezerra de. In: BARBOZA, Heloisa Helena; ALMEIDA, Vitor (coord.) *Comentários ao Estatuto da Pessoa com Deficiência à luz da Constituição da República.* Belo Horizonte: Fórum, 2018. p.358).

Caso a pessoa com deficiência não apresente condições físicas ou mentais de exercer seus direitos pessoalmente, especialmente aqueles de natureza patrimonial ou negocial (art. 85), o art. 84, § 1º, da Lei 13.146/2015 admite a curatela, na forma da lei,[17] em se tratando de medida protetiva extraordinária, proporcional às necessidades e às circunstâncias de cada caso, durando o menor tempo possível (art. 84, § 3º).[18]

Em qualquer caso, a definição da curatela não alcança o direito ao próprio corpo, à sexualidade, ao matrimônio, à privacidade, à educação, à saúde, ao trabalho e ao voto (art. 85, § 1º),[19] devendo constar da sentença as razões e motivações da sua definição, preservados os interesses do curatelado.[20]

O artigo 121 da Lei 13.146/2015[21] busca, no seu parágrafo único, solucionar a interpretação sistemática em relação a outras normas e tratados e convenções internacionais. Em caso de divergência entre o Estatuto da Pessoa com Deficiência e a Convenção de Nova York, prevalecerá a norma mais favorável ao deficiente.[22]

Da mesma forma, a Lei 13.146/2015 modificou a redação do artigo 4º do Código Civil, para retirar do rol das pessoas incapazes relativamente a certos atos ou à maneira de os exercer: a) as pessoas que, por deficiência mental, tenham o discernimento reduzido; b) as pessoas excepcionais, sem desenvolvimento mental incompleto. No entanto, continua sendo relativamente incapaz toda e qualquer pessoa que, por causa transitória ou permanente, não puder exprimir sua vontade (art. 4º, III do Código Civil, na redação dada pelo Estatuto).

Logo, conclui-se que, por si só, a deficiência física ou mental não constitui causa de incapacidade, a menos no caso de impossibilidade de a pessoa exprimir

---

17. "Art. 84, § 1º Quando necessário, a pessoa com deficiência será submetida à curatela, na forma da lei".

18. "Art. 83, § 3º A definição de curatela de pessoa com deficiência constitui medida protetiva extraordinária, proporcional às necessidades e às circunstâncias de cada caso, e durará o menor tempo possível".

19. "Art. 85, § 1º A definição da curatela não alcança o direito ao próprio corpo, à sexualidade, ao matrimônio, à privacidade, à educação, à saúde, ao trabalho e ao voto".

20. "Art. 85, § 2º A curatela constitui medida extraordinária, devendo constar da sentença as razões e motivações da sua definição, preservados os interesses do curatelado".

21. "Art. 121. Os direitos, os prazos e as obrigações previstos nesta Lei não excluem os já estabelecidos em outras legislações, inclusive em pactos, tratados, convenções e declarações internacionais aprovados e promulgados pelo Congresso Nacional, e devem ser aplicados em conformidade com as demais normas internas e acordos internacionais vinculantes sobre a matéria. Parágrafo único. Prevalecerá a norma mais benéfica à pessoa com deficiência".

22. Há divergências pontuais entre a Convenção e o EPD, como no conceito de capacidade, assim definida no art. 1º da Convenção: "Pessoas com deficiência são aquelas que têm impedimentos de longo prazo de natureza física, mental, intelectual ou sensorial, os quais, em interação com diversas barreiras, podem obstruir sua participação plena e efetiva na sociedade em igualdades de condições com as demais pessoas (artigo 1º)". Já conforme o art. 2º do Estatuto da Pessoa com Deficiência, "considera-se pessoa com deficiência aquela que tem impedimento de longo prazo de natureza física, mental, intelectual ou sensorial, o qual, em interação com uma ou mais barreiras, pode obstruir sua participação plena e efetiva na sociedade em igualdade de condições com as demais pessoas (artigo 2º).

sua vontade, seja por causa transitória ou permanente, caso em que poderá esta ser declarada incapaz, nos limites estabelecidos na sentença de interdição.

Da mesma forma, a tomada de decisão apoiada, prevista no artigo 116 da Lei 13.146/2015, que inclui o artigo 1.783-A e parágrafos no Código Civil,[23] caso em que a pessoa com deficiência elege pelo menos duas pessoas idôneas, que lhe prestarão assistência, embora preservada a plenitude da sua capacidade civil. O objetivo do instituto é assegurar ao beneficiado o suporte necessário ao exercício da sua autonomia, em igualdade de condições com outras pessoas.[24]

Figurando ao lado dos institutos tradicionais da curatela e da tutela, com os quais não se confunde, tanto do ponto de vista da estrutura como da função, a tomada de decisão apoiada concretiza o art. 12.3 do Decreto 6.949/2009, que promulgou a Convenção de Nova York: "os Estados-Partes tomarão medidas apropriadas para prover o acesso de pessoas com deficiência ao apoio de que necessitarem no exercício de sua capacidade legal".

A capacidade,[25] em face de ambos os diplomas legais, integra o catálogo de direitos fundamentais da Constituição Federal, constitui cláusula pétrea, possui

---

23. "Art. 1.783-A. A tomada de decisão apoiada é o processo pelo qual a pessoa com deficiência elege pelo menos 2 (duas) pessoas idôneas, com as quais mantenha vínculos e que gozem de sua confiança, para prestar-lhe apoio na tomada de decisão sobre atos da vida civil, fornecendo-lhes os elementos e informações necessários para que possa exercer sua capacidade. (Incluído pela Lei 13.146, de 2015). § 1º Para formular pedido de tomada de decisão apoiada, a pessoa com deficiência e os apoiadores devem apresentar termo em que constem os limites do apoio a ser oferecido e os compromissos dos apoiadores, inclusive o prazo de vigência do acordo e o respeito à vontade, aos direitos e aos interesses da pessoa que devem apoiar. (Incluído pela Lei 13.146, de 2015). § 2º O pedido de tomada de decisão apoiada será requerido pela pessoa a ser apoiada, com indicação expressa das pessoas aptas a prestarem o apoio previsto no *caput* deste artigo. (Incluído pela Lei 13.146, de 2015). § 3º Antes de se pronunciar sobre o pedido de tomada de decisão apoiada, o juiz, assistido por equipe multidisciplinar, após oitiva do Ministério Público, ouvirá pessoalmente o requerente e as pessoas que lhe prestarão apoio. (Incluído pela Lei 13.146, de 2015). § 4º A decisão tomada por pessoa apoiada terá validade e efeitos sobre terceiros, sem restrições, desde que esteja inserida nos limites do apoio acordado. (Incluído pela Lei 13.146, de 2015). § 5º Terceiro com quem a pessoa apoiada mantenha relação negocial pode solicitar que os apoiadores contra-assinem o contrato ou acordo, especificando, por escrito, sua função em relação ao apoiado. (Incluído pela Lei 13.146, de 2015). § 6º Em caso de negócio jurídico que possa trazer risco ou prejuízo relevante, havendo divergência de opiniões entre a pessoa apoiada e um dos apoiadores, deverá o juiz, ouvido o Ministério Público, decidir sobre a questão. (Incluído pela Lei 13.146, de 2015). § 7º Se o apoiador agir com negligência, exercer pressão indevida ou não adimplir as obrigações assumidas, poderá a pessoa apoiada ou qualquer pessoa apresentar denúncia ao Ministério Público ou ao juiz. (Incluído pela Lei 13.146, de 2015). § 8º Se procedente a denúncia, o juiz destituirá o apoiador e nomeará, ouvida a pessoa apoiada e se for de seu interesse, outra pessoa para prestação de apoio. (Incluído pela Lei 13.146, de 2015). § 9º A pessoa apoiada pode, a qualquer tempo, solicitar o término de acordo firmado em processo de tomada de decisão apoiada. (Incluído pela Lei 13.146, de 2015). § 10. O apoiador pode solicitar ao juiz a exclusão de sua participação do processo de tomada de decisão apoiada, sendo seu desligamento condicionado à manifestação do juiz sobre a matéria. (Incluído pela Lei 13.146, de 2015). § 11. Aplicam-se à tomada de decisão apoiada, no que couber, as disposições referentes à prestação de contas na curatela. (Incluído pela Lei 13.146, de 2015)".

24. MENDONÇA, Bruna Lima de. Apontamentos sobre as principais mudanças operadas pelo Estatuto da Pessoa com Deficiência (Lei 13.146/2015) no regime das incapacidades. In: ERHARDT JR., Marcos. *Impactos do novo CPC e do EPD no Direito Civil Brasileiro*. Belo Horizonte: Fórum, 2016. p. 273.

25. Como ensina Francisco Amaral, "capacidade, de *capax* (que contém), liga-se à ideia de quantidade e, portanto, à possibilidade de medida e graduação. Pode-se ser mais ou menos capaz, mas não se pode ser mais ou menos pessoa". AMARAL, Francisco. *Direito Civil; Introdução*. 7. ed. Rio de Janeiro: Renovar, 2008. p. 254.

efeito irradiante perante a legislação infraconstitucional e afeta as relações entre particulares, além de criar para o Estado o dever de adotar medidas concretas para sua efetivação.

Em matéria de deficiente idoso, a Lei 13.146/2015 revogou expressamente dispositivos do Estatuto do Idoso (Lei 10.741/2013), em matéria de saúde, especificamente quanto à escolha entre tratamentos médicos.[26]

Outra questão diz respeito ao fato de a Lei 13.146, de 06 de julho de 2015, ter entrado em vigor anteriormente ao novo Código de Processo Civil (Lei 13.105, de 16 de março de 2015), que disciplina o processo de interdição.

Embora tenha sido a "interdição total" abolida pelo artigo 1.772 do Código Civil, na redação dada pela Lei Brasileira de Inclusão da Pessoa com Deficiência,[27] o 755, § 3º, do Novo Código de Processo Civil, ao dispor sobre a publicação da sentença de interdição, sugere a possibilidade contrária: "constando do edital os nomes do interdito e do curador, a causa da interdição, os limites da curatela, e, não sendo total a interdição, os atos que o interdito poderá praticar autonomamente"

Da mesma forma, embora tenha o novo Código de Processo Civil revogado expressamente o art. 1.768 do Código Civil, na redação dada pelo Estatuto da Pessoa com Deficiência, a possibilidade de requerimento da curatela pelo interessado não se extingue. Por força dos princípios da Convenção e o que mais consta do Estatuto da Pessoa com Deficiência, não se pode retirar da pessoa com deficiência a legitimidade para requerer sua própria curatela, sob pena de negar sua capacidade e ignorar sua autonomia, violando o principal objetivo da Convenção de Nova York, que, portanto, tem força de norma constitucional.

---

26. Assim dispõem os artigos 11 e 12 da Lei Brasileira de Inclusão, em matéria de saúde:
    "Art. 11. A pessoa com deficiência não poderá ser obrigada a se submeter a intervenção clínica ou cirúrgica, a tratamento ou a institucionalização forçada. Parágrafo único. O consentimento da pessoa com deficiência em situação de curatela poderá ser suprido, na forma da lei.
    Art. 12. O consentimento prévio, livre e esclarecido da pessoa com deficiência é indispensável para a realização de tratamento, procedimento, hospitalização e pesquisa científica. § 1º Em caso de pessoa com deficiência em situação de curatela, deve ser assegurada sua participação, no maior grau possível, para a obtenção de consentimento. § 2º A pesquisa científica envolvendo pessoa com deficiência em situação de tutela ou de curatela deve ser realizada, em caráter excepcional, apenas quando houver indícios de benefício direto para sua saúde ou para a saúde de outras pessoas com deficiência e desde que não haja outra opção de pesquisa de eficácia comparável com participantes não tutelados ou curatelados".
    O dispositivo revogado, artigo 17, parágrafo único, do Estatuto do Idoso, inclusive fazia referência à figura do curador: "Art. 17. Ao idoso que esteja no domínio de suas faculdades mentais é assegurado o direito de optar pelo tratamento de saúde que lhe for reputado mais favorável. Parágrafo único. Não estando o idoso em condições de proceder à opção, esta será feita: I – pelo curador, quando o idoso for interditado; II – pelos familiares, quando o idoso não tiver curador ou este não puder ser contactado em tempo hábil; III – pelo médico, quando ocorrer iminente risco de vida e não houver tempo hábil para consulta a curador ou familiar; IV – pelo próprio médico, quando não houver curador ou familiar conhecido, caso em que deverá comunicar o fato ao Ministério Público.

27. Art. 1.772. O juiz determinará, segundo as potencialidades da pessoa, os limites da curatela, circunscritos às restrições constantes do art. 1.782, e indicará curador.

Pelo critério cronológico, estabelecido no art. 2º da LINDB – Lei de Introdução às Normas do Direito Brasileiro (Lei 12.376/2010), prevaleceria, em princípio, o novo Código de Processo Civil.[28]

No entanto, tendo em vista a natureza de norma constitucional sobre direitos fundamentais da Convenção de Nova York,[29] bem como a natureza de norma mais favorável à pessoa com deficiência da Lei 13.146/2015, o direito adjetivo abraçado pelo Código de Processo Civil deve ser contido em sua validade e eficácia, tendo em vista sua inconstitucionalidade material.[30]

Através da sua pretensão de eficácia, a Constituição procura imprimir ordem e conformação à realidade política e social, ensina Konrad Hesse.[31]

Para Otto Bashof, professor da Universidade de Tübingen, em aclamado ensaio sobre a possibilidade de normas constitucionais inconstitucionais, a validade de uma Constituição compreende dois aspectos: a positividade e a obrigatoriedade. Esta última somente existirá "se o legislador tome em conta os princípios constitutivos de toda ordem jurídica e, nomeadamente, se deixe guiar pela aspiração à justiça *e evite regulamentações arbitrárias*(g.n.)".[32]

---

28. LINDB, art. 2º, § 1º, na redação dada pela Lei 12.376/2010. "Art. 2º. Não se destinando à vigência temporária, a lei terá vigor até que outra a modifique ou revogue. § 1º A lei posterior revoga a anterior quando expressamente o declare, quando seja com ela incompatível ou quando regule inteiramente a matéria de que tratava a lei anterior".

29. BARBOZA, Heloisa Helena; ALMEIDA JÚNIOR, Vitor de Azevedo. A(in)capacidade da pessoa com deficiência mental ou intelectual e o regime das invalidades: primeiras reflexões. In: ERHARDT JR., Marcos (coordenador). *Impactos do novo CPC e do EPD no Direito Civil Brasileiro*. Belo Horizonte: Fórum, 2016. p. 207.

30. Destaca Antonio dos Reis Jr. a necessidade de um tratamento diferenciado para as questões existenciais e patrimoniais em relação às pessoas portadoras de deficiência: "Como questão de estado, considerando a pessoa com deficiência mental inserida no novo sistema de inclusão, a operação interpretativa e de qualificação adquire mais instrumentos para alcançar o resultado normativo (norma jurídica aplicada ao caso concreto) mais consentâneo com o sistema de valores revelado pela Lei 13.146/2015 à luz da Constituição Federal de 1988 e da Convenção sobre os Direitos das Pessoas com Deficiência (Convenção de Nova York). Por outro lado, percebe-se que as questões de cunho patrimonial não estão na órbita das preocupações primeiras da nova lei, eis porque representarão os problemas mais difíceis. Ademais, o mesmo pressuposto (enfrentar a normativa como questão de estado da pessoa) vale para alcançar a melhor interpretação para algumas questões de direito intertemporal, que ainda perpetuarão por muito tempo, no limbo causado pelo choque de paradigmas entre os modelos antigo e novo do estado da pessoa e da capacidade civil". REIS JR., Antonio dos. O Estatuto da Pessoa com Deficiência e o novo Código de Processo Civil: aspectos controvertidos e questões de direito intertemporal. In: ERHARDT JR., Marcos (coordenador). *Impactos do novo CPC e do EPD no Direito Civil Brasileiro*. Belo Horizonte: Fórum, 2016. p. 143-144.

31. A partir da ideia de vontade da Constituição, conclui o juiz e ex-presidente da Corte Constitucional Alemã que "(...)a pretensão de eficácia de uma norma constitucional não se confunde com as condições da sua realização; a pretensão de eficácia associa-se a essas condições como elemento autônomo. A Constituição não configura, portanto, apenas expressão de um ser, mas também de um dever ser; ela significa mais do que o simples reflexo das condições fáticas de sua vigência, principalmente as forças sociais e políticas". HESSE, Konrad. *A força normativa da Constituição*. Tradução de Gilmar Ferreira Mendes. Porto Alegre: Sergio Antonio Fabris, 1991. p. 15.

32. BACHOF, Otto. *Normas constitucionais inconstitucionais?* Tradução de José Manuel M. Cardoso da Costa. Coimbra: Almedina, 2009. p. 42.

Trata-se de normas constitucionais de aplicabilidade imediata(art. 5º, § 1º, da Constituição da República)[33] e eficácia plena, definidas por José Afonso da Silva como aquelas que "desde a entrada em vigor da Constituição, produzem, ou têm possibilidade de produzir, todos os efeitos essenciais, relativamente aos interesses, comportamentos e situações, que o legislador constituinte, direta e normativamente, quis regular".[34]

A mesma conclusão é afirmada por Ingo Wolfgang Sarlet, em cuja visão, com a adoção do procedimento previsto no art. 5º, § 3º, da Constituição, os tratados em matéria de direitos humanos integram o bloco da constitucionalidade, que representa a reunião de diferentes diplomas normativos de cunho constitucional, que atuam, em seu conjunto, como parâmetro de controle da constitucionalidade.

É verdade que o Projeto de Lei 757, de 2015, busca a retomada da antiga teoria das incapacidades, repristinando, com pequenas modificações, dois incisos do artigo 3º do Código Civil, de modo a considerar como absolutamente incapazes "os que não tenham qualquer discernimento para a prática desses atos, conforme decisão judicial que leve em conta a avaliação biopsicossocial (inciso II)" e "os que, mesmo por causa transitória, não puderem exprimir a sua vontade(inciso III)".[35] A orientação do Projeto, embora centrada na proteção dos terceiros de boa-fé, vai de encontro à principiologia da Convenção de Nova York. Trata-se, porém, de um tema ainda em construção e elaboração; o tempo certamente contribuirá para o processo evolutivo desencadeado pela Convenção, que promove a revisão de toda a teoria das incapacidades.

O dispositivo ora comentado traz também normas processuais.

Já o artigo 228 do Código Civil, no capítulo sobre a prova, passa a prever, no seu § 2º, que a pessoa com deficiência poderá testemunhar em igualdade de condições com as demais pessoas, sendo-lhe assegurados todos os recursos de tecnologia assistiva.[36] Trata-se de importante avanço na matéria, em decorrência da plena integração das pessoas com deficiência.

---

33. SARLET, Ingo Wolfgang. *A eficácia dos direitos fundamentais*. 9. ed. Porto Alegre: Livraria do Advogado, 2008. p. 278-279.

34. SILVA, José Afonso da. *Aplicabilidade das normas constitucionais*. 3. ed. São Paulo: Malheiros, 1998.

35. O tema ainda é muito polêmico, defendendo Flavio Tartuce que, nos casos em que a pessoa com deficiência não tenha condição alguma de exprimir sua vontade, o seu correto enquadramento deve estar no rol dos absolutamente incapazes. ARTUCE, Flavio. *Projeto de Lei do Senado Federal 757/2015*. In: ERHARDT JR., Marcos. *Impactos do novo CPC e do EPD no Direito Civil brasileiro*. Belo Horizonte: Fórum, 2016. p. 421. A maior perplexidade apontada pela doutrina refere-se ao fato de, embora o Estatuto considerar o deficiente como pessoa capaz, no cotidiano este não conseguir exprimir sua vontade. A preocupação é manifestada pelo civilista José Fernando Simão, para quem "com a vigência do Estatuto, tais pessoas ficam abandonadas à própria sorte, pois não podem exprimir sua vontade e não poderão ser representadas, pois são capazes por ficção legal". SIMÃO, José Fernando. *Estatuto da Pessoa com Deficiência causa perplexidade (Parte I)*. Disponível em: [www.conjur.com.br/2015-ago-16/jose-simao-estatuto -pessoa]. Acesso em: 02 mar. 2017.

36. No mesmo sentido, o art. 112 do EPD alterou a Lei 10.098/2000, de modo a exemplificar que a tecnologia assistiva ou a ajuda técnica se concretizam por meio de "produtos, equipamentos, dispositivos, recursos,

Na sua redação original, o artigo 228 do Código Civil previa que não podem ser admitidas como testemunhas, conforme o II, agora revogado: "aqueles que, por enfermidade ou retardamento mental, não tiverem discernimento para a prática dos atos da vida civil". Foi ainda revogado o artigo 228, III, do Código Civil, cuja redação original igualmente previa que não poderiam ser admitidas como testemunhas os cegos e surdos, quando a ciência do fato que se quer provar dependa dos sentidos que lhes faltam.

No campo do Direito de Família, de acordo com o artigo 1.517 do Código Civil, os pais ou responsáveis legais deverão autorizar o casamento da pessoa que não possui capacidade plena, podendo revogar essa autorização até a data da celebração. O dispositivo seguinte, o artigo 1.518, com a redação dada pelo EPD, dispõe que os pais e tutores poderão revogar a autorização até a celebração do casamento.

Portanto, houve reforma no artigo 1.518 do Código Civil, para excluir os curadores do rol de pessoas que podem revogar a autorização para o casamento no processo de habilitação, permanecendo apenas os pais e tutores, tendo em vista que a incapacidade, na atual sistemática, passa a ser regida primordialmente pelo critério etário.

Tal dispositivo pressupõe que, depois de terem manifestado seu consentimento para o casamento no processo de habilitação, o representante legal venha a mudar de opinião, tendo em vista, por exemplo, a conduta desabonadora do outro nubente, que, se conhecida previamente, teria impedido tal assentimento. Por essa razão, permite-se que o consentimento seja revogado, mas só até a celebração.[37]

Numa verdadeira mudança de paradigmas, ainda no campo do Direito de Família, foi ainda revogado parcialmente o artigo 1.548 do Código Civil, no seu inciso I, de modo a retirar o estigma da incapacidade da pessoa com deficiência, excluindo das hipóteses de nulidade o casamento contraído pelo deficiente mental.

Na sistemática anterior, era "nulo o casamento contraído pelo enfermo mental sem o necessário discernimento para os atos da vida civil"(artigo 1.548, I, redação original), bem como "anulável o casamento do incapaz de consentir ou manifestar, de modo inequívoco, o consentimento"(artigo 1.550, IV, redação original).

Ambos os dispositivos acima são consequência necessária do artigo 6°, I, da Lei 13.146/2015, em cujos termos a deficiência não afeta a capacidade civil da pessoa,

---

metodologias, estratégias, práticas e serviços que objetivem promover a funcionalidade, relacionada à atividade e à participação da pessoa com deficiência ou mobilidade reduzida, visando à sua autonomia, independência, qualidade de vida e inclusão social". Deve ser ainda mencionado o artigo 7°, § 1°, da Resolução 230 do Conselho Nacional de Justiça, de 22 de junho de 2006, em cujos termos "devem ser oferecidos todos os recursos da tecnologia assistiva disponíveis para que a pessoa com deficiência tenha garantido o acesso à justiça, sempre que figure em um dos polos da ação ou atue como testemunha, partícipe da lide posta em juízo, advogado, defensor público, magistrado ou membro do Ministério Público".

37. TEPEDINO, Gustavo; BARBOZA, Heloisa Helena; MORAES, Maria Celina. *Código Civil interpretado segundo a Constituição da República*. V. IV. Rio de Janeiro: Renovar, 2014. p. 29.

inclusive para casar-se e constituir união estável (inciso I), preservando-se a autonomia existencial do portador de deficiência.[38]

O casamento, enquanto expansão da vida afetiva, também integra a personalidade humana, logo inserida no círculo das liberdades existenciais tuteladas pelo constituinte, priorizando-se a plena realização da pessoa humana.[39]

Estranhamente, foi ainda acrescentado um § 2º ao artigo 1.550 do Código Civil: "a pessoa com deficiência mental ou intelectual em idade núbia pode contrair matrimônio expressando sua vontade diretamente ou por meio de seu responsável ou curador".

Tal dispositivo é criticado pela doutrina, pelo fato de se encontrar em aparente choque com o Estatuto da Pessoa com Deficiência, que determinou que o alcance da curatela afetará tão somente os atos de natureza patrimonial e negocial.

Faz-se necessária uma interpretação sistemática de ambos os dispositivos, à luz dos preceitos constitucionais, para que não se admita a substituição da vontade do curatelado pela vontade do curador, devendo ser sempre observada a natureza existencial e personalíssima do casamento.[40]

Para Ana Carolina Brochado Teixeira e Joyceanne Bezerra de Menezes, a fim de dar coerência ao novo sistema inaugurado pelo Estatuto em Consonância com a Convenção de Nova York, a interpretação deve ser no sentido de que o curador poderá auxiliar a pessoa curatelada a se fazer entender perante o oficial do registro civil, mas nunca manifestar a sua vontade de modo indireto, como um substituto da vontade. Seria ainda possível que o apoiador facilite a comunicação de vontade do apoiado, pessoa capaz, sujeita a um plano de apoio formalizado sob os moldes de "tomada de decisão apoiada", devidamente julgado, do qual conste a facilitação de sua comunicação com os interlocutores e intervenientes para a celebração do casamento.[41]

No mesmo sentido, afirma Beatriz Capanema Young, admitir a vontade do curador como elemento suficiente para o casamento da pessoa com deficiência é algo ilógico, que contraria a pessoalidade do casamento. A vontade é elemento essencial ao casamento, sem a qual ninguém contrai matrimônio; logo, para a autora, que

---

38. Para Beatriz Capenema Young, "essas pontuais alterações no Código Civil acabaram com a restrição generalizante e discriminatória à pessoa com deficiência, ensejando a inversão da presunção de incapacidade, em prol da verificação, no caso concreto, de maneira a tutelar adequadamente sua condição de vulnerabilidade sem alijá-la do exercício da sua autonomia, sobretudo existencial. Com o apoio necessário, poderão seguir com todas as obrigações da vida conjugal. Assim, a nulidade passa a ser a exceção, e não mais a regra, ao passo que a deficiência, por si só, não pode ser hábil para limitar o direito fundamental ao casamento". YOUNG, Beatriz Capanema, op. cit., p. 192-193.

39. TEIXEIRA, Ana Carolina Brochado; MENEZES, Joyceanne Bezerra de, op. cit., p. 365-366.

40. YOUNG, Beatriz Capanema, op. cit., p. 195.

41. TEIXEIRA, Ana Carolina Brochado; MENEZES, Joyceanne Bezerra de., op. cit., p. 367.

apresenta a melhor visão sobre o tema, o casamento das pessoas com deficiência se realizará através da respectiva manifestação de vontade, qualquer que ela seja, não sendo exigida uma declaração formal, mas bastando que traduza sua vontade por uma atitude inequívoca, seja através de gestos, sinais, ou outra forma de comunicação.[42]

Três situações diversas, portanto, merecem ser distinguidas, em relação à pessoa com deficiência, que poderá ser dotada de (a) total discernimento e aptidão genérica para os atos da vida civil; (b) discernimento parcial, com aptidão para contrair matrimônio, podendo ser curatelada ou não; (c) sem qualquer discernimento, podendo ser curatelada ou não.

Na terceira situação acima, a pessoa com deficiência e sem qualquer discernimento não poderá contrair o matrimonio, pois não possui a vontade necessária à prática daquele ato.

Apenas se exigirá a presença do curador, quando houver, para resguardar as questões patrimoniais decorrentes do ato matrimonial, sempre visando o melhor interesse da pessoa com deficiência. Embora o art. 85 do EPD determine que a curatela se restringe aos atos patrimoniais e negociais, embora o casamento seja predominantemente um ato existencial, tem inegáveis aspectos patrimoniais. Logo, em relação à escolha do regime de bens, deverá assinar o pacto antenupcial, juntamente com os nubentes, assim como o contrato de convivência ou outro documento que importe na escolha do regime de bens. Não se pode é concluir que a pessoa com deficiência está incluída entre aqueles que estão sujeitos ao regime da separação obrigatória de bens (Código Civil, art. 1.641).

É ainda modificado, por força do artigo 114 do EPD, o artigo 1.767 do Código Civil, em cujos termos

> Art. 1.767. Estão sujeitos a curatela: [...]
>
> I – aqueles que, por causa transitória ou permanente, não puderem exprimir sua vontade;
>
> II – (Revogado);
>
> III – os ébrios habituais e os viciados em tóxico;
>
> IV – (Revogado);

Ao contrário da sistemática anterior do Código Civil de 2002, o EPD rompe com qualquer modelo *pret a porter*, pelo qual a pessoa deveria se adaptar às categorias preestabelecidas de incapacidade(absoluta ou relativa).[43] Pela redação anterior do Código, o juiz deveria verificar o grau de incapacidade segundo o estado ou desenvolvimento mental dos deficientes mentais, dos ébrios habituais, dos viciados em

---

42. YOUNG, Beatriz Capanema, op. cit., p. 196.

43. TEIXEIRA, Ana Carolina Brochado; MENEZES, Joyceanne Bezerra de, op. cit., p. 379: "Aprisionar a pessoa humana – sem analisá-la individualmente – em categorias estanques, dificulta e impede o seu livre desenvolvimento, tolhe sua personalidade, além de limitar suas potencialidades, o que contraria toda a principiologia constitucional, tornando-se prisão institucionalizada".

tóxicos e dos excepcionais sem completo desenvolvimento, para então determinar os limites da curatela. A nova redação do artigo 1.772 prevê que "o juiz determinará, segundo as potencialidades da pessoa, os limites da curatela, circunscritos às restrições constantes do art. 1.782, e indicará curador".

Modulada a amplitude da curatela, deverá o juiz nomear um curador, apto a desempenhar funções que foram modificadas pelo EPD, conforme os seguintes critérios: vontade e preferência do curatelando, ausência de conflito de interesses e de influência indevida, proporcionalidade e adequação às circunstâncias da pessoa. Logo, aquele rol de pessoas que a lei presume que têm aptidão para a curatela deve ser submetido aos critérios estabelecidos pela nova redação do parágrafo único do art. 1.772 do Código Civil, em nome do princípio do melhor interesse do vulnerável.[44]

O curador deve ser a pessoa que melhor puder realizar os interesses do curatelado. Se este tiver a guarda ou responsabilidade sobre pessoa menor ou incapaz, a curatela se estenderá também sobre os interesses deste e o curador será aquele que melhor realizar os interesses do curatelado e do incapaz. Embora o CPC não tenha previsto nada a esse respeito, é possível à pessoa com deficiência indicar o próprio curador. Trata-se de situação compatível com a promoção da autonomia, tão valorizada pela Convenção de Nova York.

As autoras Ana Carolina Brochado Teixeira e Joyceanne Menezes defendem ainda que, de acordo com a principiologia da Convenção de Nova York e da Constituição Federal, seja possível uma prévia indicação de curador pela pessoa que sabe que perderá integralmente o seu discernimento, como aquelas que estão no estágio inicial de doenças como Alzheimer. A indicação seria feita por documento autêntico, firmando uma curatela por vontade antecipada ou autocuratela.[45]

Em relação à legitimidade ativa, estabelece o artigo 1.768, IV, do Código Civil, na redação dada pelo artigo 14 do EPD, a possibilidade de a própria pessoa requerer a curatela em seu favor. No entanto, o Código de Processo Civil não reconheceu tal legitimidade, como se pode ver no respectivo art. 747.

O conflito entre o EPD e o NCPC não pode ser resolvido simplesmente pelo critério cronológico, conforme o art. 2º, § 1º, da LINDB,[46] mas, considerando que a Convenção de Nova York foi ratificada e incorporada com força, hierarquia e eficácia constitucionais ao ordenamento jurídico brasileiro, nos termos do art. 5º, § 3º, da Constituição da República, não ficando excluída, de antemão, a chamada "autocuratela".

---

44. TEIXEIRA, Ana Carolina Brochado; MENEZES, Joyceanne Bezerra de, op. cit., p. 380.

45. TEIXEIRA, Ana Carolina Brochado; MENEZES, Joyceanne Bezerra de, op. cit., p. 380.

46. LINDB, art. 2º, § 1º, na redação dada pela Lei 12.376/2010 art. 2º Não se destinando à vigência temporária, a lei terá vigor até que outra a modifique ou revogue. § 1º A lei posterior revoga a anterior quando expressamente o declare, quando seja com ela incompatível ou quando regule inteiramente a matéria de que tratava a lei anterior.

A Lei 13.146/2015 trouxe a possibilidade de curatela compartilhada a mais de uma pessoa (art. 114, pelo acréscimo do art. 1.775-A do Código Civil), como se fez no caso da guarda dos filhos menores, conforme já vinha sendo aplicado pela jurisprudência. Essa modalidade corresponde ao melhor interesse da pessoa curatelada, no sentido da proteção e da promoção da sua inclusão e dignidade.[47]

---

47. TEIXEIRA, Ana Carolina Brochado; MENEZES, Joyceanne Bezerra de, *op. cit.*, p. 380. As autoras mencionam as seguintes decisões judiciais nesse sentido: "Sentença que decreta a interdição, estabelecendo a curatela compartilhada aos genitores, salientado ainda que o interditado pode praticar todos os atos da vida civil, desde que assistidos por seus curadores, diante do acometimento da Esquizofrenia Paranoide (TJRJ, ap. civ. 0360231-92.2012.8.19.0001, 7ª CC., rel. Des. Luciano Saboia Rinaldi de Carvalho, j. 19.02.2016)". "Art. 1.775-A do CC, incluído pelo Estatuto da Pessoa com Deficiência, que reforça a possibilidade de curatela compartilhada. Compartilhamento do encargo entre as duas irmãs que parece já ocorrer de fato, bem como, por ora, consta atender ao melhor interesse do interditando. Decisão reformada. Recurso provido (TJSP, AI 2016.0000075243, rel. Des. Claudio Godoy, 1ª Câmara de Direito Privado, j. 16.02.2016)".

Art. 115. O Título IV do Livro IV da Parte Especial da Lei 10.406, de 10 de janeiro de 2002 (Código Civil), passa a vigorar com a seguinte redação:

"TÍTULO IV

Da Tutela, da Curatela e da Tomada de Decisão Apoiada"

Art. 116. O Título IV do Livro IV da Parte Especial da Lei 10.406, de 10 de janeiro de 2002 (Código Civil), passa a vigorar acrescido do seguinte Capítulo III:

"CAPÍTULO III

Da Tomada de Decisão Apoiada

Art. 1.783-A. A tomada de decisão apoiada é o processo pelo qual a pessoa com deficiência elege pelo menos 2 (duas) pessoas idôneas, com as quais mantenha vínculos e que gozem de sua confiança, para prestar-lhe apoio na tomada de decisão sobre atos da vida civil, fornecendo-lhes os elementos e informações necessários para que possa exercer sua capacidade.

§ 1º Para formular pedido de tomada de decisão apoiada, a pessoa com deficiência e os apoiadores devem apresentar termo em que constem os limites do apoio a ser oferecido e os compromissos dos apoiadores, inclusive o prazo de vigência do acordo e o respeito à vontade, aos direitos e aos interesses da pessoa que devem apoiar.

§ 2º O pedido de tomada de decisão apoiada será requerido pela pessoa a ser apoiada, com indicação expressa das pessoas aptas a prestarem o apoio previsto no *caput* deste artigo.

§ 3º Antes de se pronunciar sobre o pedido de tomada de decisão apoiada, o juiz, assistido por equipe multidisciplinar, após oitiva do Ministério Público, ouvirá pessoalmente o requerente e as pessoas que lhe prestarão apoio.

§ 4 º A decisão tomada por pessoa apoiada terá validade e efeitos sobre terceiros, sem restrições, desde que esteja inserida nos limites do apoio acordado.

§ 5º Terceiro com quem a pessoa apoiada mantenha relação negocial pode solicitar que os apoiadores contra-assinem o contrato ou acordo, especificando, por escrito, sua função em relação ao apoiado.

§ 6º Em caso de negócio jurídico que possa trazer risco ou prejuízo relevante, havendo divergência de opiniões entre a pessoa apoiada e um dos apoiadores, deverá o juiz, ouvido o Ministério Público, decidir sobre a questão.

§ 7º Se o apoiador agir com negligência, exercer pressão indevida ou não adimplir as obrigações assumidas, poderá a pessoa apoiada ou qualquer pessoa apresentar denúncia ao Ministério Público ou ao juiz.

§ 8º Se procedente a denúncia, o juiz destituirá o apoiador e nomeará, ouvida a pessoa apoiada e se for de seu interesse, outra pessoa para prestação de apoio.

§ 9º A pessoa apoiada pode, a qualquer tempo, solicitar o término de acordo firmado em processo de tomada de decisão apoiada.

§ 10. O apoiador pode solicitar ao juiz a exclusão de sua participação do processo de tomada de decisão apoiada, sendo seu desligamento condicionado à manifestação do juiz sobre a matéria.

§ 11. Aplicam-se à tomada de decisão apoiada, no que couber, as disposições referentes à prestação de contas na curatela."

1. ASPECTOS GERAIS

O Estatuto da Pessoa com Deficiência (Lei 13.146/15) está voltado para a consolidação e o reconhecimento do valor e princípio da dignidade da pessoa humana, um diploma legal que regulamentou a Convenção sobre os Direitos das Pessoas com Deficiência, incorporada ao direito interno brasileiro por meio do Decreto Legislativo 186, de 09.07.2008 e, por sua promulgação, pelo Decreto Executivo 6.949, de 25.08.2009. O diploma legal em comento visa resguardar a autonomia de espaços de liberdade, sendo certo que a autonomia da vontade é essencial para o livre desenvolvimento da personalidade. Assim sendo, o estatuto tem como escopo permitir à pessoa com deficiência decidir, sozinho, questões para as quais possui discernimento, priorizando assim a autonomia e a livre capacidade de exercício.

Para atingir tal objetivo a Lei 13.146/15 opera uma verdadeira virada de Copérnico[1], trazendo para o ordenamento pátrio um instituto totalmente novo, que não "guarda identidade com qualquer outro existente na ordem jurídica brasileira"[2], a Tomada da Decisão Apoiada (TDA) nasce no artigo 116 do referido Estatuto, trazendo ainda alteração ao Código Civil, criando o artigo 1.783-A e fazendo surgir no ordenamento jurídico pátrio esta figura diversa da curatela, a qual é casuística e específica para determinado ato e com prazo.

Este novel instituto, um modelo jurídico promocional das pessoas com deficiência, como bem definiu Rodrigo da Cunha Pereira[3], foi direcionado ao auxílio de

---

1. Cabe destacar que tal expressão foi utilizada em 1997 no Grupo de Pesquisa na Universidade Federal do Paraná (UFPR), do então Professor Luiz Edson Fachin, atual ministro do Supremo Tribunal Federal (STF), recebendo assim o nome Núcleo de Estudos em Direito Civil – "Virada de Copérnico". Informação disponível em http://www.prppg.ufpr.br/site/ppgd/pb/projetos-de-pesquisa/ Acesso em 20 de junho de 2021.

2. MENEZES, Joyceane Bezerra (Org.). *Direito das Pessoas com Deficiência Psíquica e Intelectual nas Relações Privadas*: convenção sobre os direitos da pessoa com deficiência e lei brasileira de inclusão. 2. ed. Rio de Janeiro: Editora Processo, 2020. p. 683.

3. PEREIRA, Rodrigo da Cunha. Lei 13.146 acrescenta novo conceito para a capacidade civil. *Revista Consultor Jurídico*. 10 de agosto de 2015. Disponível em https://www.conjur.com.br/2015-ago-10/processo-familiar--lei-13146-acrescenta-conceito-capacidade-civil?imprimir=1. Acesso em 10 de março de 2018.

pessoas com algum tipo de deficiência, mas plenamente capazes ao exercício dos atos da vida civil; nas palavras de Joyceane Bezerra: "um sistema protetivo-emancipatório de apoio no qual a pessoa preserva a sua condição de sujeito, com a possibilidade de uma vida independente, valendo-se de algum suporte, se assim necessitar e na medida do que realmente precisar"[4].

Com a entrada em vigor do estatuto, a curatela passou a ser medida excepcional e extraordinária, uma vez que a interdição[5] da pessoa só deveria ser feita como último recurso, podendo-se afirmar ainda que tal instituto do modelo antigo, centrado na substituição de vontade[6], com o curador agindo segundo a sua própria vontade em nome do curatelado[7], significava simbolicamente uma morte civil[8].

Este sistema inovador de tomada de decisão apoiada[9], deverá ser iniciado pela própria pessoa com deficiência (legitimidade ativa para a propositura do procedi-

---

4. Ibidem, p. 674.

5. Cabe mencionar que há na doutrina o posicionamento de que houve a supressão no ordenamento pátrio do vocábulo interdição, como bem apresentado por Nelson Rosenvald: "Todavia, com o ingresso da Convenção de Direitos da Pessoa com Deficiência em nosso direito interno, o vocábulo 'interdição' é suprimido da ordem infraconstitucional, pois relaciona a curatela a um desproporcional processo de supressão de direitos fundamentais da pessoa, quando na verdade, a curatela se direciona à promoção da autodeterminação e da valorização das aspirações do sujeito privado total ou parcialmente de sua autodeterminação". _____Até onde vai autonomia, cuidado e confiança em casos de decisão apoiada? *Revista IBDFAM – Famílias e Sucessões*. Edição 20. Disponível em http://www.revistaibdfam.com. Acesso em 03 de abril de 2018.

6. *"As 'escolhas' do incapaz ficavam, assim, pendentes de participação alheia, indispensável à validade e eficácia da sua própria declaração de vontade"*. SCHREIBER, Anderson e NEVARES, Ana Luiza Maia. Do sujeito à pessoa: uma análise da incapacidade civil. *In O direito civil entre o sujeito e a pessoa*: estudos em homenagem ao Professor Stéfano Rodotà. TEPEDINO, Gustavo; TEIXEIRA, Ana Carolina Brochado e ALMEIDA, Vitor (Coord.). Belo Horizonte: Fórum, 2016. p. 42.

7. MENEZES, Joyceane Bezerra (Org.). *Direito das Pessoas com Deficiência Psíquica e Intelectual nas Relações Privadas*: convenção sobre os direitos da pessoa com deficiência e lei brasileira de inclusão. 2. ed. Rio de Janeiro: Editora Processo, 2020. p. 671.

8. PEREIRA, Rodrigo da Cunha. Lei 13.146 acrescenta novo conceito para a capacidade civil. *Revista Consultor Jurídico*. 10 de agosto de 2015. Disponível em https://www.conjur.com.br/2015-ago-10/processo-familiar-lei-13146-acrescenta-conceito-capacidade-civil?imprimir=1. Acesso em 10 de março de 2018.

9. *"Este modelo já vigora na Itália desde 2004 (Lei 6), país em que nasceu a chamada luta antimanicomial, que era o movimento pela cidadania dos loucos. Também o Código Civil Argentino que passará a vigorar em 2016 (artigo 43) já prevê esta nova categoria jurídica."* PEREIRA, Rodrigo da Cunha. Lei 13.146 acrescenta novo conceito para a capacidade civil. *Revista Consultor Jurídico*. 10 de agosto de 2015. Disponível em https://www.conjur.com.br/2015-ago-10/processo-familiar-lei-13146-acrescenta-conceito-capacidade-civil?imprimir=1. Acesso em: 10 mar. 2018. Cabe destacar que na Itália, desde o movimento iniciado por Franco Basaglia, psiquiatra, reformulador do modelo de tratamento aplicado em instituições psiquiátricas até então, e referência global na luta antimanicomial (http://www.politize.com.br/luta-antimanicomial-o-que-e/. Acesso em: 30 mar. 2018), há ações de conscientização com as instituições legais e com os cidadãos ao elaborar o discurso de que os portadores de transtornos mentais não representam ameaça ou risco ao círculo social. Nesta esteira a *LEGGE 9 Gennaio* 2004, n. 6, traz a figura: *Amministrazione di Sostegno. La persona che, per effetto di una infermità ovvero di una menomazione fisica o psichica, si trova nella impossibilità, anche parziale o temporanea, di provvedere ai propri interessi, può essere assistita da un amministratore di sostegno, nominato dal giudice tutelare del luogo in cui questa ha la residenza o il domicilio.* (http://www.

mento de jurisdição voluntária)[10], um procedimento de jurisdição voluntária; serão nomeadas ao "menos 2 (duas) pessoas idôneas, com as quais mantenha vínculos e que gozem de sua confiança, para prestar-lhe apoio na tomada de decisão sobre atos da vida civil, fornecendo-lhes os elementos e informações necessários para que possa exercer sua capacidade" (Art. 1.783-A *caput* CC/02). O juiz deverá contar com uma equipe multidisciplinar para a realização de uma perícia psicossocial (Art. 1.783-A, § 3º CC/02) e depois de ouvido o Ministério Público, deverá designar audiência para oitiva de todos. Embora a lei seja omissa, é uníssono na doutrina a necessidade de deferimento do pedido formulado, tendo tal decisão natureza homologatória.

Para Nelson Rosenvald a sentença homologatória com a constituição da Tomada de Decisão Apoiada ainda deverá ser remetida ao Registro Civil de Pessoas Naturais, com a averbação à margem da certidão de nascimento, sendo tal ato imprescindível para a efetiva publicidade e a concretização da boa-fé de terceiros que desejam estabelecer ou prosseguir em relações jurídicas com a pessoa apoiada e inibir um dano potencial.[11]

Desta forma, o instituto em comento tem o escopo de fazer valer a dignidade da pessoa humana, de criar meios para que a pessoa considerada deficiente possa exercer sua autonomia da vontade, meios para a participação plena e efetiva da pessoa na sociedade, meios para o exercício de sua capacidade em igualdade de condições com as demais pessoas (artigo 84, *caput* do Estatuto), uma vez que permite ao portador de deficiência a capacidade de escolha para constituir em torno de si uma rede de sujeitos baseada na confiança existente, um verdadeiro respeito à autonomia da pessoa que já se encontra em situação de vulnerabilidade.

A tomada de decisão apoiada veio como um instituto de vanguarda, como uma solução legislativa para aqueles casos de pessoas deficientes, mas com capacidade

---

minguzzi.cittametropolitana.bo.it/Engine/RAServeFile.php/f/Home/Testo_della_legge_n__6_del_2004.pdf. Acesso em: 30 mar. 2018.) Instituto do qual a tomada de decisão apoiada é correlata. Na Argentina também é possível vislumbrar instituto gemelar: *Sistemas de apoyo al ejercicio de la capacidad. ARTICULO 43.– Concepto. Función. Designación. Se entiende por apoyo cualquier medida de carácter judicial o extrajudicial que facilite a la persona que lo necesite la toma de decisiones para dirigir su persona, administrar sus bienes y celebrar actos jurídicos en general. Las medidas de apoyo tienen como función la de promover la autonomía y facilitar la comunicación, la comprensión y la manifestación de voluntad de la persona para el ejercicio de sus derechos. El interesado puede proponer al juez la designación de una o más personas de su confianza para que le presten apoyo. El juez debe evaluar los alcances de la designación y procurar la protección de la persona respecto de eventuales conflictos de intereses o influencia indebida. La resolución debe establecer la condición y la calidad de las medidas de apoyo y, de ser necesario, ser inscripta en el Registro de Estado Civil y Capacidad de las Personas.* ARGENTINA. *Codigo Civil y Comercial de la Nacion.* Ley 26.994. Disponível em http://www.uba.ar/archivos_secyt/image/Ley%2026994.pdf. Acesso em 30 mar. 2018.

10. DIAS, Maria Berenice. *Manual de Direito das Famílias.* 12. ed. São Paulo: Editora Revista dos Tribunais, 2017.

11. _____. Até onde vai autonomia, cuidado e confiança em casos de decisão apoiada? *Revista IBDFAM – Famílias e Sucessões.* Edição 20. Disponível em http://www.revistaibdfam.com. Acesso em: 03 abr. 2018.

ART. 116 ESTATUTO DA PESSOA COM DEFICIÊNCIA: COMENTÁRIOS À LEI 13.146/2015

psíquica plena, tendo apenas impossibilidade física ou sensorial[12], como por exemplo um tetraplégico[13], obeso mórbido, vítimas de AVC.[14]

Assim sendo, é possível vislumbrar uma manutenção da capacidade de fato, uma vez que a pessoa com deficiência não sofrerá restrição na sua capacidade civil plena, terá apenas ausência de legitimação para a prática dos atos descritos no termo, homologado pelo juiz e averbado no Cartório de Pessoas Naturais, ou seja, para alguns atos da vida civil.[15] A tomada de decisão apoiada será uma cisão entre a

---

12. ROSENVALD, Nelson. Há Fungibilidade entre a Tomada de Decisão Apoiada e as Diretivas Antecipadas de Vontade? *Revista IBDFAM – Famílias e Sucessões*. Data de publicação: 27.06.2016. Disponível em http://www.ibdfam.org.br/artigos/autor/Nelson Rosenvald. Acesso em: 03 abr. 2018.

13. "O autor afirma que em razão de acidente automobilístico sofrido em março de 2016, sofreu grave lesão com trauma raquimedular (CID 10: S12.7) Frankel A, encontrando-se tetraplégico desde então. Em que pese seu grave estado físico de saúde, vez que se encontra restrito ao leito, recebe nutrição por sonda, incapacitado para qualquer atividade que exija força, impossibilitado de gerir seus interesses patrimoniais, inclusive de assinar seu nome, afirma que sua capacidade mental está preservada. (...) Porém, tal termo, em razão do estado físico em que se encontra o requerente (tetraplégico, sem possibilidade de sequer assinar o próprio nome), está subscrito apenas por uma das apoiadoras eleitas, qual seja, a genitora do requerente, Sra. Evanilde Mamedio dos Santos, sem contar com a assinatura do próprio requerente. No entender do Ministério Público a situação fática impõe a flexibilização da estrita formalidade, razão pela qual, a urgência e a notória necessidade da medida, somada à existência de termo de compromisso no qual já se encontram expressos os limites do auxílio a ser oferecido e os compromissos da apoiadora – "me comprometo ao acompanhamento e o apoio em decisões ou negócios, declarações, assunção de compromissos, decisões e questões que encerram importância econômica ou patrimonial" – em conformidade ao artigo 1783-A, § 1º do Código Civil, autorizam a concessão antecipada da medida pretendida. (...) No caso dos autos, tratando-se de pedido de tomada de decisão apoiada, apresentado por pessoa que se encontra fisicamente impossibilitado de praticar os atos da vida cotidiana, dentre eles os de cunho negocial e patrimonial, e que pretende ser apoiado por familiares de sua confiança, cujo parentesco está comprovado no documento de Id 10166942, tanto a evidência quanto a urgência do pedido são incontestes, notadamente em face de sua própria natureza, já que resta evidente, conforme consignado no relatório médico, que o requerido não possui condições para tais atos: 'O paciente Willian Mamedio Lima encontra-se "internado no Serviço de Neurocirurgia do HC-UFU desde 12 de março de 2016 (...) devido trauma raquimedular (CID 10:S12.7) Frankel A apresentando-se tetraplégico desde a admissão (nível sensitivo motor C5-C6) (...) no momento o paciente encontra-se acordado, consciente e orientado, com humor deprimido, recebendo nutrição por sonda nasoentérica, ventilação espontânea, restrito ao leito com tetraplegia (ausência de força e sensibilidade abaixo do nível da lesão – C5-C⁻). Paciente sem programação de alta hospitalar por enquanto, encontra-se incapacitado para qualquer atividade que exija força, por tempo indeterminado' (Id 10166964)". PARECER INTERLOCUTÓRIO. Daniela Cristina Pedrosa Bittencourt Martinez – Promotora de Justiça. Lei 13.146/15. Estatuto da Pessoa com Deficiência. Tomada de decisão apoiada. Julgador: Daniela Cristina Pedrosa Bittencourt Martinez. Tema(s): *Lei 13.146/15 Estatuto da Pessoa com Deficiência Tomada de decisão apoiada*. Estado: MG. Data: 11.08.2016. Ação: Tomada de Decisão Apoiada. 2ª Vara de Família e Sucessões de Uberlândia. Disponível em http://www.ibdfam.org.br/jurisprudencia/temaParecer/%20Estatuto%20da%20Pessoa%20com%20Defici%25C3%25AAncia. Acesso em: 03 abr. 2018.

14. "São casos típicos os portadores de cegueira, surdo-mudez, gagueira, daltonismo, dislexia e pessoas com sequelas decorrentes de acidentes traumáticos e vasculares, entre outros. Com discernimento e podendo exprimir suas vontades, tais indivíduos possuem autogoverno, de modo que não podem ser curatelados e têm a faculdade de serem apoiados." BARRETTO, Fabrício do Vale. Curadoria especial: influências do Estatuto da Pessoa com Deficiência e CPC/2015. *Revista de Doutrina e Jurisprudência do TJDFT*, Brasília, v. 111, n. 1, p. 141, jul./dez. 2019.

15. ROSENVALD, Nelson. A Responsabilidade Civil da Pessoa com Deficiência qualificada pelo Apoio e de seus Apoiadores. *Revista IBDFAM – Famílias e Sucessões*. Data de publicação: 06.03.2018. Disponível em http://www.ibdfam.org.br/artigos/autor/Nelson Rosenvald. Acesso em: 10 abr. 2018.

titularidade e o exercício apenas nas situações previamente estabelecidas e expressas nos limites do auxílio a ser oferecido pelos apoiadores.

2. A TOMADA DE DECISÃO APOIADA NOS TRIBUNAIS

Superada a análise doutrinária do instituto Tomada de Decisão Apoiada (TDA), forçoso se faz analisar a aplicação prática deste instituto e forma como os tribunais estão decidindo sobre este novo modelo jurídico promocional das pessoas com deficiência.

A primeira decisão[16] que cabe trazer à baila demonstra a ratificação da legitimidade ativa, restritiva e exclusiva da pessoa a ser apoiada, para a formulação do pedido de TDA, não cabendo sequer proposta do membro do Ministério Público ou do magistrado em autos de interdição, como via possível para a solução do litígio. O relator Des. Ricardo Moreira Lins Pastl em seu voto, ainda trouxe a seguinte explanação:

> [...] Logo, o processo de decisão apoiada corrobora a regra da capacidade civil da pessoa com deficiência, permitindo que se extraia o maior nível de discernimento de suas decisões e atos na vida civil. Contudo, se em razão da deficiência, a pessoa não se sentir apta à tomada de certa decisão, poderá se valer do instituto para que, de qualquer forma, exerça sua capacidade, ainda que com ajuda de outras pessoas. Afinal, mesmo havendo a tomada de decisão apoiada, o ato a manifestação de vontade da pessoa com deficiência é que será externalizado e valerá perante o terceiro, desde que nos limites do apoio acordado, nos termos do parágrafo quarto do artigo 1.783-A do Código Civil de 2002. Entretanto, se o terceiro entender por bem, poderá solicitar que os apoiadores manifestem-se expressamente, inclusive apondo suas assinaturas ou por outro meio de manifestação de vontade, dentro dos limites do processo de tomada de decisão apoiada. É o que prevê o parágrafo quinto do artigo 1.783-A do Código Civil de 2002.
>
> A legitimidade para requerer a tomada de decisão apoiada, no entanto, é restritiva, sendo exclusiva da pessoa a ser apoiada, tratando-se de determinação legal, constante no parágrafo segundo do artigo 1.783-A da Lei Civil [...] [17]

No mesmo sentido, nos autos do REsp 1.795.395/MT[18], a Ministra Nancy Andrighi reforçou a tese da legitimidade exclusiva da pessoa com deficiência, cabendo transcrever o que segue:

---

16. BRASIL. TJ/RS, Apelação Cível 70072156904 (CNJ: 0425884-97.2016.8.21.7000), Rel. Des. Ricardo Moreira Lins Pastl, DJe: 20.03.2017. Ementa: Apelação cível. Interdição. Capacidade civil. Existência. Improcedência do pedido. Tomada de decisão apoiada. Descabimento, no caso. 1. No caso, deve ser mantida a sentença de improcedência do pedido de interdição, porquanto a prova pericial atesta a capacidade do réu para a prática dos atos da vida civil. 2. Considerando que a legitimidade para requerer a tomada de decisão apoiada é exclusiva da pessoa a ser apoiada (inteligência do art. 1.783-A do CCB), não possui a apelante legitimidade ativa para requerê-lo, sopesado que o réu é pessoa capaz. Apelação Desprovida.

17. BRASIL. TJ/RS, Apelação Cível 70072156904 (CNJ: 0425884-97.2016.8.21.7000), Rel. Des. Ricardo Moreira Lins Pastl, DJe: 20.03.2017.

18. BRASIL. STJ, REsp 1.795.395/MT (CNJ: 0003830-65.2012.8.11.0003), Rel. Min. Nancy Andrighi, DJe: 06.05.2021. Ementa: Recurso especial. Civil e processual civil. Estatuto da pessoa com deficiência. Ausência de prequestionamento. Súmula 7/STJ. Ação de interdição. Audiência de interrogatório ou entrevista.

ART. 116 ESTATUTO DA PESSOA COM DEFICIÊNCIA: COMENTÁRIOS À LEI 13.146/2015

12-Conforme se extrai da interpretação sistemática dos parágrafos § 1º, § 2º e § 3º do Art. 1.783-A, a tomada de decisão apoiada exige requerimento da pessoa com deficiência, que detém a legitimidade exclusiva para pleitear a implementação da medida, não sendo possível a sua instituição de ofício pelo juiz.

(...)

58. Conforme se extrai da interpretação sistemática dos parágrafos § 1º, § 2º e § 3º do Art. 1.783-A, a tomada de decisão apoiada exige requerimento da pessoa com deficiência, que detém a legitimidade exclusiva para pleitear a implementação da medida.

(...)

61. É imperioso concluir, portanto, que a adoção da tomada de decisão apoiada é uma faculdade titularizada pela pessoa com deficiência, inexistindo, como corolário lógico, qualquer obrigatoriedade em sua implementação.

Outra decisão que merece destaque, foi a proferida nos autos da Apelação Cível 70070389911[19], onde os desembargadores da Oitava Câmara Cível do Tribunal

---

Intervenção do ministério público. Desnecessidade. Curador especial. Intimação pessoal. Necessidade. Nulidade. Dever de demonstração de prejuízo. Audiência de instrução. Comparecimento do interditando. Desnecessidade. Tomada de decisão apoiada. Fixação de ofício pelo juiz. Impossibilidade. Necessidade de requerimento. Pessoa com deficiência. Legitimidade exclusiva. Curatela compartilhada. Fixação de ofício pelo juiz. Impossibilidade. Obrigatoriedade. Ausência.

19. BRASIL. TJ/RS, Apelação Cível 70070389911 (CNJ: 0249185-57.2016.8.21.7000), Rel. Des. Luiz Felipe Brasil Santos, DJe: 28.11.2016. Ementa: Apelação cível. Curatela. Ação de interdição. Extinção do processo, sem resolução de mérito, por superveniente ausência de interesse processual. Fundamento sobre o qual não foi oportunizada a manifestação dos contendores. Ofensa ao art. 10 do CPC/15. Aplicação Da Regra Do Art. 285, § 2º, do CPC/15. Possibilidade de decidir-se o mérito em favor da parte que aproveitaria a decretação de simples nulidade. Estatuto da pessoa com deficiência. Prosseguimento das ações de interdição já em curso, com observância das novas diretrizes trazidas pelo referido estatuto. 1. Padece de nulidade a sentença prolatada depois da entrada em vigor do Código de Processo Civil de 2015 que não observa o disposto no art. 10 do referido Código, deixando de oportunizar a prévia manifestação dos litigantes sobre o fundamento que deu ensejo ao julgamento de extinção do processo, sem resolução de mérito. Nos termos do art. 10 do CPC/15, que consagra o princípio da "não surpresa", o juiz não pode decidir, em grau algum de jurisdição, com base em fundamento a respeito do qual não se tenha dado às partes oportunidade de se manifestar, ainda que se trate de matéria sobre a qual deva decidir de ofício.". 2. Considerando a regra instrumental do § 2º do art. 282 do CPC/15, no sentido de que "quando puder decidir o mérito a favor da parte a quem aproveite a decretação da nulidade, o juiz não a pronunciará", descabe tão somente pronunciar a nulidade da sentença que não observa o disposto no art. 10 do CPC/15, quando assiste razão à parte apelante ao insurgir-se contra o fundamento adotado pelo Juízo a quo para extinguir o processo. 3. É certo que, com a entrada em vigor da Lei 13.146/2015, que institui a Lei Brasileira de Inclusão da Pessoa com Deficiência – o Estatuto da Pessoa com Deficiência -, houve drástica alteração da legislação no que tange à capacidade civil: as definições de capacidade civil foram reconstruídas para dissociar a deficiência da incapacidade. O art. 84, caput, do Estatuto da Pessoa com Deficiência estabelece que "a pessoa com deficiência tem assegurado o direito ao exercício de sua capacidade legal em igualdade de condições com as demais pessoas", apresentando os parágrafos 1º e 2º do mesmo artigo as formas para o exercício da capacidade legal: a tomada de decisão apoiada e a curatela, sendo esta última medida excepcional, que tão somente poderá afetar os atos relacionados aos direitos de natureza patrimonial e negocial (art. 85). Não obstante isso, as ações de interdição já em curso não devem ser sumariamente extintas, como ocorreu na espécie, impondo-se ao Juízo analisar o pedido formulado sob a nova ótica dada pelo Estatuto da Pessoa com Deficiência, isto é, avaliando-se a pertinência da conversão do procedimento para o rito da tomada de decisão apoiada, ou, se for o caso, o prosseguimento do feito visando à submissão da pessoa à curatela, desde que o instituto seja interpretado conforme as novas diretrizes trazidas pelo referido Estatuto. Deram provimento. Unânime.

de Justiça do Rio Grande do Sul, por unanimidade, deram provimento à apelação, desconstituindo a sentença atacada e determinando o regular prosseguimento do processo de origem, o qual foi extinto sumariamente em primeira instância sob o argumento de que teria havido perda superveniente do interesse processual nas ações de interdição em curso (extinção do processo sem resolução de mérito, com fundamento no art. 485, inc. VI, do CPC/15), face as alteração legislativa introduzida pela Lei 13.146/2015, que instituiu o Estatuto da Pessoa com Deficiência.

Pode-se afirmar que a ação de interdição é o ato do poder público retirando a capacidade de fato ou exercício de alguém[20], sendo determinada a curatela do maior incapaz. Antes do Estatuto da Pessoa com Deficiência, a decretação da interdição e, por via de consequência, a atribuição da curatela a uma pessoa por determinação legal, havia a supressão da possibilidade de praticar sozinho os atos da vida civil, negando ao interditado, espaços de autonomia para construção de uma vida digna[21], configurando uma verdadeira morte civil[22], razão pela qual despontava no instituto o seu caráter patrimonialista, cuja finalidade principal era a administração do patrimônio do incapaz, sem a devida preocupação com a recuperação com o interditando[23], ou mesmo com sua dignidade.

Com o advento do Estatuto, as definições de capacidade civil foram reconstruídas para dissociar a deficiência da incapacidade, o que pode ser vislumbrado com a alteração do rol de incapacidades do art. 3° e 4° do Código Civil[24], os quais sofreram

---

20. SOUZA, Iara Antunes; SILVA, Michelle Danielle Cândida. Capacidade civil, interdição e curatela: As implicações jurídicas da Lei 13.146/2015 para a pessoa com deficiência mental. *Revista da Faculdade de Direito da UFRGS*, Porto Alegre, n. 37, p. 291-310, dez. 2017, p. 299.

21. *Idem.*

22. "Houve época em que a morte civil, como pena acessória, atingia os condenados por determinados crimes graves. Eram reputados civilmente mortos, perdiam os direitos civis e políticos e dissolvia-se o casamento. Como consequência, podia ser aberta sua sucessão. Hoje tudo isso acabou". DIAS, Maria Berenice. *Manual das Sucessões*. 4. Ed. São Paulo: Editora Revista dos Tribunais, 2015, p. 106.

23. SOUZA, Iara Antunes; SILVA, Michelle Danielle Cândida. Capacidade civil, interdição e curatela: As implicações jurídicas da Lei 13.146/2015 para a pessoa com deficiência mental. *Revista da Faculdade de Direito da UFRGS*, Porto Alegre, n. 37, p. 291-310, dez. 2017, p. 300.

24. "O sistema de incapacidades que perdurou até a vigência da Lei Brasileira de Inclusão de Pessoas com Deficiência, em janeiro de 2016, tratava como absolutamente incapazes os menores de dezesseis anos, os que mesmo por enfermidade ou deficiência mental não tivessem o necessário discernimento para a prática dos atos civis e os que, mesmo por causa transitória, não pudessem exprimir a sua vontade. Como relativamente incapazes o Código Civil elencava os menores de idade entre dezesseis e dezessete anos, os hébrios habituais, os viciados em tóxicos, os que por doença mental tivessem o discernimento reduzido e os pródigos. O Código Civil de 2002 já tinha feito algumas mudanças significativas, como a retirada da expressão 'loucos de todo o gênero', os ausentes e os surdos-mudos deixaram de ser incapazes, e a palavra silvícola foi substituída por índios, retirando o humilhante significado de selvagem." KONDER, Cíntia Muniz de Souza. A celebração de negócios jurídicos por pessoas consideradas absolutamente capazes pela Lei 13.146 de 2015, mas que não possuem o necessário discernimento para os atos civis por doenças da mente: promoção da igualdade perante a lei ou ausência de proteção? *In: O Código Civil e o Estatuto das Pessoa com Deficiência*. 2. ed. ALMEIDA, Vitor; BARBOZA, Heloisa Helena; e MENDONÇA, Bruna Lima de. Rio de Janeiro: Editora Processo, 2020, p. 167-184.

alterações substanciais, retirando do rol taxativo as pessoas com deficiência, mantendo apenas como incapaz relativo "aqueles que, por causa transitória ou permanente, não puderem exprimir sua vontade"[25], desta forma, é possível constatar um esgotamento do instituto da interdição e da consequente curatela das pessoas maiores e incapazes de exercer sozinhos os atos da vida civil. Atualmente a curatela[26] constitui medida protetiva extraordinária, proporcional às necessidades e às circunstâncias de cada caso, durará o menor tempo possível e estará restrita apenas aos aspectos de natureza negocial e patrimonial, não atingindo os direitos pessoais.[27]

3. A RELAÇÃO COM O CÓDIGO DE PROCESSO CIVIL 0 LEI 13.015/15

Na esteira de toda esta mudança um conflito aparente surgiu no ordenamento, uma vez que o disposto na Seção IX, do Capítulo XV, do Título III do Código de Processo Civil (Lei 13.105/15) – Procedimentos Especiais de Jurisdição Voluntária –, entre os artigos 747 e 758 manteve a denominada Ação de Interdição e a manutenção das expressões interdição, interditando e interdito, quando na verdade o legislador deveria ter utilizado os vocábulos curatela, curatelando e curatelado[28], seguindo assim as alterações trazidas pelo Estatuto e que já se encontram na redação do Código Civil, Título IV do Livro IV, dando assim ênfase ao novo modelo do exercício da capacidade legal das pessoas com deficiência e buscando suplantar o modelo sobrepujado da interdição.

A desatenção do legislador foi tão grande, que os artigos 1.768 a 1.773 do Código Civil, os quais haviam sido alterados pela Lei 13.146/15 (com entrada em vigor no dia 3 de janeiro de 2016), retirando a interdição do diploma civil, somente produziu efeitos durante dois meses e quatorze dias, uma vez que foram revogados com a entrada em vigor da Lei 13.105, de 2015 (vigência com início no dia 17 de

---

25. BRASIL. Lei 10.406/2002. Código Civil. *Art. 3° São absolutamente incapazes de exercer pessoalmente os atos da vida civil os menores de 16 (dezesseis) anos. Art. 4° São incapazes, relativamente a certos atos ou à maneira de os exercer: I – os maiores de dezesseis e menores de dezoito anos; II – os ébrios habituais e os viciados em tóxico; III – aqueles que, por causa transitória ou permanente, não puderem exprimir sua vontade; IV – os pródigos. Parágrafo único. A capacidade dos indígenas será regulada por legislação especial.*

26. "É necessário refletir, também, sobre a retirada do ordenamento jurídico da chamada curatela administrativa ou curatela-mandato, uma das hipóteses de curatela sem interdição, ou seja, curatela que não era precedida de processo de interdição, e que por isso não retirava a capacidade do curatelado." KONDER, Cíntia Muniz de Souza. A celebração de negócios jurídicos por pessoas consideradas absolutamente capazes pela Lei 13.146 de 2015, mas que não possuem o necessário discernimento para os atos civis por doenças da mente: promoção da igualdade perante a lei ou ausência de proteção? *In: O Código Civil e o Estatuto das Pessoa com Deficiência.* 2. ed. ALMEIDA, Vitor; BARBOZA, Heloisa Helena; e MENDONÇA, Bruna Lima de. Rio de Janeiro: Editora Processo, 2020, p. 178.

27. DIAS, Maria Berenice. *Manual de Direito das Famílias.* 12. ed. São Paulo: Editora Revista dos Tribunais, 2017, p. 708.

28. _____. *O fim da Interdição – A Biografia não Autorizada de uma Vida.* 2015. Disponível em: <http://www.nelsonrosenvald.info/#!O-Fim-da-Interdição--A-Biografia-não-Autorizada-de-uma–Vida/c21xn/55e4ca-320cf28ffc7eed5e60>. Acesso em: 13 de abril de 2018.

março de 2016), diploma legal que manteve no Código de Processo de Civil a falida Ação de Interdição.

Ante o imbróglio apresentado, eclodiram divergência doutrinárias e decisões judiciais contraditórias, como o apresentado nos autos da Apelação Cível ora analisada. Entretanto, o entendimento final sobre a questão deve ser analisado sob o prisma da posterioridade do Código de Processo Civil em relação ao Estatuto da Pessoa com Deficiência, mas com uma interpretação das regras processualísticas em conformidade com as da Convenção sobre os Diretos da Pessoa com Deficiência, a qual possui força normativa superior àquele diploma infraconstitucional[29], impondo-se ao juízo analisar o pedido formulado sob a nova ótica dada a pessoa com deficiência, não sendo mais cabível uma "interpretação que retome o modelo superado de interdição, apesar da terminologia inadequada utilizada pela lei processual"[30].

Toda esta comutação conferiu nova roupagem à curatela, figura que passou a ser inserida na noção de cidadania, de inclusão e evolução do pensamento psiquiátrico[31], uma medida protetiva extraordinária, utilizada apenas para os aspectos de natureza negocial e patrimonial, sempre proporcional às circunstâncias de cada caso e com duração do menor tempo possível, não configurando mais uma expropriação da cidadania. Não tendo mais que se falar em interdição com a finalidade de vedar o exercício de todos os atos da vida civil, sendo a curatela algo específico, aplicada para determinados atos. Por este motivo, uma grande corrente civilística[32] defende que não há mais que se falar em ação de interdição, mas sim ação de curatela.

Toda a alteração trazida pelo Estatuto da Pessoa com Deficiência visa resguardar a autonomia de espaços de liberdade, privilegiando, sempre que possível, as escolhas de vida que a pessoa com deficiência é capaz de exprimir[33], sendo certo que o inovador instituto da Tomada de Decisão Apoiada é o grande expoente do exercício da autonomia da vontade, sendo figura fundamental para o livre desenvolvimento da personalidade.

---

29. LOBO, Paulo. Com avanços legais, pessoas com deficiência mental não são mais incapazes. *Revista Consultor Jurídico,* 16 de agosto de 2015. Disponível em https://www.conjur.com.br/2015-ago-16/processo-familiar-avancos-pessoas-deficiencia-mental-nao-sao-incapazes?imprimir=1. Acesso em: 03 abr. 2018.

30. *Idem.*

31. DIAS, Maria Berenice. *Manual de Direito das Famílias.* 12. ed. São Paulo: Editora Revista dos Tribunais, 2017, p. 708.

32. DIAS, Maria Berenice. *Manual de Direito das Famílias.* 12. ed. São Paulo: Editora Revista dos Tribunais, 2017, p. 722. LOBO, Paulo. Com avanços legais, pessoas com deficiência mental não são mais incapazes. *Revista Consultor Jurídico*, 16 de agosto de 2015. Disponível em https://www.conjur.com.br/2015-ago-16/processo-familiar-avancos-pessoas-deficiencia-mental-nao-sao-incapazes?imprimir=1. Acesso em 03 de abril de 2018. ROSENVALD, Nelson. *O fim da Interdição – A Biografia não Autorizada de uma Vida.* 2015. Disponível em: <http://www.nelsonrosenvald.info/#!O-Fim-da-Interdição--A-Biografia-não-Autorizada-de-uma– Vida/c21xn/55e4ca320cf28ffc7eed5e60>. Acesso em: 13 abr. 2018.

33. *Ibidem,* p. 713.

Talita Menezes do Nascimento
Raphael Vieira Gomes Silva

Art. 117. O art. 1º da Lei 11.126, de 27 de junho de 2005, passa a vigorar com a seguinte redação:

"Art. 1º É assegurado à pessoa com deficiência visual acompanhada de cão-guia o direito de ingressar e de permanecer com o animal em todos os meios de transporte e em estabelecimentos abertos ao público, de uso público e privados de uso coletivo, desde que observadas as condições impostas por esta Lei.

[...]

§ 2º O disposto no *caput* deste artigo aplica-se a todas as modalidades e jurisdições do serviço de transporte coletivo de passageiros, inclusive em esfera internacional com origem no território brasileiro."

1. COMENTÁRIOS AO ART. 117

Referido artigo, ao alterar o texto legal em comento, promoveu um aprimoramento legislativo quanto ao direito à utilização do cão-guia. O artigo modificado assim dispunha:

Art. 1º É assegurado à pessoa portadora de deficiência visual usuária de cão-guia o direito de ingressar e permanecer com o animal nos veículos e nos estabelecimentos públicos e privados de uso coletivo, desde que observadas as condições impostas por esta Lei.

§ 2º O disposto no caput deste artigo aplica-se a todas as modalidades de transporte interestadual e internacional com origem no território brasileiro.

Percebe-se, com clareza, que o novo texto é mais abrangente e abarca todas as situações em que o deficiente visual pode vir a utilizar o cão-guia, ponto em que a redação anterior era vacilante.

Em que pese normalmente serem tomados como sinônimos,[1] o substantivo "veículo" é limitador, enquanto "meio de transporte" é termo mais abrangente.

Ainda, com a nova redação do § 2º, o legislador insere a possibilidade de gozo do referido direito às diversas jurisdições, municipal e estadual, do serviço de transporte coletivo de passageiros, enquanto o texto anterior referia-se, de forma limitada, ao

---

1. [http://michaelis.uol.com.br/moderno-portugues/busca/portugues-brasileiro/veiculo/].

transporte interestadual, reproduzindo-se a regra de benefício em meio de transporte internacional, com origem no território brasileiro.

O legislador, também, aperfeiçoou a linguagem, ao se referir àquele que se encontra "acompanhado" de cão-guia, em substituição do termo "usuário", cujo significado atual se encontra distante da proposta do texto revogado, mormente diante das expressões adotadas pelo universo digital. Por usuário pressupõe-se ainda aquele que se utiliza de um serviço, que exerce o direito de uso, não sendo expressão adequada em relação ao cão-guia.

Além disso, o texto se adequa a revisão da expressão de referência ao sujeito de direito, substituindo "pessoa portadora de deficiência visual" por "pessoa com deficiência visual". É de se ressaltar a inadequação do verbo "portar", que faz alusão a algo temporário como portar uma doença. Não se porta uma deficiência, esta não é um objeto. Ademais, pessoa com deficiência visual é inclusive o termo utilizado pela ONU.[2]

Importa ressaltar a relevância das palavras na construção de conceitos, eis que a forma pela qual se refere a alguém ou a alguma coisa influenciará no valor que lhe é dado.[3]

No caso em tela, o direito em questão tem como sujeito destinatário a pessoa com deficiência visual, capaz de pensar, sentir e agir, portanto, possuidora das capacidades cognitivas do ser humano, sendo-lhe possível participar do processo de aprendizagem da vida, expressando-se em todas as esferas sociais.[4]

A deficiência visual impede que o indivíduo reconheça o mundo exterior através do sentido da visão, todavia, isso não significa que não tenha outros modos de fazê-lo. Para suprimir ou superar as limitações impostas pela ausência de visão, o indivíduo pode fazer uso de alguns processos de orientação e movimentação, tais como guias normovisuais, bengalas, cães-guias, entre outros, e, ainda, podem se valer de um meio de escrita e leitura específico, o sistema *Braille*.[5]

A norma em comento visa garantir a livre movimentação de pessoas com deficiência visual, de modo que estas possam livremente transitar em espaços públicos e privados, quando acompanhadas de cão-guia, apesar dos inconvenientes que podem surgir com a presença do animal, em lugares com pessoas não simpáticas aquele bom amigo, que está fazendo as vezes dos olhos de seu dono.

---

2. Convenção Internacional sobre os Direitos das Pessoas com Deficiência e seu Protocolo Facultativo, assinados em Nova York, em 30 de março de 2007.

3. DIAS, Maria Berenice. *Manual de Direito das Famílias*. 9. ed. São Paulo: Ed. RT, 2013, p. 652.

4. RELVAS, Marta Pires. *A neurobiologia da aprendizagem para uma escola humanizadora*. Rio de Janeiro: Wak Editora, 2017, p. 123.

5. [http://mundolimitacoes.weebly.com/cegos.html].

ART. 117 ESTATUTO DA PESSOA COM DEFICIÊNCIA: COMENTÁRIOS À LEI 13.146/2015

Nesse aspecto, verifica-se a necessária ponderação entre os interesses coletivos, observando-se que o direito de um sujeito se manter distante do canino se torna irrelevante, quando se contrapõe a garantia de movimentação de outro sujeito de direitos.

Já diz o ditado popular: "o pior cego é aquele que não quer ver". Se, comumente, é proibida a permanência de animais em lugares públicos e privados, considerar essa regra como absoluta seria o mesmo que igualmente vedar a presença de deficientes visuais acompanhados de cães-guias nos respectivos locais, em flagrante ato de exclusão social, o que, aparentemente, por muito tempo, na história da humanidade, foi admitido.[6]

Com efeito, efetivar a proteção das minorias é justamente um dos papéis do Direito, sendo consagrado no preâmbulo da Carta Magna que os ideais de igualdade e justiça como "valores supremos de uma sociedade fraterna, pluralista e sem preconceitos [...]".

Consequentemente, garantir o acesso do cão-guia aos locais que o deficiente visual frequente é preservar o exercício de sua cidadania,[7] e a dignidade da pessoa humana, primando por uma interação igualitária entre os cidadãos.

O Estatuto da Pessoa com Deficiência impõe a revisão não apenas da linguagem, mas de seus significados, buscando garantir à pessoa com deficiência seu papel de sujeito de direito humanizado, pessoa, não apenas como "centro ou ponto de referências das relações jurídicas."[8]

No Brasil, 23,9% da população declarara ter algum tipo de deficiência, sendo que, dentre elas, a visual, atinge percentual de 3,5%. Em seguida, são identificados 2,3% com problemas motores, 1,4% com limitações intelectuais e 1,1% de deficientes auditivos.[9]

Sob uma ótica além dos percentuais, tem-se, aproximadamente 45,6 milhões de indivíduos com deficiência visual, titulares do direito de livremente movimentar-se, inclusive, acompanhados de cão-guia.

Conclui-se, portanto, que, por força do que dispõe o art. 117 da Lei 13.146/2015, o art. 1º da Lei 11.126, de 27 de junho de 2005, é adequado à norma internacional,

---

6. ROSENVALD, Nelson. *Tratado de direito das famílias*. 2. ed. IBDFAM. Belo Horizonte: 2016, p. 744.

7. Compreendendo-se cidadania como a garantia de acesso ao espaço público e condições de sobrevivência digna. (CORRÊA, Darcisio. A *construção da cidadania*: reflexões histórico-políticas. 4. ed. Ijuí: Unijuí, 2006, p. 217).

8. CARNELUTTI, Francesco. *Teoria geral do direito*. 2. ed. Lejus. São Paulo: 1999, p. 229.

9. Segundo dados do IBGE de 2010, no Brasil, das mais de 6,5 milhões de pessoas com alguma deficiência visual:528.624 pessoas são incapazes de enxergar (cegos); 6.056.654 pessoas possuem baixa visão ou visão subnormal (grande e permanente dificuldade de enxergar); outros 29 milhões de pessoas declararam possuir alguma dificuldade permanente de enxergar, ainda que usando óculos ou lentes. [https://www.fundacaodorina.org.br/a-fundacao/deficiencia-visual/estatisticas-da-deficiencia-visual/].

Convenção de Direitos das Pessoas com Deficiência, observando-se, ainda, o art. 5º, inciso XV, da Constituição Federal, que, não se limita ao trânsito pelo território nacional, mas a possibilidade de livremente expandir seus horizontes.

> **Art. 118**. O inciso IV do art. 46 da Lei 11.904, de 14 de janeiro de 2009, passa a vigorar acrescido da seguinte alínea "k":
>
> "Art. 46.
>
> IV – [...]
>
> *k)* de acessibilidade a todas as pessoas.
>
> [...]"

2. COMENTÁRIOS AO ART. 118

O art. 46 da Lei 11.904/2009 (Estatuto de Museus) dispõe sobre o conteúdo do Plano Museológico, que agora, com a modificação acima, contará com detalhamento de acessibilidade a todas as pessoas, visando salvaguardar o direito do deficiente à cultura e ao lazer.

A inovação é bem-vinda e busca trazer efetividade ao art. 227, inc. II, § 2º, da Carta Magna, que conferiu à legislação infraconstitucional o dever de dispor sobre normas de construção dos logradouros e dos edifícios de uso público e de fabricação de veículos de transporte coletivo, a fim de garantir acesso adequado às pessoas com deficiência. O Plano Museológico (Planejamento Museológico ou Plano Diretor), por sua vez, é elaborado com a finalidade de orientar e integrar a gestão do museu é, portanto, uma ferramenta estratégica de gestão.

Diante de sua finalidade, a inserção da previsão de planejamento de acessibilidade no Plano Diretor do Museu é justamente dar concretude ao direito do deficiente ou pessoa com mobilidade reduzida à cultura e ao lazer, uma vez que diante disso os museus passarão a contar com uma gestão adequada.

E não só à Constituição Federal o artigo 118 se alinha. É importante também trazer à baila que a Convenção sobre os Direitos das Pessoas com Deficiência, promulgada no Brasil pelo Decreto 6.949/2009, determina, em seu art. 9º, item 1, aos Estados-Partes que tomem medidas a fim de possibilitar às pessoas com deficiência o acesso a instalações abertas ao público ou de uso público, eliminando-se obstáculos e barreiras à acessibilidade.

Artigo 9º Acessibilidade

1. A fim de possibilitar às pessoas com deficiência viver de forma independente e participar plenamente de todos os aspectos da vida, os Estados-Partes tomarão as medidas apropriadas para assegurar às pessoas com deficiência o acesso, em igualdade de oportunidades com as demais pessoas, ao meio físico, ao transporte, à informação e comunicação, inclusive aos sistemas e tecnologias da informação e comunicação, bem como a outros serviços e instalações abertos ao público ou de uso público, tanto na zona urbana como na rural. Essas medidas, que incluirão a

identificação e a eliminação de obstáculos e barreiras à acessibilidade, serão aplicadas, entre outros, a [...]:

Em outras palavras, o que se busca é a equiparação de oportunidades e inclusão, o respeito a direitos fundamentais, buscando tornar menos penosa a dificuldade no deslocamento de pessoas com mobilidade reduzida.

Fato é que a inexistência de adequação em espaços públicos às pessoas com deficiência denota não apenas a falta de gestão adequada dos interesses coletivos, mas uma evidente exclusão de significativa camada da população, que resta impedida de fruir dos benefícios, dentre outros, culturais, uma vez que seu acesso é impedido, ou, ao menos, dificultado.[10]

Os diversos museus presentes no país não raramente são situados em prédios históricos, sem elevadores ou identificações de placas em *Braille*, avisos de som e outros instrumentos necessários à movimentação e informação destinada a pessoas com deficiência.[11]-[12]

O tratamento dito isonômico, disposto no art. 5° da CRFB, não passará de uma promessa, caso não seja observado pela gestão pública, na execução das leis que visam dar efetividade aos direitos individuais e coletivos, nesse caso, tendo por beneficiários, evidentemente, pessoas com deficiência.

Num momento onde se verifica a crise institucional estatal, não se pode deixar de destacar a quem cabe dar cumprimento ao dever implícito na norma em comento. Sim, cabe ao Estado, este Estado colapsado, desgastado, cuja confiança é questionada pela população.

Notadamente, nas palavras do Mestre Carnelutti: "a missão da ciência consiste em conhecer a realidade e não suprimi-la". Portanto, importante reconhecer o desafio de implementação do dispositivo em destaque, não por inexistir o reconhecimento do valor social ao mesmo vinculado, mas pela precariedade dos meios de exigibilidade de quem tem o dever de dar o seu devido cumprimento.

> **Art. 119**. A Lei 12.587, de 3 de janeiro de 2012, passa a vigorar acrescida do seguinte art. 12-B:
>
> "Art. 12-B. Na outorga de exploração de serviço de táxi, reservar-se-ão 10% (dez por cento) das vagas para condutores com deficiência.

---

10. FREGOLENTE, Rosana. *Caracterização da acessibilidade em espaços públicos*: a ergonomia e o desenho universal contribuindo para a mobilidade de pessoas portadoras de necessidades especiais: estudo de casos. 2008. xv, 112 f. Dissertação (mestrado) – Universidade Estadual Paulista, Faculdade de Arquitetura, Artes e Comunicação, 2008. Disponível em: [http://hdl.handle.net/11449/89760].

11. [https://www.terra.com.br/noticias/educacao/de-30-museus-fiscalizados-um-tem-acessibilidade-universal,52539f9abfb38410VgnVCM20000099cceb0aRCRD.html].

12. [http://sao-paulo.estadao.com.br/noticias/geral,acessibilidade-nos-museus-de-sao-paulo-se-restringe--a-estrutura-fisica,1025914].

§ 1º Para concorrer às vagas reservadas na forma do caput deste artigo, o condutor com deficiência deverá observar os seguintes requisitos quanto ao veículo utilizado:

I – ser de sua propriedade e por ele conduzido; e

II – estar adaptado às suas necessidades, nos termos da legislação vigente.

§ 2º No caso de não preenchimento das vagas na forma estabelecida no *caput* deste artigo, as remanescentes devem ser disponibilizadas para os demais concorrentes."

3. COMENTÁRIOS AO ART. 119

O estatuto, como se vê, introduziu o art. 12-B, na Lei 12.587/2012, que instituiu a Política Nacional de Mobilidade Urbana (PNMU). Tal política, por sua vez, estabelece diretrizes para o crescimento sustentável das cidades, visando também que a pessoa com deficiência seja integrada, fixando como objetivo a acessibilidade para pessoas com deficiência e restrição de mobilidade (art. 24, inciso IV).

Para que a pessoa com deficiência possa concorrer às vagas reservadas para exploração do serviço de táxi, deve cumprir os requisitos da Lei 12.468/2011, que regulamenta a profissão de taxista, além dos requisitos previstos nos incisos do § 1º do art. 12-B da Lei 12.587/2012.

A regra é reflexo do direito social ao trabalho, previsto no art. 6º da Constituição Federal. Ora, se o homem faz jus à vida digna, sendo esta a base do Estado Democrático de Direito, conforme inciso III, do art. 1º da Carta Magna, dificilmente a alcançará se não for através do trabalho.

Trata-se, assim, de ação afirmativa que visa facilitar o ingresso no mercado de trabalho, incluindo o serviço público, em razão de pessoas com deficiência serem discriminadas por suas condições especiais, preservando-se o Princípio da Isonomia, de modo a garantir à todas as pessoas igual oportunidade de trabalho.

É através do trabalho que o cidadão, recebendo sua justa remuneração, tem condições de adquirir bens e contratar serviços; zelar pela educação e saúde de sua família, assim como buscar a moradia que, mais que adequada ao abrigo, poderá chamar de lar.

Mais que a remuneração, a recompensa do trabalho também se revela no brio, no amor-próprio, na capacidade de se olhar como pessoa produtiva e capaz de contribuir socialmente, sentimento este de extrema importância às pessoas com deficiência.

A exclusão social e do mercado de trabalho fomentam experiências que podem vir a ser prejudiciais à saúde mental e fomentar abalo psíquico que, eventualmente, será responsável por depressão e estado agravado de tristeza, sendo então importante que a pessoa se mantenha ativa, seja através do trabalho ou qualquer outro meio, tal como a prática de esportes ou atividades físicas.[13]

Todo trabalho revela sua magnitude e importância. Confúcio, no entanto, dizia: "escolhe um trabalho de que gostes, e não terás que trabalhar nem um dia na tua vida."[14-15]

O fator determinante, no caso, é a possibilidade de escolha. Escolha esta que fará do indivíduo um cidadão participativo e feliz dentro da sociedade.

Se é possível a pessoa com deficiência exercer determinada atividade profissional, e, evidentemente, se suas limitações não promovem risco para si ou demais pessoas, é papel do Estado garantir, através do conjunto normativo, que esta possa ocupar a referida função, atentando-se para o princípio republicano da igualdade que preconiza que os iguais são tratados como iguais, e aos desiguais será dispensada a devida atenção às suas necessidades.

Se o mercado de trabalho é competitivo e justo, objetivamente deve ser garantido às pessoas com deficiência cota para a obtenção de espaço, à semelhança da política de cotas para empregos nas empresas.[16]

No caso em tela, importa reconhecer a crise econômica que assola o país, com significativo aumento dos índices de desemprego, e com a maior taxa de desocupação desde a série iniciada em 2012, com 13,5 milhões de brasileiros.[17]

Segundo os cálculos do Instituto de Pesquisa Econômica Aplicada (Ipea), com base na Pesquisa Mensal de Emprego (PME) do Instituto Brasileiro de Geografia e Estatística (IBGE), com a crise econômica, muitos brasileiros passaram a trabalhar "por conta própria", de modo que a proporção entre estes e os trabalhadores empregados aumentou de 17,9%, em janeiro de 2013, para 19,8%, em novembro de 2015.[18]

---

13. MACEDO, Paula Costa Mosca. Deficiência física congênita e saúde mental, *Revista SBPH*, v. 11, n. 2, Rio de Janeiro, 2008, p. 135.

14. [https://www.pensador.com/frase/NDc0OQ/].

15. "O confucionismo floresceu na idade clássica da China (550-200 a. C.) e tornou-se a filosofia oficial na dinastia Han em 140 a. C. É uma força orientadora no pensamento chinês até hoje e enfatiza a integridade pessoal como o meio de promover coesão social e harmônica. [...] Embora Confúcio seja apresentado, em geral, como um pensador conservador, o uso que fez das escrituras oculta um programa reformista. Ele afirmava, p. ex., que os soberanos deviam ser escolhidos por seus méritos, não pela linhagem; que deviam mostrar genuína devoção por seus súditos; e que deviam desenvolver um caráter virtuoso para ganhar o respeito e obediência do povo." LAW, Stephen. *Filosofia*. Rio de Janeiro: Zahar, 2009, p. 236.

16. Lei 8.213, de 24 de julho de 1991, lei de contratação de Deficientes nas Empresas. Lei 8.213/1991, Lei Cotas para Deficientes e Pessoas com Deficiência dispõe sobre os Planos de Benefícios da Previdência e dá outras providências a contratação de portadores de necessidades especiais. Art. 93. A empresa com 100 ou mais funcionários está obrigada a preencher de dois a cinco por cento dos seus cargos com beneficiários reabilitados, ou pessoas portadoras de deficiência, na seguinte proporção: – até 200 funcionários: 2%; – de 201 a 500 funcionários: 3%; – de 501 a 1000 funcionários: 4%; – de 1001 em diante funcionários: 5%.

17. [http://economia.ig.com.br/2017-03-31/desemprego-dados-ibge.html].

18. [http://agenciabrasil.ebc.com.br/economia/noticia/2016-01/crise-eleva-trabalho-por-conta-propria-no-brasil-indica-economista-do-ipea].

É evidente que a condição de taxista imprime maior autonomia, sendo um caminho possível para absolutamente todas as pessoas, inclusive, com deficiência.

A introdução do art. 12-B, no corpo da Lei 12.587, de 3 de janeiro de 2012, é garantidora de direito social fundamental, como já dito, ampliando a capacidade de inserção da pessoa com deficiência no mercado de trabalho.

> **Art. 120.** Cabe aos órgãos competentes, em cada esfera de governo, a elaboração de relatórios circunstanciados sobre o cumprimento dos prazos estabelecidos por força das Leis 10.048, de 8 de novembro de 2000, e 10.098, de 19 de dezembro de 2000, bem como o seu encaminhamento ao Ministério Público e aos órgãos de regulação para adoção das providências cabíveis.

4. COMENTÁRIOS AO ART. 120

A Lei 10.048/2000 garantiu atendimento prioritário a grupos de pessoas específicos, o que foi regulamentado pelo Decreto 5.296/2004, havendo ali previsão de prioridade a idosos, pessoas com deficiência, gestantes, lactantes, pessoas com crianças de colo e obesos.

A Lei 10.098/2000, por sua vez, estabelece normas gerais para a promoção de acessibilidade das pessoas com deficiência ou mobilidade reduzida, tendo boa parte de sua redação sido modificada pelo presente Estatuto.

A obrigação de elaboração de relatórios acerca do cumprimento dos prazos previstos na legislação supramencionada é de crucial importância para efetivação da norma e promoção de políticas públicas tendentes ao cumprimento das prioridades previstas.

Nos relatórios, os órgãos deverão apontar eventuais descumprimentos dos prazos e, com isso, dar ciência ao Ministério Público ou outros órgãos reguladores para que tomem as medidas cabíveis. A premissa é que a norma é feita pelo homem, para o homem, sendo certo que caberá ao homem dar-lhe cumprimento.

Como já mencionado em linhas anteriores, assim como a regra ora em destaque, diversas são aquelas dirigidas ao Estado. Portanto, estabelecendo relação jurídica de direito público, onde o sujeito de direito é cidadão.

Conforme lições do saudoso Professor Miguel Reale, toda norma jurídica rege um fato social relevante, visando a preservação de um valor, igualmente, reconhecido pela sociedade como relevante. Para tanto, sua estrutura lógica não poderia se limitar a determinação de um comportamento, pautado, evidentemente, por um juízo de valor, garantido por uma sanção, individualizada, previamente identificada, a ser imposta pelo Estado.[19]

---

19. REALE, Miguel. *Lições Preliminares de Direito*. 27. ed. São Paulo: Saraiva, 2003, p. 64 e 102.

No caso em tela, a previsão de obrigação dos relatórios deixa implícita a responsabilidade de cumprimento das determinações legais, o que, por óbvio remete ao art. 37 da Constituição Federal e seus parágrafos.

Em sendo assim, impõe-se observar que as omissões do Estado devem ser punidas pelo Direito Privado, conforme as normas do Código Civil Brasileiro, artigos 44, 186 e 927,[20] assim como pelo Direito Público, na forma da lei.

> **Art. 121**. Os direitos, os prazos e as obrigações previstos nesta Lei não excluem os já estabelecidos em outras legislações, inclusive em pactos, tratados, convenções e declarações internacionais aprovados e promulgados pelo Congresso Nacional, e devem ser aplicados em conformidade com as demais normas internas e acordos internacionais vinculantes sobre a matéria.
>
> **Parágrafo único**. Prevalecerá a norma mais benéfica à pessoa com deficiência.

5. COMENTÁRIOS AO ART. 121

Ao dispor que a norma mais benéfica, outras legislações, convenções, pactos, tratados e declarações deverão ser levadas em consideração quando da aplicação do Estatuto, o Legislador utilizou a técnica de interpretação teleológica.[21]

A técnica busca alcançar o cerne da lei, eis que se considera esta como um produto cultural, ou seja, um efeito da sociedade, de modo que sua aplicação observe sempre o espírito do legislador quando de sua elaboração, conferindo-se maior efetividade e inserção no contexto social.

Através da interpretação teleológica se investiga as razões sociais motivadoras da legislação, o sentido de ser da norma e seus efeitos na sociedade, de modo que possa haver maior adaptação da lei à sociedade e seus valores, fazendo, assim, com que haja a supramencionada efetividade.

---

20. Ação de reparação por danos morais. Cadeirante. Ausência de rampa de acesso na localidade. Queda em buraco. Responsabilidade objetiva da administração pública.omissão específica. Falha na conservação de via pública. Dever de indenizar. Danos morais caracterizados. Desprovimento do agravo retido interposto pelo autor contra decisão que indeferiu o pedido de produção de prova pericial. Desnecessidade de produção da referida prova, já que pelas provas documentais carreadas aos autos é possível verificar que o local em que ocorreu o evento danoso teve a pavimentação asfáltica reconstituída. Teor do artigo 130 do Código de Processo Civil. Configurada a conduta omissiva específica do município, que faltou com o dever de manter e conservar as vias públicas, além de construir rampas de acesso facilitando o tráfego das cadeiras dos deficientes físicos, fls. 19/20. – Documentos que comprovam a lesão sofrida pelo autor, fl. 18. Nexo de causalidade também demonstrado nos autos. Danos morais configurados. Verba compensatória arbitrada em R$ 20.000,00 (vinte mil reais), em conformidade com os princípios da razoabilidade, da proporcionalidade e o da vedação ao enriquecimento sem causa. Parcial provimento do recurso. TJ-RJ – Apelação APL 02710741620098190001 RJ 0271074-16.2009.8.19.0001 Data de publicação: 09.04.2014.

21. REALE, Miguel. Op. Cit. p. 291.

Há aqui, cabe ressaltar, clara correlação com a Lei de Introdução às Normas do Direito Brasileiro, que em seu artigo 5º afirma que o juiz deverá atender os fins sociais e as exigências do bem comum quando da aplicação da lei.

A essa regra impõe-se registrar a necessária leitura dessas normas sob a ótica civil-constitucional, de modo que a Lei Fundamental deve orientar a adequação de normas a serem aplicadas ao caso concreto. Nessa feita, o papel do intérprete se transforma, não mais sendo *la bouche da la loi* (a boca da lei), passando a construir a normatividade, de maneira humanizada.[22]

A visão sistemática do Direito importa justamente na construção e aplicação de diversos instrumentos, que se complementam, para a consecução de valores sociais, tendo por objeto de proteção precípua o ser humano, em todas as suas dimensões existenciais: mente, corpo e espírito.

Da diversidade de normas, cada qual se destina a situações concretas, pois assim não fosse estaria perdida a única diretiva útil do conhecimento científico do Direito.[23]

> **Art. 122**. Regulamento disporá sobre a adequação do disposto nesta Lei ao tratamento diferenciado, simplificado e favorecido a ser dispensado às microempresas e às empresas de pequeno porte, previsto no § 3º do art. 1º da Lei Complementar 123, de 14 de dezembro de 2006.

6. COMENTÁRIOS AO ART. 122

A Lei Complementar 123/2006 criou o Estatuto Nacional da Microempresa e da Empresa de Pequeno Porte, conferindo a estas tratamento diferenciado e favorecido, conforme determina a Carta Magna, em seu art. 146, inciso III, alínea *d*.[24]

A necessidade de regulamentação específica a fim de adequar o presente estatuto ao tratamento diferenciado das micro e pequenas empresas se dá pelo fato de que estas, diante da peculiaridade constitucional supramencionada, fazem jus a incentivos que lhes permita maior desenvolvimento e, assim, as obrigações previstas no Estatuto devem ser especificamente regulamentadas e adequadas a tais empresas.

O § 3º do art. 1º da LC 123/2006, estabelece que "[...] toda nova obrigação que atinja as microempresas e empresas de pequeno porte deverá apresentar, no

---

22. SCHREIBER, Anderson. *Direito Civil e Constituição*. São Paulo: Atlas, 2013, p. 15.

23. CARNELUTTI, Francesco. Op. Cit., p. 229.

24. Institui o Estatuto Nacional da Microempresa e da Empresa de Pequeno Porte; altera dispositivos das Leis 8.212 e 8.213, ambas de 24 de julho de 1991, da Consolidação das Leis do Trabalho – CLT, aprovada pelo Decreto-Lei 5.452, de 1º de maio de 1943, da Lei 10.189, de 14 de fevereiro de 2001, da Lei Complementar 63, de 11 de janeiro de 1990; e revoga as Leis 9.317, de 5 de dezembro de 1996, e 9.841, de 5 de outubro de 1999.

instrumento que a instituiu, especificação do tratamento diferenciado, simplificado e favorecido para cumprimento."

Isso se dá em razão da elevação do fomento da micro e da pequena empresa ao *status* de princípio constitucional, obrigando com que o Estado confira tratamento favorecido aos empreendedores que contam com menos recursos e possibilitar fazer frente à concorrência do mercado.[25]

O regime diferenciado, ao qual o presente Estatuto precisa ser especificamente adaptado, foi criado para diferenciar, prezando pela igualdade de condições, os empreendedores com menor capacidade contributiva e menor poder econômico àquelas grandes empresas que atuam com larga vantagem no mercado nacional.

De acordo com a doutrina, "esse tratamento diferenciado abrange uma tributação diferenciada, um tratamento tributário diferenciado, bem como regras diferenciadas sobre registro, protesto, acesso ao mercado e acesso aos juizados especiais".[26]

A título de exemplo, mostra-se claro que exigir de uma micro ou pequena empresa a reserva de cargos para empregados com deficiência poderia gerar grande disparidade no mercado pela impossibilidade de que estas empresas, sem maior estrutura, possam adaptar suas instalações ou obter mão de obra especializada.

Justamente com o objetivo de regulamentar o tema, como determinado por este artigo em comento, foi publicado o Decreto 9.405/2018, demarcando os limites para as "adaptações razoáveis" em: 2,5% da renda bruta do microempreendedor individual no exercício contábil anterior; 3,5% no caso de microempresa; 4,5% para empresas de pequeno porte. O cuidado da regulamentação foi garantir que não haja um ônus desproporcional e indevido que inviabilize a atividade empresarial, dispensando, inclusive, os microempreendedores individuais que mantém o estabelecimento comercial em sua residência ou não atendem ao público de forma presencial no seu estabelecimento de realizarem tais adaptações.

As adaptações necessárias deverão ser implementadas no prazo quarenta e oito meses, no caso de empresas de pequeno porte, sessenta meses, no caso de microempreendedores individuais e microempresas, contados da publicação do Decreto 9.405 que se deu em 12 de junho de 2018. Exigências e prazos diferenciados foram concedidos para hotéis, pousadas e similares (art. 4°); bem como para veículos de transporte coletivo terrestre, aquaviário e aéreo, as instalações, as estações, os portos e os terminais em operação (art. 5°); microempresa ou a empresa de pequeno porte que opere frota de táxi (art. 6°) e sítios eletrônicos de tais empresas (art. 7°).

Art. 123. Revogam-se os seguintes dispositivos:

I – o inciso II do § 2° do art. 1° da Lei 9.008, de 21 de março de 1995;

---

25. [ADin 4.033, Rei. Min. Joaquim Barbosa, julgamento em 15.9.2010, Plenário, DJE de 07.02.2011.

26. TOMAZETTE, Marlon. *Curso de Direito Empresarial*, v. 1, Atlas, São Paulo, 2016, p. 690.

II – os incisos I, II e III do art. 3º da Lei 10.406, de 10 de janeiro de 2002 (Código Civil);

III – os incisos II e III do art. 228 da Lei 10.406, de 10 de janeiro de 2002 (Código Civil);

IV – o inciso I do art. 1.548 da Lei 10.406, de 10 de janeiro de 2002 (Código Civil);

V – o inciso IV do art. 1.557 da Lei 10.406, de 10 de janeiro de 2002 (Código Civil);

VI – os incisos II e IV do art. 1.767 da Lei 10.406, de 10 de janeiro de 2002 (Código Civil);

VII – os arts. 1.776 e 1.780 da Lei 10.406, de 10 de janeiro de 2002 (Código Civil).

7. ASPECTOS GERAIS

A revogação é fenômeno jurídico que se caracteriza pela retirada de validade formal, vigência,[27] de uma norma jurídica. No sentido estrito a revogação se dirige a uma espécie legislativa, lei no sentido amplo.

Tal fenômeno se opera em razão da necessária revisão legislativa, uma vez que, se a sociedade é mutante, sofrendo alterações no que tange aos valores a serem preservados, na mesma medida as normas que regem a coletividade devem sofrer alterações, como se verifica no presente caso.

Com a inserção da Lei 13.146/2015 no ordenamento jurídico, propondo a releitura dos institutos que disciplinam a curatela e o tratamento jurídico conferido à pessoa com deficiência, é natural que normas até então em vigor sejam modificadas, neste caso, parcialmente revogadas, ou, até mesmo, retiradas do conjunto normativo, totalmente revogadas.

A necessidade de revogação de normas preexistentes ressalta a natureza sistêmica do ordenamento, que deve ser interpretado e aplicado de forma harmônica, transcendendo-se as eventuais antinomias[28] aparentes, e, inclusive, prestigiando a norma constitucional.

Através da Lei Complementar 95/1998, o legislador resolveu adotar como técnica legislativa a denominada revogação expressa, de modo que uma lei nova

---

27. REALE, Miguel. Op. Cit., p. 105.

28. "A antinomia é a presença de duas normas conflitantes, válidas e emanadas de autoridade competente, sem que se possa dizer qual delas merecerá aplicação em determinado caso concreto (lacunas de colisão)." TARTUCE, Flávio. *Manual De Direito Civil*. Volume único, 7. ed. Rio de Janeiro: Método, 2017.

deve indicar em seu texto quais os dispositivos legais serão retirados de vigência, por incompatibilidade com o texto recém-construído.[29]

Todavia, importante observar que, apesar da opção do legislador em dar preferência à revogação expressa, mantém-se o fenômeno da revogação tácita, previsto no § 1º do art. 2º da Lei de Introdução às Normas do Direito Brasileiro, Decreto-Lei 4.657, de 4 de setembro de 1942, verificada pela incompatibilidade de normas no sistema normativo.[30]

Portanto, em que pese a indicação de dispositivos revogados pela Lei 13.146/2015, será evidenciada também a revogação tácita de normas não mencionadas, cujo conteúdo normativo entre em conflito com a nova lei, a exemplo dos incisos I, II e IV do § 1º do art. 447 do CPC/2015,[31] que mesmo entrando em vigência após o Estatuto da Pessoa com Deficiência, já trazia em seu conteúdo normas revogadas e, portanto, inaplicáveis.[32]

No caso em tela, o CPC rechaça a possibilidade de pessoas com deficiência prestarem depoimento como testemunha, o que é repudiado pela Lei 13.146/2015, diante da notória discriminação, sendo certo que tal ponto será examinado mais adiante.

Passemos, então, a análise dos dispositivos expressamente revogados.

8.   O INCISO II DO § 2º DO ART. 1º DA LEI 9.008, DE 21 DE MARÇO DE 1995

A Lei 9.008, de 21 de março de 1995 cria, na estrutura organizacional do Ministério da Justiça, o Conselho Federal de que trata o art. 13 da Lei 7.347, de 24 de julho de 1985,[33] Lei da Ação Civil Pública.

O texto revogado possuía a seguinte redação:

> Art. 1º Fica criado, no âmbito da estrutura organizacional do Ministério da Justiça, o Conselho Federal Gestor do Fundo de Defesa de Direitos Difusos (CFDD).

---

29. LC 95/1998, art. 9º A cláusula de revogação deverá enumerar, expressamente, as leis ou disposições legais revogadas.

30. Art. 2º Não se destinando à vigência temporária, a lei terá vigor até que outra a modifique ou revogue.
§ 1º A lei posterior revoga a anterior quando expressamente o declare, quando seja com ela incompatível ou quando regule inteiramente a matéria de que tratava a lei anterior.

31. Art. 447. Podem depor como testemunhas todas as pessoas, exceto as incapazes, impedidas ou suspeitas.
§ 1º São incapazes: I – o interdito por enfermidade ou deficiência mental; II – o que, acometido por enfermidade ou retardamento mental, ao tempo em que ocorreram os fatos, não podia discerni-los, ou, ao tempo em que deve depor, não está habilitado a transmitir as percepções; III – o que tiver menos de 16 (dezesseis) anos; IV – o cego e o surdo, quando a ciência do fato depender dos sentidos que lhes faltam.

32. CHAVES, Cristiano. SANCHES, Rogério. BATISTA, Ronaldo. *Estatuto da pessoa com deficiência comentado.* 2. ed. JusPodivm: Salvador, 2016, p. 346.

33. Art. 13. Havendo condenação em dinheiro, a indenização pelo dano causado reverterá a um fundo gerido por um Conselho Federal ou por Conselhos Estaduais de que participarão necessariamente o Ministério Público e representantes da comunidade, sendo seus recursos destinados à reconstituição dos bens lesados.

§ 2° Constituem recursos do FDD o produto da arrecadação:

II – das multas e indenizações decorrentes da aplicação da Lei 7.853, de 24 de outubro de 1989, desde que não destinadas à reparação de danos a interesses individuais; (Revogado pela Lei 13.146, de 2015)

Importa observar que, diante do texto revogado, deixam de ser enviados para o CFDD, os recursos oriundos de multas e indenizações provenientes da Lei 7.853/1989, lei esta que dispõe sobre o apoio e proteção às pessoas com deficiência, a nível individual e coletivo, inclusive, com a definição de crimes.

Considerando o que dispõe o § 3° da Lei 9.008, de 21 de março de 1995,[34] trata-se de modificação com relação à destinação dos valores obtidos em ação coletiva, proposta por legitimados, dentre eles o Ministério Público, visando à garantia das normas protetivas da pessoa com deficiência.

Trata-se de justa modificação, eis que os recursos obtidos eram destinados à preservação de outros valores, "reparação dos danos causados ao meio ambiente, ao consumidor, a bens e direitos de valor artístico, estético, histórico, turístico, paisagístico, por infração à ordem econômica e a outros interesses difusos e coletivos"[35] que não aqueles concernentes aos interesses diretos das pessoas atingidas, pessoas com deficiência.

Corrigida a distorção finalística,[36] após a revogação do referido dispositivo, tem-se a expectativa de que os recursos sejam destinados a programas, projetos, reparação de danos, relacionados à proteção da pessoa com deficiência.

Ainda, note-se que o art. 3°, da mesma lei, que trata dos legitimados para correspondente ação, sofreu alterações motivadas pela Lei 13.146/2015.

Redação anterior:

Art. 3° As ações civis públicas destinadas à proteção de interesses coletivos ou difusos das pessoas portadoras de deficiência poderão ser propostas pelo Ministério Público, pela União, Estados, Municípios e Distrito Federal; por associação constituída há mais de 1 (um) ano, nos termos da lei civil, autarquia, empresa pública, fundação ou sociedade de economia mista que inclua, entre suas finalidades institucionais, a proteção das pessoas portadoras de deficiência.

Nova redação:

Art. 3° As medidas judiciais destinadas à proteção de interesses coletivos, difusos, individuais homogêneos e individuais indisponíveis da pessoa com deficiência poderão ser propostas pelo Ministério Público, pela Defensoria Pública, pela União, pelos Estados, pelos Municípios, pelo

---

34. § 3° Os recursos arrecadados pelo FDD serão aplicados na recuperação de bens, na promoção de eventos educativos, científicos e na edição de material informativo especificamente relacionado com a natureza da infração ou do dano causado, bem como na modernização administrativa dos órgãos públicos responsáveis pela execução das políticas relativas às áreas mencionadas no § 1° deste artigo.

35. CHAVES, Cristiano. SANCHES, Rogério. BATISTA, Ronaldo. Op. Cit., p. 347.

36. CHAVES, Cristiano. SANCHES, Rogério. BATISTA, Ronaldo. Op. Cit., p. 347.

Distrito Federal, por associação constituída há mais de 1 (um) ano, nos termos da lei civil, por autarquia, por empresa pública e por fundação ou sociedade de economia mista que inclua, entre suas finalidades institucionais, a proteção dos interesses e a promoção de direitos da pessoa com deficiência. (Redação dada pela Lei 13.146, de 2015)

Com a nova redação, verifica-se a ampliação de procedimentos judiciais, eis que é suprimida a ação civil pública como único instrumento processual apto a defender os direitos em questão e, ainda, há adequação à referência que se faz aos destinatários da proteção normativa, para designá-los como pessoas com deficiência, e não mais pessoas portadoras de deficiência.

Também, buscando ampliar a proteção, a nova redação fala em interesses e direitos da pessoa com deficiência, e não apenas direitos, dando a cada qual, notoriamente, significado distinto. Ora, se o direito a que se refere é aquele protegido pela norma legal, de forma expressa, os interesses podem se caracterizar por desdobramentos destes, podendo-se verificar na multiplicidade de eventos contidos na realidade social, impossíveis de serem completamente previstos pelo legislador, diante de sua complexidade.

Cumpre ressaltar, que a Lei 9.008, de 21 de março de 1995 também sofreu alterações em seu artigo 8º, cuja previsão indica a ocorrência de crime para comportamentos que desaguem na violação de direitos de pessoas com deficiência.

Redação anterior:

Art. 8º Constitui crime punível com reclusão de 1 (um) a 4 (quatro) anos, e multa:

I – recusar, suspender, procrastinar, cancelar ou fazer cessar, sem justa causa, a inscrição de aluno em estabelecimento de ensino de qualquer curso ou grau, público ou privado, por motivos derivados da deficiência que porta;

II – obstar, sem justa causa, o acesso de alguém a qualquer cargo público, por motivos derivados de sua deficiência;

III – negar, sem justa causa, a alguém, por motivos derivados de sua deficiência, emprego ou trabalho;

IV – recusar, retardar ou dificultar internação ou deixar de prestar assistência médico-hospitalar e ambulatorial, quando possível, à pessoa portadora de deficiência;

V – deixar de cumprir, retardar ou frustrar, sem justo motivo, a execução de ordem judicial expedida na ação civil a que alude esta Lei;

VI – recusar, retardar ou omitir dados técnicos indispensáveis à propositura da ação civil objeto desta Lei, quando requisitados pelo Ministério Público.

Redação atual:

Art. 8º Constitui crime punível com reclusão de 2 (dois) a 5 (cinco) anos e multa: (Redação dada pela Lei 13.146, de 2015)

I – recusar, cobrar valores adicionais, suspender, procrastinar, cancelar ou fazer cessar inscrição de aluno em estabelecimento de ensino de qualquer curso ou grau, público ou privado, em razão de sua deficiência; (Redação dada pela Lei 13.146, de 2015)

II – obstar inscrição em concurso público ou acesso de alguém a qualquer cargo ou emprego público, em razão de sua deficiência; (Redação dada pela Lei 13.146, de 2015)

III – negar ou obstar emprego, trabalho ou promoção à pessoa em razão de sua deficiência; (Redação dada pela Lei 13.146, de 2015)

IV – recusar, retardar ou dificultar internação ou deixar de prestar assistência médico-hospitalar e ambulatorial à pessoa com deficiência; (Redação dada pela Lei 13.146, de 2015)

V – deixar de cumprir, retardar ou frustrar execução de ordem judicial expedida na ação civil a que alude esta Lei; (Redação dada pela Lei 13.146, de 2015)

VI – recusar, retardar ou omitir dados técnicos indispensáveis à propositura da ação civil pública objeto desta Lei, quando requisitados. (Redação dada pela Lei 13.146, de 2015)

§ 1º Se o crime for praticado contra pessoa com deficiência menor de 18 (dezoito) anos, a pena é agravada em 1/3 (um terço). (Incluído pela Lei 13.146, de 2015)

§ 2º A pena pela adoção deliberada de critérios subjetivos para indeferimento de inscrição, de aprovação e de cumprimento de estágio probatório em concursos públicos não exclui a responsabilidade patrimonial pessoal do administrador público pelos danos causados. (Incluído pela Lei 13.146, de 2015)

§ 3º Incorre nas mesmas penas quem impede ou dificulta o ingresso de pessoa com deficiência em planos privados de assistência à saúde, inclusive com cobrança de valores diferenciados. (Incluído pela Lei 13.146, de 2015)

§ 4º Se o crime for praticado em atendimento de urgência e emergência, a pena é agravada em 1/3 (um terço). (Incluído pela Lei 13.146, de 2015)

Além de majorada a pena de reclusão no *caput*, o que por si só denota a preocupação do legislador em acentuar a relevância dos valores protegidos, os incisos têm a redação aperfeiçoada, com evidente finalidade de dar cumprimento aos comandos da Lei 13.146/2015.

No inciso I, além dos comportamentos já previamente estabelecidos como crime: "recusar, suspender, procrastinar, cancelar ou fazer cessar inscrição de aluno em estabelecimento de ensino de qualquer curso ou grau, público ou privado, em razão de sua deficiência", o impedimento de cobrança de valores adicionais para pessoas com deficiência, impõe às instituições de ensino uma nova postura em sua gestão de recursos.

As instituições de ensino devem promover a inclusão social,[37] recebendo alunos com necessidades diferenciadas e, para tanto, evidentemente precisam observar regras de acessibilidade, além de criar outros mecanismos que viabilizem o ensino do aluno.

A obrigatoriedade das escolas privadas em receber alunos com deficiência, inclusive, foi levada ao STF, cujo entendimento expressa a impossibilidade de exoneração das instituições de ensino da responsabilidade imposta por lei,

---

37. [http://portal.mec.gov.br/component/tags/tag/31872].

apesar destas alegarem um elevado custo financeiro, diante da função social que exercem.[38]

Portanto, se um aluno com deficiência traz mais ônus para a escola, em respeito ao Princípio da Solidariedade Social, esta deverá distribuir por todos os alunos o referido custo, constituindo tipo penal a cobrança de valores diferenciados.

Nos incisos II e III, verifica-se a possibilidade de crime diante do impedimento de acesso ao concurso público ou ao respectivo cargo ou emprego, em razão da deficiência. Na redação anterior, dito comportamento era escusável, desde que houvesse justo motivo.

Com a retirada da expressão "justo motivo", a regra não apenas se compatibiliza com a Lei 13.146/2015, mas também com as demais normas de inclusão de pessoas com deficiência no mercado de trabalho.[39]

O inciso IV é garantidor do direito à vida e à saúde da pessoa com deficiência, dever do Estado, suas instituições e, evidentemente, de instituições privadas que se prestem ao exercício da respectiva função social, pois a nova redação retira a expressão "quando possível", que havia no texto anterior e abria a oportunidade para a recusa de atendimento médico hospitalar, sob justificativas diversas. Ainda, adequou a indicação do beneficiado como pessoa com deficiência.

No inciso V, que trata de práticas que posterguem o cumprimento de decisão judicial, também foi suprimida a expressão justo motivo, presente na redação anterior.

Fica evidenciada a intolerância manifestada pelo legislador ao identificar práticas criminosas como inescusáveis. Se em algum momento a lei admitia uma justificativa para o descumprimento de regras protetivas da pessoa com deficiência,

---

38. Notícia veiculada em 9 de junho de 2016, no portal do STF: O Plenário do Supremo Tribunal Federal (STF), em sessão nesta quinta-feira (9), julgou constitucionais as normas do Estatuto da Pessoa com Deficiência (Lei 13.146/2015) que estabelecem a obrigatoriedade de as escolas privadas promoverem a inserção de pessoas com deficiência no ensino regular e prover as medidas de adaptação necessárias sem que ônus financeiro seja repassado às mensalidades, anuidades e matrículas. A decisão majoritária foi tomada no julgamento da Ação Direta de Inconstitucionalidade (ADI) 5357 e seguiu o voto do relator, ministro Edson Fachin.

Ao votar pela improcedência da ação, o relator salientou que o estatuto reflete o compromisso ético de acolhimento e pluralidade democrática adotados pela Constituição Federal ao exigir que não apenas as escolas públicas, mas também as particulares, devem pautar sua atuação educacional a partir de todas as facetas e potencialidades do direito fundamental à educação. "O ensino privado não deve privar os estudantes – com e sem deficiência – da construção diária de uma sociedade inclusiva e acolhedora, transmudando-se em verdadeiro local de exclusão, ao arrepio da ordem constitucional vigente", afirmou.

A ADI 5357 foi ajuizada pela Confederação Nacional dos Estabelecimentos de Ensino (Confenen) para questionar a constitucionalidade do § 1º do artigo 28 e *caput* do artigo 30 da Lei 13.146/2015. Segundo a entidade, as normas representam violação de diversos dispositivos constitucionais, entre eles o artigo 208, inciso III, que prevê como dever do Estado o atendimento educacional aos deficientes. A Confenen alega ainda que os dispositivos estabelecem medidas de alto custo para as escolas privadas, o que levaria ao encerramento das atividades de muitas delas. [http://www.stf.jus.br/portal/cms/verNoticiaDetalhe.asp?idConteudo=318570].

39. Lei 8.213, de 24 de julho de 1991, lei de Contratação de Deficientes nas Empresas.

com o advento da Lei 13.146/2015, em tempo, essa condescendência cessa, de modo a impor a quem for de direito a ampla responsabilidade por seus atos.

Por fim, o inciso VI merece atenção em dois aspectos. O inciso reporta como ato criminoso a criação de obstáculos para a obtenção de dados técnicos, necessários à propositura de ação civil pública, quando a redação revogada mencionava ação civil apenas. Com a nova redação, presume-se que o crime ocorrerá nos casos de dificuldades criadas para o retardo de propositura de ação que vise à proteção de direitos difusos e coletivos.

Outro aspecto a se observar no referido inciso, é que o texto revogado mencionava que o crime ocorria apenas quando o Ministério Público era o solicitante das informações necessárias à propositura da ação. Notadamente, com a ampliação dos legitimados pelo art. 3º da Lei 9.008, de 21 de março de 1995, a atual redação do inciso VI de seu art. 8º caracteriza como crime a recusa diante de outros que não o *parquet*.

A Lei 13.146/2015, também incluiu os parágrafos no art. 8º da Lei 9.008, de 21 de março de 1995, trazendo qualificadoras para as práticas criminosas descritas, acentuando a preocupação do legislador com a preservação dos interesses da pessoa com deficiência.

9. OS INCISOS I, II E III DO ART. 3º DA LEI 10.406, DE 10 DE JANEIRO DE 2002 (CÓDIGO CIVIL)

Na redação revogada do art. 3º do Código Civil Brasileiro, eram identificados como absolutamente incapazes aquelas pessoas com deficiência decorrente de uma causa patológica ou desenvolvimento mental reduzido.

Art. 3º São absolutamente incapazes de exercer pessoalmente os atos da vida civil:

I – os menores de dezesseis anos;

II – os que, por enfermidade ou deficiência mental, não tiverem o necessário discernimento para a prática desses atos;

III – os que, mesmo por causa transitória, não puderem exprimir sua vontade.

Com o advento da Lei 13.146/2015, a incapacidade absoluta e suas consequências, como a nulidade do negócio jurídico prevista no art. 166 do Código Civil Brasileiro, passa a ser limitada ao menor de 16 (dezesseis) anos.[40]

Esta, talvez, seja uma das mudanças normativas mais significativas, uma vez que impõe a revisão da Teoria das Incapacidades. O entendimento de que todo homem e mulher é dotado de uma personalidade, cuja titularidade não é conferida, mas reconhecida pelo direito, e que todos possuem capacidade para adquirir direitos e obrigações, necessitando alguns, porém, de representação ou assistência, em razão de

---

40. CC, "Art. 3º São absolutamente incapazes de exercer pessoalmente os atos da vida civil os menores de 16 (dezesseis) anos."

limitações etárias, cognitivas ou patológicas, conferiu segurança jurídica às relações por décadas, eis que, desde o Código Civil de 1916, tal entendimento é consagrado.

Vale aqui destacar a grandeza da evolução, mormente se considerarmos a presença da mulher no rol de relativamente incapazes, no texto original do Código Civil dos Estados Unidos do Brasil,[41] o que revela que por muitos anos "o beneficiário da plenitude da subjetividade foi o homem burguês, maior, alfabetizado, proprietário."[42]

O caráter patrimonial das relações jurídicas se destaca nas legislações civilistas, todavia, a leitura civil-constitucional do ordenamento jurídico impõe a observância da dignidade da pessoa humana no centro desse sistema normativo.

Mas, infelizmente, a inexistência de um conceito fechado que defina a dignidade da pessoa humana dá margem a grandes equívocos interpretativos. No discurso sobre a necessária proteção da dignidade humana, o ditador Jorge Rafael Videla, que destituiu Isabelita Perón e levou a Argentina à mais sanguinolenta ditadura de sua história, é gritante a contradição entre o universo das ideias e a concretude dos atos praticados pelo homem.[43]

---

41. Código Civil dos Estados Unidos do Brasil, Lei 3.071, de 1º de janeiro de 1916:

"Art. 2. Todo homem é capaz de direitos e obrigações na ordem civil.

Art. 3. A lei não distingue entre nacionais e estrangeiros quanto à aquisição e ao gozo dos direitos civis.

Art. 4. A personalidade civil do homem começa do nascimento com vida; mas a lei põe a salvo desde a concepção os direitos do nascituro.

Art. 5. São absolutamente incapazes de exercer pessoalmente os atos da vida civil: I. Os menores de dezesseis anos. II. Os loucos de todo o gênero. III. Os surdos-mudos, que não puderem exprimir a sua vontade. IV. Os ausentes, declarados tais por ato do juiz.

Art. 6. São incapazes, relativamente a certos atos (art. 147, n. 1), ou à maneira de os exercer: I. Os maiores de dezesseis e menores de vinte e um anos (arts. 154 a 156). II. As mulheres casadas, enquanto subsistir a sociedade conjugal. III. Os pródigos. IV. Os silvícolas. Parágrafo único. Os silvícolas ficarão sujeitos ao regime tutelar, estabelecido em leis e regulamentos especiais, e que cessará à medida de sua adaptação. (Vide Decreto do Poder Legislativo n. 3.725, de 1919).

Art. 6º São incapazes relativamente a certos atos (art. 147, n. I), ou à maneira de os exercer: I – Os maiores de 16 e os menores de 21 anos (arts. 154 e 156). II – Os pródigos. III – Os silvícolas. Parágrafo único. Os silvícolas ficarão sujeitos ao regime tutelar, estabelecido em leis e regulamentos especiais, o qual cessará à medida que se forem adaptando à civilização do País. (Redação dada pela Lei 4.121, de 1962).

Art. 7. Supre-se a incapacidade, absoluta, ou relativa, pelo modo instituído neste Código, Parte Especial.

Art. 8. Na proteção que o Código Civil confere aos incapazes não se compreende o benefício de restituição.

Art. 9. Aos vinte e um anos completos acaba a menoridade, ficando habilitado o indivíduo para todos os atos da vida civil. § 1º Cessará, para os menores, a incapacidade: (Renumerado pelo Decreto 20.330, de 1931). § 2º Para efeito do alistamento e do sorteio militar cessará a incapacidade do menor que houver completado 18 anos de idade. (Incluído pelo Decreto 20.330, de 1931). I. Por concessão do pai, ou, se for morto, da mãe, e por sentença do juiz, ouvido o tutor, se o menor tiver dezoito anos cumpridos. II. Pelo casamento. III. Pelo exercício de emprego público efetivo. IV. Pela colação de grau científico em curso de ensino superior. V. Pelo estabelecimento civil ou comercial, com economia própria.

Art. 10. A existência da pessoa natural termina com a morte; presumindo-se esta, quanto aos ausentes, nos casos dos arts. 481 e 482. (Vide Decreto do Poder Legislativo 3.725, de 1919).

42. ROSENVALD, Nelson. Op. Cit., p. 745.

43. "Para nós, o respeito aos direitos humanos não nasce somente do mandamento da lei ou das declarações internacionais, mas é resultante da nossa cristã e profunda convicção de que a dignidade do homem repre-

Se a abstração dos conceitos não foi suficiente para fazer com que a compreensão civil constitucional, alicerçada na dignidade da pessoa humana, suprimisse do ordenamento jurídico Brasileiro a discriminação contra pessoas com deficiência, a Convenção das Nações Unidas sobre os Direitos das Pessoas com Deficiência (CDPC), de 13 de dezembro de 2006, promulgada pelo Decreto 6.949/2009, que tem como propósito, conforme seu art. 1º, promover, proteger e assegurar o exercício pleno e equitativo de todos os direitos humanos e liberdades fundamentais por todas as pessoas com deficiência e promover o respeito pela sua dignidade inerente, propõe um novo olhar sobre as pessoas com deficiência.[44]

Com o advento do Estatuto em comento, finalmente, as pessoas com deficiência são retiradas do rol de absolutamente incapazes e passam a integrar o art. 4º do Código Civil Brasileiro, da seguinte forma:

Art. 4º São incapazes, relativamente a certos atos ou à maneira de os exercer: (Redação dada pela Lei 13.146, de 2015)

[...]

III – aqueles que, por causa transitória ou permanente, não puderem exprimir sua vontade; (Redação dada pela Lei 13.146, de 2015)

[...]

Dessa forma, pessoas com deficiência serão consideradas incapazes apenas se não puderem exprimir sua vontade, sendo relevante observar que o causador da incapacidade não é a deficiência, mas a impossibilidade de compreensão da realidade ao seu redor e suas consequências.

10. OS INCISOS II E III DO ART. 228 DA LEI 10.406, DE 10 DE JANEIRO DE 2002 (CÓDIGO CIVIL)

A redação dos incisos II e III do art. 228 do Código Civil assim dispunha:

Art. 228. Não podem ser admitidos como testemunhas:

[...]

II – aqueles que, por enfermidade ou retardamento mental, não tiverem discernimento para a prática dos atos da vida civil;

---

senta um valor fundamental." A frase é reproduzida por SCHREIBER, Anderson. *Direitos da Personalidade*. 3. ed. São Paulo: Atlas, 2014, p. 7.

44. "A CDPD é o primeiro tratado de consenso universal que concretamente especifica os direitos das pessoas com deficiência pelo viés dos direitos humanos, adotando um modelo social de deficiência que importa em um giro transcendente na sua condição. Por esse modelo, a deficiência não pode se justificar pelas limitações pessoais decorrentes de uma patologia. [...] O objetivo da CDPD é o de permutar o atual modelo médico – que deseja reabilitar a pessoa anormal para se adequar à sociedade –, por um modelo social de direitos humanos cujo desiderato é o de reabilitar a sociedade para eliminar os muros de exclusão comunitária. A igualdade no exercício da capacidade jurídica requer o direito a uma educação inclusiva, a vida independente e a possibilidade de ser inserido em comunidade." ROSENVALD, Nelson. Op. Cit., p. 753.

III – os cegos e surdos, quando a ciência do fato que se quer provar dependa dos sentidos que lhes faltam;

[...]

A Lei 13.146/2015 não apenas faz cessar a discriminação contra pessoas com deficiência, mas também inclui na lei geral cível o § 2º ao artigo 228, que afirma a possibilidade de a pessoa com deficiência testemunhar em igualdade de condições com as demais pessoas, assegurando-lhe, inclusive, os meios tecnológicos necessários, quando for o caso.[45]

Apesar de revogado expressamente, o dispositivo do Código Civil Brasileiro, como já falado anteriormente, de forma tácita revogou os incisos I, II e IV do § 1º art. 447 do CPC.

A redação dos incisos I, II e IV do § 1º do art. 447 do CPC, assim dispõe:

Art. 447. Podem depor como testemunhas todas as pessoas, exceto as incapazes, impedidas ou suspeitas.

§ 1º São incapazes:

I – o interdito por enfermidade ou deficiência mental;

II – o que, acometido por enfermidade ou retardamento mental, ao tempo em que ocorreram os fatos, não podia discerni-los, ou, ao tempo em que deve depor, não está habilitado a transmitir as percepções;

[...]

IV – o cego e o surdo, quando a ciência do fato depender dos sentidos que lhes faltam.

Verifica-se, portanto, que a norma processual não foi elaborada em atenção a CDPC, alheia ao Estatuto publicado poucos meses depois, o que revela falta de comunicação entre os membros que compõem a Casa das Leis durante o processo legislativo.

Fato é que a deficiência não pode ser razão para que o depoimento de uma pessoa não seja considerado significativo, não se justificando sua exclusão do rol de testemunhas, de forma que deve haver a disponibilização a esta os recursos necessários para que preste seu depoimento.

11. O INCISO I DO ART. 1.548 DA LEI 10.406, DE 10 DE JANEIRO DE 2002 (CÓDIGO CIVIL)

Se é nulo o negócio jurídico praticado por absolutamente incapaz,[46] na medida em que a pessoa com deficiência deixa de ser absolutamente incapaz, raciocínio

---

45. § 2º A pessoa com deficiência poderá testemunhar em igualdade de condições com as demais pessoas, sendo-lhe assegurados todos os recursos de tecnologia assistiva. (Incluído pela Lei 13.146, de 2015).

46. CC, "Art. 166. É nulo o negócio jurídico quando: I – celebrado por pessoa absolutamente incapaz; [...]".

lógico que deve se desenvolver é que os atos praticados por este deixam de ser nulos e passam a ser anuláveis, na forma da lei.

O art. 1.548 do Código Civil Brasileiro, em seu inciso I, previa a nulidade do casamento contraído pelo enfermo mental sem o necessário discernimento para os atos da vida civil.

Art. 1.548. É nulo o casamento contraído:

I – pelo enfermo mental sem o necessário discernimento para os atos da vida civil;

[...]

A Lei 13.146/2015 passa então a conferir a pessoa com deficiência capacidade jurídica em igualdade de condições com aquele sem deficiência, acentuando o art. 85 da referida lei, que as limitações impostas pela curatela se referem apenas aos atos relacionados aos direitos de natureza patrimonial e negocial, não afetando direitos tais como o casamento, conforme denota o § 1º.

12. O INCISO IV DO ART. 1.557 DA LEI 10.406, DE 10 DE JANEIRO DE 2002 (CÓDIGO CIVIL)

A revogação do inciso IV do art. 1.557 do Código Civil vem acompanhada da mudança na redação do inciso III do mesmo artigo. O texto original de ambos se dirigia à identificação de erro essencial sobre a pessoa do cônjuge, e, consequentemente, causa para pedido de invalidação do casamento,[47] consubstanciada na existência de defeito físico desconhecido e doença contagiosa, nos seguintes termos:

Art. 1.557. Considera-se erro essencial sobre a pessoa do outro cônjuge:

[...]

III – a ignorância, anterior ao casamento, de defeito físico irremediável, ou de moléstia grave e transmissível, pelo contágio ou herança, capaz de pôr em risco a saúde do outro cônjuge ou de sua descendência;

IV – a ignorância, anterior ao casamento, de doença mental grave que, por sua natureza, torne insuportável a vida em comum ao cônjuge enganado.

Suprimido o inciso IV, manteve-se o inciso III com nova redação, para afirmar a possibilidade de se verificar o erro essencial, passível de invalidação do casamento, mas desde que o desconhecimento de defeito físico irremediável, já existente antes do casamento, não caracterize deficiência.

---

47. CC, "Art. 1.559. Somente o cônjuge que incidiu em erro, ou sofreu coação, pode demandar a anulação do casamento; mas a coabitação, havendo ciência do vício, valida o ato, ressalvadas as hipóteses dos incisos III e IV do art. 1.557."

Manteve-se, ainda, o desconhecimento anterior ao casamento de moléstia grave e transmissível, por contágio ou por herança, capaz de pôr em risco a saúde do outro cônjuge ou de sua descendência, como erro essencial.[48]

13. OS INCISOS II E IV DO ART. 1.767 DA LEI 10.406, DE 10 DE JANEIRO DE 2002 (CÓDIGO CIVIL)

Significativa modificação é implementada a partir da revogação dos incisos II e IV do artigo 1.767 do Código Civil, assim como com a nova redação dos incisos I e III.

Redação revogada:

Art. 1.767. Estão sujeitos a curatela:

I – aqueles que, por enfermidade ou deficiência mental, não tiverem o necessário discernimento para os atos da vida civil;

II – aqueles que, por outra causa duradoura, não puderem exprimir a sua vontade;

III – os deficientes mentais, os ébrios habituais e os viciados em tóxicos;

IV – os excepcionais sem completo desenvolvimento mental;

V – os pródigos.

Nova redação do artigo:

Art. 1.767. Estão sujeitos a curatela:

I – aqueles que, por causa transitória ou permanente, não puderem exprimir sua vontade; (Redação dada pela Lei 13.146, de 2015)

II – (Revogado); (Redação dada pela Lei 13.146, de 2015)

III – os ébrios habituais e os viciados em tóxico; (Redação dada pela Lei 13.146, de 2015)

IV – (Revogado); (Redação dada pela Lei 13.146, de 2015)

V – os pródigos.

O artigo foi reformulado, de tal sorte que a sujeição à curatela se dê em razão da impossibilidade de expressão da vontade, conforme seu inciso I, e não em razão da deficiência.

Uma vez verificado que a pessoa com deficiência não tem condições de expressar sua vontade, a ação de interdição terá lugar, na forma do artigo 747 do Código de Processo Civil, cuja destinação é: "1º) a deliberar se, no caso, a pessoa deve sujeitar-se à curatela, e 2º) em caso positivo, nomear-se curador, definindo-se os termos da curatela."[49]

---

48. III – a ignorância, anterior ao casamento, de defeito físico irremediável que não caracterize deficiência ou de moléstia grave e transmissível, por contágio ou por herança, capaz de pôr em risco a saúde do outro cônjuge ou de sua descendência; (Redação dada pela Lei 13.146, de 2015).

49. MEDIDA, Miguel Garcia. MEDIDA, Janaina Marchi. *Guia prático do novo processo civil brasileiro*. São Paulo: Ed. RT, 2016, p. 151.

Assim, longe de serem impessoais e genéricas, as sentenças proferidas em processos de interdição terão que especificar as limitações da pessoa curatelada, assim como onde caberá a atuação do curador.

Considerando as modificações normativas, é possível enxergar um quadro onde haverá pessoas com deficiência: a) plenamente capazes; b) assistidas na forma da tomada de decisão; c) assistidas por seu curador, nomeado em processo de interdição; e d) representadas por seu curador, nomeado em processo de interdição.

14. OS ARTS. 1.776 E 1.780 DA LEI 10.406, DE 10 DE JANEIRO DE 2002 (CÓDIGO CIVIL)

O artigo 1.767 do Código Civil indica aqueles que estarão sujeitos à curatela. A identificação dos indivíduos incapazes de se manifestarem dentro do corpo social carrega o estigma da discriminação, do feio, do repulsivo.

Umberto Eco, em sua obra História da Feiura, refere-se a um texto de Italo Calvino, tirado de uma experiência real, que se passa no Cottolengo de Turim, um abrigo para doentes incuráveis, pessoas com limitações que alcançam sua capacidade de alimentarem-se sozinhas, muitas nascidas como monstros, certamente por serem portadoras de deficiências. O "protagonista da história é convocado para ser mesário da seção eleitoral instalada no hospital, pois aqueles monstros são também cidadãos e, segundo a lei, têm o direito de votar".[50]

A personagem fica chocada com aquela subumanidade e percebe que muitos não têm compreensão do ato e votarão de acordo com a vontade daquele que os assiste, de modo que deseja se opor aquela situação. Porém, ao final, contrariando seus posicionamentos civis e políticos, conclui pela coragem daqueles que se dedicam ao alívio dos desventurados, de modo que fazem jus, ou seja, passam a ter direito a falar por eles.[51]

Eis a condição do curador, sob a ótica da personagem de Italo Calvino: uma pessoa corajosa, que se dedica a cuidar de alguém desventurado, possuidora do direito de falar por este.

O texto revela a relação histórica entre curador e curatelado. A posição jurídica do curador, no entanto, não lhe confere direito, mas um poder-jurídico, devendo-se destacar a responsabilidade que possui para com a pessoa do curatelado.

É dessa reponsabilidade que trata o art. 1.776 do Código Civil ao imputar ao curador a responsabilidade de promoção dos meios necessários aos cuidados do interdito.

---

50. ECO, Umberto. *História da feiúra.* Rio de Janeiro: Record, 2007, p. 437.

51. ECO, Umberto. Op. Cit. p. 437.

Todavia, a diretiva é equivocada, uma vez que se algumas causas da incapacidade são passíveis de recuperação, outras não são. E se não o são, tal fato não pode ser motivo para eximir o curador de praticar os atos necessários a promoção da melhoria de qualidade de vida, inclusão social e ampliação de sua autonomia.

Crítica severa deve ser feito ainda ao artigo 1.777 do Código Civil, que previa o recolhimento de interditos em estabelecimentos adequados, quando não se adaptarem ao convívio doméstico.

Ora, o Código Civil de 2002 entrou em vigor em 2003, quando muitos anos antes já se tinha dado início ao Movimento Antimanicomial,[52] cuja finalidade era justamente integrar pessoas com transtornos mentais às suas famílias, afastando a possibilidade de internação e, consequente, abandono afetivo.

Como resultado da luta antimanicomial, a Lei 10.216, de 6 de abril de 2001, Lei da Reforma Psiquiátrica, criou um novo modelo de tratamento aos transtornos mentais no Brasil.

A, muito bem-vinda, revogação do art. 1.776 do Código Civil veio acompanhada com a nova redação do art. 1.777 do mesmo Diploma Legal.

Texto anterior à Lei 13.146/2015:

> Art. 1.776. Havendo meio de recuperar o interdito, o curador promover-lhe-á o tratamento em estabelecimento apropriado.
>
> Art. 1.777. Os interditos referidos nos incisos I, III e IV do art. 1.767 serão recolhidos em estabelecimentos adequados, quando não se adaptarem ao convívio doméstico.

Nova redação:

> Art. 1.777. As pessoas referidas no inciso I do art. 1.767 receberão todo o apoio necessário para ter preservado o direito à convivência familiar e comunitária, sendo evitado o seu recolhimento em estabelecimento que os afaste desse convívio. (Redação dada pela Lei 13.146, de 2015)

A internação das pessoas com deficiência deverá ser opção de exceção, na medida em que, observando-se o dever de solidariedade entre os entes que pertencem a uma família, caberá a estes os cuidados necessários.

Com relação ao art. 1.780 do Código Civil, assim como os internos do Cottolengo de Turim, ao curador é delegado o poder da substituição da vontade, todavia, o artigo previa a legitimidade da própria pessoa, e, ainda, uma condição de curatela diferenciada.

Norma revogada:

---

52. LÜCHMANN· Lígia Helena Hahn. RODRIGUESJefferson. *O movimento antimanicomial no Brasil.* Centro de Filosofia e Ciências Humanas, Departamento de Sociologia e Ciência Política, Universidade Federal de Santa Catarina. Campus Universitário Trindade, Trindade. 88040-900 Florianópolis SC [http://www.scielo.br/scielo.php?script=sci_arttext&pid=S1413-81232007000200016].

Art. 1.780. A requerimento do enfermo ou portador de deficiência física, ou, na impossibilidade de fazê-lo, de qualquer das pessoas a que se refere o art. 1.768, dar-se-lhe-á curador para cuidar de todos ou alguns de seus negócios ou bens.

Há, na doutrina, quem entenda a revogação do art. 1.780 do Código Civil estranha e injustificável, justamente pela previsão de uma curatela de menor extensão, destinada a proteção, não necessariamente de incapaz, mas de pessoa que tenha alguma dificuldade motora, decorrente de deficiência e patologia. De todo modo, a situação se resolve através da outorga de mandato.[53]

No entanto, persiste a possibilidade da própria pessoa com deficiência pedir a curatela. A autocuratela "é o instrumento que possibilita uma pessoa capaz, mediante um documento apropriado, deixar de forma preestabelecida questões patrimoniais e existenciais de forma personalizada, para serem implementadas em uma eventual incapacidade como, por exemplo, um coma."[54]

> **Art. 124.** O § 1º do art. 2º desta Lei deverá entrar em vigor em até 2 (dois) anos, contados da entrada em vigor desta Lei.

15. COMENTÁRIOS AO ART. 124

Em obediência ao art. 8º da Lei Complementar 95/1998,[55] o legislador estabelece prazo de vacância, todavia, o artigo em comento é pontual com relação à avaliação biopsicossocial da deficiência, realizada por equipe multiprofissional e interdisciplinar.

Art. 2º Considera-se pessoa com deficiência aquela que tem impedimento de longo prazo de natureza física, mental, intelectual ou sensorial, o qual, em interação com uma ou mais barreiras, pode obstruir sua participação plena e efetiva na sociedade em igualdade de condições com as demais pessoas.

§ 1º A avaliação da deficiência, quando necessária, será biopsicossocial, realizada por equipe multiprofissional e interdisciplinar e considerará:

I – os impedimentos nas funções e nas estruturas do corpo;

II – os fatores socioambientais, psicológicos e pessoais;

---

53. CHAVES, Cristiano. SANCHES, Rogério. BATISTA, Ronaldo. Op. Cit. p. 352.

54. Disponível em: [http://www.ibdfam.org.br/noticias/6078/Autocuratela+evita+discuss%C3%B5es+judiciais+entre+familiares].

55. Art. 8º A vigência da lei será indicada de forma expressa e de modo a contemplar prazo razoável para que dela se tenha amplo conhecimento, reservada a cláusula "entra em vigor na data de sua publicação" para as leis de pequena repercussão.
§ 1º A contagem do prazo para entrada em vigor das leis que estabeleçam período de vacância far-se-á com a inclusão da data da publicação e do último dia do prazo, entrando em vigor no dia subsequente à sua consumação integral. (Incluído pela Lei Complementar 107, de 26.4.2001).
§ 2º As leis que estabeleçam período de vacância deverão utilizar a cláusula 'esta lei entra em vigor após decorridos (o número de) dias de sua publicação oficial'. (Incluído pela Lei Complementar 107, de 26.4.2001).

III – a limitação no desempenho de atividades; e

IV – a restrição de participação.

O prazo de dois anos para a vigência do § 1º revela a necessidade de adaptação dos órgãos competentes para verificação da deficiência, como estabelece o *caput* do art. 8º da Lei Complementar 95/1998.

Em observância a esse prazo razoável de adaptação e ao art. 1º da Lei de Introdução às Normas Brasileiras, que prevê o início da vigência da lei em todo o país quarenta e cinco dias depois de oficialmente publicada, salvo disposição contrária, é que se fez necessária a presença da expressa menção ao prazo de vacância.

Evidencia-se, assim, a função supletiva da norma, eis que prevalece a vontade do legislador, atendo à sua complexidade e necessidade de criação dos meios necessários para sua efetividade.

Nesse sentido, importa observar que capacidade de produção de efeitos da norma no âmbito concreto não se limita a ocorrência do termo definido para tal, mas a conjunção de elementos estruturais, capazes de fazê-la alcançar sua finalidade.

Impõe-se, portanto, ressalvar que para o cumprimento de sua função, a lei deve ter validade em seu aspecto formal ou técnico jurídico (vigência), validade social (eficácia ou efetividade) e validade ética (fundamento axiológico).[56]

> **Art. 125**. Devem ser observados os prazos a seguir discriminados, a partir da entrada em vigor desta Lei, para o cumprimento dos seguintes dispositivos:
>
> I – incisos I e II do § 2º do art. 28, 48 (quarenta e oito) meses;
>
> II – § 6º do art. 44, 84 (oitenta e quatro) meses; (Redação dada pela Lei 14.159, de 2021)
>
> III – art. 45, 24 (vinte e quatro) meses;
>
> IV – art. 49, 48 (quarenta e oito) meses.

16. ASPECTOS GERAIS

O artigo 125 se dedica a estabelecer prazos diferenciados para o cumprimento de determinados dispositivos legais, atento a necessidade de adequação de seus destinatários, sob pena de que seja inviabilizada a produção de efeitos das regras inseridas nos respectivos artigos.

Aqui o *caput* não repete a fórmula do art. 124, ao passo que estabelece dilação da vacância dos dispositivos abaixo descritos, tendo-se concedido prazo aos seus destinatários, para a devida adequação de suas funções, atividades, estruturas institucionais, cada qual na sua esfera de atuação.

---

56. REALE, Miguel. Op. Cit. p. 105.

17. OS INCISOS I E II DO § 2º DO ART. 28

O disposto citado conta com a seguinte redação:

Art. 28. Incumbe ao poder público assegurar, criar, desenvolver, implementar, incentivar, acompanhar e avaliar:

§ 2º Na disponibilização de tradutores e intérpretes da Libras a que se refere o inciso XI do *caput* deste artigo, deve-se observar o seguinte:

I – os tradutores e intérpretes da Libras atuantes na educação básica devem, no mínimo, possuir ensino médio completo e certificado de proficiência na Libras;

II – os tradutores e intérpretes da Libras, quando direcionados à tarefa de interpretar nas salas de aula dos cursos de graduação e pós-graduação, devem possuir nível superior, com habilitação, prioritariamente, em Tradução e Interpretação em Libras.

Os incisos I e II do § 2º do art. 28 demandam investimento na formação de profissionais, que tenham conhecimento de Libras, para a inclusão de alunos com deficiência auditiva em sala de aula. Apesar de aparentar ser demasiadamente longo o prazo de 4 (quatro) anos, deve-se considerar que a medida implica em criação de normas de incentivo dos profissionais que já se encontram atuando em sala de aula, e outras normas que interfiram na formação de novos professores, além da obtenção de recursos financeiros a serem destinados em projetos voltados a capacitação deste profissional adequado ao Estatuto da Pessoa com Deficiência.

18. O § 6º DO ART. 44

O disposto citado conta com a seguinte redação:

Art. 44. Nos teatros, cinemas, auditórios, estádios, ginásios de esporte, locais de espetáculos e de conferências e similares, serão reservados espaços livres e assentos para a pessoa com deficiência, de acordo com a capacidade de lotação da edificação, observado o disposto em regulamento.

§ 6º As salas de cinema devem oferecer, em todas as sessões, recursos de acessibilidade para a pessoa com deficiência.

Assim como no inciso I, são quatro anos de prazo para a obtenção de recursos e aplicação de investimentos em locais públicos e privados, de modo a garantir o acesso ao lazer, esporte e cultura, garantidos como direito da pessoa com deficiência, na forma do art. 42 do Estatuto.

Importa ressaltar que já há obrigatoriedade de reserva de lugares para pessoas com deficiência em locais de espetáculos, conferências, aulas e outros, conforme art. 12 da Lei 10.098, de 19 de dezembro de 2000,[57] sendo ampliado pela Lei 13.146/2015 o rol de destinatários da referida obrigação.

---

57. Art. 12. Os locais de espetáculos, conferências, aulas e outros de natureza similar deverão dispor de espaços reservados para pessoas que utilizam cadeira de rodas, e de lugares específicos para pessoas com deficiência auditiva e visual, inclusive acompanhante, de acordo com a ABNT, de modo a facilitar-lhes as condições de acesso, circulação e comunicação.

19. O ART. 45

O disposto citado conta com a seguinte redação:

Art. 45. Os hotéis, pousadas e similares devem ser construídos observando-se os princípios do desenho universal, além de adotar todos os meios de acessibilidade, conforme legislação em vigor.

A Lei 10.098, de 19 de dezembro de 2000, estabelece normas gerais e critérios básicos para a promoção da acessibilidade das pessoas portadoras de deficiência ou com mobilidade reduzida, e em seu artigo 11,[58] define as regras para acessibilidade nos edifícios públicos ou de uso coletivo, enquanto no artigo 13 e seguintes[59] traz regras para acessibilidade nos edifícios de uso privado.

Serão de aproximadamente dois anos o prazo para que a rede hoteleira, pousadas e similares se adaptem, para o recebimento de pessoas com deficiência.

20. O ART. 49

O disposto citado conta com a seguinte redação:

Art. 49. As empresas de transporte de fretamento e de turismo, na renovação de suas frotas, são obrigadas ao cumprimento do disposto nos arts. 46 e 48 desta Lei.

---

58. Art. 11. A construção, ampliação ou reforma de edifícios públicos ou privados destinados ao uso coletivo deverão ser executadas de modo que sejam ou se tornem acessíveis às pessoas portadoras de deficiência ou com mobilidade reduzida. Parágrafo único. Para os fins do disposto neste artigo, na construção, ampliação ou reforma de edifícios públicos ou privados destinados ao uso coletivo deverão ser observados, pelo menos, os seguintes requisitos de acessibilidade: I – nas áreas externas ou internas da edificação, destinadas a garagem e a estacionamento de uso público, deverão ser reservadas vagas próximas dos acessos de circulação de pedestres, devidamente sinalizadas, para veículos que transportem pessoas portadoras de deficiência com dificuldade de locomoção permanente; II – pelo menos um dos acessos ao interior da edificação deverá estar livre de barreiras arquitetônicas e de obstáculos que impeçam ou dificultem a acessibilidade de pessoa portadora de deficiência ou com mobilidade reduzida; III – pelo menos um dos itinerários que comuniquem horizontal e verticalmente todas as dependências e serviços do edifício, entre si e com o exterior, deverá cumprir os requisitos de acessibilidade de que trata esta Lei; e IV – os edifícios deverão dispor, pelo menos, de um banheiro acessível, distribuindo-se seus equipamentos e acessórios de maneira que possam ser utilizados por pessoa portadora de deficiência ou com mobilidade reduzida.

59. Art. 13. Os edifícios de uso privado em que seja obrigatória a instalação de elevadores deverão ser construídos atendendo aos seguintes requisitos mínimos de acessibilidade:
I – percurso acessível que una as unidades habitacionais com o exterior e com as dependências de uso comum;
II – percurso acessível que una a edificação à via pública, às edificações e aos serviços anexos de uso comum e aos edifícios vizinhos;
III – cabine do elevador e respectiva porta de entrada acessíveis para pessoas portadoras de deficiência ou com mobilidade reduzida.
Art. 14. Os edifícios a serem construídos com mais de um pavimento além do pavimento de acesso, à exceção das habitações unifamiliares, e que não estejam obrigados à instalação de elevador, deverão dispor de especificações técnicas e de projeto que facilitem a instalação de um elevador adaptado, devendo os demais elementos de uso comum destes edifícios atender aos requisitos de acessibilidade.
Art. 15. Caberá ao órgão federal responsável pela coordenação da política habitacional regulamentar a reserva de um percentual mínimo do total das habitações, conforme a característica da população local, para o atendimento da demanda de pessoas portadoras de deficiência ou com mobilidade reduzida

O legislador concedeu aproximadamente 4 anos para que as concessionárias do serviço de transporte público façam as adaptações necessárias, observando-se o que dispõe o art. 16 da Lei 10.098, de 19 de dezembro de 2000,[60] e o Decreto 5.296, de 2 de dezembro de 2004 que o regulamenta.

Art. 126. Prorroga-se até 31 de dezembro de 2021 a vigência da Lei 8.989, de 24 de fevereiro de 1995.

21. COMENTÁRIOS AO ART. 126

A Lei 8.989, de 24 de fevereiro de 1995 dispõe sobre a isenção do Imposto sobre Produtos Industrializados – IPI, na aquisição de automóveis para utilização no transporte autônomo de passageiros, bem como por pessoas portadoras de deficiência física.[61]

Inicialmente, a referida lei, de vigência temporária, tinha como termo final para produção de efeitos o dia 31 de dezembro de 1995, conforme seu art. 9º.[62]

Todavia, sua vigência já foi renovada por determinação das Leis 9.144, de 1995; 10.182, de 2001; 10.690, de 2003; 11.196, de 2005; 11.941, de 2009; 12.767, de 2012, e, finalmente, Lei 13.146, de 2015.

---

60. Art. 16. Os veículos de transporte coletivo deverão cumprir os requisitos de acessibilidade estabelecidos nas normas técnicas específicas.

61. Lei 8.989, de 24 de fevereiro de 1995, art. 1º Ficam isentos do Imposto Sobre Produtos Industrializados – IPI os automóveis de passageiros de fabricação nacional, equipados com motor de cilindrada não superior a dois mil centímetros cúbicos, de no mínimo quatro portas inclusive a de acesso ao bagageiro, movidos a combustíveis de origem renovável ou sistema reversível de combustão, quando adquiridos por: (Redação dada pela Lei 10.690, de 16.6.2003) (Vide art. 5º da Lei 10.690, de 16.6.2003).
[...]
IV – pessoas portadoras de deficiência física, visual, mental severa ou profunda, ou autistas, diretamente ou por intermédio de seu representante legal; (Redação dada pela Lei 10.690, de 16.6.2003).
V – (Vetado) (Incluído pela Lei 10.690, de 16.6.2003).
§ 1º Para a concessão do benefício previsto no art. 1º é considerada também pessoa portadora de deficiência física aquela que apresenta alteração completa ou parcial de um ou mais segmentos do corpo humano, acarretando o comprometimento da função física, apresentando-se sob a forma de paraplegia, paraparesia, monoplegia, monoparesia, tetraplegia, tetraparesia, triplegia, triparesia, hemiplegia, hemiparesia, amputação ou ausência de membro, paralisia cerebral, membros com deformidade congênita ou adquirida, exceto as deformidades estéticas e as que não produzam dificuldades para o desempenho de funções. (Incluído pela Lei 10.690, de 16.6.2003).
§ 2º Para a concessão do benefício previsto no art. 1º é considerada pessoa portadora de deficiência visual aquela que apresenta acuidade visual igual ou menor que 20/200 (tabela de Snellen) no melhor olho, após a melhor correção, ou campo visual inferior a 20º, ou ocorrência simultânea de ambas as situações. (Incluído pela Lei 10.690, de 16.6.2003).
§ 3º Na hipótese do inciso IV, os automóveis de passageiros a que se refere o *caput* serão adquiridos diretamente pelas pessoas que tenham plena capacidade jurídica e, no caso dos interditos, pelos curadores. (Incluído pela Lei 10.690, de 16.6.2003).

62. Art. 9º Esta Lei entra em vigor na data de sua publicação, vigorando até 31 de dezembro de 1995.

A motivação é a necessária manutenção de medidas que fomentem a inclusão social como a presente.

> **Art. 127.** Esta Lei entra em vigor após decorridos 180 (cento e oitenta) dias de sua publicação oficial.

22. COMENTÁRIOS AO ART. 127

Publicado em 7 de julho de 2015, o Estatuto da Pessoa com Deficiência entrou em vigor em 2 de janeiro de 2016, com a intenção de, finalmente, implementar as diretrizes da CDPD, todavia, surpreendendo a comunidade civilista brasileira, que se viu alijada do debate acerca de seu conteúdo, devendo-se acentuar que "não se discutem as intenções do legislador, mas a técnica legislativa".[63]

Assim, para a adequada aplicação das normas contidas na Lei 13.146/2015, é preciso que os estudiosos do tema complementem em suas obras o trabalho do legislador, de modo a aperfeiçoá-lo, diante das diretrizes constitucionais, garantidoras da dignidade da pessoa humana, o que somente será possível numa sociedade regida pela solidariedade, comprometida com a inclusão social e o respeito a diversidade.

Afinal, cada indivíduo é único, todos possuem limitações de ordem diversas, físicas, psíquicas, emocionais, e tantas mais que a ciência ainda está por descobrir. Ainda assim, cada indivíduo é fonte de experiência, saber, criatividade e instrumento transformador social.

A riqueza da coletividade está justamente na valorização de todos os seus membros, respeitando-se as diferenças e gerando recursos para que todos possam gozar dos reconhecidos direitos fundamentais.

---

63. ROSENVALD, Nelson. Op. Cit., p. 754.

REFERÊNCIAS

LIVRO I – PARTE GERAL

TÍTULO I – DISPOSIÇÕES PRELIMINARES

Capítulo I – Disposições Gerais

BOBBIO, Norberto. *A era dos direitos*. 7. reimpressão. trad. Carlos Nelson Coutinho. Rio de Janeiro, Elsevier, 2004.

LOPES, Laís de Figueirêdo. "artigo 1: Propósitos" In DIAS, Joelson et alii. *Novos comentários à Convenção sobre os direitos das pessoas com deficiência*. Brasília, Presidência da República / Secretaria de Direitos Humanos / Secretaria Nacional de Promoção dos Direitos da Pessoa com Deficiência, 2014.

PIOVESAN, Flávia. Direitos Humanos e o Direito Constitucional Internacional. 14 ed. São Paulo, Saraiva, 2013.

Capítulo II – Da Igualdade e da Não Discriminação

Arts. 4º a 6º

FARIAS, Cristiano Chaves de. ROSENVALD, Nelson. *Curso de Direito Civil*: Famílias, 9. ed. Salvador: Jus Podium, 2016;

FERRAZ, Carolina Valença. In: LEITE, Flavia Piva Almeida; RIBEIRO, Lauro Luiz Gomes; COSTA FILHO, WALDIR MACIEIRA DA (coord.) *Comentários ao Estatuto da Pessoa com Deficiência*. São Paulo: Saraiva, 2016.

MARTINS, Leonardo. Comentário ao art. 5º. In: CANOTILHO, J. J. GOMES; MENDES, Gilmar F.; SARLET, Ingo W.; STRECK, Leoni L. (coord.). *Comentários à Constituição do Brasil*. São Paulo: Saraiva/Almedina, 2013.

OLIVEIRA, J. M. Leoni Lopes de. *Direito Civil*. Família. São Paulo: Gen Forense, 2018.

OLIVEIRA, J. M. Leoni Lopes de. *Direito Civil*. Parte Geral. São Paulo: Gen Forense, 2018.

SOUZA, Iara Antunes de. *Estatuto da Pessoa com Deficiência*: curatela e saúde mental. Belo Horizonte: Editora D'Plácido, 2016.

Arts. 7º e 8º

ABREU, Célia Barbosa; BEMERGUY, Isaac Marsico do Couto. A responsabilidade solidária em face da pessoa com deficiência no ordenamento jurídico brasileiro. In: ABREU, Célia Barbosa; LEITE, Fábio Carvalho; PEIXINHO, Manoel Messias. *Debates sobre Direitos Humanos Fundamentais*. Rio de Janeiro: Editora Gramma, 2017.

ESTATUTO DA PESSOA COM DEFICIÊNCIA: COMENTÁRIOS À LEI 13.146/2015

BARBOZA, Heloisa Helena. O princípio do melhor interesse do idoso. In: PEREIRA, Tânia da Silva; OLIVEIRA, Guilherme de. *O cuidado como valor jurídico*. Rio de Janeiro: Forense, 2008.

BARBOZA, Heloisa Helena. Vulnerabilidade e cuidado: aspectos jurídicos. In: PEREIRA, Tânia da Silva; OLIVEIRA, Guilherme de. *Cuidado e vulnerabilidade*. São Paulo: Atlas, 2009.

BOFF, Leonardo. Justiça e Cuidado: Opostos ou Complementares? In: PEREIRA, Tânia da Silva; OLIVEIRA, Guilherme de. *O cuidado como valor jurídico*. Rio de Janeiro: Forense, 2008.

BONAVIDES, Paulo. *Curso de Direito Constitucional*. São Paulo: Malheiros, 2002.

CANOTILHO, J.J. GOMES. *Direito Constitucional e Teoria da Constituição*. 3. ed. Coimbra: Almedina, 1999.

CUNHA, Paulo Ferreira da. *Direito Constitucional Geral*: uma perspectiva luso-brasileira. São Paulo: Método, 2007.

DINIZ, Debora. *O que é deficiência*. São Paulo: Brasiliense, 2007.

FARIAS, Cristiano Chaves de; CUNHA, Rogério Sanches; PINTO, Ronaldo Batista. *Estatuto da pessoa com Deficiência comentado artigo por artigo*. 2. ed. Salvador: JusPodivm, 2016.

HESSE, Konrad. *A força normativa da Constituição*. Trad. Gilmar Ferreira Mendes. Porto Alegre: Sergio Antonio Fabris Editor, 1991.

MADRUGA, Sidney. *Pessoas com deficiência e direitos humanos*: ótica da diferença e ações afirmativas. 2. ed. São Paulo: Saraiva, 2016.

MIRANDA, Jorge. *Teoria do Estado e da Constituição*. Rio de Janeiro: Forense, 2003.

PALACIOS, Agustina. *El modelo social de discapacidad*: orígenes, caracterización y plasmación en la Convención Internacional sobre los Derechos de las Personas con Discapacidad. Madrid: Ediciones CINCA, 2008.

PEREIRA, Paula Moura Francesconi de Lemos. Comentários ao Estatuto da Pessoa com Deficiência à luz da Constituição da República. In: BARBOZA, Heloisa Helena; ALMEIDA, Vitor (Coord.). Belo Horizonte: Fórum, 2018.

PERLINGIERI, Pietro. *La personalità umana nell'ordinamento giuridico*. Napoli: ESI, 1972.

PERLINGIERI, Pietro. *Perfis do Direito Civil*. Introdução ao Direito Civil Constitucional. Trad. Maria Cristina De Cicco. 3. ed. Rio de Janeiro: Renovar, 1997.

TEPEDINO, Gustavo. A Tutela da Personalidade no Ordenamento Civil-Constitucional Brasileiro. In: TEPEDINO, Gustavo. *Temas de Direito Civil*. Rio de Janeiro: Renovar, 1999.

TEPEDINO, Gustavo; BARBOZA, Heloisa Helena; MORAES, Maria Celina Bodin de. *Código Civil interpretado conforme a Constituição da República*. Rio de Janeiro: Renovar, 2004.

Seção Única – Do Atendimento Prioritário

BONAVIDES, Paulo. *Curso de Direito Constitucional*. São Paulo: Malheiros, 2002.

GOMES, Joaquim B. Barbosa. *Ação Afirmativa & Princípio Constitucional da Igualdade*. O Direito como Instrumento de Transformação Social. A Experiência dos EUA. Rio de Janeiro: Renovar.

FARIAS, Cristiano Chaves de; CUNHA, Rogério Sanches; PINTO, Ronaldo Batista. *Estatuto da Pessoa com Deficiência comentado artigo por artigo*. 2. ed. Salvador: JusPodvm, 2016.

RAIOL, Raimundo Wilson Gama. In: LEITE, Flávia Piva Almeida; RIBEIRO, Lauro Luiz Gomes; COSTA FILHO, Waldir Macieira da (coord.). *Comentários ao Estatuto da Pessoa com Deficiência*. São Paulo: Saraiva, 2016.

REFERÊNCIAS

TÍTULO II – DOS DIREITOS FUNDAMENTAIS

Capítulo I – Do Direito à Vida

BARBOZA, Heloísa Helena; ALMEIDA JR., Vitor de Azevedo. A (in)capacidade da pessoa com deficiência mental ou intelectual e o regime das invalidades: primeiras reflexões. In EHRARDT JR, Marcos (coord.). *Impactos do novo CPC e do EPD no Direito Civil Brasileiro*. Belo Horizonte: Fórum, 2016.

BARBOZA, Heloísa Helena; ALMEIDA JR., Vitor de Azevedo. A capacidade à luz do Estatuto da Pessoa com Deficiência. In MENEZES, Joyceane Bezerra de (Org). *Direito da pessoa com deficiência psíquica e intelectual nas relações privadas*. Convenção sobre os direitos da pessoa com deficiência e Lei Brasileira de Inclusão. Rio de Janeiro: Processo, 2016.

BODIN DE MORAES, Maria Celina. *Na medida da pessoa humana:* estudos de direito civil-constitucional. Rio de Janeiro: Renovar, 2010.

BRITO, Emanuele Seicenti de; VENTURA, Carla Aparecida Arena. Evolução dos direitos das pessoas portadoras de transtornos mentais: uma análise da legislação brasileira. *Revista de Direito Sanitário*, São Paulo: USP, v. 13, n. 2, 2012. p. 41-63. Disponível em: [http://www.revistas.usp.br/rdisan/article/view/56228]. Acesso em: 15.12.2017.

CORDEIRO, António Manuel da Rocha e Menezes. *Da boa-fé no direito civil*. Coimbra: Ed. Almedina, 2013.

KONDER, Carlos Nelson. O consentimento no biodireito. *Revista Trimestral de Direito Civil*. V. 15. Rio de Janeiro: Padma, 2000.

KONDER, Carlos Nelson. Vulnerabilidade patrimonial e vulnerabilidade existencial: por um sistema diferenciador. *Revista de Direito do Consumidor*, v. 99/2015, maio-jun./2015.

MANDALOZZO, Silvana Souza Neto; WOLOCHN, Regina Fátima. Estatuto da inclusão: caminho para a dignidade. *Revista eletrônica do Tribunal Regional do Trabalho da 9ª Região*, Curitiba: [s.l.], v. 5, n. 46, 2015. p. 9-23. Disponível em: [https://juslaboris.tst.jus.br/handle/1939/87593]. Acesso em: 13.12.2017.

MARTEL, Letícia de Campos Velho. *Direitos fundamentais indisponíveis* – os limites e os padrões do consentimento para a autolimitação do direito fundamental à vida. Tese de doutorado. Rio de Janeiro: UERJ, 2010.

MEIRELES, Rose Melo Vencelau. *Autonomia privada e dignidade humana*. Rio de Janeiro: Renovar, 2009.

MEIRELLES, Jussara Maria Leal de. Diretivas antecipadas de vontade por pessoa com deficiência. In MENEZES, Joyceane Bezerra de (Org). *Direito da pessoa com deficiência psíquica e intelectual nas relações privadas*. Convenção sobre os direitos da pessoa com deficiência e Lei Brasileira de Inclusão. Rio de Janeiro: Processo, 2016.

MENDONÇA, Bruna Lima de. Apontamentos sobre as principais mudanças operadas pelo Estatuto da Pessoa com Deficiência (Lei n. 13.146/2015) no regime das incapacidades. In EHRARDT JR, Marcos (coord.). *Impactos do novo CPC e do EPD no Direito Civil Brasileiro*. Belo Horizonte: Fórum, 2016.

MENEZES, Joyceane Bezerra de. O novo instituto da Tomada de Decisão Apoiada: instrumento de apoio ao exercício da capacidade civil da pessoa com deficiência instituído pelo Estatuto da Pessoa com Deficiência – Lei Brasileira de Inclusão (Lei n. 13.146/2015). In: MENEZES, Joyceane Bezerra de (Org). *Direito da pessoa com deficiência psíquica e intelectual nas relações privadas*. Convenção sobre os direitos da pessoa com deficiência e Lei Brasileira de Inclusão. 1 ed. Rio de Janeiro: Processo, 2016.

MENEZES, Joyceane Bezerra de; TEIXEIRA, Ana Carolina Brochado. Desvendando o conteúdo da capacidade civil a partir do Estatuto da Pessoa com Deficiência. In EHRARDT JR, Marcos (coord.). *Impactos do novo CPC e do EPD no Direito Civil Brasileiro*. Belo Horizonte: Fórum, 2016.

NEVARES, Ana Luiza Maia; SCHREIBER, Anderson. Do sujeito à pessoa: uma análise da incapacidade civil. In TEPEDINO, Gustavo; TEIXEIRA, Ana Carolina Brochado; ALMEIDA, Vitor. *O direito civil entre o sujeito e a pessoa*. Estudos em homenagem ao professor Stefano Rodotà. Belo Horizonte: Ed. Fórum, 2016.

PINHEIRO, Gustavo Henrique de Aguiar. O devido processo legal de internação psiquiátrica involuntária na ordem jurídica constitucional brasileira. *Revista de Direito Sanitário*, São Paulo: USP, v. 12, n. 3, 2013. p. 125-138. Disponível em: [http://www.revistas.usp.br/rdisan/article/view/692]. Acesso em: 12.12.2017.

RIBEIRO, Gustavo Pereira Leite. As pessoas com deficiência mental e o consentimento informado nas intervenções médicas. In MENEZES, Joyceane Bezerra de (Org). *Direito da pessoa com deficiência psíquica e intelectual nas relações privadas*. Convenção sobre os direitos da pessoa com deficiência e Lei Brasileira de Inclusão. 1 ed. Rio de Janeiro: Processo, 2016.

SANTOS, Deborah Pereira Pinto dos; ALMEIDA JR., Vitor de Azevedo. A tutela psicofísica da pessoa idosa com deficiência: em busca de instrumentos de promoção de sua autonomia existencial. In EHRARDT JR, Marcos (coord.). *Impactos do novo CPC e do EPD no Direito Civil Brasileiro*. Belo Horizonte: Fórum, 2016.

SARLET, Ingo. *Dignidade da pessoa humana e direitos fundamentais*. Porto Alegre: Livraria do Advogado, 2006.

SCHREIBER, Anderson. *Direitos da personalidade*, 2. ed. São Paulo: Atlas, 2013.

TARTUCE, Flavio. O Estatuto da Pessoa com Deficiência e a capacidade testamentária ativa. In MENE-ZES, Joyceane Bezerra de (Org). *Direito da pessoa com deficiência psíquica e intelectual nas relações privadas*. Convenção sobre os direitos da pessoa com deficiência e Lei Brasileira de Inclusão. 1 ed. Rio de Janeiro: Processo, 2016.

TEPEDINO, Gustavo; BARBOZA, Heloísa Helena; BODIN DE MORAES, Maria Celina. *Código Civil interpretado conforme a Constituição da República*. 2. ed. Rio de Janeiro: Renovar, 2007.

TEPEDINO, Gustavo. O papel atual da doutrina do direito civil entre o sujeito e a pessoa. In: TEPEDI-NO, Gustavo; TEIXEIRA, Ana Carolina Brochado; ALMEIDA, Vitor. *O direito civil entre o sujeito e a pessoa*. Estudos em homenagem ao professor Stefano Rodotà. Belo Horizonte: Ed. Fórum, 2016.

TEPEDINO, Gustavo; OLIVA, Milena Donato. Personalidade e capacidade na legalidade constitucional. In: MENEZES, Joyceane Bezerra de (Org). *Direito da pessoa com deficiência psíquica e intelectual nas relações privadas*. Convenção sobre os direitos da pessoa com deficiência e Lei Brasileira de Inclusão. Rio de Janeiro: Processo, 2016.

VIEIRA, Cláudia Stein; SILVA, Fernando Moreira Freitas da. A teoria das invalidades e o Estatuto da Pessoa com Deficiência – EPD. In: EHRARDT JR, Marcos (coord.). *Impactos do novo CPC e do EPD no Direito Civil Brasileiro*. Belo Horizonte: Fórum, 2016.

Capítulo II – Do Direito à Habilitação e à Reabilitação

AMARO, Frederico. *Direito Previdenciário*. Salvador: JusPodivum, 2015.

FARIAS, Cristiano Chaves de; CUNHA, Rogério Sanches; PINTO, Ronaldo Batista. *Estatuto da Pessoa com Deficiência Comentado artigo por artigo*. Salvador: JusPodivum, 2016.

MARTINS, Sérgio Pinto. *Direito da Seguridade Social*. São Paulo: Atlas, 2015.

REFERÊNCIAS

Capítulo III – Do Direito à Saúde

ASENSI, Felipe. O direito à saúde no Brasil. In: ASENSI, Felipe e PINHEIRO, Roseni. *Direito Sanitário*. Rio de Janeiro: Elsevier, 2012.

BARCELLOS, Daniela Silva Fontoura de. A regulação da saúde suplementar: avanços e limites perante o usuário de plano de saúde. In: ASENSI, Felipe e PINHEIRO, Roseni. *Direito Sanitário*. Rio de Janeiro: Elsevier, 2012.

BRASIL. Ministério da Saúde. Secretaria de Atenção à Saúde. Departamento de Ações Programáticas Estratégicas. Política Nacional de Saúde da Pessoa com Deficiência / Ministério da Saúde, Secretaria de Atenção à Saúde, Departamento de Ações Programáticas Estratégicas. – Brasília: Editora do Ministério da Saúde, 2010.

BOURDIEU, Pierre Bourdieu and PASSERON, Jean-Claude. L*a reproduction. Eléments pour une théorie du système d'enseignement*. Paris: Editions de Minuit, 1970.

DHANDA, Amita. Construindo um novo léxico dos Direitos Humanos: a Convenção sobre os direitos das pessoas com deficiência. *Revista Internacional de Direitos Humanos*. Ano 5, n. 8, São Paulo, junho de 2008.

MATTOS, Ruben Araujo de. A integralidade na prática (ou sobre a prática da integralidade). *Caderno de Saúde Pública*. Rio de Janeiro, 20(5):1411-1416, set-out, 2004.

ORGANIZAÇÃO DAS NAÇÕES UNIDAS. "Faites et chiffres sur le handicap". Disponível em: [http://www.un.org/french/disabilities/default.asp?navid=33&pid=833]. Acesso em: 17.07.2018.

PINHEIRO, Roseni e LOPES, Tatiana Coelho (org.). *Ética, técnica e formação: as razões do cuidado como direito à saúde*. Rio de Janeiro: CEPESC, 2010.

PINHEIRO, Roseni e MATTOS, Ruben Araujo de (orgs.). *Os sentidos da integralidade na atenção e no cuidado à saúde*. Rio de Janeiro: UERJ, IMS: ABRASCO, 2006.

SOUZA, Iara Antunes. *Estatuto da pessoa com deficiência*: curatela e saúde mental. Belo Horizonte: D'Plácido, 2016.

Capítulo IV – Do Direito à Educação

BARBOSA, Fernanda Nunes. Democracia e Participação: o direito da pessoa deficiente à educação e sua inclusão nas instituições de ensino superior. In: MENEZES, Joyceane Bezerra de. (org.) *Direito das pessoas com deficiência psíquica e intelectual nas relações privadas*: Convenção sobre os direitos da pessoa com deficiência e Lei Brasileira de Inclusão. Rio de Janeiro: Processo, 2016.

BRAGA, Janine de Carvalho *Ferreira. Direito à educação da pessoa com deficiência no ensino superior*: um estudo da acessibilidade arquitetônica e nas comunicações nas universidades no Ceará. 2016. 220 f. Dissertação (Mestrado) – Curso de Direito, Universidade de Fortaleza, Fortaleza, 2016. Disponível em: [http://uolp.unifor.br/oul/ObraBdtdSiteTrazer.do?method=trazer&obraCodigo=99811&programaCodigo=84&ns=true]. Acesso em: 13.09.2017.

CARNEIRO, Moaci Alves. *O acesso de alunos com deficiência às escolas e classes comuns: possibilidades e limitações*. 4. ed. Petrópolis, RJ: Vozes, 2013.

COSTA-RENDERS, Elizabeth Cristina. *A inclusão na universidade: as pessoas com deficiência e novos caminhos pedagógicos*. Curitiba: Ed. Prismas, 2016.

CUSTÓDIO, André Viana; DA SILVA, Cícero Ricardo Cavalcante. *A intersetorialidade nas políticas sociais públicas*. Disponível em: [https://online.unisc.br/acadnet/anais/index.php/snpp/article/viewFile/14264/2708]. Acesso em: 27.08.2018.

ESTATUTO DA PESSOA COM DEFICIÊNCIA: COMENTÁRIOS À LEI 13.146/2015

DINIZ, Margareth. *Inclusão de Pessoas com deficiência e/ou necessidades específicas: avanços e desafios.* Belo Horizonte: Autêntica Editora, 2012.

FARIAS, Cristiano Chaves de Farias; CUNHA, Rogério Sanches; PINTO, Ronaldo Batista. *Estatuto da Pessoa com Deficiência Comentado artigo por artigo.* 2. rev., ampl. e atual. Salvador: Ed. JusPodivm, 2016.

FÁVERO, Eugênia Augusta Gonzaga. *Direito à educação das pessoas com deficiência.* 2004. Disponível em: [http://www.jf.jus.br/ojs2/index.php/revcej/article/viewFile/621/801]. Acesso em: 01.06.2018.

FERREIRA, Luiz Antonio Miguel. Do Direito à Educação. In: LEITE, Flavia Piva Almeida; RIBEIRO, Lauro Luiz Gomes; COSTA FILHO, Waldir Macieira (coord.). *Comentários ao Estatuto da pessoa com deficiência.* São Paulo: Saraiva, 2016.

KASSAR, Mônica de Carvalho Magalhães. *Deficiência múltipla e educação no Brasil:* discurso e silêncio na escola de sujeitos. Campinas, SP: Autores Associados, 1999.

KEBACH, Patrícia; CARMINATTI, Juliana da Silva; PAAZ, Aneli. *Experiência inclusiva no ensino superior:* ações do núcleo de apoio psicopedagógico de uma instituição de ensino superior. Disponível em: [http://ebooks.pucrs.br/edipucrs/anais/i-seminario-luso-brasileiro-de-educacao-inclusiva/assets/artigos/eixo-6/completo-3.pdf]. Acesso em: 26.08.2018.

KONDER, Carlos Nelson. Direito à Educação. In: BARBOZA, Heloisa Helena; ALMEIDA, Vitor (coord.). *Comentários ao Estatuto da Pessoa com Deficiência à luz da Constituição da República.* Belo Horizonte: Fórum, 2018.

KONDER, Carlos Nelson. O direito à educação inclusiva de pessoas com deficiência em estabelecimentos de ensino particulares: análise à luz da Lei 13.146/2015 e da ADI n. 5357- MC. *Revista Interesse Público IP.* Belo Horizonte, ano 19, n. 106. P. 33-49, nov./dez. 2017. Disponível em: [https://www.academia.edu/35701187/O_direito_%C3%A0_educa%C3%A7%C3%A3o_inclusiva_em_estabelecimentos_de_ensino_particulares.pdf].

MARTEL, Letícia de Campos Velho. Adaptação Razoável: O Novo Conceito sob As Lentes de Uma Gramática Constitucional Inclusiva. *Revista Internacional de Direitos Humanos* / Sur – Revista Internacional de Direitos Humanos – SUR – Rede Universitária de Direitos Humanos – v. 1, n. 1, jan. 2004 – São Paulo, 2004. Disponível em: [http://www.egov.ufsc.br/portal/sites/default/files/23_7.pdf].

OMODEI, Juliana Dalbem; REIS, Laura Jane de Toledo Setani. Educação inclusiva e *bullying*: a visão do outro. *Revista Educação, Artes e Inclusão,* v. 11. n. 2. ano 2015 Disponível em: [http://www.revistas.udesc.br/index.php/arteinclusao/article/viewFile/7193/4959].

RAIÇA, Darcy; PRIOSTE, Cláudia; MACHADO, Maria Luiza Gomes. *Dez questões sobre a educação inclusiva da pessoa com deficiência mental.* São Paulo: Avercamp, 2006.

SANTOS, Boaventura de Souza (org.). *Reconhecer para libertar:* os caminhos do cosmopolitismo multicultural. Rio de Janeiro: Civilização Brasileira, 2003.

TEIXEIRA, Anderson Vichinkeski; Maciel, Aquiles e Silva. Direito fundamental à educação e inclusão social de pessoas com deficiência: uma análise crítica no caso do ensino superior. *Revista Direito e Liberdade.* RDL. SMARN. v. 19, n. 1. P. 35- 57, jan./abr., 2017. Disponível em: [http://www. Esmarn. tjrn.jus.br/revistas].

VALLE, Jan W.; CONNOR, David J. *Ressignificando a deficiência: da abordagem social às práticas inclusivas na escola.* Trad. RODRIGUES, Fernando de Siqueira, revisão técnica: MENDES, Enicéia Gonçalves; ALMEIDA, Maria Amélia. Porto Alegre: AMGH, 2014.

XAVIER, Beatriz Rego. Direito da pessoa autista à educação inclusiva. A incidência do princípio da solidariedade no ordenamento jurídico brasileiro. In: MENEZES, Joyceane Bezerra de (org.). *Direito das pessoas com deficiência psíquica e intelectual nas relações privadas:* Convenção sobre os direitos da pessoa com deficiência e Lei Brasileira de Inclusão. Rio de Janeiro: Processo, 2016.

REFERÊNCIAS

Análise do Decreto 10.502/2020

ALVES, Carlos Jordan Lapa Alves. ARAÚJO, Thalyta Nogueira de. Entrevista com Maria Teresa Eglér Mantoan: Educação Especial e Inclusão Escolar. In: *Rev. Educação, Artes e Inclusão*. v. 13. n. 2. 2017.

ARANHA, Maria Salete. Educação Inclusiva: Transformação Social ou Retórica. In: OMOTE, Sadao. (Org.). *Inclusão*: intenção e realidade. Marília: FUNDEPE, 2004.

ASÍS ROIG, Rafael de. Sobre el modelo social de discapacidad: críticas y éxito. In: *Papeles el tiempo de los derechos*. n. 1. 2013.

BRASIL. Ministério da Educação. Secretaria de Educação Especial. *Política Nacional de Educação Especial na Perspectiva da Educação Inclusiva*. Brasília: MEC/ SEED, 2008. Disponível em: http://portal.mec.gov.br/arquivos/pdf/politicaeducespecial.pdf. Acesso em: 13 nov. 2021.

CURY, Carlos Jamil. Sentidos da educação na Constituição Federal de 1988. *Revista Brasileira de Política e Administração da Educação*-Periódico científico editado pela ANPAE, v. 29, n. 2, 2013.

DE BECO, Gauthier. The right to inclusive education according to Article 24 of the UN Convention on the rights of persons with disabilities: background, requirements and (remaining) questions. Netherlands Quarterly of Human Rights, Vol. 32/3, 263–287, 2014. p. 273.

FERREIRA, Gesilaine Mucio; DA SILVA MOREIRA, Jani Alves; VOLSI, Maria Eunice França. Políticas de educação especial na perspectiva da educação inclusiva no Brasil: em discussão a Base Nacional Comum Curricular (BNCC). *Revista Inclusiones,* p. 10-34, 2020.

GARCIA, Dorcely Isabel Bellanda; FAVARO, Neide de Almeida Lança Galvão. Educação Especial: políticas públicas no Brasil e tendências em curso. *Research, Society and Development*, v. 9, n. 7, p. e184973894-e184973894, 2020, p. 4.

GRABOIS, Cláudia. et al. *Em defesa da política nacional de educação especial na perspectiva da educação inclusiva*. 1 ed. Campinas: Laboratório de Estudos e Pesquisas em Ensino e Diferença (Leped) da Faculdade de Educação da Universidade Estadual de Campinas (FE/Unicamp), 2018.

JACCOUD, Luciana de Barros; VIEIRA, Fabiola Sulpino. *Federalismo, integralidade e autonomia no SUS*: desvinculação da aplicação de recursos federais e os desafios da coordenação. Texto para Discussão. Instituto de Pesquisa Econômica Aplicada. Brasília, Rio de Janeiro: Ipea, 2018.

KASSAR, Mônica Carvalho Magalhães. Escola como espaço para a diversidade e o desenvolvimento humano. *Educação & Sociedade*, v. 37, p. 1223-1240, 2016.

KASSAR, Mônica de Carvalho Magalhães. Educação especial na perspectiva da educação inclusiva: desafios da implantação de uma política nacional. Educar em revista, p. 61-79, 2011.

LOPES, Ana Maria D.'Ávila; CHEHAB, Isabelle Maria Campos Vasconcelos. Bloco de constitucionalidade e controle de convencionalidade: reforçando a proteção dos direitos humanos no Brasil. *Revista Brasileira de Direito*, v. 12, n. 2, p. 82-94, 2016.

LORD, Janet E.; STEIN, Michael Ashely. The domestic incorporation of human rights law and the United Nations Convention on the Rights of Persons with Disabilities. *Wash. L. Rev.*, v. 83, p. 449, 2008.

MACHADO, Jardel Pelissari; PAN, Miriam Aparecida Graciano de Souza. Do Nada ao Tudo: políticas públicas e a educação especial brasileira. Educação & Realidade, v. 37, p. 273-294, 2012.

MAZZOTTA, Marcos José Silveira. *Educação Especial no Brasil:* História e políticas públicas. São Paulo: Cortez. 1996.

MAZZUOLI, Valério de Oliveira. *O controle jurisdicional da convencionalidade das leis*. São Paulo: RT, 2013.

ONU. Observación general núm. 6 (2018) sobre la igualdad y la no discriminación. Comité sobre los derechos de las personas con discapacidad. CRPD/C/GC/6. 2018.

ESTATUTO DA PESSOA COM DEFICIÊNCIA: COMENTÁRIOS À LEI 13.146/2015

PAGNI, Pedro Angelo. Dez Anos da PNEEPEI: uma análise pela perspectiva da biopolítica. *Educação & Realidade*, v. 44, 2019.

PEDOTT, Larissa. A organização legislativa brasileira na educação especial: resgate histórico da legislação e competência dos entes federativos na oferta desta modalidade educacional. In: RANIERI, Nina Beatriz Stocco; ALVES, Angela Limongi Alvarenga. *Direito à educação e direitos na educação em perspectiva interdisciplinar.* São Paulo: Cátedra UNESCO de Direto à Educação/Universidade de São Paulo (USP), 2018.

SARLET, Ingo Wolfgang. Notas sobre a assim designada proibição de retrocesso social e a construção de um direito constitucional comum latinoamericano. *Revista Brasileira de Estudos Constitucionais – RBEC.* Belo Horizonte, ano 3, n. 11, jul./set. 2009.

SEPTIMIO, Carolline; DA CONCEIÇÃO, Leticia Carneiro; DENARDI, Vanessa Goes. Poderes e perigos da Política Nacional de Educação Especial: Equitativa, Inclusiva e com Aprendizado ao longo da vida. *Revista de Estudos em Educação e Diversidade-REED*, v. 2, n. 3, p. 249-262, 2021.

SUPREMO TRIBUNAL FEDERAL. ADI 5.357 MC-DF. Disponível em: https://redir.stf.jus.br/paginadorpub/paginador.jsp?docTP=TP&docID=12012290. Acesso em: 20. nov. 2021.

Capítulo V – Do Direito à Moradia

ARBEX, Daniela. *Holocausto brasileiro*: genocídio 60 mil mortos no maior hospício do Brasil. São Paulo: Geração, 2013.

CAMBIAGHI, Silvana Severino e MAUCH, Luís Henrique da Silveria. *Moradia acessível para a independência de pessoas com deficiência.* Inc. Soc., Brasília, DF, v. 10. n. 2. p. 141-148, jan./jun. 2017. Disponível em: [file:///C:/Users/User/Downloads/4043-11680-1-PB.pdf].

CANOTILHO, Gomes. *Direito Constitucional e Teoria da Constituição.* 7. ed. Coimbra: Livraria Almedina, 2003.

CASTRO, Guilherme Couto de. *Direito Civil*: Lições. Rio de Janeiro: Impetus, 5. edição, 2012.

CORRÊA, Claudia Franco. *Controvérsias entre o "Direito de Moradia" em favelas e o Direito de Propriedade imobiliária na cidade do Rio de Janeiro*: O "Direito de Laje" em questão. Rio de Janeiro: Topbooks, 2012.

DA SILVA, José Afonso. *Curso de Direito Constitucional Positivo.* 32. ed. Malheiros, 2009.

DANTAS, SAN TIAGO. *Programa de direito civil.* Rio de Janeiro: Rio, 1979.

DINIZ, Maria Helena. *Curso de Direito Civil Brasileiro*: Teoria Geral do Direito Civil. 23. ed. São Paulo: Saraiva, 2015.

GAMA, Guilherme Calmon Nogueira da. *Direito Civil*: Família. São Paulo: Atlas, 2008.

GONÇALVES, Carlos Roberto. *Direito Civil Brasileiro.* São Paulo: Saraiva, 2016.

KÜMPEL, Vitor Frederico e BORGARELLI, Bruno de Ávila. *As aberrações da Lei 13.146/2015.* Disponível em: [http://www.migalhas.com.br].

PEREIRA, Caio Mário da Silva. *Instituições de direito civil.* v. I. Rio de Janeiro: Forense, 2016.

REQUIÃO, Maurício. Estatuto da Pessoa com deficiência altera o sistema das incapacidades. *Revista Consultor Jurídico.* Disponível em: [http://www.conjur.com.br/2015].

SARLET, Ingo Wolfgang. *A eficácia dos direitos fundamentais.* 5. ed. Porto Alegre: Livraria do Advogado, 2005.

STOLZE, Pablo. Estatuto da pessoa com deficiência e o sistema jurídico brasileiro da incapacidade civil. *Jus Navigandi*, 28.08.2015

REFERÊNCIAS

VELOSO, Zeno. *Estatuto da pessoa com deficiência*: uma nota crítica. Disponível em: [http://flaviotartucce.jusbrasil.com.br/artigos]. Acesso em: 05.06.2016.

Capítulo VI – Do Direito ao Trabalho

DAL ROSSO, Sadi. Mais Trabalho! *A intensificação do labor na sociedade contemporânea*. São Paulo: Boitempo, 2008.

DWORKIN, Ronald. *Levando os direitos a sério*. 3. ed. São Paulo: Martins Fontes, 2010.

CASTRO, Jorge Abrahão. *Política Social no Brasil e o desenvolvimento: desafios e perspectivas*. ENAP. Ministério do Planejamento e Gestão. 2012. Disponível em: [http://repositorio.enap.gov.br/bitstream/]. Acesso em: 08.10.2017.

PEREIRA-GLODEK, Christine; TOMASEVICIUS FILHO, Eduardo. Capacidade de agir e o direito ao trabalho da pessoa com deficiência: análise da Lei n. 13.146/15 e o relato de uma experiência alemã sobre o tema. In: PEREIRA, Fabio Queiroz; MORAIS, Luísa Cristina de Carvalho; LARA, Mariana Alves (org.). *A teoria das incapacidades e o Estatuto da Pessoa com Deficiência*. Belo Horizonte: D'Placido, 2016.

Seção II – Da Habilitação Profissional e Reabilitação Profissional

Seção III – Da Inclusão da Pessoa com Deficiência no Trabalho

DAL ROSSO, Sadi. *Mais Trabalho!* A intensificação do labor na sociedade contemporânea. São Paulo: Boitempo, 2008.

DWORKIN, Ronald. *Levando os direitos a sério*. 3. ed. São Paulo: Martins Fontes, 2010.

CASTRO, Jorge Abrahão. *Política Social no Brasil e o desenvolvimento: desafios e perspectivas*. ENAP. Ministério do Planejamento e Gestão. 2012. Disponível em: [http://repositorio.enap.gov.br/bitstream]>. Acesso em: 08.10.2017.

PEREIRA-GLODEK, Christine; TOMASEVICIUS FILHO, Eduardo. Capacidade de agir e o direito ao trabalho da pessoa com deficiência: análise da Lei n. 13.146/15 e o relato de uma experiência alemã sobre o tema. In: PEREIRA, Fabio Queiroz; MORAIS, Luísa Cristina de Carvalho; LARA, Mariana Alves (org.). *A teoria das incapacidades e o Estatuto da Pessoa com Deficiência*. Belo Horizonte: D'Placido, 2016.

Capítulo VII – Do Direito à Assistência Social

BRASIL. Constituição (1988). *Constituição da República Federativa do Brasil*. Brasília, DF: Senado, 1988.

BRASIL. Lei 8.742, de 7 de dezembro de 1993. Dispõe sobre a organização da Assistência Social e dá outras providências. *Diário Oficial da República Federativa do Brasil*, Brasília, DF, 08 dez. 1993.

BRASIL. Lei n. 13.146, de 6 de julho de 2015. Institui a Lei Brasileira de Inclusão da Pessoa com Deficiência (Estatuto da Pessoa com Deficiência). *Diário Oficial da República Federativa do Brasil*, Brasília, DF, 07 jul. 2015.

BRASIL. Política Nacional de Assistência Social. Ministério do Desenvolvimento Social e Combate à Fome. Brasília, novembro de 2005.

FERRAZ, Carolina Valença et alii. *Manual dos direitos da pessoa com deficiência*. São Paulo: Saraiva, 2012.

IBRAHIM, Fábio Zambitte. *Curso de direito previdenciário*. Rio de Janeiro: Impetus, 2012.

ESTATUTO DA PESSOA COM DEFICIÊNCIA: COMENTÁRIOS À LEI 13.146/2015

LEITÃO, André Studart; DIAS, Eduardo Rocha. Os direitos à previdência e à assistência social da pessoa com deficiência intelectual e psíquica. In: MENEZES, Joyceane Bezerra de. *Direito das pessoas com deficiência psíquica e intelectual nas relações privadas*. Rio de Janeiro: Processo, 2016.

MADRUGA, Sidney. *Pessoas com deficiência e direitos humanos*: ótica da diferença e ações afirmativas. São Paulo: Saraiva, 2013.

MARTINS, Sergio Pinto. *Direito da seguridade social*. 22. ed. São Paulo: Atlas, 2005.

MARTINS, Valter. O modelo de proteção social brasileiro: notas para a compreensão do desenvolvimento da seguridade social. *Revista Brasileira de Políticas Públicas*, Brasília, v. 1, n. 1, p. 137-158, jan./jun. 2011.

TAVARES, Marcelo Leonardo. *Direito previdenciário*. 12. ed. Niterói: Impetus, 2010.

Capítulo VIII – Do Direito à Previdência Social

RUBIN, F. Previdência e Processo: A pessoa com deficiência e os desafios do reconhecimento judicial dos seus novos direitos. *Jusbrasil*. Disponível em: [http://www.jusbrasil.com.br/artigos/250582970]. Acesso em: 25.05.2017.

Capítulo IX – Do Direito à Cultura, ao Esporte, ao Turismo e ao Lazer

COMPARATO, Fábio Konder. *A afirmação histórica dos direitos humanos*. São Paulo: Saraiva, 2009.

FARIAS, Cristiano Chaves et al. *Estatuto da Pessoa com Deficiência Comentado artigo Por artigo*. Salvador: Juspodium, 2017.

INESC. Instituto de Estudos Socioeconômicos. Disponível em: [http://www.inesc.org.br/noticias/noticias-do-inesc/2017/setembro/orcamento-2018-brasil-a-beira-do-caos]. Acesso em: 12.10.2017.

MALINOWSKI, Branislaw. *Une théorie scientifique de la culture*. Paris: Maspero, 1968.

MIRANDA, Jorge. *Notas sobre cultura, Constituição e direitos culturais*. O Direito. Lisboa: Universidade de Lisboa, 2006. Disponível em: [www.fd.ul.pt/Portals/0/Docs/Institutos/ICJ/LusCommune/MirandaJorge.pdf]. Acesso em: 13.10.2017.

OLIVEIRA, Allan Scheffer & SARRAF, Viviane Panelli. Do direito à cultura, ao esporte, turismo e ao lazer. In: SETUBAL, Joyce Marquezin & FAYAN, Regiane Alves Costa. *Lei Brasileira de Inclusão da Pessoa com Deficiência*: Comentada. Campinas: Fundação FEAC, 2016.

SILVA, José Afonso da. *Ordenação constitucional da cultura*. São Paulo: Malheiros, 2001.

UNESCO. Declaração do México – Conferência mundial sobre as políticas culturais. Instituto do Patrimônio Histórico e Artístico Nacional. *Cartas Patrimoniais*. 3. ed. Rio de Janeiro: IPHAN, 2004.

Capítulo X – Do Direito ao Transporte e à Mobilidade

BONIZZATO, Luigi. *A Constituição e suas Instituições Contemporâneas: representatividade, crises, exemplos e marcos fáticos no Brasil, como elementos de análise de teorias constitucionais-institucionais brasileiras*. Rio de Janeiro: Lumen Juris, 2017.

BONIZZATO, Luigi.. *Propriedade Urbana Privada & Direitos Sociais*. 2. ed. revista e atualizada, incluindo a Lei 13.089/15, que instituiu o Estatuto da Metrópole. Curitiba: Juruá, 2015.

BONIZZATO, Luigi, BOLONHA, Carlos, BONIZZATO, Alice Ribas Dias. Consequências institucionais do revigorado direito constitucional ao transporte: questões, indagações e desenvolvimentos urbanísticos e institucionais após a emenda constitucional n. 90 à Constituição brasileira de 1988. *Revista*

REFERÊNCIAS

de Direito da Cidade. v. 9. n. 1., p. 198-232, 2017, disponível em SSRN: [http://www.e-publicacoes.uerj.br/index.php/rdc/article/view/26627/19540].

CAIAFA, Janice. *Jornadas urbanas*: exclusão, trabalho e subjetividade nas viagens de ônibus na cidade do Rio de Janeiro. Rio de Janeiro: FGV, 2002.

MELO, Luiz Martins de, OSORIO, Mauro, WERNECK, Maria Lúcia, VERSIANI, Maria Helena (coord.). *Uma agenda para o Rio de Janeiro*: estratégias e políticas públicas para o desenvolvimento socioeconômico. Rio de Janeiro: FGV Editora, 2015.

PRADO, Lafayette. *Transportes e corrupção*: um desafio à cidadania. Rio de Janeiro: Topbooks, 1997.

VASCONCELLOS, Eduardo A. *Transporte urbano, espaço e equidade*: análise das políticas públicas. São Paulo: Annablume, 2001.

TÍTULO III – DA ACESSIBILIDADE

Capítulo I – Disposições Gerais

Arts. 53 a 62

BARBOZA, Heloisa Helena; ALMEIDA JUNIOR, Vitor de Azevedo. A (in)capacidade da pessoa com deficiência mental ou intelectual e o regime das invalidades: primeiras reflexões. In: Marcos Ehrhardt Jr. (org.). *Impactos do novo CPC e do EPD no direito civil brasileiro*. Belo Horizonte: Fórum, 2016.

BARBOZA, Heloisa Helena; ALMEIDA JUNIOR, Vitor de Azevedo. A capacidade civil à luz do Estatuto da Pessoa com Deficiência. In: MENEZES, Joyceane Bezerra de (org.). *Direito das pessoas com deficiência psíquica e intelectual nas relações privadas*: Convenção sobre os direitos da pessoa com deficiência e Lei Brasileira de Inclusão. Rio de Janeiro: Processo, 2016.

BARBOZA, Heloisa Helena; ALMEIDA JUNIOR, Vitor de Azevedo. Reconhecimento e inclusão das pessoas com deficiência. *Revista Brasileira de Direito Civil*. v. 13, p. 17-37, 2017.

BARBOZA, Heloisa Helena; ALMEIDA, Vitor. O direito da pessoa com deficiência à informação em tempos da pandemia da Covid-19: uma questão de acessibilidade e inclusão. In: *Liinc em Revista*, v. 16, p. 01-11, 2020.

CARVALHO FILHO, José dos Santos. *Manual de direito administrativo*. 28 ed. São Paulo: Atlas, 2015.

CUNHA JR., Dirley. *Curso de Direito Administrativo*. 11. ed. rev. amp., Salvador, Bahia: Juspodium, 2012.

DI PIETRO, Maria Sylvia Zanella. *Direito Administrativo*. 27. ed. São Paulo: Atlas, 2014.

ELALI, André. *Incentivos fiscais, neutralidade da tributação e desenvolvimento econômico*: A Questão Da Redução Das Desigualdades Regionais E Sociais. Disponível em: [http://sisnet.aduaneiras.com.br/lex/doutrinas/arquivos/070807.pdf]. Acesso em: 20.08.2017.

FARIAS, Cristiano Chaves de; CUNHA, Rogério Sanches. PINTO, Ronaldo Batista. *Estatuto da Pessoa com Deficiência Comentado artigo por artigo*. 2. rev., ampl. e atual. Salvador: JusPodivm, 2016.

MEIRELLES, Hely Lopes. *Direito administrativo brasileiro*. 42. ed./atual. até a Emenda Constitucional 90, de 15.9.2015. São Paulo: Malheiros, 2016.

Capítulo II – Do Acesso à Informação e à Comunicação

ABNT NBR 15.599: 2008. *Acessibilidade*: Comunicação na Prestação de Serviços. ABNT, 2008. Disponível em: [https://www.abntcatalogo.com.br/norma.aspx?ID=1451]. Acesso em: outubro de 2017.

ESTATUTO DA PESSOA COM DEFICIÊNCIA: COMENTÁRIOS À LEI 13.146/2015

ALMEIDA, Natália. *Guia-Intérprete de Libras*: Formação e atuação deste profissional na cidade de Fortaleza. Disponível em: [http://www.porsinal.pt/index.php?ps=artigos&idt=artc&cat=16&idart=182]. Acesso em: outubro de 2017.

ANDRADE FILHO, Julio. *Legendagem*: A rotina do profissional das legendas. Disponível em: [https://otrecocerto.com/2014/07/17/legendagem-a-rotina-do-profissional-das-legendas/]. Acesso em: outubro de 2017.

ASDEF, Associação de Deficientes e Familiares. Estenotipia: importante aliada na comunicação. Disponível em: [http://asdef.org.br/noticias/08/05/2015/estenotipia-importante-aliada-na-comunicacao]. Acesso em: outubro de 2017.

AZUMA, Eduardo Akira. *Considerações iniciais sobre a Internet e o seu uso como instrumento de defesa dos Direitos Humanos, mobilização política e social*. Disponível em: [http://calvados.c3sl.ufpr.br/ojs2/index.php/direito/article/view/6995/4973]. Acesso em: outubro de 2017.

BENJAMIN, Antônio Herman V.; MARQUES Claudia Lima; BESSA Leonardo Roscoe; *Manual de Direito do Consumidor*. 2. ed. São Paulo: Ed. RT, 2009.

BRASIL, Lei 8.78 de 11 de setembro de 1990. Disponível em: [http://www.planalto.gov.br/ccivil_03/leis/L8078.htm]. Acesso em: outubro de 2017.

BRASIL, Lei 8.663 de 21 de junho de 1993. Disponível em: [http://www.planalto.gov.br/ccivil_03/leis/L8666cons.htm]. Acesso em: outubro de 2017.

BRASIL, Lei 9.610 de 19 de fevereiro de 1998. Disponível em: [http://www.planalto.gov.br/ccivil_03/leis/L9610.htm]. Acesso em: outubro de 2017.

BRASIL, Decreto 3.298 de 20 de dezembro 1999; Disponível em: [http://www.planalto.gov.br/ccivil_03/decreto/d3298.htm]. Acesso em: outubro de 2017.

BRASIL, Lei 10.098 de 19 de dezembro de 2000. Disponível em: [http://www.planalto.gov.br/ccivil_03/leis/L10098.htm]. Acesso em: outubro de 2017.

BRASIL, Lei 10.436 de 24 de abril de 2002. Disponível em: [http://www.planalto.gov.br/ccivil_03/leis/2002/L10436.htm]. Acesso em: outubro de 2017.

BRASIL, Lei 10.753 de 30 de outubro de 2003. Disponível em: [http://www.planalto.gov.br/ccivil_03/leis/2003/L10.753.htm]. Acesso em: outubro de 2017.

BRASIL, Decreto 5.296 de 2 de dezembro de 2004. Disponível em: [http://www.planalto.gov.br/ccivil_03/_ato2004-2006/2004/decreto/d5296.htm]. Acesso em: outubro de 2017.

BRASIL, Portaria 310 de 27 de junho de 2006 do Ministério das Comunicações; Disponível em: [http://www.anatel.gov.br/legislacao/normas-do-mc/442-portaria-310]. Acesso em: outubro de 2017.

BRASIL. Lei 12.319 de 1º de setembro de 2010. Disponível em [http://www.planalto.gov.br/ccivil_03/_ato2007-2010/2010/lei/l12319.htm]. Acesso em: outubro de 2017.

BRASIL; Decreto 7.612, de 17 de novembro de 2011. Disponível em [http://www.planalto.gov.br/ccivil_03/_ato2011-2014/2011/decreto/d7612.htm]. Acesso em: outubro de 2017.

BRASIL, Resolução Da Diretoria Colegiada – Rdc N. 60, de 12 de Dezembro De 2012. Disponível em [http://bvsms.saude.gov.br/bvs/saudelegis/anvisa/2012/rdc0060_12_12_2012.pdf]. Acesso em: outubro de 2017.

BRASIL; 3ª Conferência Nacional dos Direitos das Pessoas com Deficiência, realizada em 2012. Disponível em: [http://www.pessoacomdeficiencia.gov.br/app/sites/default/files/publicacoes/livro-relatorio--3a-conferencia-final_0.pdf]. Acesso em: outubro de 2017.

REFERÊNCIAS

BRASIL. Projeto de Lei 5.732 de 21 de junho de 2013. Disponível em: [http://www.camara.gov.br/proposicoesWeb/fichadetramitacao?idProposicao=580048]. Acesso em: outubro de 2017.

BRASIL, Lei 13.005 de 25 de junho 2014. Disponível em: [http://www.planalto.gov.br/ccivil_03/_ato2011-2014/2014/lei/l13005.htm]. Acesso em: outubro de 2017.

BRASIL, Lei 13.146, de 6 de julho de 2015. Institui a Lei Brasileira de Inclusão da Pessoa com Deficiência (Estatuto da Pessoa com Deficiência). Disponível em: [http://www.planalto.gov.br/ccivil_03/_Ato2015-2018/2015/Lei/L13146.htm]. Acesso em: outubro 2017.

BRASIL, Resolução 667, de 30 de maio de 2016; Disponível em: [http://www.anatel.gov.br/legislacao/resolucoes/2016/905-resolucao-n-667]. Acesso em: outubro 2017.

BRASIL, Diretrizes de Acessibilidade para Conteúdo Web (WCAG) 2.0. Disponível em: [https://www.w3.org/Translations/WCAG20-pt-br/WCAG20-pt-br-20141024/]. Acesso em: outubro de 2017.

BRASIL, Ministério da Ciência e Tecnologia; A APLICABILIDADE DO ESTATUTO DA PESSOA COM DEFICIÊNCIA; Disponível em: [file:///C:/Users/LUIZ/Downloads/DOC_PARTICIPANTE_EV-T_3077_1456748198008_K-Comissao-Permanente-CDH-20160229EXT008_parte5923_RESULTADO_1456748198008.pdf]. Acesso em: outubro de 2017.

BRASIL, PRINCÍPIOS PARA A GOVERNANÇA E USO DA INTERNET. Disponível em: [https://www.cgi.br/principios/]. Acesso em: outubro de 2017.

BRASIL, Brasil entrega ratificação ao Tratado de Marraqueche. Disponível em: [http://www.brasil.gov.br/cultura/2015/12/brasil-entrega-ratificacao-ao-tratado-de-marraqueche]. Acesso em: outubro de 2017.

BRASIL, Portal Nacional de Tecnologia Assistiva. Disponível em: [http://assistiva.mct.gov.br]. Acesso em: outubro de 2017.

CONADE. 3ª Conferência Nacional dos Direitos da Pessoa com Deficiência/ Secretaria de Direitos Humanos da Presidência da República (SDH/PR) / Secretaria Nacional de Promoção dos Direitos Humanos da Pessoa com Deficiência (SNPD) / Conselho Nacional dos Direitos da Pessoa com Deficiência (CONADE). 3ª Conferência Nacional dos Direitos da Pessoa com Deficiência (Relatório Final). Brasília: SDH/PR – SNPD – Conade, 2013. Disponível em: [http://www.pessoacomdeficiencia.gov.br/app/conade/iv-conferencia-nacional]. Acesso em: outubro de 2017.

COOK, A.M. & HUSSEY, S. M. (1995). *Assistive Technologies*: Principles and Practices. St. Louis, Missouri. Mosby – Year Book, Inc.

DO AMARAL, Carlos Eduardo Rios. *Breve Nota Sobre a Convenção Internacional dos Direitos das Pessoas com Deficiência de Nova York*, 2011; Disponível em: [https://www.jurisway.org.br/v2/dhall.asp?id_dh=6679]. Acesso em: outubro de 2017.

Human Rights Council, General Assembly ONU, 2011; Disponível em: [http://www2.ohchr.org/english/bodies/hrcouncil/docs/17session/A.HRC.17.27_en.pdf]. Acesso em: outubro de 2017.

MIANES, Felipe Leão. *Consultoria em audiodescrição*: alguns caminhos e Possibilidades. Disponível em: [http://www.ufpb.br/cia/contents/manuais/livro-audiodescricao-praticas-e-reflexoes.pdf]. Acesso em: outobro de 2017.

RADABAUGH, M. P. *NIDRR's Long Range Plan* – Technology for Access and Function Research Section Two: NIDDR Research Agenda Chapter 5: TECHNOLOGY FOR ACCESS AND FUNCTION – [http://www.ncddr.org/rpp/techaf/lrp_ov.html]. Acesso em: outubro de 2017.

RICOEUR, P. *O Si-mesmo como Um Outro*. Trad. CESAR, Lucy Moreira. Campinas: Papirus, 1991.

ESTATUTO DA PESSOA COM DEFICIÊNCIA: COMENTÁRIOS À LEI 13.146/2015

SARLET, Ingo Wolfgang. *A eficácia dos Direitos Fundamentais uma teoria geral dos direitos humanos fundamentais na perspectiva constitucional*. 11. ed. rev. atual. Porto Alegre: Livraria do Advogado Editora, 2012.

SOUZA, S. Conteúdo, forma e função no *design* de pictogramas. In: Correa, T. G. (org.). *Comunicação para Mercado*: Instituições, Mercado, Publicidade. São Paulo: Edicon, 1995.

W3C. Diretrizes de Acessibilidade para Conteúdo Web (WCAG) 2.0 – Recomendação W3C de 11, dezembro de 2008. Título original: Web Content Accessibility Guidelines (WCAG) 2.0. Trad. Prof° Everaldo Bechara. W3C Escritório Brasil, São Paulo, 2014.

Capítulo III – Da Tecnologia Assistiva

BERSH, Rita. *Introdução à Tecnologia Assistiva*. Disponível em: [http://www.assistiva.com.br/Introducao_Tecnologia_Assistiva.pdf.]. Acesso em: 14.12.2017.

BRASIL. Secretaria de Direitos Humanos da Presidência da República (SDH/PR)/Secretaria Nacional de Promoção dos Direitos da Pessoa com Deficiência (SNPD). *Novos Comentários à Convenção Sobre os Direitos das Pessoas com Deficiência*. SNPD-SDH-PR, 2014.

BRASIL. Subsecretaria Nacional de Promoção dos Direitos da Pessoa com Deficiência. Comitê de Ajudas Técnicas. Tecnologia Assistiva. Brasília: CORDE, 2009.

FARIAS, Cristiano Chaves de; CUNHA, Rogério Sanches; PINTO, Ronaldo Batista. *Estatuto da Pessoa com Deficiência Comentado: artigo por artigo*. Salvador: JusPodivm. 2016.

LEITE, Flávia Piva Almeida; RIBEIRO, Lauro Luiz Gomes; COSTA FILHO, Waldir Macieira da. *Comentários ao Estatuto da Pessoa com Deficiência*. São Paulo: Saraiva. 2016.

Capítulo IV – Do Direito à Participação na Vida Pública e Política

ARAÚJO, Marcelo Labanca Corrêa de. O direito das pessoas com deficiência à participação na vida pública e política. In: FERRAZ, Carolina Valença Ferraz et al. *Manual dos direitos da pessoa com deficiência*. São Paulo: Saraiva, 2012.

BARBOZA, Heloisa Helena. ALMEIDA JUNIOR, Vitor de Azevedo. Reconhecimento e Inclusão das Pessoas com Deficiência. *Revista Brasileira de Direito Civil – RBDCivil*. Belo Horizonte, v. 13. p. 35. Disponível em: [https://www.ibdcivil.org.br/rbdc.php?ip=123&titulo=VOLUME%2013%20|%20Jul-Set%202017&category_id=200&arquivo=data/revista/volume13/2017_13.pdf].

BARCELLOS, Ana Paula de. CAMPANTE, Renata Ramos. A acessibilidade como instrumento de promoção de direitos fundamentais. In: FERRAZ, Carolina Valença Ferraz et al. *Manual dos direitos da pessoa com deficiência*. São Paulo: Saraiva, 2012.

BOBBIO, Norberto. *Da estrutura à função*: novos estudos de teoria do Direito. Barueri: Manole, 2007.

DIAS, Joelson. JUNQUEIRA, Ana Luísa Cellular. Do Direito à Participação na Vida Pública e Política. In: LEITE, Flávia Piva Almeida, RIBEIRO, Lauro Luiz Gomes, COSTA FILHO, Waldir Macieira da (org.). *Comentários ao Estatuto da Pessoa com Deficiência*. São Paulo: Saraiva, 2016.

FARIAS, Cristiano Chaves de; CUNHA, Rogério Sanches; PINTO, Ronaldo Batista. *Estatuto da Pessoa com Deficiência*: Comentado artigo por artigo. Salvador: JusPodivm, 2016.

KANT, Immanuel. *Fundamentação da metafísica dos costumes*. Trad. QUINTELA, Pedro. Lisboa: Edições 70, 2011.

MADRUGA, Sidney. *Pessoas com deficiência e direitos humanos*: ótica da diferença e ações afirmativas. 2. ed. São Paulo: Saraiva, 2016.

REFERÊNCIAS

MARTINS, Guilherme Magalhães. O Estatuto da Pessoa com Deficiência e o Regime das Incapacidades. In: BARBOSA-FOHRMANN, Ana Paula (coord.). *Autonomia, reconhecimento e dignidade: sujeitos, interesses e direitos.* Rio de Janeiro: Gramma, 2017.

MEDEIROS, Marcelo. DINIZ, Débora. *Envelhecimento e deficiência.* Disponível em: [http://www.en.ipea.gov.br/agencia/images/stories/PDFs/livros/Arq_09_Cap_03.pdf]. Acesso em: 26.12.2017.

SARMENTO, Daniel. *Dignidade da pessoa humana*: conteúdo, trajetória e metodologia. 2. ed. Belo Horizonte: Fórum, 2016.

TÍTULO IV – DA CIÊNCIA DE TECNOLOGIA

ASSOCIAÇÃO BRASILEIRA DOS CENTROS DE DIÁLISE E TRANSPLANTE. Disponível em: [http://www.abcdt.org.br/cientistas-criam-rim-artificial-para-substituir-hemodialise/]. Acesso em: 24.10.2017.

Associação dos Tradutores Públicos e Intérpretes Comerciais – ATPIESP. Ferramenta Online Traduz Textos para Braille. Disponível em: [http://www.atpiesp.org.br/ferramenta-online-traduz-textos--para-o-braille/]. Acesso em 24.10.2017.

BERSH, Rita. *Introdução à tecnologia Assistiva.* Para as pessoas sem deficiência a tecnologia torna as coisas mais fáceis. Para as pessoas com deficiência, a tecnologia torna as coisas possíveis. Disponível em: [http://www.assistiva.com.br/Introducao_Tecnologia_Assistiva.pdf, acesso em 24.10.2017].

BRASIL, Comitê de Ajudas Técnicas. Presidência da República. Brasília, 2008. Disponível em: [http://www.pessoacomdeficiencia.gov.br/app/sites/default/files/publicacoes/livro-tecnologia-assistiva.pdf]. Acesso em: 01.11.2017.

BRASIL, Lei Complementar 155/2016. Altera a Lei Complementar 123 de 14 de Dezembro de 2006, para reorganizar e simplificar a metodologia de apuração do imposto devido por optantes pelo Simples Nacional; altera as Leis 9.613 de 03 de março de 1998, 12.512 de 14 de outubro de 2011 e 7.998 de 11 de janeiro de 1990 e revoga dispositivos da Lei 8.212 de 24 de julho de 1991. Art. 61-A. Para incentivar as atividades de inovação e os investimentos produtivos, a sociedade enquadrada como microempresa ou empresa de pequeno porte, nos termos desta Lei Complementar, poderá admitir o aporte de capital que não integrará o capital social da empresa. § 2º O aporte de capital poderá ser realizado por pessoa física ou por pessoa jurídica, denominadas investidor-anjo.

BRASIL, Lei 10.973 de 02 de Dezembro de 2004. Dispõe sobre incentivos à inovação e à pesquisa científica e tecnológica no ambiente produtivo e dá outras providências.

BRASIL, Mistério da Ciência, Tecnologia e Inovação. Parques & Incubadoras para o desenvolvimento do Brasil: Estudo de Práticas de Parques Tecnológicos e Incubadoras de Empresas. Brasília: MCTI, 2015. Disponível em: [http://www.anprotec.org.br/Relata/EstudoMelhoresPraticasParquesIncubadoras.pdf]. Acesso em: 01.11.2017.

BRASIL. Congresso Nacional. Proposta de Emenda à Constituição n. 185/2015. Disponível em: [http://www.camara.gov.br/proposicoesWeb/fichadetramitacao?idProposicao=2075915]. Acesso em: 06.11.2017.

CASTELLS. Manoel. A *Sociedade em Rede*. v. 1. Paz e Terra. São Paulo, 1999.

CORRADI, Juliane. NORTE, Mariângela. *Tecnologia da Informação e Comunicação*: acessibilidade surda no ciberespaço. Disponível em: [http://wwwfsp.usp.br/acessibilidade]. Acesso em: 01.11.2017.

HARARI. Yuval Noah. *Homo Deus, uma breve história do amanhã*. Companhia das Letras, São Paulo, 2016.

LIMA, Claudia Regina Uchoa. SANTAROSA, Lucila Maria Costi. Acessibilidade tecnologias pedagógicas na apropriação das tecnologias de informação e comunicação por pessoas com necessidades educa-

ESTATUTO DA PESSOA COM DEFICIÊNCIA: COMENTÁRIOS À LEI 13.146/2015

cionais especiais. *Simpósio Brasileiro de Informática e Educação* – NCE – IM/UFRJ, 3003. Disponível em: [http://www.nce.ufrj.br/sbie2003/publicações/paper44.pdf]. Acesso em: 01.11.2017.

PERLINGIEIRI, Pietro. *Perfis do Direito Civil*: uma introdução ao Direito Civil Constitucional. 3. ed. Rio de Janeiro: Renovar, 2007.

PONTES, Patrícia Albino Galvão. *Criança e Adolescente com deficiência: impossibilidade de opção pela sua educação exclusivamente no atendimento educacional especializado*. Inclusão: Revista de Educação Especial/ Secretaria de Educação Especializada. v. 1. n. 1. Brasília, Outubro de 2005.

SOUZA, Celina. *Políticas Públicas*: uma revisão da literatura. Sociologias, Porto Alegre, ano 8, n. 16, jul./dez. 2006, p. 20-45. Disponível em: [http://www.scielo.br/pdf/soc/n16/a03n16]. Acesso em: 01.11.2017.

SWAB, Klaus. *A 4ª Revolução Industrial*. Edipro. São Paulo, 2015.

UNIDAS, Nações. Declaração de Salamanca Sobre Princípios, Políticas e Práticas na Área das Necessidades Educativas Especiais Resolução das Nações Unidas adotada em Assembleia Geral. Disponível em: [http://portal.mec.gov.br/seesp/arquivos/pdf/salamanca.pdf]. Acesso em: 25.10.2017.

LIVRO II – PARTE ESPECIAL

TÍTULO I – DO ACESSO À JUSTIÇA

Capítulo I – Disposições Gerais

ARAÚJO, Luiz Alberto David. *A proteção constitucional das pessoas portadoras de deficiência*. 4. ed. rev. e atual. Brasília: CORDE, 2011.

BRASIL. Subsecretaria Nacional de Promoção dos Direitos da Pessoa com Deficiência. Comitê de Ajudas Técnicas. Tecnologia Assistiva. Brasília: CORDE, 2009, p. 9. Disponível em: [http://www.pessoacomdeficiencia.gov.br/app/sites/default/files/publicacoes/livro-tecnologia-assistiva.pdf]. Acesso em: 11.05.2018.

CANOTILHO. J.J Gomes. *Direito Constitucional e teoria da Constituição*. 3. ed. Coimbra: Almedina, 1999.

CAPPELLETTI, M. Os métodos alternativos de solução de conflitos no quadro do movimento universal de acesso à justiça. *Revista do Processo*. São Paulo, v. 74, p. 82-97, 1994.

CAPPELLETTI, Mauro; GARTH, Bryant. *Acesso à justiça*. Trad. NORTHFLEET, Ellen Gracie. Porto Alegre: Fabris, 1998.

CHIOVENDA, G. *La acción em el sistema de lós derechos*. Trad. MELENDO, Santiago Sentis. Bogotá-Colômbia: Editorial Temis, 1986.

COLTRO, Antonio Carlos Mathias. Comentário ao art. 79. In: Flávia Leite, Lauro Ribeiro e Waldir da Costa Filho. *Comentários ao Estatuto da Pessoa com Deficiência*. São Paulo: Saraiva, 2016.

COMOGLIO, Luigi. Giurisdizione e processo nel quadro delle garanzie costituzionali. *Rivista Trimestrale di Diritto e Procedura Civile*, a. XLVIII, 1994.

CONSELHO NACIONAL DE JUSTIÇA. Reclamação para Garantia das Decisões 0006968-22.2013.2.00.0000. Brasília, 04 dez. 2013. Disponível em: [https://www.conjur.com.br/dl/cnj-nega-peticao-papel-advogada-cega.pdf]. Acesso: 30 de abril.

CONSELHO NACIONAL DE JUSTIÇA. Recomendação n. 27/2009. Disponível em: [http://www.cnj.jus.br///images/atos_normativos/recomendacao/recomendacao_27_16122009_13032014184318.pdf]. Acesso em: 30.04.2018.

420

REFERÊNCIAS

FARIAS, Cristiano Chaves de; CUNHA, Rogério Sanches; PINTO, Ronaldo Batista. *Estatuto da Pessoa com Deficiência Comentado artigo por artigo*. Salvador: JusPodivum, 2016.

GRECCO, Leonardo. Garantias fundamentais do processo: o processo justo. *Revista Jurídica*. v. 305, p. 89, mar. 2003.

KÜMPEL, V. F. *O estranho caso do inimputável capaz*. Partes I, II e III. Migalhas, 24 Novembro 2015. Disponível em: [http://www.migalhas.com.br/Registralhas/98,MI230397,61044-O+estranho+caso+do+inimputavel+capaz+Parte+III]. Acesso: 30.04.2018.

MAGALHÃES, L. H. R.; LIMA, R. A. A imputabilidade penal e os efeitos do estatuto da pessoa com deficiência: uma análise hermenêutica das incongruências. *Revista de Direito Penal, Processo Penal e Constituição*. Maranhão, Jul/Dez. 2017 2017, p. 108-125.

MOREIRA, José Carlos Barbosa. Efetividade do processo e técnica processual. *Temas de direito processual*, sexta série. São Paulo: Saraiva, 1997.

NUNES, D.; TEIXEIRA, L. *Acesso à Justiça Democrático*. Brasília: Gazeta Jurídica, 2013.

SARLET, Ingo. Dignidade da pessoa humana e direitos fundamentais. Porto Alegre: Livraria do Advogado, 2006.

SOUZA, G. A.; SOUZA FILHO, G. A. Acesso ao judiciário e a efetivação de direito. In: ZAMARIAN, L. P.; GOMES, J. D. S. *As constituições do Brasil: análise histórica das constituições e de temas relevantes ao constitucionalismo pátrio*. Birigui-SP: Boreal, 2012. Cap. XVII, p. 339-358.

Capítulo II – Do Reconhecimento Igual Perante a Lei

BARBOZA, Heloisa Helena; ALMEIDA JUNIOR, Vitor de Azevedo. O novo perfil da curatela em face do Estatuto da Pessoa com Deficiência. In: BEATRIZ RAMOS CABANELLAS; JUVÊNCIO BORGES SILVA (org.). *Direito de família e sucessões*. Florianópolis: Conpedi, 2016. Disponível em: [https://www.conpedi.org.br/publicacoes/9105o6b2/f7ja2447/VsIIjGcy6ODYkZ94.pdf].

BEVILAQUA, Clovis. Direito da Família. 7. ed. Rio de Janeiro: Editora Rio, 1976.

BRASIL, Ministério da Saúde. Melhor em casa. Portal da Saúde. Disponível em: [http://portalsaude.saude.gov.br/index.php/cidadao/acoes-e-programas/melhor-em-casa]. Acesso em: 8 jan. 2017.

BRASIL, Ministério da Saúde. Portaria 825 de 2016. Redefine a Atenção Domiciliar no âmbito do Sistema Único de Saúde (SUS) e atualiza as equipes habilitadas. Disponível em: [http://u.saude.gov.br/images/pdf/2016/abril/27/PORTARIA-825.pdf]. Acesso em: 08.01.2017.

BRASIL, Previdência Social. Prova de vida e renovação da senha bancária. Previdência Social. Disponível em: [http://www.previdencia.gov.br/servicos-ao-cidadao/informacoes-gerais/renovacao-senha-bancaria-prova-vida/]. Acesso em: 08.01.2017.

BUENO, Cassio Scarpinella. *Manual de Direito Processual Civil*. 3. ed. São Paulo: Saraiva, 2017.

GOMES, Orlando. *Introdução ao Direito Civil*. 12. ed. Rio de Janeiro: Forense, 1996.

PERLINGIERI, Pietro. *Perfis do direito civil: introdução ao direito civil constitucional*. Trad. Maria Cristina De Cicco. 3. ed. Rio de Janeiro: Renovar, 2007.

PERLINGIERI, Pietro; BISCONTINI, Guido. *Soggetti e situazioni soggettive*. Napoli: Edizioni Scientifiche Italiane, 2000.

PONTES DE MIRANDA. *Tratado de Direito de Família*. 3. ed. São Paulo: Max Limonad, 1947.

SANTOS, Boaventura de Sousa (org.). *Reconhecer para libertar: os caminhos do cosmopolitismo multicultural*. Rio de Janeiro: Civilização Brasileira, 2003.

SILVA, José Afonso da. *Curso de direito constitucional positivo*. 25. ed. São Paulo: Malheiros, 2005.

SILVA, Vergílio Afonso da. O proporcional e o razoável. *Revista dos Tribunais*, v. 758, p. 23-50, 2002.

TÍTULO II – DOS CRIMES E DAS INFRAÇÕES ADMINISTRATIVAS

HERMANNY FILHO, Flávio. *Os Impactos do Estatuto da Pessoa com Deficiência no Regime das Incapacidades*. Disponível em: [www.conpedi.org.br/publicacoes/02q8agmu/8v3pu3uq/NYDAj0p1T4e5J0fN.pdf]. Acesso em: 16.04.2018.

TARTUCE, Flávio. *Alterações do Código Civil pela lei 13.146/2015 (Estatuto da Pessoa com Deficiência)*: Repercussões para o Direito de Família e Confrontações com o Novo CPC. Parte II. 2015. Disponível em: [www.migalhas.com.br/FamiliaeSucessoes/104,MI225871,51045-Alteracoes+do+Codigo+-Civil+pela+lei+131462015+Estatuto+da+Pessoa+com]. Acesso em: 16.04.2018.

TÍTULO III – DISPOSIÇÕES FINAIS E TRANSITÓRIAS

Art. 100

BARBOSA, Fernanda Nunes. *Informação*: direito e dever nas relações de consumo. São Paulo: Revista dos Tribunais, 2008.

BENJAMIN, Antônio Herman V., MARQUES, Claudia Lima; BESSA, Leonardo Roscoe. *Manual de direito do consumidor*. 6. ed., rev., atual. e ampl. São Paulo: Ed. RT, 2014.

BODIN DE MORAES, Maria Celina. O princípio da solidariedade. *Na medida da pessoa humana*. Rio de Janeiro: Renovar, 2010.

MARQUES, Claudia Lima. Prefácio à 1ª edição. In: DESSAUNE, Marcos. *Teoria aprofundada do desvio produtivo do consumidor: o prejuízo do tempo desperdiçado e da vida alterada*. 2. ed., rev. e ampl. Vitória. ES: [s.n.], 2017.

MARTINS, Guilherme Magalhães. A defesa do consumidor como direito fundamental na ordem constitucional. In: MARTINS, Guilherme Magalhães (coord.). *Temas de direito do consumidor*. Rio de Janeiro: Lumen Juris, 2010.

MIRAGEM, Bruno. *Curso de direito do consumidor*. 4. ed., rev., atual. e ampl. São Paulo: Revista dos Tribunais, 2013.

SCHMITT, Cristiano Heineck. *Consumidores hipervulneráveis*: a proteção do idoso no mercado de consumo. São Paulo.

TEPEDINO, Gustavo; SCHREIBER, Anderson. Minorias no direito civil brasileiro. *Revista Trimestral de Direito Civil*, v. 10, Rio de Janeiro, p. 135-155, 2002.

Arts. 103 a 113

CARVALHO FILHO, José dos Santos. *Manual de Direito Administrativo*. 25. ed. São Paulo: Atlas, 2012.

LEITE, Flávia Piva Almeida; RIBEIRO, Lauro Luiz Gomes; COSTA FILHO, Waldir Macieira da (coord.). *Comentários ao Estatuto da Pessoa com Deficiência*. São Paulo: Saraiva, 2016.

Lei Brasileira de Inclusão da Pessoa com Deficiência Comentada. [http://www.feac.org.br/wp-content/uploads/2017/03/Lei-brasileira-de-inclusao-comentada-baixa-min-2.pdf]. Acesso em: 16.10.2017.

LEITE, Carlos Henrique Bezerra. *Curso de Direito do Trabalho*. 7. ed. São Paulo: Saraiva, 2016.

REFERÊNCIAS

SILVA, José Afonso da. *Curso de Direito Constitucional Positivo*. 24. ed. São Paulo: Malheiros, 2005.

TAVARES, Marcelo Leonardo. *Previdência e Assistência Social. Legitimação e Fundamentação Constitucional Brasileira*. Rio de Janeiro: Lumen Juris, 2003.

TORRES, Ricardo Lobo. *Tratado de Direito Constitucional financeiro e Tributário*. Os Tributos na Constituição. Rio de Janeiro: Renovar, 2007.

Art. 114

ALMEIDA, Vitor. *A capacidade civil das pessoas com deficiência e os perfis da curatela*. Belo Horizonte: Fórum, 2019 (*e-book*)

AMARAL, Francisco. *Direito Civil; Introdução*. 7. ed. Rio de Janeiro: Renovar, 2008.

ARAÚJO, Luana Adriano. *Desafios teóricos à efetivação do direito à educação inclusiva*. Curitiba: CRV, 2019.

BACHOF, Otto. *Normas constitucionais inconstitucionais?* Tradução de José Manuel M. Cardoso da Costa. Coimbra: Almedina, 2009.

BARBOZA, Heloisa Helena; ALMEIDA JÚNIOR, Vitor de Azevedo. A(in)capacidade da pessoa com deficiência mental ou intelectual e o regime das invalidades: primeiras reflexões. In: ERHARDT JR., Marcos (coord.). *Impactos do novo CPC e do EPD no Direito Civil Brasileiro*. Belo Horizonte: Fórum, 2016.

CRUZ, Elisa. A Parte Geral do novo Código Civil e a Lei Brasileira de Inclusão. In: BARBOZA, Heloisa Helena; MENDONÇA, Bruna Lima de; ALMEIDA JÚNIOR, Vitor Almeida (coord.). *O Código Civil e o Estatuto da Pessoa com Deficiência*. Rio de Janeiro: Processo, 2017.

BEVILÁQUA, Clovis. *Theoria geral do direito civil*. 2. ed. Rio de Janeiro: Francisco Alves, 1929.

HESSE, Konrad. *A força normativa da Constituição*. Trad. MENDES, Gilmar Ferreira. Porto Alegre: Sergio Antonio Fabris, 1991.

MENEZES, Joyceanne Bezerra de; RODRIGUES, Francisco Luciano Lima; MORAES, Maria Celina Bodin de. A capacidade civil e o sistema de apoios no Brasil. In: MENEZES, Joyceanne Bezerra de; CAYCHO, Renato Antonio Constantino; BARIFFI, Francisco José. *Capacidade civil, deficiência e Direito Civil na América Latina*. Indaiatuba: Foco, 2021.

MENDONÇA, Bruna Lima de. Apontamentos sobre as principais mudanças operadas pelo Estatuto da Pessoa com Deficiência (Lei 13.146/2015) no regime das incapacidades. In: ERHARDT JR., Marcos. *Impactos do novo CPC e do EPD no Direito Civil Brasileiro*. Belo Horizonte: Fórum, 2016.

MENEZES, Joyceanne Bezerra de. O direito protetivo no Brasil após a convenção sobre a proteção da pessoa com deficiência: impactos do novo CPC e do Estatuto da Pessoa com Deficiência. *Civilística. com*. a. 4, n. 1, p. 03, 2005. Disponível em: [http://civilistica.com/o-direito-protetivo-no-brasil/]. Acesso em: 19.01.2017.

PEREIRA, Caio Mário da Silva. *Instituições de Direito Civil*. v. I. 29. ed. Atualização de Maria Celina Bodin de Moraes. Rio de Janeiro: Forense, 2016.

REIS JR., Antonio dos. O Estatuto da Pessoa com Deficiência e o novo Código de Processo Civil: aspectos controvertidos e questões de direito intertemporal. In: ERHARDT JR., Marcos (coord.). *Impactos do novo CPC e do EPD no Direito Civil Brasileiro*. Belo Horizonte: Fórum, 2016.

ROIG, Rafael de Asís. Sobre el derecho a la accesibilidad universal. In: BARBOSA-FOHRMANN, Ana Paula; MARTINS, Guilherme Magalhães. Pessoa com deficiência; estudos interdisciplinares. Indaiatuba: Foco, 2020.

ESTATUTO DA PESSOA COM DEFICIÊNCIA: COMENTÁRIOS À LEI 13.146/2015

SARLET, Ingo Wolfgang. *A eficácia dos direitos fundamentais*. 9. ed. Porto Alegre: Livraria do Advogado, 2008.

SILVA, José Afonso da. *Aplicabilidade das normas constitucionais*. 3. ed. São Paulo: Malheiros, 1998.

SIMÃO, José Fernando. *Estatuto da Pessoa com Deficiência causa perplexidade (Parte I)*. Disponível em: [www.conjur.com.br/2015-ago-16/jose-simao-estatuto -pessoa. Acesso em: 02.03.2017.

TARTUCE, Flavio. Projeto de Lei do Senado Federal 757/2015. In: ERHARDT JR., Marcos. *Impactos do novo CPC e do EPD no Direito Civil brasileiro*. Belo Horizonte: Fórum, 2016.

TEPEDINO, Gustavo; BARBOZA, Heloisa Helena; MORAES, Maria Celina. *Código Civil interpretado segundo a Constituição da República*. v. IV. Rio de Janeiro: Renovar, 2014. VIVAS-TESÓN, Immaculada. *Una década de vigencia de la Convención de Nova York en España y un anteproyecto de ley: hacia um derecho inclusivo*. In: SALLES, Raquel Bellini; PASSOS, Aline Araújo; LAGE, Juliana Gomes (organizadoras). *Direito, vulnerabilidade e pessoa com deficiência*. Rio de Janeiro: Processo, 2019.

YOUNG, Beatriz Capanema. A Lei Brasileira de Inclusão e seus reflexos no casamento da pessoa com deficiência física e intelectual. In: BARBOZA, Heloisa Helena; MENDONÇA, Bruna Lima de; ALMEIDA JÚNIOR, Vitor de Azevedo(coord.). *O Código Civil e o Estatuto da Pessoa com Deficiência*. Rio de Janeiro: Processo, 2017.

Arts. 115 e 116

ABREU, Célia Barbosa. A curatela sob medida: notas interdisciplinares sobre o estatuto da pessoa com deficiência e o novo CPC. *In*: MENEZES, Joyceane Bezerra de (org.). *Direito das pessoas com deficiência psíquica e intelectual nas relações privadas*: convenção sobre os direitos das pessoas com deficiência e Lei Brasileira de Inclusão. 2. ed. Rio de Janeiro: Editora Processo, 2020, p. 611-634.

ALMEIDA, Vitor; BARBOZA, Heloisa Helena; e MENDONÇA, Bruna Lima de. *O Código Civil e o Estatuto das Pessoa com Deficiência*. 2. ed. Rio de Janeiro: Editora Processo, 2020.

BARRETTO, Fabrício do Vale. Curadoria especial: influências do Estatuto da Pessoa com Deficiência e CPC/2015. *Revista de Doutrina e Jurisprudência do TJDFT*, Brasília, v. 111, n. 1, p. 141, jul./dez. 2019.

DIAS, Maria Berenice. *Manual de Direito das Famílias*. 12. ed. São Paulo: Ed. RT, 2017.

DIAS, Maria Berenice. *Manual das Sucessões*. 4. ed. São Paulo: Ed. RT, 2015.

LOBO, Paulo. Com avanços legais, pessoas com deficiência mental não são mais incapazes. *Revista Consultor Jurídico*, 16 de agosto de 2015. Disponível em: [https://www.conjur.com.br/2015-ago-16/processo-familiar-avancos-pessoas-deficiencia-mental-nao-sao-incapazes?imprimir=1]. Acesso em: 03.04.2018.

MENEZES, Joyceane Bezerra (Org.). *Direito das Pessoas com Deficiência Psíquica e Intelectual nas Relações Privadas*: convenção sobre os direitos da pessoa com deficiência e lei brasileira de inclusão. 2. ed. Rio de Janeiro: Editora Processo, 2020.

PARECER INTERLOCUTÓRIO. Daniela Cristina Pedrosa Bittencourt Martinez - Promotora de Justiça. Lei n. 13.146/15. Estatuto da Pessoa com Deficiência. Tomada de decisão apoiada. Julgador: Daniela Cristina Pedrosa Bittencourt Martinez. Tema(s): *Lei n. 13146/15 Estatuto da Pessoa com Deficiência Tomada de decisão apoiada*. Estado: MG. Data: 11.08.2016. Ação: Tomada de Decisão Apoiada. 2ª Vara de Família e Sucessões de Uberlândia. Disponível em: [http://www.ibdfam.org.br/jurisprudencia/temaParecer/%20Estatuto%20da%20Pessoa%20com%20Defici%25C3%25AAncia]. Acesso em: 03.04.2018.

PEREIRA, Rodrigo da Cunha. Lei 13.146 acrescenta novo conceito para a capacidade civil. *Revista Consultor Jurídico*. 10 de agosto de 2015. Disponível em: [https://www.conjur.com.br/2015-ago-10/processo-familiar-lei-13146-acrescenta-conceito-capacidade-civil?imprimir=1]. Acesso em: 10.03.2018.

REFERÊNCIAS

ROSENVALD, Nelson. Curatela. In: *Tratado de Direito das Famílias*. Rodrigo da Cunha Pereira (org.). Belo Horizonte: IBDFAM, 2015, p. 755.

ROSENVALD, Nelson. Há Fungibilidade entre a Tomada de Decisão Apoiada e as Diretivas Antecipadas de Vontade? *Revista IBDFAM – Famílias e Sucessões*. Data de publicação: 27/06/2016. Disponível em: [http://www.ibdfam.org.br/artigos/autor/Nelson Rosenvald]. Acesso em: 03.04.2018.

ROSENVALD, Nelson. A Responsabilidade Civil da Pessoa com Deficiência qualificada pelo Apoio e de seus Apoiadores. *Revista IBDFAM – Famílias e Sucessões*. Data de publicação: 06/03/2018. Disponível em: [http://www.ibdfam.org.br/artigos/autor/Nelson Rosenvald]. Acesso em: 10.04.2018.

ROSENVALD, Nelson . Até onde vai autonomia, cuidado e confiança em casos de decisão apoiada? *Revista IBDFAM – Famílias e Sucessões*. Edição 20. Disponível em: [http://www.revistaibdfam.com]. Acesso em: 03.04.2018.

ROSENVALD, Nelson . *A Dignidade e a Curatela*. 2015. Disponível em: [https://www.nelsonrosenvald.info/single-post/2015/10/13/A-dignidade-e-a-curatela]. Acesso em: 30.03.2018.

ROSENVALD, Nelson. *O fim da Interdição* – A Biografia não Autorizada de uma Vida. 2015. Disponível em: [http://www.nelsonrosenvald.info/#!O-Fim-da-Interdição--A-Biografia-não-Autorizada-de--uma- Vida/c21xn/55e4ca320cf28ffc7eed5e60]. Acesso em: 13.04.2018.

SCHREIBER, Anderson. Tomada de Decisão Apoiada: o que é e qual sua utilidade? *Carta Forense* (On-line), 2016. Disponível em: [http://www.cartaforense.com.br/conteudo/artigos/tomada-de- decisão-apoiada-o-que-e-e-qual-sua-utilidade/16608#_ftn2]. Acesso em: 20.04.2018.

SCHREIBER, Anderson e NEVARES, Ana Luiza Maia. Do sujeito à pessoa: uma análise da incapacidade civil. *In O direito civil entre o sujeito e a pessoa*: estudos em homenagem ao Professor Stéfano Rodotà. TEPEDINO, Gustavo; TEIXEIRA, Ana Carolina Brochado e ALMEIDA, Vitor (Coord.). Belo Horizonte: Fórum, 2016. p. 39-56.

SOUZA, Iara Antunes; SILVA, Michelle Danielle Cândida. Capacidade civil, interdição e curatela: As implicações jurídicas da Lei n. 13.146/2015 para a pessoa com deficiência mental. *Revista da Faculdade de Direito da UFRGS*, Porto Alegre, n. 37, p. 291-310, dez. 2017.

Arts. 117 a 127

CARNELUTTI, Francesco. *Teoria geral do direito*. 2. ed. São Paulo: Lejus, 1999.

CORRÊA, Darcisio. *A construção da cidadania*: reflexões histórico-políticas. 4. ed. Unijuí: Ijuí, 2006.

DIAS, Maria Berenice. *Manual de direito das famílias*. 9. ed. São Paulo: Ed. RT, 2013.

ECO, Umberto. *História da feiúra*. Rio de Janeiro: Record, 2007.

FREGOLENTE, Rosana. *Caracterização da acessibilidade em espaços públicos*: a ergonomia e o desenho universal contribuindo para a mobilidade de pessoas portadoras de necessidades especiais: estudo de casos. 2008. xv, 112 f. Dissertação (mestrado) – Universidade Estadual Paulista, Faculdade de Arquitetura, Artes e Comunicação, 2008. Disponível em: [http://hdl.handle.net/11449/89760].

LAW, Stephen. *Filosofia*. Rio de Janeiro: Zahar, 2009.

LÜCHMANN, Lígia Helena Hahn. RODRIGUES, Jefferson. *O movimento antimanicomial no Brasil*. Centro de Filosofia e Ciências Humanas, Departamento de Sociologia e Ciência Política, Universidade Federal de Santa Catarina. Campus Universitário Trindade, Trindade. 88040-900 Florianópolis SC [http://www.scielo.br/scielo.php?script=sci_arttext&pid=S1413-81232007000200016].

MACEDO, Paula Costa Mosca. Deficiência física congênita e saúde mental. *Revista SBPH*. v. 11, n. 2, Rio de Janeiro, 2008.

MEDIDA, Miguel Garcia. MEDIDA, Janaina Marchi. *Guia prático do novo processo civil brasileiro*. São Paulo: Ed. RT, 2016.

REALE, Miguel. *Lições preliminares de direito*. 27. ed. Saraiva: São Paulo, 2003.

RELVAS, Marta Pires. A *neurobiologia da aprendizagem para uma escola humanizadora*. Rio de Janeiro: Wak Editora, 2017.

ROSENVALD, Nelson. *tratado de direito das famílias*. 2. ed. Belo Horizonte: IBDFAM, 2016.

SCHREIBER, Anderson. *Direito civil e constituição*. Atlas: São Paulo, 2013.

TARTUCE, Flávio. *Manual de direito civil*. Volume único, 7. ed. Rio de Janeiro: Método, 2017.

TOMAZETTE, Marlon. *Curso de direito empresarial*, v. 1. São Paulo: Atlas, 2016.